敬大力 著

检察实践论

上册

中国检察出版社

图书在版编目（CIP）数据

检察实践论/敬大力著．—北京：中国检察出版社，2016.1
ISBN 978 - 7 - 5102 - 1596 - 4

Ⅰ.①检…　Ⅱ.①敬…　Ⅲ.①检察机关 - 工作 - 中国 - 文集
Ⅳ.①D926.3 - 53

中国版本图书馆 CIP 数据核字（2016）第 005175 号

检察实践论（上下册）

敬大力　著

出版发行： 中国检察出版社
社　　址： 北京市石景山区香山南路 111 号（100144）
网　　址： 中国检察出版社（www.zgjccbs.com）
编辑电话：（010）68630385
发行电话：（010）68650015　68650016　68650029
经　　销： 新华书店
印　　刷： 北京朝阳印刷厂有限责任公司
装　　订： 北京鑫艺佳装订有限公司
开　　本： 720 mm×960 mm　16 开
印　　张： 91 印张
字　　数： 1258 千字
版　　次： 2016 年 1 月第一版　2016 年 4 月第二次印刷
书　　号： ISBN 978 - 7 - 5102 - 1596 - 4
定　　价： 200.00 元（上下册）

自　序

时光流过2015年，我已经从事检察工作30载，在湖北省检察院任检察长也已经有10年。长期的检察工作实践，特别是在湖北担任检察长的经历，自认为是将其作为一个事业在做，每一项工作都像在做课题研究，如似一种工匠精神，凭着对检察事业的深沉热爱，对中国特色社会主义检察制度的执着追求，博学之，审问之，慎思之，明辨之，笃行之，争取有所进益、有所贡献。蓦然回首，太多感悟收获，颇多教训遗憾。把我10年来的100余篇讲话、文章分为18个专题结集出版，既是一段检察实践的归纳，也是实践经验的理论抽象，实践中有理论，理论中有实践，也就是我以为的“检察实践论”。

1985年，我从吉林大学毕业，到最高人民检察院工作，有幸开初就在法律政策研究室从事法律政策研究和司法解释工作，接触的工作内容既有理论层面的，更有实践层面的，实际上就是理论联系实际的工作。这种特殊的际遇，使我对从书本上学到的唯物辩证法有了更深刻的体会，对理论与实践的关系有了更深刻的领悟，促使我产生一个追求，就是要成为“有理论的实践家，有实践的理论家”，并且多少年来一直矢志不移。之后到安徽省临泉县挂职锻炼，到反贪污贿赂总局、职务犯罪预防厅和宁夏回族自治区检察院任职磨砺，我始终孜孜以求，锲而不舍。

我坚信，实践最可贵！实践出真知！早年学习毛泽东同志《实践论》，实践的观点就已经深入骨髓。全部社会生活在本质上是实践的。实践观点是马克思主义哲学首要的、基本的观点。检察工作作为社会政治生活内容之一，在本质上也是实践的。物有甘苦，尝之者识；道有夷险，履之者知。无论是从个人的经历感悟，还是从近些年湖北检察事业发展历程，我都愈来愈体会到实践的重要性，体会到实践构成了检察事业发展的动力；检察实践是检验检察理论正确与否的唯一标准；检察工作发展的过程，不过是检察人的实践活动在时间和空间中展开的过程，是一个不断积累经验、不断总结提高、不断深化理性的过程。时至今日，回顾起来，在经验与教训同存、机遇与挑战同在、顺利与阻滞同行的检察实践历程中，无外乎有三条是须臾不可忘记、始终要把握的：

一则检察实践的客观性。实践具有物质性。这既决定着检察实践是检察事业发展的基本途径，更为重要的是，检察实践的水平、广度、深度和发展过程，都受制于客观条件的制约，正所谓检察工作的形势和检察发展的阶段性特征，决定着一定时期检察工作发展思路、目标、任务和措施。任何检察实践无不打着社会历史性的烙印，脱离社会历史条件，就会违背历史唯物主义，必然也不会成功。

二则检察实践的能动性。实践是有目的、有意识能动改造世界的活动，是主观见之于客观的活动。恩格斯说，意识是地球上“美丽的花朵”，这是对能动性的生动描绘。实践就是“做或行动”，是“人类特殊的能动性”，即“自觉能动性”。这种能动性不仅仅反映为有目的性和计划性地朝着目标和蓝图前进，更是支撑我们的检察实践在遇到艰难险阻时的坚持、坚守、坚韧不拔的行动力量。譬如推进检察一体化、“两个适当分离”等改革过程中，虽然许多高层领导和资深专家认为“湖北实践”都是正确的，但是，无论检察机关内部还是法学理论界，仍然存在较大争议和分歧，但理念的力量支持我们保持住了改革创新的毅力和恒心，最终靠实际成效回应了质疑，逐渐达到了思想认识上的统一，得到了越来越广泛的认可。又如，建立规范司法“倒逼”机制之初，有一些同志包括个别检察机关的领导干部持怀疑态度，认为“近乎苛刻的限制”会影响甚至削弱办案工作。但经过深思熟虑后的坚决行动表明，既解决了不规范“顽症”，又更新了司法理念，实现了改造客观世界和改造主观世界的统一。

三则检察实践的规律性。规律是事物发展过程中固有的、本质的、必然的、稳定的联系。毛泽东同志讲，人们要想得到工作的胜利即得到预想的结果，一定要使自己的思想合于客观世界的规律性，如果不合，就会在实践中失败。检察实践是检察认识的基础；检察工作规律性的认识即检察范畴真理的标准，亦只能是检察实践。要尊重检察规律、把握检察规律，并在不断深入的实践中持续深化对检察工作规律性的认识，唯有如此才能使思想之花结出实践之果。譬如，我们按照检察工作整体性、统一性和检察权运行规律，把“检察工作一体化”和“两个适当分离”作为事关检察机关领导体制和检察权运行方式的根本问题和基本问题来研究探索，极大地促进了检察事业发展。

坚持检察实践，就要防止和克服检察工作的教条主义、主观主义、经验主义。马克思主义不是教条，中国特色社会主义检察理论亦不是教条，教条主义照搬理论的“本本”，理论与实际脱节，使理论成为无源之水、无本之木，会成为检察事业生命力的桎梏；主观主义以为只有理性靠得住，甚至从主观意愿出发推进工作，忽视规律性和客观实际，也会使检察事业碰壁；经验主义只看到事物表面的、片面的东西，以经验代替理论，忽视理论对实践的指导作用，以一孔之见和一得之功而沾沾自喜，于检察事业长远发展有害而无益。

我亦深知，行之力则知愈进，知之深则行愈达。坚持知行统一，坚持理论与实践相结合，才能推动检察事业不断发展进步。实践、认识、再实践、再认识，这种形式循环往复以至无穷，而实践和认识之每一个循环的内容，都比较地进到了高一级的阶段，这是辩证唯物论的知行统一观。一切从实际出发，理论联系实际，实事求是，在实践中检验真理和发展真理，这是我们党的思想路线。回顾这些年湖北检察业务、改革、队伍建设的实践，无不体现着知行统一、知行相促、螺旋上升的过程。首先，由实践产生感性认识。所谓认识自实践始。我们尤其注重问题导向，鼓励基层首创，通过广泛的调查研究，把基层一线实践中丰富的经验和大量的问题收集起来、归结起来，丰富对检察检察工作的感性认识。其次，由感性认识到理性认识（理论创新）。所谓认识的第一次飞跃。“没有革命的理论，就没有革命的运动。”我们高度重视检察理论创新和制度创新，建立了检察发展研究中心、中国检察学研究会基础理论专业委员会等平台，以此为依托科学研究论证，深化对检察工作规律性的认识，把基层经验抽象化、系统化、理论化，上升为制度机制。再次，由新理论指导新实践。所谓从理论到实践的第二次飞跃。我们勇于将规律性认识、理论化制度大胆付诸检察实践，以科学理论为指引制定目标、方案、措施，使之符合法律、符合规律、符合大局、符合民意、符合理念、符合实际，让理论转过来为实践服务，接受实践检验，在实践中推动工作发展和理论完善。当然，这一过程并不是轻易的。从现象到规律的认识是艰难的，转变、统一和更新思想观念是艰难的，把理论、制度、思路、措施全面彻底地落实到各项检察工作中也是艰难的。所幸的是，山积而高、泽积而长，湖北检察同仁十分给力，以咬定青山不放松的恒心和毅力，顽强地坚持下来，持续用劲，久久为功，破坚冰、涉深水、啃硬骨头，终于赢得了良好的阶段性成果。试问检察事业何处去？科学的理论和近些年湖北检察工作实践都坚定给出了这样的回答：唯有坚持检察实践，在实践中不断深化对检察工作规律性的认识，并以被实践检验证明是科学的理论指导进一步的检察实践，才能不断健全和完善中国特色社会主义检察制度，推动检察事业全面发展进步。

习近平总书记讲，干在实处、走在前列。经过近10年的坚持实践、深化实践、创新实践，湖北检察事业硕果累累，发展水平快速跃升。本书18个方面的归纳，是全面系统的，主要是以下十条：一是检察工作方针政策体系逐步发展完善，从“加强和改进检察工作”到“以‘四个全面’为统领推动检察事业全面发展进步”，从“三个体系”到“五个检察”，始终适应形势、引领发展；二是检察工作法治化和检察公信力“两个主基调”贯穿检察工作全过程，根植广大干警心中；三是检察一体化理论和实践极大丰富发展，全省“上下一体、横向协作、内部整合、总体统筹”的机制健全完善、合力显著增强，受到广泛认可、采纳和推行，令人欣慰；四是“三个适当分离”理论和实践全国首创，司法办案、诉讼监督、司法行政管理协调发展、相互促进；五是司法办案工作平稳健康发展，走出了一条既敢办案、能办案、办大案，又理性、平和、文明、规范办案的新路子；六是诉讼监督工作由弱变强，基本实现了制度化、规范化、程序化、体系化；七是司法和监督工作规范化建设深入推进，一批顽症痼疾得以解决，自身监督和管理体系基本健全，实现了从被动到主动、从倒逼向自觉的转变，走在了全国检察机关前列；八是司法体制改革和检察改革取得重大突破，基层检察院内部整合、司法责任制等创造了“湖北模式”，形成了“湖北品牌”，更为可喜的是，相关做法被高检院作为可复制、可推广的模式在全国推开，丰富和发展了中国特色社会主义检察理论和实践；九是高标准、高质量、高水平地完成了有重大影响的专案办理任务，打赢了办理重大复杂敏感案件的法律仗，实现了三个效果有机统一，并系统总结办案经验和专案工作机制，得到了中央、高检院、省委充分肯定；十是检察队伍建设“六项工程”一抓到底，新型检察院建设深入推进，锻造出了一支政治过硬、业务过硬、责任过硬、纪律过硬、作风过硬的检察生力军。所有这一切的根基，只能在于丰富而鲜活的实践。

社会实践是群众的实践。检察实践是检察人的实践。一万多名检察干警的集体智慧和辛勤汗水谱写了湖北检察实践10年的壮丽篇章，而我只是其中的一分子。衷心感谢中央、高检院、省委领导厚爱关怀！衷心感谢社会各界的大力支持！衷心感谢湖北省检察院班子成员的精诚团结和协力进取！衷心感谢全省检察干警火热的检察实践行动！

敬大力

2015年12月

目　录

Catalogue

第二章　检察工作方针政策、总体思路和基本要求

第三章 检察工作法治化和检察公信力“两个主基调”

第四章　检察机关群众工作

第五章　检察一体化

第六章 两个适当分离

第七章 维护社会和谐稳定

第八章　查办职务犯罪

第九章　对诉讼活动的法律监督

第十章 检察预防工作

第十一章 司法和监督工作规范化及自身监督制约

第十二章　检察管理

第十三章　司法体制改革与检察改革创新

第十四章　检察队伍建设

第十五章　检察机关组织体系及基本办案组织

第十六章 检察基层基础工作

第十七章 检务公开和检察宣传

第十八章　检察理论和应用研究

第一章
坚定政治方向，坚持服务大局

1 充分发挥检察职能作用，为经济社会发展与和谐湖北建设服务*

这次武汉城市圈检察院检察长座谈会是贯彻落实省委、高检院关于检察工作要为党和国家工作大局服务的重要指示和全省检察长会议精神，坚持以科学发展观统领检察工作、按照构建社会主义和谐社会的要求加强和改进检察工作，研究部署全省检察机关为武汉城市圈建设和全省经济社会发展、和谐湖北建设服务的一次重要会议，也是全省检察机关服务大局系列座谈会的第一个会议。省委、省政府主要领导同志对我们这次活动非常重视，作了重要批示。3月27日，中共中央政治局召开会议，专门研究促进中部地区崛起工作，强调促进中部地区崛起是从我国现代化建设全局出发作出的重大决策，是落实促进区域协调发展总体战略的重大任务，要求全面落实中央确定的促进中部地区崛起的重点任务和政策措施，扎扎实实做好促进中部地区崛起的各项工作。我们召开这次会议的目的，就是要按照科学发展观、构建社会主义和谐社会、实施“十一五”规划和促进中部地区崛起对检察工作提出的新要求，充分发挥检察职能作用，积极探索检察机关为党和国家工作大局服务的新途径、新方法、新举措。刚才，各位检察长围绕省院《关于充分发挥检察职能为经济社会发展与和谐湖北建设服务的意见》（以下简称《意见》）稿，进行了踊跃发言、热烈讨论，交流了本地检察机关服务大局的经验，介绍了发挥检察职能为武汉城市圈建设服务的打算，

---

* 2006年3月30日敬大力同志在武汉城市圈检察院检察长座谈会上的讲话。

对省院《意见》稿的修改完善提出了好的建议，讲得都很好。省院将根据大家提出的意见和建议，对《意见》进行认真修改，争取早日下发实施。

一、检察工作要服从和服务党和国家工作大局，努力提高为经济社会发展与和谐湖北建设服务的本领

面对新的形势，做好当前和今后一个时期的检察工作，最重要的是要全面贯彻落实科学发展观，把科学发展观作为检察工作必须长期坚持的重要指导思想。以科学发展观统领检察工作，就必须紧紧围绕党和国家工作大局，充分履行检察职能，为经济社会发展与构建社会主义和谐社会服务。

第一，要清醒认识检察工作服从和服务党和国家工作大局的重要性。检察工作服从大局，就是要按照大局的要求开展工作；服务大局，就是要立足检察职能积极探索为大局服务的方法和途径。只有胸怀全局、把握大局，才能找准检察机关的位置，进而才能制定和实行正确的检察工作发展战略，使科学发展观的要求具体落实到检察工作中去，保证检察事业健康发展；只有服从和服务大局，在大局下行动，才能适应国家政治经济文化社会建设的需要，赢得党和人民群众的信任与支持；也只有做好为大局服务的工作，促进经济社会发展，才能体现检察机关应有价值，并为自身发展创造环境、奠定基础。因此，检察工作服从和服务于党和国家工作大局，是贯彻落实科学发展观的根本要求，是实践“立检为公、执法为民”宗旨、落实检察工作主题和总体要求的基本途径，是讲政治、讲大局的具体体现。对此，我们必须始终保持清醒头脑，坚持把服从和服务党和国家工作大局作为一项重大政治任务，在检察工作中服从大局不含糊、服务大局不动摇，始终保持检察工作正确的政治方向。

第二，要始终保持检察工作在党和国家工作大局中的准确定位。检察工作服从和服务党和国家工作大局，首先要认清大局是什么，然后从自身的性质和职能出发，理清大局与检察工作的联系，明确大局对检察工作的要求，从而找准检察工作在大局中的位置，确定

检察工作服务大局的切入点、着力点。当前，全省上下正按照省委部署，为实现“十一五”时期我省经济社会发展目标，把湖北建设成为促进中部地区崛起的重要战略支点而奋斗。我们要深刻认识这一大局，服从和服务这一大局，紧紧围绕工业强省战略实施，围绕社会主义新农村建设，围绕重大基础设施项目建设，围绕武汉城市圈建设，围绕县域经济发展，围绕国有企业、金融体制、医疗卫生体制等经济社会改革，围绕实施科教兴鄂和人才强省战略，围绕全面推进和谐湖北建设，立足检察职能，充分发挥职能作用，为这些战略举措的实施创造良好法治环境。全省检察机关在服务大局，促进经济社会发展与和谐湖北建设上应当有所作为，也大有可为。要把履行检察职能作为服务大局最基本、最直接、最有效的途径，全面强化各项法律监督职责，坚决打击各种刑事犯罪，保障和谐安定的社会环境；加大对严重经济犯罪的打击力度，保障公平有序的市场环境；严肃查办和积极预防职务犯罪，保障廉洁高效的政务环境；努力提高准确适用法律和执行政策的水平，保障良好的法律政策环境；强化对诉讼活动的监督，保障公平正义的司法环境。

第三，要不断增强检察工作为党和国家工作大局服务的本领。检察工作服从和服务大局，就要紧紧围绕经济社会发展与和谐湖北建设开展工作，把服务大局贯穿于办案的各个环节，不能脱离大局就办案抓办案；同时，要通过严格执法、文明办案、加强监督为大局服务，不能脱离办案空谈服务，不能超越职能搞服务。要把检察职能与大局工作紧密结合起来，不断提高检察机关为党和国家工作大局服务的本领。要全面贯彻落实科学发展观，增强大局意识，加强学习，提高从大局出发观察、分析和处理法律监督问题的能力；端正执法指导思想，准确把握大局对检察工作的要求，找好检察工作服务大局的结合点、切入点，转变工作思路，明确工作重点，提高在大局中统筹兼顾、驾驭检察工作全局的能力；树立与新形势要求和市场经济相适应的执法理念，解放思想，积极探索，提高不断拓展为大局服务领域的务实创新能力；正确认识和处理好检察工作服务大局有所作为、大有作为与立足职能、科学定位的关系，执行法律与执行政策的关系，服从上级检察机关与服从当地党委的关系，打击与服务的关系，严格依法履行职责与加强同有关部门协作配合和社会各界沟通联系的关系，从思想和部署上把握为大局服务的正确方向与在工作中具体抓落实的关系，改进服务的方式方法与注重服务内容、务求服务实效的关系，统一执法思想，端正服务态度，制定落实为大局服务的政策性意见和工作措施，努力提高正确处理利益关系的能力，实现检察工作的法律效果与政治效果、社会效果的有机统一。

二、检察机关要加强同社会各界的沟通和联系，倾听人民群众呼声，以党和人民是否满意检验检察工作成效

党和国家工作大局是人民群众根本利益所在，是社会各界共同关注的焦点。检察机关提高为大局服务的水平与效果，就必须加强同社会各界的沟通联系，广泛听取人民群众的意见，切实在检察工作中维护好、实现好、发展好人民群众的根本利益。

一方面，要广泛听取社会各界的意见，增强检察工作服务大局的针对性。检察工作做得好不好，服务大局效果强不强，必须以人民群众高兴不高兴、满意不满意、赞成不赞成为根本标准，接受人民群众的检验。因此，检察工作要坚持以人为本，加强同社会各界的联系，全面了解社情民意，倾听人民群众呼声，顺应人民群众意愿，按照人民群众要求加强和改进检察工作，依靠人民群众做好各项检察工作。要遵循“从群众中来、到群众中去”的工作方法，深入企业、深入学校、深入乡镇、深入社区，深入经济建设第一线、深入社会发展最前沿，多关注经济社会发展动态，多了解企业家在想什么，多听取社情民意，多征求社会各界和人民群众对检察工作的建议、批评和意见，制定落实有针对性的服务经济、服务企业、服务农村、服务社区、服务群众的措施，提高检察机关为大局服务的水平。为了增强《意见》的针对性、可操作性，除了这次会议先内部征求大家意见外，我们还将于近期召开4个座谈会，与大型国有企业、高新技术企业、民营企业、重大工程建设单位、金融单位、

医疗卫生单位、高等院校、农村基层组织的负责人和人大代表、有关专家及省直职能部门负责人等进行座谈，广泛征求听取意见。

另一方面，要推动形成检社互动的机制，增强检察工作服务大局的有效性。全省检察机关要坚持以促进经济社会发展的实际举措服务于民，以严格公正文明执法的实际成效取信于民，形成检察机关与人民群众和社会各界良性互动的经常性工作机制。要完善落实举报制度、检察长接待日制度、依靠群众举证和办案制度、与人大代表政协委员联系制度、与有关机关和部门的协作配合和联席会议制度、人民监督员制度、专家咨询制度、新闻发布会制度、检务公开制度等，切实畅通检察机关与人民群众和社会各界的联系沟通渠道，形成依靠群众加强和改进检察工作的机制，推动检察工作健康发展。同时，要积极探索有效途径，如建立完善情况通报和意见反馈制度、检企联席会议制度、检银协作制度、开展检校共建、送法进企、送法下乡、上门走访、共同预防、共同调研等多种方式，推动形成检社互动互助机制，增强联系沟通，使检察工作融入大局、贴近群众、服务社会，争取和赢得人民群众、社会各界对检察工作的理解、支持与信任。正是出于这样的考虑，省院在制定《意见》时，不仅仅是发个文件，更重要的是以制定《意见》为平台，进一步实际地推动检察机关与社会各界的沟通联系，把制定《意见》的过程搞成检社互动的过程、向社会各界表达服务意愿的过程、争取人民群众理解与支持的过程，通过《意见》的制定实施，形成经常性的联系沟通机制和服务大局的良好氛围，树立检察机关良好形象。前不久，我到武汉市青山区院调研了解到，他们把查办案件与服务企业有机统一，注重加强与发案单位的联系沟通，改进办案方式方法，主动帮助企业建章立制、堵塞漏洞、加强管理，既有力查办了案件，又受到企业的称赞与欢迎，形成了良性互动，效果很好。这说明，检察工作与经济工作并不矛盾，我们查办案件与企业经营不是对立的关系，目标是一致的，是为企业发展服务的。因此，我们要总结推广青山这样的好经验，通过加强检社互动，增强为社会服务的效果，让人民群众认为检察机关是可亲可敬、值得信赖的，让党委和政府认为检察机关是忠诚可靠、不负重托的，让社会各界认为检察机关是保障、是支持，提升检察执法的公信度、美誉度。

三、检察机关要积极为武汉城市圈建设服务，探索建立适应“区域一体化”的检察机关协作配合工作机制

检察工作服务大局，要紧密结合本地实际，找准切入点，才能取得最佳效果。全省检察机关特别是对武汉城市圈检察院来说，为大局服务的最佳途径和重要任务，是充分发挥检察职能，为武汉城市圈建设服务。

第一，要充分认识为武汉城市圈建设服务的重大意义。加快武汉城市圈建设，是省委贯彻落实科学发展观、促进区域协调发展的战略部署，是培育湖北加快发展的重要增长极和战略支点的重大举措，是我省“十一五”规划的重要内容，不仅关系到城市圈各市，更关系到全省的经济社会发展，乃至整个中部地区的崛起和中央促进区域协调发展总体战略的实施。因此，城市圈检察院服从和服务大局，首要的是服从和服务武汉城市圈建设。能否抓住中部地区崛起的重要战略机遇、加快湖北振兴崛起的步伐，很大程度上取决于武汉城市圈的辐射带动作用发挥如何。因此也可以说，检察机关为武汉城市圈建设服务的效果如何，很大程度上决定了为全省经济社会发展服务的效果如何；而且，大家把为城市圈建设服务的工作做好了，还会对全省检察机关服务经济社会发展工作起到重要的辐射带动作用。城市圈检察院要深刻认识肩负的重任，切实增强服务大局的自觉性和责任感，把发挥检察职能为武汉城市圈建设服务作为一项重要任务，扎实抓紧抓好。

第二，要努力为武汉城市圈建设创造良好的法治环境。要坚持用科学发展观和省委关于加快武汉城市圈建设的战略决策统一思想，自觉破除本位主义、地方保护主义和对不同企业实行不平等待遇的执法观念，牢固树立执法为民、服务为本的执法观，维护法制统一、保护平等竞争的执法观，平等保护各类市场主体的执法观，努力促

进城市圈基础设施、产业布局、区域市场、城乡建设的一体化；发挥检察职能作用，依法打击各类刑事犯罪，严惩破坏市场秩序的经济犯罪，特别是对伴随着城市圈经济社会发展融合互动而出现的跨区域犯罪，加大联合打击力度，保障城市圈内良好的社会治安环境；严肃查办滥用审批权、执法权贪污受贿、徇私舞弊，破坏平等竞争、扰乱市场机制、侵害企业利益的职务犯罪，消除行政分割，保护公平竞争，保障城市圈内产业、市场、交通、科技的有序对接，为城市圈内资源共享、产业融合、企业重组创造良好环境；加强对执法司法活动的法律监督，监督纠正滥用执法权搞地方保护主义导致的司法不公等问题，维护社会公平和司法公正，为城市圈引进大财团、大集团和加快发展产业群创造良好的发展软环境；加强预防职务犯罪工作，保障城市圈重大工程和项目建设的顺利实施；研究制定贯彻宽严相济的刑事政策、促进和谐社会建设的措施，执法中注意把握政策尺度和办案策略，改进办案方式方法，严肃执法纪律作风，注重执法综合效果，依法支持改革者，保护创业者，惩治犯罪者，挽救失足者，教育失误者，努力营造有利于改革、创新、发展，有利于武汉城市圈成为带动全省加快发展的“龙头”、成为全国内陆地区重要经济增长极的社会环境和法治环境。

第三，要加强城市圈检察院之间的联系协作，增强为城市圈建设服务的整体效果。省院倡导和支持武汉城市圈检察院进一步融入和推动区域一体化，积极探索建立工作联系机制，明确各自在城市圈建设中的定位，通过联席会和各种协作配合制度协调动作，加强相互走访、通报情况、联合调研、交流经验等经常性的联系沟通，这也是省院将要推动的“检察工作一体化”机制的一个重要方面；建立业务对接机制，加强情报交流、分工管辖、案件移送、异地关押、协查协助、纠纷调处等协调联动办案工作，促进检察业务相互衔接；建立合作机制，加强相互间干部挂职培养，制定实施统一的执法政策，联合开展预防犯罪、服务大局的活动，实现城市圈内检察资源的优化配置与合理利用，合力营造有利于城市圈建设的法治环境；建立互助机制，武汉等中心城市检察院对口支援周边地区基层院建设，不同地区基层院之间加强平等协作和相互支持，形成共同发展的格局。省院有关部门要加大对武汉城市圈检察院的指导协调力度，积极支持和推动城市圈检察院加强协作、协调互动发展，辐射和带动全省检察工作协调健康发展。

2 认真学习中央《决定》，积极服务改革发展稳定大局*

今天，省院党组中心组围绕中共中央《关于进一步加强人民法院、人民检察院工作的决定》（以下简称《决定》）这个中心内容进行了认真学习。大家结合分管工作分别谈了学习体会，讲得都很好。下面，我主要侧重检察工作服务大局这个重要问题讲一讲学习体会。

中央专门就加强人民法院、人民检察院工作作出决定，意义重大，影响深远。《决定》开宗明义，指出进一步加强两院工作，就是要促进司法公正，营造和谐稳定的社会环境和良好的法治环境，保障全面建设小康社会的顺利进行。这充分体现了中央赋予“两院”的一项重要的历史使命，就是要求“两院”充分发挥职能作用，为党和国家的工作大局服务。这也是《决定》根本的指导思想，是加强“两院”工作的根本目的所在。我们学习贯彻《决定》，首先必须紧紧抓住这一点，按照《决定》的要求，充分发挥检察职能作用，积极主动地为大局服务，不断提高服务大局的能力与水平。

一、检察机关要讲政治讲大局，以高度的使命感加强和改进检察工作

《决定》深刻阐明了法院、检察院的性质、地位、重要使命、重大职责，明确指出：“充分发挥司法机关的职能作用，通过司法手段处理经济、社会、文化等事务，是提高我们党依法执政能力的客

---

* 2006 年 5 月 26 日敬大力同志在湖北省人民检察院党组中心组学习中共中央《关于进一步加强人民法院、人民检察院工作的决定》时的发言。

观要求”。对此，我们要从政治、全局的高度，深刻领会，准确把握。一是要充分认识司法手段具有重大的政治意义，是当前的一种重要的治国手段，在依法治国的背景下，司法手段也是执政手段，不仅具有法律意义，更具有重大的政治意义；二是要充分认识强调司法手段的作用是我们党执政手段的一次重大变革，在采取行政措施、政策措施等传统执政手段的同时，明确提出要以司法手段处理经济、社会、文化等事务，这是执政观念上的与时俱进；三是要充分认识司法能力是执政能力的重要组成部分，检察机关不断提高法律监督能力，使检察工作体现时代性、把握规律性、富于创造性，是加强党的执政能力建设的重要内容。我们必须树立检察工作是国家政治的一部分的思想，讲政治、讲大局，自觉地将检察工作融入大局中去。

《决定》要求各级党委为司法机关发挥职能作用创造条件，牢固树立三种意识：即“牢固树立提升经济水平，必须进一步提升法治水平的意识；牢固树立优化经济环境，必须优化法治环境的意识；牢固树立维护党和国家的权威，必须进一步维护宪法和法律权威的意识”。这也对检察机关今后的工作提出了新要求、指明了方向。就是要求我们必须充分履行法定职责，提升执法水平和推进依法治国进程，营造良好的法治环境，维护宪法和法律权威，从而促进提升经济水平、优化经济环境、维护党和国家的权威。

《决定》还明确指出，司法机关要切实提高四种能力，即“维护国家安全和社会稳定的能力，保障社会公平和正义的能力，运用司法手段化解社会矛盾的能力，服务经济建设、促进改革发展的能力”。对这四种能力的内容和提法进行分析，我们也可以清楚看到，中央也是从政治的角度、从大局的角度来提要求的。维护国家安全和社会稳定、保障社会公平和正义、运用司法手段化解社会矛盾、服务经济建设与促进改革发展，都事关改革发展稳定的大局，都是大局工作的重要组成部分。司法机关围绕这四个方面提高执法司法能力，归根结底就是要提高服务大局的能力。我们要深刻认识检察机关肩负着贯彻依法治国基本方略的重要使命，在巩固党的执政地位，维护国家长治久安，保障人民群众安居乐业，促进“三个文明”建设与和谐社会建设中负有重大责任，自觉履行法律监督职能，不断提高为大局服务的能力与水平。

《决定》可以说通篇贯穿了司法机关要服务大局的思想。我们学习贯彻《决定》，要把思想统一到《决定》精神上来，必须坚持讲政治、讲大局，进一步增强使命感和责任感，坚持检察工作服从和服务于党和国家的中心工作，努力做到“五个务求”：一是务求根据大局的要求把握检察工作的方向。坚持把服从和服务党和国家工作大局作为一项重大政治任务，在检察工作中服从大局不含糊、服务大局不动摇，始终保持检察工作的正确方向。二是务求根据大局的要求确定工作重点。要理清大局与检察工作的关系，明确大局对检察工作的要求，找准检察工作在大局中的位置，确定检察工作服务大局的切入点、结合点和着力点，明确重点打击什么，保护什么。三是务求根据大局的要求确定检察工作的政策和策略。在执法中要注重把握政策尺度，讲求办案策略，依法支持改革者，保护创业者，惩治犯罪者，挽救失足者，教育失误者，实现法律效果与政治效果、社会效果的有机统一。四是务求根据大局的要求安排和调整检察工作措施。要不断适应党和国家工作大局对检察工作的新要求，在服务中履行职能，在履行职能中搞好服务，不断提高服务水平与实效，加强和改进检察工作。五是务求根据大局的要求提升检察工作能力和水平。要紧紧围绕党和国家的工作大局，以公正执法为核心，以检察改革为动力，全面加强自身建设，全面提高队伍整体素质和公正司法水平，提升检察工作的公信力和美誉度。

二、充分发挥检察职能作用，为党和国家的工作大局服务

我们要充分发挥检察职能作用为改革发展稳定大局服务，关键的就是要努力营造和谐稳定的社会环境和良好的法治环境，具体化为营造和谐稳定的社会环境、规范有序的经济环境、公平公正的法治环境、廉洁高效的政务环境、宽严相济的政策环境。我们提出的

"五个环境"是符合《决定》精神的，是落实《决定》精神的具体工作要求，是结合检察业务职能对中央要求的细化和延伸。全省检察机关要紧紧围绕改革发展稳定的大局，抓住人民群众反映强烈的突出问题，充分发挥惩治犯罪、化解矛盾和维护稳定的职能作用，努力为湖北的和谐稳定与经济社会发展营造"五个环境"：

一是努力营造和谐稳定的社会环境。要始终把维护国家安全和社会稳定作为检察机关的首要任务，充分发挥批捕、起诉、监所检察职能，依法打击各种危害国家安全、危害社会治安、破坏社会主义市场经济秩序的犯罪活动。要坚决贯彻中央、省委、高检院的部署，积极参加"打黑除恶"专项斗争，认真落实检察环节社会治安综合治理措施，认真做好未成年人犯罪的检察工作，开展多种形式的法制宣传、检察建议工作，维护社会和谐稳定。要加大解决涉检信访的工作力度，注意运用法律手段化解矛盾纠纷。

二是努力营造规范有序的经济环境。要加强与行政执法部门的协作配合，促进"信用湖北"建设。重点打击偷税骗税、金融诈骗、制假售假、非法经营、走私、洗钱、传销等犯罪案件，平等保护各类市场主体的合法权益，积极参与治理商业贿赂工作，依法查办、批捕、起诉与预防商业贿赂犯罪，努力营造公平竞争的市场秩序。要依法打击侵犯知识产权犯罪与破坏环境资源的犯罪，推动创新型社会建设与资源节约型、环境友好型社会建设。

三是努力营造公平公正的法治环境。要加大监督力度，强化监督措施，创新监督机制，提高监督实效。依法行使刑事立案监督职能、侦查活动监督职能、刑事审判监督职能、刑罚执行和监管活动监督职能、民事行政检察监督职能，进一步强化对诉讼活动的法律监督，维护司法公正，保障社会公平正义。要扎实开展查办和预防司法与行政执法不公背后的职务犯罪专项工作，通过查办职务犯罪强化法律监督，有力维护社会公正。要以强化法律监督、维护公平正义的实际行动，树立检察机关法律监督权威和社会公平正义维护者的形象。

四是努力营造廉洁高效的政务环境。要依法查办和预防贪污贿赂、渎职侵权等职务犯罪，特别是要落实“司法为民”要求，严肃查办国家机关工作人员利用职权侵犯人民群众合法权益的犯罪，重大责任事故背后的职务犯罪，放纵制售伪劣商品特别是制售假药和有毒、有害食品行为的职务犯罪，以及非法拘禁、刑讯逼供等职务犯罪，积极开展职务犯罪预防工作，促进依法行政、廉洁从政。

五是努力营造宽严相济的政策环境。要慎重对待经济社会发展中的新情况新问题，严格把握法律政策界限，把宽严相济政策落实到检察机关执法办案的各个环节。准确掌握宽严尺度，做到当宽则宽，该严则严，既有力打击和震慑犯罪，又对未成年人犯罪、初犯、从犯、偶犯和轻微犯罪案件，从教育、感化和挽救出发，根据案件具体情况，可捕可不捕的不捕，可诉可不诉的不诉。

三、当前我省检察机关服务大局的几个重点方面

省院党组经过认真讨论，已经原则通过了《关于充分发挥检察职能为改革发展稳定大局服务的意见》。这个意见共二十条，我们可以把它简称为“服务大局二十条”。“服务大局二十条”是一个综合性、纲领性、政策性的文件，是对我省检察机关服务大局的总的指导意见和总体要求。全省检察机关要认真学习贯彻“服务大局二十条”，当前，要突出抓好以下几个重点方面：

一是服务促进中部崛起战略的实施。中部崛起是党中央继实施鼓励东部地区率先发展、西部大开发、振兴东北地区老工业基地战略后，作出的事关全局的又一项重大战略决策。中央、省委提出了实现湖北“经济社会发展走在中西部前列，努力成为促进中部地区崛起的重要战略支点”的奋斗目标。在实施中部崛起战略中，检察机关不能置之局外，要有所作为，“吾检有责”。我们要围绕能源水电、商贸流通、交通运输、原材料基地、商品粮基地建设，老工业基地振兴，高新技术产业发展等，依法惩治与预防影响实施中部崛起战略的违法犯罪活动；要围绕区域经济协调发展的总体战略，适应城市群发展需要，加强各地检察机关特别是武汉城市圈检察院之间的联系协作，建立健全工作联系、业务对接、办案协调、合作互

助机制，不断提高执法水平、服务水平。

二是服务社会主义新农村建设。湖北是农业大省，解决“三农”问题、推进新农村建设对湖北的经济社会发展非常重要。全省检察机关要切实发挥职能作用，积极服务社会主义新农村建设。要严厉打击害农的刑事犯罪，积极营建安农的治安环境；依法铲除坑农的经济犯罪，积极营建富农的发展环境；严肃惩治损农的职务犯罪，积极营建惠农的政策环境；监督纠正侵农的执法行为，积极营建护农的法治环境；及时化解涉农的矛盾纠纷，积极营建稳农的社会环境，为建设“生产发展、生活宽裕、乡风文明、村容整洁、管理民主”的社会主义新农村发挥更大作用。

三是服务“平安湖北”建设。全省检察机关要坚决贯彻“严打”方针，充分发挥批捕、起诉等职能，与公安、法院等部门密切配合，严厉打击各类严重刑事犯罪。积极参与对治安问题突出的重点地区、重点部位的集中整治，参与对流动人口、刑释解教人员、未成年人犯罪的教育管理和安全文明社区创建活动，增强社会治安防控能力。结合检察职能积极开展矛盾纠纷排查调处工作，妥善处理群体性、突发性事件，有效化解和减少社会不安定因素。

四是服务湖北省党风廉政建设。密切关注当前职务犯罪的特点和动向，充分发挥查办和预防职务犯罪职能，突出查办大案要案，严肃查办和积极预防党政领导机关、行政执法、司法等部门的国家工作人员利用行使经济监管、社会管理、公共服务、执法司法等职务之便，贪污受贿、滥用职权、玩忽职守、徇私舞弊，破坏市场法治环境，侵害投资、经营者权益，严重危害经济社会发展的犯罪案件，努力从源头上减少和预防职务犯罪的发生。

五是服务湖北省“十一五”规划实施。要围绕我省的发展目标、指导方针和总体部署，找准检察工作服务“十一五”规划的切入点、着力点，实行检察工作与发展项目对接；要坚持群众路线，制定有针对性的服务经济、服务企业、服务农村、服务社区、服务群众的措施。

3 增强大局观念和政治意识，加强和改进法律监督工作*

为改革发展稳定大局服务，是社会主义法治理念的重要内容，是检察工作的重要使命。2003 年以来，在高检院和湖北省委的正确领导下，我省检察机关坚持以统一执法思想为主线，加强检察业务与队伍建设，全面履行法律监督职能，为改革发展稳定大局作出了积极贡献。今年，我们认真贯彻全国检察长会议精神，坚持以科学发展观统领检察工作，按照构建社会主义和谐社会的要求加强和改进检察工作。中央部署社会主义法治理念教育后，我们以社会主义法治理念为指导，积极适应检察工作的新形势新任务新要求，针对工作中的薄弱环节，进一步加强和改进检察工作，不断增强服务大局的自觉性、主动性和有效性。

一、增强大局观念和政治意识，积极探索检察工作服务大局的正确途径和有效方法

去年以来，中央和湖北省委就建设社会主义和谐社会、实施“十一五”规划、建设社会主义新农村、促进中部地区崛起、加快“武汉城市圈”建设等作出重大战略部署。为实施这些战略举措营造和谐稳定的社会环境和良好的法治环境，是我省检察机关的重要政治任务。为此，省院党组决定组织服务大局系列活动，广泛征求社会各界的意见，增强检察工作服务大局的针对性、有效性。我们在 3 月下旬召开“武汉城市圈”9 市检察院检察长座谈会后，又相

* 2006 年 6 月 30 日敬大力同志在第十二次全国检察工作会议上的发言。

继召开为社会主义新农村建设服务、为国有企业与高新技术产业发展服务、为金融改革与发展服务等系列座谈会，同时深入社会各界、全省各级检察院征求意见。通过开展系列活动，一是推动了检社互动。共邀请55名社会各界人士参加座谈，其中省直厅局负责人9人，市县、乡镇党政领导12人，专家学者、国有企业、民营企业、高新技术产业、金融机构、农村基层组织负责人34人，具有很强的代表性和广泛性，他们表达了与检察机关加强联系沟通的热切愿望，对检察机关服务大局的责任意识和主动性给予了积极评价，提出了许多具体的意见和建议。二是推动了检察机关交流互助。全省有81名检察长参加了这次系列活动，交流服务大局的经验，探讨进一步做好服务大局工作的有效措施。三是通过听取专家学者、职能部门负责人介绍大局工作，我们进一步明确了改革发展稳定大局对检察工作的要求，开拓了视野，理顺了思路。

经过广泛征求意见，省院于5月下旬制定了《关于充分发挥检察职能为改革发展稳定大局服务的意见》（以下简称《意见》）。《意见》贯彻社会主义法治理念的要求和中央关于加强“两院”工作决定的精神，明确了我省检察机关服务大局的总体要求、基本任务、政策策略以及主要工作措施，体现了政策性、指导性与操作性的有机结合。《意见》的形成过程，实际上是检察机关向社会各界表达服务意愿、加强沟通联系、争取人民群众理解与支持的过程，也是对全省检察干警加强教育、增强大局观念和政治意识的过程。这次系列活动得到了省委、高检院领导的重视与支持。省委同意并转发省院的《意见》，要求“各级党委加强和改善对人民检察院工作的领导，为人民检察院依法独立行使检察权提供有力支持和坚强保障，为人民检察院更好地发挥法律监督职能作用创造条件。全省各级人民检察院要不断增强大局观念，自觉接受党的领导，切实发挥职能作用，维护全省改革发展稳定大局”。

二、加强和改进法律监督工作，切实提高检察工作服务大局的水平与实效

我们坚持把充分履行法律监督职能作为检察机关服务大局的最基本最有效的手段，自觉把检察工作置于大局之中思考与谋划，围绕大局确定工作重点、政策策略以及方式方法，积极服务改革发展稳定大局。

（一）努力保持执法办案的平稳健康发展

当前反腐败斗争形势依然严峻，要营造廉洁高效的政务环境，检察机关必须保持执法办案工作的平稳健康发展。为了解决一些地方立案持续走低、无罪判决较多、违法违纪现象时有发生、偶发办案安全事故等问题，我们全面推行执法办案综合考评，树立正确的工作导向；省院、市州分院加大检查督促和指导力度，推动工作健康发展。1～5月，全省共立查职务犯罪案件779件827人，办案工作呈现“五个上升”态势：立案件数和人数同比分别上升9%和7.8%；立查大案407件，同比上升8.5%；立查要案70人（含厅局级干部3人），同比上升2.9%；立查“三机关”工作人员189人，同比上升18.9%；通过办案挽回直接经济损失4011万元，同比上升80.7%。把治理商业贿赂作为今年工作的重中之重来抓，坚持“加大查案力度、把握政策策略、开展专项预防”三管齐下。1～5月全省立查商业贿赂犯罪225件231人。办案工作在出版发行、医药购销领域取得突破，共查办出版发行领域商业贿赂犯罪71件76人，其中大案33件，要案16人；查办医药购销领域商业贿赂犯罪56件57人，其中要案6人。办案中注意正确把握“十条法律政策界限”，认真执行“五个慎重”的办案要求，严格遵守“七个严禁”的办案纪律。结合办案积极开展专项预防，全省检察机关组织百余名检察业务骨干，深入建设、交通、教育、医药卫生、出版发行、政府采购等行业与部门，开展“抵制商业贿赂、维护公平正义”法制讲座；省院先后与省教育厅、卫生厅、食品药品监督管理局召开联席会议，结合已经办理的案件，研究探讨预防商业贿赂的对策，并向

他们提出了预防商业贿赂犯罪的书面检察建议，受到这些部门和有关单位的重视。

（二）加强打击刑事犯罪工作，积极化解矛盾纠纷，努力营造和谐稳定的社会环境

紧紧围绕党委政府的中心工作，针对社会治安中的突出问题，确定打击重点；积极参加“打黑除恶”专项斗争，加大专项打击力度。1～5月，全省共依法批捕各类刑事犯罪6378件9668人，提起公诉5798件8721人，始终保持了对刑事犯罪的高压态势。在工作中，认真贯彻去年湖北省五家政法部门联合制定的《关于刑事证据若干问题的规定（试行）》，提高审查逮捕和起诉工作质量；注意正确运用刑事政策，既有力打击犯罪，又努力减少社会对抗；高度重视处理涉检上访工作，共办理涉检上访、信访案件992件，办结984件，立案复查25件，息诉959件；把解决刑事赔偿久拖不赔问题作为一项事关社会稳定的大事来抓，对23件刑事赔偿积案逐件清理督办，目前绝大多数刑事赔偿案件已执行到位。

（三）强化对诉讼活动的法律监督，努力维护司法公正和社会公平正义

诉讼监督是我省一些地方检察工作的薄弱环节，有的检察人员不能理直气壮地履行法律监督职能，存在不敢监督、不会监督、不善于监督以及监督效果不明显等问题。今年年初，根据全国检察长会议精神，省委要求我们进一步加大监督力度，大力查办司法不公背后的职务犯罪。4月，我们在全省组织开展查办和预防司法与行政执法不公背后的职务犯罪专项工作。对开展专项工作，强调“两个不是一般”与“两个树立”的要求，即不是一般地抓诉讼监督工作，而是要结合查办和预防司法与行政执法不公背后的职务犯罪，将查办职务犯罪作为强化诉讼监督的有力手段；不是一般地抓查办职务犯罪案件，而是要结合人民群众反映突出的各种司法与行政执法不公问题，深查其背后的职务犯罪，通过查办和预防职务犯罪更有效地维护公平正义。通过加强对诉讼活动的法律监督，回应广大

人民群众对执法与司法公正的渴求，树立检察机关法律监督权威，树立检察机关维护公平正义的形象。专项工作开展以来，全省已立查司法与行政执法不公背后的职务犯罪案件 43 件 51 人。

三、加强法律监督能力建设，为检察工作服务大局提供有力保障

针对实际中的突出问题，主要抓了三件事：一是认真开展“三个专项治理”，推进执法规范化建设。我们在进一步完善执法规范体系的同时，突出抓执法不规范问题的集中整治。根据中政委关于深化规范执法行为活动和高检院关于开展纠风专项治理工作的部署，自 3 月起在全省组织开展对受利益驱动违法违规办案、不文明办案、办案安全隐患等突出问题的“三个专项治理”。各地普遍采取自查、上级院抽查以及公布举报电话、走访发案单位等形式，深入查摆、切实整改问题；结合开展“五种情形”监督试点，邀请人民监督员全程参与“三个专项治理”，加强监督；注意把清理问题与加强建设结合起来，积极探索建立防止受利益驱动违法违规办案、不文明办案和办案安全隐患的长效机制，对不严格执行“收支两条线”、“以收定支”的情况认真进行调查摸底，及时向党委汇报情况，提出解决问题的建议。全省检察机关检查清理 2004 年以来办理的自侦案件 4902 件，其中纠正整改 86 件；省院专门下发文件，重申有关办案要求，强调要严格执行《人民检察院扣押、冻结款物工作规定》；省院制定出台关于严禁在办案区违法违规办案的“六条禁令”，各地加大投入改造和完善办案区的安全设施。二是加强检察队伍建设。深入开展社会主义法治理念教育，注重处理好“知”与“行”、“学习”与“实践”的关系，坚持两者并重，在认真学习的基础上努力实践，自觉用社会主义法治理念指导检察工作；坚持把社会主义法治理念教育作为一场深刻的思想教育活动，认真查摆与社会主义法治理念不相符合的十个突出问题，深挖思想根源，力求在思想上真正解决问题。组织全省检察机关队伍状况普查，全面掌握队伍建设情况，找准存在的重点难点问题，增强工作针对性，把

握工作主动权。三是积极创新工作机制。制定贯彻落实高检院进一步深化检察改革三年实施意见的具体工作方案，将 36 项改革任务进行分解，明确责任分工，列出推进和落实时间表。积极推进“上下统一、横向协作、内部整合”的检察工作一体化机制建设，正在研究制定《全省检察机关一体化工作机制建设指导意见》。在全省推行下一级检察院每年两次向上一级检察院报告工作制度，加强上级院对下级院的领导，保障检令畅通，保障服务大局的各项工作任务得到落实。

在为改革发展稳定大局服务中，我们深刻体会到：检察机关只有服务大局，才能对检察工作准确定位，明确职责与使命，保持正确的政治方向；只有服务大局，才能充分发挥检察职能作用，营造和谐稳定的社会环境和良好的法治环境；只有服务大局，才能争取广泛社会支持，促进检察事业的纵深发展。我们将坚持以社会主义法治理念为指导，认真贯彻中央关于加强“两院”工作的决定，按照本次会议的要求，学习兄弟省市的先进经验，进一步加强和改进检察工作，为服务改革发展稳定大局作出新的贡献。

4 确保检察工作的正确方向，更好地服务党和国家工作大局*

我们这次会议的主要任务是：传达贯彻第十二次全国检察工作会议精神、省委八届十次全会精神和省委常委会关于检察工作的指示意见，总结上半年检察工作，部署下半年任务，推动全年各项工作部署的落实。在这次会议上，省院还将听取武汉、宜昌、襄樊、鄂州、孝感等五个市院关于上半年工作的报告，并进行评议。

一、认真学习贯彻第十二次全国检察工作会议精神和省委常委会指示意见，确保检察工作的正确方向

6月28日，最高人民法院、最高人民检察院联合召开贯彻《中共中央关于进一步加强人民法院、人民检察院工作的决定》（以下简称《决定》）大会。6月29日至30日，高检院召开第十二次全国检察工作会议，这是在中央《决定》下发、检察工作进入新的发展时期召开的一次重要会议。省院已将会议文件转发各地，全省检察机关要紧密结合实际，深入学习领会，认真贯彻落实。7月29日，省委常委会听取了省检察院、省法院的汇报，会议指出最高人民法院、最高人民检察院贯彻中央《决定》大会和第十二次全国检察工作会议的精神十分重要，全省“两院”要认真学习，深入抓好贯彻落实，充分发挥职能作用，更好地为湖北的改革发展稳定服务。省委常委会还就加强“两院”领导班子建设、队伍专业化建设、经费保障等问题作出了指示，要求各级党委政府和有关部门按照中央

* 2006年8月3日敬大力同志在湖北省市州分院检察长座谈会上的讲话。

《决定》要求认真研究解决，为加强和改进“两院”工作提供有利条件和可靠保障。全省检察机关要全面落实第十二次全国检察工作会议的要求部署和省委常委会的指示意见，进一步统一思想认识，明确目标任务，强化工作措施，不断推进我省检察事业的创新发展。

全省检察机关要把思想统一到高检院对形势的正确判断和部署的任务上来。当前，随着经济的持续增长、社会的全面进步、依法治国的深入推进，检察事业的发展面临着难得的机遇和有利条件。特别是中央《决定》的下发，充分体现了党中央对法制建设和检察工作的高度重视，为检察工作的发展指明了方向，提供了难得的机遇。但同时，我国正处于人民内部矛盾凸显、刑事犯罪高发、对敌斗争复杂的时期，正处于体制深刻转换、结构深刻调整、社会深刻变革的时期，正处于民主法制建设深入发展、人民群众法治意识不断增强、司法诉求大量增加的时期，检察工作面临着许多新情况新挑战，检察机关自身还存在一些不容忽视的问题。检察机关打击犯罪、化解矛盾，维护战略机遇期国家安全和社会和谐稳定的任务十分繁重，查办职务犯罪、推进反腐败斗争的任务十分繁重，维护法律统一正确实施、维护社会公平和正义、维护人民群众根本利益的任务十分繁重，但检察机关法律监督职能作用的发挥与全社会对公平正义的需求还不适应，检察队伍的总体状况与繁重的工作任务还不适应，检察体制、工作机制和检察理论建设与依法独立公正行使检察权的要求还不适应。在全面客观分析形势的基础上，作出了“检察事业的发展正处于关键时期，机遇与挑战并存，但总体上机遇大于挑战”的重要判断。这些分析判断，是从全国、全局的高度作出的，也非常切合湖北检察工作实际。全省检察机关要认清检察工作面临的新形势，既看到机遇和有利条件，振奋精神，坚定信心；又要看到挑战和存在的问题，保持清醒头脑，切实增强做好工作的政治责任感和紧迫感。要围绕高检院确定的当前和今后一个时期检察工作总的任务，牢记职责使命，以求真务实的作风，开拓创新的精神，克难奋进的勇气，认认真真地做好每一项检察工作，推动我省检察事业不断开创新的局面。在新的时期，我们必须在检察工作的总体把握上高度重视和始终做到“四个坚持”：

（一）坚持检察工作探索和积累的八条基本经验

在近年来的检察实践中，检察工作坚持解放思想、实事求是、与时俱进，在继承中创新，在实践中探索，积累和发展了不少新鲜经验。第十二次全国检察工作会议将这些经验提炼、概括为“八个必须”：一是必须以科学发展观统领检察工作；二是必须坚持立检为公、执法为民，维护最广大人民的根本利益；三是必须坚持检察机关的宪法定位，深入实践“强化法律监督，维护公平正义”的主题；四是必须坚持加大工作力度、提高执法水平和办案质量的统一；五是必须立足检察职能，提高服务大局的针对性和实效性；六是必须着眼于加强基层建设和解决队伍与业务相关联的突出问题，推进检察队伍建设；七是必须以改革的精神和务实的作风，推动检察工作创新发展；八是必须不断拓宽接受监督的途径，保障检察权正确行使。全省检察机关和广大检察干警要深刻认识到，近年来检察机关之所以能够抓住发展机遇，沉着冷静地应对各种挑战，圆满完成各项检察工作任务，推动了检察事业的创新发展，是与坚持这些基本经验密不可分的。这些经验，既是高检院本届党组在实践中不断探索、发展、完善、创新的结晶，也是全国检察机关积极探索和长期实践的结晶，展现了检察机关运用党的最新理论成果研究新情况，解决新问题，在理论创新和工作创新方面取得的新成果，体现了对检察工作规律认识和把握的新水平，对于推进人民检察事业的发展具有重要的指导作用。这些经验涵盖了检察工作的各个方面，我们湖北检察机关这些年来探索和积累的实践经验，都可以归结到“八个必须”的基本经验上来。在新的时期，我们要将这八条基本经验作为最为宝贵的精神财富，在实践中毫不动摇地坚持这些成功经验，努力在发展、完善和创新上下功夫，不断开创检察工作的新局面。

（二）坚持中国特色社会主义检察制度

当前，在政法意识形态领域存在一些质疑我国检察制度的合理性与优越性、主张取消检察机关的法律监督地位、主张削弱检察机关法律监督职能的错误言论和观点，检察制度和检察理论面临着非马克思主义观点的挑战。中央《决定》下发和社会主义法治理念的提出，在思想认识上起到了正本清源的作用。第十二次全国检察工作会议深刻阐述了中国特色社会主义检察制度的历史必然性和内在合理性，我国检察制度的鲜明特色和明显的优越性，提出了坚持和发展中国特色社会主义检察制度的基本原则和要求。坚持和完善中国特色社会主义检察制度，是全体检察干警肩负的重要使命。我们要反复学习、深刻领会，用以统一全省检察机关和广大检察人员的思想，进一步坚定坚持和完善中国特色社会主义检察制度的信心。同时，要在以下三个方面不断深化认识：一是不断深化对当代中国检察制度政治基础的认识。我国是中国共产党领导下的社会主义国家，人民民主专政是我国的国体，人民代表大会制度是我国的政体，其他国家机关由人民代表大会产生并对它负责。在我国政治体制下加强对权力的监督制约，不能采取西方国家那种分权制衡、党派对立的模式，必须形成一个健全的社会主义监督体系，其中包括由专门的机关实施法律监督。我国宪法把检察机关确立为国家法律监督机关，专司法律监督职能。二是不断深化对当代中国检察制度理论基础的认识。要深刻认识到，辩证唯物主义和历史唯物主义是我国检察制度的根本指导思想，当代中国检察制度是马列主义基本原理与中国具体实际相结合的产物；人民民主专政理论、人民代表大会制度理论和民主集中制理论是当代中国检察制度的重要理论基础，蕴含着我们党关于社会主义检察制度的基本观点，是确立我国检察机关的性质地位、组织体制、职能任务的理论依据。三是不断深化对当代中国检察制度实践基础的认识。新中国成立以来特别是改革开放以来检察工作的实践充分表明，检察机关作为国家的法律监督机关，在国家政治生活和司法领域中发挥了重要的不可或缺的作用；加强法律监督，不仅是法治的需要，是人民的愿望，也是历史的必然。同时实践也充分表明，只要我们坚持以邓小平理论、“三个代表”重要思想和科学发展观为指导，不断研究和解决检察工作面临的重大理论和实践课题，不断创造新的检察工作业绩，不断深化检察工作体制与机制改革，就一定能够推进中国特色社会主义检察制度的发展与完善。

（三）坚持检察工作主题

强化法律监督是检察机关的立身之本，维护公平正义是检察工作的价值追求。中央《决定》要求，检察机关要坚持“强化法律监督，维护公平正义”的工作主题。第十二次全国检察工作会议提出：要正确把握检察机关的性质和职能，不断深化对检察工作规律性的认识，坚持以业务工作为中心，把推动工作的着力点放在强化法律监督上，在维护社会公平正义中发挥检察机关的独特作用；要以强化法律监督为主线，推动检察业务工作全面发展；要准确把握检察机关的宪法定位，在各项业务工作中充分体现法律监督属性，形成监督合力。这些要求，是我们新形势下推进检察工作，全面履行法律监督职能的重要指导思想。在今年年初的全省检察长会议上，省院就明确提出要坚持检察机关的宪法定位和国家法律监督机关的性质，抓住法律监督这个本质来开展检察工作；省院确定的全年检察工作总体要求，也强调要“以强化法律监督为主线，以检察业务工作为中心”。省院的这些部署完全符合第十二次全国检察工作会议的精神，不但要在今年的工作中认真贯彻落实，而且必须长期坚持下去。全省检察机关只有把实践检察工作主题贯穿于全部检察工作的始终，才能始终保持检察工作的正确方向，才能为全面建设小康社会、构建社会主义和谐社会作出新的更大贡献，才能树立起检察机关的法律监督权威和维护社会公平正义的形象。

（四）坚持以社会主义法治理念指导检察实践

社会主义法治理念，实质上就是政法工作的指导思想。全省检察机关和广大检察干警要用社会主义法治理念武装头脑，指导实践。要通过深入开展社会主义法治理念教育，牢固树立依法治国的理念，坚持以严格依法办案来体现依法治国的基本要求，坚持以法律作为规范执法活动的基本标准，做到严格公正文明执法，切实提高执法公信力，有效维护宪法和法律的权威。要牢固树立执法为民的理念，准确把握人民群众对检察工作的需求，运用检察职能解决人民群众最关心、最直接、最现实的利益问题，抓住人民群众反映强烈的突出问题加大法律监督力度，在执法办案中尊重和保护人权，坚决纠正损害群众利益的不正之风。要牢固树立公平正义的理念，在执法中坚持“合法合理”、“及时高效”、“程序公正”的原则，进一步深化检务公开，以保障和彰显执法公正；加强廉政制度建设，加强思想教育和职业道德建设，教育广大检察干警始终保持清正廉洁，公正无私。要牢固树立服务大局的理念，不断增强大局意识和服务意识，增强促进发展和促进和谐的意识，紧紧围绕党和国家的重大决策部署，确定服务重点，改进服务措施，提高服务水平，把严格执法与服务大局有机统一起来。要牢固树立党的领导的理念，自觉坚持和接受党对检察工作的领导，在政治上、思想上、行动上同党中央保持高度一致，把巩固党的执政地位与维护社会主义法治统一起来，把贯彻落实党的路线方针政策和正确履行检察职能统一起来。

二、充分发挥检察职能作用，更好地服务党和国家工作大局

中央《决定》开宗明义指出，进一步加强“两院”工作，就是要促进司法公正，营造和谐稳定的社会环境和良好的法治环境，保障全面建设小康社会的顺利进行。这是中央从全局、大局的高度，对检察工作提出的政治要求。我们贯彻落实第十二次全国检察工作会议精神，必须紧紧围绕党和国家工作大局开展工作，充分发挥惩治犯罪、化解矛盾、维护稳定、服务发展、促进和谐的检察职能作用。全省检察机关要认真贯彻执行省委转发、省院制定的“检察工作服务大局二十条”，不断提高服务大局的水平与实效，在服务大局中要有所作为，创造优良业绩。工作中，必须注意把握好以下三点：

（一）正确处理服务大局和履行检察职能的关系

检察机关为大局服务，最重要的是立足检察职能，突出检察工作主题，落实检察工作总体要求，通过加强各项检察工作，创造和谐稳定的社会环境和良好的法治环境，保障和促进社会主义经济建设、政治建设、文化建设与和谐社会建设。全省检察机关要坚持把全面履行法律监督职能作为服务大局最基本最直接的手段，既防止

不顾大局孤立地抓办案，又防止脱离职能、超越职能搞服务，做到结合职能搞好服务，在服务中履行职能，在履行职能中开展服务。要努力把握大局的发展，认识大局的需要，服从大局的要求，特别是要紧紧围绕中央和省委关于促进中部地区崛起、建设社会主义新农村和建设和谐湖北、实施全省“十一五”规划等一系列重大部署，自觉把检察工作置于大局之中思考和谋划，围绕大局确定工作重点和方式方法，确保党的路线方针政策和国家法律在检察工作中得到正确执行。

（二）正确把握大局的要求，充分履行法律监督职能

1. 切实发挥维护国家安全和社会稳定的职能作用。完成改革和发展的繁重任务，必须保持长期稳定的社会环境。“十一五”是全面建设小康社会的关键时期，维护重要战略机遇期的稳定，是国家、民族、人民的根本利益。全省检察机关要坚持稳定压倒一切的方针，始终把维护国家安全和社会稳定作为首要任务。要认真履行批捕、起诉职能，进一步健全在批捕、起诉环节贯彻“严打”方针的经常性工作机制，因时因地制宜地确定打击重点，始终保持对严重刑事犯罪的高压态势。要坚决打击境内外敌对势力、暴力恐怖势力、民族分裂势力、宗教极端势力以及“法轮功”等邪教组织的犯罪活动，维护国家安全；要突出打击严重暴力犯罪、黑恶势力及有组织犯罪和其他严重影响群众安全感的多发性犯罪，积极参与打黑除恶、打击“两抢一盗”、禁毒、禁赌等专项斗争，维护社会治安秩序，增强群众的安全感；要严厉打击盗窃、抢劫、聚众哄抢、破坏国家重点投资建设的基础设施、设备，绑架、伤害、敲诈勒索企业投资经营者等刑事犯罪，保障重大建设项目和企业生产经营的顺利进行；要依法打击各种影响农村社会稳定、侵害农民合法权益、危害农业生产的犯罪活动，保障农民群众安居乐业。要坚持打防结合，认真落实检察环节的社会治安综合治理措施，积极参加社会治安防控体系建设和平安建设工作。要高度重视做好涉检信访工作，坚持检察长接待制度，完善首办责任制，落实领导包案制，建立责任倒查制，建立健全处理涉检信访问题的长效机制；要依法及时办理各类控告

申诉案件和涉检信访案件，妥善解决群众反映的问题，采取有力措施最大限度地减少重复信访、越级上访和进京上访，真正做到案结事了、息诉罢访，防止矛盾激化、事态扩大蔓延。

2. 切实发挥维护社会主义市场经济秩序的职能作用。检察机关要不断增强促进发展的意识，积极主动地为经济建设党和国家的中心工作服务，为发展党执政兴国的第一要务服务。要积极参与整顿和规范市场经济秩序工作，依法打击严重危害国家经济安全、严重破坏市场经济秩序的犯罪，促进现代市场体系和社会诚信体系建设。从严从重打击偷税骗税、金融诈骗、非法经营、走私、洗钱、传销、制假售假，尤其是制售伪劣食品、药品，以及坑农害农、侵害弱势群体利益的经济犯罪，维护人民群众利益和生命财产安全。积极参与治理商业贿赂工作，依法批捕、起诉商业贿赂犯罪案件，严肃查办和预防涉及国家工作人员在商业活动中的贿赂犯罪，重点查办工程建设、土地出让、产权交易、医药购销、政府采购、资源开发、出版发行、金融保险等商业活动中的贿赂犯罪，保障市场经济秩序的公平、安全和稳定。加大力度打击假冒注册商标及专利、销售侵权复制品、侵犯商业秘密等侵犯知识产权犯罪，着力营造有利于自主创新的法治环境，促进创新型国家建设。依法打击重大环境污染事故、非法采矿、盗伐滥伐林木等破坏环境资源的犯罪，促进资源节约型、环境友好型社会建设。要积极探索为促进中部地区崛起、为“武汉城市圈”建设、为县域经济发展服务的有效工作措施，加强全省各地检察机关的联系协作，探索建立健全工作联系、业务对接、办案协调、合作互助机制，在促进区域经济协调发展中发挥更大作用。

3. 切实发挥查办和预防职务犯罪、促进反腐败斗争的职能作用。要密切关注贪污贿赂、渎职侵权犯罪的新动向和新变化，及时调整工作重点，依法坚决查办大案要案和损害人民群众切身利益的案件。严肃查办和积极预防党政领导机关、行政执法、司法等部门的国家工作人员利用经济监管、社会管理、公共服务、执法司法等职务之便，贪污受贿、滥用职权、玩忽职守、徇私舞弊，破坏市场法治环境，侵害投资经营者权益，严重危害经济社会发展的犯罪案件。积极查办和预防在实施促进中部地区崛起战略中，能源水电、原材料基地、交通运输、商贸流通建设，老工业基地振兴、高新技术产业、教育卫生、社会保障等领域发生的国家工作人员贪污贿赂、渎职侵权犯罪案件；在社会主义新农村建设中，农田水利、电网及饮水改造、村村通公路、义务教育、合作医疗、村庄整治、移民安置、土地整理、退耕还林、扶贫开发等领域发生的国家工作人员和农村基层组织负责人贪污贿赂、渎职侵权犯罪案件，保障国家促进中部地区崛起和支农惠农的政策得到落实。要贯彻标本兼治、综合治理、惩防并举、注重预防的方针，加强预防职务犯罪工作，努力从源头上减少和预防职务犯罪的发生。

4. 切实发挥维护社会公平正义和执法司法公正的职能作用。社会主义司法制度必须保障在全社会实现公平与正义。中央《决定》明确提出："人民检察院要抓住人民群众反映强烈的执法不严、司法不公等突出问题，加大法律监督力度，促进依法行政和公正司法。"全省检察机关要坚持从维护社会公平正义和执法司法公正出发，从维护国家利益、社会利益和公民合法权益出发，加大法律监督力度，增强法律监督实效。要突出重点，狠抓薄弱环节，认真履行对诉讼活动的法律监督职能。加强对刑事诉讼的法律监督，坚决监督纠正有案不立、有罪不究、以罚代刑等问题，依法追捕追诉漏罪漏犯，监督纠正违法冻结、查封、扣押款物、违法取证、刑讯逼供、滥用和随意变更强制措施等问题，对有罪判无罪、量刑畸轻畸重的要坚决抗诉。加强对刑罚执行与监管活动的监督，依法监督纠正违法减刑、假释、暂予监外执行、超期羁押以及体罚虐待被监管人等问题。加强民事行政检察工作，重点监督纠正因地方和部门保护主义、司法腐败或严重违反法定程序而导致错误裁判的案件，着力抓好抗诉工作，继续推行运用检察建议启动再审程序，维护司法公正，促进依法调节民事、经济关系，营造公平竞争的市场秩序。要在各项检察业务工作中充分体现法律监督属性，特别是要把对诉讼活动的监督与查办司法、执法不公背后的职务犯罪结合起来，将查办职务犯罪作为强化法律监督的有力手段，加强检察机关各业务部门的协调配合，增强法律监督的整体效能。要坚持把经常性监督与专项监督结合起来，认真开展专项监督工作，增强监督的针对性和实效性。今年，省院根据高检院部署和我省检察工作实际情况，针对党委政府高度关注、人民群众反映强烈的突出问题，在全省检察机关组织开展查办和预防司法与行政执法不公的职务犯罪、治理商业贿赂、核查纠正监外罪犯脱管漏管问题等专项工作，取得了阶段性明显成效。各地要按照省院的要求部署，扎实抓好这些专项工作，切实加大查案和监督力度，有效解决一批重点、难点问题，带动法律监督工作的全面开展。

（三）正确把握检察工作服务大局的政策策略

当前，经济社会发展中的新情况新问题不断出现。全省检察机关要切实提高从大局出发观察、分析和处理法律监督问题的水平，正确把握政策策略，更为有效地服务改革发展稳定大局。要严格掌握法律政策界限，正确处理打击与保护的关系，严格区分民事经济纠纷、一般违法行为、改革探索中的失误和执行政策中的偏差等与犯罪的界限，支持改革者，保护创业者，惩治犯罪者。要从构建社会主义和谐社会的内在要求出发，高度重视宽严相济政策在执法办案中的运用，既有力打击和震慑犯罪，该严则严，又要坚持区别对待，当宽则宽，尽可能减少社会对抗，化消极因素为积极因素。要平等保护各类市场主体的合法权益，破除执法中的等级观念，依法保护各类市场主体平等参与市场竞争，营造各种所有制经济相互促进、共同发展的环境。要讲究办案的方式方法，遵循办案规律，注意方法步骤，加强与党委、政府和有关单位的联系与沟通，依照有关规定执行报告和通报制度，维护正常的工作和生活秩序。在办理涉及企业的案件时，注意维护企业形象和产品声誉；对企业负责人、技术骨干、关键岗位人员采取强制措施时，及时通报，做好衔接，尽量避免和减少对生产经营和招商引资活动的影响；慎重采取查封、冻结、扣押企业账目、银行账户、企业财产等措施，必须采取这些措施的案件，快侦快结，经查明与案件无关的，及时解除冻结，发还被查扣财物。今年以来，我省检察机关在治理商业贿赂专项工作中，集中力量立案侦查、批捕起诉了一大批商业贿赂案件，同时高度重视正确把握法律政策界限、讲究办案方式方法、严格执法办案纪律，取得了良好的法律效果和社会效果，得到了省委和社会各界的充分肯定。全省检察机关要把这些行之有效的好经验、好做法推广到各项检察工作中去，不断提高检察工作服务大局的水平与实效。

三、围绕提高法律监督能力，全面加强检察机关自身建设

全省检察机关要从解决司法工作基本矛盾的高度，从提高法律监督能力、保障全面正确履行检察职能的高度，大力加强自身建设。特别是要深刻认识到，中央《决定》对推进司法体制改革、加强检察队伍建设、完善检察工作保障机制、加强和改善党对检察工作的领导提出了一系列政策措施，为解决长期困扰检察工作的一些问题提供了依据。我们要以贯彻落实中央《决定》为契机，加强自身建设，使各级党委、人大、政府更加重视与支持检察工作，全面促进检察机关法律监督能力的提高。

（一）推进检察体制和工作机制改革

认真落实中央《决定》要求和高检院深化检察改革的三年实施意见，采取有力措施，推动各项检察改革在年内取得实质性进展。对高检院已经出台方案的改革项目，要加大实施力度，确保改革方案落实到位，其中需要结合我省实际推行的要制定具体实施办法，尚未落实的要逐项列出落实时间表。对高检院作出部署但尚未出台改革方案的，要积极开展调研论证和试点工作，加强对试点工作的跟踪督导，探索改革经验，完善改革措施。对根据中央和高检院的精神、结合我省实际组织实施的改革项目，要积极探索和开展试点、试行工作，力争在检察改革上创“湖北品牌”，出“湖北特色”，探索新鲜经验。比如要加强检察工作一体化机制建设。检察工作一体化机制符合宪法、法律和高检院的有关规定，有利于发挥检察体制优势，优化资源配置，加大办案力度，提高执法水平。应当抓紧研

究制定检察工作一体化机制建设指导意见，按照“上下一体、横向协作、内部整合”的要求，加强机制建设，全面提高检察机关法律监督能力。要加强侦查指挥中心及其办公室建设。建立健全侦查指挥中心工作机制，完善职务犯罪情报信息的收集、管理和开发利用机制，实现统一配置侦查资源，统一管理涉案情报信息。要建立健全下一级检察院定期向上一级检察院报告工作制度。从试行情况看，各地普遍认为报告工作制度对于加强上级院对下级院的领导、保障上级院工作部署的贯彻落实、及时发现和解决工作中存在的问题等都具有重要意义，发挥了实际作用。下一步，省院将出台具体的制度规范。要积极探索建立法律监督调查工作机制。近年来，我省检察机关抓住侦查活动监督中情况不明、手段乏力这一薄弱环节，积极探索建立对违法侦查行为的调查机制并认真开展试点，强化了对侦查活动的法律监督力度。要继续从规范检察机关对违法侦查活动的调查权、处置权及处置建议权，从明确调查范围、受理条件、审批程序等方面，进一步健全完善对违法侦查活动的调查机制。同时，还要积极探索建立对刑事立案、刑事审判、刑罚执行、民事审判、行政诉讼中的违法行为的调查机制，形成健全的法律监督调查机制体系，不断强化法律监督的整体效能。为了使各项检察改革任务落到实处，省院决定成立检察改革领导小组及其办公室，加强对检察改革工作的领导，加强协调指导和组织实施工作。省院研究制定《关于贯彻落实高检院进一步深化检察改革三年实施意见的工作方案》，明确牵头单位、试点单位和联系点单位，明确具体责任人，明确实施时间，确保各项改革的推行符合高检院、省院的工作部署，确保各项改革按时按质完成。

（二）推进执法规范化建设

今年以来，省院党组突出强调要努力保持执法办案工作的平稳健康发展。我们要求的“平稳健康发展”，是建立在加大办案力度、全面推进工作基础上的平稳健康发展，更是建立在规范执法基础上的平稳健康发展。如果执法办案的力度很大，但执法行为不规范，存在着人民群众反映强烈的突出问题，就不可能取得良好的法律效果和社会效果，就不可能实现执法办案的平稳健康发展。全省检察机关必须进一步深化规范执法行为活动，推进执法规范化建设。要按照省院的部署，扎扎实实地开展好“三个专项治理”。当前，“三个专项治理”正处于集中整改阶段，这是事关专项治理工作能否取得实效的关键环节。在整改工作中，要对查摆出来的突出问题，痛下决心，对症下药，采取有效、果断的措施加以解决。要把整改与建制紧密结合，加强制度建设，健全完善各种工作规范，并针对存在的突出问题及时制定禁止性规定，通过建立长效工作机制巩固“三个专项治理”的成果。要根据法律法规和高检院的有关规定，进一步明确追缴、扣押涉案款物的界限，有效防止违法违规追缴扣押行为的发生。要进一步加强办案区硬件建设，加强经费保障，切实解决“以收定支”问题。在深入开展“三个专项治理”的同时，要加强执法规范化体系建设。修订完善现有的检察业务规范文本，健全业务工作运行规范、执法质量保障规范、检察业务考评规范、执法责任追究规范以及检察人员正规化培训和岗位练兵规范，形成完备的执法规范化体系。要狠抓制度规范的落实，确保制度规范落实到每一个基层单位、每一个办案人员和每一个执法环节，切实把执法活动纳入制度规范的严格约束之下。

（三）推进业务、队伍和信息化“三位一体”机制建设

“三位一体”机制建设是实现管理科学化的重要途径，也是规范化建设的有效载体。要以现代管理理论为指导，以信息网络技术为手段，以检察信息系统软件的应用为平台，引入质量管理、绩效管理等先进管理模式和方法，科学构建“三位一体”机制的框架体系。要加快推进检察信息化建设，解决现代化手段问题。今年是全省检察信息化建设的关键之年，要按照全省检察信息化工作会议的部署，抓住机遇，克难奋进，实现基本完成基础网络建设、初步形成全省检察数据通信网络的互联互通、试运行相关应用信息系统的建设目标。高度重视推进应用的问题，坚持一手抓建设、一手抓应用，做到两者相互促进。省院要加快进度，抓紧研发全省统一的检察管理应用软件，选点开展试运行工作，修订完善模本，基本成熟

后向全省推行。各地要加快门户网站建设，并与省院的门户网站建立链接，使门户网站真正成为检务公开的重要窗口，成为宣传检察工作的重要阵地。要加强技能培训，加强计算机专业人才的引进工作，不断提高检察人员掌握和运用现代技术的能力与水平。

（四）推进执法保障建设。要加大经费保障力度

今年，省院对全省检察机关2005年度经费收支情况进行了全面普查和重点核查，发现检察经费保障存在一些突出问题。全省检察机关必须上下共同努力，争取多方支持，解决好经费保障问题，提高经费保障水平。6月22日，省院会商省财政厅制定下发了县级检察院公用经费保障标准，为我省基层院强化财政保障、落实部门预算提供了政策依据。7月29日省委常委会明确要求，各地要切实保障检察机关履行法律监督职责所需的经费，对搞“以收定支”、不严格执行“收支两条线”的情况，一经发现要严肃处理。各地要积极争取党委、人大、政府和有关部门的支持，认真抓好保障标准的落实。前段时间我在各地调研中发现，有的地方财政较为困难，但检察经费落实到位、保障有力；有的地方财力相对较强，检察经费反而落实不好、保障不力。这些情况表明，各级检察院特别是检察长一定要积极主动地争取党委政府的支持，会做、做好争取支持的工作，才能抓好落实。在加强经费保障的同时，各地要加强基础设施、科技装备和信息化建设，制定相应的建设规划，并按中央《决定》要求纳入同级国民经济和社会发展规划和财政预算，加大资金投入，统筹安排，分步实施。

（五）推进检察队伍建设

要以公正执法为核心，以专业化建设为方向，加强检察队伍的思想政治建设、领导班子建设、专业化建设、纪律作风建设，不断提高检察队伍的政治素质、业务素质和职业道德素质。这里，我重点强调加强领导班子建设的问题。根据中央、省委的统一部署，地方各级检察院检察长换届选举工作将陆续展开。要结合换届选举，切实加强领导班子建设，选好配强各级检察院领导班子，优化班子结构，增强领导能力。上级检察机关要积极发挥干部协管作用，“协

管”重在“管”，要落实在“管”上，真正做到协助党委把好选人用人关。在检察长换届选举中，省院、市级院党组要切实加大干部协管力度。要严格把握检察长任职条件，正副检察长人选必须符合党政干部任用规定的条件，还必须符合检察官法规定的各项条件。如果认为拟安排的人选不适合或者不符合条件，要及时向同级组织部门和党委提出来，意见未被采纳的还应当及时向省院反映。要加强与党委、组织部门的沟通协商，积极提出领导班子配备的意见和建议，认真负责地提出下级检察院检察长人选的建议，特别是有的地方可能推荐不出很适合任检察长的人选，上级院要主动与组织部门沟通，提前物色人选，把本院或本系统符合条件的优秀干部派去任检察长。要积极参加党委对检察长人选的考察工作，注意运用体现科学发展观要求的综合考核评价试行办法考察干部，广泛听取并高度重视各方面的意见、反映，严格把关，真正把那些立场坚定、熟悉业务、年富力强的干部选配到检察长岗位上来，坚决防止“带病上岗”、“带病提拔”。要严肃换届工作纪律，对“跑官要官”、“买官卖官”等违法违纪行为，发现一起，就要坚决查处一起，是考察对象的取消考察对象资格，已经进班子的要调整下来，并根据问题的性质和情节的轻重严肃处理。全省各级检察领导干部在换届工作中要自觉摆正位置，以党的事业和人民利益为重，顾全大局，正确对待个人进退留转，自觉服从组织安排，诚恳接受群众选择。上级检察院要做好过细的思想政治工作，切实做到人心不散，工作不乱，确保各项检察工作的正常开展。

（六）推进基层检察院建设

全省检察机关要全面贯彻《人民检察院基层建设纲要》，坚持把检察工作和队伍建设的重心放在基层，着力加强基础工作，提高基本素质，落实基本保障。要采取有力措施，切实加强基层院领导班子建设，全面提高队伍整体素质和公正司法水平，认真抓好基层党组织建设，以党的建设带动队伍建设。要坚持上级院领导联系基层制度，加强上级院业务部门的对口指导，努力帮助基层院解决实际困难和问题，继续争取中央和地方有关部门的支持，在编制、经费、装备等方面加大对基层院的支持力度。要不断深化“创争当”活动和创建文明单位、文明系统活动，形成争先创优的良好氛围，充分发挥先进典型的示范辐射作用，组织结对帮扶，对基础薄弱、工作相对滞后的基层院进行重点建设。要建立基层院绩效考核体系，树立正确的考核导向，引导基层院进一步加强自身建设，推动基层院建设不断深入发展。

面对人民检察事业发展的历史机遇，全省检察机关要在邓小平理论和“三个代表”重要思想的指导下，坚持以科学发展观统领检察工作，认真贯彻落实中央《决定》，按照第十二次全国检察工作会议的部署，奋发进取，扎实工作，全面履行法律监督职能，努力创造更加突出的业绩，以有为争有位，以有位促有为，为不断推进中国特色社会主义检察事业，为全面建设小康社会和构建社会主义和谐社会作出新的贡献！

5 转变执法观念，为构建社会主义和谐社会提供有力司法保障*

我们这次全省检察长会议的主要任务是：以邓小平理论、“三个代表”重要思想和科学发展观为指导，深入学习党的十六届六中全会精神，认真贯彻全国全省政法工作会议、全国检察长会议和省委最近发布的《中共湖北省委关于贯彻落实〈中共中央关于进一步加强人民法院、人民检察院工作的决定〉的实施意见》（以下简称《实施意见》）精神，总结去年工作，分析当前形势，部署今年任务，动员全省检察机关全面正确履行法律监督职责，为构建社会主义和谐社会服务。

昨天，省委隆重召开了加强人民法院、人民检察院工作会议，对全省检察机关贯彻落实中央11号文件和省委《实施意见》、充分发挥检察职能服务和谐社会建设提出了明确要求。我们要认真学习、深刻领会，抓好贯彻落实。

2006年，全省检察机关在省委和高检院的领导下，坚持以科学发展观统领检察工作，按照构建社会主义和谐社会的要求加强和改进检察工作，推动各项工作取得了新的进展。依法严厉打击严重刑事犯罪，共批准逮捕刑事犯罪嫌疑人27370人，提起公诉27047人，同比分别上升4.3%和5.4%。其中批准逮捕故意杀人、绑架、爆炸等严重暴力犯罪嫌疑人5249人，提起公诉5027人；批准逮捕抢劫、盗窃、诈骗等多发性侵财犯罪嫌疑人13368人，提起公诉13279人；

---

* 2007年2月8日敬大力同志在湖北省检察长会议上的讲话，部分内容刊载于《人民检察（湖北版）》2007年第3期。

批准逮捕破坏社会主义市场经济秩序犯罪嫌疑人 969 人，提起公诉 830 人。加大查办职务犯罪工作力度，共立案侦查职务犯罪 1557 件 1708 人，同比分别上升 0.3% 和 1.5%。其中大案 809 件，占立案总数的 52%；要案 158 人（含厅级干部 13 人），同比上升 13.7%；立查“三机关”等重点部位工作人员 419 人，同比上升 15.4%。积极开展预防职务犯罪工作，向党委、政府和有关部门提出预防职务犯罪的检察建议 364 件，开展行贿犯罪档案查询 104 件次。强化对诉讼活动的法律监督，共监督公安机关立案 664 件、撤案 213 件；依法追加逮捕 217 人、追加起诉 153 人；提出刑事抗诉 94 件，提出民事行政抗诉 490 件、再审检察建议 48 件；对刑罚执行和监管活动中的违法行为提出纠正意见 561 件次，进一步完善落实纠正和防止超期羁押的长效机制。一年来，全省检察机关为更好地开展检察工作，主要采取了以下六个方面措施：

一是充分发挥法律监督职能，检察工作服务党和国家工作大局取得新的成效。省院在广泛征求社会各界意见的基础上，制定《关于充分发挥检察职能为改革发展稳定大局服务的意见》（以下简称《意见》）。全省检察机关紧密结合本地实际贯彻落实省院的《意见》，自觉把检察工作置于大局之中思考与谋划，立足检察职能开展服务大局工作，提高了服务水平和实效，保持了检察工作正确方向。

二是坚持以业务工作为中心，实现了执法办案工作的平稳健康发展。以科学发展观为指导，综合考评执法办案工作，狠抓薄弱环节，全面推进工作。省院修改完善有关业务工作的考评办法，树立了正确的工作导向；上级院加大自办案件和对下业务指导督促力度，带动全省办案工作；组织开展查办和预防司法与行政执法不公背后的职务犯罪等六个专项工作，推动全局工作开展。执法办案工作实现了平稳健康发展，如查办职务犯罪工作基本扭转了办案的被动局面，实现了立案件数和人数、立查要案数、起诉数与起诉率、有罪判决数与有罪判决率同比上升。

三是深入开展“三个专项治理”，执法规范化建设扎实推进。共清理初查案件线索和立案侦查案件 13391 件，清理出违法违规办案64件；发现不文明办案102起，已整改86起，限期整改16起；清理出办案安全隐患问题245起，已整改223起，限期整改22起，投入办案区建设资金2457万元。加强长效机制建设，省院研究制定了办案过错责任追究办法、扣押、冻结款物及处理办法、严禁在办案区违法违规办案的“六条禁令”等规定，进一步推进了执法规范化建设。

四是积极推进工作机制创新，检察改革迈出新的步伐。认真贯彻高检院部署的各项改革举措，深化人民监督员制度试点工作，推行讯问职务犯罪嫌疑人全程同步录音录像，实行查办职务犯罪“双报批、双报备”制度等。结合湖北实际推进检察工作机制创新。推动在全省检察机关实行“上下统一、横向协作、内部整合、总体统筹”的检察工作一体化机制，保障检察职能的充分发挥。同时，建立法律监督调查机制，探索建立健全促进公正规范文明执法的长效机制、执法办案的科学考评和绩效管理机制、执法办案的监督制约机制以及报告工作和评议制度等。通过机制创新保证正确行使检察权，增强检察工作活力。

五是加强队伍建设和基层院建设，队伍素质有了进一步提高。深入开展社会主义法治理念教育，坚持将“认真学习”与“努力实践”贯穿于教育活动之中，社会主义法治理念逐步深入人心并在检察工作实践中不断落实。加强领导班子建设，加大干部协管力度，7个市级院和96个基层院换届工作进展顺利，其中基层院检察长连任43人，交流14人，新任39人，实现了班子的平稳过渡和工作的正常开展。广泛深入开展队伍状况调查，摸清底数，找准问题，完善措施。加强队伍专业化建设，组织司法资格考试集中培训，教育培训和人才培养的力度加大。改进队伍的纪律作风，违法违纪明显减少，队伍的执法形象进一步改观。武汉铁路运输检察分院组建并划归湖北省检察院管辖顺利完成。择优选拔、公开招录136名选调生和高等院校毕业生充实基层院，实行上级院领导联系基层制度，深入开展争创先进检察院活动，推进了基层院建设深入发展。

六是加强经费保障、信息化建设和基础建设，检务保障有了新的改善。中央、省专项补贴、转移支付资金分别达到6170万元和4005万元；省院会同省财政厅制定下发《县级检察院公用经费保障标准》，为解决基层经费困难提供了政策支持。全省检察信息化网络建设成效明显，124个院联入检察专线网，113个院建成局域网，121个院开通视频系统；信息化应用水平不断提高。已有83%的检察院完成或基本完成“两房”建设任务。

全省检察理论研究、检察宣传、检察技术、司法警察、统计、档案、保密、督办、外事等工作也创造了新的业绩。

2006年检察工作的成绩来之不易，是省委、高检院正确领导，人大、政协有力监督，政府和社会各界大力支持的结果，是全省检察机关顽强拼搏、无私奉献的结果。在此，我代表省检察院，向全省广大检察人员致以亲切的慰问和崇高的敬意！对各位咨询委员会委员、人民监督员表示衷心的感谢！

当前，检察事业发展面临着新的形势和新的要求。党的十六届六中全会作出了《中共中央关于构建社会主义和谐社会若干重大问题的决定》，对检察工作提出了新的任务和要求。全国全省政法工作会议、全国检察长会议紧紧围绕构建社会主义和谐社会，对面临的形势任务进行了科学分析和准确判断。全省检察机关要充分认识做好当前检察工作的有利条件。中央11号文件是指导新时期检察工作的纲领性文件，省委专门制定了《实施意见》，有关政策措施不断得到落实，为检察事业的发展提供了前所未有的历史性机遇；各级党委更加重视政法机关在维护社会和谐稳定、保障社会公平正义中的职能作用，人民群众对检察工作更加关注和支持；在长期法律监督工作实践中，全省检察机关积累了许多成功经验，检察干警的政治业务素质和法律监督能力得到了很大提高。这些都为我们进一步做好检察工作奠定了坚实基础，提供了广阔的发展空间。同时我们也必须清醒看到，在经济体制深刻变革、社会结构深刻变动、利益格局深刻调整、思想观念深刻变化的大背景下，检察工作面临着新的形势和新的挑战。境内外敌对势力不断变换策略和手法进行渗透和颠覆破坏活动，暴力恐怖活动已对社会稳定构成现实威胁；我省刑事犯罪仍在高位徘徊，经济犯罪对国家经济安全和市场经济秩序的危害加大；职务犯罪在一些地方和部门仍然比较突出，极少数领导干部职务犯罪案件影响恶劣，损害群众利益的问题依然比较严重；诉讼活动中违法现象及徇私枉法等司法不公问题仍偶有发生；社会利益日趋多样化，统筹兼顾各方面利益的难度加大，人民内部矛盾已成为影响社会和谐稳定的突出问题，各种社会矛盾以诉讼形式不断进入司法领域。我们必须正确把握面临的新形势新任务，正视和解决工作中存在的问题，按照构建社会主义和谐社会的要求，从更高起点、更高层次、更高水平上去思考、谋划和推动检察工作。

面对新的形势，今年全省检察机关要坚持以邓小平理论 、“三个代表”重要思想为指导，全面落实科学发展观，紧紧围绕构建社会主义和谐社会的总要求，着力加强和改进法律监督工作，着力解决人民群众切身利益问题和反映强烈的问题，着力贯彻宽严相济的刑事司法政策，着力提高队伍素质、执法水平和改进干部作风，推动检察工作全面健康发展，为构建社会主义和谐社会提供有力的司法保障。

一、按照构建社会主义和谐社会的要求转变执法观念

构建社会主义和谐社会，是我们党顺应我国社会的深刻变化作出的重大战略决策。在构建社会主义和谐社会中，检察机关肩负着时代赋予的重大历史使命和政治责任，发挥着其他部门无法替代的重要作用。中央 11 号文件、省委《实施意见》以及省院“服务大局二十条”都明确要求，检察机关要按照构建社会主义和谐社会的要求切实发挥检察职能作用，服务改革发展稳定大局。全省检察机关要把思想统一到中央、省委的要求上来，切实转变执法观念，进一步端正执法指导思想。

切实转变执法观念，必须把促进社会和谐作为衡量检察工作的重要标准。在和谐社会建设中，检察工作不仅要着眼于社会稳定，更要着眼于社会和谐，把工作标准定位在促进社会和谐上。检察机关执法办案，确定各项工作部署，推行各项改革措施，都要有利于

社会和谐，都要以社会和谐这个重要标准来检验。要树立正确的政绩观，使检察机关的政绩最终体现到促进公平正义、保障社会和谐稳定上来。要牢固树立正确的稳定观，深刻认识稳定是和谐的基本要求，和谐是稳定的更高境界，在和谐基础上的稳定才是长久的稳定，切实做到既维护稳定，又促进和谐。在各项法律监督工作中，不能只是就事论事、就案办案、机械办案，还要善于化消极因素为促进社会和谐的积极因素，不仅要让人民群众有安全感，还要让他们从检察机关的工作中体会到社会和谐。不仅要重视用法律手段惩治犯罪、解决纠纷，更要注重预防犯罪、教育改造犯罪分子；更要注重从根本上理顺群众的情绪、定分止争，努力化解矛盾纠纷；更要注重在执法中减少对立情绪，使群众心悦诚服地遵守社会管理秩序。

切实转变执法观念，必须把促进解决人民群众切身利益问题作为服务和谐社会建设的重大任务。构建社会主义和谐社会是党和国家的全局工作，事关国家和人民的根本利益、整体利益和长远利益。检察机关坚持服务大局，当前重点就是要服务和谐社会建设，使整个检察工作着眼于和谐、致力于和谐、服务于和谐。构建社会主义和谐社会是一个远大目标，检察机关要坚持从实际出发，把促进解决人民群众最关心最直接最现实的利益问题和反映强烈的问题作为服务和谐社会建设的切入点、着力点和突破口。要坚持以人为本，树立人民群众的主体地位意识，密切关注群众需求，倾听群众呼声，时时、处处、事事以维护人民群众权益为重。要坚持执法为民，围绕人民群众反映强烈的问题加大法律监督力度，坚决纠正执法不严格、不公正等行为，努力使检察工作成效体现到为群众排忧解难上来，体现到维护群众合法权益上来。

切实转变执法观念，必须把维护公平正义作为促进社会和谐的生命线。没有社会公平正义，就没有社会和谐。人民群众对检察机关最集中的要求，就是维护社会公平正义。全省检察机关要深入贯彻“强化法律监督，维护公平正义”的检察工作主题，在维护社会公平正义方面有更大的作为。要把每一起案件的办理、每一件事情的处理都当作维护社会公平正义的具体实践，依法秉公办案，努力从实体上、程序上全面保障社会公平正义的实现。要进一步强化对执法、司法活动的监督，保障严格公正执法，维护公平，伸张正义。要恪守法律面前人人平等的原则，平等地保护各类社会主体的合法权益，使人人平等享受法律的公正，以公平促公正；要进一步规范执法行为，以公正规范文明执法赢得社会和广大人民群众的认可，以规范促公正；要进一步深化检务公开，拓宽接受监督的渠道，增强执法透明度，消除当事人和群众对执法不公的疑虑，以公开促公正。

二、进一步加强和改进法律监督工作

全面履行法律监督职能，是检察机关服务和谐社会建设的基本途径。检察机关最重要的任务就是强化法律监督，一定要把法律监督摆在工作的中心位置。全省检察机关要紧紧围绕发挥检察职能为构建社会主义和谐社会服务这条主线，不断加强和改进法律监督工作。

（一）加强打击刑事犯罪工作，维护国家安全、社会稳定和经济秩序

社会稳定是社会和谐的前提和基础。维护重要战略机遇期的社会和谐稳定，是国家、民族、人民的根本利益。检察机关为构建社会主义和谐社会服务，必须坚持以维护国家安全、社会稳定和经济秩序为己任，认真履行批捕、起诉职责，依法准确、有力地打击各类刑事犯罪。

突出打击重点。要依法严厉打击暴力恐怖势力、民族分裂势力、宗教极端势力以及邪教组织的犯罪活动；继续重点打击严重暴力犯罪、黑恶势力及有组织犯罪，尤其要把“两抢一盗”等多发性犯罪作为打击的重中之重，增强人民群众的安全感；严厉打击盗窃、抢劫、聚众哄抢、破坏国家重点投资建设的基础设施设备，绑架、伤害、敲诈勒索企业投资经营者等刑事犯罪，保障重大建设项目和企业生产经营的顺利进行；严厉打击各种影响农村社会稳定、侵害农

民合法权益、危害农业生产的犯罪活动，促进社会主义新农村建设；严厉打击金融诈骗、制假售假、偷税骗税、非法集资、非法传销、制贩假币、侵犯知识产权、破坏环境资源等经济犯罪，维护正常的市场经济秩序，保障人民群众利益和生命财产安全，促进资源和环境保护。

增强打击实效。要立足本地社会治安实际，密切关注社会治安的新动向新问题，坚持什么犯罪突出就坚决打击什么犯罪，增强打击的针对性和有效性。加强与公安、法院等机关的协调配合，积极参加打黑除恶、打击“两抢一盗”、禁毒、禁赌等专项斗争，坚决遏制相关犯罪高发多发的势头，维护社会治安大局稳定。对重大涉黑涉恶案件以及国家工作人员充当“保护伞”的案件，上级检察院要挂牌督办，逐一跟踪监督，依法一查到底。对严重刑事犯罪要适时介入侦查，依法快捕快诉，配合法院从快审判，在稳准狠和及时性上充分体现打击力度和效果。

确保办案质量。在审查批捕、审查起诉工作中，要正确把握逮捕、起诉条件，严把事实关、证据关、程序关和适用法律关，确保办案质量，做到既有力打击犯罪，又切实保障人权，避免冤枉无辜。对有争议的案件，要加强同相关机关的沟通协商。要积极引导侦查取证和补充侦查工作。要完善案件管理机制，对捕后撤案、不诉、判无罪的案件和经复议、复核改变原不捕、不诉决定的案件，认真进行分析总结，及时发现问题，采取有效措施改进工作。要全面加强死刑案件办理工作，不断提高死刑第二审案件审查和出庭水平，确保死刑的依法正确适用。

积极参与社会治安综合治理。认真落实检察环节的社会治安综合治理措施，积极参加平安建设，推动建立和完善社会治安防控体系，努力营造长期稳定的社会治安环境。积极开展矛盾纠纷排查调处工作，积极参与对流动人口、刑释解教人员、未成年人犯罪的教育管理，加强对监外五种人和社区矫正的法律监督，配合有关部门开展对突出治安问题、社会丑恶现象的集中整治，努力减少社会不和谐、不稳定因素。

（二）加强查办和预防职务犯罪工作，促进反腐败斗争深入开展

全省检察机关要认真贯彻六中全会决定关于加大查办案件工作力度，严厉惩治腐败的要求，以更坚决的态度、更有力的措施、更扎实的工作，坚决惩治和积极预防职务犯罪。

突出查案重点。坚持以促进解决人民群众最关心最直接最现实的利益问题为切入点、着力点，严肃查办国家工作人员利用人事权、司法权、行政审批权、行政执法权进行权钱交易的职务犯罪案件；严肃查办与黑恶势力相牵连的职务犯罪，坚决打掉黑恶势力的“保护伞”；严肃查办发生在新农村建设、重大工程建设、国有企业重组改制以及发生在新经济领域、资金高度密集领域、垄断性行业中的职务犯罪案件；严肃查办社会保障、土地征用、土地承包、城市拆迁、环境保护、医疗卫生、就业就学等领域中发生的国家工作人员和基层组织负责人职务犯罪案件；严肃查办国家机关工作人员利用职权实施的非法拘禁、非法搜查、刑讯逼供等职务犯罪案件。在坚决查办大案要案的同时，坚决查办发生在群众身边、严重损害群众利益的案件。

认真开展专项工作。继续开展治理商业贿赂专项工作，深入查办工程建设、土地出让、产权交易、医药购销、政府采购、资源开发和经销等重点领域中的商业贿赂犯罪案件。继续开展查办和预防执法与司法不公背后的职务犯罪专项工作，进行再动员、再推动，切实抓出新的成效。组织开展查办新农村建设领域中的贪污贿赂犯罪专项工作，深入查办在农田水利、电网及饮水改造、村村通公路、义务教育、合作医疗、村庄整治、移民安置、土地整理、退耕还林、扶贫开发等领域发生的国家工作人员和农村基层组织负责人贪污贿赂案件，促进社会主义新农村建设。

进一步提高侦查工作水平。要努力提高侦破率，降低漏网率，深挖隐藏较深的严重职务犯罪分子，有效遏制、震慑职务犯罪。要把实行检察工作一体化机制，加强办案工作的统一管理，作为提高侦查水平的重要措施来抓。按照检察工作一体化机制的要求，逐步

形成以省院为领导，以市州分院为主体，以基层院为基础，各地各部门协作配合的侦查工作运行模式，提高侦查工作整体水平。加强侦查指挥中心建设，省院已经单独设立机构独立的侦查指挥中心及其办公室，由侦查指挥中心对大要案的侦查工作进行组织、指挥、管理与协调，其办公室负责指挥中心的具体工作。有条件的市州分院也可以单独设立指挥中心及其办公室；尚无条件的，也要扩展和加强指挥中心及其办公室职能，形成职能完备的侦查指挥系统。加强举报工作，强化情报信息的统一管理和综合分析利用，健全与纪检监察、审计、金融监管等部门的案件线索移送和工作联系制度，拓宽案源渠道。严格依法规范初查、侦查活动，确保办案质量和办案安全。

保持执法办案工作平稳健康发展。检察机关的各项执法办案工作都要努力保持平稳健康发展。就查办职务犯罪工作来讲，最基本的是要把握和落实“力度大、质量高、效果好、不出事”等四个方面的要求。一是一个地区办案工作要与该地区职务犯罪的发案形势相适应，形成一定的办案数量和办案规模，不出现办案数量的大起大落或者大范围持续走低。二是办案质量要过硬，立办案件的起诉数和起诉率、有罪判决数和有罪判决率要保持在一个较高的水准上，做到有罪追究、无罪保护、严格依法、客观公正。三是努力实现办案的法律效果和社会效果、政治效果有机统一，既严格依法办案，又注重办案的政策策略、讲究办案的方式方法，防止负面影响，赢得广泛的社会理解和支持。四是要不出或少出工作责任事故，特别是要杜绝重大办案安全责任事故，防止发生干警违纪违法事件。只有全面落实以上四个要求，才能推动办案工作平稳健康发展。

加强职务犯罪预防工作。认真贯彻《湖北省预防职务犯罪条例》，充分发挥预防职务犯罪工作在减少犯罪、化解矛盾、促进和谐中的积极作用。要把预防涉及公共权益、公共项目、公共资金管理中的职务犯罪作为重点，加强对典型案件发案原因、特点的剖析，把握规律和趋势，积极提出对策建议，配合有关部门搞好职务犯罪的防控治理。要突出预防工作实效，继续做好行贿犯罪档案查询工作，抓好个案预防、专项预防、系统预防，结合办案做好预防宣传、警示教育等工作，促进廉政建设。

（三）加强对诉讼活动的法律监督，维护社会公平正义

法律监督是检察工作的根本，各项检察工作都是法律监督的重要组成部分。当前，我们要落实好省委关于强化法律监督的要求，必须把对诉讼活动的法律监督放在更加突出的位置，努力维护司法公正，促进社会和谐。

切实强化监督意识。要准确把握检察机关的宪法定位，贯彻中央提出的社会主义司法制度必须保障在全社会实现公平和正义的要求，顺应人民群众对加强法律监督、维护司法公正的强烈呼声，不断强化监督意识，理直气壮地履行法律监督职能。能否自觉维护国家法律权威，排除各种干扰和阻力，坚决监督和纠正诉讼违法行为，是对每一名检察长和检察官是否称职的考验。要正视监督工作中存在的薄弱环节，克服畏难情绪，强化监督措施，有效解决不敢监督、不善监督、监督不到位的问题。查办职务犯罪、侦查监督、公诉、监所、民行、控申等各项工作都要注意充分体现法律监督属性，把法律监督贯穿于执法办案始终，努力提高发现、核实和监督纠正违法问题的水平，增强法律监督的实效。

进一步突出监督重点。加强立案监督，依法监督纠正有案不立、有罪不究、以罚代刑、不该立案而立案、违法插手民事经济纠纷等问题。加强侦查活动监督，依法监督纠正漏罪漏犯、违反诉讼程序、侵犯人权的违法行为，注重证据审查，依法排除非法证据，保障无罪的人不受刑事追究，保障诉讼参与人的诉讼权利不受侵犯。加强刑事审判监督，坚决纠正有罪判无罪、无罪判有罪、量刑畸轻畸重问题。加强刑罚执行和监管活动监督，依法监督纠正违法减刑、假释、暂予监外执行、纠防超期羁押等问题。加强民事审判和行政诉讼监督，依法监督纠正因贪赃枉法、徇私舞弊、严重违反法定程序、地方和部门保护主义导致错误裁判的案件。

不断强化监督措施。要拓宽监督思路，讲究监督方法，综合运用多种监督手段，加大监督力度，提高监督效果。积极开展法律监

督调查工作，有效监督纠正诉讼活动中发生的违法行为。进一步完善行政执法与刑事司法相衔接的工作机制，加强对有案不立、有罪不究、以罚代刑等问题的监督。在监督工作中要落实检察工作一体化的要求，加强各职能部门的协调配合，形成监督合力。坚持把查办职务犯罪作为强化法律监督的重要手段，将两者更加紧密的结合起来。要高度重视抓好抗诉工作，着力运用抗诉手段加强对审判不公的监督。当前，刑事、民行抗诉工作是法律监督的一个薄弱环节，存在抗诉力度减弱、该抗的不抗、抗诉质量不高等问题。要改变这一状况，必须加大抗诉力度，提高抗诉质量。贯彻“依法、坚决、公正、有效”的抗诉方针，既要增强信心，敢于抗诉，及时抗诉，又不能为了上交转移矛盾、避免刑事赔偿或返还扣押款物等原因而随意提出抗诉；上级院要加强对抗诉工作的领导与指导，对抗诉有理的要坚决支持。要坚持科学考核，案件是否改判是衡量抗诉质量的一个重要标准，但不是唯一标准，要结合抗诉理由是否充分、上级院是否支持等因素进行综合评价。要增强抗诉书的说理性，提高抗诉出庭水平。要加强同有关法院的沟通，争取共识。有条件的地方可以实行抗诉情况向人大常委会报告、备案的制度。

积极开展专项监督工作。要继续巩固逮捕工作情况专项检查、核查纠正监外罪犯脱管漏管问题专项工作、“减假保”专项检查的成果。今年省院将结合我省实际，部署两个专项法律监督工作：一是开展对看守所执法活动的专项检察，着力监督纠正看守所存在的执法违法、跑风漏气、通风报信等影响刑事诉讼活动正常进行的问题，维护正常监管秩序；二是开展监督行政执法机关移送涉嫌犯罪案件专项活动，着力监督纠正不依法移送刑事案件、以罚代刑等问题，促进行政执法机关依法行政。

（四）加强化解矛盾纠纷工作，最大限度地减少不和谐因素

要坚持从强化法律监督的高度，认真做好控申检察工作，积极化解矛盾纠纷，不断减少不和谐因素、不断增加和谐因素。要畅通群众涉法涉诉申诉渠道，增强工作的积极性和主动性，坚持文明接待、热情服务，妥善解决人民群众反映的问题，真正做到案结事了、

息诉罢访。要认真办理涉检信访案件，尤其是对重复信访、越级上访、群体性上访案件以及反映检察机关违法查封、扣押、冻结款物的信访问题，必须坚持定领导、定专人、定方案、定时限，逐案落实责任，依法及时处理。认真办理刑事申诉、刑事赔偿案件，坚持实事求是、有错必纠的原则，该纠正的坚决纠正，该维持的坚决维持，该赔偿的坚决赔偿，切实做到维持有理，纠正有据，赔偿及时到位，建立及时执行赔偿决定机制，防止出现前清后欠问题。要建立健全处理涉检信访问题的长效机制，加强处理初信初访工作和信访信息分析，完善检察长接待、首办责任制和责任倒查、责任追究制度，推行下访、巡访和联合接访，提高就地化解信访问题的能力，从源头上解决问题。

要深入做好新形势下的群众工作。坚持贯彻党的群众路线，带着深厚的感情做群众工作，千方百计把检察环节的群众工作做深做细做实。探索在执法办案中做好群众工作的有效方式，善于用沟通协调、说服教育等方法，引导群众通过正当渠道反映和依法解决问题，营造检察机关与人民群众的和谐关系。讲究处置策略，注重工作艺术，落实善后措施，避免矛盾激化，防止反弹。对案件处理有疑问的，要认真听取意见，耐心做好法律宣传、政策解释、思想疏导等工作，要注意做好对有关诉讼参与人的解释、说服工作，推行答疑说理制度，针对有关诉讼参与人的疑问和异议耐心说明理由，真正把化解矛盾、定分止争、理顺情绪融入执法办案的全过程。

三、深化检察改革和推进工作机制创新

全面履行法律监督职能，必须以公正高效权威的法律监督机制来保障。全省检察机关要以强化法律监督、维护公平正义为目标，进一步深化检察改革、推进工作机制创新，建立公正高效权威的法律监督机制。

加大检察改革组织实施力度。对高检院已经部署的改革措施，要认真组织实施，加强督促检查，保证各项改革落实到位、见到成

效，其中需要结合我省实际推行的，要制定具体实施办法；对高检院作出部署但尚未出台改革方案的，要积极开展调研论证和试点工作，加强对试点工作的跟踪督导，探索改革经验；对根据中央和高检院精神，结合我省实际组织实施的改革项目，加强理论研究和开展试点、试行工作，探索新鲜经验。前不久，省院依据高检院关于进一步深化检察改革的三年实施意见，制定了《关于深化我省检察改革工作的实施方案》，并对落实改革任务作出责任分工。各地要认真贯彻省院要求，严格落实责任，加强对改革工作的具体规划、协调指导和组织实施工作，确保各项改革按时按质完成。

积极推行检察工作一体化机制。各地要按照省院《关于在全省检察机关实行检察工作一体化机制的指导意见》的要求，认真抓好组织实施工作。这里，我强调三点要求：第一，要在提高认识、准确领会上下功夫。省委《实施意见》明确提出：积极探索党委领导、人大监督下的检察工作一体化机制建设，形成“上下统一、横向协作、内部整合、总体统筹”的工作机制。全省检察机关要深刻认识实行检察工作一体化机制，是充分发挥检察机关领导体制优势和提高整体合力的重要举措，是建立公正高效权威的法律监督机制的客观需要。要吃透、领会检察工作一体化机制的精神实质和重要内容，不能误读误用。第二，要在形成合力上下功夫。坚持在各级党委领导和人大监督下，依据宪法和法律的规定，强化上级检察院对下级检察院的领导关系，下级服从上级，上级支持下级；各地检察机关之间要加强工作协作，互通情况，加强沟通，相互支持与配合；检察机关各职能部门要落实检察工作一体化的要求，既充分发挥各自的职能作用与优势，又紧密协同配合，形成工作合力。通过实行检察工作一体化机制，充分发挥法律监督整体效能。第三，要在狠抓落实上下功夫。要树立整体意识和全局观念，坚持用一体化的措施来落实检察工作一体化机制，加强统一组织和系统推进，细化工作措施，制定落实检察工作一体化机制的具体办法，强化落实力度。要建立健全领导责任制和奖惩机制，将落实检察工作一体化机制的情况作为考核各级机关、部门及其负责人工作业绩的重要内容。

全面推进检察工作机制创新。要在全面推进检察工作机制创新上迈出新步伐、取得新成效。一要进一步建立健全法律监督调查机制。认真执行省院制定的《刑事立案与侦查活动监督调查办法（试行)》，同时按照省委《实施意见》的要求，抓紧建立对刑事审判、刑罚执行以及民事审判、行政诉讼的监督调查机制，构建完备的法律监督调查机制体系，进一步强化法律监督。二要进一步建立健全促进公正规范文明执法的长效机制。对省院制定的办案过错责任追究办法，扣押、冻结款物及处理办法，各地要狠抓落实，切实做到令行禁止。今年要继续深入开展规范执法行为活动，并将长效机制建设作为重中之重，不断巩固“三个专项治理”的成果。进一步健全完善执法工作规范，落实执法责任制和责任追究制，保证各项执法活动规范、有序进行。三要进一步健全完善执法办案的科学考评和绩效管理机制。各项检察业务工作都要纳入科学考评和绩效管理，特别是要健全完善侦查监督、刑事抗诉、监所检察、民行检察等业务工作考评办法，通过实行科学考评确立起正确的工作导向。四要进一步健全完善执法办案的监督制约机制。强化检察机关内、外部监督，使检察机关执法办案始终置于有效的监督制约之下。要结合我省实际推进检务督察机制建设，规范检务督察的基本程序、措施、手段和工作权限，探讨督察与巡视工作相结合的方式，探索检务督察的“湖北模式”。检务督察要针对执法办案中的突出问题进行，今年检务督察的主要任务，一是针对执法作风和干部作风问题进行督察，二是按照有关长效机制的规定，对执法不公正、不规范、不文明问题进行督察。

四、认真贯彻宽严相济的刑事司法政策

宽严相济是我们党和国家在与犯罪作斗争的长期实践中形成的基本刑事司法政策。在和谐社会建设中充分用好这一政策，对于最大限度地遏制、预防和减少犯罪，促进社会和谐，具有更加重要的现实意义。全省检察机关要坚持用宽严相济的刑事司法政策指导法

律监督工作，坚持“全面把握、区别对待、严格执法、注重效果”的原则，切实把这一政策贯彻落实到每一个执法环节，每一个具体案件，不断提高服务和谐社会建设的水平。

（一）坚持宽严辩证统一

宽严相济，包括依法“从宽”和依法“从严”两个方面，但两者又是一个有机统一的整体，两者不可偏废。对此我们要辩证地理解、全面地把握，既防止只讲严而忽视宽，又防止只讲宽而忽视严。贯彻宽严相济，应当充分体现该严则严、当宽则宽的辩证统一，严中有宽、宽中有严的辩证统一，宽严互补、宽严有度的辩证统一。只有辩证理解、全面把握、全面落实宽严相济的要求，才能正确运用好这一政策，防止工作出现偏差。当前，要注意防止和纠正两种错误倾向：一种倾向是把宽严相济的刑事司法政策简单等同于轻缓刑事政策。不能把宽严相济的刑事司法政策片面理解为以宽为主，依法从宽并不等同于对所有的犯罪人员都一味从宽。在当前社会治安形势严峻、刑事犯罪高发的情况下，还要落实依法从严的要求，毫不动摇地坚持严打方针，严厉打击严重刑事犯罪。另一种倾向是囿于对犯罪从严从重打击的思维定式而不注重研究如何依法从宽的问题。长期以来，我们比较注重“严打”，积累了许多“严”这一面的经验，对如何适用“宽”这一面经验不足，对“宽”的问题研究不够，不能正确把握从宽的具体政策界限。当前，必须有针对性地重点研究“宽”这一方面的问题，确保正确贯彻好宽严相济的刑事司法政策。

（二）切实做到区别对待

没有区别就体现不了政策。宽严相济的实质是对犯罪区别对待，做到既要有力打击和震慑犯罪，维护法制的严肃性，又要尽可能减少社会对抗，化消极因素为积极因素。在执法实践中，必须坚持因时因地制宜，区别不同情况，依法从严或从宽处理，做到区别对待，防止机械执法影响执法效果。要做到该严则严。对严重危害国家安全和社会稳定的刑事犯罪，严重职务犯罪，必须坚决打击与查处，该批捕的要坚决批捕，该起诉的要坚决起诉；要做到当宽则宽。在审查逮捕工作中和审查起诉工作中，严格把握“有逮捕必要”的逮捕条件，正确把握起诉和不起诉条件，根据案件具体情况，可捕可不捕的依法不捕，可诉可不诉的依法不诉。要科学考核办案工作，在保障办案质量的前提下，改变不适当地控制不捕率、不起诉率、撤案率的做法。

（三）正确掌握宽严尺度

要严格执行法律，坚持以事实为根据，以法律为准绳，宽不是法外施恩，严不是无限加重，无论是从宽还是从严，都要于法有据。同时，应当注意综合考量犯罪的社会危害性、犯罪人的主观恶性以及案件的社会影响，根据不同时期、不同地区犯罪与社会治安的形势，具体情况具体分析，把握宽严界限和宽严尺度。最近，高检院发布了《关于在检察工作中贯彻宽严相济刑事司法政策的若干意见》、修订后的《人民检察院办理未成年人刑事案件的规定》和《关于依法快速办理轻微刑事案件的意见》三个文件，这些是贯彻宽严相济刑事司法政策的基本依据，各地要认真贯彻执行。要按照高检院的部署，建立健全贯彻宽严相济刑事司法政策的检察工作机制和办案方式。要加强与公安、法院等部门的沟通协调，共同研究解决贯彻宽严相济刑事司法政策中出现的问题。对贯彻政策中出现的重大情况和难以把握的问题，要及时向上级院报告。

（四）以促进和谐为目标

从构建社会主义和谐社会的内在要求出发，把促进社会和谐作为贯彻宽严相济刑事司法政策的根本目的，以是否有利于促进和谐来衡量贯彻这一政策的成效。从宽或从严是否促进了和谐，不能只满足于一方当事人或相同利益群体的满意，必须综合考虑犯罪嫌疑人、被告人、被害人的权益以及社会公众的反映、社会影响的好坏，着眼于实现全方位的和谐，实现法律效果和社会效果的统一。宽严相济的刑事司法政策，也是同犯罪作斗争的重要策略，要注意通过宽严并用、区别对待，打击少数，争取和挽救多数，有效分化瓦解犯罪分子，既推动办案工作进展，又努力减少社会对立面。

五、加强检察队伍、干部作风建设和检务保障工作

全省检察机关要从构建社会主义和谐社会的高度，全面加强检察队伍和干部作风建设，不断提高检察队伍的整体素质；全面加强经费保障、信息化、装备和基础设施建设，不断提高检务保障水平。省院今年将召开全省检察机关队伍建设工作会议等会议进行专门部署。这里我强调以下七点：

（一）加强思想政治建设

中央政法委决定，社会主义法治理念集中教育阶段的时间延长到今年上半年，然后转入经常性的学习教育。全省检察机关要深入开展社会主义法治理念教育，把教育活动作为检察队伍思想政治建设的一条主线，深入扎实地开展下去。省院将统一部署“析案明理”活动，使教育活动更加具有针对性。要把开展社会主义法治理念教育与学习贯彻六中全会精神、开展社会主义荣辱观教育、推动检察工作紧密结合起来，确保教育活动取得新的成效。

（二）加强领导班子建设

要突出抓好廉政建设。进一步采取有效措施，加强对领导班子特别是“一把手”的监督。领导班子成员特别是“一把手”，要自觉接受党组织、班子成员和群众的监督，严格执行“六个严禁”的规定，绝不能成为游离于监督之外的特殊人物；强化上级院对下级院领导班子的管理和监督，坚持和完善巡视、上级院负责人与下级院负责人谈话、上级院派员参加下级院党组民主生活会等制度。要突出抓好民主集中制的贯彻。进一步健全党内生活制度和领导班子工作制度，严格执行党内议事规则和决策程序，提高领导班子科学决策、民主决策的能力；检察长必须带头遵守民主集中制，重大决策、重要干部任免、重要建设项目安排和大额资金使用必须经过集体讨论，不允许个人专断。要继续抓好检察长换届工作。上级院要加强与地方党委、组织部门的沟通协调，依法选好配强下级院检察长；抓好领导班子的调整和充实工作，优化班子结构。要认真抓好新任检察长的培训。省院将举办新任检察长培训班，重点研究如何

当好检察长；各位新任检察长要抓好自身学习，加强党性锻炼，不仅要成为检察工作的行家里手，而且要在各方面为干警作出表率。

（三）加强纪律作风建设

检察机关作为国家法律监督机关，在纪律作风方面必须有更高的标准和更严的要求。汉阳区院今年进入全国十佳基层检察院行列，我看很重要的一点，就是他们作风过硬，弘扬优秀检察文化，以良好的作风带出过硬的队伍，创造一流的业绩。全省检察机关要认真向汉阳区院学习。我们必须看到，有些执法作风问题还存在。省院党组研究决定，把今年作为全省检察机关的“作风建设年”，对队伍中存在的突出执法作风和干部作风问题认真进行整改，深入推进队伍的纪律作风建设。领导干部要带头改进作风。在此，我和省院党组一班人郑重向全省检察机关作出“十项承诺”，请大家监督：（1）不违反政治纪律，与党中央保持高度一致，确保政令、检令畅通，自觉维护党组团结。（2）严格执行办案纪律，不干预依法办理案件，不利用职权谋取个人利益。（3）严格遵守干部人事纪律，不封官许愿，不“跑风漏气”。（4）严格遵守财经纪律，不利用职权报销应由个人支付的费用，不接受可能影响公务活动的馈赠和消费。（5）严格遵守民主集中制原则，不个人决定人事、经费等重大问题，不利用职权插手和干预工程招投标等市场活动。（6）坚持正确的政绩观，力戒形式主义和官僚主义，不弄虚作假。（7）坚持执法为民，对申诉求助群众，不敷衍塞责，不冷硬横推。（8）坚持严格管理亲友和身边工作人员，不为配偶、子女、亲友经商谋取利益，不准其利用本人影响谋取私利。（9）坚持积极进取，恪尽职守，工作中不推诿扯皮，不得过且过。（10）坚持勤俭节约，下基层轻车简从，不接受超标准接待。在加强领导干部作风建设的同时，坚持从严治检，对检察队伍严格教育、严格管理、严格监督，切实提高拒腐防变能力，树立良好执法形象。

（四）加强队伍专业化建设

认真贯彻落实中央 11 号文件和省委《实施意见》的要求，严把检察官职业准入关，严格按照公务员法和检察官法的规定选拔任用初任检察官和招考录用其他工作人员。省院制定检察队伍“十一五”教育培训规划，加强教育培训工作。继续坚持以提高业务技能和执法规范化水平为核心，大力开展正规化分类培训，深入开展岗位学练赛活动。有计划、有重点地开展检察业务技能竞赛活动。抓紧湖北省检察官培训学院的筹建工作，充分发挥其在全省检察教育培训中的示范和辐射作用。继续抓好司法统一考试培训工作，进一步提高司法考试通过率。高度重视人才培养工作，全面做好人才招录、选拔、培养、使用等各个环节的工作，省院将部署在全省检察机关评选一批检察业务专家、业务尖子和办案能手。

（五）加强基层检察院建设

按照构建社会主义和谐社会的新要求，进一步加强基层院建设，更好地发挥基层院维护社会和谐稳定、保障社会公平正义的基础性作用。按照高检院的要求，认真组织开展检察业务、队伍和信息化“三位一体”机制建设试点工作，健全基层检察院规范化管理机制。加强示范院建设，进一步调动基层院争先创优的积极性。坚持上级院领导联系基层制度，加强业务部门对口指导，抓好基层院结对帮扶，帮助解决基层院的实际困难和问题，不断提高基层院建设的水平。

（六）加强检务保障工作

各地要积极争取党委、政府的重视与支持，落实好基层院公用经费保障标准，努力改善基层院执法条件。建立基层检察院经费保障水平预警机制，及时纠正和防止保障标准不落实等问题。积极争取中央财政补助专款和国债补助投资，努力争取地方配套资金并抓好专项资金的落实，不断加强检察装备建设、基础设施建设。继续抓好“两房”建设工作，确保在2008年底全面完成建设任务。要以信息化建设为重点，加快科技强检步伐。基础网络建设力争到2008年底实现检察专线网络的全面覆盖和互联互通。各地检察机关门户网站要在上半年全部开通并不断充实更新内容。高度重视信息网络的应用，通过信息网络手段对各项业务工作实行严格的流程管理、质量控制，逐步实现办公、办案和干部考核的信息化，推进科技强检。

（七）强调坚持党的领导和自觉接受监督问题

要切实增强党性观念，及时向党委报告检察工作中的重大情况和重大问题，坚持要案党内请示报告制度，依靠各级党委的领导和支持来创造良好的执法环境。要认真贯彻实施《监督法》，自觉接受人大及其常委会监督，认真负责地办理人大交办事项，积极向人大常委会报告专项工作，邀请人大代表视察与评议检察工作，主动争取监督和支持。要进一步深化检务公开，不断完善检务公开的内容和形式，依法扩大检务公开的范围，建立健全检务公开机制，以公开促公正，增进人民群众对检察机关和检察工作的了解与认同。此外，还要拓宽监督渠道，自觉接受政协、社会各界和新闻舆论监督，认真听取各方面的批评、意见和建议，不断加强和改进检察工作。

在构建社会主义和谐社会中检察机关肩负着重大历史使命和政治责任。全省检察机关和广大检察人员要坚持以邓小平理论和“三个代表”重要思想为指导，全面落实科学发展观，振奋精神、求真务实、开拓进取，推动全省检察工作全面深入发展，以优异的工作成绩迎接党的十七大和省九届党代会的胜利召开，为构建社会主义和谐社会作出新的更大贡献！

6 更加注重保障和改善民生*

在全省检察机关组织开展查办民生领域职务犯罪专项工作，是省院作出的一项重要工作部署，是今年要着力抓好的一项重点工作。

一、坚持检察工作服务大局，更加注重保障和改善民生

加快推进以改善民生为重点的社会建设，这是我们党作出的重大决策和部署，也是我们党对人民群众的庄严承诺。党的十七大报告明确指出，必须在经济发展的基础上，更加注重社会建设，着力保障和改善民生，努力使全体人民学有所教、劳有所得、病有所医、老有所养、住有所居，推动建设和谐社会。民生工作涉及教育、就业、收入分配、医疗卫生、社会保障、社会管理等很多重大问题，这些都与人民幸福安康息息相关。保障和改善民生，事关党的执政地位和社会主义政权的巩固，事关人民安居乐业，事关社会和谐稳定，事关国家长治久安。全省检察机关要充分认识保障和改善民生的重大意义，积极参加以民生为重点的社会建设。

检察工作是党和国家工作的重要组成部分，必须在党和国家工作大局下开展，必须坚持服务党和国家工作大局。保障和改善民生，是党和国家工作大局的重要内容。坚持检察工作服务大局，就必须在检察工作中更加注重保障和改善民生。最近，中央、省委、高检院就服务大局、关注民生问题，对政法工作和检察工作提出了新的

* 2008年3月31日敬大力同志在湖北省检察机关部署查办民生领域职务犯罪专项工作电视电话会议上的讲话。

更高要求。各级检察机关要充分认识民生问题的极端重要性，始终把保障和改善民生作为关系全局的重要任务来抓，关注群众需求，倾听群众呼声，有针对性地加大法律监督力度，促进解决人民最关心、最直接、最现实的利益问题。近年来，我省检察工作坚持服务大局、关注民生，深入开展“三最”问题调研，突出重点依法惩治发生在群众身边、损害群众切身利益的犯罪活动，适时组织开展专项工作促进解决人民群众反映强烈的问题，为保障和改善民生做了很多富有成效的工作。在今后的工作中，我们要认真落实中央、省委、高检院的要求，进一步统一思想认识，坚持行之有效的经验做法，在检察工作中更加注重保障和改善民生，不断提高服务大局的水平和实效。

全面履行法律监督职责，是检察机关保障和改善民生的最基本最直接最有效的途径和方式。打击刑事犯罪、查办和预防职务犯罪、对诉讼活动的法律监督等各项检察工作，都与民生密切相关。全省检察机关要牢固树立执法为民观念，全面履行检察职能，不断改进工作方式方法，把工作成效更多地体现在保障和改善民生上来。要增强尊重和保障人权意识，坚决打击危害人民群众生命财产案件和侵犯公民人身权利、民主权利的犯罪活动，严肃查办国家机关工作人员利用职权侵犯人权的职务犯罪案件，依法保障宪法和法律赋予公民的政治、经济、文化和社会等各项权利。要围绕使全体人民学有所教、劳有所得、病有所医、老有所养、住有所居的目标，突出查办教育、就业、食品安全、医疗卫生、社会保障、征地拆迁、抢险救灾、移民补偿、安全生产等领域发生的职务犯罪案件，促进党和国家保障和改善民生各项政策措施的落实。要加强对诉讼活动的法律监督，依法监督纠正执法不严、执法不公、执法违法等人民群众反映强烈的突出问题，维护司法公正和社会公平正义，维护人民群众特别是困难群众的合法权益。要畅通群众信访渠道，依法妥善处理群众涉检信访，注意发现带有倾向性、苗头性的民生诉求，配合党委政府和有关部门从源头上进行化解。要创新便民利民方式，提高依法文明服务水平。要从办理的每一起案件、受理的每一项诉求入手，促进民生问题的解决，树立检察机关亲民、为民、护民的良好形象。

二、周密安排部署，深入开展查办民生领域职务犯罪专项工作

检察机关办案实践表明，近年来职务犯罪在民生领域呈现出多发态势，大案要案时有发生。在国家为改善民生推进社会体制改革、扩大公共服务、加大资金投入的新形势下，如果民生领域的职务犯罪滋生蔓延，必然严重危害以民生为重点的社会建设健康发展。加大查办民生领域职务犯罪力度，促进党和国家保障和改善民生各项政策措施的落实，是人民群众对检察机关的热切期盼。在全省检察机关组织开展查办民生领域职务犯罪专项工作，是践行“立检为公、执法为民”宗旨、落实检察工作主题和总体要求、维护社会和谐稳定的必然要求，是检察机关积极参加以民生为重点的社会建设、发挥检察职能作用保障和改善民生的实际行动，也是适应反腐败斗争新形势新任务的要求、保持执法办案工作平稳健康发展的重要举措。全省检察机关要充分认识开展专项工作的重要性，切实增强工作责任感和紧迫感，扎实开展专项工作，务求实际效果。

一是要突出办案重点，加大查案力度。省院在认真调查研究、剖析发案规律的基础上，根据民生领域职务犯罪易发多发的重点行业、重点部位和重点环节，确立了专项工作的查案重点。各地要加强调查研究，紧密结合本地实际进一步明确主攻方向，突出查案重点，推动专项工作有效开展。要集中办案骨干力量投入专项工作，抓紧立案、侦查、起诉一批有影响有震动的案件，形成强大声势，彰显专项工作效果。

二是要正确把握法律政策界限。组织检察人员认真学习国家有关民生问题的政策规定，加强对民生建设相关领域工作特点和规律的研究，全面掌握有关行业和领域的工作情况，了解行情，吃透政策，为开展专项工作奠定坚实基础，防止专项工作出现偏差。专项

工作的目的是保障和改善民生，办案工作本身包括方式方法也有一个如何有利民生的问题，不能违法违规办案，不能搞乱扣押、乱收缴。依法追缴的赃款赃物，除法律明确规定上缴国库的外，原则上返还给发案单位或者有关主管部门，继续用于保障和改善民生。要坚持严格依法办案，准确区分罪与非罪、此罪与彼罪的界限，对法律界限不明或者把握不准的要及时向上级院请示报告，确保案件得到正确处理。认真贯彻宽严相济的刑事政策，正确把握从严、从宽的条件和尺度，既防止放纵犯罪，又防止扩大打击面。

三是要确保办案质量和办案安全。切实做到依法办案、规范执法，提高执法水平和办案质量，实现办案法律效果与社会效果的有机统一。强化办案安全意识，明确办案安全责任，规范办案工作区管理，严格执行各项办案安全防范制度，确保安全办案。

四是要积极争取党委、人大和有关部门的重视与支持。各地要主动向党委、人大汇报专项工作的进展情况、重大问题和重要事项，积极争取党委领导和人大监督，为开展专项工作提供可靠保障。主动加强与有关主管部门和纪检监察、公安、法院、审计等部门的协调配合，争取这些部门对专项工作的理解与支持，及时向检察机关移送案件线索，配合检察机关开展办案工作。

五是统筹兼顾做好各项涉及民生的检察工作，搞好各地各部门的配合。检察机关各部门都必须坚持以保障和改善民生为本做好各项检察工作，在工作中要按照检察工作一体化的要求，互通情况，移送线索，互相支持。在做好查办民生领域职务犯罪专项工作的同时，继续做好查办新农村建设领域贪污贿赂犯罪、司法不公背后的职务犯罪、城镇建设领域商业贿赂犯罪等专项工作，以及其他办案工作。

发挥检察职能作用保障和改善民生，是检察机关的一项长期任务和重点工作。要通过扎实开展这次专项工作，在保障和改善民生方面取得更大成效，为形成工作声势、建设长效机制打下坚实基础。因此，我们不能寄希望毕其功于一役，要树立长期作战的思想。在当前和今后一个时期，我们要始终把保障和改善民生摆在突出位置，坚持把保障和改善民生作为各项检察工作的重要工作目标，不断加大工作力度，创新工作举措，更加注重保障和改善民生，使检察工作更加符合党和人民的要求。

三、当前需要强调认真抓好的几项重要工作

第一，全力维护社会和谐稳定。随着北京奥运会的日益临近，境内外敌对势力活动频繁，今年维护社会和谐稳定的任务异常艰巨复杂。各级检察机关要以高度的政治责任感，依法履行批捕、起诉职责，加强同有关部门的协调配合，严密防范、严厉打击危害国家安全犯罪、严重暴力犯罪、多发性侵财犯罪和毒品犯罪，深入开展打黑除恶专项斗争，维护国家安全和社会治安大局稳定。要高度重视、切实加强涉检信访工作，抓紧排查化解一批涉检重信重访案件；要构建大信访格局，充分发挥各级院、各部门和全体干警的作用，形成控申工作整体合力，真正把矛盾化解在萌芽状态；对于中政委、高检院、省院交办的重点案件，各级院领导要坚持领导包案制度，亲自督办、亲自协调，确保我省检察环节不发生影响社会和谐稳定的重大事件。

第二，认真学习贯彻全国、全省“两会”精神。要组织广大检察人员认真学习、深刻领会全国、全省人大会议精神，不断增强大局意识、政治意识和责任意识，紧紧围绕经济社会发展大局，进一步明确推动检察工作的具体举措。要高度重视、认真落实人大代表对检察工作的意见和建议，不断加强和改进检察工作。最高人民检察院最近召开学习贯彻十一届全国人大一次会议精神电视电话会议，要求全国检察机关要按照会议的要求，高度重视、认真落实人大代表的意见和建议，进一步做好当前的各项检察工作，下大力气抓好五个方面的工作：一是着力维护社会和谐稳定；二是着力服务经济社会发展；三是着力保障和改善民生；四是着力维护和促进司法公正；五是着力深化检察体制和工作机制改革。还要求，要从维护宪法权威、坚持人民代表大会制度、发展中国特色社会主义民主政治的高度，切实增强接受人大监督的意识，不断完善接受人大监督的

措施，紧紧依靠人大的监督、支持加强和改进检察工作，确保人民赋予的检察权真正用来为人民谋利益。全省“两会”结束后，省院印发了《全省“两会”分组审议讨论省检察院工作报告的意见》，各地要继续对照检查，抓好落实。最近，省人大办公厅向省院交办了省十一届人大一次会议代表对检察工作的意见建议。省院党组将逐条研究，全面梳理，深入查找工作中的差距和不足，研究提出贯彻落实的具体意见，同时印发各市州分院。各地要认真对照代表、委员提出的意见建议特别是批评意见，分析原因，提出措施，解决突出问题，改进薄弱环节；要继续加强同代表、委员的联系，不断满足人民群众的新要求、新期待，努力把各项检察工作做得更好。

第三，深入开展大学习、大讨论活动。中央、省委、高检院先后就开展大学习、大讨论活动作出部署，省院将制定下发具体实施方案，进一步明确这次活动的指导思想、目标任务和方法步骤。全省检察机关一定要从全局和战略的高度，深刻认识开展大学习、大讨论活动的重大意义，把这次活动作为开创检察工作新局面的奠基工程，作为加强检察队伍建设的灵魂工程，掀起大学习、大讨论的热潮，切实用以武装头脑、指导实践、推动工作。要认真贯彻党的十七大精神，落实高检院的工作要求，深刻把握党的十七大对检察工作提出的新要求，深刻把握人民群众对检察工作的新要求、新期待，进一步明确思路、强化措施，解决好工作中不相适应、不相符合的问题，解决好制约检察工作发展、群众反映强烈的突出问题，努力从更高起点、更高层次、更高水平上谋划和推动检察工作，全面加强和改进各项检察工作，推动检察工作健康深入发展，有力推动建设公正高效权威的检察制度。为了重点抓好领导干部的学习教育，省院今年上半年将举办领导干部专题研讨会，各级检察领导干部要带头参加学习讨论，重点是深入思考如何按照十七大精神加强和改进检察工作等重大问题。

第四，突出抓好“十二检会”精神和27项重点工作的落实。第十二次全省检察工作会议是全面规划部署当前和今后一个时期检察工作的重要会议，各地要结合实际，周密安排，确保各项工作部署落到实处。2 月底，省院根据“十二检会”的精神，制定下发了今年 6 个方面 27 项重点工作责任分工意见。各级院领导干部特别是检察长，要作为第一责任人，切实承担起责任，紧紧围绕省院重点工作部署，集中精力，强化措施，狠抓落实。要健全工作机制，层层分解任务，加强督促检查，确定有针对性、操作性、可行性的工作措施，推动各项重点工作的圆满完成。要抓执行力，现在不是缺思路、制度、方针、要求，缺的是落实。为了落实“十二检会”关于加强领导联系基层工作的部署，省院党组已确定院领导、厅级干部每人联系 2 个基层院，共确定了 26 个基层院作为联系点。省院通过进一步加强领导联系基层工作，加强工作指导和督促检查，总结推广经验，帮助解决难题。各市州分院也要按照省院的做法，切实加强领导联系基层院工作。要在全省检察机关形成关心基层、服务基层的良好氛围，切实增强基层实力，激发基层活力，为我省检察工作的科学发展奠定坚实基础。

7 正确认识和处理坚持党的领导、接受人大监督与接受上级检察院领导的关系*

中国特色社会主义检察制度坚持党的领导、人民当家作主和依法治国的有机统一，实行党对检察工作的绝对领导和人大对检察机关的监督。根据宪法规定，检察机关是国家法律监督机关，必须接受上级检察院的领导。正确认识和处理坚持党的领导、接受人大监督与接受上级检察院领导三者之间的关系，对于保证检察工作正确发展方向具有重要意义。

检察机关必须坚持党的领导。人民检察院是中国共产党领导下的人民民主专政的国家机器的重要组成部分，而中国共产党是人民民主专政国家的领导核心。党对检察机关的领导，是党对人民民主专政国家政权进行领导的组成部分，是检察机关依法独立行使检察权的政治保证，是中国特色社会主义检察制度的重要内容。要坚持党总揽全局、协调各方的领导核心作用，坚持党对检察工作的绝对领导，是检察机关必须始终遵循的政治原则，在任何情况下都不能动摇。检察机关必须增强党性观念，始终与党中央保持高度一致，坚持马克思主义在检察工作的指导地位，自觉践行社会主义法治理念，保持政治上的清醒和坚定；必须确保制定的各项工作方针、原则、思路和措施，与党的路线方针政策保持一致，体现党的路线方针政策的精神和要求；必须坚持重大工作部署、重要改革事项、重要工作事项及时向党委报告，严格执行要案党内请示报告制度，积

---

* 《人民检察（湖北版）》2008年第4期刊载敬大力同志文章。

极发挥检察职能服务党和国家工作大局，主动争取党委对检察工作的领导与支持。要深刻认识到，一方面党委要支持司法机关依法独立办案，另一方面司法机关必须在党委统一领导下开展工作，这是现行司法体制的重要特点，切不可只强调一个方面忽视另一个方面。

检察机关必须自觉接受人大监督。人民代表大会制度是我国的根本政治制度。我国的一切权力属于人民，人民行使国家权力的机关是全国人民代表大会和地方各级人民代表大会。人民检察院作为国家法律监督机关，由人民代表大会产生，向人民代表大会负责，受人民代表大会及其常务委员会的监督，这是宪法规定的一项重要原则。检察机关的法律监督权力是宪法和最高国家权力机关赋予的，检察机关依法独立行使检察权，也必须依法自觉接受国家权力机关的监督，以保证准确履行法律监督职能，正确行使法律赋予检察机关的各项职权。检察机关要树立“法律监督机关更要接受监督”的意识，增强坚持人民代表大会制度、接受人大及其常委会监督的自觉性，切实在检察工作中贯彻执行《中华人民共和国各级人民代表大会常务委员会监督法》的有关规定，完善接受人大监督的具体措施，拓宽接受人大监督的有效途径，建立健全接受人大监督的经常化和规范化工作机制。要认真向人大及其常委会报告检察工作，积极向人大常委会进行专项工作报告，接受人大常委会执法检查工作，贯彻执行人大及其常委会的决议，虚心听取人大代表的建议、意见和批评，认真办理代表提出的各项议案，在接受人大监督中不断加强和改进检察工作。

检察机关必须接受上级检察院的领导。最高人民检察院领导地方各级人民检察院和专门检察院的工作，上级检察院领导下级检察院的工作，是宪法规定的检察机关领导体制。党的十七大明确指出，要深化司法体制改革，优化司法职权配置，规范司法行为，建设公正高效权威的社会主义司法制度，保证审判机关、检察机关依法独立公正地行使审判权、检察权。加强上级检察院对下级检察院工作的领导，有利于贯彻以科学发展观为统领、按照构建社会主义和谐社会的要求加强和改进检察工作的原则；有利于发挥检察机关体制优势，增强法律监督整体合力；有利于促进建立公正高效权威的检察制度。宪法规定，人民检察院依照法律规定独立行使检察权，不受行政机关、社会团体和个人的干涉。我们要清醒地认识到，在任何国家包括一些标榜“三权分立”的国家，都不存在绝对的司法独立，完全独立于政治之外的司法是不存在的。依法独立行使检察权不是不要党的领导，也不是不接受人大监督。根据检察工作整体性、统一性的要求，我们推行“上下统一、横向协作、内部整合、总体统筹”的检察工作一体化机制建设，是建立在党委领导、人大监督下的检察工作一体化机制，是在工作机制层面的一体化，是在现行政治体制和法律制度框架下的“检察工作一体化”，是通过机制创新保障检察工作依法、规范、高效运行的一种重要举措。

坚持党的领导、接受人大监督与接受上级检察院领导是相辅相成、并行不悖、有机结合、不可偏废的，要切实注意防止和克服将三者对立起来、割裂开来的错误观念和做法。要深刻认识到，当代中国的检察制度，是与我国的国体与政体紧密相连的，充分贯彻了人民民主专政理论、人民代表大会制度理论和民主集中制理论，蕴含着我们党关于社会主义检察制度的基本观点，是我国政治制度的重要组成部分。加强上级检察院对下级检察院工作的领导，保证检令畅通，增强监督合力，是发挥落实宪法规定的检察机关领导体制、全面履行检察机关职能的重要要求，说到底还是坚持党的领导、接受人大监督的一个重要要求，是维护中央权威和保证法律统一正确实施的重要要求。要牢固树立坚持党的领导、接受人大监督与接受上级检察院领导的观念，坚持不懈地履行法律监督职能，使检察工作更加符合客观实际，更加符合时代发展要求，更加符合人民群众的愿望和利益，为发展和完善中国特色社会主义检察制度作出积极贡献。

8 充分发挥检察职能，推进法治湖北、平安湖北、和谐湖北建设*

2011年，湖北省检察机关要全面贯彻党的十七大和十七届五中全会精神，以邓小平理论和“三个代表”重要思想为指导，深入贯彻落实科学发展观，牢牢把握科学发展这个主题和加快转变经济发展方式这条主线，全面履行法律监督职能，深化、细化、实化工作措施，狠抓各项工作部署落实，推动检察工作全面发展进步，维护社会和谐稳定、维护人民群众权益、维护社会公平正义，推进法治湖北、平安湖北、和谐湖北建设，为实现湖北“十二五”时期开局之年经济社会科学发展提供有力司法保障。

第一，紧紧围绕湖北经济社会跨越式发展，深入抓好服务大局、保驾护航工作。紧扣主题主线，谋划服务大局的思路，找准切入点、结合点和着力点。深入抓好国土资源等领域突出问题专项治理，继续开展查办国家投资领域职务犯罪专项工作，打击侵犯知识产权和制售假冒伪劣商品专项行动，增强服务大局的实效。不断提高服务水平，实现执法办案三个效果的有机统一。

第二，紧紧围绕促进社会建设，深入抓好维护社会和谐稳定工作。坚持把保障和改善民生作为检察工作的出发点和落脚点，促进解决人民群众最关心最直接最现实的利益问题。贯彻宽严相济刑事政策，依法打击各类刑事犯罪，维护社会和谐稳定；认真落实执法办案风险评估、预警等机制。

第三，紧紧围绕促进反腐倡廉建设，深入查办和积极预防职务

---

* 《人民检察》2011年第2期刊载敬大力同志文章。

犯罪。坚持数量、质量、效率、效果、规范、安全六个方面有机统一，保持执法办案工作平稳健康发展。营造良好环境，加大办案力度，加强工作协调，完善办案机制，推动反渎职侵权检察工作再上新台阶。按照社会化、专业化、规范化、法制化的要求，加强和改进职务犯罪预防工作。

第四，紧紧围绕维护司法公正，深入抓好对诉讼活动的法律监督。坚持检察机关宪法定位，把诉讼监督工作作为硬任务、作为“主业”来抓，切实做到敢于监督、善于监督、依法监督、规范监督、理性监督。进一步突出重点，强化措施，健全机制，落实保障，推动诉讼监督工作取得更大实效。

第五，紧紧围绕建设公正高效权威的检察制度，深入推进检察改革和工作机制建设。落实各项检察改革任务，抓好铁路运输检察管理体制改革，深化检察工作机制建设。健全完善检察工作考评机制，树立正确工作导向。部署开展“强化检察管理年”活动，以强化检察管理为主题举办检察发展论坛第四次会议，围绕执法工作加强各项管理。

第六，紧紧围绕促进严格公正文明廉洁执法，深入抓好检察机关执法公信力建设。按照“维护人民群众权益、紧紧依靠人民群众、提高群众工作能力、接受人民群众监督、落实便民利民措施”的要求，继承和创新检察机关群众工作。落实《关于构建促进检察机关公正廉洁执法工作格局的指导意见》，推动建立“五位一体”工作格局。牢牢把握执法公信力建设的三个努力方向，即着力解决影响检察机关执法公信力的突出问题，着力争取解决制约执法公信力的体制性、机制性、保障性障碍，着力研究和解决如何提高执法公信力问题。

第七，紧紧围绕造就高素质检察队伍，深入抓好检察机关党的建设和队伍建设。做好检察长换届准备工作，加强学习型检察院建设，加强全员培训，抓好精品课程教材体系建设等工作。加强自身反腐倡廉和检察纪律建设，以“零容忍”的态度严肃查处违法、违纪和违规问题。

第八，紧紧围绕强基固本的目标要求，深入抓好基层基础建设。认真抓好20件事项的落实，适时召开基层院“四化”建设推进会。深入推进科技强检活动，加强科技强检项目建设。落实各项检务保障政策，将有限财力更多地向促进公正廉洁执法、科技强检的技术和信息化装备方面倾斜。

9 更新观念、服务发展，为保障和服务“十二五”规划实施保驾护航*

充分发挥检察职能作用，为顺利实施“十二五”规划提供有力司法保障，是检察机关必须深入思考的一个重大问题。我们认为，正确、全面、充分履行法律监督职能，保障和服务“十二五”规划顺利实施，检察机关应当树立八种观念，做好八件大事。

一、树立正确的“大局观”，努力为党和国家大局中心工作服务

检察事业是中国特色社会主义事业的重要组成部分，必须随着中国特色社会主义事业发展而发展；检察工作是党和国家工作的重要组成部分，必须在党和国家工作大局下开展，为党和国家工作大局服务。我们认为，服从和服务党和国家工作大局是检察机关任何时候都必须坚持的重大政治任务和根本指导思想，任何情况下都必须服从大局不含糊、服务大局不动摇。2006 年，湖北省检察院制定了《关于充分发挥检察职能为改革发展稳定大局服务的意见》（“二十条”），省委全文转发。总结近年来的工作实践并根据今后形势任务发展的需要，我们认为服务党和国家工作大局应当做到“六个坚持”：坚持适用法律与执行党和国家政策相统一，根据法律规定，在政策指导下开展执法办案工作；坚持执法办案工作法律效果、政治效果和社会效果的有机统一，依靠社会的广泛理解和支持办好各类案件；坚持依法履职、实事求是，切实做到有罪追究、无罪保护，

* 《政策》2011 年第 10 期刊载敬大力同志文章。

严格依法、客观公正；坚持惩防并举，标本兼治，一手抓惩治，一手抓预防，防止和减少犯罪案件的发生；坚持打击与服务、保护相结合，依法惩治犯罪者，支持改革者，保护创业者，挽救失足者，教育失误者；坚持专门机关工作与群众路线相结合，尊重群众，相信群众，依靠群众，妥善处理好人民群众最关心、最直接、最现实的利益问题。

二、树立正确的“环境观”，为经济社会发展创造更多更好的条件

环境是发展必不可少的条件，是发展的外在影响因素，对于发展的影响越来越重要、越来越直接。发展环境是一个地区基础设施建设、社会生活状况、思想解放程度、市场发育程度、政府执政能力、执法司法水平等多种因素的综合体现。目前，市场经济在一定意义上讲就是“环境经济”，一个地方发展环境好，经济就会充满活力，就能吸引更多的资金、技术和人才等生产要素。从这种意义上讲，环境就是生产力、竞争力、吸引力、创造力，发展环境就是发展的生命线。发展环境的好坏，不仅直接影响投资者的利益，还直接影响和决定一个地区的发展前景和发展后劲。当前，各级各地高度重视发展环境问题，一个地方发展环境的好坏，主要的，一是看政府的管理服务水平，二是看政法机关的执法司法水平。投资者、经营者、企业家最关心的是发生了权益损害是否能够及时得到公正合理的解决，政法机关要为科学发展创造良好环境。我们认为，检察机关并不直接从事经济工作、管理工作，服务“十二五”规划顺利实施关键是从自身的性质和职能出发，着力“维护、创造、优化”发展环境。一方面，检察机关各项工作不能破坏发展环境，要使“环境更好”。要通过统一执法思想，规范执法行为，把握政策尺度，改进自身工作来创造良好的发展环境。另一方面，检察机关要依法打击损害发展环境的犯罪行为，依法纠正损害发展环境的诉讼违法行为。要依法严厉打击严重暴力犯罪，依法打击造成重大环境污染、严重破坏生态环境等犯罪，严肃查办国家工作人员贪赃枉

法、失职渎职，损害发展环境的违法犯罪行为，加强对诉讼违法行为的法律监督，努力维护、创造、优化发展环境。

三、树立正确的“定位观”，找准服务大局的切入点、结合点、着力点

检察机关服务大局，应当坚持正确的定位观，做到以下四点：一是任何时候都要强调找准职能定位。要坚持把全面履行法律监督职责作为服务大局最基本最直接的手段，既不能“过”，又不能“不及”；既防止不顾大局孤立地抓办案，又防止脱离职能、超越职能搞服务。对此，我们一直保持头脑清醒，在服务大局“二十条”中明确提出要“立足检察职能开展服务”，始终立足法律监督职能，做到“四个必须”，即必须严格依法履职、必须以监督促管理、必须强化矛盾化解、必须强化源头治理。我们认为，明确职能定位是服务大局必须解决的一个重要问题，应当旗帜鲜明地强调和坚持。二是围绕主题主线谋划确定工作思路。要紧紧围绕“十二五”时期的科学发展这个主题和加快转变经济发展方式这条主线，树立战略思维、树立大局观念，深入思考和谋划服务党和国家大局工作。三是紧贴大局找准切入点、结合点和着力点。检察机关服务“十二五”规划顺利实施，要理清大局与检察工作的联系，明确大局对检察工作的要求，从而找准检察工作在大局中的位置，紧贴大局找准切入点、结合点和着力点。要围绕加快转变经济发展方式的主攻方向确定服务大局的重点。从全国情况看，加快转变经济发展方式要突出“三个转变”：在需求结构上，由主要依靠投资、出口拉动向依靠消费、投资、出口协调拉动转变；在产业结构上，由主要依靠第二产业带动向依靠第一、第二、第三产业协同带动转变；在要素投入上，由主要依靠增加物质资源消耗向主要依靠科技进步、劳动者素质提高、管理创新转变。从湖北情况看，要围绕省委加快转变经济发展方式的重大部署来开展工作，主要是：围绕产业结构调整、围绕调整区域发展结构、围绕调整消费、投资、出口“三驾马车”结构、围绕调整企业组织结构和所有制结构、围绕加强自主创新等，

来进一步确定工作重点，调整工作部署，研究专项工作。要紧紧围绕“十二五”时期加快转变经济发展方式中“涉法、涉诉、涉检”的问题，进一步找准切入点、结合点和着力点。四是部署开展专项工作。开展专项工作是服务大局的一个重要的、有效的手段。近年来，我们针对十七届三中全会加强新农村建设的部署，组织开展查办新农村建设领域职务犯罪专项工作；针对国家加大投资力度确保经济平稳较快发展的部署，组织开展查办和预防国家投资领域职务犯罪专项工作等，都取得了明显成效。我们要把开展专项工作作为服务大局的重要载体和主要抓手，继续坚持部署开展一些针对性强、包容性强的专项工作，提升服务大局的实效。

四、树立正确的“政策观”，提高执法办案和服务大局的水平与实效

“十二五”时期是大有可为的重要战略机遇期，既面临难得的历史机遇，也面对诸多可以预见和难以预见的风险挑战，特别是加快转变经济发展方式要求检察机关进一步适应经济社会的深刻变革，正确把握政策策略。2009 年初，为了应对国际金融危机的冲击，高检院强调要高度重视、依法妥善处理涉及企业特别是广大中小企业的案件，提出要贯彻有利于维护企业正常生产经营、有利于维护企业职工利益、有利于促进经济社会秩序稳定“三个有利于”的原则。根据“三个有利于”的原则，我们提出查办职务犯罪工作应当正确把握“五条办案原则”：一是依法坚决查办。要抓住腐败现象易发多发的重点领域、关键环节和人民群众反映强烈的突出问题，依法坚决查办职务犯罪案件。二是坚持惩防并举。要坚持标本兼治、综合治理、惩防并举、注重预防的方针，贯彻落实惩治和预防腐败体系对检察工作提出的新要求。三是把握政策界限。要保持高度的政治敏感，及时研究、慎重对待新情况新问题，严格区分、正确把握工作失误与渎职犯罪的界限；经济纠纷与经济诈骗的界限；执行政策中出现偏差与钻改革空子实施犯罪的界限；合法劳动、非劳动收入与贪污受贿、私分、侵占、挪用等违法收入的界限；经济活动

中的不正之风、违反财经纪律行为与经济犯罪的界限；资金拨付迟缓与贪污挪用截留的界限；正常配套资金调整与变相挤占克扣的界限；资金合理流动与徇私舞弊造成国有资产流失的界限；企业依法融资与非法吸收公众存款的界限等。四是掌握分寸节奏。既要坚决查办案件，又要适当选择办案时机，把握办案分寸，区分轻重缓急，最大限度地维护合法权益。五是注意方式方法。在执法办案中要加强与发案单位和主管部门的沟通，努力维护正常生产经营秩序；在办理涉及企业的案件时，注意维护企业形象和产品声誉；对企业负责人、技术骨干、关键岗位人员采取强制措施时，及时通报，做好衔接，尽量避免和减少对生产经营和招商引资活动的影响。慎重着警服、开警车到企业办案，慎重采取查封、冻结、扣押企业账目、银行账户、企业财产等措施。要通过办案积极为国家、企业挽回经济损失，依法依政策及时返还扣押款物用于生产经营。实践表明，“五条办案原则”的提出与贯彻，推动了执法办案平稳健康发展，提升了服务大局的水平与实效。我们认为，这些原则在服务“十二五”规划顺利实施过程中，仍然具有指导意义，应当在坚持运用的同时，根据“十二五”规划的具体要求，进一步深化、实化、细化。

五、树立正确的“稳定观”，维护社会和谐稳定

中央一直强调要针对社会发展特别是民生领域的突出问题，大力推进以改善民生为重点的社会建设，更好推动经济社会协调发展。服务“十二五”规划顺利实施，也要贯彻中央关于推动经济社会协调发展的部署，更加注重发挥检察职能促进社会建设、化解社会矛盾，维护社会和谐稳定。在这一方面，我们认为应当抓好以下工作：一要树立“大稳定观”和“一线观念”。我们一直强调检察机关不能一谈稳定，就局限于打击刑事犯罪；检察机关查办职务犯罪、强化诉讼监督、处理涉检信访等各项工作都事关稳定大局，都包含稳定的因素；检察机关也处于维护社会和谐稳定的“第一线”，而不是“第二线”。要着眼于实现全面的、持续的稳定，正确履行各项法律监督职能，保障社会公平正义，促进社会和谐稳定。二要健全

化解矛盾工作机制。要坚持把化解社会矛盾贯穿于执法办案始终，积极把检察工作向化解矛盾纠纷延伸，认真落实检察环节社会矛盾排查化解、社情民意调查和群众利益诉求表达、执法办案风险评估、预警等机制，使化解矛盾工作更有针对性，取得实实在在的效果。同时，我们主张不得超越检察职权进行“调解”，不得超越法律底线主持“和解”，防止越权、违法情形。三要积极参与、努力协助有关部门加强对重点难点问题、社会治安重点地区的综合治理。

六、树立正确的“职能观”，进一步发挥检察机关法律监督职能，促进政法机关公正廉洁司法执法

近年来，中央、省委对于发挥检察机关法律监督职能作用越来越重视；中央司法改革陆续出台一系列强化法律监督的措施办法，加强检察机关法律监督和接受检察机关法律监督的理念逐渐深入人心。党委、人大、政府和社会各界对发挥检察机关法律监督作用，强化诉讼监督，促进公正廉洁执法十分看重，要求采取有力措施加强这一方面的工作。我们认为，服务“十二五”规划实施要充分发挥法律监督职能，落实高检院《关于进一步加强对诉讼活动法律监督工作的意见》，坚持近年来行之有效的做法，进一步强化监督意识、加大监督力度、突出监督重点、增强监督实效，维护法律的严肃性，保证监督的严密性；进一步规范监督行为、健全监督机制、完善监督方式、提高监督水平，用好现有法律监督手段，以人民群众的关注点和促进公正廉洁执法为着力点，强化措施，健全机制，落实保障，推动诉讼监督工作取得更大实效，为经济社会发展创造公平正义的法治环境。

七、树立正确的“公信观”，促进检察机关自身公正廉洁执法

检察机关执法公信力是党和国家公信力的重要组成部分，是社会诚信体系的重要一环。检察机关执法公信力的核心在于检察机关对社会的信用以及社会对检察机关的信赖。我们认为，执法公信力

是检察机关的立身之本、战略任务和检察权运行的重要规律；执法公信力应当成为检察机关的一面旗帜，一个目标，一种精神，应当成为我们从事检察工作坚持的一种重要理念。检察机关应当高度重视提高执法公信力建设，以提高服务“十二五”规划实施的能力和水平，增强适应性。近年来，我们部署开展执法公信力建设专项工作，取得了一定成效。我们认为，加强执法公信力建设具有全局性、长期性、综合性、复杂性，当前应当抓好三个方面的工作：

一要牢牢把握提高执法公信力的三个努力方向。一是着力解决影响检察机关执法公信力的突出问题，主要是解决队伍素质、执法作风、监督制约、职业道德、基层基础等问题；二是着力争取解决制约执法公信力的体制性、机制性、保障性障碍，在检察机关加强自身努力的基础上，采取有力措施破解制度、保障、环境等多种客观因素的制约；三是着力研究和解决如何提高执法公信力问题，深刻认识这种执法条件不是暂时的、而是长期的，不是个别的、而是普遍的，要主动适应、积极应对，深化检务公开，加强检察宣传，营造良好公共关系，加强网络舆情应对和引导等工作。

二要推动建立“五位一体”的工作格局。我们认为，推进检察机关公正廉洁执法是一项系统工程，既要抓好思想政治、职业道德、素质能力、纪律作风等工作，又要在此基础上更多地从工作机制层面加以考虑，努力构建以执法办案为中心、以制度规范为基础、以执法管理为前提、以监督制约为关键、以执法保障为条件的“五位一体”促进检察机关公正廉洁执法的工作格局。

三要继承和创新检察机关群众工作。2009 年 7 月，经过较长时间的研究论证和征求意见，湖北省检察院制定了《关于加强检察机关群众工作的指导意见》，省委全文转发。2010 年上半年，省检察院成立群众工作专门机构，以检察发展研究论坛第三次会议为载体，分征求意见、交流经验、理论研讨三个阶段，深入推进群众工作理论和实践研讨，取得了初步成效。我们认为，检察机关群众工作要坚持“维护人民群众权益、紧紧依靠人民群众、提高群众工作能力、接受人民群众监督、落实便民利民措施”的总体思路，继续采取有力措施，推动群众工作不断深化，把执法过程变成做群众工作、为人民服务的过程。

八、树立正确的“发展观”，努力解决“不符合、不适应、不协调”问题，推动检察工作科学发展

加快转变经济发展方式是一场深刻的革命，必然会带来一系列新情况新问题，为检察机关执法办案、科学发展带来了新的挑战。检察机关服务“十二五”规划实施，必须自觉转变思想观念，主动适应这种变革，解决自身发展中与之不适应、不符合、不协调的突出问题。我们要树立正确的发展观，进一步提高对三个问题的认识，即：进一步提高对科学发展观的认识；进一步提高对检察机关发挥职能服务、保障和促进经济社会科学发展的认识；进一步提高对促进检察工作自身科学发展的认识。要切实增强发展意识，始终坚持检察事业发展是硬道理，执法办案和加强法律监督是硬道理，业务工作平稳健康发展是硬道理“三个硬道理”，着力解决“发展不够”和“发展不科学”的突出问题。要使工作思路和工作决策真正体现科学发展观的要求，做到“六个符合”：符合法律，维护法律的统一正确实施；符合规律，遵循检察工作发展的客观规律；符合大局，坚持检察工作服务党和国家工作大局；符合民意，积极适应人民群众对检察工作的新要求新期待；符合理念，坚持社会主义法治理念和中国特色社会主义检察制度；符合实际，坚持实事求是，使工作思路和工作举措切实可行、效果圆满。要围绕实现检察工作科学发展，进一步加大改革创新和机制建设力度，使检察工作与经济社会发展相适应、与转变经济发展方式相适应、与人民群众的司法需求相适应，力争在“十二五”时期全面建成符合我国国情、与社会主义市场经济体制相适应的检察制度体系。

10 切实增强“环境”意识，着力营造“四个环境”*

全省检察机关要围绕今年经济工作“稳中求进”的总基调，贯彻省委“稳神竞进、逆势而进、实虚并进、扎实推进、激情奋进”的要求，充分发挥打击、预防、监督、教育、保护等检察职能作用，为湖北经济社会科学发展、跨越式发展营造良好环境。

切实增强“环境”意识。市场经济在一定意义上讲就是“环境经济”，发展环境的好坏，不仅直接影响投资者的利益，还直接影响和决定一个地区的发展前景和发展后劲；只有发展环境良好的地方，才能吸引更多的资金、技术和人才等生产要素，经济才会充满活力。当前，省委、省政府高度重视发展环境问题，反复强调要为科学发展、跨越式发展营造良好环境。一个地方的司法环境、政法环境是地方投资环境的关键和核心所在。作为检察机关，服务经济发展的重点、着力点就在于从自身的性质和职能出发，努力“维护、创造、优化”发展环境。在此，我重点强调两个问题：一是“重商文化”背景下的服务发展问题。省委反复强调，要积极培育“重商文化”，大力推进全民创业，打造亲商、利商、留商、暖商、敬商、懂商、悦商的投资环境。投资者、经营者、企业家到一个地方发展，最关心的是一旦发生了权益损害，政法机关是否能够及时公正合理地解决。检察机关必须积极适应培育“重商文化”的要求，更加注重依法打击、监督纠正各种侵害企业合法权益的违法犯罪行为，更加注重严格公正廉洁执法和理性平和文明规范执法，通过执法办案努力

---

* 2012年1月17日敬大力同志在湖北省检察长会议上的讲话节录。

为企业挽回经济损失，维护企业形象和产品声誉，为投资、创业、发展提供良好司法环境。二是市场主体多元化背景下的平等保护问题。省委提出，要牢固树立“大招商促进大发展”的理念，毫不动摇的把招商引资放在经济工作的重要位置；要在巩固和发展公有制经济的同时，切实贯彻平等准入、公平对待的原则，解决好非公有制经济发展中的困难和问题。检察机关营造发展环境，必须始终站在公平持正的立场上，自觉克服地方保护主义、部门保护主义对检察工作的影响，平等保护本地企业家和外来投资者的合法权益，平等保护国有、集体、个人等各种所有制经济主体的合法权益，努力保障和促进各类市场主体公平竞争、共同发展。

着力营造“四个环境”：一要着力营造诚信有序的市场环境。积极参与整顿和规范市场经济秩序工作，与有关部门密切配合，依法打击金融诈骗、合同诈骗、电信诈骗、伪造银行卡、逃税骗税、涉军造假、传销等犯罪活动，深入开展整治非法集资问题专项行动，维护良好市场经济秩序。继续加强行政执法与刑事司法衔接工作，推动建立健全联席会议、案件咨询等制度，加快建设衔接工作信息共享平台，认真开展调查处理举报、建议移送案件、立案监督工作。二要着力营造和谐稳定的社会环境。坚决依法打击各类刑事犯罪，全面贯彻宽严相济刑事政策，加强社会稳定形势、重要敏感案件和热点敏感问题的分析研判，着力化解矛盾纠纷，依法妥善解决群众合理诉求。深入开展检察官进社区、进企业、进学校、进农村活动，加强法制宣传教育，大力弘扬社会主义法治精神，引导群众依法理性反映诉求、解决纠纷、维护权益，推动形成人人自觉学法尊法守法用法的良好社会氛围。三要着力营造廉洁高效的政务环境。依法查办发生在领导机关和领导干部中的职务犯罪，发生在国家重点投资领域、资金密集型行业的职务犯罪，发生在重大安全事故、食品药品安全事件、群体性事件以及黑恶势力犯罪背后的职务犯罪。深入开展集中查办涉农惠民领域贪污贿赂犯罪案件专项工作，保障中央强农惠农富农政策落到实处。继续抓好治理商业贿赂、治理工程建设领域突出问题、严肃查办危害民生民利渎职侵权犯罪等专项工作。深入贯彻执行中办发〔2010〕37号文件，着力提升反渎职侵权工作水平。会同省工商联等部门，深入抓好涉及非公有制企业的受贿、行贿犯罪查办和预防；完善行贿犯罪档案查询系统，坚持预防职务犯罪年度报告制度，努力从源头上遏制腐败。四要着力营造公平正义的法治环境。深入开展打击侵犯知识产权和制售假冒伪劣商品专项行动，严厉打击假冒注册商标、假冒专利等违法犯罪活动，强化对高新技术等领域自主创新的司法保护。强化对违法动用刑事手段插手民事经济纠纷等问题的监督，认真办理合同纠纷、产权纠纷等民事、行政监督案件，促进解决执法不严、司法不公的突出问题。

坚持原则性和灵活性相结合。要坚持正确处理打击与保护的关系、执行法律与执行政策的关系，努力实现执法办案法律效果、政治效果和社会效果的有机统一。一方面，要坚持原则性，守护法律底线，特别是对一些市场主体制假售假、破坏环境资源、拉拢腐蚀干部、破坏宏观经济政策实施、损害国家社会公共利益和人民群众合法权益的严重违法犯罪行为，要依法坚决惩处，绝不能以纵容违法犯罪来创造所谓的“环境”，否则只会对发展环境造成更大损害、只会得不偿失。另一方面，要把握灵活性，在法律政策界限范围内，对一些市场主体的轻微违法犯罪依法从宽处理，更多地从保护、促进其健康发展的角度来考虑，更加注重执法办案的政治效果和社会效果，防止打击过头，防止破坏发展环境，影响市场主体发展壮大。省院一贯强调的“依法坚决查办、坚持惩防并举、把握政策界限、掌握分寸节奏、注意方式方法”等“五条办案原则”，集中体现了原则性和灵活性相结合的要求，各地在执法办案中一定要深刻领会、准确把握、深入贯彻落实。

11 围绕"五个湖北"建设，服务湖北科学发展、跨越式发展*

今年6月召开的省第十次党代会，明确提出了今后一个时期全省工作的指导思想、奋斗目标和主要任务，是全省人民在新的起点上奋力推进科学发展、跨越式发展，加快构建促进中部地区崛起重要战略支点的行动纲领。全省检察机关要把贯彻落实省第十次党代会精神作为一项重要政治任务，以会议精神为指引，进一步谋划和推动检察工作科学发展。

一、牢牢把握未来湖北发展的总体要求和奋斗目标，进一步明确检察工服务大局的总体思路

服务大局是检察机关的政治责任和历史使命。当前和今后一个时期，全省检察机关要积极主动地适应湖北蓄势勃发、"中气十足"的强劲发展态势，紧紧围绕省第十次党代会部署，进一步调整、完善服务大局的思路和措施。一要牢牢把握大局。自觉加强对战略支点，科学发展、跨越式发展，一元多层次战略体系，富强、创新、法治、文明、幸福"五个湖北"建设等重大决策部署的学习和理解，深刻领会其丰富内涵和基本要求，培养战略眼光，树立宏观思维，把握发展脉搏，使各项决策部署更加符合大局要求。二要坚持职能定位。始终把履行法律监督职能作为服务大局的基本途径，立足于"维护、创造、优化"发展环境，充分发挥打击、监督、预防、保护等职能作用，为经济社会发展营造"四个环境"。正确处

* 2012年8月2日敬大力同志在湖北省检察长座谈会上的讲话节录。

理执法办案与服务大局的关系，既认真履行职责、坚持依法办案，防止和克服脱离职能、超越职权搞服务，甚至借口服务发展，或乱提口号、人为设置办案禁区、对执法办案提出各种违反法律政策的限制性规定，或违法违规插手经济社会管理、企业生产经营和民事经济纠纷；又做到执法不忘大局、办案考虑发展和稳定，防止和克服就事论事、就案办案、机械执法，努力实现执法办案与服务大局的有机统一。三要完善和实化工作措施。继续贯彻落实省委转发、省院制定的“服务大局二十条”，为其注入新的内容，体现时代性，增强针对性。要务实踏实，求真求效，打造决策、执行、监督、考评、奖惩一体化的“落实链条”，真正把各项要求和措施落实到执法办案实践中，转化为保障和促进发展的现实“生产力”。四要准确把握政策策略。坚持原则性与灵活性相统一，把提高法律适用能力和提高政策把握水平更好结合起来，严格、正确、充分地落实好“依法坚决查办、坚持惩防并举、把握政策界限、掌握分寸节奏、注意方式方法”等“五条办案原则”，努力实现“三个效果”有机统一。

二、牢牢把握“五个湖北”建设要求，服务全省科学发展、跨越式发展

“五个湖北”构建了全省经济社会发展总体格局。检察机关服务大局，就是要紧紧围绕“五个湖北”建设，找准切入点、结合点，增强针对性和实效性。

要围绕富强湖北建设，严厉打击影响和破坏企业生产经营、农业生产发展、公共基础设施建设的诈骗、盗窃、黑恶势力等犯罪，严厉打击非法集资、非法经营等破坏市场经济秩序犯罪，严肃查办、积极预防重点产业投资领域、新农村建设、城镇建设、重点工程建设中的贪污贿赂、渎职侵权犯罪，保障工业化、城镇化和农业现代化顺利进行、协调发展。要适应大力培育市场主体要求，不分公有私有、国有民营、本地外地，统一执法尺度，平等保护企业等各类市场主体合法权益。各地要结合实际，根据全省区域发展战略，积

极完善为经济发展服务的具体措施，促进形成区域经济新格局。

要围绕创新湖北建设，适应创新发展文化要求，重点解决好“重商”文化背景下的服务企业发展问题，切实保护合法投资经营，促进培育发展文化。适应创新体制机制要求，解决好体制机制改革中的法律政策界限把握问题，依法查办和预防发生在国企改制、“两型”社会建设综合配套改革等领域侵吞国有资产，以及失职渎职造成严重后果的各类职务犯罪，确保各项改革顺利进行。适应提升自主创新能力要求，加强对知识产权的司法保护，严厉打击、监督纠正重大技术升级改造、高新技术产业和战略性新兴产业发展过程中侵犯专利权、商标权的违法犯罪，营造有利于自主创新的司法环境。

要围绕法治湖北建设，依法打击和监督纠正国家机关及其工作人员侵犯公民民主权利的违法犯罪，服务民主政治发展。扎实贯彻关于惩治和预防渎职侵权违法犯罪、“两法衔接”的两个《实施办法》，与省纪委、省政府法制办等部门对两个《实施办法》开展联合培训、共同预防，促进国家机关工作人员依法履职。坚持宪法定位，全面强化对刑事诉讼、民事审判与执行、行政诉讼的法律监督，以司法公正推动社会公平正义。大力普法，依法执法，弘扬法治精神，使广大干部群众自觉做到学法辨是非、知法明荣辱、守法定行止。

要围绕文明湖北建设，严厉打击敌对势力通过思想文化渗透进行的破坏活动，配合有关部门深入开展“扫黄打非”等专项活动，加大对利用手机、互联网等实施的诈骗、赌博等犯罪的打击力度。依法查办和积极预防文化事业发展、文化产业建设中的职务犯罪。加强行贿犯罪档案查询等工作，促进社会诚信体系建设。依法打击危害能源资源和破坏生态环境的各类犯罪，促进生态文明。

要围绕幸福湖北建设，坚决打击境内外敌对势力的渗透颠覆分裂破坏活动，严厉打击危害公共安全和社会治安的严重刑事犯罪，积极参与社会治安重点地区和突出问题的排查整治，依法妥善处理涉检信访和重大敏感案件，切实做好检察环节预防和化解社会矛盾的各项工作，维护社会和谐稳定，增强群众归属感和安全感。要更加关注和保障民生，继续贯彻省委转发、省院制定的关于加强检察机关群众工作的指导意见，坚持“五条原则要求”，以教育、就业、医疗卫生、食品药品安全、征地拆迁、扶贫开发、社会保障、执法司法等涉及群众切身利益的领域为重点，加大对违法犯罪行为的打击、监督和预防力度，维护群众合法权益，增强群众幸福感。

三、牢牢把握保持党的先进性和纯洁性要求，进一步加强检察队伍建设

加快构建重要战略支点、实现富民强省的宏伟目标，关键在于加强党的领导，关键在于始终保持党的先进性和纯洁性。全省检察机关要将保持检察机关党员、干部的先进性和纯洁性作为检察队伍建设的重要指导原则，继续深入推进“六项工程”，不断强化高素质检察队伍建设。这里强调几点：一要深入抓好检察机关党的建设。坚持以党建带队建，加强党性教育，严守党的纪律，坚持党对检察工作的绝对领导，确保党的基本理论和路线方针政策在检察机关正确贯彻落实。加强各级院党组建设，严格执行民主集中制，切实发挥党组领导核心作用。加强基层党组织和党员队伍建设，深入开展创先争优活动，充分发挥基层党组织战斗堡垒和党员先锋模范作用。二要深入抓好教育培训。落实好年度教育培训工作计划，积极推进执法推演、混合培训、驻院科研等工作，提升教学科研水平；实施检察机关年轻干部成长工程，继续抓好与高校联合培养检察专业硕士、博士工作，打造检察人才战略高地。三要深入推进纪律作风和自身反腐倡廉建设。坚持从严治检，深化检察机关惩防体系建设，进一步健全并落实党风廉政建设责任制、自身执法办案活动监督制约体系、廉政风险防控、巡视督察等机制，全面加强教育、制度、监督、纠风、惩治等工作。四要深入推进基层基础工作。针对基层院“四化”建设20件事项存在的薄弱环节，采取更加有力的措施继续深入推进，着力健全基层院建设长效机制。加强上级院对基层院建设的指导，落实基层院建设情况报告制度，鼓励基层首创精神，推广基层先进经验，树立基层先进典型，推动基层院建设水平进一

步提升。按高检院“十二五”时期计财装备工作发展规划和科技强检规划要求，做好制定新的公用经费保障标准、基础设施和科技装备项目建设等工作，进一步夯实检察事业发展基础。

12 坚定中国特色社会主义理想信念*

党的十八大是在全面建设小康社会关键时期和深化改革开放、加快转变经济发展方式攻坚时期召开的一次十分重要的大会。会议旗帜鲜明、思想深刻、求真务实、部署全面，以战略性思维和前瞻性眼光描绘了我国改革发展的宏伟蓝图。我感到很振奋，深受鼓舞，我认为报告充分体现了党的智慧、自信、执着和先进，有很多新观点、新论述、新要求、新亮点，总体上印象最为深刻的有以下三个方面：

一、科学概括了中国特色社会主义的丰富内涵

党的十八大从道路、理论体系、制度三个方面科学阐明了中国特色社会主义的丰富内涵和内在要求，并再次强调，中国特色社会主义是党和人民90多年奋斗、创造、积累的根本成就，必须倍加珍惜、始终坚持、不断发展。中国特色社会主义是我们党90多年不懈奋斗的伟大成就。党的十八大是对全党全国的一次马克思主义的再教育，中国特色社会主义理论的再教育。中国特色社会主义就是当代中国的马克思主义。

学习贯彻党的十八大精神，最关键的就是要把中国特色社会主义道路、理论体系和制度学习好、领会好、坚持好、贯彻好。我们在学习中要深刻认识到，中国特色社会主义道路是中国共产党带领

* 2012年11月20日敬大力同志在湖北省人民检察院党组中心组学习党的十八大精神专题会议上的发言节录。

全国人民在长期实践中，历经风雨、艰难探索开辟出来的现代化道路。它既坚持科学社会主义的基本原则，又结合中国经济文化比较落后的基本国情，是一条不同于西方资本主义和传统社会主义的新路。历史和实践反复证明，只有毫不动摇地坚持这条道路，才能把我国建设成为富强民主文明和谐的社会主义现代化国家，实现中华民族伟大复兴。要深刻认识到，中国特色社会主义理论体系是与马克思列宁主义、毛泽东思想既一脉相承、又与时俱进的科学理论。邓小平理论第一次系统地初步回答了“什么是社会主义、怎样建设社会主义”这个首要的和基本的问题；“三个代表”重要思想回答了“建设什么样的党、怎样建设党”的问题；科学发展观则回答了“实现什么样的发展、怎样发展”的问题。围绕这些重大问题，形成了中国特色社会主义理论体系，深刻阐明了党在新时期的基本理念、基本路线、基本纲领以及发展道路、发展阶段、根本任务、发展动力、发展战略、依靠力量、国际战略、领导力量等重大问题。马克思曾说，理论一经群众掌握，就会变成强大的物质力量。社会主义现代化建设的实践证明，这个理论体系是科学的，是我们党最宝贵的政治和精神财富，只有坚持和发展这个理论，社会主义现代化建设事业才拥有强大的思想武器。要深刻认识到，中国特色社会主义制度是当代中国发展进步的根本制度保障。这次将其作为中国特色社会主义的重要内容写入十八大报告和党章，充分体现了我们党的政治智慧和勇气，是对中国特色社会主义认识的进一步深化。中国特色社会主义制度涵盖经济、政治、文化、社会等各领域，符合我国国情，顺应时代潮流，具有鲜明特点和优势，在实践中展示了强大生命力和优越性，必须始终坚持、不断推动其完善和发展。

坚持中国特色社会主义，最根本的就是要坚持中国特色社会主义道路、理论体系和制度不动摇，三者是一个相互联系、互为支撑、辨证统一的有机整体，道路是实现途径，理论体系是行动指南，制度是根本保障，三者统一于中国特色社会主义伟大实践，必须整体考虑，从三个方面同时努力、协调推进。要深刻认识到，建设中国特色社会主义，总依据是“社会主义初级阶段”，总布局是“五位一体”，总任务是“实现社会主义现代化和中华民族伟大复兴”，基本要求是“八个必须坚持”。这些重要观点，体现了马克思主义基本原理和科学社会主义基本原则，顺应了中国国情、时代发展大势和人民意愿，是对历史的深刻总结、对未来的科学把握、对中国特色社会主义的理论廓清，系统回答了建设什么样的社会主义、怎样建设社会主义这个根本问题，为夺取中国特色社会主义新胜利指明了途径。

二、充分彰显了建设中国特色社会主义的坚定信心

这实质上是一个精神状态问题。当前我们党存在着“四个危险”，即精神懈怠的危险，能力不足的危险，脱离群众的危险，消极腐败的危险。这次党的十八大报告强调，我们要胸怀理想、坚定信念，不动摇、不懈怠、不折腾；全党要坚定这样的道路自信、理论自信、制度自信；实践发展永无止境，认识真理永无止境，理论创新永无止境。这“三个不”、“三个自信”和“三个永无止境”令人印象深刻。这“三个三”是对全党全国各族人民精神状态的新要求，体现了党对国家前途、民族命运、人民福祉的责任担当和坚强信心。

“三个不”就是要对中国特色社会主义坚定不移，坚持不懈，咬定青山不放松，聚精会神搞建设、一心一意谋发展，既不走封闭僵化的老路、也不走改旗易帜的邪路。尤其是面对意识形态领域的噪音杂音，面对改革发展中许多问题、考验和危险，必须有高度的政治敏锐性和鉴别力，不为任何风险所惧、不为任何干扰所惑。

“三个自信”是一种对中国特色社会主义的坚定信仰，是举什么旗、走什么路的政治方向问题，是关系党、国家和民族前途命运的根本问题。这种自信来源于科学的理论指引，尤其来源于改革开放 30 多年取得的伟大成就。我们历尽艰辛开辟的“中国道路”、创造的“中国模式”，经受了历史和实践的检验，越来越得到全党全国人民的衷心拥护，越来越受到世界各国关注、赞誉和认可。比如 2008 年以来，国际金融危机、欧债危机相继爆发、波及全球，使西

方发达资本主义国家经济遭受重创，就业等社会问题凸现，负面影响持续而深入，至今尚无明显复苏迹象；而在中国，我们党团结带领全国人民，采取一系列保增长、调结构、惠民生的重大措施，成功战胜了国际金融危机影响，保持了又好又快发展的良好态势，可以说是“风景这边独好”。这一鲜明对照，充分显示了中国特色社会主义道路、理论体系和制度的优越性，进一步暴露了资本主义的根本矛盾，也引起了国际社会对“西方模式”、“西方制度”缺陷和弊病的深刻反思；有机构预言，我国经济总量将在2016年超越美国成为世界第一经济大国，这些都是我们实力和底气的展示，是这种自信的现实依据。鲜明提出并始终保持“三个自信”，有利于把社会各界凝聚在中国特色社会主义旗帜下，坚定方向、鼓舞斗志、凝神聚力、以更加奋发有为的精神状态开创中国特色社会主义事业新局面。

“三个永无止境”鲜明体现了科学发展观所蕴含的解放思想、实事求是、与时俱进、求真务实的精神实质。科学发展是当代中国的鲜明主题，具有坚实的理论基础、实践基础、群众基础。回顾近10年的改革发展，正是因为党中央带领全国人民形成和贯彻了科学发展观，才能战胜一系列严峻挑战，在综合国力、人民生活水平等方面取得历史性成就。十八大确立了科学发展观的指导地位，再次强调“三个永无止境”，标志着我们党对中国特色社会主义规律的认识提高到了新的水平，也要求必须将其作为长期坚持的根本性指导思想，贯彻落实到社会主义现代化建设全过程，勇于实践、勇于变革、勇于创新，不断解决发展中不平衡、不协调、不可持续的问题，永葆国家的发展动力和生机活力。

三、明确提出了全面建成小康社会的宏伟目标和发展战略

我们党在不同的历史时期，都会提出一系列具有感召力的奋斗目标，勾画出未来一个时期的宏伟蓝图，并带领全国人民为之奋斗。党的十八大报告明确提出，要确保到2020年实现全面建成小康社会

宏伟目标，对今后一个时期我国经济、政治、文化、社会、生态文明建设作出了全面部署，目标科学、任务明确、措施具体，形成了中国特色社会主义“五位一体”总体布局。从全面建设小康社会到全面建成小康社会，是“三步走”发展战略中极为重要的一环，既反映了我们过去走过的道路，又明确了未来的目标任务；既令人鼓舞，又符合趋势、科学合理。从“四位一体”到“五位一体”，增加社会主义生态文明建设，使中国特色社会主义总体布局更加完善，使生态文明建设的战略地位更加明确，充分体现了科学发展观全面、协调、可持续发展的要求，有利于建设美丽中国、实现中华民族永续发展。“五位一体”总体布局是一个相互联系、相互协调、相互促进、相辅相成的有机整体，其中，经济建设是根本，政治建设是保障，文化建设是灵魂，社会建设是条件，生态文明建设是基础。从单纯提国内生产总值翻一番到明确提出国内生产总值和城乡居民收入“两个翻一番”，充分反映了党以人为本、执政为民的宗旨观念，是改善民生、实现发展成果由人民共享的郑重承诺。这一目标的提出，立足当前、把握规律、振奋人心，是可以衡量、可以预期、经过努力可以实现的。

13 牢牢把握全面深化改革的主要任务，充分发挥检察职能，为改革提供有力司法保障*

当前，检察机关服务大局最重要、最紧迫的就是要服务改革，这是我们的重大政治任务和政治责任。就此而言，我认为在三个方面要总体把握：一是协同，即推进检察工作和检察改革的进度、力度等方面要与全面深化改革的大局步调一致、同步合拍，维护改革大局的全面性、系统性、关联性；二是促进，即充分发挥各项检察职能作用促进和保障各方面改革任务顺利推进、达到预期目的、取得良好效果；三是适应，即适应改革指导思想、总体目标和各项改革部署，解决检察机关自身不适应、不符合、不协调的问题。具体而言，除了前面提到的观念层面问题外，还要从目标任务和方式方法两个层面深化认识、系统谋划。

在目标任务层面，要紧扣各项事业改革的重点领域和重大部署，找准结合点和着力点。

要围绕服务经济体制改革，依法打击和监督纠正混合所有制经济发展过程中侵害国有资本、集体资本、非公有资本合法权益的经济违法犯罪，严肃查办和预防国有企业改制改组过程中侵害国家利益、造成重大损失的职务犯罪；加大对非法经营、非法吸收公众存款、内幕交易、侵犯知识产权、虚假破产等破坏市场经济秩序犯罪的打击力度，强化对涉及市场准入、不正当竞争等问题的民事、行政诉讼法律监督；依法惩治、监督、预防健全宏观调控体系、减少

---

* 2013 年 12 月 3 ~4 日敬大力同志在湖北省检察机关深入贯彻党的十八届三中全会精神专题调研座谈会上的讲话节录。

和规范行政审批、事业单位分类改革等过程中涉及的各种违法犯罪；更加注重城乡一体化发展，依法惩治侵害农村集体土地占有、使用、收益、流转等权益的违法犯罪，强化对农户宅基地用益物权的司法保护，严肃查办和预防新型城镇化建设、城乡要素平等交换和公共资源均衡配置等方面侵吞国家建设资金、失职渎职造成重大损失的职务犯罪，等等。

要围绕服务政治体制改革，依法打击和监督纠正国家机关及其工作人员侵犯公民民主权利的违法犯罪，促进完善社会主义民主政治制度建设；扎实贯彻“两法衔接”，推进行政执法与刑事司法衔接机制更加完善、更加有效，促进依法行政；积极参与社会普法教育机制建设，增强全民法治观念；深入研究、不断拓展检察机关法律监督在推动落实权力运行制约和监督体系建设中的作用、范围、途径和方法，认真研究反腐败领导体制机制变化下的查办和预防职务犯罪工作的发展趋势、主要任务、制度机制建设等问题，主动适应、有效对接反腐败领导体制、线索处置和案件查办新变化新机制，更加注重用法治思维和法治方式惩防职务犯罪。

要围绕服务文化体制机制创新，切实增强意识形态领域的阵地意识，依法打击各类危害国家文化安全的犯罪，依法查办和积极预防文化资产管理、文化单位转企改制、文化企业兼并重组、文化服务设施建设领域中的职务犯罪，严厉打击非法经营、侵犯知识产权等破坏市场经济秩序的犯罪，维护正常的文化市场秩序，保障文化产业健康发展，激发文化创造活力。

要围绕服务社会事业改革和社会治理体制创新，继续关注“衣食住行、业教保医”等民生问题，严肃查处和预防城乡义务教育资源均衡配置、考试招生制度改革、扶持创业、劳动者终身职业培训、城乡居民养老保险、最低生活保障、住房保障、公立医院改革、健全全民医保体系等领域的职务犯罪，加强对关系民生的苗头性、倾向性问题分析研判，积极配合党委、政府和有关部门从源头上促进民生改善，确保发展成果更公平惠及全体人民。坚持“大稳定观”和“一线观念”，以更广视角、更高标准积极服务平安中国建设，全力维护国家安全，突出打击各类严重刑事犯罪，依法打击、监督纠正社会治理领域违法犯罪问题，积极参与治安重点地区和突出治安问题的专项整治，深化涉法涉诉信访改革，促进完善立体化社会治安防控体系、公共安全体系和社会矛盾化解机制。

要围绕服务生态文明制度建设，查办和预防重大生态修复工程、重大环境污染事故、环境保护监管中的渎职犯罪，严肃惩治破坏环境资源保护方面的刑事犯罪，通过民事和行政诉讼监督、支持起诉、督促起诉、督促履行职责等工作，推动解决损害群众健康的突出环境问题。

在方式方法层面，要推出一些适应全面深化改革、提高服务水平和实效的办法。

一是坚持做改革的促进者。围绕这一总的指导思想研究服务改革的方式方法，切实把促进改革、服务改革的要求体现在具体案件办理和具体事项处理之中，坚定不移地做改革的促进派，而不是成为改革的桎梏。

二是正确处理若干重大关系。正确处理坚持党的领导、接受人大监督与接受上级院领导的关系；正确处理服务改革与服务发展、维护稳定的关系；正确处理服务经济体制改革与服务其他方面改革的关系；正确处理执行法律与执行政策的关系，努力营造允许“试验”、宽容“失败”的改革氛围。

三是把握好标准界限。审慎、正确处理改革中必将会出现的各种新情况新问题，把握好混合资本交叉持股过程中职务犯罪主体认定、建立城乡统一建设用地市场、民间资本发起设立中小型金融机构、中小企业融资、农村集体土地经营权抵押担保入股等各个方面的罪与非罪、此罪与彼罪、罪轻与罪重等界限；正确区分执行改革政策出现偏差与打着改革的幌子、钻改革空子实施犯罪的界限；正确区分改革失误与失职渎职的界限，等等。

四是讲究执法艺术和办案策略。高度关注改革新动向，保持政策敏感性，区分轻重缓急，把握办案时机，掌握分寸节奏，防止对改革正常推进造成影响。坚持打击与预防、保护并重，在依法打击犯罪的同时，更加注重保护改革者、挽救失误者。加强对各领域改革政策的学习掌握，提前评估、预判风险和困难，提前做好应对措施，防止造成执法办案被动。

五是注意办案具体方式方法。在办理涉及重大改革的案件过程中，注重加强与涉案单位、主管部门以及党委政府的沟通，注意维护企业形象和产品声誉，尽量避免和减少对改革、生产经营和招商引资活动的影响，积极为国家、企业挽回经济损失，依法依政策及时返还扣押款物用于改革发展。

14 全面履职、敢于担当，全力服务湖北改革发展稳定大局*

服务大局是检察机关的政治责任和历史使命。新的形势任务对我们提出了新的更高要求。全省检察机关一定要把握好服务大局的总体要求，不断加强和改进各项工作，在履职尽责中服务好党和国家工作大局，在大局的指引下进一步提升检察工作水平。

改革、发展、稳定是我国社会主义现代化建设的三个重要支点，是大局所在，这一点应该说一直没有变。但在新的历史条件下，中央、省委为其赋予了新的内涵，对政法工作部署了新的任务。

改革的部署全面体现在党的十八届三中全会精神中。三中全会用“六个紧紧围绕”描绘了全面深化改革的路线图，强调要使市场在资源配置中起决定性作用和更好发挥政府作用，坚持和完善基本经济制度，健全城乡发展一体化体制机制，推进法治中国建设，强化对权力运行的监督制约，推进社会事业改革和社会治理创新，加快生态文明制度建设，等等。发展的目标定位在“建成支点、走在前列”。省委提出要大力推进一元多层次战略体系，加快推进“五个湖北”建设，强调“竞进提质、升级增效”，深入实施创新驱动发展战略，深入推进产业转型升级、农业现代化、长江经济带开放开发，更加注重绿色发展，等等。稳定的任务体现在中央、省委政法工作会议部署中，着重强调要维护社会政治稳定，创新社会治理方式，加强预防和化解社会矛盾工作，高度重视网络信息安全，深入推进平安建设，提出要全力推进政法工作“六大工程”。只有全

* 2014 年 1 月 24 日敬大力同志在湖北省检察长会议上的讲话节录。

面准确把握上述大局要求，我们才能有针对性地做好服务大局工作。

习近平总书记鲜明提出了新形势下政法工作的三项主要任务：维护社会大局稳定是政法工作的基本任务，促进社会公平正义是政法工作的核心价值追求，保障人民安居乐业是政法工作的根本目标。三项主要任务是党中央对政法工作的重要政治嘱托，是从党、国家和人民事业大局角度对政法工作提出的重中之重的目标任务，体现了大局需要和政法机关职能定位的高度统一。省委要求政法机关要履行好维护政权安全、维护社会稳定、保障人民安居乐业、维护公平正义、服务发展等五项职责。这是对湖北政法机关落实三项主要任务的进一步要求。全省检察机关必须要完成好三项任务、担当好五项职责，做到这一点，就是在服务大局，就会对党和人民事业有利。

承担起三项任务和五项职责，服务好改革发展稳定大局，说到底还是要落实到充分履职上。要找准切入点、结合点，并在此基础上发挥好打击、预防、监督、保护等各项检察职能。比如，要围绕经济体制改革和经济持续健康发展，严肃查办、积极预防国有资产监管、国有资本授权经营等领域的职务犯罪；加大对破坏市场经济秩序犯罪的打击力度，严惩商业贿赂犯罪，强化对涉及市场准入、不正当竞争等问题的民事、行政诉讼监督；依法惩治财政、金融、证券等领域的犯罪活动；严肃惩治和预防城镇化建设用地、农村土地制度改革、农业转移人口市民化以及扶贫开发、支农惠农资金管理等方面违法犯罪，等等。还比如，要围绕生态文明制度建设和绿色发展，查办和预防重大生态修复工程、重大环境污染事故、环境保护监管中的渎职犯罪，严肃惩治破坏环境资源保护方面的刑事犯罪，通过办案和监督推动解决损害群众健康的突出环境问题。诸如此类要求，全省各级检察机关要结合实际全面梳理，有针对性的突出工作重点、把握主攻方向。同时，要坚持服务改革与促进发展、维护稳定相统一，通过服务改革促进经济发展与社会和谐稳定，在维护稳定的基础上为改革发展营造安定和谐的社会氛围。坚持日常工作与专项工作相结合，继续深入开展“发挥检察职能、优化发展环境”、打击和预防发生在群众身边、损害群众利益违法犯罪等专项工作，针对突出问题，适时组织开展新的专项工作。坚持执行法律与执行政策相统一，正确处理改革发展中的新情况新问题，既严格执法、依法办案，又坚持建设性执法，力求“三个效果”统一，善于运用政策指导执法活动，准确区分改革过程中法律政策界限问题，处理好活力与秩序的关系，努力营造允许“试验”、保护创新、宽容“失败”的社会氛围。需要强调的是，服务大局是一项全面的、综合性的任务，大局的任何一个方面，都可能涉及各项业务工作，同时也与其他非业务工作相关联。我们不能够零打碎敲、单打一，而是要总结好、坚持好去年的做法，做到全面部署、多管齐下，围绕大局的各个方面，明确打击、预防、监督、保护的具体任务，全面综合发挥职能作用；做到全员参与、人人有责，使每一名检察人员都在自己的岗位上贡献一份力量。

一、进一步加强批捕、起诉等工作

当前，刑事犯罪仍在高位运行，重大恶性案件、公共安全事故、个人极端暴力犯罪时有发生，冲击社会心理，危及群众安全；社会矛盾多样性、关联性、组织性、易变性明显增强；修改后刑事诉讼法在证据、保障人权、诉讼民主等方面要求更高。全省检察机关要把维护政治稳定放在首位，把群众对平安的愿望作为努力方向，进一步做好批捕、起诉、控告申诉检察等工作。

一要突出惩治重点。积极参与反渗透、反间谍、反恐怖斗争，严密防范、坚决打击境内外敌对势力分裂破坏活动。工作中，既要态度坚决又要注意策略，按照“慎用危安罪名”原则，坚持政治案件非政治化处理。坚持严打方针不动摇，突出打击黑恶势力、严重暴力、涉枪涉爆涉恐、拐卖妇女儿童、危害食品药品安全、环境污染等严重危害公共安全和人民群众生命健康的犯罪。依法惩治聚众闹事等破坏社会秩序、严重影响生产生活的犯罪活动。高度重视网络社会安全，坚决打击境内外敌对势力网上勾结串联、煽动滋事活动，积极参与打击整治网络有组织制造传播谣言等违法犯罪专项行动。二要坚持宽严相济。在强调“严”的一面的同时，用好“宽”的一手，健全轻微刑事案件快速办理机制，探索完善简易程序案件办案模式，加强和规范社区矫正法律监督，最大限度减少社会对抗。认真贯彻高检院办理未成年人刑事案件的规定，坚持教育、感化、挽救方针，加强和规范社会调查、犯罪记录封存、合适成年人到场、附条件不起诉等工作。在打击黑恶势力、破坏社会主义市场经济秩序、腐败等犯罪过程中，要注意防止不讲法治、不讲法律、随意扩大打击面的问题。三要严守防止冤假错案底线。习近平总书记强调，人民群众每一次求告无门、每一次经历冤假错案，损害的都不仅仅是他们的合法权益，更是法律的尊严和权威，是他们对社会公平正义的信心。我们要严把事实关、证据关、程序关和法律适用关，加强讯问犯罪嫌疑人、询问证人工作，依法保障律师执业权利，认真听取律师意见，加强量刑建议尤其是职务犯罪量刑规范化试点工作。坚持不得强迫自证其罪的原则底线，正确把握非法证据标准，既依法坚决排除非法证据，又防止人为扩大非法证据范围。同时，按中央、高检院有关规定，对刑事案件仍应坚持“两个基本”的要求，防止纠缠细枝末节。四要创新预防和化解社会矛盾机制。学习借鉴“枫桥经验”，把信访工作作为送上门的群众工作做实做好。畅通群众诉求表达渠道，加快综合性受理接待中心改扩建，优化工作流程，健全信访信息查询系统，坚持受理信访“七合一”、“六整合”，坚持下访、巡访、联合接访、检察长接待等制度。重视初信初访，落实首办责任，完善涉检信访处置“一体化”工作格局，防止矛盾积累和信访上行。健全执法办案风险和效果评估及预警、处置、防范工作体系，加强和规范当事人和解案件办理工作，从源头上预防和减少矛盾纠纷。

二、进一步加强查办和预防职务犯罪工作

当前，反腐败形势依然严峻复杂。中央、省委强调要以刮骨疗毒、壮士断腕的勇气坚决把反腐败斗争进行到底，坚持以零容忍态度惩治腐败，坚持“力度统一论”；修改后刑事诉讼法对侦查手段、

强制措施、证据收集认定的规定更加严格，扩大了辩护人权利。我们要进一步适应形势任务变化，认真落实中央、省委惩防腐败体系建设五年规划和实施意见，着力提高查办和预防职务犯罪工作水平。

一要坚持有案必查、有腐必惩。继续保持反腐败高压态势，“老虎”和“苍蝇”一起打，既严肃查办发生在领导机关和领导干部中的职务犯罪；又严肃查办教育就业、社会保障、医药卫生、环境保护、食品药品安全、征地拆迁等领域、发生在群众身边的腐败犯罪。要加大对工程建设、房地产开发、节能减排、铁路、石油等国家重点投资领域职务犯罪惩治力度，严惩重大责任事故、群体性事件背后的职务犯罪，重视查处国家机关工作人员利用职权实施的侵权犯罪。注重优化发展环境，严肃查办涉及企业和企业内部的职务犯罪案件。严惩司法腐败，严肃查处司法工作人员徇私舞弊、贪赃枉法、索贿受贿等职务犯罪。重视破解“高科技、高智能”等新型职务犯罪，严肃查办“利益输送”行为隐含的职务犯罪。二要转变侦查模式、提升侦查能力和法治化水平。深入落实检察工作一体化机制，完善线索分级统一管理和利用机制，加强和规范指定管辖、交办等工作，强化统一组织指挥和侦捕诉协调配合，建立案件预审机制，提升侦查能力。完善追逃防逃机制，加大境内外追逃力度，办案中注意及时采取立案、强制措施、边控等措施，防止涉案人员潜逃。贯彻以法治思维和法治方式反对腐败的要求，切实规范侦查行为，严格指定居所监视居住、技术侦查措施的采用，进一步规范搜查、查封、扣押、冻结等工作，坚决执行同步录音录像制度，落实办案安全防范措施，严防办案安全事故发生。自觉适应纪委查办违纪案件时，对涉嫌犯罪的及时按程序移送司法机关这一工作方式的调整，严格执行省院与省纪委联合出台的8条规定，从力量摆布、工作方式等方面做好安排。三要深化职务犯罪预防工作。加强预防宣传和警示教育，促进公职人员树立法律底线意识和按程序办事观念。着眼于反腐倡廉制度建设，提高预防检察建议和年度报告的针对性、规范性和科学性，深化行贿犯罪档案查询，建立职务犯罪记录查询制度。规范预防行为，防止偏离或超越职能搞预防。深入推进预防刑事犯罪、预防职务犯罪和预防诉讼违法三项职能整合，完善共同负责、各司其职、互相配合、齐抓共管的运行模式及工作机制，深化构建检察机关预防违法犯罪工作大格局。

三、进一步加强和规范诉讼监督工作

习近平总书记指出，当前执法不严、司法不公、司法腐败问题比较突出。与此同时，我们监督意识不强、能力不足、力度不够大的问题更加凸显，尤其是监督行为不严肃、不规范的问题需要引起我们高度警惕。要进一步加大监督力度，健全监督机制，规范监督行为，完善监督格局，下大气力监督纠正执法司法突出问题。

一要加强刑事诉讼监督。建立健全与公安机关信息共享机制，畅通知情渠道，加大对有案不立、违法立案、刑讯逼供、暴力取证等问题的监督力度。加强对反映违法扣押冻结企事业单位和个人财产、侵犯当事人及律师诉讼权利等问题的监督审查，及时提供司法救济。重视监督纠正该报捕不报捕、违法采取监视居住的问题。继续加大刑事抗诉力度，注重强化对判处缓刑和免刑、二审书面审理、人民法院自行启动再审后改变原审判决等案件的监督，依法监督纠正刑事审判活动中的程序违法问题。组织开展法院交付执行专项检察活动，进一步探索财产刑执行监督方法和措施。加大对监管活动中体罚虐待、跑风漏气等严重违法情形的监督纠正力度。依法做好强制医疗、指定居所监视居住执行等监督工作。根据中央、高检院部署，今年要着重抓好两项工作：一是组织开展违法减刑、假释、暂予监外执行专项监督。以职务犯罪、金融犯罪、涉黑涉恶涉毒等罪犯为重点，完善刑罚变更执行同步监督机制，健全备案和分级审查制度，严把适用条件，切实防止逃避刑罚执行。二是深入开展清理纠正久押不决案件工作。与有关部门密切配合，针对不同情况，综合运用各项职能清理消化案件，加强办案风险评估预警和应对处置，确保有序有效推进。二要加强民事诉讼监督。认真贯彻修改后民诉法和民事诉讼监督规则，进一步深化完善以裁判结果监督、审判活动监督、执行监督为主要内容的多元化民事诉讼监督格局。加大对重大典型案件的监督力度，综合运用抗诉、再审检察建议等多种手段增强监督效果，扩大监督影响力。完善内部运行机制，加强协调配合，实行案例指导等制度，更加重视发挥基层院同级监督职能，提高监督质量和效率。三要加强行政诉讼监督。既全面监督，又突出重点，把有限的精力集中在纠正裁判不公、损害国家利益和社会公共利益的行政赔偿调解、该立案不立案、严重执行违法等方面。高度重视对行政机关在行政诉讼活动中违法干扰公正司法行为的监督，维护司法权威。做好贯彻修改后行政诉讼法相关调研和准备工作。

这里还要强调两个问题：一是要完善有关线索发现、移送机制。落实检察工作一体化要求，一方面，在诉讼监督工作中注意发现、移送涉嫌职务犯罪线索。实践证明，通过诉讼监督发现的职务犯罪线索成案率较高，对惩治司法腐败具有重要作用。民事、行政诉讼监督工作在这方面取得了较好效果，各项诉讼监督工作都要注意加强这项工作，形成制度机制。另一方面，在职务犯罪侦查、批捕、起诉等工作中注意发现、移送涉嫌诉讼违法的线索，拓展诉讼监督线索来源渠道，促进诉讼监督工作深入开展。二是深入推进“两法衔接”。这是事关依法行政、法治政府和法治国家建设的重要任务。要切实完善和落实“两法衔接”机制，抓住省政府将“两法衔接”信息平台建设纳入工作考核的机遇，加快建设步伐，进一步解决发现难等“瓶颈”问题，强化对不依法移送涉嫌犯罪案件的监督。

15 坚持党的领导的实践探索*

近年来，省检察院党组始终在思想上、政治上、行动上与党中央保持高度一致，坚决贯彻中央、省委、高检院重大决策部署，严守党的政治纪律，旗帜鲜明、坚定不移坚持党的领导，时刻保持政治清醒和政治自觉，经受住了重大政治考验和实践检验。

一、坚持全面及时贯彻党的路线方针政策，把握检察工作方向、谋划发展思路

省检察院党组历来拥有讲政治、顾大局、守纪律的优良传统，坚持党的绝对领导不动摇，及时传达学习中央、省委和高检院重大决策部署，研究提出贯彻意见，谋划工作思路和发展战略，确保党的路线方针政策在检察工作中得到全面落实。一是深入学习贯彻中央、省委、高检院重大决策部署，明确今后一个时期全省检察工作总体思路，提出要以学习贯彻党的十八大精神为主线，把握“全面提高检察工作法治化水平”和“全面提高检察机关司法公信力”两个主基调，确立“三个体系”发展布局，推动湖北检察事业全面发展进步。二是深入学习贯彻习近平总书记系列重要讲话精神，强调要讲政治，讲法治，讲大局，讲公正，讲公信，讲改革，不断增强检察事业生机活力、实现创新发展。三是深入学习贯彻“三个走在前列”的要求，调整完善工作思路，提出努力使湖北检察工作在政治建检、推进检察改革和工作机制创新、检察机关群众工作创新方

* 2014 年 12 月敬大力同志主持撰写的调研报告节录。

面走在全国检察机关前列的目标。四是深入学习省十次党代会精神，积极适应、自觉融入“五个湖北”建设，制定《湖北省检察机关“五个检察”建设实施纲要》，提出实力检察、创新检察、法治检察、文明检察、人本检察“五个检察”建设的100个具体项目，开启了“五个湖北”建设目标的“检察版”。

二、坚持围绕中心、服务大局，发挥检察职能促进经济社会科学发展

坚持把服务党和国家工作大局作为重大政治原则和政治任务，牢牢把握三项主要任务，找准结合点和切入点，主动把检察工作置于经济社会发展全局中谋划和推进。一是全力服务党和国家工作大局。紧紧围绕“五个湖北”建设、“建成支点、走在前列”等一系列重大决策部署，注重发挥打击、预防、监督、教育、保护等检察职能，争取省委出台《关于充分发挥检察职能为改革发展稳定大局服务的意见》、《关于加强检察机关群众工作的指导意见》等文件，部署开展“打击和预防发生在群众身边、损害群众利益犯罪”等10多个专项工作，赢得了党委政府的充分肯定和社会各界的广泛好评。二是着力维护、创造、优化发展环境。贯彻省委打造“全国最优法治环境”的部署和《关于政法机关优化法治环境促进经济发展的意见》，制定《关于充分发挥检察职能优化法治环境促进经济发展的实施意见》，努力为经济社会发展营造诚信有序的市场环境、和谐稳定的社会环境、廉洁高效的政务环境和公平正义的法治环境。三是提升服务和保障大局的实效。结合实际，扎实开展惩治涉及企业的违法犯罪，打击侵犯知识产权违法犯罪、促进科技成果转化，以增强公务人员法律底线意识和程序意识为主题的专项预防等三个专项工作，认真落实省委提出的建设性执法司法要求，提出正确把握“依法坚决查办、坚持惩防并举、把握政策界限、掌握分寸节奏、注意方式方法”“五条办案原则”，开展法律政策界限问题研究，做到执法不忘大局、办案考虑改革发展稳定，努力实现执法办案与服务

大局的有机统一。

三、坚持继承和创新检察机关群众工作，不断巩固党的执政基础

群众工作和群众路线是党的传家宝和生命线。省检察院党组坚持牢记宗旨、执法为民，按照人民群众的新要求新期待加强和改进检察机关群众工作，维护群众合法权益，巩固党的执政地位。一是推动检察机关群众工作深化细化实化。在坚持和发扬以往思路和做法的基础上，全面贯彻中央、省委、高检院关于深入开展党的群众路线教育实践活动、加强群众工作的决策部署，制定了《关于进一步深化、细化、实化检察机关群众工作的实施意见》，明确了20项具体任务措施。二是注重做好特殊性、专门性群众工作。在做好普遍性、共同性群众工作的同时，有针对性地做好特殊性、专门性群众工作，主要是被害人、犯罪嫌疑人、被告人及其亲友、辩护人、诉讼代理人等特殊群体的群众工作，依法保障其诉讼权利，公正对待其合理诉求，减少对立情绪。三是积极发挥检察职能保障和改善民生。继续深化打击和预防发生在群众身边、损害群众利益违法犯罪专项工作，依法惩治损害群众利益的犯罪，依法监督纠正群众反映强烈的执法司法不公问题，加强对关系民生的苗头性、倾向性问题分析研判，积极配合党委、政府和有关部门从源头上促进改善民生，促进幸福湖北建设。

四、坚持把党的领导贯穿于执法办案之中，确保“三个效果”的有机统一

省检察院党组坚持把党的领导落实在行动上、落实到具体执法办案中，不折不扣地完成好上级交办的重大执法办案任务、完成宪法法律赋予的职责使命，确保执法办案法律效果、政治效果和社会效果的有机统一。一是坚决办好中央交办的重大专案。在中央、省委、高检院坚强领导下，省检察院突出政治、勇于担当，顺利完成了“1·10”专案批捕、引导侦查、审查起诉、出庭公诉等各项工

作，实现了三个效果有机统一。二是正确处理党的领导和依法独立公正行使职权的关系，坚持反腐败领导体制和工作机制，服从纪委的组织协调，既坚持依法独立公正行使职权，坚守法治原则，敢于排除干扰阻力，又坚持在党委和政法委领导下，协调处理重大敏感、疑难复杂案件，为依法公正办案创造良好执法环境。三是积极加强职务犯罪预防。针对新农村建设、征地拆迁、医疗卫生、教育就业等领域中存在的问题和漏洞，及时向党委政府提出防治对策、建议报告，向发案单位及主管部门提出检察建议，共同出台指导意见，督促建章立制、完善管理，从源头上减少和遏制职务犯罪的发生。如省检察院先后与省教育厅、卫生厅、食品药品监督管理局、交通厅、省工商联等部门联合制定了查办和预防职务犯罪、预防非公有制企业行受贿犯罪的指导意见，提出有针对性的检察建议，取得了良好效果，得到了省委领导的批示肯定。

五、坚持加强工作机制建设，保证党的各项决策部署落地生根

省检察院党组注重完善接受党的领导的工作机制，为检察机关全面正确履职提供制度保障。一是规范向省委报告工作制度。制定实施中共湖北省人民检察院党组《关于向省委报告工作的规定》，结合贯彻年初、年中全国检察长会议精神，一年两次自觉主动地向省委报告工作，重要会议讲话、工作部署和规范性文件及时报告，执法办案中的重大事项严格执行党内请示报告制度，自觉接受党组织管理和监督。二是规范与纪检监察机关的协作配合。2012 年，省检察院与省纪委就办案工作中加强工作联系与协调配合联合制定出台了 8 条意见，进一步规范了依法依规受理案件、及时移交等工作，得到中央纪委和最高院的充分肯定。三是健全完善落实“两个责任”的制度规定。严格贯彻党风廉政建设责任制要求，分别制定实施关于落实省检察院党组主体责任和纪检监察部门监督责任的实施办法，进一步明确责任体系、责任内容、责任机制和责任追究。

六、坚持抓好检察机关党建工作，增强党组织的凝聚力和战斗力

省检察院党组坚持把党组织活动贯穿于检察职能活动始终，充分发挥党组织在履行法律监督职能中的重要作用。一是发挥党组在履行检察职责中的领导核心作用，突出党的政治领导，坚持想大事、议大事，严格按照党的组织原则和党内政治生活准则办事，研究制定《关于进一步加强和改进思想政治工作的意见》，统筹抓好贯彻党的路线方针政策、进行科学决策、把握工作方向和重点、推动工作落实、做好干部管理等工作。二是发挥机关党组织在履行检察职责中的协助和监督作用，带头执行上级决策、参与组织完成本部门各项任务，帮助本部门负责人改进工作；加强对本部门落实党的路线方针政策、落实上级决策部署的监督，加强对本部门党员的教育、管理和监督，促进严格公正文明廉洁执法。如针对检察机关办案人员出差多、党员流动性大的特点，制定了管理流动党员的措施办法；对较长时间抽调办案的党员干部都设立临时党支部或党小组，及时接转组织关系，使党员始终处在党组织的教育、管理和监督之下。三是发挥党员检察官在履行检察职责中的先锋模范作用，引导广大党员检察官带头坚定理想信念，带头秉公执法，带头提高素质，带头遵守纪律，把最难办的案件、最难做的工作、最难处理的问题交给党员检察官完成，把每个党员检察官培养成为检察工作的骨干尖兵，切实为全体检察人员树立榜样。如组织全省检察机关开展争当“十型”检察官活动，引导广大党员干部掀起争先创优的热潮。

16 从十个方面着力，把严守党的政治纪律和政治规矩落到实处*

习近平总书记深刻指出，对政治纪律和政治规矩，要十分明确地强调、十分坚定地执行，不要语焉不详、闪烁其词。检察机关作为一支特殊的纪律部队，要把纪律建设作为从严治检的治本之策，以更高标准、更严要求抓好政治纪律和政治规矩，真正让纪律严起来、把规矩立起来，确保各级院党组织和全体检察人员把遵规守纪铭刻于心、外践于行。要重点把握以下十个方面。

一、坚持党的集中统一领导不动摇

遵守党的政治纪律，最核心的就是坚持党的领导，坚持党的基本理论、基本路线、基本纲领、基本经验，同党中央保持高度一致，自觉维护中央权威。中央政治局常委会在听取“两高”工作汇报时强调，加强党中央集中统一领导，这是最根本的政治规矩。省委常委会在听取省检察院党组工作汇报时，首先强调的也是坚持党的领导。检察机关作为重要的国家政权机关，要旗帜鲜明坚持党对检察工作的集中统一领导，始终牢记中国特色社会主义法治道路是建设社会主义法治国家的唯一正确道路，推动完善中国特色社会主义司法制度、检察制度。这些要求不是空洞的口号，而是一条根本的政治纪律和政治规矩，我们在落实上必须是全面的，要体现到思想上、政治上、行动上，全方位向党中央看齐，不断提高政治敏锐性和政

---

* 2015 年 4 月 9 日敬大力同志在湖北省检察机关党员干部政治纪律和政治规矩集中教育培训电视电话会议上的讲话节录。

治鉴别力，在大是大非面前头脑清醒、立场坚定，决不能在政治方向上走岔了、走歪了；必须是具体的硬杠杠，不能光口头讲讲，要落实到检察工作全过程和各环节，特别是要深刻认识加强党的集中统一领导与检察机关依法履行职责是统一的，正确处理保证中央、省委政令畅通和立足检察工作实际创造性开展工作的关系，任何工作部署都必须以贯彻中央、省委精神为前提，决不允许在贯彻执行上打折扣、做选择、搞变通；必须是实体的、绝对的，既坚持管方向、管原则的领导，也要主动接受对重大事项的具体领导和指导；必须是坚定的、坚决的，党中央提倡的坚决响应，党中央决定的坚决照办，党中央禁止的坚决杜绝，任何时候任何情况下都做到政治信仰不变、政治立场不移、政治方向不偏。

二、坚定理想信念

坚定理想信念始终是共产党人安身立命的根本。对马克思主义的信仰，对社会主义和共产主义的信念，是共产党人的政治灵魂，是共产党人经受住任何考验的精神支柱。当前，在一些党员干部中出现违反政治纪律和政治规矩的行为，说到底是信仰迷失、精神迷失，根本原因还在于理想信念这个“总开关”出了问题。全省检察机关党员干部要全面提高马克思主义理论素养，深入学习实践中国特色社会主义理论体系和习近平总书记系列重要讲话，掌握辩证唯物主义和历史唯物主义思想武器，弄明白历史怎样走来、又怎样走下去，从而不断增强“三个自信”，真正像宗教徒对待宗教信仰一样虔诚，始终把共产主义作为毕生追求，把政治纪律和政治规矩作为“清规戒律”，切实坚定“主心骨”，筑牢“压舱石”，补足“精神钙”。

三、坚持党性至上

党性姓党，党员姓党，党性问题说到底就是立场问题。入党就意味着多了一份责任和义务，党员是有着特殊政治职责的公民，必须要在政治上讲忠诚、组织上讲服从、行动上讲纪律，无论是想问题、作决策、办事情，都必须始终站在党和人民的立场上，自觉按照党的整体意志和人民的根本利益来行动，这就是我们的党性原则，就是守纪律讲规矩的体现。对于我们来说，要牢记检察官“党员”和党员“检察官”的双重身份，既从检察职责出发，牢记法律赋予的光荣使命，在履行检察职责中发挥好先锋模范作用；更从党的职责来考虑问题，始终把党放在最高位置，时刻想到自己是党的人、组织的一员，不该说的话坚决不说，不该去的地方坚决不去，不该干的事情坚决不干，自觉遵守党规党纪和道德准则，真正使爱党、忧党、兴党、护党成为自觉行动。需要特别强调的是，检察长首先是党组书记，既是做检察业务工作，更是在做党的工作。各级院领导、各内设机构的负责同志不仅要记住自己是什么“长”，更要牢记自己的党内职务，牢记自己的第一身份是共产党员，始终把党性摆在第一位，正确处理好个人与组织、个人与工作、个人与同事之间的关系，自觉履行好党内职责，不辜负党组织的培养和重托。

四、保持对党绝对忠诚

“人之忠也，犹鱼之有渊。”忠诚是党员领导干部的政治操守和政治生命。习近平总书记指出，坚持对党绝对忠诚，必须把牢政治方向、严守政治纪律。对党忠诚是最根本、最重要的政治纪律，是最大的政治、最根本的规矩。对党绝对忠诚也是做好检察工作的根本点。检察工作做得怎么样，可以讲千条万条，但归根到底要先看这一条。检察工作这块阵地，必须由忠诚于党、忠诚于党的事业的人坚守。全体检察人员要把绝对忠诚作为做好检察工作的首要政治原则，作为检察队伍的首要政治本色，作为检察干警的首要政治品质，始终对党忠诚老实，言行一致，光明磊落，襟怀坦荡，不说假话，不报假情况，始终与党同心同德，对党高度信赖，特别是在涉及重大原则立场、观点等问题上与党中央保持同频共振，保持清醒头脑，站稳政治立场，做到政治上坚定、思想上同心、行动上同向，使对党的绝对忠诚坚如磐石、不可动摇。

五、坚持服务大局

围绕中心、服务大局是检察机关的根本职责使命，检察工作的出发点和落脚点就在于为党分忧、为国干事、为民谋利。这既源于检察机关的宪法地位和政治责任，也源于加强和改进检察工作的现实需要。省委常委会在听取省检察院党组工作汇报时，突出强调要充分发挥检察职能服务湖北发展大局。我们要自觉将检察工作摆到经济社会发展全局中来谋划，紧紧围绕大局、时时聚焦大局、处处服务大局，在贯彻落实中央、省委重大决策部署上凝神聚焦发力。当前和今后一个时期，各级院党组要坚持以“四个全面”战略布局统领检察工作，充分发挥打击、监督、预防、保护、教育、服务等各项检察职能作用为大局保驾护航，依法打击危害国家安全、影响社会稳定、破坏市场经济秩序的刑事犯罪，严肃惩治重点领域职务犯罪和群众身边的腐败；全面加强对诉讼活动的法律监督，维护社会公平正义；加强违法犯罪预防和法治宣传教育，促进法治湖北建设；依法做好保护和服务工作，维护人民权益，加强服务企业等工作，忠实履行好各项职责使命，努力为湖北“建成支点、走在前列”创造安全稳定的社会环境、公平正义的法治环境、优质高效的服务环境。

六、落实检察机关领导体制

从检察机关领导体制看，上级检察机关领导下级检察机关的工作，检察长统一领导检察院的工作，是我国宪法和法律明确规定的重要原则。检察机关严守政治纪律和政治规矩的具体体现之一，就是要落实好这种上下级领导体制。下级检察院自觉服从上级检察院的领导、严格执行高检院和上级检察院的部署、决定和规定，既是贯彻中央重大决策部署、维护党的团结统一的必然要求，也是充分发挥检察机关体制优势、维护检察工作整体性统一性的客观需要。从这一层面来看，遵守检察机关自身的纪律和规矩与遵守政治纪律和政治规矩具有一致性，是对检察干警守纪律、讲规矩的特殊要求。

落实检察机关领导体制、严守检察工作纪律和规矩、确保检令畅通，是检察机关严守党的政治纪律和政治规矩、确保中央和省委政令畅通的题中应有之义。近年来，我省检察机关持续深入推进检察工作一体化机制建设，取得了长足进展，为我们严守政治纪律和政治规矩、落实检察机关领导体制提供了机制层面的保障。然而，当前有少数地方工作发展滞后或存在一些违法问题，这既反映出一些检察人员在落实上级的部署要求上不够守纪律、讲规矩，也凸显了狠抓检察纪律和规矩的重要性和紧迫性。我们要把坚持和完善检察工作一体化机制作为落实上下级领导体制、守纪律讲规矩的重要抓手，切实将“一体化”的理念融入到谋划和推进工作的全过程，自觉接受上级检察院的领导和监督，严格执行上级检察院的部署和决定，确保各项要求得到统一遵循和落实。

七、深入开展纪律教育

纪律教育是基础工程，也是治本之策。省委常委会在对省检察院的要求中，强调要抓好中国特色社会主义法治教育。我们要坚持集中教育和日常教育相结合，深入开展“三严三实”、“守纪律、讲规矩、树形象”等专题教育活动，加强正面宣传和警示教育，引导广大检察人员知道什么可以做、什么不能做、什么事必须履行什么程序，明白守纪律、讲规矩的重要性和严肃性，真正受警醒、明底线、知敬畏，主动在思想上划出红线、在行为上明确界限。要大力加强中国特色社会主义法治理论和检察制度的教育和宣传，始终保持清醒和自信，坚定不移走中国特色社会主义法治道路，既以开放包容的态度借鉴外国法治文明有益成果，又坚决反对和自觉抵制西方所谓“司法独立”等错误思潮和错误观点，自觉在党委和党委政法委的领导、指导下推进各项工作。最近，省院专门下发了《关于严守纪律、规范言行相关问题的紧急通知》，从严守政治纪律和政治规矩的高度，对严格规范预防讲课审批及内容审查、严守办案纪律、宣传纪律等进行了强调，全省检察干警包括离退休同志一定要严格遵守。

八、认真落实组织制度

党的组织制度是我们党团结一致、坚强有力的重要保障。严明政治纪律和政治规矩，必须从严明组织制度抓起。要严格执行民主集中制，落实党组议事规则，对“三重一大”等事项都要集体讨论决定。要正确处理组织意图和领导个人意图的关系，不能把个人意见强加给组织，不能用个人决定代替组织决定。要严格落实党内政治生活制度，每一名党员都要把参加党内生活作为应尽的义务，按照党内政治生活准则和各项规定规矩办事，认真执行“三会一课”制度，严肃开展批评与自我批评，自觉接受严格的党内生活锻炼，不断增强党内生活的政治性、原则性、严肃性。要落实请示报告制度，落实好中共湖北省人民检察院党组《关于向省委报告工作的规定》，完善报告工作制度，完善重大事项请示报告制度。各级院党组要参照省院党组做法，建立健全向党委常委会报告工作制度，争取党委领导和支持。要严格执行领导干部个人事项报告制度，及时按规定向组织报告个人婚姻变化和配偶、子女移居国境外、收入、投资等事项。

九、强化落实主体责任

一个地方一个部门一个单位，政治纪律政治规矩的严明程度取决于领导班子，取决于主要负责人。领导班子、主要领导干部是“牛鼻子”，是政治生态的源头。如果党组织疏于教育、怠于管理和监督，对苗头性倾向性问题发现不及时，对违反党规党纪的行为处理不严肃，就可能导致小错酿成大错、违纪走向违法。各级院党组要把严明政治纪律和政治规矩放在管党治党的首要位置，贯穿到检察队伍建设的全过程，自觉履行好主体责任。一要带头做表率。各级院领导班子要以身作则、以上率下，严格按党性原则办事，按法律规范办事，按制度程序办事，做到懂规矩、用规矩、守规矩，以实际行动引导检察人员养成守纪律讲规矩的习惯，做政治上的“明白人”。二要勇于挑担子。要严格执行省检察院党组《关于落实党风廉政建设主体责任的实施办法》，真正把严明政治纪律和政治规矩作为分内之事、应尽之责，加强对检察人员的日常管理，及时了解干警的思想、工作、生活状况，抓早抓小，坚决纠正对违规违纪行为放任自流、听之任之的现象，坚决纠正执行党的政治纪律失之于宽、失之于软的现象，营造人人守纪律、个个讲规矩的良好氛围。三要把好用人关。树立严明政治纪律和政治规矩的用人导向，选拔使用遵纪守法、坚持原则、敢抓敢管的干部，坚决不用投机钻营、欺骗组织、争功诿过的干部，真正在选人用人上体现出守纪律、讲规矩的刚性要求。

十、切实担当监督责任

“纲纪一废，何事不生?”如果我们党的政治纪律成为摆设，就会形成“破窗效应”，使党的章程、原则、制度、部署丧失严肃性和权威性。严格监督执纪是维护政治纪律政治规矩的重要手段。从当前查处的违纪违法案件看，少数人违法犯罪往往是从不守纪律、破坏规矩开始的，纪律、规矩不能立起来、严起来，很多问题就会慢慢产生。各级院纪检监察部门要履行好党章赋予的职责，切实担负起严明政治纪律和政治规矩的监督责任，加强对政治纪律执行情况的监督检查，从小事抓起、具体事管起，对违反政治纪律的苗头性倾向性问题要早发现、早提醒、早指出、早纠正，对造成危害的要敢于斗争、严肃处理。要重点加强对贯彻执行党章、党的路线方针政策和党内政治生活准则等情况的监督检查，维护党的团结统一；加强对中央、省委和高检院、省院重大决策部署落实情况的监督检查，促进政令畅通、检令畅通；加强对各级院党组织和党员干部贯彻执行民主集中制、遵守“四个服从”规定情况的监督检查，严格组织程序；加强对各级院领导班子遵守人事纪律情况的监督检查，防止用人腐败；加强对领导干部执行请示报告等规定情况的监督检查；加强对领导干部履行“一岗双责”情况的监督检查，促进“两个责任”落实到位。要按照“追责问责年”部署，把违反政治纪律和政治规矩的行为列入纪律审查的重要内容，发现一起查处一起，并按照“一案双查”要求，既追究当事人的责任，又追究主体责任和监督责任，真正让党的政治纪律成为硬约束、硬要求，成为带电的高压线。

17 加强检务合作，积极服务长江中游城市群建设*

今天，我们隆重召开鄂湘赣三省检察机关服务长江中游城市群建设工作联席会议，共商服务发展举措，共同签署合作框架意见。首先，我谨代表湖北省检察机关和全体检察干警，向出席今天会议的各位领导和同志们表示热烈的欢迎！向一直重视、关心、支持湖北检察事业发展的高检院、省委领导以及湖南、江西的各位检察同仁表示衷心的感谢！

鄂湘赣三省同处长江中下游，山水相依、区位相连、人文相亲、机遇相通，既有共同特点，又各具特色优势，加强合作发展的空间巨大、前景广阔。多年以来，在党中央正确领导下，鄂湘赣三省抢抓机遇、科学发展、良性互动、共同崛起，形成了经济社会发展的强大凝聚力和整体合力。特别是党的十八大以来，为进一步探索区域发展新模式，湖北省委、省政府积极搭建合作交流平台，先后举办长江中游城市群会商会、建设论坛，共同签署《武汉共识》、《长沙宣言》，明确提出了推进长江中游区域协作发展一系列重大部署。今年，国务院批复同意《长江中游城市群发展规划》后，湖北与湖南、江西分别共同签署战略合作协议，推动长江中游城市群建设从构想探索进入全面启动和具体实践的新阶段。

检察机关是中国特色社会主义事业的建设者和捍卫者，检察工

---

* 2015 年 6 月 18 日敬大力同志在鄂湘赣三省检察机关服务长江中游城市群建设工作联席会议上的发言，刊载于《人民检察（湖北版）》2015 年第 6 期。

作是党和国家工作的重要组成部分，服务大局是我们的政治责任和职责使命。全部检察工作的出发点和落脚点就在于为党分忧、为国干事、为民谋利，必须在贯彻落实中央、省委重大决策部署上凝神聚焦发力。检察工作只有在党和国家工作大局下开展，才能找准历史方位，体现检察机关应有价值，赢得党和人民群众的信任与支持。当前，面对全力推进长江中游城市群发展新形势、新任务、新要求，需要我们自觉把检察工作摆到这一战略全局中来谋划和推进，找准服务大局的切入点和着力点，充分发挥惩治、预防、监督、教育、保护、服务等检察职能作用，为“共建中三角、打造第四极”提供强有力的法治保障。这既是时代发展赋予我们的共同历史使命，也是中央、省委对我们的殷切期望和重托。本次会议即将签署的《合作框架意见》，凝聚着三省检察机关的集体智慧，是我们服务长江中游城市群发展大局的有力抓手。贯彻好、落实好这个《合作框架意见》是当前三省检察机关的一件大事，需要我们齐心协力、携手共进。借此机会，提三点建议供各位同仁参考：

一、共同服务和保障重点项目建设

经济社会发展离不开有效推进的载体，离不了具体的项目建设。国务院批复的《长江中游城市群发展规划》和三省签署的战略合作协议，围绕战略定位和发展目标，提出了一大批重点建设项目，这是长江中游城市群建设的重要依托和有力支撑，也是发挥检察职能作用的切入点和着力点。我们要切实增强工作前瞻性、适应性、主动性，围绕这些重点领域和关键环节，加大司法保护力度，拓展法律保障和服务领域，努力为战略实施创造安全稳定的社会环境、公平正义的法治环境、优质高效的服务环境。围绕城乡统筹发展，加大对跨区域犯罪的联合打击和预防力度，促进完善区域社会治安立体化防控体系，积极查办和预防城镇化建设、农村基础设施建设、城乡要素平等交换、支农惠农资金管理和公共资源均衡配置等领域职务犯罪，进一步加强涉农检察工作，全面加强对新型城镇化建设的司法保护。围绕基础设施互联互通，对招投标、重大资金拨付和使用、物质采购等重点环节积极开展预防调查、预防咨询、行贿犯罪档案查询等工作，依法促进基础设施项目建设顺利进行，保障国家重大投资安全。围绕产业协同发展，积极服务区域产业集群发展和农业现代化建设，积极参与打击生产销售假冒伪劣农资、侵犯知识产权等专项行动，强化对企业知识产权及农业原产地标识、农业特色品牌的司法保护，促进构建具有区域特色的现代产业体系。围绕生态文明共建，依法查办和积极预防重大生态修复工程、环境监管、环境评价、污染治理等环节的职务犯罪，严惩重大环境污染事故背后国家工作人员索贿受贿、失职渎职等犯罪，促进强化环境监管。认真办理涉及生态环境保护的民事行政诉讼监督案件，探索通过督促履行职责、公益诉讼等方式，推动解决破坏环境突出问题，保障各项节能减排、产业转型升级和循环经济政策落实。围绕公共服务共享，依法惩治、预防、监督纠正发生在群众身边、损害群众利益的各类违法犯罪，保障和促进教育、科技、医疗、卫生、文化等领域合作交流，让发展成果更多更公平惠及区域内全体人民。围绕深化开放合作，发挥检察职能，服务通关一体化、城市群联合招商和贸易平台、港口联动发展、区域能源合作等国内国际开放合作，运用法治的思维和办法，促进内陆开放高地建设和开放型经济发展。

二、共同促进平等保护

市场经济在本质上是法治经济，强调平等保护、公平公正。我们认为，法治环境是最好的软环境、是核心竞争力。在市场主体多元化背景下，如何克服地方保护主义、部门保护主义对检察工作的影响，平等保护本地、外地以及国有、集体、个人等各种经济主体的合法权益，保障和促进各类市场主体公平竞争，是落实《合作框架意见》的重要课题。我们应树立“一盘棋”思想，牢牢把握“全面提高检察工作法治化水平”和“全面提高检察公信力”两个主基调，把维护、创造、优化发展环境作为着力点，坚持法律的统一性、公平性，对三省各类市场主体，不论本地外地、国有民营、规模大小，一律实行平等的司法保护和法律服务，促进建设统一开放、竞争有序的市场体系。要共同强化对滥用执法司法权搞地方保护主义等问题的监督，促进破除行政壁垒和垄断，为实现区域内规划统筹、信息互通、资源共享营造良好环境。要有针对性地加大对严重破坏市场经济秩序犯罪的打击力度，依法妥善办理涉及市场主体的案件和各类信访，对跨省、跨地区民事经济纠纷、经济犯罪、刑事犯罪、职务犯罪等，依法公平公正办理，不搞选择性、歧视性、差异化司法，为实现三省经济社会发展互利共赢提供最优检察服务。

三、共同加强检务协作

加强鄂湘赣三省检察机关的合作交流意义重大、影响深远，既是我们更好地服务和保障长江中游城市群创新发展的现实所需，也是实现检察资源共享、优势互补、共赢发展的必然要求。我们理应因势而谋、应势而动、顺势而为，建立健全常态化、全方位、多领域的交流合作机制。我们认为，在合作的主体上，武汉城市圈、环长株潭城市群、环鄱阳湖城市群的市、县两级检察院是服务城市群建设的主体，也是区域检务交流协作的主体，三省省级检察院负责牵头组织协调，在框架意见内，应提倡和鼓励相关检察院和业务条线加强直接沟通联系，开展多种形式的合作交流，进一步深化、细化和实化合作内容。特别是应当适应沿江、沪昆、京广、京九、二广等轴线发展需要，密切沿轴线城市之间的检务合作；适应咸宁—岳阳—九江、荆州—岳阳—常德—益阳、九江—黄冈—黄石等省际毗邻城市组团发展需要，密切毗邻城市之间的检务合作，对具体事项签订专题协议。在合作内容上，进一步加强在打击跨区域流窜犯罪、破坏环境资源犯罪等方面的合作，形成打击合力。进一步加强查办和预防职务犯罪方面的协作，深化情报沟通、信息共享、线索移送、委托调查取证、侦查技术运用以及追逃追赃等方面的协作配合。进一步加强诉讼监督工作方面的协作，抓好社区矫正罪犯异地执行、跨区域民事、行政检察监督案件等协作事项落实。在合作机制上，从决策、协调、执行等层面建立共同推进机制，建议每年召开一次合作发展联席会议，审议、决定和协调落实三省检察机关合作重大事项。建立经验交流机制，重点加强服务大局、群众工作、司法办案与法律监督、队伍建设、检察改革等方面的经验交流，努力实现相互借鉴、启发思维、共同提高。

我相信，在大家的共同努力下，通过本次会议的深入研讨交流，我们一定能够形成更多的共识、取得更大成果，三省检察机关之间的交流合作必将再上新台阶，为加快推进长江中游城市群融合发展、一体化建设作出积极贡献。

18 充分发挥检察职能作用，服务经济发展新常态*

这次会议是省院党组按照省委要求，决定召开的一次重要会议。最近，中央领导同志对高检院制定的《关于进一步发挥检察机关查办和预防职务犯罪职能作用积极有效服务经济发展新常态的意见》（以下简称“高检院《意见》”）作出重要批示。省院收到文件后第一时间向省委作了汇报。省委主要领导同志作出重要批示，要求全省检察系统召开专题会议，结合政法委服务经济发展“十六条”意见一并贯彻落实，坚持不懈地围绕中心、服务大局，实现司法办案“三个效果”有机统一。全省检察机关要认真学习领会中央、省委领导同志重要指示精神，深入贯彻落实高检院《意见》和省委政法委“十六条”意见，适应新常态，积极调整服务经济发展的取向和重点，改进服务方法和措施，努力当好发展卫士，维护好湖北竞进提质的良好局面。

一、认清形势任务，进一步树立服务经济发展的新观念

检察工作作为中国特色社会主义事业的重要组成部分，服务大局是检察机关的政治责任。习近平总书记多次强调，要把政法工作摆到经济社会发展全局中来谋划。在全国、全省上下坚持以经济建设为中心，加快推进全面建成小康社会进程的时代背景下，我们必须始终把服务经济发展作为检察机关服务大局的重点。近年来，全

---

* 2015 年 9 月 29 日敬大力同志在湖北省检察机关充分发挥检察职能作用服务经济发展新常态专题电视电话会议上的讲话。

省检察机关按照省委“竞进提质、升级增效”总要求和打造“全国最优法治环境省份”的部署，贯彻省委政法委服务经济发展“十六条”意见，制定并落实《关于充分发挥检察职能优化法治环境促进经济发展的实施意见》，不断调整、完善、深化服务经济发展的思路举措，履职尽责、勇于担当，为全省经济持续健康发展提供了有力司法保障。

今年上半年，在全国经济下行压力较大、经济形势严峻复杂的情况下，全省经济逐步遏制了下滑趋势，增速居全国第 6 位，总量居全国第 8 位，实现了逆势进位、弯道超越。湖北的发展态势之所以能够走在全国前列，与我们这些年始终坚持建设性执法司法，不断优化司法环境、创优发展环境密不可分。同时，我们也要清醒认识到，当前世界经济仍然处于国际金融危机后的深度调整期，不稳定因素较多；国内经济在周期性因素和结构性因素的作用下，需求弱化的影响还在惯性延续，股市震荡，中小企业融资困难，市场信心不足，产业发展新旧动力转换青黄不接现象比较突出。可以说，在经济发展新常态下，要促进全省经济稳定向好仍要付出极大努力。这对我们更好地履行检察职能、服务经济发展提出了新的更高要求。

面对持续加大的经济下行压力，全省检察机关要深刻认识服务经济发展新常态的重要意义，进一步增强大局意识、责任意识、服务意识，自觉把思想和行动统一到中央、省委、高检院的要求和部署上来，做到观念上适应、认识上到位、方法上对路、工作上得力。

一要切实强化“发展是硬道理、是第一要务”的理念。发展是解决中国一切问题的基础和关键。离开了发展，一切都无从谈起。我们要牢固树立检察工作服从、服务于经济发展大局的指导思想，把促进经济发展融汇在检察工作整体思路上，落实在具体部署中。

二要切实强化“法治环境是最好的软环境、是核心竞争力”的理念。市场经济本质上就是法治经济。经济越是下行，法治环境越要上行。要把维护、创造、优化法治环境作为服务经济发展的着力点，立足检察职能加强法治建设，改善投资环境，为经济发展创造最大“法治红利”和最强“法治动力”，促进湖北市场环境更加公平、更富有吸引力，不断激发社会创造活力和市场活力。

三要切实强化履职理念。检察机关是国家法律监督机关，我们讲服务大局，必须立足自身职能。要始终把全面履行法律监督职能作为营造环境、服务发展的基本途径，善于运用法治思维和法治方式开展工作，努力做到办案保障发展、办案服务发展、办案促进发展。

四要切实强化平等保护理念。坚持平等公正适用法律，通过强化法律监督，坚决排除对经济活动的非法干预，坚决防止和克服地方保护主义和部门保护主义，对各类市场主体不分国有民营、内资外资、本地外地、规模大小，一律实行平等司法保护和法律服务。

五要切实强化建设性执法司法理念。建设性执法司法是省委提出的一个重要理念，是我们依法履职、服务发展的重要遵循。这一理念体现了恢复性司法理念，强调在司法办案过程中不仅要依法惩治犯罪，更要注重对企业正常生产经营秩序的保护和对遭受破坏的法律关系的修复，在法治轨道上创造性地解决好发展中的问题，做到办案保护和优化环境而不是破坏环境，通过政法机关履职行为最大限度地推动发展、服务发展，实现“三个效果”有机统一。全省检察机关要始终坚持并正确理解建设性执法司法理念，深刻认识建设性执法司法与严格公正司法是相统一的，既防止就事论事、就案办案、机械司法，又防止脱离职能、超越法律底线为经济发展“松绑”，甚至借口服务发展乱提口号、人为设置办案禁区、对司法办案提出各种违反法律的限制性规定；深刻认识建设性执法司法与全面从严治党、加大惩治腐败力度是相统一的，政治清明是经济发展的重要基础和强大动力，落实省委提出的“力度统一论”要求，在保持惩治腐败高压态势的同时，正确处理打击与保护、执行法律与执行政策、原则性与灵活性的关系，依法打击犯罪者、教育失误者、挽救失足者、保护改革者、支持创新者，最大限度发挥司法办案在促进经济方面的积极作用。

二、积极充分履职，进一步强化服务经济发展的新举措

面对经济发展新常态，检察机关的作为要与全省“竞进”发展的气场相一致。我们要坚持以司法办案为中心，充分发挥惩治、监督、预防、保护等检察职能作用，努力为经济发展营造诚信有序的市场环境、和谐稳定的社会环境、廉洁高效的政务环境和公平正义的法治环境。

（一）在保障中央、省委重大经济战略部署实施上聚焦发力

战略部署的顺利实施关乎经济发展方向和全局。全省检察机关要围绕保障“一带一路”、长江中游城市群、汉江生态经济带、新型城镇化等中央、省委重大战略部署实施，全面履行好职责。一要着力服务长江中游城市群建设。深入落实鄂湘赣三省检察机关合作框架意见，围绕促进长江中游城市群一体发展，依法惩治危害城乡统筹发展、产业协同发展、生态文明共建等重点领域的犯罪，依法公平公正办理跨省、跨地区民事经济纠纷、经济犯罪案件，促进共建中三角、打造第四极。二要着力保障国家投资安全和金融安全。依法查办和预防基础设施建设、土地流转、矿产资源开发、招商引资等过程中的职务犯罪，依法打击非法吸收公众存款、集资诈骗、操纵证券等金融领域犯罪，强化对企业相互拖欠资金、民间借贷等民事案件的诉讼监督。三要着力保障重大改革政策落实。积极适应国家产业结构调整新要求，坚决惩治、积极预防技术改造、污染治理、落后产能淘汰等过程中骗取、套取、截留私分国家政策性资金的犯罪，促进产业转型升级。围绕深化国企改革，严肃惩治借混合所有制改革、国有资本授权经营之机贪污、挪用、私分国有财产等犯罪，努力遏制内部人控制、利益输送、国有资产流失等现象。深入开展破坏环境资源犯罪专项立案监督，严厉打击污染环境等犯罪，严肃查处重大环境污染事故背后的渎职犯罪，促进绿色发展和“两型”社会建设。深入落实省院服务科技创新创业、推动科技成果转化应用实施意见，依法打击和监督纠正侵犯知识产权违法犯罪，促进创新驱动发展战略实施。四要着力保障城乡一体化发展。加大涉

农刑事犯罪打击力度，严惩侵占退耕还林、粮食直补、良种补贴等农业政策性资金犯罪。依法查办和预防集体经营性土地出让、征地拆迁、承包经营权流转以及户籍改革、公共服务等领域职务犯罪，促进城乡经济共同发展。

（二）在促进建设统一开放、竞争有序的市场体系上聚焦发力

适应稳定经济增长的新要求，着眼维护市场公平竞争，依法履行好各项检察职责。一要积极参与整治影响经济发展的突出治安问题。与公安机关等部门密切配合，严厉打击“砖沙石霸”、敲诈勒索、强买强卖、垄断市场、盗抢生产设施设备等犯罪活动，突出打击危害企业生产经营的黑恶势力犯罪以及充当黑恶势力“保护伞”的国家工作人员职务犯罪，净化企业周边治安环境。二要积极参加整顿和规范市场经济秩序工作。严厉打击走私、诈骗、传销等严重破坏市场经济秩序犯罪。深入推进治理商业贿赂工作，严肃查办和积极预防工程建设、产权交易、资源开发、政府采购等重点领域涉及国家工作人员的商业贿赂犯罪。加强和规范行贿犯罪档案查询工作，促进社会信用体系建设。三要积极维护企业等市场主体合法权益。要紧紧围绕促进企业健康发展、促进企业家健康成长、为企业发展营造健康环境，严肃惩治企业内部人员侵吞企业资产资金等犯罪活动；坚决监督纠正执法司法机关违法查封、扣押、冻结企业财产、滥收保证金、滥用强制措施等行为；严肃查处国家工作人员利用职务便利向企业索贿受贿、“吃拿卡要”等犯罪；加大对国家机关工作人员不作为、慢作为、滥作为造成企业重大损失等渎职犯罪的惩治和预防力度；加强对涉及债务纠纷、劳动争议、破产清算等民事案件的法律监督。要高度重视对民营企业、小微企业的司法保护，深入开展涉及非公有制企业的受贿行贿犯罪预防，激发市场主体活力，促进公平有序竞争。

（三）在推进专项工作上聚焦发力

近年来，我们围绕保障和促进经济发展，先后部署开展了惩治和预防涉企违法犯罪、打击侵犯知识产权违法犯罪、促进科技成果

转化等一批有针对性的专项工作，坚持全面部署、全员参与，有效增强了服务大局的实效。这是我们在长期实践探索中，总结出来的行之有效的工作方法，必须一以贯之的坚持和完善。今年，省院党组部署了一系列新的专项工作，全省各级院要高度重视、加强领导，将其作为“非常之事”，以“非常之为”加以推进，力争取得好的效果。这里我重点强调三个专项工作。一要扎实开展惩治和预防惠农扶贫领域职务犯罪专项工作。前不久，省院对近年来全省扶贫开发领域职务犯罪情况进行了专题调研，调研报告得到中央、省委领导同志批示，充分表明了中央、省委对这项工作的高度重视。全省检察机关要按照省院党组部署和工作方案，扎实开展好这一专项工作，做到精准打击、精准预防，确保中央、省委各项惠农政策和精准扶贫决策落地生根。二要扎实开展民事虚假诉讼专项监督。虚假诉讼不仅严重违背社会诚信，往往也对国家宏观调控政策和市场经济秩序造成破坏。我们要通过专项监督，综合运用多元化的监督方式，纠正一批重大、典型虚假诉讼案件，使弄虚作假、投机取巧者受到惩戒，维护各类市场主体的合法权益，保障国家宏观经济政策的落实，促进全社会形成诚实守信的良好环境。三要扎实开展打击行贿犯罪专项行动。要依法查办为谋取项目、资金或者逃避行政监管、非法获得市场竞争优势，主动多次、向多人行贿或者行贿数额巨大的犯罪，促进公平竞争。要突出查办采用贿赂手段“围猎”干部，大搞利益输送和利益交换，严重影响国家经济政策实施、造成严重危害的行贿犯罪。

三、改进工作方法，进一步推动服务经济发展取得新效果

要坚持司法不忘大局、办案考虑发展，认真贯彻高检院“三个有利于”、省委建设性执法司法要求，深入落实“依法坚决查办、坚持惩防并举、把握政策界限、掌握分寸节奏、注意方式方法”等“五条办案原则”，以办案新效果服务经济新常态。

（一）准确把握法律政策界限

经济活动是一项非常复杂的社会活动，许多经济行为存在创新性和超前性，使其在法律定性上往往存在模糊性。我们要坚持惩治犯罪与促进发展、保护改革、鼓励创新相统一，加强涉及企业违法犯罪法律适用问题的研究，正确区分改革中出现的新兴产业、新兴业态、新型商业模式、新型投资模式，与钻政策空子、突破法律底线侵害国家和公共利益犯罪的界限；正确区分一般违法违规、一般工作失误、正常经营亏损，与构成贪污贿赂、滥用职权、玩忽职守、诈骗等犯罪的界限；正确区分“公错”与“私罪”，企业犯罪与企业家个人犯罪等界限，为经济发展、改革创新提供良好的法治空间与氛围。要坚持罪刑法定、法无明文规定不为罪的原则，对法律政策界限不明、罪与非罪界限不清的，慎重妥善处理，及时请示报告，必要时认真听取有关行业主管、监管部门的意见，做到准确定性、依法办理。要认真贯彻宽严相济刑事政策，坚持执行法律与执行政策相结合，根据犯罪的具体情况区别对待，做到当严则严、该宽则宽、宽严适度。对严重影响经济发展的严重刑事犯罪、职务犯罪坚决打击，特别是党的十八大以来不收敛、不收手的职务犯罪，依法坚决从严从重打击，形成震慑效应，彰显国家法律的严肃性与权威性。对轻微犯罪要依法从宽处理，特别是对发生在经济管理部门或者企业中涉案人员众多的案件，要综合考虑犯罪情节、主观恶性、社会危害程度和企业长远发展，把握好法律政策，控制好打击范围，对涉案金额不大、情节轻微、真诚悔改的可以不予追究，移送纪检监察机关或行业主管部门处理，做到既不放纵犯罪，也不人为拔高凑数、搞所谓的“吃干榨尽”。

（二）更加注重办案方式方法

坚持办案力度、办案时机与省委经济发展大局步调一致、同步合拍，健全司法办案风险和效果评估及预警、处置、防范工作机制，综合考虑案件性质、涉案范围、经济社会影响等因素，全面评估、准确判断对生产经营可能造成的风险和效果，防止办案时机不当影响企业发展。对涉案人员正在承担重大生产经营管理活动、重大科技项目攻关等职责，不宜立即立案查处的案件，在做好相关保密工作和防逃工作的同时，可以根据具体情况迟办缓办，努力避免因办案时机选择不当造成企业生产经营困难。要坚持从保障企业生存发展、保障职工生计出发，慎重着警服、开警车到企业办案；慎重采取查封、扣押、冻结等措施，对查明与案件无关的扣押冻结财物，要依法依政策及时返还和解冻。对企业关键岗位、关键人员要慎重使用拘留、逮捕等强制措施；确需羁押的，要事先与发案单位或其上级主管部门沟通，确保相关人员替代到位、工作交接完成；已被羁押的，因重要工作需要被羁押人员参与的，可以在不影响办案工作正常进行的情况下，为其提供便利条件或者变更强制措施。

（三）规范司法行为

要以开展“三严三实”专题教育和规范司法行为专项整治为契机，深入查找、积极整改涉企案件办理中存在的问题，完善对自身司法办案的监督制约体系，不断改进司法作风、提高办案水平、提升司法公信。要严格执行高检院“八条禁令”和省院规范司法系列规定，重点纠正涉及人身权与财产权、妨害企业正常生产经营、影响经济社会发展的办案不规范问题。要严格遵守法定办案程序，严格约束司法办案行为，严禁以办案为由干预涉案企业合法经济行为，严禁超越管辖范围办案，严禁滥用检察权插手经济纠纷，坚决杜绝受利益驱动违规查封扣押冻结涉案财物、违规办案发生安全事故等行为。对违反办案纪律、影响企业正常生产经营的行为，要坚决从严追究，决不姑息。

（四）密切检企联系

要完善省市县三级检察院领导干部联系企业制度，针对当前经济发展新特点深入开展调查研究，加强与企业、经济界代表委员、法治环境监督员的联系沟通，认真听取他们对检察机关服务经济发展的意见和建议。要推行常态化法律服务机制，采取当面咨询、在门户网站、新媒体平台设置互动专栏等形式，向企业提供日常法律咨询服务。对检察机关办理的案件、作出的决定等，涉案企业存在疑问和异议的，耐心做好答疑解惑、政策宣讲，切实保障涉案企业合法权益。针对企业面临的法律风险，积极开展法治讲座，增强企业防范风险的意识和能力。要建立健全司法评价和企业投诉受理、查处、反馈制度，对社会各界反映的意见和问题，及时汇总分析、加强跟踪督办、反馈办理情况，确保司法办案有效适应经济发展需要。

经济发展是协调推进“四个全面”战略布局的基础。全省检察机关一定要积极适应经济新常态对检察工作提出的新要求，以更加振奋的精神状态，更加务实的工作举措，促进全省经济发展竞进提质、实现弯道超越，为湖北加快“建成支点、走在前列”作出新的更大贡献。

第二章
检察工作方针政策、总体思路和基本要求

[illegible]

二、深入学习实践科学发展观，努力推动检察工作科学发展

[illegible]

1 进一步端正和统一执法思想*

做好当前和今后一个时期的检察工作，全省各级检察机关和全体检察干警必须准确把握面临的新形势新任务，紧紧围绕党和国家工作大局，进一步端正和统一执法思想，更新执法观念，树立正确的执法观。

一、把思想统一到科学发展观和构建社会主义和谐社会的要求上来

中央提出的科学发展观和构建社会主义和谐社会的新的战略思想，是新时期检察工作的根本指导思想。要以科学发展观统领检察工作。切实把科学发展观贯彻于检察工作的全过程，体现在检察队伍建设的各个方面，落实到检察执法工作的各个环节，按照科学发展观的要求把握正确方向，保证检察事业全面健康协调发展。要按照构建社会主义和谐社会的要求加强和改进检察工作。深刻领会构建社会主义和谐社会战略思想对检察工作提出的新的要求，更加注重更新执法观念、改进执法方式，更加注重正确把握办案数量、质量和效率的辩证关系，更加注重运用法律手段化解社会矛盾、维护社会稳定，更加注重依法保护人民群众的合法权益、维护社会公平正义，通过依法严厉打击刑事犯罪、查办和预防职务犯罪、对诉讼活动开展法律监督、积极化解矛盾纠纷，不断提高为构建社会主义和谐社会服务的能力。同时，坚持统筹兼顾，以业务工作为中心，

---

* 2006年2月8日敬大力同志在湖北省检察长会议上讲话节录。

正确认识和处理打击与保护、惩治与预防、数量与质量、力度与水平、当前与长远、局部与全局、实体公正与程序公正、履行职能与接受监督、法律效果与社会效果等重大关系，统筹检察业务、检察队伍、保障建设协调发展，统筹执法规范化、队伍专业化、管理科学化协调发展，构建政治建检、业务立检、人才兴检、科技强检的工作格局，努力实现检察工作的和谐发展。

二、把思想统一到政法工作指导思想和检察工作主题、总体要求上来

中央确定的“执法公正、一心为民”的政法工作指导方针，是我们进一步端正和统一执法思想，树立立检为公、执法为民的执法观的基本原则。全省检察机关要坚持以人为本，心系百姓，牢固树立人民群众主体地位的意识，切实从思想上解决“为谁掌权，为谁执法”的问题，全心全意地依法维护人民群众的根本利益，维护社会的公平正义，以人民群众满意不满意作为衡量检察工作成效的根本标准，严格公正文明执法，坚决防止和纠正各种侵害群众利益的现象，真正做到一切依靠人民，一切为了人民，使检察机关真正成为人民利益的忠实维护者。

高检院提出的“强化法律监督、维护公平正义”工作主题和“加大工作力度、提高执法水平和办案质量”的总体要求，科学地回答了当前和今后一个时期检察事业怎样发展和朝着什么方向发展的问题，充分表明了检察工作的本质特征和目标追求，深刻揭示了检察机关在经济社会发展中的地位和作用，必须长期坚持下去。科学发展观和构建社会主义和谐社会重大战略思想的提出，为检察工作主题和总体要求赋予了新的时代内涵。全省检察机关要坚持检察机关的宪法定位和国家法律监督机关的性质，把强化法律监督作为服务、保障和促进经济社会发展、建设和谐社会最基本、最直接的途径，抓住法律监督这个本质来开展检察工作。要深刻认识各项检察职能，无论是打击刑事犯罪、查办和预防职务犯罪，还是开展诉讼监督，都是法律监督职能的具体化。要把实践检察工作主题和总

体要求贯穿在全部检察工作始终，树立检察机关社会公平正义和法律统一正确实施维护者的形象。

三、把思想统一到中央、省委和高检院对形势的正确判断和部署的任务上来

关于形势和任务，根据全国全省政法工作会议、全国检察长会议精神，主要应当把握以下三方面：

第一，检察工作面临许多发展机遇和有利条件。全国、全省经济持续发展，社会全面进步，使检察事业发展的基础更加坚实。中央和各级党委越来越重视检察机关的作用，《中共中央关于加强和改进党对政法工作领导的意见》提出，政法工作是党和国家工作的重要组成部分，要充分发挥政法部门在维护国家安全、化解社会矛盾纠纷、打击预防犯罪、管理社会秩序、实现社会公平正义方面的重要作用。广大人民群众对检察机关通过强化法律监督维护社会公平正义寄予极大期望。

第二，检察工作也面临许多新情况、新问题和新挑战。在社会治安方面，我省总的形势是好的，治安大局平稳，刑事发案连续3年下降。但是，刑事案件总量仍然在高位徘徊，检察机关批捕、起诉的刑事案件上升幅度较大，严重恶性刑事案件较为突出，经济犯罪对市场秩序和国家经济安全的危害加大；由人民内部矛盾引发的群体性事件多样多发，参加人数上升，处置难度加大；境内外敌对势力向我省大中城市渗透的动向明显，不断变换策略和手法进行渗透颠覆破坏活动，社会治安形势不容乐观。在反腐败方面，近年来我省反腐败工作成绩显著，党风政风有所好转，腐败案件易发多发的势头在一些领域得到遏制。但是，一些引发腐败的深层次问题尚未完全解决，腐败现象在一些新的地方、部门和领域呈蔓延之势，有的还相当严重，查办的职务犯罪大案要案呈上升态势，反腐败斗争形势仍很严峻。在司法领域，诉讼过程中的腐败现象和违法违规问题仍然存在，严重破坏社会公平正义，人民群众反映强烈。

第三，检察机关和检察干警的法律监督能力与全面贯彻落实科

学发展观、维护社会和谐稳定的要求，与全社会日益增长的司法需求，与人民群众对公平正义的渴求不相适应的矛盾比较突出。检察机关在工作力度、体制机制、执法水平、队伍素质等方面还存在一些与新形势新任务不相适应的地方，检察工作平稳发展的基础还不牢固，检察改革的任务十分艰巨，检察队伍的整体素质有待进一步提高。人民群众对少数检察干警执法不严格、不规范、不文明、不廉洁甚至执法犯法的问题依然反映强烈。基层检察官断档、经费保障不足等问题还未从根本上解决。

基于以上认识，做好当前和今后一个时期的检察工作，全省检察机关要以邓小平理论、“三个代表”重要思想为指导，坚持以科学发展观统领检察工作，按照构建社会主义和谐社会的要求加强和改进检察工作，深入实践“检察工作主题”，全面落实“总体要求”，以强化法律监督为主线，以检察业务工作为中心，以检察体制和工作机制改革为动力，以队伍和基层院建设、执法规范化建设、检务保障建设为支撑，提高法律监督能力，增强法律监督实效，为维护社会稳定，实现公平正义，保证法律的统一正确实施，顺利实施“十一五”规划、建设和谐湖北创造良好的社会环境和法治环境。

2 努力保持检察机关执法办案工作平稳健康发展*

科学发展观是新时期检察工作的根本指导思想。检察机关要以科学发展观统领检察工作，按照构建社会主义和谐社会的要求加强和改进检察工作，必须努力保持检察工作平稳健康发展。省院党组要求，要通过坚持综合考评执法办案工作、坚持规范执法行为、坚持检察工作服务大局，做到“三管齐下”，实现检察机关执法办案工作的平稳健康发展。

一、坚持综合考评执法办案工作，狠抓薄弱环节，全面推进工作

业务工作是全部检察工作的中心，执法办案工作是检察业务的重心。科学发展观要求，各项工作的发展，应该是全面、协调、可持续的发展。因此考评各项检察业务工作和执法办案工作，必须按照科学发展观的要求，进行综合考评、全面考评、科学考评，既要看工作成效突出的方面，又要狠抓工作薄弱环节；既要讲办案数量、办案规模，又要讲办案质量、办案安全，实现执法办案的法律效果与政治效果、社会效果的有机统一。如果不进行综合考评，仅仅注重某一个方面，就不能加强工作薄弱环节，不能实现工作的全面推进。我省检察机关以往办案工作中存在的主要问题是立案较大范围持续走低，无罪判决较多，偶发办案安全事故和干警违纪等。按高

---

* 2006年4月21日敬大力同志在湖北省检察机关查办和预防司法与行政执法不公背后的职务犯罪专项工作会议上的讲话节录。

检院综合考评结果，去年湖北排位比较靠后，人均办案量低于全国平均水平。省院党组认真分析了形势，确定进一步加大办案力度，狠抓工作薄弱环节，扭转办案工作的被动局面。今年我们立足于早抓、抓早，加大检查督促和工作指导力度，扎实推进各项检察业务工作。从自侦办案情况看，一季度全省 14 个市州分院绝大多数办案大幅度上升，只有两个市院比去年同期下降。全省立案侦查贪污贿赂和渎职侵权等职务犯罪案件 387 件 408 人，同比分别上升 37.2% 和 37.8%，其中大案 217 件，同比上升 35.6%；要案 42 人，同比多 22 人。办案呈现出立案数、立查大案数、立查要案数、立查“三机关”工作人员案件数、挽回经济损失数、移送起诉率等多项指标上升的态势。开展治理商业贿赂犯罪专项行动也取得良好开局，在图书购销和医药销售两个领域取得突破，已立案侦查教育图书购销领域贿赂犯罪窝串案 40 件 41 人，其中大案 37 件，副处级以上职务犯罪嫌疑人 16 人，涉案金额 10 万元以上的案件 22 件；已立案侦查药品销售领域贿赂犯罪窝串案 50 件 50 人，其中受贿案 44 件 44 人。全省检察机关要再接再厉，全面推进工作，继续保持良好发展态势，办案工作落后的地方要争取尽早改进工作，扭转被动局面。

二、坚持规范执法行为，切实解决执法活动中存在的突出问题，树立检察机关在社会上的良好形象

当前检察队伍中仍然存在执法观念陈旧、执法不严格、利益驱动和执法不廉洁、执法不文明、办案安全隐患等突出问题，人大代表和人民群众对这些问题意见很大。这些问题不解决，就不能实现检察工作平稳健康发展，就难以树立检察机关维护社会公平正义的良好形象。我们必须深入推进执法规范化建设，完善和落实执法规范制度，集中整治执法活动中存在的突出问题。当前，全省检察机关按照省院部署，认真开展“三个专项治理”工作，着力整治利益驱动违法违规办案问题、不文明办案问题和办案安全隐患问题。从省院掌握的情况看，各地对专项治理是重视的，工作措施比较到位，

能够认真检查本单位本部门存在的问题并积极进行整改。我们要继续把工作抓紧抓实，推动“三个专项治理”不断深入，确保取得实实在在的成效。要进一步提高认识，统一思想，各级检察长和领导干部要从讲政治的高度重视专项治理，解决走过场、不重视等问题，通过扎实开展专项治理解决突出问题，推进执法规范化建设；要解决把专项治理与办案工作相对立的问题，把两者有机结合起来，探索一条既加大办案力度，又能规范执法办案、提升执法效果的路子和机制；要将专项治理同人民监督员参与“五种情形”监督工作结合起来，请人民监督员参与专项治理，做到既加强专项治理的效果，又促进“五种情形”监督的试点工作；要注重解决以往和当前存在的个别问题，更注重建立长效机制解决普遍问题。

三、坚持检察工作服务大局，把握检察工作正确方向，争取广泛社会支持

全省检察机关要充分发挥检察职能作用，把强化法律监督、维护公平正义作为检察工作服务经济社会发展与和谐社会建设的根本途径，努力为党和国家工作大局服务，为党委政府的中心工作服务。要在服从服务大局中争取党委、人大、政府的重视与支持，争取人民群众和社会各界的理解与信任，实现检察工作自身的平稳健康发展。为了进一步探索服务大局的新途径新举措和具体抓好落实，省院决定以制定《关于充分发挥检察职能为促进经济社会发展与和谐湖北建设服务的意见》为平台，召开检察机关与不同行业、系统和领域代表的座谈会，广泛听取人大代表、省直职能部门、地方党委政府、企业、农村基层组织等社会各界的意见和建议，共同研究制定全省检察机关服务大局的工作意见。省主要领导同志对我们这次活动非常重视，作了重要批示。前不久，省院已召开了“武汉城市圈”检察院检察长座谈会、为建设社会主义新农村服务座谈会，还将召开为实施中部崛起战略服务座谈会，为大型国有企业、高新技术企业发展服务座谈会，为建设和谐湖北服务座谈会。这些座谈会旨在加强沟通，广泛征求意见，得到党委政府肯定和社会各界的良

好评价。全省各级检察机关都要立足检察职能，紧贴当地党委政府的中心工作，积极探索服务大局的方法和途径。省院关于全省检察机关服务大局的工作意见制定下发后，各地要认真贯彻落实，不断提高为大局服务的能力和水平。

3 坚持高举旗帜、科学发展、服务大局、解放思想、与时俱进的重要原则*

我们这次会议是省委同意召开的。会议的主要任务是：深入学习贯彻党的十七大和全国检察长会议、省十一届人大一次会议、全省政法工作会议精神，总结五年来全省检察工作，研究部署当前和今后一个时期的检察工作，动员全省检察人员在党的十七大精神指引下，振奋精神、求真务实、开拓创新、锐意进取，努力开创全省检察工作新局面。

会前，大家参加了全省政法工作会议。省委对深入学习贯彻党的十七大精神、进一步做好新时期我省政法工作提出了明确要求，作出了全面部署。我们要认真学习，深刻领会，坚决贯彻落实。

一、过去五年工作基本情况和当前面临的形势任务

党的十六大以来，全省检察机关在省委和高检院正确领导下，深入贯彻落实科学发展观，紧紧围绕党和国家工作大局，全面履行法律监督职责，各项检察工作取得了显著成绩。

（一）执法思想不断统一，工作思路进一步明确

全省检察机关坚持统一执法思想，坚持工作思路与时俱进，确保了检察工作的正确发展方向。认真贯彻中央的重大战略思想和重大战略部署，鲜明提出“以科学发展观统领检察工作，按照构建社会主义和谐社会的要求加强和改进检察工作”的总体思路，引领了

---

* 2008 年 2 月 24 日敬大力同志在第十二次湖北省检察工作会议上的报告，部分内容刊载于《人民检察（湖北版）》2008 年第 3 期。

检察人员的思想和行动。工作中，坚持统筹兼顾的根本方法，做到在树立正确执法理念、推进业务工作、推进改革创新和执法规范化建设、加强队伍建设、加强检务保障工作等五个方面并重，推动了检察工作的科学发展；坚持检察工作服务党和国家工作大局，按照大局的要求积极发挥检察职能作用，在服务大局中推动了检察工作自身发展；坚持服务和谐社会建设，把促进社会和谐作为衡量检察工作的重要标准，提升了执法办案的法律效果和社会效果；坚持以检察业务工作为中心，建立健全科学的工作考评办法，树立正确的工作导向，保持了执法办案工作的平稳健康发展。

（二）工作力度不断加大，法律监督成效突出

全省检察机关认真落实检察工作主题和总体要求，全面履行法律监督职能。依法打击刑事犯罪，维护社会稳定。2003 年 1 月至 2007 年 12 月全省共批准逮捕各类刑事犯罪嫌疑人 130611 人，提起公诉 127579 人，2003 年至 2007 年分别平均递增 5.6% 和 8.4%。突出打击重点，依法严厉打击危害国家安全犯罪和黑恶势力犯罪、严重暴力犯罪以及“两抢一盗”等多发性侵财犯罪，积极参与整顿和规范市场经济秩序，有力地维护了国家安全、社会稳定和市场经济秩序。严肃查办和积极预防职务犯罪，促进廉政建设。共立案侦查职务犯罪案件 8083 件 8819 人，通过办案挽回直接经济损失 14.75 亿元。突出查办职务犯罪大案要案，共查办大要案 5098 人，其中贪污、受贿百万元以上的案件 260 件，县处级以上国家工作人员 834 人（含厅级干部 78 人），重特大渎职侵权案件 296 件。积极开展查办商业贿赂犯罪专项工作，查办案件 1183 件 1206 人，其中大案 511 件、要案 130 人；有效开展查办新农村建设领域贪污贿赂犯罪专项工作，查办案件 350 件 397 人。立足检察职能积极开展职务犯罪预防工作。加强调查研究，提出立法建议，协助省人大常委会制定《湖北省预防职务犯罪条例》；会同有关部门和单位开展对该条例的学习、宣传和教育活动，促进贯彻落实。结合办案向发案单位、主管部门和党委政府提出预防职务犯罪建议 2137 件；建立行贿档案查询系统，积极开展法制宣传教育，努力从源头上预防和减少职务犯

罪。强化对诉讼活动的法律监督，维护司法公正。共监督公安机关立案 3388 件，撤案 988 件，督促行政执法机关向公安机关移送涉嫌犯罪案件 1025 件；依法不批捕 7388 人，不起诉 4960 人；依法追捕 1053 人，追诉 536 人；依法提出刑事抗诉 553 件；高度重视并认真做好死刑第二审案件审查、出庭和相关法律监督工作，促进了死刑的依法正确适用。对刑罚执行和监管活动中的违法情形提出书面纠正意见 452 人次；监督纠正超期羁押 832 人次，建立健全纠正和防止超期羁押的长效机制，截至目前全省已实现无超期羁押。依法提出民事、行政抗诉 2613 件，再审检察建议 305 件。加强控告申诉检察工作，受理群众举报、控告和各类涉法申诉 64844 件，并依法进行了审查处理；认真解决群众涉检信访问题，依法妥善处理涉检信访 1313 件。组织开展打黑除恶、查办和预防司法与行政执法不公背后的职务犯罪等 26 个专项活动。通过开展专项工作，有力推动检察工作全面发展，同时在解决人民群众反映强烈的问题、服务改革发展稳定大局上取得明显成效。

（三）执法行为不断规范，办案质量稳步提高

加强检察业务规范化建设，不断健全和完善统一的执法办案规范体系。组织开展“三个专项治理”，集中整治了一批执法不规范突出问题。注重长效机制建设，制定并落实湖北省检察机关扣押冻结款物及处理办法、办案过错责任追究办法、办理职务犯罪案件安全防范工作备案监督暂行规定等一系列制度，积极发挥长效机制的治本作用。通过狠抓执法规范化建设，检察人员规范执法、公正执法的自觉性明显增强，办案质量进一步提高。职务犯罪案件的撤案率、不起诉率、无罪判决率逐年下降，起诉率、有罪判决率逐年上升，办案安全事故得到有效遏制。

（四）检察改革不断深化，体制机制更加健全

深化审查逮捕、公诉方式改革；积极推行讯问职务犯罪嫌疑人全程同步录音录像工作；完善检察机关引导侦查取证工作机制，建立健全行政执法与刑事司法相衔接机制，加强对行政执法机关向司法机关移送刑事案件的监督；深化检务公开，完善诉讼参与人权利

义务告知制度，推行不起诉案件公开审查和刑事申诉案件公开听证制度；深化人民监督员制度试点工作，1126 件“三类案件”全部纳入人民监督员监督程序，积极开展对“五种情形”的监督等。增强改革创新意识，积极推进检察工作一体化机制、法律监督调查机制、促进公正规范文明执法的长效机制、执法办案的科学考评和绩效管理机制、执法办案的监督制约机制等五项机制建设，对提高法律监督能力和水平，进一步规范执法行为起到了积极的促进作用，如在全省实行检察工作一体化机制，发挥检察机关体制优势，形成法律监督合力；建立法律监督调查机制，开展刑事立案与侦查活动监督调查、民事行政诉讼监督调查 468 件，共纠正违法 338 件。

（五）队伍建设不断加强，整体素质显著提高

坚持以提高队伍素质和法律监督能力为重点，毫不放松地加强检察队伍建设。制定《关于加强检察队伍建设若干问题的决定》（以下简称《决定》），积极推进队伍建设“六项工程”。始终把思想政治建设摆在首位，积极开展保持共产党员先进性、社会主义法治理念、“强化法律监督、维护公平正义”等主题教育活动。加强领导班子建设，加大干部协管工作力度，13 个市级院 102 个基层院已完成检察长换届选举，班子结构进一步优化；认真落实民主集中制，坚持推行和完善巡视、诫勉谈话、述职述廉等制度，强化对检察领导干部的教育、管理和监督。加强素质能力建设，积极开展教育培训和岗位“学、练、赛”活动，本科以上学历检察人员从 2002 年的 33.5% 提高到 2007 年的 69.4%，共有 561 人通过国家司法考试，评选了一批检察业务专家。认真落实党风廉政建设责任制，狠抓纪律作风建设，组织开展“作风建设年”活动，队伍执法形象有了明显改观，检察人员违法违纪比例已连续 8 年减少到 2‰以内。重视基层基础工作，实行上级院领导联系基层制度，择优选拔、公开招录 401 名选调生和高等院校毕业生充实基层；深入开展争先创优，358 个集体和 882 名个人受到省级以上表彰，涌现了以“全国十佳基层检察院”——汉阳区院、“全国十大杰出检察官”——马俊镠等为代表的一批先进典型。

(六) 检务保障不断完善，执法条件明显改善

省院会同省财政厅制定《县级检察院公用经费保障标准》，全省已有60个基层院落实了保障标准。实施科技强检战略，已有124个检察院联入检察专线网，科技装备建设不断加强，科技应用水平逐步提高。“两房”建设顺利推进，已有90%的检察院完成建设任务。装备建设投入加大，办公、办案条件进一步改善。

铁路运输检察、检察理论与应用研究、检察宣传、检察技术、司法警察、统计、档案、保密、督办、外事等也创造了新的业绩。

过去五年，全省检察工作得到了高检院、省委的充分肯定。全省检察机关在服务大局、保障民生、维护发展稳定方面有新举措；在加强工作机制和制度建设，促进公正执法，提升法律监督能力方面有新成效；在落实党的十七大精神，推动检察队伍建设“六项工程”措施有力，自身建设成绩明显；检察工作为湖北的改革开放、党风廉政建设、和谐社会建设作出了积极贡献。这些成绩的取得，是省委、高检院正确领导，人大、政协有力监督，政府和社会各界大力支持的结果，是全省检察机关上下一心、团结拼搏的结果。在此，我代表省人民检察院，向各级领导、社会各界、全省检察人员以及各级检察院专家咨询委员会委员、人民监督员表示衷心的感谢！

五年来，我们在继承中创新，探索积累了新的经验，要在新的实践中加以坚持、完善与发展。这些经验主要是：

一是必须坚持全面落实科学发展观，牢牢把握检察工作的指导方针。科学发展观这一党和国家的重大战略思想，是指导检察工作发展的世界观、价值观和方法论。要深刻领会科学发展观的精神实质，贯彻科学发展观的基本要求，立足检察工作实践，准确把握检察工作发展规律，自觉用科学发展观认识和解决检察工作中的重大问题，正确处理各种重大关系，坚持科学决策、民主决策、依法决策，努力推动检察工作的科学发展。

二是必须坚持统一执法思想、明确工作思路，牢牢把握检察工作的正确方向。检察机关只有认真贯彻党和国家的重大决策和重大部署，牢固树立社会主义法治理念，不断统一广大检察人员的执法

思想，提出明确、科学、系统、清晰的工作思路，深入贯彻检察工作主题和总体要求，才能全面充分地履行法律监督职能，强化法律监督，才能确保党的路线方针政策在检察工作中不折不扣地贯彻执行，确保检察事业发展的正确政治方向。

三是必须坚持服务党和国家大局，牢牢把握检察工作的职能定位。服务大局是社会主义法治的重要使命，是检察机关义不容辞的责任。检察机关要自觉把检察工作置于大局之中谋划和思考，把全面履行法律监督职能作为服务大局的根本途径，不断创新服务大局的新举措新方法，在服务大局中更加充分地发挥检察职能作用，努力提高服务水平和实效。

四是必须坚持执法为民，牢牢把握检察工作的根本宗旨。检察事业是人民的事业，检察权来自于人民。检察机关必须运用人民赋予的权力为人民服务，始终把实现好、维护好、发展好人民群众根本利益作为推进工作的根本出发点和落脚点，努力解决人民群众最关心最直接最现实的利益问题，努力使检察工作更加符合人民群众的要求和期待。

五是必须坚持推进改革创新，牢牢把握检察工作的发展动力。改革创新是检察事业发展进步的动力源泉。要自觉适应社会发展进步和依法治国的要求，勇于突破不符合检察工作发展规律的观念、体制和机制的束缚，通过改革创新解决前进中的问题，不断为检察事业发展注入新的生机和动力，不断推动中国特色社会主义检察制度的发展与完善。

六是必须坚持加强自身建设，牢牢把握检察工作的发展基础。加强检察机关自身建设，是做好检察工作的基础和保障。要始终抓住自身建设这个根本，不断加强检察业务建设、检察队伍建设、执法规范化建设、基层院建设和检务保障工作，努力提高法律监督能力和公正执法水平，树立检察机关良好形象，为检察工作发展奠定基础、提供保障。

当前，检察工作面临着新的形势任务。一方面，检察工作面临着难得的发展机遇和有利条件。全国、全省经济社会持续发展，民主法制不断健全，社会治安总体稳定，使检察工作具备了更为良好的发展条件；随着依法治国方略的深入贯彻、社会法治意识的普遍增强，检察工作越来越受到中央和各级党委的重视与支持，越来越受到人民群众的信赖与关注；经过恢复重建后30年的发展，检察工作取得的成绩、积累的经验，为检察事业的进一步发展奠定了坚实基础。另一方面，检察工作面临着诸多新问题、新挑战。当前我国仍处于人民内部矛盾凸显、刑事犯罪高发的时期，以民生问题为主的人民内部矛盾还比较突出，我省刑事案件总量仍然在高位徘徊，对维护国家安全与社会和谐稳定带来的压力增大。职务犯罪在一些部门和领域还比较严重，大案要案时有发生，犯罪的智能化和隐蔽性增强，防范和查处难度加大，反腐败斗争的形势依然严峻。人民群众的司法需求日益增长，各种矛盾纠纷更多地以诉讼形式不断进入司法领域，人民群众对维护公平正义的强烈要求与法律监督能力相对滞后的矛盾比较突出。

同时，我省检察工作中还存在一些不容忽视的困难和问题，主要是：法律监督职能作用的发挥与人民群众的要求还有差距，监督意识不强、履行职责不到位的问题在少数地方仍然存在；执法观念、执法水平与构建社会主义和谐社会的要求还不适应，检察队伍整体素质和法律监督能力有待提高；执法不规范、不公正、不文明的问题仍有发生，极少数检察人员甚至违法违纪；检察工作机制不健全、制度不完善、工作关系不顺畅等问题还存在；基层基础工作亟待加强，一些基层检察院经费保障困难、装备落后、人才缺乏，检察工作的科技含量有待进一步提高。当前和今后一个时期，我们要更加重视强化法律监督，维护社会主义法制的统一、尊严、权威，更加重视维护国家安全和社会稳定，更加重视保障社会公平正义，更加重视化解社会矛盾、服务和谐社会建设，更加重视服务经济建设、促进改革发展，更加重视加强自身建设、提高法律监督能力。我们一定要紧紧抓住发展机遇，切实解决存在的问题，科学应对新的挑战，推动我省检察工作在新的历史起点上实现新的发展。

二、以党的十七大精神为指引，明确新时期全省检察工作总的要求

当前和今后一个时期，我省检察工作总的要求是：全面贯彻党的十七大精神，高举中国特色社会主义伟大旗帜，坚持以邓小平理论和“三个代表”重要思想为指导，深入贯彻落实科学发展观，按照党的十七大的部署全面加强和改进各项检察工作，加强自身建设，进一步强化法律监督职能，维护社会主义法制的统一、尊严、权威，维护社会和谐稳定和公平正义，为全省经济社会又好又快发展创造和谐稳定的社会环境、便捷高效的发展环境、公平公正的法治环境。要落实好这个总的要求，必须牢牢把握好在检察工作中坚持高举旗帜、科学发展、服务大局、解放思想、与时俱进等五个方面的重要原则：

（一）高举中国特色社会主义伟大旗帜，坚定检察工作的政治方向

检察事业是中国特色社会主义事业的重要组成部分，检察机关是国家专门法律监督机关，必须始终高举、坚定捍卫中国特色社会主义伟大旗帜。

要始终坚持中国特色社会主义道路和中国特色社会主义理论体系。检察机关既是中国特色社会主义事业的建设者，又是保障者。我们要充分认识肩负的政治责任和历史使命，始终不渝地贯彻党的理论和路线方针政策，始终不渝地走中国特色社会主义检察事业发展道路。要忠实履行宪法和法律赋予的检察职能，落实依法治国基本方略，巩固共产党执政地位，维护国家长治久安，保障人民安居乐业，促进经济社会发展。要深入学习贯彻中国特色社会主义理论体系，努力在执法思想、执法实践、执法作风等方面真正体现中国特色社会主义的正确方向。

要牢固树立社会主义法治理念。社会主义法治理念是中国特色社会主义理论体系的重要组成部分，要坚持以社会主义法治理念武装头脑，指导实践，推动工作。要深化社会主义法治理念教育，始

终保持忠于党、忠于国家、忠于人民、忠于法律的政治本色，永远做党和人民的忠诚卫士；要注重加强意识形态工作，教育和引导检察人员增强政治鉴别力，始终保证马克思主义在政法意识形态领域的指导地位；要把社会主义法治理念的要求，融会到各项检察工作中，真正转化为广大检察人员的自觉行动。

要努力推动中国特色社会主义检察制度的发展与完善。坚持中国特色社会主义道路，对检察机关来说最重要的就是要坚持和发展中国特色社会主义检察制度。实践证明，中国特色社会主义检察制度是符合我国国情和人类发展进步方向的。我们一定要在理论上不断完善，在工作中努力实践。要进一步加强检察理论研究，认真解决检察工作面临的重大理论问题，为完善中国特色社会主义检察理论体系作出积极贡献。要加强实践探索，以丰富的实践促进中国特色社会主义检察制度不断发展和完善，更加充分地发挥中国特色社会主义检察制度的优越性。

（二）深入贯彻落实科学发展观，推动检察工作的科学发展

科学发展观是我国经济社会发展的重要指导方针，也是检察工作的重要指导方针。全省检察机关要深刻领会、准确把握科学发展观的内涵，在检察工作中深入贯彻其基本要求。一方面，检察机关要牢固树立保障和服务经济社会发展的意识，立足于中国特色社会主义政治建设、经济建设、文化建设、社会建设的总体布局，通过履行好法律监督职能，打击预防犯罪，化解矛盾纠纷，维护司法公正，为经济社会又好又快发展创造良好的社会环境和法治环境。另一方面，检察机关也要增强发展意识，努力推动检察工作自身的科学发展。检察事业发展是硬道理，执法办案和加强法律监督是硬道理，业务工作平稳健康发展是硬道理。检察工作不能停滞不前，不能等待观望，不能错失发展良机。我们要深入贯彻落实科学发展观，就一定要高度重视检察工作的自身发展，否则，服务经济社会发展就无从谈起。

要按照科学发展观的要求，不断探索检察工作科学发展的新路子。要推动检察工作全面协调发展。坚持把统筹兼顾作为推动检察

工作的根本方法，统筹做好树立正确执法理念、坚持以业务工作为中心、加强队伍建设、推进检察改革和执法规范化建设、加强基层基础工作等各方面工作，做到既坚持统筹兼顾、多管齐下、多措并举，又善于用全局的观点、系统的方法考虑和解决具体问题，推动整个检察工作全面协调发展。要推动检察业务工作平稳健康发展。准确把握检察机关的宪法定位，始终坚持以业务工作为中心，既要加大力度，又要保证质量、提高效率、提升效果。始终坚持把是否有利于促进检察业务工作平稳健康发展作为检验其他工作成效的一个重要标准，检察机关的各项工作都要围绕、服务业务工作这个中心，都要着眼于促进业务工作平稳健康发展。要推动检察工作持续深入发展。既要确保检察工作的当前发展，着力解决影响发展的现实问题，又要注重解决制约检察工作长远发展的深层次问题，着力研究落实战略性、根本性的措施，坚持抓基层、打基础、利长远，不断加强基础工作、提高基本素质、落实基本保障、增强基层实力，推动检察工作持续深入发展。要推动检察工作创新发展。把改革创新的时代精神贯彻到检察工作各个方面，大力推进观念创新、理论创新、体制创新、机制创新和工作创新。通过改革创新，加快突破长期影响和制约检察工作的体制性障碍、机制性束缚和保障性困扰，切实破解发展难题、增强发展能力。

（三）积极服务党和国家工作大局，充分发挥检察职能作用

检察工作是党和国家工作的重要组成部分，必须在党和国家工作大局下开展，为党和国家工作大局服务。

要坚持把检察工作置于大局中来谋划和推进。党的十七大、中央经济工作会议都对经济社会发展大局提出了新的要求，省第九次党代会确定了建设“四基地一枢纽”、着力推进“五个湖北”建设、构建促进中部地区崛起重要战略支点的奋斗目标和发展思路。全省检察机关要切实增强大局意识、服务意识，积极主动地适应新形势对检察工作的新要求，自觉把检察工作置于大局之中思考、谋划和推进。只有胸怀全局、服务大局，才能找准检察机关的位置，才能制定出正确的检察工作发展战略；只有服从全局、服务大局，才能

适应中国特色社会主义事业发展的需要，才能赢得党和人民群众的信任与支持；只有把握全局、服务大局，才能促进检察职能作用的正确有效发挥，为检察工作自身发展创造良好条件、奠定坚实基础。认真贯彻落实“服务大局二十条”，综合运用打击、保护、监督、预防等检察职能，保障改革，服务发展，维护稳定，促进和谐。

要不断提高服务大局的水平和实效。坚持把全面履行法律监督职能作为服务大局最基本、最直接的手段，既防止不顾大局孤立地抓办案，又防止脱离职能、超越职能搞服务，不断提高服务水平。按照全国检察长会议提出的“更加注重维护社会稳定、更加注重服务经济发展、更加注重保障和改善民生、更加注重促进社会和谐、更加注重促进反腐倡廉、更加注重维护司法公正”的要求，不断探索服务大局的有效途径和方法，更好地服务党和国家工作大局。认真落实省委部署，紧密结合湖北实际，紧紧围绕武汉城市圈“两型社会”综合配套改革试验区建设，明确工作重点，研究具体措施，改进服务方式，增强检察工作服务湖北经济社会发展的整体合力和实际效果。

（四）进一步解放思想，以思想大解放推动检察事业大发展

实践发展无止境，解放思想无止境。只有坚持解放思想，我们才能适应不断发展变化的新形势，用新的思想观念、工作举措应对新情况，解决新问题，推动新发展。在新的历史条件下，全省检察机关要坚持以思想的大解放带动事业的大发展。一是要更新执法理念，实现思维方式和精神状态的转变。坚决克服那些不符合科学发展观、社会主义法治理念、构建社会主义和谐社会要求的执法观念，切实把思想统一到坚持改革开放、推动科学发展、促进社会和谐上来，振奋全体检察人员的精神状态。二是要不断深化改革，研究解决妨碍检察工作发展的体制性障碍、机制性束缚和保障性困扰。只有创造性地实践，只有不断改革创新，才能解决发展中的问题，才能开辟前进的道路。三是要坚持实事求是，破除执法办案中的陈规陋习。坚决摒弃执法不严格、不公正、不文明的老习惯、老做法、老方式，严格遵循法律和检察工作规律执法办案。要严格公正执法，

讲究执法策略，注重执法效果，坚决废弃一切束缚和影响经济发展的各种不良做法，真正成为经济发展的保护者、服务者和促进者。四是要克服思想僵化，提高解决实际问题的能力。克服固步自封、坐而论道、怨天尤人等思想，抢抓机遇，开动脑筋，着眼于新的实践和新的发展，积极研究法律法规修改、执法方式改变、工作要求提高等带来的实际问题，提出应对思路和解决对策。

（五）坚持与时俱进，努力开创检察工作新局面

新时期最突出的标志是与时俱进。检察工作要适应新形势新要求、不断向前发展，必须坚持与时俱进。一方面，要坚持在指导思想上与时俱进。根据十七大确定的工作部署，检察工作在工作思路上要不断充实和发展，不断赋予新的时代内涵，更加充分发挥检察机关在维护社会主义法制的统一、尊严和权威，维护社会和谐稳定和社会公平正义方面的重大作用。各地要认真贯彻高检院、省院关于当前和今后一个时期检察工作的总体要求，紧密结合本地检察工作实际，明确新的工作目标和任务要求，实现工作思路的与时俱进。另一方面，要坚持在工作措施上与时俱进。新的历史起点上，全省检察机关要围绕工作再上新台阶、再创新局面来谋篇布局，创新举措。要从省院党组着力推进的重点工作入手，从人民群众的新要求新期待入手，从检察工作中的薄弱环节入手，提出适应形势发展要求、富有针对性可操作性的新举措，做到服务大局有新贡献，法律监督有新成效，检察改革有新举措，队伍建设有新面貌，执法保障有新进展。

三、当前和今后一个时期全省检察工作的主要任务

按照党的十七大精神和省委、高检院的部署，根据省院确定的新时期检察工作总的要求和重要原则，全省检察机关要认真做好以下工作：

（一）紧紧围绕检察机关的首要政治任务，进一步发挥检察职能作用

依法打击刑事犯罪活动，全力维护社会和谐稳定。牢固树立

"稳定是硬任务，稳定是第一责任"的思想，认真履行批捕、起诉职能，依法打击各类刑事犯罪，有力维护重要战略机遇期的社会和谐稳定。增强国家安全意识，严密防范和坚决打击境内外敌对势力的渗透、颠覆、破坏活动。坚决严厉打击严重刑事犯罪，重点打击黑恶势力犯罪、严重暴力犯罪、严重影响群众安全感的多发性侵财犯罪、毒品犯罪，确保社会治安大局稳定。加大打击严重经济犯罪的力度，依法打击制假售假、侵犯知识产权、造成重大环境污染事故、严重破坏生态和资源的犯罪，促进创新型国家建设和资源节约型、环境友好型社会建设。依法打击影响农村和谐稳定、破坏农业生产发展、侵害农民合法权益的犯罪活动，促进社会主义新农村建设。工作中，要注意因时因地制宜地确定打击犯罪的重点和方式，提高打击犯罪的针对性、实效性；注意加强与有关部门的协作配合，认真落实分工负责、互相配合、互相制约的原则，形成打击刑事犯罪的工作合力；注意提高办案效率和确保办案质量，改进审查批捕和审查起诉方式，加快办案节奏，同时严把事实关、证据关、程序关和适用法律关，保证及时、准确、有力地打击犯罪；注意认真落实检察环节的社会治安综合治理措施，积极参加社会治安防控体系建设和"平安湖北"建设，努力营造长期稳定的社会治安环境。要认真贯彻宽严相济的刑事政策，在高检院指导性意见的基础上，加强调查研究，加强沟通协调，研究制定可操作性的具体办法，逐步规范贯彻宽严相济刑事政策的适用标准、工作机制和具体方式，有力促进社会和谐。

加强查办和预防职务犯罪工作，促进反腐倡廉建设。按照十七大提出的"坚决惩治和有效预防腐败"的要求，始终把查办和预防职务犯罪摆在更加突出的位置。加大查办大案要案工作力度，严肃查办领导机关和领导干部贪污贿赂、失职渎职等犯罪案件，国家工作人员利用人事权、司法权、审批权、执法权进行权钱交易的犯罪案件，加大对充当黑恶势力"保护伞"和司法不公背后的职务犯罪案件的查处力度；严肃查办工程建设、土地出让、产权交易、政府采购、资源开发等重点领域中的商业贿赂犯罪案件；积极查办发生在新经济领域、资金高度密集领域、垄断性行业中发生的职务犯罪案件；依法查办发生在群众身边、损害群众利益、社会影响恶劣的职务犯罪案件，特别是劳动保障、社会保障、专项资金管理、征地拆迁、医疗、教育等涉及人民群众切身利益的领域中发生的职务犯罪案件；适时组织查办与民生密切相关的行业和领域的职务犯罪专项工作，继续开展查办城镇建设领域商业贿赂专项工作和查办新农村建设领域贪污贿赂专项工作。对那些为谋取不正当利益拉拢腐蚀干部、危害严重的行贿犯罪，要坚决依法查处。要进一步提高发现案件线索的能力，加强举报工作鼓励群众积极举报，增强主动出击意识，提高主动发现线索的能力；加强对职务犯罪发案规律的研究，掌握犯罪的新动向和新特点；提高情报信息的收集和研判能力，逐步建立职务犯罪情报信息库及检索系统。进一步提高初查与侦查水平，适应法律修改，转变执法观念，不断提高突破案件的能力。进一步创新侦查工作机制，注重通过职务犯罪大案要案侦查指挥中心重组、指挥中心办公室单设以及相关工作机制调整，切实加强对侦查工作的统一组织、指挥、管理与协调。进一步规范侦查办案活动，全面推行讯问职务犯罪嫌疑人全程同步录音录像，确保办案质量和办案安全。贯彻标本兼治、综合治理、惩防并举、注重预防的方针，立足职能积极开展预防职务犯罪工作。结合办案，加强对典型案件发案原因、特点的剖析，把握规律和趋势，积极提出对策建议，配合有关部门搞好职务犯罪的防控治理。继续加强警示教育和预防宣传，促进廉政文化建设，充分发挥预防职务犯罪工作在减少犯罪、化解矛盾、促进和谐中的积极作用。

加强对诉讼活动的法律监督，维护司法公正和社会公平正义。进一步加强刑事诉讼监督工作，坚持协作配合与监督制约相结合，打击犯罪与保护人权相结合，坚决监督纠正有案不立、有罪不究、以罚代刑等问题，依法追捕追诉漏罪漏犯，对有罪判无罪、无罪判有罪、量刑畸轻畸重的要坚决抗诉；加强死刑案件办理工作，不断提高死刑第二审案件审查、出庭和监督水平，确保死刑的依法正确适用；健全纠防超期羁押长效机制，加强对违法减刑、假释、暂予监外执行等情况的监督，加强对监管活动的动态监督，加强对监外罪犯和社区矫正的监督。进一步加强民事行政检察工作，认真贯彻修改后的民事诉讼法，明确监督重点，加大监督力度，着力抓好抗诉工作，继续做好再审检察建议工作。进一步加强控告申诉检察工作，畅通信访渠道，健全涉检信访工作长效机制，依法及时解决群众的合理诉求；积极参与矛盾纠纷排查调处工作，讲究处置策略，改进工作方式，引导群众通过正当渠道理性反映问题；积极推行便民利民措施，提高来信来访群众的满意度。坚持加强内设机构之间的协作配合，加强各种诉讼监督的相互衔接，形成法律监督的整体合力。坚持把经常性监督与专项监督结合起来，继续抓住群众反映强烈的问题，适时开展专项监督工作，带动法律监督工作全面开展。坚持把诉讼监督与查办职务犯罪紧密结合起来，总结工作经验，强化工作措施，严肃查办司法不公背后的职务犯罪，维护司法廉洁，促进司法公正。

加强对行政执法机关移送涉嫌犯罪案件的监督。加强行政执法与刑事司法的衔接配合，探索建立检察机关与行政执法机关、公安机关、监察机关之间"网上衔接、信息共享"机制；进一步加大监督力度，丰富监督手段，确保涉嫌犯罪案件依法及时移送、正确处理；加大查案力度，严肃查办行政执法人员贪污贿赂、徇私枉法、玩忽职守以及徇私舞弊不移交刑事案件等职务犯罪。

（二）紧紧围绕建设公正高效权威的检察制度，进一步推进检察体制和工作机制改革

十七大明确提出："深化司法体制改革，优化司法职权配置，规范司法行为，建设公正高效权威的社会主义司法制度。"要紧紧围绕公正、高效、权威这个基本特征和目标要求，坚持深化理论研究与加强实践探索相结合，坚持巩固改革成果与推进检察改革相结合，坚持检察体制改革与工作机制创新相结合，深入推进检察改革。

要认真抓好各项检察改革措施的组织实施。一方面要抓现有改革措施的落实。对高检院、省院出台的改革措施，要加强组织实施：对于职务犯罪案件"双报批、双报备"、讯问职务犯罪嫌疑人全程

同步录音录像等改革措施，要严格执行，务求实效；对于贯彻宽严相济刑事政策工作机制、人民监督员制度试点等改革措施，要完善相关规定，进一步深化改革；对于完善诉讼活动的法律监督制度、检察官分类管理等改革措施，要提出工作建议，推动逐步落实。按照高检院关于强化检察机关法律监督职能、优化检察机关职权配置、强化对自身的监督制约、创新检察工作机制、深化检察管理和经费体制改革的要求，积极开展调研，提供决策建议。另一方面要抓深化改革的调查研究。按照中央、高检院关于下一阶段检察改革的总体规划和具体要求，认真研究部署，抓好落实。

要深入推进检察工作机制创新。我省推出的检察工作一体化机制、法律监督调查机制、促进公正规范文明执法的长效机制、执法办案的科学考评和绩效管理机制、执法办案的监督制约机制等五项机制创新，是针对实际问题提出的，已取得了明显成效，推动了工作发展，也得到了省委、高检院的肯定和全省检察机关的拥护。对于检察工作一体化等五项机制创新，一要进一步总结经验。对各地在五项工作机制创新中探索的成熟做法和新鲜经验，要注意总结提炼，及时加以推广，适时进行交流，不断巩固提高。要推广武汉、南漳等地在加强法律监督工作中不断拓宽监督范围、完善工作机制、增强监督实效的经验，推动建立完备的法律监督工作机制。二要完善相关配套制度。坚持有重点、有步骤地加强制度建设，抓紧制定检察工作一体化机制的系列配套制度；研究出台刑事诉讼活动法律监督调查办法，民事审判、行政诉讼活动法律监督调查办法两个规范性文件；继续健全完善检察工作考评体系，加强内外部监督制约机制建设。三要推进改革不断深化。加强基础理论和实践问题的调查研究，根据上级部署和工作实践，不断对这些机制建设提出新要求，研究新情况，解决新问题，促进这些机制不断深化发展。

根据加强和改进检察工作的实际需要，要不断健全和完善各项检察工作机制。省院今年计划重点推动两项工作：一是健全完善初查工作机制。随着法律制度的进一步健全，对检察机关规范执法行为、提高侦查水平的要求越来越高。办案工作实践也表明，必须把更多的精力放在初查上，才能为侦查工作打下良好基础。要着力研究在现有法律和司法解释规定的基础上，如何进一步更好地将查案工作向前延伸，强化初查工作，如在工作机制层面进一步健全和完善初查程序和制度，探索初查的方式方法、措施手段、策略技巧以及运用原则；检察机关内部各有关部门的初查职责定位、分工以及工作配合、制约机制；法律监督调查与职务犯罪案件初查、侦查相衔接的工作机制；情报信息以及线索经营、审查同初查的有效整合等。二是建立健全检察科技管理机制。检察机关科技资源亟待科学规划，统筹安排。要探索建立检察科技资源合理布局、优势互补、区域协作机制；传统检察技术与现代信息技术的有效整合、互相配合机制；现代信息技术的统一规划、管理、推进机制；技术、信息机构与其他职能部门沟通衔接、协作配合与监督制约机制。要通过科技管理机制的创新，将科学思想、科技手段、科技装备运用到检察工作中，为检察机关履行法律监督职能提供科技保障。

（三）紧紧围绕提高检察机关执法公信力，进一步推进执法规范化建设

要坚持抓住执法活动中的重点问题和薄弱环节，采取有针对性的措施，进一步推进执法规范化建设。一是坚持长期治理。近年来，通过开展“三个专项治理”和“作风建设年”活动，全省检察机关执法思想进一步端正，执法行为进一步规范，执法形象进一步提升。但必须清醒看到，受利益驱动违法违规办案、不文明办案、办案安全隐患等问题仍然存在，仍是今后一个时期治理的重点。我们必须坚持长期治理，对出现的问题发现一起、查处一起，切实严格执法、严明法纪，要采取行之有效的措施，坚持反复抓、抓反复，坚定不移、坚持不懈地抓下去。二是健全长效机制。实践证明，加强长效机制建设对于规范执法行为、提高执法水平、确保办案质量具有重大作用。要坚持把长效机制建设作为执法规范化建设的一项重要任务，注重发挥机制的基础性、根本性和长远性作用。对已出台的规范执法的一系列制度规范，各地要继续不折不扣地贯彻执行。要适应诉讼法等法律的修订，针对容易发生问题的重点岗位、重点环节

和重点部位，进一步完善执法岗位责任机制、执法质量保障机制、执法责任追究机制。进一步规范办案工作区建设，推行执法资格考核，完善执法档案制度。狠抓长效机制的贯彻落实，建立健全对执法全过程的动态监督和预警机制，研究制定可操作性的界限性规定，规范办案流程的程序性规定，建立包括惩罚措施的禁止性规定，保证每一个执法环节都体现严格公正文明执法的要求。三是落实治本措施。执法不规范既有传统的思想根源，又有深刻的现实原因，对这些问题的治理必将是一个长期过程。要从根本上治理这些问题，必须不断端正、统一、更新执法理念；必须健全工作考评机制，引导工作科学发展，树立正确的工作导向；必须加强检务保障特别是经费保障，消除可能造成执法不公、不规范的诱因。

（四）紧紧围绕确保严格公正文明执法，进一步加强检察队伍建设

认真贯彻党的十七大关于“加强政法队伍建设，做到严格、公正、文明执法”的要求，把加强检察队伍建设作为检察工作永恒的主题，持之以恒，常抓不懈。

要认真贯彻落实省院《决定》，全面推进队伍建设“六项工程”。省院制定的《决定》，对今后一个时期检察队伍建设作出了具体部署、提出了总的要求。高检院、省委都对此给予了充分肯定，指出这个《决定》内容全面、操作性强，是全面加强检察队伍建设的重要举措和推动检察工作创新发展的抓手，要求我们认真执行、认真落实，抓出成效，促进检察队伍建设越来越好。我们要按照高检院、省委的指示精神，根据《决定》的要求，进一步提高认识、统一思想、狠抓落实。各级院党组要高度重视，整体推进，坚持党组同志分工负责，抓好责任分解，细化工作措施，把《决定》的各项要求认真执行到位，认真落实到位，争取通过一段时间的努力，使我省检察队伍建设提高到的一个新的水平。

在全面推进“六项工程”的同时，近期要着力抓好以下七个方面的工作：一是继续深入学习贯彻党的十七大精神。要精心筹划、周密安排，组织开展学习贯彻十七大精神系列活动，切实把全体检

察人员的思想统一到党的十七大精神上来，把力量凝聚到实现十七大确定的各项任务上来，把行动落实到按照十七大精神加强和改进检察工作的实践上来。二是加强各级院领导班子建设。实践证明，一个地方检察工作的好坏，关键在领导班子，关键在“一把手”。近两年，全省市县两级院陆续开展了换届和交流工作，加强领导班子建设的任务十分急迫和重要。要进一步加大干部协管和对班子的监督、管理力度，继续做好班子的调整充实工作，不断优化班子结构、提高整体素质。省院已制定下发《湖北省基层检察院检察长任免备案制度实施办法（试行）》，各市州分院要高度重视、严格执行，省院职能部门要抓好落实。三是加强反腐倡廉建设。按照中纪委第十七届二次全会和全国检察机关纪检监察工作会议的部署，紧紧围绕检察中心工作，加强以严格公正文明执法为重点的纪律作风建设，完善具有检察机关特点的惩治和预防腐败体系，认真落实党风廉政建设责任制，建立健全拒腐防变教育长效机制、反腐倡廉制度体系、权力运行监督机制，为做好新时期检察工作提供有力的政治和纪律保障。四是加强教育培训工作。抓好正规化全员培训，落实分级培训，完善省市县三级教育培训体系，建立经常性的教育培训机制，确保检察人员每年培训时间不少于15天，每3年将全省检察人员轮训一次，提高全员素质。抓好教育培训基础建设，以国家检察官学院湖北分院为龙头，加强省、市两级院教育培训基地建设，充实师资力量，完善教材体系，改进教学方式，提高教育培训的针对性和实效性。广泛开展岗位“学、练、赛”活动，着力提高检察人员执法办案技能。五是加强队伍专业化建设。按照专业化标准配置、培训、考核和选拔人才，构建有利于激励检察人员钻研业务的管理机制和素能养成制度，促进队伍结构不断改善，专业化水平不断提高。在反贪、反渎、公诉、侦监等部门推行专业办案组办案方式改革试点工作，并同检察工作一体化机制有机结合，积极探索执法办案的新模式。六是积极开展检务督察工作。今年主要针对以下问题开展专项督察：遵守和执行国家法律法规以及上级院、本级院重大工作部署、决议、决定、指示的情况；在执法办案活动中遵守办案程序和办案纪律、落实办案安全防范措施的情况；执行各项规章制度的情况；严明执法作风、遵守检容风纪的情况。要根据督察工作情况，每年建立分地区的评估报告，对各地保证检令畅通、履行职责、行使职权、遵章守纪、检风检容、作风纪律等方面进行全面、系统评价。当前，加强检察机关内外部监督制约的形式、渠道很多，要注意加强各种监督制约方式之间的整合，做到相互配合，相互促进。要建立检务督察与其他监督制约方式之间协作配合的工作机制，既促进各种监督制约方式从不同角度发挥作用，又努力形成监督合力。七是搞好检察机关恢复重建30周年纪念活动。我们要以此为契机，组织开展一系列纪念活动，向社会介绍检察机关的职能作用，广泛宣传中国特色社会主义检察制度，大力宣传发展成就、先进典型，树立检察机关的良好形象，推动检察工作发展，推进检察文化建设。

（五）紧紧围绕夯实检察事业发展基础，进一步加强基层基础工作

推进基层检察院建设。始终坚持把检察工作、队伍建设的重点放在基层，在领导精力、工作安排、经费投入等方面向基层倾斜。健全基层院规范化管理机制，进一步规范基层检察工作和队伍管理。完善基层院建设考核评价机制，深入开展争创先进检察院活动。完善和落实上级检察院领导联系基层、业务部门对口指导、先进示范院与相对滞后院结对帮扶等制度，促进基层院建设协调发展。省院党组决定，从今年开始省院每位院领导联系两个基层院，加强工作联系与指导。各市级院领导也要确定联系点，认真抓好基层院建设。

加强经费保障和基础设施建设。狠抓县级检察院公用经费保障标准的落实。省院、市级院要对保障标准落实情况组织一次深入调查和典型分析，摸清底数；各地要反映真实情况，积极争取上级机关和有关部门的支持，推动保障标准的全面落实。根据经济社会发展水平和检察工作发展需要，推动建立检察经费保障标准逐年递增的保障机制，实现检察经费稳定增长。严格落实“收支两条线”的

规定，坚决实行收支脱钩，积极推动检察经费由公共财政全额保障。加强基础设施建设，积极争取地方党委、政府将人民检察院基础设施建设纳入经济和社会发展规划以及财政预算，加大建设资金投入。继续推进“两房”建设，确保2008年年底全面完成建设任务。积极争取同级政府建立相应的偿债机制，妥善解决检察机关由于基础设施建设所欠的债务。

加快科技强检步伐。科技是推动检察工作不断向前发展的强大动力和重要手段。全省检察机关必须把实施科技强检摆在优先发展的战略地位，作为当前的一项紧迫任务来抓。一要牢牢把握科技强检的宗旨与内容。始终着眼于提高法律监督能力、提高规范执法与公正执法水平、提高工作效率，全面、高层次地推进科技强检工作；紧紧围绕办案工作、监督工作、业务工作来推进科技强检，把科技强检切实落实到强办案、强监督、强业务上。二要对科技强检工作进行整体规划。各级院特别是省院要深入开展科技强检专题调研，全面掌握工作现状、提出项目需求、确立建设重点、明确整体推进的分阶段性目标任务，在此基础上科学制定实施科技强检的发展规划，进行统筹安排，实行分步实施、整体推进；高度重视科技装备、应用软件的统一性问题，注意引进标准统一、技术先进、性能稳定、质量可靠的科技装备和应用系统。三要加大科技强检建设力度。以实施电子检务工程为契机，加速二级、三级专线网和各级院局域网、门户网站建设，确保在2008年年底基本实现专线网络的全面覆盖和互联互通，不断优化检察信息网络；加强同步录音录像、交通通讯、侦查指挥、证据收集、检验鉴定等科技装备建设，逐步建立门类齐全、布局合理、梯次分明，能够适应新时期检察工作需要的检察科技装备体系；重视基础数据库建设，重点建立案件线索信息库与职务犯罪档案，加强与相关执法部门的信息共享平台建设，努力为执法办案提供服务。四要不断提高科技应用水平。通过信息网络和科技手段的应用，对各项业务工作实行严格的流程管理、质量控制，促进规范执法，提高办案质量和效率；实施侦查指挥、远程监控、现场取证、追逃、多媒体示证等，提高侦查破案与证实犯罪的能力；

推进办公自动化，尽快实现网上办公，提高工作效率，降低检察管理成本。五要加强检察技术人才队伍建设。注意引进、培养技术人才，充实技术人员的力量，维护检察技术队伍的稳定，进一步调动技术人员的积极性和创造性；对检察人员加强电子检务、计算机运用等通用技能培训，提高科技素质和应用水平；各级检察领导干部特别是检察长要带头学科技、抓应用，省院和市州分院在实施科技强检中要发挥示范表率作用。今年，省院将在全省检察机关开展“科技强检年”活动，狠抓科技强检工作，推动这项工作迈上一个新的台阶。

为保障已经确定的各项任务顺利完成，我再向大家尤其是各位检察长强调以下五点意见：

1. 要始终保持良好的精神状态。振奋的精神状态，能够给工作提供不竭动力。全省检察机关和广大检察人员都要牢固树立奋发有为、争先创优意识，推动各项工作争一流、上台阶。各级领导干部尤其是检察长，作为本地本部门检察工作的组织者、领导者，一定要有强烈的事业心和责任感，带着一种有所作为、有所建树的决心去开展工作，带领全体干警不断创造新业绩，开拓新局面。要怀着对党和国家的无限忠诚、对检察事业的不懈追求、对人民群众的深厚感情去做工作。

2. 要更加注重学习和调查研究。要适应形势变化，应对时代挑战，推进湖北检察工作科学发展，就必须始终注重加强学习调研。要深入学习党的十七大精神，用马克思主义中国化的最新成果武装头脑；要全面学习政治、经济、法律、管理和科技等各方面知识，拓宽知识视野，优化知识结构，提高工作本领；要坚持学以致用，把学习的成果转化为谋划工作的思路和推进工作的措施。要大兴调查研究之风，深入基层、深入实际、深入一线、深入群众，详实而全面地掌握情况；要把调查研究作为一种重要的工作方法，通过有计划、有步骤地开展调研，使各项决策、工作措施更具有针对性和有效性；要通过深入调查研究，找准人民群众对检察工作的新要求、新期待，不断加强和改进检察工作。

3. 要切实加强对工作的统一领导和贯彻实施。要按照检察工作统一性、整体性的要求，按照一体化的思维和一体化的方法推进检察工作，加强统筹安排和总体把握，实行统一组织和系统推进，确保各项工作落实。凡是省院党组研究确定的工作部署，要坚持把全省检察机关的意志、智慧与力量凝聚起来，心往一处想，劲往一处使，集中精力抓好落实；省院和市州分院要做好表率，加强指导，做到带头执行、严格执行和模范执行；要明确目标，强化措施，抓好细节，将责任分解到人、任务落实到人，确保各项工作任务切实落到实处，取得实效。

4. 要认真解决工作中的重点难点问题。当前，影响检察工作科学发展的问题和困难很多，如果事无巨细，必定事倍功半。只有抓住重点，才能带动一般工作；只有破解难点，才能不断向前推进。要结合本地区检察工作的实际情况，切实找准执法办案、加强监督、队伍建设、检察改革、检务保障以及信息化建设等工作中的重点难点；要突出重点，抓住关键，找准推动工作的重点问题和存在的薄弱环节，确定有针对性、操作性、可行性的工作措施；要理清工作思路，确定主攻方向，及时总结成功的经验，及时解决出现的问题，用改革的办法和创新的举措，加快突破这些重点难点问题的步伐，更加有效地推动工作发展。

5. 要自觉接受党委领导、人大监督，主动争取社会各界和人民群众支持。要始终坚持党对检察工作的绝对领导，增强党性观念，及时向党委报告重大工作部署、重要改革措施和重要工作事项，认真落实党内要案请示制度。认真贯彻执行《监督法》，进一步强化接受监督的意识，积极主动地向人大及其常委会报告工作，坚决执行人大及其常委会的决议，认真负责地办理人大交办事项，按照高检院的要求做好全国“两会”前人大代表联络工作。对于省院印发的《全省“两会”分组审议讨论省检察院工作报告的意见》，各地各部门要认真对照检查，落实整改，推进工作。进一步深化检务公开，拓宽监督渠道，自觉接受政协、社会各界和新闻舆论监督，不断争取各级政府及职能部门对检察工作的支持配合，增进人民群众对检察机关和检察工作的了解与认同，认真听取各方面的批评、意见和建议，不断加强和改进检察工作。

我们正站在新的历史起点上，肩负着光荣而神圣的使命。让我们高举中国特色社会主义伟大旗帜，深入贯彻落实科学发展观，全面履行法律监督职能，努力开创全省检察工作新局面！

4 法律监督工作要实现“三个维护”的目标和“三个促进”的基本要求*

一、法律监督工作要实现“三个维护”的目标

检察机关是国家法律监督机关，检察机关的根本职责是法律监督。我们必须牢牢把握检察机关的性质和职责，紧紧抓住法律监督这个本质来开展检察工作，充分履行宪法和法律赋予的法律监督职能，切实担负起在推进中国特色社会主义事业中的重大责任和光荣使命。在新的历史时期，强化法律监督要努力实现以下三个方面的目标要求：

（一）维护社会主义法制统一、尊严、权威

宪法确定我国实行依法治国的基本方略，明确规定“国家维护社会主义法制的统一和尊严”。党的十七大深刻指出：“加强宪法和法律实施，坚持公民在法律面前一律平等，维护社会公平正义，维护社会主义法制的统一、尊严、权威。”检察机关是宪法确定的“国家的法律监督机关”，在贯彻依法治国基本方略中肩负着重要使命，发挥着其他机关不可替代的作用。因此，我们必须坚持检察机关的宪法定位和本质属性，通过强化法律监督保障宪法和法律实施，维护社会主义法制的统一、尊严、权威。要依法打击各类犯罪活动，坚决同严重破坏社会主义法制的犯罪行为作斗争；强化监督意识，加大监督力度，依法监督纠正有法不依、执法不严、执法违法、司法不公等问题，坚决维护国家法律的统一正确实施；加强对检察人

---

* 2008 年 7 月 2 日敬大力同志在湖北省人民检察院党组中心组学习时的发言节录。

员的教育和监督，坚持严格公正执法，树立法律监督权威和良好的执法形象，以实际行动维护社会主义法制的统一、尊严、权威。

（二）维护社会和谐稳定

党的十七大对加快推进以改善民生为重点的社会建设作出了全面部署，强调要维护社会稳定、促进社会和谐。发展是硬道理，是第一要务；稳定是硬任务，是第一责任。要深化对构建社会主义和谐社会的认识，更加自觉、更加主动地做好维护社会公平正义、促进社会和谐稳定的各项工作。检察机关作为人民民主专政的国家机器的重要组成部分，维护社会和谐稳定既是职责所在，也是使命所然。在新的历史时期，我们必须切实增强政权意识、大局意识、忧患意识和责任意识，依法严厉打击境内外敌对势力的颠覆破坏活动和各类严重刑事犯罪活动，保障国家安全和社会稳定；坚持把维护人民权益作为工作的根本出发点和落脚点，更加注重保障和改善民生，促进解决人民群众最关心、最直接、最现实的利益问题，努力从根本上维护社会和谐稳定；树立和谐执法的理念，认真贯彻宽严相济的刑事政策，坚持以化解社会矛盾为主线，依法妥善处理群众的诉求，努力提高群众工作能力，最大限度地增加社会和谐因素。

（三）维护社会公平正义

党的十七大报告深刻指出："实现社会公平正义是中国共产党人的一贯主张，是发展中国特色社会主义的重大任务"；"加强宪法和法律实施，坚持公民在法律面前一律平等，维护社会公平正义……"没有社会公平正义，就没有社会和谐；没有公正执法，就难以维护社会稳定。必须把维护社会公平正义作为政法工作的生命线。必须看到，检察机关的各项检察职能都与社会公平正义有着紧密的联系，检察机关在维护社会公平正义方面应有更大作为。我们要坚持把维护社会公平正义作为检察工作的生命线和检察工作的首要价值追求，努力做国家法律的捍卫者、社会公平正义的守护者。工作中，要坚持法律面前人人平等，平等保护公民的法律权利和诉讼参与人的诉讼权利，平等维护各类市场主体的发展权利，重视维护弱势群体合法权益，使人民群众享受法律的公正；认真贯彻以事实为根据、以法律为准绳的法律原则，严把证据关和法律关，坚持从实体、程序、时效上体现公平正义；切实加强对刑事诉讼、民事审判、行政诉讼和刑罚执行活动的法律监督，坚决查办司法领域腐败犯罪案件，有力促进公正司法，为维护社会公平正义提供重要保障。

以上“三个维护”集中体现着检察机关的本质属性和职能作用，集中体现着党的十七大精神和各项重大决策部署对检察工作的要求。“三个维护”之间既紧密联系、有机统一，又各有侧重、不可偏废。

二、法律监督工作要实现“三个促进”的基本要求

要准确把握新时期检察工作面临的新形势新任务，不断深化对检察工作客观规律的认识，切实按照党的十七大的部署全面加强和改进检察工作。

（一）着力促进检察工作科学发展

科学发展观是我国经济社会发展的重要指导方针，是发展中国特色社会主义必须坚持和贯彻的重大战略思想。政法事业是中国特色社会主义事业的重要组成部分，必须随着中国特色社会主义事业的发展而发展。新时期我们必须更加重视和有力促进检察工作的科学发展，只有重视和促进检察工作科学发展，才能更有效地服务经济社会科学发展。要按照科学发展观的要求，积极探索检察工作科学发展的新路子。工作中，应当做到“五个坚持”：

1. 坚持把服务大局作为开展检察工作的根本指导思想，发挥检察职能服务科学发展。对这个问题我刚才已经谈到了，这里不再多讲。全省检察机关要继续认真贯彻“服务大局二十条”，进一步紧贴大局开展检察工作，改进服务的方式方法，提高服务的水平与实效。

2. 坚持在工作思路上体现科学发展观要求。坚持解放思想，更新观念，以科学发展观为指针确立和调整检察工作发展思路。确立工作思路，一要合法律，不能超出法律去搞新花样；二要合规律，按照检察工作规律办事；三要合大局，坚持把检察工作置于党和国

家工作大局之中进行思考和谋划；四要合人心，符合人民群众对检察工作的新要求、新期待；五要合理念，符合社会主义法治理念和检察职业特有信念；六要合时务，准确把握必要性和可行性、应然性和实然性的关系。工作思路合法律、合规律、合大局、合人心、合理念、合时务，才能更好地指导和推动检察事业前进发展。

3. 坚持“三个硬道理”，促进检察工作自身科学发展。检察工作落实科学发展观，必须首先树立“发展是第一要务”的观念；发展是前提，是基础。在全部检察工作中，检察事业发展是硬道理，执法办案和加强法律监督是硬道理，业务工作平稳健康发展是硬道理。要坚持检察机关的宪法定位，正确把握检察机关的性质和职能，不断深化对检察工作规律的认识，始终坚持以业务工作为中心。一方面，要始终坚持把执法、办案、监督工作作为检察工作的中心。检察业务工作发展是整个检察事业发展的关键与基础，有为才有位，有位才能更加有为。就检察机关而言，发展就是要执法、办案、监督，发展也要体现在执法、办案、监督所取得的进展与成效上。另一方面，要始终坚持把是否有利于促进检察业务工作发展作为检验其他工作成效的一个重要标准。检察队伍建设、检察改革、检务保障、科技强检等各项工作都要围绕业务工作这个中心，都要服务于业务工作这个中心，都要坚持把是否有利于促进检察业务工作发展作为谋划全局、部署工作的指导原则，作为检验工作成效、查找薄弱环节的重要标准。

4. 坚持推动检察工作全面协调可持续发展。坚持统筹兼顾的根本方法，在树立正确执法理念、推进业务工作、加强队伍建设、推进改革创新、加强基层基础工作等方面做到“五个并重”，注意用全局的观点、系统的方法考虑和解决具体问题，推动全省检察工作全面协调发展；既认真解决影响发展的现实问题，又坚持抓基层、打基础、利长远，努力实现检察工作持续深入发展；大力推进改革创新，加快突破长期影响和制约检察工作的体制性、机制性、保障性障碍，努力推动检察工作的创新发展。

5. 坚持执法办案工作的平稳健康发展。坚持综合考评执法办案，狠抓薄弱环节，全面推进工作。对执法办案的数量、质量、效率、效果以及办案规范化等多项指标实行全面、综合和科学考评，树立正确的工作导向，推动执法办案工作平稳健康发展。

（二）促进检察机关法律监督能力的提高

提高法律监督能力，是加强党的执政能力建设在检察机关的具体化，是检察工作适应新形势新任务的要求、适应党和人民期望的迫切需要。必须把提高法律监督能力作为一项事关检察工作全局的战略任务、紧迫任务来抓。工作中，要坚持从六个方面入手：

1. 高度重视检察队伍建设。队伍建设是做好一切检察工作的根本和保障。提高检察机关法律监督能力，最终要靠队伍的思想政治素质和业务工作能力的提高。要坚持把检察队伍建设作为永恒主题，常抓不懈。当前，我们要认真贯彻省院《关于加强检察队伍建设若干问题的决定》，积极推进检察队伍思想政治建设、领导班子建设、作风纪律建设、素质能力建设、队伍管理机制建设和检察文化建设“六项工程”，促进队伍整体素质和法律监督能力的提高。要着力解决队伍建设与业务工作相关联的突出问题，在抓队伍中考虑抓业务，在抓业务中考虑抓队伍，努力实现队伍建设与业务工作、检察改革、规范化建设等各项工作相互促进，共同发展。要突出抓好全员培训，切实做到“一个也不能少”。

2. 高度重视检察工作机制创新。推进检察体制和工作机制的改革创新，是提高法律监督能力的重要途径。应当按照党的十七大关于深化司法体制改革的要求，不断深化检察改革。要增强改革创新意识，发挥主动性、创造性，积极推进检察工作机制创新。坚持在现行政治体制和法律框架内，在工作机制层面积极改革创新，使已有的制度、规定能够更加充分发挥作用。近年来，我们在机制创新上作了有益尝试，提出了建立检察工作一体化机制、建立法律监督调查等监督工作机制、健全完善执法办案的科学考评和绩效管理机制、健全初查工作机制、检察科技管理机制等工作机制创新，对促进法律监督能力的提高起到了明显作用，也得到了高检院、省委的充分肯定。要进一步总结改革经验，完善配套制度，推动这些机制创新不断深化，取得更大的进展和更为明显的成效。

3. 高度重视科技强检工作。必须把实施科技强检摆在优先发展的战略地位，把科技强检作为提高法律监督能力的重要途径。全省检察机关要认真开展以“强办案、强监督、强管理”为主要内容的“科技强检”活动，重点加强科学规划、基础设施与装备建设、检察科技应用、检察科技管理、技术人才队伍建设、全员科技素质培训等工作，努力把先进的科学技术转化为现实战斗力，提高法律监督水平，增强法律监督效能。

4. 高度重视检务保障工作。检务保障不到位，就难以做到严格公正执法，法律监督工作的水平就不会高。要积极争取各级党委、人大、政府的重视与支持，不断加强检务保障工作，特别是要认真抓好基层院公用经费保障标准的落实，努力推动建立检察经费保障标准逐年递增的保障机制，实现检察经费稳定增长。

5. 高度重视改善执法环境。好的执法环境，能为检察机关开展法律监督工作创造良好的外部条件。要把改善执法环境，作为提高法律监督能力的重要举措。我们要坚持重要事项、重要活动、重要情况、重要案件向党委、上级检察院和人大报告，争取领导和支持。注意树立好的执法形象，注意执法办案的政策界限和方式方法，加强同有关部门包括发案单位的沟通协调，听取有关方面的意见和建议，争取社会各界的理解和支持。应善于排除干扰阻力，包括建立相应工作机制保证执法办案顺利进行。

6. 高度重视做好群众工作。要坚持把人民群众是否满意，是否满足人民群众的新要求新期待，是否促进解决人民最关心最直接最现实的利益问题作为检验检察工作成效的一个重要标准。检察工作是一项面向社会、面向群众的工作，要毫不动摇地坚持专门机关工作与群众路线相结合这一政法工作的重要原则。在检察工作中坚持群众路线，我们一方面要“为了群众”，各项检察工作都要坚持以人为本，坚持执法为民，注重发挥检察职能保障和促进民生，坚持把维护好人民权益作为根本出发点和落脚点。另一方面要“依靠群众”，无论是执法办案、法律监督都要最广泛地发动群众、相信群众、依靠群众，特别是举报、控申、预防等窗口部门更要这样；各个部门、各项工作都不能脱离群众，更不能把群众当阿斗，把自己当诸葛亮。检察工作坚持走群众路线，除了加强面对面的群众工作以外，还必须特别注意两个问题：一是做好发案单位工作的问题。在执法办案过程中，要正确处理好法律与政策的关系，注意加强与有关单位包括发案单位的联系与沟通，争取发案单位的理解与支持，注意区分个人犯罪与单位犯罪的界限，不能因个别人的犯罪而影响整个单位的利益。二是充分注重网络民意的问题。注意通过互联网多做联系群众、服务群众、引导群众的工作，防止网上发生混淆视听、恶意炒作等严重影响我省检察机关形象的事件发生。

（三）促进检察机关公正、规范执法水平的提高

公正、规范、文明执法是执法公信力的根本。做到严格、公正、文明执法，是党的十七大对政法工作和政法队伍提出的明确要求。近年来，通过持续深入地开展规范执法行为活动，执法思想进一步端正，执法行为进一步规范，执法形象进一步提升。但是执法不规范的问题依然存在，最突出仍然表现在受利益驱动违法违规办案、不文明办案、办案安全隐患等三个方面。要提高检察机关公正、规范执法水平，必须采取有力措施进行有效治理，切实解决这些执法活动中的“顽症”。要坚持在以下两个方面下功夫：

一方面，要坚持“两长一本”：（1）坚持长期治理。目前还没有任何灵丹妙药能够把执法不规范问题根治住，我们在思想上必须始终紧绷“长期治理”这根弦。对出现的问题发现一起严肃查处一起，做到态度坚决、法纪严明。（2）建立长效机制。要坚持把长效机制建设作为执法规范化建设的一项重要任务，注重发挥机制的基础性、根本性和长远性作用。狠抓现有制度规范的贯彻落实，针对容易发生问题的重点岗位、重点环节和重点部位，进一步完善执法岗位责任机制、执法质量保障机制、执法责任追究机制。（3）落实治本措施。从执法理念上，要加强社会主义法治理念教育，用端正、统一、更新执法理念的实际成果来统一全体干警思想，保证检察工作的正确方向。从检务保障上，要研究出台一些硬性规定，落实中

央加强“两院”工作决定的一系列政策措施，不断提高检察机关保障水平，消除执法不公的深层诱因，切实防止受利益驱动违法违规办案。

另一方面，要健全完善对检察机关自身执法活动的监督制约机制。主要是进一步完善检察机关外部监督制约机制、加强检察机关各业务部门之间的内部制约、加强检察机关专门监督机构对执法办案的监督制约、加强上级检察院对下级检察院的领导与指导、加强业务部门执法办案中的自身监督。通过健全和完善这一监督制约机制，将检察机关的执法活动纳入全方位监督之中，逐步构建检察机关自身执法活动监督制约的完整体系，促进检察机关提高公正、规范执法的水平。

5 做到“三个硬道理”和“五个并重”，促进检察工作科学发展*

科学发展观是新时期党和国家各项事业发展的重要指导方针，是做好检察工作必须坚持和贯彻的重大战略思想。检察机关要深刻领会、准确把握科学发展观的科学内涵和精神实质，切实增强贯彻落实科学发展观的自觉性和坚定性，不断深化对检察工作发展规律的认识，着力转变不符合科学发展观要求的思想观念，着力解决影响和制约检察工作科学发展的突出问题，真正把科学发展观的要求贯彻落实到检察工作的各个方面，努力促进检察工作的科学发展。

一、坚持以科学发展观统领检察工作，实现总体工作思路与时俱进

检察机关贯彻落实科学发展观，必须深刻领会、准确把握科学发展观的内涵，坚持在检察工作中深入贯彻其基本要求，不断提高运用科学发展观分析研究问题、推动检察工作科学发展的能力。要不断解放思想，更新观念，努力实现工作思路、工作举措与时俱进，在执法指导思想、总体工作思路和基本工作原则等根本问题上切实体现科学发展观要求，以科学发展观为指针确立和调整检察工作发展思路，使其合法律、合规律、合大局、合人心、合时务、合自身，更好地指导和推动检察事业前进发展。近年来，湖北检察机关高度重视并始终坚持科学发展观在检察工作中的指导地位，既坚决贯彻中央、高检院和省委贯彻落实科学发展观的统一部署，又紧密结合

---

* 《检察日报》2008 年 7 月 9 日刊载敬大力同志文章。

湖北检察实际制定科学发展思路；既注重保持工作思路的连续性，又紧跟时代步伐实现工作思路的与时俱进。2006 年省院党组研究确立了“以科学发展观为统领，按照构建社会主义和谐社会的要求坚持和改进检察工作”的总体思路，有效确保了检察工作的正确方向，引领了广大检察人员的思想与行动。

党的十七大召开后，湖北检察机关根据党的十七大精神和全国检察长会议部署，适应新形势新任务，提出当前和今后一个时期总的工作思路是：全面贯彻党的十七大精神，高举中国特色社会主义伟大旗帜，坚持以邓小平理论和“三个代表”重要思想为指导，深入贯彻落实科学发展观，按照党的十七大的部署全面加强和改进各项检察工作，加强自身建设，进一步强化法律监督职能，维护社会主义法制的统一、尊严、权威，维护社会和谐稳定和公平正义，为全省经济社会又好又快发展创造和谐稳定的社会环境、便捷高效的发展环境、公平公正的法治环境。为落实好这一总体思路，我们进一步提出要在检察工作中坚持“高举旗帜、科学发展、服务大局、解放思想、与时俱进”等五个方面的重要原则。“高举旗帜”就是要高举中国特色社会主义伟大旗帜，始终坚持中国特色社会主义道路和中国特色社会主义理论体系，牢固树立社会主义法治理念，努力推动中国特色社会主义检察制度的发展与完善，始终保持检察工作的正确政治方向；“科学发展”就是要深入贯彻落实科学发展观，切实增强发展意识，既积极服务和保障经济社会发展，又努力推动检察工作自身的科学发展；“服务大局”就是充分发挥检察职能作用，积极服务党和国家工作大局、服务省委确定的中心工作，不断提高服务水平和实效；“解放思想”就是要适应不断发展变化的新形势，更新执法理念，不断深化改革，破除执法办案中的陈规陋习，克服思想僵化，以思想的大解放推动检察事业的大发展；“与时俱进”就是要坚持在指导思想和工作措施上与时俱进，努力开创检察工作新局面。

二、坚持把服务大局作为开展检察工作的根本指导思想

检察工作是党和国家工作的重要组成部分，在推进中国特色社会主义伟大事业的历史进程中，检察机关既是重要的建设力量，也是重要的保障力量。检察机关贯彻落实科学发展观，必然要求把检察工作置于党和国家工作大局中谋划和思考，必然要求充分履行法律监督职能服务经济社会发展大局，必然要求以服务大局的成效作为衡量检察工作成效的重要标准。近年来，湖北检察机关始终坚持把服务大局作为开展检察工作的一条根本指导思想，发挥检察职能积极服务经济社会发展。立足检察职能积极探索服务大局的正确途径和有效措施，紧紧围绕实施中部崛起战略、推进和谐湖北与法治湖北建设、社会主义新农村建设、武汉城市圈“两型社会”建设、保障和改善民生等重大决策部署开展检察工作，取得了良好成效。在广泛征求意见的基础上，湖北省院制定实施湖北省人民检察院《关于充分发挥检察职能为改革发展稳定大局服务的意见》（以下简称《意见》），明确了发挥检察职能服务大局的工作原则、执法政策和具体措施。全省检察机关认真落实《意见》要求，自觉把检察工作置于大局之中思考和谋划，结合本地实际找准服务大局的切入点和着力点，有针对性地强化工作措施，综合运用打击、保护、监督、预防等检察职能，保障改革，服务发展，维护稳定，促进和谐，提高了服务大局的水平与实效。

三、坚持“三个硬道理”，促进检察工作自身科学发展

科学发展观的第一要义是发展。检察机关贯彻落实科学发展观，必须在积极服务经济社会发展的同时，努力促进检察工作的自身科学发展。就检察工作而言，检察事业发展是硬道理，执法办案和加强法律监督是硬道理，业务工作平稳健康发展是硬道理。检察工作不能停滞不前，不能等待观望，不能错失发展良机。我们一定要高度重视检察工作的自身发展，否则，服务经济社会发展就无从谈起。要坚持检察机关的宪法定位，正确把握检察机关的性质和职能，不

断深化对检察工作规律的认识，始终坚持以业务工作为中心。一方面，要始终坚持把执法、办案、监督工作作为检察工作的中心。检察业务工作发展是整个检察事业发展的关键与基础，有为才有位，有位才能更加有为。就检察机关而言，发展就是要执法、办案、监督，发展也要体现在执法、办案、监督所取得的进展与成效上。在任何时候，都应当坚持以业务工作为中心，努力保持执法办案工作平稳健康发展。另一方面，要始终坚持把是否有利于促进检察业务工作发展作为检验其他工作成效的一个重要检验标准。检察队伍建设、检察改革、检务保障、科技强检等各项工作都要围绕业务工作这个中心，都要服务于业务工作这个中心，都要坚持把是否有利于促进检察业务工作发展作为谋划全局、部署工作的指导原则，作为检验工作成效、查找薄弱环节的重要标准。

四、坚持“五个并重”，推动检察工作全面协调可持续发展

检察机关贯彻落实科学发展观，必须增强科学发展意识，将科学的思想、科学的方法运用到、落实到检察工作中，在树立正确执法理念、推进业务工作、加强队伍建设、推进改革创新、加强基层基础工作等方面做到“五个并重”，不断推动检察工作自身科学发展。近年来，我们按照科学发展观的要求，不断探索检察工作科学发展的新路子。一是努力推动检察工作全面协调发展。坚持把统筹兼顾作为推动检察工作的根本方法，统筹做好执法理念、检察业务、检察改革、检察队伍、基层基础等各方面工作，做到既坚持统筹兼顾、多管齐下、多措并举，又善于用全局的观点、系统的方法考虑和解决具体问题，推动整个检察工作全面协调发展。二是努力推动执法办案工作平稳健康发展。认真落实科学发展观的要求，在检察工作中坚持以业务工作为中心，对执法办案的数量、质量、效率、效果以及办案规范化等多项指标实行全面、综合和科学考评，先后制定了反贪污贿赂、反渎职侵权、刑事抗诉等业务工作考评办法，树立正确导向，狠抓薄弱环节，全面推进工作，推动了执法办案工

作平稳健康发展。三是努力推动检察工作持续深入发展。注重正确处理当前发展与后续发展的关系，既着力解决影响发展的现实问题，确保检察工作的当前发展，又着力研究落实带战略性、根本性的措施，注重解决制约检察工作长远发展的深层次问题，坚持抓基层、打基础、利长远，不断加强基础工作、提高基本素质、落实基本保障、增强基层实力，推动检察工作持续深入发展。四是努力推动检察工作创新发展。改革创新是检察事业始终保持旺盛生命力的源泉，是推动检察工作科学发展的强大动力。检察机关要坚持把改革创新的时代精神贯彻到工作各个方面，大力推进观念创新、理论创新、体制创新、机制创新和工作创新。通过改革创新，加快突破长期影响和制约检察工作的体制性障碍、机制性束缚和保障性困扰，切实破解发展难题、增强发展能力。

6 扎实开展深入学习实践科学发展观活动*

今天，我们召开省院机关全体党员干部大会，就开展深入学习实践科学发展观活动进行动员和部署。中央决定，从今年9月开始，用一年半左右的时间，在全党分批开展深入学习实践科学发展观活动。9月25日至28日，省委专门召开动员大会暨专题研讨班，对全省开展学习实践活动进行动员部署，对第一批学习实践活动作出具体安排。省检察院作为第一批单位，自今年9月开始到明年2月底基本完成。

一、统一思想，把握要求，认真开展好学习实践活动

开展深入学习实践科学发展观活动，是党的十七大作出的战略决策，是党中央作出的重大部署。省委按照中央的部署，结合湖北实际，下发了《关于全省开展深入学习实践科学发展观活动的实施意见》、《关于全省第一批开展深入学习实践科学发展观活动的实施方案》，对开展学习实践活动的指导思想、目标要求、主要原则、方法步骤和组织领导等作出了明确规定。我们要迅速把思想和行动统一到中央、省委的部署上来，落实省院实施方案，认真开展好学习实践活动。

（一）深刻认识开展学习实践科学发展观活动的重大意义，切实增强开展学习实践活动的责任感和紧迫感

科学发展观是党中央对党的三代中央领导集体关于发展的重要

---

* 2008年10月10日敬大力同志在湖北省人民检察院深入学习实践科学发展观活动动员大会上的讲话。

思想的继承和发展，是马克思主义关于发展的世界观和方法论的集中体现，是我国经济社会发展的重要指导方针，是发展中国特色社会主义必须坚持和贯彻的重大战略思想。深入学习实践科学发展观，是在深刻变化的国际环境中推动我国发展的迫切需要，是落实实现全面建设小康社会奋斗目标新要求的迫切需要，是以改革创新精神全面推进党的建设新的伟大工程的迫切需要。对此，省院机关全体党员干部要认真学习，深刻领会。我们应当深刻认识到，检察工作是党和国家工作的重要组成部分，检察机关是中国特色社会主义事业的建设者和捍卫者，必须坚定不移地以科学发展观这一党的最新理论成果武装头脑、指导实践，才能使检察工作更加符合党和国家工作大局的要求，才能推进检察工作的自身科学发展，才能为经济社会发展提供有力的法治保障。省院机关要通过开展好学习实践活动，不断加深对科学发展观的理解和把握，真正把科学发展观转化为推动检察工作科学发展的坚强意志，谋划检察工作科学发展的正确思路，领导检察工作科学发展的实际能力，促进检察工作科学发展的有力措施。省院机关要通过开展好学习实践活动，为全省检察机关开展学习实践活动发挥示范和导向作用，带领全省检察机关更加自觉地用科学发展观武装头脑、谋划发展、解决问题、推动工作。因此，开展学习实践活动是摆在我们面前的一项重大政治任务，省院机关全体党员干部要切实增强责任感和紧迫感，积极投身到学习实践活动中来。

（二）牢牢把握学习实践活动的指导思想，确保整个活动的正确方向

中央、省委对这次活动的指导思想规定得非常明确。概括起来讲，就是要“高举一面旗帜、突出一个主题、围绕一个总要求、明确三个着力点”。“高举一面旗帜”，就是要全面贯彻党的十七大精神，高举中国特色社会主义伟大旗帜，以邓小平理论和“三个代表”重要思想为指导，深入学习实践科学发展观。“突出一个主题”，就是要自始至终突出科学发展这个主题。“围绕一个总要求”，就是要通过学习实践活动，达到党员干部受教育、科学发展上水平、人

民群众得实惠的目的。“明确三个着力点”，就是要着力转变检察机关不适应、不符合科学发展要求的思想观念，着力解决影响和制约检察工作科学发展的突出问题以及党员干部党性党风党纪方面和检察队伍执法行为作风方面群众反映强烈的突出问题，着力构建有利于检察工作科学发展的体制机制，推动检察工作进一步走上科学发展的轨道。

（三）紧紧围绕学习实践活动的目标要求，确保整个活动取得实效

中央、省委对这次学习实践活动提出了“提高思想认识、解决突出问题、创新体制机制、促进科学发展”的四项目标要求。省院机关的学习实践活动，一定要在务求实效上下功夫、见成效。一是在提高思想认识上有新收获。主要是努力实现“三个进一步”，即进一步提高对科学发展观科学内涵、精神实质的认识；进一步提高对检察机关发挥职能作用服务经济社会科学发展的认识；进一步提高对促进检察工作自身科学发展的认识。二是在解决突出问题上有新成效。紧密联系思想实际、工作实际和发展实际，切实解决影响和制约检察工作科学发展的突出问题，使思想和行动更加符合党的思想路线，更加符合经济社会发展需要，更加符合检察工作发展规律。三是在创新体制机制上有新突破。坚持以科学的体制机制来保障检察工作的科学发展，进一步深化检察改革，创新工作机制，努力解决在体制机制方面存在的深层次矛盾和问题。四是在促进科学发展上有新举措。制定完善检察工作服务经济社会发展、推进自身科学发展的思路和政策措施，提高领导检察工作、强化法律监督、服务和促进科学发展的实际能力。

（四）始终贯彻学习实践活动的主要原则，确保整个活动健康有序推进

牢牢把握“坚持解放思想、突出实践特色、贯彻群众路线、正面教育为主”的原则。要用科学发展观指导解放思想，努力在执法思想观念、检察工作理念上实现新的转变，在新的起点实现新的思

想解放和思想统一，使检察工作更加符合科学发展观的要求。要紧紧围绕“坚持科学发展，强化法律监督，维护公平正义，促进社会和谐”这个实践载体，把开展学习实践活动与做好各项检察工作紧密结合起来，做到查找差距从实践入手、制定措施以实践为基础、解决问题用实践来推动、检验成效以实践作标准。要把群众路线贯穿学习实践活动始终，认真听取人民群众对检察工作的意见和建议，主动接受群众评议，把人民群众满意作为评价活动成效的重要依据。要坚持正面教育为主，注重自我教育、自我提高，查找剖析问题既要严格要求，又不能随意“扣帽子”，以保护党员干部的工作热情和积极性，增强党员干部贯彻落实科学发展观的主动性和创造性。

（五）严格遵循学习实践活动的方法步骤，确保整个活动扎实有效推进

这次学习实践活动按照学习调研、分析检查、整改落实三个阶段展开，必须按照省院实施方案确定的方法步骤，科学安排、精心谋划、扎实推进。要注意到，这次活动时间紧、任务重、要求高，而且各阶段、各环节密切相关、环环相扣，上一个环节的工作没有做好，就会影响下一个环节。这里我强调，省院机关和各内设机构要严格按照实施方案确定的方法步骤开展活动，一个步骤不能少，一个环节不能省，一个标准不能降。要把握进度，各项工作都要根据实施方案的部署，尽可能做到早安排、早落实，确保机关的学习实践活动按时整体推进。要讲求工作质量，坚持把工作质量放在首位，坚持进度服从质量，对每一个环节和过程都要严格把关。要突出重点，既要做到全体党员干部参与、普遍受教育，又要突出领导班子和领导干部这个重点，着力解决领导班子的问题，着力提高领导干部的素质。

二、深入学习实践科学发展观，努力推动检察工作科学发展

近年来，我省检察机关认真学习实践科学发展观，不断完善落实科学发展观的思路和措施，努力加强和改进检察工作，有力推动

了检察工作的发展进步。但我们必须认识到，检察机关对科学发展观的学习贯彻还有待深入；坚持以科学发展观统领检察工作、按照党的十七大的部署全面加强和改进检察工作，仍然是我们面临的一项重大课题和重要任务。要以开展这次学习实践活动为契机，以学习推动实践，以实践促进学习，不断增强贯彻落实科学发展观的自觉性和坚定性，努力推动检察工作的科学发展。

（一）牢固树立大局观念，充分发挥检察职能服务经济社会科学发展

检察机关学习实践科学发展观，必须坚持把服务大局作为开展检察工作的根本指导思想，把促进经济社会发展作为检察工作发展的目的和归宿。检察工作如果不能按照大局的要求来谋划、来推动，就不能把握正确发展方向，就不能符合党和人民的要求，就不能正确有效地发挥职能作用，也就谈不上检察工作的科学发展。坚持检察工作服务大局，才能在服务经济社会发展中实现检察工作自身的科学发展。我们必须牢固树立大局观念，自觉服从、服务于大局，立足于中国特色社会主义政治建设、经济建设、文化建设、社会建设的总体布局，找准服务的切入点、结合点和着力点，正确履行宪法和法律赋予的法律监督职责，为经济社会又好又快发展创造良好的社会环境和法治环境。要继续认真贯彻省院制定的“服务大局二十条”，进一步紧贴大局开展检察工作，改进服务的方式方法，提高服务的水平与实效。

（二）切实增强发展意识，更加注重检察工作自身的科学发展

科学发展观的第一要义是发展。新世纪新阶段，我国正处于重要战略机遇期，经济社会在全面发展，检察工作的发展也面临着难得的历史机遇和广泛的发展空间。检察工作不能停滞不前，不能等待观望，不能错失发展良机。我们要深入学习实践科学发展观，就必须切实增强发展意识，高度重视检察工作的自身发展。省院党组提出，在全部检察工作中，检察事业发展是硬道理，执法办案和加

强法律监督是硬道理，业务工作平稳健康发展是硬道理。就检察机关而言，发展就是要执法、办案、监督，发展也要体现在执法、办案、监督所取得的进展与成效上。

（三）理顺工作思路，指导和推动检察工作科学发展

确立明确、科学、系统、清晰的工作思路，是推动检察工作科学发展的重要前提。检察机关贯彻落实科学发展观，必须以科学发展观为指针确立和调整检察工作思路，使其合法律、合规律、合大局、合人心、合理念、合时务。党的十七大召开后，我们适应新形势新任务要求，提出了“深入贯彻落实科学发展观，按照党的十七大的部署全面加强和改进各项检察工作”的总的工作要求，确立了“高举旗帜、科学发展、服务大局、解放思想、与时俱进”等五个方面的重要原则。通过“大学习大讨论活动”，我们不断深化对科学发展观的理解与把握，根据中央、高检院的重要指示精神，进一步明确提出要把维护社会主义法制的统一尊严权威、维护社会和谐稳定、维护社会公平正义作为新时期法律监督工作的根本目标，把促进检察工作科学发展、促进检察机关法律监督能力的提高、促进检察机关公正规范文明执法水平的提高作为加强和改进检察工作的基本要求。这些工作思路符合党的十七大精神和中央各项重大决策部署，符合检察机关本质属性和职能定位，符合检察工作发展规律和发展趋势，对于推动全省检察工作科学发展具有重要指导意义，省院机关和机关党员干部要带头贯彻落实。在学习实践活动中，我们要坚持以科学发展观为指导，进一步解放思想，更新观念，在工作思路上要不断充实和发展，不断赋予新的时代内涵，更好地指导和推动检察工作科学发展。

（四）坚持统筹兼顾，推动检察工作全面协调可持续发展

统筹兼顾是科学发展观的根本方法，全面协调可持续是科学发展观的基本要求。检察机关贯彻落实科学发展观，要坚持运用统筹兼顾的根本方法，在树立正确执法理念、推进业务工作、加强队伍建设、推进改革创新、加强基层基础工作等方面做到“五个并重”，做到既坚持统筹兼顾，多管齐下，多措并举，又善于用全局的观点、

系统的方法考虑和解决具体问题，推动检察工作全面协调发展。

三、紧密联系实际，着力查找和解决影响、制约检察工作科学发展的突出问题

这次学习实践活动，要充分体现实践特色，解决突出问题是突出实践特色的关键。当前，我省检察工作中还存在不少与科学发展观的要求不适应、不符合、不协调的突出问题，需要我们大力解决。省院机关开展学习实践活动，一定要在解决突出问题上取得新的进展、新的成效、新的突破。

（一）不断统一、端正执法指导思想

在少数检察人员仍然存在着执法指导思想不端正、不统一的问题。所以我们必须坚持不懈地抓统一、端正执法指导思想。在学习实践活动中，要按照科学发展观、社会主义法治理念和中央对检察工作提出的新要求，深入查摆整改执法指导思想上存在的问题，进一步统一端正执法指导思想，为检察工作科学发展奠定坚实的思想基础。

（二）努力提高检察工作整体发展水平

近年来我省检察工作取得了较大进步，整体实力得到了提升。但检察工作整体发展水平还不高，主要是：检察业务工作发展不平衡，一些业务工作在全国排位较为靠前，但部分业务工作在全国排名位次不高，有的甚至发展滞后；检察工作区域发展不平衡，地市之间、基层院之间发展水平不一，有的地方工作大起大落，有的地方工作较为被动，导致检察工作整体推进难，检察工作整体水平提高难；检察人员整体素质有待提升，当前队伍的整体素质和法律监督能力尚不能完全适应新形势下法律监督工作的要求，尚不能完全适应检察工作长远发展的要求；基础设施建设水平不高，科技强检、信息化建设总体水平不高，有的地方包括少数市级院“两房”建设任务还未完成，有的地方办公、办案装备落后；等等。检察工作整体发展水平不高，不符合科学发展的要求。这些发展过程中出现的问题，最终要依靠发展来解决。我们要通过此次学习实践活动，增

强发展意识，切实提高领导科学发展的能力与水平，充分调动检察干警的工作积极性和主观能动性，不断提高我省检察工作整体发展水平。

（三）加强和改进法律监督工作

法律监督是检察工作的一个薄弱环节，“法律监督难”的问题长期没有得到有效解决。究其原因，固然有法律规定不完善、法律赋予的监督手段不够、被监督机关不予配合等客观因素，但检察机关自身存在一些亟待改进的问题和不足：少数检察机关和人员监督意识与监督能力不够强；少数检察机关对法律监督工作不重视，法律监督的力量、水平还不能完全适应法定职责和工作任务的要求，工作中存在监督范围窄、监督手段单一、监督措施不到位、监督成效不明显的情况；法律监督工作的机制还健全，监督工作程序、规范还不尽完善；检察机关内部整合不够，影响形成监督合力。检察机关的根本职责是法律监督，法律监督工作薄弱的状况制约着检察工作科学发展。我们要坚持检察机关的宪法定位，真正担负起法律赋予的法律监督职责。要认真解决法律监督工作中存在的突出问题，进一步提高监督意识、加大监督力度、健全监督机制、完善监督方式，不断提高监督水平与监督实效。

（四）全面加强执法办案工作

从总体上来看，我省检察机关反贪、反渎等执法办案工作平稳健康发展。但工作中，有的地方在执法办案中存在畏难情绪，攻坚碰硬的决心不够，导致力度不大、工作被动；有的不能正确处理数量、质量、效果、效率、规范等重大关系；有的不能正确把握执行法律与执行政策的关系，执法办案的方式方法有问题，影响执法办案的法律效果与政治效果、社会效果。必须始终坚持以科学发展观为指导，认真解决执法办案工作存在的这些问题，特别是要正确把握好执法办案的数量、质量、效率、效果、规范的关系，做到全面推进、统筹兼顾，努力保持执法办案工作的平稳健康发展。

（五）健全完善检察工作机制

工作机制不健全、不完善，仍然是制约检察工作科学发展的一个瓶颈问题。近年来，我省检察机关围绕强化法律监督职能和加强对自身执法活动的监督制约，积极推进检察工作一体化机制等七项工作机制建设，取得了明显成效。但必须看到，有的工作机制如检察工作一体化机制、法律监督工作机制的相关配套制度尚未建立起来，影响着机制建设的进一步深化，不利于充分发挥机制的功效；执法办案的科学考评和绩效考核机制不健全，还没有形成完整的考评体系，不能充分发挥引导工作发展、考核工作绩效的作用。创新体制机制，是这次学习实践活动的一项重要目标要求。我们要高度重视推进工作机制建设，努力建立健全促进检察工作科学发展的工作机制。

（六）积极推进执法规范化建设

通过开展“三个专项治理”，我们集中整治了一批执法不规范问题，加强了长效机制建设。但必须看到，有些老问题在“三个专项治理”之后出现反弹，有的新问题显现出来，受利益驱动违法违规办案、不文明办案、办案安全隐患、车辆管理不严的问题仍然存在。深入查摆整改这些问题，是学习实践活动的一项重要内容。要将执法规范化建设作为一项战略任务来抓，检察机关如不自善其身，将自毁形象，失去公信力，对检察事业造成极大的损害。要按照省院“两长一本”的部署，坚持长期治理、健全长效机制、落实治本措施，深入抓好执法规范化建设，不断提高执法公信力，树立良好执法形象。

（七）切实改进工作作风

良好的工作作风，对推动工作发展至关重要。要通过开展学习实践活动，大力弘扬求真务实的工作作风，大力培育良好的机关作风，保持昂扬向上的精神状态，狠抓工作落实，勇于争先创优，不断推动各项检察工作前进发展。

四、加强组织领导，确保学习实践活动取得实实在在的效果

开展深入学习实践科学发展观活动是全党政治生活中的一件大事，省院机关一定要把学习实践活动作为一项重大政治任务抓紧、

抓好、抓出实效。

（一）成立工作机构，落实领导责任

抓好学习实践活动，关键在领导，责任在班子。按照中央、省委和高检院的部署，省院机关的学习实践活动在省委的领导和高检院的指导下开展。为加强对学习实践活动的领导，省院党组决定成立学习实践科学发展观活动领导小组，负责对学习实践活动的具体指导。机关各内设机构主要负责人是本部门学习实践活动的第一责任人，要认真抓好实施方案和各项部署的落实，做到认识到位、组织到位、措施到位、工作到位。机关各级领导班子、领导干部要以身作则，率先垂范，带头深入学习、带头调查研究、带头解放思想、带头查摆问题、带头整改落实，为机关党员干部和全省检察人员做好表率。

（二）加强督促检查，加大落实力度

省院党组对每个阶段和重要环节都要听取汇报作出部署。领导小组办公室安排专人加强对学习实践活动全过程的督促检查，发现问题，及时整改。省院党组对机关党委和各支部，党组织对班子成员，党组织主要负责同志对其他成员，党员领导干部对广大党员，都负有检查督促的重要职责。发现工作不力的，要明确指出，责令纠正；有不足之处的，要帮助弥补；走了过场的，要严肃批评，令其重新进行。同时，要自觉接受省委、高检院对学习实践活动的督促和指导，积极汇报活动进展情况，主动征询省委、高检院对省院机关学习实践活动的意见和要求。对省委检查指导组和高检院提出的指导意见，要予以高度重视，认真对待，坚决贯彻执行。

（三）抓好舆论引导，营造良好氛围

高度重视对省院机关开展学习实践活动的宣传，既要充分发挥荆楚公平正义网、《人民检察（湖北版）》等我省检察宣传媒体的主阵地作用，又要积极争取新闻媒体支持，大力宣传我省开展学习实践活动的新举措、新进展、新成效。要注重发挥网络媒体的互动功能，诚邀社会各界为学习实践活动建言献策，为确保学习实践活动顺利开展并取得实效打造深厚的群众基础。政治部要按照省院实施方案的要求，对宣传报道工作作出具体安排，为学习实践活动营造良好的舆论氛围。

（四）坚持两手抓，实现学习实践活动和检察工作两不误、两促进

要把学习实践活动同推动当前检察工作紧密结合起来，做到统筹兼顾，科学安排。既要防止脱离检察工作孤立地搞学习实践活动，与业务工作形成两张皮；又要防止厌倦抵触情绪，保证有足够的时间和精力投入学习实践活动，真正做到两手抓、两不误、两促进。要把学习实践活动作为推动检察工作的重要机遇和强大动力，真正把学习实践活动的成效体现到解决检察工作突出问题、破解检察工作现实难题、促进检察工作科学发展上来。

7 学习实践科学发展观需要提高认识的三个问题*

我们这次党组中心组学习是省院机关深入开展学习实践科学发展观活动的一项重要内容，学习主题是树立科学发展理念，统一执法指导思想，推动检察工作科学发展。前一阶段，省院党组围绕“以科学发展观统领检察工作，按照党的十七大的部署全面加强和改进各项检察工作”这一重大课题，进行了深入学习研讨。这次党组中心组学习，是前一阶段学习研讨活动的延续，是一个更高层次的学习研讨。两天来，各位院领导、厅级干部围绕这个学习主题，紧密结合分管工作，分专题就学习实践科学发展观、推动检察工作科学发展进行了研讨，畅谈了各自的学习心得和体会，提出了许多很好的工作思路、工作意见和工作措施，具有很强的思想性、针对性和实践性。这表明大家对科学发展观的科学内涵和精神实质有了更为深刻的认识，对如何落实科学发展观的要求、全面加强和改进各项检察工作有了更加深入的思考。希望大家努力将这些好的思路、意见转化为具体的工作要求和工作措施，抓出实实在在的成效。当前，省院机关学习实践活动正处在学习调研阶段，提高思想认识是这一阶段最重要的目标要求。

一、进一步提高对科学发展观的认识

我们学习实践科学发展观，首先必须全面把握、深刻领会科学

---

* 2008 年 10 月 28 日敬大力同志在湖北省人民检察院党组中心组学习时的发言。

发展观的科学内涵和精神实质，充分认识贯彻落实科学发展观的重大意义，才能切实增强贯彻落实科学发展观的自觉性和坚定性，才能切实做到以科学发展观武装头脑、指导实践、推动工作。我们要进一步提高对科学发展观的认识，必须注意以下四点：

（一）提高对科学发展观科学内涵、精神实质的认识

科学发展观，是党中央立足于社会主义初级阶段基本国情，总结我国发展实践，借鉴国外发展经验，适应新的发展要求提出来的。党的十七大报告深刻阐述了科学发展观的科学内涵和精神实质。我们要深刻认识科学发展观的第一要义是发展。科学发展观是用来指导发展的，不能离开发展这个主题，要把握发展是我们党执政兴国的第一要务，把握发展首先是发展经济，把握发展必须是又好又快的发展，坚持聚精会神搞建设、一心一意谋发展。要深刻认识科学发展观的核心是以人为本。这是我们党的根本宗旨和执政理念的集中体现，必须始终把实现好、维护好、发展好最广大人民的根本利益作为党和国家一切工作的出发点和落脚点，做到发展为了人民、发展依靠人民、发展成果由人民共享。要深刻认识科学发展观的基本要求是全面协调可持续。全面协调可持续发展是经济、政治、社会等各方面发展与人的全面发展的辩证统一，是发展的速度与结构质量效益相统一，是经济发展与人口资源环境相协调。要深刻认识科学发展观的根本方法是统筹兼顾。树立大局意识，加强战略思维，正确认识和妥善处理各种矛盾及利益关系，做到既总揽全局、统筹规划，又抓住牵动全局的主要工作、事关群众利益的突出问题，着力推进，重点突破。科学发展观的第一要义、核心、基本要求和根本方法，是一个辩证统一的有机整体。我们在领会科学发展观的科学内涵和精神实质时，要注意全面把握、融会贯通，切不能将这四个方面人为割裂开来；在以科学发展观指导检察工作实践时，既要加强宏观把握，又要紧密结合检察工作实际落实科学发展观的要求，不能生搬硬套，或者机械地、简单地搞一一对应。

（二）提高对科学发展观的重大意义的认识

党的十七大报告深刻指出："科学发展观，是对党的三代中央领

导集体关于发展的重要思想的继承和发展，是马克思主义关于发展的世界观和方法论的集中体现，是同马克思主义、毛泽东思想、邓小平理论和‘三个代表’重要思想既一脉相承又与时俱进的科学理论，是我国经济社会发展的重要指导思想，是发展中国特色社会主义必须坚持和贯彻的重要战略思想。”这一科学论断，深刻阐述了科学发展观的重大意义和历史地位。我们要深刻认识到，科学发展观坚持和发展党的基本理论、基本路线、基本纲领、基本经验，进一步深化了对共产党执政规律、社会主义建设规律、人类社会发展规律的认识，是中国特色社会主义理论体系的最新成果，为党和国家事业发展提供了重大战略思想和根本指导指针。

为了提高对科学发展观重要意义的认识，准确掌握其实质，我们有必要从哲学的高度提高认识，深刻认识科学发展观坚持了辩证唯物主义和历史唯物主义基本原理，是马克思主义关于发展的世界观和方法论的集中体现。科学发展观以发展为第一要义，坚持和体现了马克思主义辩证唯物论关于物质第一性，物质生产是人类社会生存和发展的基础，生产力是人类社会发展的最终决定力量，生产力与生产关系矛盾运动的规律是人类社会发展的基本规律，社会主义必须建设在发达的生产力基础上等基本原理；科学发展观核心是以人为本，坚持和体现着马克思主义历史唯物论关于人民是历史发展主体、是推动社会发展的根本力量，经济社会发展是人的全面发展的前提和条件，人的全面发展是经济社会发展的根本目的等基本原理；科学发展观基本要求是全面协调可持续，坚持和体现着马克思主义关于社会发展必须使生产关系与生产力、上层建筑与经济基础相协调适应，人类依存于自然界、人和自然界应和谐相处，社会生产各个部类、各个方面、各个环节彼此联系、不可分割等基本观点；科学发展观根本方法是统筹兼顾，是唯物辩证法关于事物普遍联系的观点、对立统一规律、矛盾的普遍法则等在发展问题上的科学运用，坚持了我们党在长期实践中形成的重要历史经验和科学有效的工作方法。

可见，坚持从哲学的高度，自觉运用马克思主义的基本原理来学习领会科学发展观，更有助于我们深刻理解科学发展观是马克思主义关于发展的世界观和方法论的集中体现，更有利于我们深刻认识科学发展观的重要意义和历史地位。我们都知道，哲学揭示的是事物发展变化的最一般的规律，提供的是世界观和方法论。我们党历来重视以马克思主义进行理论武装，党的历史上曾有过两次产生了巨大积极影响的学习马克思主义哲学活动：一次发生在延安整风时期，一次发生在以 1978 年真理标准讨论为开端的拨乱反正到全面改革的转变时期。历史经验证明，全党哲学水平的提高能够极大地推动党的事业的蓬勃发展。从个人特别是领导干部来说，要提高认识和改造世界的能力，提高领导水平和实际工作能力，也必须认真学习哲学。当前，学习实践科学发展观是摆在我们面前的重大政治任务，我建议大家重视学习哲学，系统地重温一下马克思主义主义哲学的基本原理，认真学习《实践论》、《矛盾论》等哲学著作，对马克思主义进行一次再学习、再认识，从而不断提高我们对科学发展观重大意义的理解和认识，不断提高我们领导、促进、推动检察工作科学发展的能力与水平。

（三）提高对贯彻落实科学发展观的重要性的认识

实践证明，科学发展观对于我国经济社会和各项事业的发展起到了巨大的推动作用，越来越显示出强大的真理力量，越来越得到全党全国各族人民的衷心拥护。当前，我国正处在一个重要的发展时期，发展既面临着前所未有的机遇也面对着前所未有的挑战；我国发展呈现出一系列阶段性特征；党的自身建设面临着许多新课题新考验。要把党的十七大提出的宏伟蓝图和行动纲领落实好、实现好，就必须深化用中国特色社会主义理论体系武装全党工作，把贯彻落实科学发展观摆在突出位置。只有深入贯彻落实科学发展观，才能全面分析和准确把握世界发展大势，不断提高统筹国内国际两个大局的能力，不断提高把握发展机遇、应对风险挑战的能力，始终把握发展主动权；才能深刻认识和准确把握经济社会发展的客观规律，不断创新发展理念、转变发展方式、破解发展难题，推动经济社会又好又快发展，落实实现全面建设小康社会的奋斗目标；才能全面推进党的建设新的伟大工程，不断提高党的执政能力，不断保持和发展党的先进性，不断提高党员干部推动科学发展、促进社会和谐的能力。我们检察机关和检察人员要切实把思想认识统一到党中央的要求上来，坚持从战略的高度、从大局的高度，充分认识贯彻落实科学发展观的重大意义，不断增强贯彻落实科学发展观的自觉性和坚定性。

（四）提高对科学发展观是检察工作重要指导方针的认识

中央明确指出：科学发展观揭示的是发展的普遍规律，对全国都有重要的指导意义，各地区各部门都要认真贯彻落实；要坚定不移地把科学发展观贯彻落实到经济社会发展各个方面。科学发展观是我国经济社会发展的重要指导方针，也是检察工作的重要指导方针。近些年来，我们坚持以科学发展观统领检察工作、努力按照科学发展观的要求加强和改进检察工作，人民检察事业不断前进发展。实践充分证明，只有坚持以科学发展观为指导，我们才能准确把握经济社会发展全局，自觉按照大局的要求开展检察工作，积极发挥检察职能服务经济社会科学发展，始终保持检察工作的正确发展方向；才能围绕科学发展解放思想，自觉破除不适应、不符合科学发展观的思想观念，进一步统一端正执法指导思想；才能切实增强发展意识，更加注重推动检察工作自身的科学发展，进一步明确检察工作科学发展的要求；才能准确把握检察工作发展的客观规律，谋划检察工作发展的正确思路，不断提高科学决策水平和实际工作能力；才能更加清醒地认识在工作水平、队伍建设、体制机制等方面存在的问题与不足，自觉按照科学发展观的要求加强和改进检察工作，深入推进工作机制建设，不断增强工作措施的针对性和有效性；才能正确把握统筹兼顾这一推动检察工作的根本方法，统筹规划各项检察工作的发展，正确把握工作中的一系列重大关系，不断提高检察工作科学发展的水平。在新的历史起点上，我们要适应新形势、完成新任务、实现新要求，必须毫不动摇地坚持以科学发展观指导检察工作。

二、进一步提高对检察机关发挥职能服务、保障和促进经济社会科学发展的认识

对于检察机关来讲说，贯彻落实科学发展观要注重两个方面：一是发挥检察职能服务、保障和促进经济社会的科学发展，二是实现检察工作自身的科学发展。服务、保障和促进经济社会的科学发展，是检察工作科学发展的目的和归宿。近年来，我们坚持检察工作服务改革发展稳定大局，努力提高服务水平和服务实效。省院制定实施“服务大局二十条”，明确了服务大局的总体要求、基本任务、政策策略以及主要工作措施，有力指导、推动了我省检察机关服务大局工作。服务、保障和促进经济社会科学发展，是服务大局的应有之义。全省检察机关要继续贯彻“服务大局二十条”，进一步提高思想认识，突出工作重点，讲究政策策略，改进方式方法，增强工作实效。

（一）牢固树立服务、保障和促进经济社会科学发展的意识

要深刻认识到，检察机关是中国特色社会主义事业的建设者和捍卫者，检察工作是党和国家工作的重要组成部分，既要自觉融入整个经济社会发展之中，又要自觉发挥检察职能服务、保障和促进经济社会科学发展。检察机关坚持服务、保障和促进经济社会科学发展，才能使检察工作适应中国特色社会主义事业发展的需要，确保检察职能作用得到正确有效发挥，赢得党和人民的信任与支持，体现检察机关的应有价值，并为检察工作的自身科学发展创造环境、奠定基础。近年来，我们坚持检察工作服务大局，紧紧围绕中央、省委的重大决策部署思考、谋划、推动检察工作，努力为经济社会又好又快发展创造和谐稳定的社会环境、便捷高效的发展环境、公平公正的法治环境，取得了明显的工作成效，得到了省委、高检院的充分肯定。省委转发了省院制定的“服务大局二十条”，省委领导同志多次对检察机关服务大局工作作出批示；在前不久召开的全省领导班子思想政治建设座谈会上，省委专门安排省院党组作了题为《始终坚持检察工作为大局服务、不断加强和改进领导班子思想

政治建设》的经验交流发言。在今后的工作中，我们要继续坚持把服务大局作为开展检察工作的一条根本指导思想，把服务、保障和促进经济社会科学发展作为检察工作服务大局的一个极其重要的方面。要通过进一步深入学习党的十七大和中央领导同志的一系列重要讲话精神，通过深入开展学习实践活动，更加全面地把握中国特色社会主义政治建设、经济建设、文化建设、社会建设的总体布局和具体要求，更加深刻地认识检察机关在经济社会发展中肩负的重大责任，不断增强服务、保障和促进经济社会科学发展的自觉性和坚定性。

（二）立足经济社会发展全局，进一步明确检察工作重点

坚持把全面履行法律监督职责作为服务经济社会发展的基本途径和有力手段，同时还要做到工作重点突出，增强工作的针对性和有效性。要立足于国家经济社会发展全局，紧紧围绕中央和省委的一系列重大部署，进一步明确检察工作的重点。当前，要注重抓好以下方面：坚决打击危害国家安全犯罪和严重影响群众安全感的各类严重刑事犯罪，维护国家安全和社会稳定；继续突出查办大案要案，集中查办群众反映强烈、案件多发的行业和领域的职务犯罪案件，促进反腐倡廉建设；加大对严重破坏社会主义市场经济秩序犯罪的打击力度，严肃查办发生在金融、证券、房地产等领域的职务犯罪，严肃查办国家工作人员商业贿赂犯罪，促进国家宏观调控政策的落实，保障重大建设项目的顺利进行，维护规范有序的市场秩序；依法打击各种侵犯知识产权的犯罪，造成重大环境污染事故、严重破坏生态和资源的犯罪，促进创新型国家建设，资源节约型、环境友好型社会建设；积极参加以改善民生为重点的社会建设，严肃查办社会保障、征地拆迁、移民补偿、医疗卫生、教育、就业等领域发生的犯罪案件，更加注重保障和改善民生；认真贯彻党的十七届三中全会精神，依法打击涉农刑事犯罪和职务犯罪，保障党的农村政策的落实，促进社会主义新农村建设。工作中，还要根据中央省委的重大工作部署、针对人民群众反映强烈的问题，适时组织开展专项工作，更加有效地服务、保障和促进经济社会科学发展。

对于今年高检院、省院部署的几个专项工作，各地各部门要切实抓紧抓好抓出成效。

（三）围绕服务、保障和促进经济社会科学发展，正确把握执法办案的法律政策界限

坚持执法办案工作法律效果、政治效果、社会效果的有机统一，坚持适用法律与执行党和国家政策相统一，正确把握执法办案的法律政策界限。要注意认真研究、慎重对待、正确处理经济社会发展中出现的新情况、新问题，根据法律规定，在政策指导下开展执法办案工作，严格区分经济纠纷与经济犯罪的界限，改革探索中出现失误与违法犯罪的界限，执行政策中出现偏差与钻改革空子实施犯罪的界限，合法的劳动、非劳动收入与贪污受贿、私分、侵占、挪用等违法所得的界限，经济纠纷、经济活动中的不正之风、违反财经纪律行为与经济犯罪的界限，轻微犯罪与严重犯罪的界限，自然人犯罪与单位犯罪的界限，防止执法办案工作出现偏差，更要防止对经济社会发展产生负面影响。要坚持打击与服务、保护相结合，不能只强调一个方面而忽视另一个方面，切实做到依法惩治犯罪者，支持改革者，保护创业者，挽救失足者，教育失误者。

（四）围绕服务、保障和促进经济社会科学发展，改进执法办案的方式方法

检察机关发挥职能作用服务经济社会科学发展，必须克服就案办案、机械办案的单纯业务观点，遵循办案规律，改进工作措施，注意方式方法，依靠社会的广泛理解和支持办好各类案件，不断提升执法办案的效果。要慎重选择办案时机，尽量避免和减少对正常工作秩序、生产经营活动和招商引资活动的影响。要讲求执法策略和方法，在办理涉及企业的案件时，注意维护企业形象和产品声誉；对企业负责人、技术骨干、关键岗位人员采取强制措施时，及时与发案单位或其上级主管部门沟通，做好工作衔接；慎重采取查封、冻结、扣押企业账目、银行账户、企业财产等措施，必须采取这些措施的案件，要做到快侦快结，经查明与案件无关的，及时解除冻

结，发还被查扣财物。要改进执法作风，克服执法办案中的特权思想、官僚主义、拖拉作风，提高执法效率，注重执法质量，减少当事人讼累，及时、高效、公正地处理有关案件。要严明执法纪律，坚决纠正和查处检察机关或检察人员受利益驱动违法违规办案，越权办案、插手经济纠纷，违法查封、冻结、扣押款物，到涉案单位吃拿卡要、占用交通通讯工具和报销费用，乱拉赞助和接受赞助，不文明办案等问题，提高执法公信力。

三、进一步提高对促进检察工作自身科学发展的认识

近年来特别是党的十七大以来，我省检察机关认真贯彻落实科学发展观，切实增强发展意识，更加注重检察工作自身的科学发展。工作中，省院党组坚持以科学发展观为指针确立和调整检察工作发展思路，更好地指导和推动检察事业前进发展；坚持“三个硬道理”，把检察业务工作的发展作为整个检察事业发展的关键与基础，把是否有利于促进业务工作发展作为检验其他工作成效的重要标准，有力推动了执法、办案、监督工作的发展进步；坚持统筹兼顾，在树立正确执法理念、推进业务工作、加强队伍建设、推进改革创新、加强基层基础工作等方面做到“五个并重”，努力推动检察工作全面协调可持续发展。通过抓教育引导、抓工作落实，“促进检察工作自身科学发展”的意识在全省广大检察人员中已经树立起来，相关工作思路、要求、措施也在得到认真贯彻落实。我们要以开展学习实践活动为契机，进一步提高对促进检察工作自身科学发展的认识。要深刻认识到，科学发展观的第一要义是发展，检察工作作为党和国家工作的重要组成部分，必须随着经济社会的发展而发展；不重视检察工作自身科学发展，就难以有效地服务、保障和促进经济社会科学发展，更谈不上真正地贯彻落实科学发展观；促进检察工作科学发展，必须按照科学发展观的要求不断加强和改进检察工作，着力解决影响和制约检察工作科学发展的突出问题。

要着力解决检察工作中存在的“发展不够”的问题。促进检察工作科学发展，必须把发展放在第一位，讲发展就要推动各项工作

争先创优、不断进步，就要推动检察工作整体水平不断提高。

近年来我省各项检察工作取得了较大进步，整体实力得到了提升，但“发展不够”的问题较为突出，仍然是我省检察事业重要的阶段性特征。从业务工作看，自侦工作进步明显，在全国的综合排位逐年上升，2007 年反贪排位第 6 位，反渎排位第 14 位，反渎工作与先进省市还存在较大差距；其他业务工作有不少经验、亮点得到高检院的充分肯定，但总体上进入全国先进行列的还不多；监督工作整体水平不高，虽然立案监督、刑罚执行监督工作成效较为明显，但其他方面的监督工作有待加强，特别是刑事抗诉、民行检察工作呈下滑态势。从检察改革看，我们坚持改革创新积极推进七项工作机制建设，其中检察工作一体化机制、法律监督调查机制等已经得到了高检院、省委的充分肯定，但在健全配套制度、发挥机制功效方面还有待加强。从队伍建设看，我们注重全面加强队伍建设，积极推进“六项工程”，取得了明显成效，但队伍整体素质还不能完全适应新形势新任务的要求，优化队伍结构、提高专业化水平、加强队伍管理仍然是摆在我们面前的紧迫任务。从检务保障看，经费保障水平整体不高，公用经费保障标准偏低且未得到全面落实，经费困难的问题在基层院尤为突出；基础设施建设、办公办案装备建设与经济发达省市存在较大差距，不少地方“两房”建设债务沉重；科技强检项目建设滞后，检察科技实际应用水平亟待提高，与先进省市之间的差距拉大，等等。

（一）要促进检察工作科学发展，我们就必须着力解决“发展不够”的问题

针对我省检察工作发展的实际情况，要坚持在以下五个方面下功夫：

一是加强和改进执法办案、法律监督工作。要坚持对反贪、反渎等执法办案工作实施综合考评，落实“力度大、质量高、效果好、不出事”的工作要求，加大上级院对下级院的督促检查和工作指导力度，继续保持执法办案工作的平稳健康发展。要强化法律监督职能，切实扭转监督工作薄弱的状况。坚持检察机关的宪法定位，不

断增强监督意识，理直气壮地行使法律监督权，做到敢于监督、善于监督；突出法律监督重点，抓住群众反映强烈的问题加大法律监督力度，增强监督实效；加强法律监督能力建设，切实提高发现问题的能力、攻坚克难的能力、法律监督制约的能力；推进法律监督工作机制建设，通过落实检察工作一体化机制、健全与有关部门的协作配合机制等，拓展监督范围，畅通监督渠道，形成监督合力。

二是深入推进工作机制建设。在抓好高检院部署的改革项目的同时，深入推进省院党组部署的七项工作机制建设。总的要求是，注重实际运用，总结推广经验，完善配套制度，推进改革深化。这里我强调，执法办案的科学考评和绩效考核机制是促进检察工作科学发展的一项重要机制，要抓紧制定侦查监督、公诉、监所检察、控申检察、民行检察等业务工作考评办法，形成完整的考评体系，充分发挥其引导工作发展、考核工作绩效的作用。

三是进一步加强检察队伍建设。认真贯彻落实省院《关于加强检察队伍建设若干问题的决定》，在推进“六项工程”上出实招、下实力、见实效。对于近期应完成的42项工作任务，要按照责任分工认真抓落实，进行检查验收。针对我省检察队伍现状，要高度重视队伍的素质能力建设，切实加大教育培训力度，力争在一至两年之内使队伍的专业化水平有明显改观；要高度重视提高队伍管理水平，健全管理机制，改进管理方法，提高管理效能，以高水平的管理推动建设高素质的检察队伍。

四是不断提高检务保障水平。加强检务保障工作，离不开党委、政府的重视与支持。要积极主动地向党委、政府反映存在的困难和问题，提出合理化建议，多做、善于做争取支持的工作，不断提高经费保障水平，搞好基础设施建设，妥善化解由于基础设施建设所欠的债务。必须把实施科技强检摆在优先发展的战略地位，扎实开展好“科技强检”活动，加强项目建设、科技应用、科技管理、技术人才队伍建设、全员科技素质培训等工作，把先进的科学技术转化为现实战斗力。省院机关已经确定的基础设施建设项目和科技强检项目，必须下功夫做实、做好。

五是注重提升检察工作“软实力”。提升“软实力”，既是推动发展的重要内容，又是发展水平的重要体现。重视提升检察工作“软实力”，才能增强检察工作的综合实力，提高检察工作的整体发展水平。当前，我们要通过加强检察理论研究、检察文化建设、检察宣传、门户网站建设等工作，抓好检察发展研究中心和国家检察官学院湖北分院建设，进一步提高我省检察工作的“软实力”，努力扩大我省检察工作在全国检察系统的影响力，广泛争取社会各界对检察工作的理解与支持，不断增强检察工作对检察人员的凝聚力和感召力。

（二）要着力解决检察工作中存在的“发展不科学”的问题

科学发展观所要求的发展，是科学发展，是全面协调可持续的发展。发展不科学，从表面上看某项工作可能有了发展进步，但这种发展必然难以为继，所谓的发展成果必然经受不起检验。在我省检察工作中，存在一些“发展不科学”的突出问题，需要我们认真加以解决。要认真抓好以下四个方面：

一是努力实现检察工作平衡发展。检察工作发展不平衡，是我省长期存在的一个突出问题，主要表现在：检察工作区域发展不平衡，地市之间尤其是基层院之间发展水平不一、差距较大；有的地方把握不住工作主动权，工作不是可持续地发展，执法办案工作出现大起大落；有的各项业务工作之间发展不平衡，一些业务工作得不到应有的重视，导致发展滞后、工作被动；有的处理不好当前发展和长远发展的关系、重点工作与一般性工作的关系，顾此失彼。这些都是不符合全面发展、协调发展、可持续发展要求的。要坚持统筹兼顾的根本方法，自觉运用全局的观点、系统的方法考虑和解决工作发展不平衡问题，努力推动检察工作全面协调可持续发展。

二是正确处理数量、质量、效果、效率、规范等重大关系。我省一些地方执法办案工作之所以不能保持平稳健康发展，关键是处理不好这五个方面相互间的关系。我们要以科学发展观指导执法办案工作，就必须把这五个方面的重大关系处理好，做到五个方面兼顾，绝不能把这五个方面相互对立起来。只有既讲数量，又要讲质量、效果、效率与规范，才能推动执法办案工作的平稳健康发展。

三是切实改进工作作风。作风不扎实，执行不力、落实不力的问题，是影响检察工作科学发展的一个突出问题。我们现在不是缺思路、制度、方针、要求，缺的是以求真务实的作风抓落实。要以开展学习实践活动为契机，切实改进工作作风。要树立强烈的事业心和使命感，保持着奋发有为的精神状态和旺盛的工作热情，始终以对党、对人民、对检察事业高度负责的态度开展工作；要坚持真抓实干、求真务实，深入基层、深入实际、深入执法办案一线开展调查研究，全面掌握情况，加强督促检查，深入分析、有效解决实际问题；要不断提高执行力，准确领会上级精神并创造性地开展工作，在抓工作落实上不打折扣，在确立工作目标上坚持高标准，努力创造一流的业绩；要大力弘扬密切联系群众的作风，坚持检察机关专门法律监督工作与群众路线相结合，深入群众听民声、察民情、顺民意，始终站在人民群众的立场上考虑问题、谋划工作，不断提高联系群众、服务群众、组织群众、引导群众的本领。我的意见，明年我们要把加强检察机关群众工作、增强群众工作能力作为一项重点工作来抓，并将抓紧制定实施湖北省人民检察院《关于加强检察机关群众工作的决定》。

四是大力加强执法公信力建设。执法具有公信力，检察工作才能实现维护社会公平正义的首要价值追求，才能得到党和人民的重视与信任，才能广泛争取社会各界和人民群众对检察工作的理解与支持，才能在全社会树立检察机关的良好形象和法律监督的权威，为检察工作的科学发展创造良好的社会环境。完全可以说，执法公信力是检察机关的立身之本；失去执法公信力，我们不仅会自毁形象，而且将一败涂地。我们必须把执法公信力建设作为检察机关一项重大战略任务来抓，我建议，明年省院要在“三个专项治理”、“作风建设年”等专项活动的基础上，将执法公信力建设作为一项专项工作进行部署。当前，执法行为不规范，是影响严格公正文明执法的主要症结，极大地损害执法公信力，直接影响检察工作的科学发展。通过开展“三个专项治理”，我们在集中整治执法不规范问题上取得了明显成效，但受利益驱动违法违规办案、办案不文明、办案安全隐患等突出问题仍然存在。我们要把有效治理执法不规范问题作为执法公信力建设的一项重要内容和紧迫任务，按照省院“两长一本”的部署，坚持长期治理、健全长效机制、落实治本措施，深入抓好执法规范化建设，树立良好执法形象，不断提高执法公信力。

8 检察工作思路和决策必须做到“六个符合”*

按照科学发展观的要求不断统一执法指导思想、明确检察工作发展思路，是促进检察工作科学发展的前提和基础。统一执法指导思想是检察工作的一个不变的主题，必须常抓不懈。近年来特别是党的十七大以来，中央对政法工作、检察工作提出了一系列重大理论观点、重大战略思想和重大政治原则，中央领导同志作出了一系列重要指示，为我们统一执法指导思想进一步指明了方向、提出了新的更高要求。我们必须认真学习贯彻中央的要求，进一步统一执法指导思想，牢固树立起科学发展理念、社会主义法治理念，坚持“立检为公、执法为民”的执法宗旨，树立服务大局观念，使我们的思想和行动更加符合党和人民的要求，更加符合检察工作科学发展的要求。

要落实科学发展观的要求，科学确立检察工作发展思路。如何使工作思路和工作决策体现科学发展观的要求，我认为必须做到“六个符合”：

一要符合法律。法律体现的是国家意志和人民意志，是在党的政策指导下制定和实施的；检察机关作为法律监督机关，要维护国家法律的统一正确实施，不能超出法律去搞新花样。如我们推出七项工作机制建设，都是在现行法律框架内进行的，不但与现行法律规定不相抵触，而且机制建设的重要目的是更有效地发挥现行法律

---

* 2008 年 11 月 12 日敬大力同志在学习实践科学发展观活动中为湖北省人民检察院全体干警所作的辅导报告节录。

制度的效果。

二要符合规律。事物都有其客观发展规律，违背发展规律办事只能是事与愿违，处处碰壁，使事业遭受挫折与损害。我们的工作思路要遵循检察工作发展的客观规律，才能实现科学发展。如我们实施检察工作一体化机制，就遵循着检察工作统一性、整体性的要求，符合检察工作基本规律。

三要符合大局。坚持把检察工作置于党和国家工作大局之中进行思考和谋划，自觉服从、服务于大局。近年来，我们组织开展查办新农村建设领域贪污贿赂犯罪、查办民生领域职务犯罪等各项专项工作，都是紧紧围绕党和国家工作大局来部署的，不仅符合大局要求，而且增强了服务实效。

四要符合民意。检察事业是人民的事业，推动检察工作要紧紧依靠人民群众，开展检察工作要始终坚持一切为了人民群众；确立工作思路，必须符合人民群众的愿望和利益，积极适应人民群众对检察工作的新要求新期待。如我们始终注意根据人民群众要求，确立查办职务犯罪、打击刑事犯罪的工作重点，有针对性地加大惩治、打击力度；注意加强执法规范化建设，组织开展“三个专项治理”，努力适应人民群众对公正规范执法的期盼。

五要符合理念。符合社会主义法治理念和检察职业特有信念。如工作中，我们注意适应依法治国理念的要求，把握检察机关的宪法定位和本质，始终把法律监督工作摆在重要位置，努力维护国家法律的统一正确实施，注意树立检察机关的法律监督权威。

六要符合实际。适应检察工作面临的新形势新任务，立足检察工作实际，准确把握必要性和可行性、应然性和实然性的关系，使工作思路既与时俱进，又切实可行。这几年，省院党组注意根据形势任务的发展变化和推动工作的迫切需要，确立当年要集中精力抓好的重点工作；对队伍建设、检务保障、科技强检等工作，既注意打基础、利长远，进行科学谋划，又注意着力解决当前实际问题，一项一项有步骤地推进。工作思路和工作决策只有做到“六个符合”，才能更好地指导和推动检察事业前进发展。今年，省院党组以科学发展观和党的十七大精神为指导，研究提出了“四个维护、三个促进”的总体工作思路，要认真贯彻落实。

9 正确把握“五条办案原则”，实现执法办案“三个效果”有机统一*

检察机关要紧紧围绕省委关于构建中部崛起重要战略支点、加快“四基地一枢纽”建设、推进长江经济带建设、武汉城市圈两型社会建设和鄂西生态文化旅游圈建设，以及应对当前国际金融危机对经济社会发展带来的冲击，保持经济平稳较快发展等一系列重大决策部署谋划和推进检察工作。要把保障经济平稳较快发展作为当前检察机关服务大局的首要任务，紧密结合本地实际，提高服务的自觉性、主动性，找准服务的切入点、结合点，更加注重维护市场发展环境，更加注重维护农村改革发展，更加注重保障政府投资安全，更加注重把握执法政策策略，努力为湖北经济社会发展大局做出积极贡献。

当前，尤其要积极适应经济社会发展变化，高度重视、依法妥善处理涉及企业特别是广大中小企业的案件。要认真贯彻高检院有利于维护企业正常生产经营、有利于维护企业职工利益、有利于促进经济社会秩序稳定“三个有利于”的要求，既看是否查处了违法犯罪行为，又看是否促进了企业健康发展。在查办职务犯罪工作中，坚持执法办案法律效果与社会效果、政治效果的有机统一，正确把握“五条办案原则”：

一是依法坚决查办。查办职务犯罪案件，是反腐倡廉的重要任务，是检察机关的重要职责。要抓住腐败现象易发多发的重点领域、

---

* 2009 年 1 月 9 日敬大力同志在湖北省检察长会议上的讲话节录，刊载于《人民检察（湖北版）》2009 年第 2 期。

关键环节和人民群众反映强烈的突出问题，依法坚决查办职务犯罪案件。

二是坚持惩防并举。要坚持标本兼治、综合治理、惩防并举、注重预防的方针，贯彻落实惩治和预防腐败体系对检察工作提出的新要求。

三是把握政策界限。要保持高度的政治敏感，及时研究、慎重对待新情况新问题，严格区分、正确把握工作失误与渎职犯罪的界限；经济纠纷与经济诈骗的界限；执行政策中出现偏差与钻改革空子实施犯罪的界限；合法劳动、非劳动收入与贪污受贿、私分、侵占、挪用等违法收入的界限；经济活动中的不正之风、违反财经纪律行为与经济犯罪的界限；资金拨付迟缓与贪污挪用截留的界限；正常配套资金调整与变相挤占克扣的界限；资金合理流动与徇私舞弊造成国有资产流失的界限；企业依法融资与非法吸收公众存款的界限等。

四是掌握分寸节奏。既要坚决查办案件，又要适当地选择办案时机，把握办案分寸，区分轻重缓急，掌握办案节奏，最大限度地维护企业合法权益。办理窝案串案更要注意办案的分寸节奏。

五是注意方式方法。在执法办案中要加强与发案单位和主管部门的沟通，努力维护正常生产经营秩序；在办理涉及企业的案件时，注意维护企业形象和产品声誉；对企业负责人、技术骨干、关键岗位人员采取强制措施时，及时通报，做好衔接，尽量避免和减少对生产经营和招商引资活动的影响。慎重着警服、开警车到企业办案，慎重采取查封、冻结、扣押企业账目、银行账户、企业财产等措施。要通过办案积极为国家、企业挽回经济损失，依法依政策及时返还扣押款物用于生产经营。

除此之外，各地还要注意两点：一是检察机关根据省委、省政府经济社会发展政策的变化，有针对性地调整工作重点、方式、思路，主要是按照“三个有利于”和“五条办案原则”统一思想，进行调整，使这种调整既符合法律，又符合政策；调整也要慎重，不能乱提口号。二是针对办案中的复杂问题，要进一步健全应对工作机制。如对办案中遇到的复杂问题，要依靠党委领导，综合运用经济、行政、政策、法律、教育等多种手段来促进解决；更加重视加强检察机关内部上下之间、横向之间、内设机构之间以及检察机关与外部有关方面的联系与配合；各级院党组要及时研究执法办案中的重大问题。

10 增强检察工作的原则性、系统性、预见性和创造性*

党的十七届四中全会通过的《中共中央关于加强和改进新形势下党的建设若干重大问题的决定》明确提出了建设马克思主义学习型政党，提高全党思想政治水平的要求，强调要牢固树立正确的世界观和方法论，系统掌握中国特色社会主义理论体系，切实提高战略思维、创新思维、辩证思维能力，大力弘扬理论联系实际的学风，增强工作的原则性、系统性、预见性、创造性。这是我们在推动检察工作科学发展过程中必须认真研究和解决的重大问题。

一、增强检察工作的原则性

“原则性”要求我们抓住根本，把握方向。只有在重大原则问题上做到旗帜鲜明、立场坚定，才能始终确保检察工作的正确方向，才能不断推动中国特色社会主义检察事业发展进步。增强检察工作的原则性，必须始终把握好以下四点：一是坚定信念，明确方向。检察队伍必须牢固树立共产主义远大理想，始终高举中国特色社会主义伟大旗帜，坚持中国特色社会主义道路及其理论体系，保持坚定正确的政治方向，自觉增强党的意识、宗旨意识、大局意识、责任意识，坚定不移地走中国特色社会主义检察事业发展道路，坚定不移地做中国特色社会主义的建设者和捍卫者。必须牢固树立社会主义法治理念，切实用社会主义法治理念统一执法指导思想。二是把握规律，科学发展。要不断增强学习贯彻科学发展观的自觉性和

* 《检察日报》2009 年 11 月 24 日刊载敬大力同志文章。

坚定性，坚持以科学发展观统领检察工作，不断深化对检察工作科学发展规律的认识，努力使工作思路和工作决策符合法律、符合规律、符合大局、符合民意、符合理念、符合实际。要按照科学发展观要求正确把握检察工作发展战略。三是坚持原则，防止偏向。最根本的是两个方面：一方面要牢牢把握检察机关宪法定位，始终坚持以执法办案工作为中心，坚持检察事业发展是硬道理，执法办案和强化法律监督是硬道理，业务工作平稳健康发展是硬道理；另一方面要牢固树立监督者更要接受监督的意识，强化对自身执法活动的监督制约。四是严格依法，秉公办事。检察机关作为法律监督机关，必须增强法律意识、执法意识、监督意识，严格依法查办各类违法犯罪行为，严格依法监督纠正执法不严、司法不公问题，保障国家法律的统一正确实施，维护社会主义法制的统一、尊严、权威。

增强检察工作原则性，必须正确认识原则性与灵活性的辩证统一关系，只有坚持把原则性要求与工作实际紧密结合，以实事求是的态度在原则范围内灵活处置，才能实现既定目标，才能真正发挥出坚持原则的效益。

二、增强检察工作的系统性

“系统性”要求我们坚持全局意识、整体观念。检察工作涉及方方面面，各种因素相互影响、相互依存；必须把各项检察工作置于一个系统中来对待，做到胸怀全局、统筹兼顾、整体推进、协调有序，切实增强检察工作的系统性。一是要按照大局的要求谋划和推进检察工作。树立大局观念，始终站在党和国家工作大局的高度来审视检察工作，明确检察工作在大局中的角色定位，善于把握大局提供的机遇环境与有利条件，坚持按照大局要求开展检察工作，切实把党和国家的重大战略部署和原则要求转化为检察工作的工作思路和具体措施。二是要着眼全局推动检察工作全面协调发展。唯物辩证法认为，事物是普遍联系的；检察工作是一个互相联系的整体。检察领导干部特别是检察长必须具有全局观念，以系统的方法谋划全局、统筹安排，以战略思维和辩证思维看待和处理问题，牢固树立正确执法理念，坚持以业务工作为中心、加强队伍建设、推进检察改革和执法规范化建设、加强基层基础工作等各方面工作，多管齐下、多措并举、环环相扣、协调推进，使之相互促进，实现全面发展。三是要坚持把系统性方法运用于具体工作。在统筹谋划检察工作发展战略的同时，对各项具体检察工作也应坚持系统性考虑、成体系推进。如在执法办案工作中要正确处理数量、质量、效率、效果、规范等五个方面的关系，正确把握依法坚决查办、坚持惩防并举、把握政策界限、掌握分寸节奏、注意方式方法等五条办案原则，在检察队伍建设中要全面推进思想政治、领导班子、作风纪律、素质能力、队伍管理机制、检察文化建设等各项工作，在执法规范化建设中应兼顾坚持长期治理、健全长效机制、落实治本措施，以及建立全员教育培训体系、构建对自身执法活动的完整监督制约体系；等等。四是要按照检察工作统一性、整体性的要求健全工作机制。最迫切的是建立和实行“上下一体、横向协作、内部整合、总体统筹”的检察工作一体化机制，有效解决检察权分散化倾向、检令不畅通的突出问题，发挥检察机关整体优势，提高执法水平与效率，保障检察工作规范有序运作，增强法律监督能力，形成检察机关整体合力。

增强检察工作的系统性，必须注意坚持从大处着眼、从小处着手，既在工作部署中宏观考虑、系统安排，又在具体工作中明确要求、逐一落实，才能真正实现检察工作全面协调可持续发展。

三、增强检察工作的预见性

“预见性”要求我们坚持长远观点，把握发展变化的规律和趋势。“凡事预则立，不预则废”，这是古人对预见重要性的精辟概括。面对纷繁复杂的客观世界和当前变化多端的国际国内形势，增强工作的预见性显得更加必要、尤为紧迫。增强检察工作的预见性，应重点把握三个方面：一是要准确把握世情、国情、社情。要对当前国际国内形势、人民群众期待以及经济社会发展趋势作出科学判断，根据检察工作面临的形势来确定任务，准确把握必要性和可能性之间的关系，使工作思路和工作举措既符合形势任务的要求，又切实可行。要把工作抓到“点子”上，而所谓“点子”，就是那些在检察工作中迫切需要推动、解决、落实的，又已具备相应条件能够组织实施、落实到位的关键性问题。只有在这些问题上看得清楚、下得功夫、求得突破，才能增强工作预见性，减少工作盲目性。二是要始终着眼检察工作的长远发展。坚持以长远眼光和战略思维看待、谋划现实问题，在检察实践中多做打基础、利长远的工作，不断加强基础工作、提高基本素质、落实基本保障、增强基层实力。既脚踏实地地解决好现实困难和问题，确保检察工作的当前发展需要，又着眼于未来发展，着力研究落实带战略性、根本性的措施，逐步解决制约检察工作长远发展的深层次问题，推动检察工作可持续发展。三是要牢牢把握工作主动权。注意提高对检察工作规律性的认识，对检察事业未来发展方向及趋势作出科学判断和战略性预见，制定合理的发展战略和工作目标，增强工作的针对性和主动性。注意见微知著、洞察先机，善于发现检察工作中的苗头性、倾向性问题，善于发现潜在性风险，透过现象看本质，从偶然中发现必然，从个性中了解共性，从多种可能性中判断其发展趋势，早作准备，早作部署，完善预案，把握工作主动权。

四、增强检察工作的创造性

“创造性”要求我们焕发工作活力，增添工作动力。创造性的本质就是创新。在推进中国特色社会主义检察事业进程中，必须勇于开拓创新，不断研究新情况、解决新问题、实现新发展。检察实践中，一是要提倡创新思维。始终坚持把解放思想的要求贯穿于检察工作全过程，根据不断发展变化的形势任务，在科学理论指导下打破习惯势力和主观偏见束缚，不断更新思想观念，转变思维方式，不断增强看问题、想事情视角的新颖性、眼光的敏锐性和思维的开放性，以创新思维提出创造性工作思路和工作方法，寻求有效破解长期制约检察工作发展老问题的新途径，提出有效解决发展中新问题的新办法。二是要重视机制创新。工作机制创新是检察改革的重要内容，对于克服制约检察工作发展的机制性障碍、推动中国特色社会主义检察制度的完善和发展具有重要意义。在工作机制创新中，要重视在现行体制框架内完善运行机制、改进工作方法；不能偏离方向、脱离重点，而应紧紧围绕强化法律监督职能和加强对自身执法活动的监督制约两方面重点来展开；不能为了创新而创新，而是要立足现实需要、解决实际问题；不能靠灵机一动、拍脑袋决策，而是要靠长期工作经验积累，厚积薄发。要注重内容的全面性，深入推进检察业务工作机制建设、检察队伍管理机制建设、检务保障机制建设，推动检察工作科学发展。三是要推进工作创新。注意坚决克服教条主义和盲目主义倾向，坚持普遍真理和具体实际相结合，对具体问题进行具体分析，准确理解和掌握“上情”，全面了解和把握“下情”，善于结合本地本部门实际创造性地开展工作，以创造性的实践确保上级各项决策部署落实到位，确保各项政策措施效果最大化。

11 关于新时期检察工作基本方针、总体思路以及“十二五”时期检察事业发展的目标任务的若干思考*

今年是“十二五”的开局之年，“十二五”时期是全面建设小康社会的关键时期，是深化改革开放、加快转变经济发展方式的攻坚时期，同时也是检察事业发展的大好时期。明年将召开党的“十八大”，党中央将根据新的形势任务对全党全国各项工作，包括政法、检察工作作出新的部署，提出新的要求。在这种情况下，认真调研、适时提出新时期检察工作基本方针、总体思路，以及“十二五”时期检察事业发展的目标任务，对于科学谋划新时期的各项检察工作，保证检察工作全面协调可持续发展，更好地服务党和国家工作大局，具有十分重要的指导意义。特提出个人的一些浅见，供各位领导和同志们参考。

一、新时期检察工作基本方针、总体思路的提出

检察机关恢复重建以来，高检院历届党组都从不同历史阶段的实际情况出发，以检察工作指导思想、工作方针、工作主题、总体思路和总体要求等形式，提出了一些检察工作的宏观发展思路，有力指导了检察工作实践。如就检察工作指导思想而言，高检院历来强调要以马克思主义和党的重大理论成果指导检察工作，根据不同的历史阶段突出强调了邓小平理论、“三个代表”重要思想和科学发展观的指导地位。就工作方针、工作主题、总体要求而言，1993 年高

* 2011 年 4 月 7 日敬大力同志向“十二五”时期检察工作发展规划专题研讨会提交的文章。

检院提出“严格执法，狠抓办案”的工作方针，1997 年在这一方针中增加了“加强监督”；1998 年以后高检院提出了“公正执法、加强监督、依法办案、从严治检、服务大局”检察工作 20 字方针，并明确提出了“强化监督、公正执法”的主题；2003 年以后，高检院党组提出了“强化法律监督，维护公平正义”的检察工作主题和“加大工作力度，提高执法水平和办案质量”的总体要求；2009 年高检院党组提出了“一个保障、四个维护”的检察工作根本目标。此外，高检院历次全国检察长会议和全国检察工作会议都会提出当年和此后一个时期的检察工作总体思路（有时表述为“总体要求”、“总的要求”、“总的任务”、“主要任务”，但表述为“总体思路”居多，2008 年以来均表述为“总体思路”）。

我认为，检察工作指导思想、工作方针、工作主题、总体思路和总体要求，虽然都集中体现、反映着检察工作在特定时期的总体发展战略，但它们互有区别。“指导思想”强调的是对检察工作发展全局起根本指导作用的科学理论；“工作方针”强调的是指导检察工作发展前进的纲领，指明前进的方向和目标，工作方针往往具有高度概括性；“工作主题”强调的是特定时期检察工作最基本、最核心的要求；“总体思路”则强调对特定时期检察工作的整体谋划和宏观安排部署。我认为，在提法上。“基本方针”具有纲领性，起引领方向，把握全局的作用；“总体思路”具有综合性、操作性，涵盖面更广，内容更丰富。因此，我们研究新时期检察工作具有宏观性、全局性、指导性、原则性的总体发展战略和总体工作要求，用“基本方针”和“总体思路”这两种提法更为合适，既可以用“基本方针”树立旗帜，又可以用“总体思路”阐明开展工作应当坚持的指导思想、基本方针、工作主题，推动工作的基本要求、主要方法途径以及应当完成的主要任务、实现的主要目标等。将各种形式的提法统一于“基本方针”和“总体思路”，也容易掌握、方便记忆，避免提法过多过滥而造成思想混乱、执行偏差。

新时期检察工作基本方针、总体思路的提出，涉及检察机关重大政策策略的调整变化和充实发展。应当注意三个问题：

一是时机问题。一个时期的检察工作基本方针、总体思路是管总体的、管长远的，必须重视提出的时机。我们提出检察工作基本方针、总体思路，既要与一定历史时期检察工作面临的形势任务相适应，更要与党和国家对政法工作的要求相适应，要贯彻党和方针政策。党的历次全国代表大会，都会确立党和国家在一定历史时期的重大战略决策和总体部署，都会对政法工作提出具有原则性、指导性的明确要求。通常选择在党的全国代表大会召开后提出一个时期的检察工作基本方针、总体思路，是最佳时机。明年我们党将召开十八大，必将在总结过去、面向未来的基础上确立新时期党和国家的重大战略决策和总体部署，对政法工作、检察工作提出新的更高要求。需要我们做好各项准备，根据党的十八大精神对检察工作基本方针、总体思路进行发展完善，实现与时俱进，以更好地在检察工作中贯彻党的方针政策。

二是效果问题。新时期检察工作基本方针、总体思路既要符合中央要求，又要符合检察工作实际需要，还要反映人民群众对检察工作的要求期待，反映全国检察机关和广大检察干警的共识，才能在实践中充分发挥对检察工作的重大指导作用。因此，在提出检察工作基本方针、总体思路时就要重视提出的效果问题，包括提什么、怎么提、何时提等。对长期工作中形成的一些工作思路和基本观点，该维持的维持，该发展的发展，该协调的协调，该补充的补充，该变更的变更。

三是延续性问题。抓工作离不开继承与创新，工作发展进步都是在原有工作基础上的发展进步，工作思路的创新发展也是在原有基础上的创新发展。这就要求各个不同时期的检察工作总体思路，先后应当保持一定的延续性。高检院新一届党组最近几年提出的一系列检察工作思路的内容都是符合中央要求和工作实际的，应当继续坚持，如“一个保障、四个维护”的检察工作根本目标，是对“强化法律监督，维护公正正义”检察工作主题的丰富与发展，在新时期仍然具有重大意义，检察机关应当继续坚持这一根本目标。当然，保持总体思路的延续性，并不排斥而是要求在原有基础上有所提高和发展。

基于以上认识与考虑，我建议对提出新时期检察工作基本方针和总体思路问题，分两步走：第一步，在第十三次全国检察工作会议上，从落实“十二五”时期任务的实际出发，原则维持已有工作要求，侧重提出落实“十二五”时期检察工作的目标任务，保证“十二五”开局和今后规划任务的落实。第二步，党的“十八大”以后，根据党中央提出的新的方针政策、工作部署和工作要求，提出新时期检察工作基本方针，并根据基本方针，以及中央提出的新要求，对检察工作总体思路进行必要的调整，使得新时期检察工作基本方针和总体思路更加系统完整，更加符合今后更长一个时期检察工作发展的实际要求。

“十二五”时期检察工作的总体思路建议概括为：高举中国特色社会主义伟大旗帜，以邓小平理论和三个代表重要思想为指导，深入贯彻落实科学发展观，紧紧围绕科学发展主题和加快转变经济发展方式主线，突出“强化法律监督，维护公平正义”的检察工作主题，着力强化法律监督、强化自身监督、强化高素质检察队伍建设，努力建设与经济社会发展更加适应、体系更加完备的中国特色社会主义检察制度，保障经济社会又好又快发展，维护社会和谐稳定，维护社会公平正义，维护人民权益，维护社会主义法制统一、尊严、权威，为“十二五”规划顺利实施创造和谐稳定的社会环境、公平正义的法治环境、优质高效的服务环境。准确把握上述总体思路，要牢牢把握其中的五个“关键词”：

（一）牢牢把握围绕“主题主线”开展检察工作

党的十七届五中全会确定了“十二五”时期科学发展这个主题和加快转变经济发展方式这条主线。检察机关“十二五”时期服务经济社会科学发展、推动自身科学发展，都必须毫不动摇地强调围绕“主题主线”开展检察工作，明确党和国家工作大局对检察工作的要求，从而找准检察工作在大局中的位置，紧贴大局找准切入点、结合点和着力点，自觉服务于社会主义经济建设、政治建设、文化建设、社会建设以及生态文明建设的大局。

（二）牢牢把握“强化法律监督，维护公平正义”的检察工作主题

2003 年，高检院党组根据党的十六大关于“社会主义司法制度必须保障在全社会实现公平和正义”的要求和检察工作实际情况，确立了“强化法律监督，维护公平正义”的检察工作主题。我们认为，强化法律监督是检察机关的立身之本，维护公平正义是检察机关的价值追求。这一检察工作主题内涵丰富、简明扼要，2006 年《中共中央关于进一步加强人民法院、人民检察院工作的决定》已经肯定了这一主题。我们建议继续坚持“强化法律监督、维护公平正义”的检察工作主题，以此统一全国检察机关的思想和行动。

（三）牢牢把握“三个强化”的基本要求

一是强化法律监督。检察机关应当牢牢把握检察机关的宪法定位，全面履行法律监督职责，做到既敢于监督、善于监督，又依法监督、规范监督。毫不动摇地坚持以业务工作为中心，把是否有利于促进检察业务工作发展作为检验其他工作成效的一个重要标准。依法对执法司法活动的每个环节进行有效监督，通过对各种执法不严、司法不公行为的监督纠正及依法追究，保证法律的统一正确实施，最终在整体上维护司法公信力。二是强化自身监督。检察机关应当坚持把强化自身监督放在强化法律监督同等重要的位置，牢固树立监督者更要接受监督的观念，进一步建立健全符合检察工作规律、科学统一的执法办案管理监督机制，强化检察机关上下级、各部门之间的相互监督制约，落实和完善接受人大监督、民主监督、群众监督和舆论监督的各项制度，拓宽强化自身监督的渠道和途径，充分发挥内外部监督机制的整体效能，确保公正行使检察权。三是强化高素质检察队伍建设。坚持检察工作科学发展，提高检察工作水平，建设公正高效权威的检察制度，关键都在“人”、在“队伍”。检察机关应当坚持把检察队伍建设作为永恒主题，制定检察队伍建设长远规划，出台一些政策性、操作性、前瞻性、特色性强，真正管用的措施，促进队伍整体素质和法律监督能力的提高，努力造就一支政治坚定、业务精通、作风优良、执法公正的高素质检察

队伍。我们认为，“三个强化”是辩证统一的有机整体，强化法律监督是落实检察机关宪法定位的必然要求，强化自身监督是确保法律监督职能正确行使的客观需要，强化高素质检察队伍建设是做好法律监督工作的组织保证，三个方面有机联系、互为促进，必须统筹兼顾、整体推进。

（四）牢牢把握检察事业发展“两个更加”的目标任务

努力建设与社会主义市场经济体制更加适应、体系更加完备的中国特色社会主义检察制度。

（五）牢牢把握检察工作“一个保障、四个维护”的根本目标

一是保障经济社会又好又快发展。检察机关作为党领导下的国家法律监督机关，必须紧紧围绕党和国家工作大局，服务经济社会又好又快发展。要进一步拓宽服务途径，改进服务措施，创新服务载体，把严格执行国家法律与认真贯彻党的方针政策结合起来，把执法办案与化解矛盾、解决问题、促进发展结合起来，努力为经济社会又好又快发展提供有力的司法保障。二是维护社会和谐稳定。切实履行维护重要战略机遇期社会和谐稳定的根本任务。依法严厉打击危害国家安全和社会稳定的各类严重刑事犯罪活动，认真贯彻宽严相济的刑事政策，努力化解社会矛盾，切实维护社会和谐稳定。三是维护社会公平正义。坚持把维护社会公平正义作为检察工作的生命线、根本任务和首要价值追求，努力做国家法律的捍卫者、社会公平正义的守护者。四是维护人民权益。要把以人为本、执法为民的要求贯彻到检察工作全过程，更加自觉地把实现好、维护好、发展好最广大人民群众根本利益作为检察工作的根本出发点和落脚点。教育引导检察人员充分认识检察工作的人民性，牢固树立群众观点，大力加强和改进检察机关群众工作；坚持把解决民生问题放在首位，密切关注群众需求，切实维护群众合法权益，满足人民群众的司法需求。五是维护社会主义法制的统一、尊严、权威。贯彻党的十七大“全面落实依法治国基本方略，加快建设社会主义法治国家”的明确要求，坚持检察机关的宪法定位和本质属性，通过强化法律监督保障宪法和法律的统一正确实施，维护社会主义法制的

统一、尊严、权威。依法打击各类犯罪活动，坚决同严重破坏社会主义法制的犯罪行为作斗争；依法监督纠正有法不依、执法不严、执法违法、司法不公等问题，树立法律监督权威和良好的执法形象，坚决维护国家法律的统一正确实施。

二、“十二五”时期检察事业的发展目标要求

第十三次检察工作会议的主要任务有落实“十二五”规划的大背景，所以我认为这次会议的主题应当确定为研究检察事业发展规划，即检察事业发展的目标要求、基本任务和重点项目。“目标要求”是通过奋斗所期望实现的目的和成果；“基本任务”是为实现特定目标所应当承担的责任和应当开展的工作的基本方面；“重点项目”是根据目标任务确定要解决或者落实的“实事”。因此，我们研究“十二五”时期检察事业的发展，首先要确立一个科学的发展目标。

“十二五”时期检察事业的发展正处于关键时期，明确“十二五”时期检察事业的发展目标要求具有重要意义。主要体现在两个方面：一是检察事业发展进步的迫切需要。新中国成立以来特别是1978年以来，我们党和国家经过长期探索，建立了中国特色社会主义检察制度，这一制度在长期实践中不断得到完善和发展，人民检察事业也不断发展进步。但是，我国检察制度是在各种争议之中、在各种不确定因素中、在不稳定的状态下探索发展的，发展历程艰辛曲折。当前我国检察制度仍然不健全、不完善、不稳定，检察机关的性质地位、职权配置、检察权运行方式等等仍然有来自各方面的争议。要在新的起点上推进检察事业的发展进步，迫切需要我们确立“十二五”时期检察事业的发展目标，进一步发展和完善中国特色社会主义检察制度。二是凝聚检察人员团结奋斗的迫切需要。目标指引前进方向，目标激发奋斗动力。在“十二五”时期检察工作面临着新形势新任务新要求，检察机关在服务党和国家大局、推进依法治国进程、维护社会公平正义中肩负着更加重大的责任。然而，由于检察制度尚不健全完善，检察机关和检察人员在检察工作实践中存在不少困惑，甚至有时感到“底气不足”。这种情况下，

迫切需要我们通过明确“十二五”时期检察事业的发展目标来鼓舞、提振士气，以此动员、团结和激励全国检察机关和广大检察人员为之奋斗，不断推动人民检察事业的发展进步。

根据人民检察事业的发展现状和检察工作的实际需要，我认为“十二五”时期检察事业的发展目标要求，应当是努力建设与经济社会发展更加适应、体系更加完备的中国特色社会主义检察制度。“两个更加”，是推进中国特色社会主义检察制度建设的努力方向。改革开放以来特别是“十一五”时期我国社会主义经济建设、政治建设、文化建设和社会建设取得了巨大成就，“十二五”时期经济社会发展必将谱写新的篇章，特别是加快转变经济发展方式贯穿于经济社会发展全过程和各领域，必将对我国经济社会发展带来深刻变革，产生深刻影响。只有建设“与经济社会发展更加适应”的中国特色社会主义检察制度，才能使我们的检察制度建设与我国经济社会发展同步，才能确保检察工作更好地服务党和国家工作大局，更好地服务经济社会发展。我们还应当客观认识到，我国检察制度虽已建立，但仍然存在很多不健全不完善之处，同时对已有的制度建设成果缺乏全面、系统、科学的总结提炼，一些检察工作中面临的重大理论和实践课题尚未得到解决，制约着检察职能作用的充分发挥，制约着人民检察事业的发展进步。只有建设“体系更加完备”的中国特色社会主义检察制度，才能开拓人民检察事业更为广阔、灿烂的发展前景。

提出努力建设与经济社会发展更加适应、体系更加完备的中国特色社会主义检察制度的目标要求，主要基于以下五个方面实际或者基础：

（一）与中国特色社会主义法律体系已经形成相适应

改革开放 30 多年来我国立法工作取得了举世瞩目的巨大成就，中国特色社会主义法律体系已经形成，国家经济建设、政治建设、文化建设、社会建设以及生态文明建设的各个方面实现有法可依。这是我国社会主义民主法制建设史上的重要里程碑，具有重大的现实意义和深远的历史意义。对于检察机关来讲，我国宪法和先后制定或修改的人民检察院组织法、刑事诉讼法、民事诉讼法、行政诉讼法、检察官法等一系列法律，为检察工作的开展提供了有力的法律依据，使中国特色社会主义检察制度日臻丰富和完善。中国特色社会主义法律体系的形成，为推进中国特色社会主义检察制度建设奠定了坚实法制根基。中国特色社会主义法律体系的形成，总体上解决了有法可依的问题，在这种情况下，有法必依、执法必严、违法必究的问题就显得更为突出、更加紧迫，检察机关加强法律监督、保障国家法律统一正确实施的责任更加重大。中国特色社会主义法律体系形成后，立法工作将继续不断推进，我国法律体系将不断健全完善，必然要求检察制度相应地不断健全完善。中国特色社会主义法律体系形成后，随着依法治国进程的推进，建设“法制体系”和“法治体系”是我国面临的范围更广、内涵更深的重要问题，而由“法律体系”迈向“法制体系”和“法治体系”，需要更加重视法律实施，更加重视保证法制的统一、尊严和权威，更加注重执法、司法和法律监督制度体系、工作体系建设，这些必然对检察工作提出新的任务和新的更高要求。与此相适应，“十二五”时期检察机关应当紧跟我国民主法制建设步伐和依法治国进程，加快建设与经济社会发展更加适应、体系更加完备的中国特色社会主义检察制度。

（二）与“十二五”时期司法体制机制改革任务的基本完成相适应

在中央的统一部署下，以建设公正高效权威的社会主义司法制度为目标，以优化司法职权配置、完善宽严相济刑事政策、加强政法队伍建设、改革司法保障体制为重点的新一轮司法体制机制改革整体推进，取得了重大进展。两年来，中央部署的4个方面60项改革任务已基本完成48项；中央确定由高检院牵头的7项改革任务已基本完成5项，检察改革规划确定的87项任务已累计完成50项。按照全国政法工作会议的部署，2011年要着力抓好剩余改革事项实施意见的出台，2012年对司法体制机制改革进行评估和总结，党的十八大召开之前新一轮司法体制改革各项措施基本落实到位。随着新一轮司法体制机制改革任务在“十二五”时期前两年的基本完成，许多长期以来制约、影响检察工作的体制性、机制性、保障性问题将得以解决，中国特色社会主义检察制度将得到极大的完善和发展，为建设与经济社会发展更加适应、体系更加完备的中国特色社会主义检察制度提供了有利条件，奠定了坚实基础。

（三）与检察机关恢复重建以来的工作基础相适应

30 多年来，人民检察事业不断发展进步，在法律制度建设、组织体系建设、检察业务建设、检察队伍建设、检察保障建设、检察改革创新、基本经验总结等各方面取得了巨大成就。中国特色社会主义检察理论体系也已经初步建立，对于我国检察制度的理论基础，对于我国检察制度的具有的历史必然性、内在合理性、明显优越性和鲜明特色，对于我国检察制度的本质属性、宪法地位、权力来源、职权配置以及职权行使的原则机制，既有明确的理论回答，又有丰富的实践支撑。同时，中央和各级党委、人大对检察工作越来越重视和支持，中央新一轮司法体制和工作机制改革高度重视法律监督工作，出台了一系列强化法律监督的改革举措，近年来已有 21 个省级人大常委会作出关于加强检察机关诉讼监督工作的决定，今年全国“两会”上代表们还就加强检察机关法律监督工作提出了立法建议。这些，都为我们做好“十二五”时期的检察工作奠定了坚实基础，也迫切要求检察机关对中国特色社会主义检察制度进行全面、系统、科学地总结、提炼和展望，在“十二五”时期努力建设与经济社会发展更加适应、体系更加完备的中国特色社会主义检察制度。

（四）与全国检察机关学习实践科学发展观活动中整改要求的落实相适应

2008 年和 2009 年，全国检察机关分批开展了学习实践科学发展观活动，认真查摆了检察工作中存在的与科学发展观要求不相符合、不相适应、不相协调的突出问题，深入分析问题产生的原因，并提出了一系列整改要求，提出了很多很好的工作思路和工作举措。如高检院党组在《贯彻落实科学发展观情况分析评议报告》中明确提出必须坚持以科学发展观坚持以科学发展观为统领，把科学发展观贯彻落实到检察工作的各个方面，强调要充分发挥职能作用，着力保障经济平稳较快发展；要坚持执法为民，着力保障和改善民生；要依法打击犯罪、化解矛盾，为科学发展创造和谐稳定的社会环境；要强化对诉讼活动的法律监督，为科学发展营建公平正义的法治环境；要加强高素质检察队伍建设，强化检察工作科学发展的组织保证。这些工作思路和举措，既需要我们在“十二五”时期检察工作中进一步去落实，也需要我们将其作为重大成果来对待，用以发展和完善中国特色社会主义检察制度。

（五）与“十二五”规划提出的民主法制建设的任务相适应

“十二五”规划提出，要全面落实依法治国基本方略，完善中国特色社会主义法律体系，维护法制权威，推进依法行政、公正廉洁执法，加快建议社会主义法治国家。这些任务要求，都与检察机关密切相关。检察机关作为国家法律监督机关，在推进及法治国进程、维护法制权威、推进依法行政、推进公正廉洁执法中都担负着重大历史使命，发挥着其他机关不可替代的作用。要确保“十二五”规划提出的民主法制建设的任务在检察工作中得到真正落实，我们必须努力建设与经济社会发展更加适应、体系更加完备的中国特色社会主义检察制度。

三、实现检察事业发展目标所要推进的三项基本任务

建设与经济社会发展更加适应、体系更加完备的中国特色社会主义检察制度，一方面必须找准基点，抓住事物发展的根本与基础，以基点为灵魂展开检察制度各构成体系的建设；另一方面必须把检察制度各构成体系作为一个相互联系的系统和有机整体，进行整体推进。

实现建设与经济社会发展更加适应、体系更加完备的中国特色社会主义检察制度这一发展目标，检察机关在“十二五”时期要积极推进三项基本任务：

（一）建设以服务大局为基点的检察工作方针政策体系

检察工作作为党和国家工作的重要组成部分，必须坚持自觉服务党和国家工作大局。只有坚持服务大局，检察工作才能符合党和人民的要求，才能在服务大局中实现自身的发展进步。在建设与经

济社会发展更加适应、体系更加完备的中国特色社会主义检察制度中，检察工作方针政策体系的建设应当以服务大局为基点展开。应当坚持把服务大局作为开展检察工作的根本执法指导思想，坚持立足检察职能开展服务，围绕大局确定检察工作的基本任务、工作重点和工作举措，按照服务大局的要求确立政策策略、执法理念、执法原则、方式方法，在此基础上构建完整的检察工作方针政策体系。检察方针政策体系应当涵盖以下主要方面：

1. 进一步明确检察工作的指导思想和执法理念。主要包括坚持以邓小平理论、“三个代表”重要思想和科学发展观为指导；坚持党的领导和接受人大监督，坚持在检察工作中坚决贯彻党的路线方针政策；树立和践行依法治国、执法为民、公平正义、服务大局、党的领导的社会主义法治理念；树立符合科学发展观要求的发展理念和执法理念，牢固树立推动科学发展、促进社会和谐的大局观，以人为本、执法为民的执法观，办案数量、质量、效率、效果、规范、安全相统一的政绩观，监督者更要接受监督的权力观；树立理性、平和、文明、规范执法的观念；树立群众观念，加强检察机关群众工作，等等。

2. 进一步明确检察工作的发展规律和发展思路。主要包括坚持中国特色社会主义发展道路，完善和发展中国特色社会主义检察制度；明确检察机关的工作主题、总体要求、根本目标；坚持检察工作服务经济社会科学发展，推动检察工作自身科学发展；坚持检察工作服务大局，立足检察职能开展服务大局工作；坚持以检察业务工作为中心；统筹业务建设、队伍建设和保障建设，统筹全局工作和重点工作，统筹当前工作和长远发展，形成理更为合理的工作格局，等等。

3. 进一步明确检察机关的工作方针和执法原则。主要包括坚持依法独立行使检察权；坚持以事实为依据，以法律为准绳，严格依法、客观公正；坚持惩防并举，标本兼治，一手抓惩治，一手抓预防；坚持打击与服务、保护相结合，实体公正与程序公正并重；贯彻办理刑事案件中与公安机关、人民法院分工负责、互相配合、互相制约的原则；坚持执法办案法律效果、政治效果和社会效果有机统一，等等。

4. 进一步明确检察工作的政策策略和执法要求。主要包括宽严相济刑事政策在检察机关的执行与贯彻；社会治安综合治理政策在检察机关的执行与贯彻；惩防腐败政策在检察机关的执行与贯彻；司法体制机制改革政策在检察机关的执行与贯彻；正确处理执法办案中数量、质量、效率、效果、规范、安全的关系；正确处理经济社会发展中出现的新情况新问题的法律政策界限；落实理性、平和、规范、文明执法的要求；改进在查办职务犯罪、开展诉讼监督等工作中的执法方式方法；落实检察人员执法纪律与执法作风的具体要求，等等。

（二）建设以维护公平正义为基点的执法办案和法律监督体系

检察机关的各项检察职能都与维护社会公平正义直接密切相关，维护公平正义始终是检察机关肩负的重大任务，始终是法律监督职能的目标所在。在建设与经济社会发展更加适应、体系更加完备的中国特色社会主义检察制度中，法律监督体系的建设应当以维护公平正义为基点展开。通过构建符合国家法律规定和适应社会公平正义的要求的法律监督体系，促进法律监督职能全面、正确、充分履行，使检察机关切实树立起国家法律捍卫者、社会公平正义守护者的良好形象。执法办案和法律监督体系应当涵盖以下方面：

1. 全面加强执法办案工作。主要包括认真履行批捕、起诉职能，依法打击各类危害国家安全、危害治安稳定、损害社会公平正义的刑事犯罪；根据违法犯罪活动的发案情况和发展态势，适时确定打击重点，增强打击实效；有针对性的组织开展专项斗争；准确把握批捕、起诉条件，提高办案质量；始终把查办职务犯罪摆在检察工作的突出位置，不断加大工作力度；根据反腐败斗争形势与党和国家的工作要求，适时调整查案主攻方向和打击重点；有针对性的组织专项查案行动；在办案工作中落实“三个有利于”的要求，坚持依法坚决查办、坚持惩防并举、把握政策界限、掌握分寸节奏、注意方式方法的办案原则，提升办案效果；坚持严格执法、规范办案，确保办案质量和办案安全；立足检察职能开展职务犯罪预防工作，加强预防工作社会化、专业化、规范化、法制化建设，健全完善检察机关预防职务犯罪的工作机制，增强预防实效，等等。

2. 全面加强诉讼监督。主要包括强化对司法执法活动各环节的法律监督；立案监督、侦查监督、刑事审判监督、刑罚执行和监管活动监督、民事诉讼监督、行政诉讼监督等各项法律监督的工作重点，以及强化监督的重要举措；坚持把依法严厉查办执法执法不严司法不公背后的职务犯罪作为法律监督的重要任务；针对人民群众反映强烈的执法不公、不严、不廉的突出问题，适时组织开展专项监督工作；健全完善监督机制、监督手段、监督方式以及法律后果，确保法律监督的实效；根据诉讼监督工作的内在规律和实际需要调整检察机关业务机构设置，进行职能整合，推动侦查活动监督、刑事审判监督、民事诉讼监督、行政诉讼监督工作发展；坚持自身严格公正执法，坚持强化内部监督与制约，自觉接受外部监督，坚持以公开促公正，等等。

3. 全面加强执法管理。主要包括健全完善符合检察工作一体化机制要求的执法管理体系，坚持把加强检察工作的整体性和统一性作为推进执法管理的前提和基础；明确各级院执法管理组织机构及其职责，实行案件统一、归口、专门管理；加强办案流程管理，实现执法环节紧密衔接以及对执法流程各个环节的适时监控；加强办案质量管理，认真开展执法检查和案件评查；完善执法考评管理机制，建立符合科学发展观和正确政绩观要求的检察工作考核评价体系；完善线索集中管理机制，加强职务犯罪案件线索的管理、处理、督办和分析利用，加强对诉讼违法线索的统一管理和诉讼违法线索发现、移送、管理、办理和反馈各环节的内部办案协作机制建设；完善扣押、冻结涉案款物管理；完善办案安全管理，严格执行看审分离制度，推进办案工作区规范化建设和强化日常管理，落实办案必须制定安全防范预案的要求，加强对讯问犯罪嫌疑人、被告人等办案活动的规范管理；加强对讯问职务犯罪嫌疑人全面、全部、全程同步录音录像管理；加强交办案件和指定异地管辖案件管理；建立健全办案责任制和奖惩机制，严格追究执法过错责任，等等。

（三）建设以提高执法公信力为基点的检察机关自身建设体系

执法公信力是检察机关的立身之本。检察机关自身建设是检察事业发展的基础，我们通过加强自身建设，完善检察机关组织体系，提高检察队伍的整体素质和法律监督能力，改善检察队伍的执法保障和执法条件，最终是为了确保严格公正文明廉洁执法，提高检察机关执法公信力；检察机关自身建设的成效，最终要以执法公信力为检验标准。在建设与经济社会发展更加适应、体系更加完备的中国特色社会主义检察制度中，检察机关自身建设体系的建设应当以提高执法公信力为基点展开。要围绕提高执法公信力全面加强检察机关自身建设，不仅要把执法公信力建设作为自身建设的重要组成部分、作为一项重大战略任务来抓，而且要将提高执法公信力的要求注入到组织体系建设、检察队伍建设、执法保障建设等检察机关自身建设的各个方面，不断提升检察机关自身建设水平。检察机关自身建设体系应当涵盖以下方面：

1. 推进执法公信力建设。主要包括坚持将执法公信力建设作为一项战略任务常抓不懈；着力解决影响检察机关执法公信力的突出问题，抓好检察队伍建设、检察职业道德建设、检察机关群众工作和执法规范化建设，认真整治检察人员执法不严格、不公正、不文明、不廉洁、特权思想、官僚主义、衙门作风等问题；深化检察改革和机制创新，加强执法保障建设，加强执法规范化建设，加强检察科学管理，积极破解制约执法公信力的体制性、机制性、保障性障碍；进一步健全完善检务公开制度，建立检察机关的和谐公共关系，建立同媒体的良性互动关系，自觉接受舆论监督，加强网络舆情应对引导工作；构建体制内和体制外相结合的执法公信力评价指标体系，等等。

2. 推进检察队伍建设。主要包括加强思想政治建设，坚持用马克思主义中国化的最新成果武装检察队伍，始终把握正确的政治方向；加强领导班子建设，搞好领导班子的选配，强化对领导班子和领导干部的管理和监督，建设政治坚定、求真务实、开拓创新、勤政廉政、团结协调的领导班子；加强作风纪律建设，全面加强思想作风、学风、工作作风、领导作风、生活作风建设，严格落实检察工作纪律和执法纪律，抓好自身反腐倡廉工作；加强素质能力建设，大规模开展检察教育培训，广泛开展岗位“学、练、赛”活动，强化检察人才培养和引进工作，提高队伍专业化水平。加强管理机制建设，建立健全专业化管理机制，完善绩效考评奖惩机制，探索建立信息化管理机制，健全检察职业保障机制；加强检察文化建设，构建检察人员共同价值体系，大力培育良好的职业道德风尚，广泛开展检察文化创建活动，发挥检察文化的凝聚、引导、激励、约束功能，等等。

3. 推进检察机关组织建设。主要包括坚持党对检察工作的绝对领导，加强检察机关党的建设，充分发挥各级院党组在履行检察职责中的领导核心作用、机关党组织的协助和监督作用、党员检察官的先锋模范作用；实行检察工作一体化机制，落实检察机关领导体制，加强上级检察院对下级检察院的领导，保证检令畅通；科学设置各级检察院内设机构，优化检察职能配置，深化专门人民检察院管理体制改革，完善检察机关组织体系；完善检察系统特别是上下级检察机关之间业务工作领导、指导机制，健全检察机关业务工作领导体系；落实“四化”要求，推进基层检察院建设；规范派出检察室设置，探索开展检察服务站、检察巡回服务组等工作，促进法律监督向基层延伸，等等。

4. 推进检务保障建设。主要包括推动检察经费保障政策措施全面落实，积极争取中央和省级财政加大转移支付力度，完善县级院公用经费保障标准，建立公用经费正常增长机制；按照“够用、简朴、大方”的原则开展检察机关基础设施建设，落实修订后建设标准推进“两房”建设；加快推进科技强检战略，实施电子检务工程，实现信息化办案，提高办公现代化水平；加强交通通讯、侦查指挥、证据收集、检验鉴定等科技装备建设，完善检察机关执法办案的手段和设施体系，等等。

12 加强“三个体系”建设，努力构建更加健全完善的检察工作体系*

我们这次会议是经省委同意召开的。会议的主要任务是：学习贯彻第十三次全国检察工作会议、省委九届十次全体（扩大）会议、省委人大工作座谈会等会议精神，以及省委常委会关于检察工作的指示意见，研究新时期全省检察工作发展的目标任务，并总结上半年工作，部署下半年任务，推动我省检察工作全面发展进步。最近，省委常委会专门听取了省检察院关于第十三次全国检察工作会议主要精神及我省贯彻意见的汇报，省委常委会同意省院提出的贯彻意见。

全国“十三检”会议是高检院在我国全面实施“十二五”规划纲要的形势下召开的一次重要会议，会议确定了“十二五”时期全国检察工作的奋斗目标和基本任务，对推动检察事业全面发展进步具有重要指导意义。会议提出了“十二五”时期检察工作的总体思路，明确了新时期检察工作五项发展目标，并且提出落实总体思路、实现发展目标必须进一步做到“六观”，必须更加注重把握“六个有机统一”的基本要求；提出了要充分发挥各项检察职能作用，努力为“十二五”规划纲要实施营造“四个环境”；提出了要全面加强检察队伍建设，切实加强基层基础建设。要推动检察事业全面发展进步，进一步完善和发展中国特色社会主义检察制度，努力实现“三个更加”，即检察制度与中国特色社会主义法律体系和经济社会发展更加适应，理论基础和法制基础更加坚实，检察改革不断深化，

---

* 2011年8月10日敬大力同志在湖北省市州分院检察长会议上的讲话。

组织体系更加健全；大力推进检察工作创新、理论创新和制度创新，使中国特色社会主义检察制度的生机活力不断增强，先进性、优越性得到坚持和发展。

全国“十三检”会议强调的很重要的一个问题，就是要求检察机关必须坚持在坚定正确政治方向的前提下，认真做好服务党和国家大局、充分履行法律监督职责、全面加强自身建设三个方面的工作。对此，我们必须深刻领会、牢牢把握。结合湖北实际学习贯彻全国“十三检”会议精神，要着力构建更加健全完善的检察工作体系，具体为“三个体系”建设：一是以坚定政治方向、服务大局为基点的检察工作方针政策体系；二是以“四个维护、两个促进”、营造“四个环境”为基点的执法办案和法律监督工作体系；三是以提升队伍素质能力和执法公信力为基点的检察机关自身建设体系。在新的历史时期，要以“三个体系”建设为基本目标，指导和推动我省检察工作全面发展进步。

2006 年以来特别是党的十七大召开以来，我省检察机关坚持按照科学发展观的要求加强和改进检察工作，检察业务建设、检察队伍建设、检察保障建设、检察改革创新等各项工作取得了长足发展和显著成效。全国“十三检”会议提出了推动检察事业全面发展进步的新要求，我们要从更高层次、更高要求上推进湖北检察工作，就必须在系统总结、巩固发展以往工作成果、成功经验的基础上，更加重视对检察工作的顶层设计和系统规划。推进“三个体系”建设，努力构建更加健全完善的检察工作体系，既是我们贯彻落实全国“十三检”会议精神的实际行动，也是推动新时期我省检察工作全面发展进步的迫切要求。在推进“三个体系”建设中，我们首先要把握好两个方面：一方面，必须准确把握“基点”。“基点”就是出发点、落脚点、逻辑起点。也可以说是事物发展的根本或基础，是核心要求或主旨。要以“基点”为灵魂，把握开展“三个体系”建设的方向和重点。另一方面，必须准确把握“体系”。“体系”是具有系统性、完整性、关联性的有机整体。体系内部各项构成要素应当相互联系、协调一致。“三个体系”之间也应当相互联系、协调一致，共同形成健全完善的检察工作体系。加强“三个体系”建设，突出体系的构建和健全完善，就是要以“基点”为根本，以“体系”为目标，对检察工作进行系统规划和整体推进，进一步增强检察工作的原则性、系统性、预见性和创造性。

一、建设以坚定政治方向、服务大局为基点的检察工作方针政策体系

检察工作方针政策是检察工作的灵魂，是党和国家总体方针政策在检察工作中的具体化和体现，是检察工作的重要指导原则，对检察工作的有效开展具有重要作用。推进检察工作方针政策体系建设，必须着眼于充分发挥检察工作方针政策的指导作用，而其中最根本、最核心的，是要指导检察工作沿着正确方向不断发展进步。这就必然要求我们以坚定政治方向、服务大局为基点推进检察工作方针政策体系建设。

保持正确的政治方向，坚持党对检察工作的领导，积极服务党和国家工作大局，是检察工作发展进步的基本前提，也是检察工作必须毫不动摇地坚持的重大原则。我国检察制度是中国特色社会主义政治制度、司法制度的重要组成部分，政治性、人民性、法律性的有机统一是我国检察制度的本质特征，检察工作在保持正确政治方向这一重大问题上不能有丝毫动摇。检察工作是党和国家工作的重要组成部分，必须坚持自觉服务党和国家工作大局。要坚持把服务大局作为开展检察工作的根本执法指导思想，围绕大局确立检察工作的发展战略、工作思路，围绕大局确定检察工作的基本任务、工作重点和工作举措，按照服务大局的要求确立政策策略、执法理念、执法原则、方式方法，在此基础上构建完整的检察工作方针政策体系。这里，我重点强调以下三点：

（一）认真贯彻落实新时期检察工作总体思路和目标要求

做好新时期检察工作，必须适应新形势新任务的要求，进一步明确发展思路，用以统一思想、指导实践、推动工作。全国“十三检”会议明确提出了“十二五”时期检察工作发展的总体思路、目

标任务和重大举措，进一步丰富和完善了检察工作科学发展的思路。全省检察机关要认真学习贯彻高检院的这些要求，积极推动发展思路的创新与发展。

要始终坚定检察工作的政治方向。我们要切实增强政治意识，牢牢把握检察工作的政治方向。要坚持党对检察工作的绝对领导，不断增强党性观念，坚决执行党的路线方针政策；要始终保持忠于党、忠于国家、忠于人民、忠于法律的政治本色，永远做党和人民的忠诚卫士；要高举中国特色社会主义伟大旗帜，坚持中国特色社会主义政治发展和法治建设道路，把中国特色社会主义检察事业不断推向前进。

要牢牢把握检察工作的发展目标。高检院提出的“十二五”时期检察工作五大目标，综合考虑了经济社会发展和检察工作自身条件，充分反映了检察事业的发展趋势和要求。在新的历史时期，我们要在近年来持续加强和改进检察工作的基础上，奋力推动全省检察工作的全面发展进步，就必须紧紧围绕五大目标全力以赴地开展和推动工作。要紧紧抓住检察职能的履行、法律监督格局的形成、执法能力的提升、基层工作的强化、检察制度的完善等事关检察事业发展全局的核心问题，坚持统筹兼顾的根本方法，做到五个方面并重，推动工作全面发展。

要切实转变发展理念和执法理念。坚持发展理念和执法理念的与时俱进，真正把思想认识统一到高检院提出的“六观”、“六个有机统一”的要求上来，进一步深化对检察工作中一系列重大理论实践问题和重大关系的认识，澄清模糊观念。针对我省检察工作实际，我们要坚持深入贯彻落实科学发展观，牢固树立符合科学发展观要求的大局观、执法观、业绩观、权力观、发展观；要注重更新执法理念，既坚持严格公正文明廉洁执法，又高度重视和切实做到理性、平和、规范、文明执法；要继续坚持办案数量、质量、效率、效果、规范、安全的有机统一，防止互相割裂、顾此失彼，做到协调统一、相辅相成，保持执法办案工作的平稳健康发展；要高度重视强化自身监督，在自觉接受外部监督的同时，不断加强内部监督制约和执法管理，进一步促进规范文明执法。

（二）自觉把检察工作摆到经济社会发展全局中来谋划和推进

围绕中心、服务大局，是党中央的明确要求，是人民群众的殷切期望，也是检察机关任何时候都必须坚持的重大政治任务和根本指导思想。全省检察机关要切实增强大局意识、服务意识，继续抓好省院有关服务大局和中心工作的一系列部署的贯彻落实，进一步深化服务大局工作。

要准确把握大局的要求，找准检察工作服务大局的切入点、结合点、着力点。始终立足检察职能开展服务，把全面履行法律监督职责作为服务大局最基本最直接的手段。紧紧围绕保障“十二五”规划纲要的实施，紧紧围绕科学发展这个主题和加快转变经济发展方式这条主线，紧紧围绕省委全面实施“两圈一带”战略、加快“四基地一枢纽”建设、大力推动“一主两副”中心城市加快发展，奋力推进“四个跨越”等重大决策部署，理清大局与检察工作的联系，明确大局对检察工作的要求，深入思考和谋划服务大局工作。密切关注、认真研究调整产业结构、调整区域发展结构、调整组织结构和所有制结构和加强自主创新中涉及法律、涉及诉讼、涉及检察的问题，进一步找准切入点、结合点和着力点，进一步细化、实化检察工作服务大局的措施，充分发挥打击、预防、监督、教育、保护等检察职能，积极服务于加快转变经济发展方式。

要立足于经济社会发展全局，进一步明确检察工作重点。增强服务的针对性和有效性，必须注意紧贴大局明确工作重点。坚决依法打击破坏市场经济秩序犯罪，严肃查办发生在金融、证券、房地产等领域的职务犯罪，严肃查办国家工作人员商业贿赂犯罪，促进国家宏观调控政策的落实，保障重大建设项目的顺利进行，维护规范有序的市场秩序；依法打击各种侵犯知识产权的犯罪，造成重大环境污染事故、严重破坏生态和资源的犯罪，促进创新型国家建设和资源节约型、环境友好型社会建设；积极参加以改善民生为重点的社会建设，严肃查办社会保障、征地拆迁、移民补偿、医疗卫生、教育、就业等领域发生的犯罪案件，更加注重保障和改善民生。坚持把开展专项工作作为服务大局的重要载体和有效手段，根据中央省委的重大工作部署、针对人民群众反映强烈的问题，适时组织开展专项工作，更加有效地服务经济社会科学发展。

要着眼于提高服务水平，改进执法办案工作。坚决克服就案办案、机械办案的单纯业务观点，遵循办案规律，改进工作措施，注意执法办案的方式方法，努力实现办案法律效果、政治效果和社会效果的有机统一。认真贯彻高检院“三个有利于”的要求，正确把握和落实省院提出的“依法坚决查办、坚持惩防并举、把握政策界限、掌握分寸节奏、注意方式方法”五条办案原则。始终保持高度的政治敏感，及时研究、慎重对待经济社会发展中出现的新情况新问题，正确把握执法办案的法律政策界限，坚持打击与服务、保护相结合，不断提升服务大局的能力与水平。

（三）始终将人民放在心中最高位置

始终把人民放在心中最高位置，是我们党始终如一的根本政治立场和鲜明政治本色。我们要认真贯彻中央的指示要求，坚持党的宗旨和群众路线，坚持检察工作的人民性，真正做到以人为本、执法为民。

要坚持一切从人民利益出发开展检察工作。始终把维护人民权益放在第一位，把人民群众的需要作为检察工作的根本导向，把实现好、维护好、发展好人民群众的利益作为检察工作的根本出发点、落脚点，使检察工作获得最广泛最可靠最牢固的群众基础和力量源泉。坚持把人民群众的关注点作为法律监督工作的着力点，促进解决人民群众最关心的社会治安、权益保障、社会公平正义等问题，切实保障和改善民生，努力使执法过程变成服务群众的过程。更加注重察民情、听民声、化民怨，更加注重落实执法办案风险评估预警，妥善处理人民内部矛盾和群众合理诉求，切实维护人民群众的合法权益。

要高度重视并切实做好新形势下检察机关群众工作。坚持把群众工作作为检察工作的应有之义和固有内容，坚持把检察机关群众工作作为党的群众工作的重要组成部分。认真贯彻中央的指示要求和省委、省政府《关于加强和改进新形势下群众工作的决定》，深入落实省委转发的省院《关于加强检察机关群众工作的指导意见》，准确把握新形势下群众工作的新情况新特点，切实抓好“维护人民群众权益、紧紧依靠人民群众、提高群众工作能力、接受人民群众监督、落实便民利民措施”等各项工作。按照省院提出的“六个进一步”的要求，推进检察机关群众工作深入发展，积极探索新的历史条件下检察工作专群结合、依靠群众、服务群众的新途径新机制，切实把以人为本、执法为民和检察机关群众工作根本要求全面深入贯彻到各项检察工作中去，不断提高群众工作能力和水平。

二、建设以“四个维护、两个促进”、营造“四个环境”为基点的执法办案和法律监督工作体系

执法办案和法律监督是宪法和法律赋予检察机关的神圣职责。检察机关必须坚持以检察业务为中心，切实加强执法办案和法律监督工作。执法办案和法律监督工作体系是个大的整体概念，是一个完整的系统，包括执法办案和法律监督工作的体制、机制、制度、格局、程序、措施、办法等方面。执法办案和法律监督工作体系是检察业务工作有效运转的基本条件，加强这一工作体系建设的目的就是为了更好地履行执法办案和法律监督职责。

我们要以“四个维护、两个促进”、营造“四个环境”为基点推进执法办案和法律监督工作体系建设。“维护人民合法权益、维护社会公平正义、维护社会和谐稳定、维护社会主义法制统一尊严和权威、促进反腐倡廉建设、促进经济社会发展”是检察工作的根本目标；努力营造“诚信有序的市场环境、和谐稳定的社会环境、廉洁高效的政务环境、公平正义的法治环境”，是深化改革开放、加快转变经济发展方式的重要基础，也是中央对检察工作提出的重要要求。做到“四个维护、两个促进”、营造“四个环境”，既是检察机关执法办案和法律监督工作的根本目标和历史使命，也是检察机关开展执法办案和法律监督工作的指导原则。检察机关要紧紧围绕“四个维护、两个促进”和营造“四个环境”，全面、正确、充分履

行法律监督职责，积极发挥打击、预防、监督、教育、保护等各项职能作用，使检察工作更加符合党和人民的要求，更加符合经济社会发展的要求，更加符合社会主义法治建设的要求。

（一）进一步加强执法办案工作

执法办案是检察机关的基本职责，必须始终把执法办案工作放到检察工作非常突出的位置，下大力气来抓。

要认真履行批捕、起诉职能。始终把维护稳定作为首要任务，切实维护重要战略机遇期社会和谐稳定。坚决打击境内外敌对势力策划实施的渗透破坏活动，维护国家安全；严厉打击严重暴力犯罪、黑恶势力犯罪、多发性侵财犯罪和“黄赌毒”等犯罪，维护社会治安；更加重视对侵害民生犯罪的打击，依法严厉打击危害食品药品安全等犯罪，切实维护人民群众权益，保障人民群众生命健康安全；积极参与整顿和规范市场经济秩序，坚决依法打击破坏市场经济秩序的犯罪。全面贯彻宽严相济刑事政策，坚持做到当宽则宽、该严则严、宽严适度、注重效果。贯彻对轻微犯罪“依法减少判刑，扩大非罪处理；依法减少监禁刑，扩大适用非监禁刑和缓刑”的要求，更加重视对不批捕、不起诉的运用，对轻微犯罪依法从宽处理。认真落实“两个证据规定”，逐步建立健全对非法证据的发现、调查、处理机制。充分应用检调对接、量刑建议、未成年人案件办理等机制和措施，努力把减少社会对抗、促进社会和谐的要求落实到执法各个环节。

要深入查办和积极预防职务犯罪。坚定不移地贯彻中央、省委关于惩治和预防腐败的战略部署，始终保持查办职务犯罪案件工作的强劲势头。突出办案重点，严肃查办发生在领导机关和领导干部中的职务犯罪案件，权力集中部门和岗位的职务犯罪案件，国家重点投资领域、资金密集行业的职务犯罪案件，损害民生民利、侵犯人民群众合法权益的职务犯罪案件，破坏生态资源、重大责任事故、执法司法不公、群体性事件涉及的职务犯罪案件和充当黑恶势力“保护伞”的职务犯罪案件。突出查办大案要案，深挖窝案串案。在严惩受贿犯罪的同时，依法查处行贿犯罪。加强反渎职侵权工作，切实抓好中办发〔2010〕37号文件精神的贯彻落实，以省人大常委会听取省检察院反渎职侵权检察工作专项报告和举办惩治和预防渎职侵权犯罪巡展为契机，为促进解决执法办案环境、机制制度建设等实际问题营造良好的氛围，切实提高反渎职侵权能力。要加强职务犯罪信息情报体系建设，强化对职务犯罪信息情报的收集、管理和利用，与有关部门共同推进侦查信息、执法信息共享和公共信息快速查询机制建设。要转变侦查理念和侦查模式，坚持办案工作重心前移，强化案件初查工作，完善初查措施，规范初查程序。要完善侦查手段，强化科技手段在侦查中的运用，加强侦查装备建设，健全指挥畅通、执行有力、权威高效的侦查指挥系统，不断提高侦查能力。要积极开展职务犯罪预防工作，推进预防工作社会化、专业化、规范化、法制化建设，推动预防工作科学发展。立足检察职能，紧密结合执法办案，深入开展个案预防、行业预防和专项预防。加强预防对策研究，加强调查、咨询和行贿犯罪档案查询，推进警示教育基地建设，广泛开展警示教育和法制宣传。

（二）进一步加强对诉讼活动的法律监督

牢固树立监督为本的观念，做到敢于监督、善于监督、依法监督、规范监督，不断提高监督实效和水平，切实维护司法公正和司法廉洁。

加强刑事诉讼监督。强化刑事立案和侦查活动监督，严格执行对不该立案而立案进行监督的条件、范围和程序，重点监督纠正违法动用刑事手段插手民事经济纠纷等问题，加强对搜查、扣押、冻结等侦查措施监督，探索开展对公安派出所刑事执法活动的监督。强化刑事审判监督，坚持公诉和刑事审判监督“两手抓、两手硬、两手协调”。把抓好抗诉工作作为刑事审判监督的中心任务，下大力气改变刑事抗诉相对薄弱的局面；积极开展对适用简易程序案件审判活动的监督，坚持把好程序适用关、派员出庭关、事后审查关。强化刑罚执行和监管活动监督，完善检察机关对减刑、假释、暂予监外执同步监督机制，探索上级检察院对监管场所开展巡视检察的工作方式。

加强民事、行政诉讼监督。深入贯彻落实全国、全省民事、行政检察工作会议精神，深化对民事、行政检察工作基本属性、职能定位等重大问题认识，推进民事、行政检察工作深入健康发展。明确目标任务，加强对民事、行政判决裁定的监督，维护民事、行政裁判的公正权威；加强对司法调解、民事执行和其他非诉活动的监督，维护民事和行政诉讼活动的规范合法；加强对诉讼违法行为和渎职行为的监督，维护民事、行政诉讼活动的廉洁高效；加强对刑事附带民事诉讼、支持起诉、督促行政作为、督促提起诉讼等工作的探索，维护国家和社会公共利益不受侵犯。强化和规范同级监督及其他违法情形监督，着力构建以抗诉为中心的多元化监督格局。

加强控告申诉检察工作。深入贯彻落实全省控告申诉检察工作会议精神，准确把握职能定位，明确目标任务，强化监督制约，强化涉检社会矛盾化解。充分发挥控告申诉部门受理接待的窗口作用、办案流程的管理作用、审查办案的纠错作用、群众工作的归口作用等四个方面的基本作用，推动控告申诉检察工作科学发展。要突出工作重点，重点抓好涉检信访积案排查化解、修改后《国家赔偿法》的贯彻落实、综合性受理接待中心建设等，全面加强控告申诉检察工作。

加强行政执法机关移送刑事案件的监督。行政执法与刑事司法衔接，事关依法行政和公正司法，事关经济社会秩序维护，事关人民群众切实利益保障。为了贯彻中办、国办转发的《关于加强行政执法与刑事司法衔接工作的意见》（中办发〔2011〕8 号），省院会同省政府法制办等部门起草了《关于加强行政执法与刑事司法衔接工作的实施意见》，省委办公厅、省政府办公厅即将正式转发。全省检察机关要认真贯彻这两个文件，切实加强“两法衔接”工作，推动解决在一些行政执法领域存在的有案不立、有案难移、以罚代刑等问题。要依法严格履行检察机关在“两法衔接”工作中的职责，重点加强对行政执法人员不移送涉嫌犯罪案件和公安机关工作人员不依法受理、立案涉嫌犯罪案件的监督。当前，要以监督移送危害食品安全犯罪案件为重点，推动对行政执法机关移送涉嫌犯罪案件专项监督活动深入开展，并以此为契机，加快“网上衔接、信息共享”平台建设。要建立健全“两法衔接”工作长效机制，坚持和落实联席会议、案件咨询、信息共享等制度，推动“两法衔接”工作顺利开展。

（三）进一步推进检察工作机制建设和创新

健全完善工作机制，是检察机关全面正确履职的重要保障，也是充分用足现有法律手段的必然要求。推进执法办案和法律监督工作体系建设，要高度重视检察工作机制建设和创新。全省检察机关在认真组织实施高检院部署的各项机制改革项目的同时，要进一步深化省院近年来结合湖北实际提出的重大工作机制创新，推动检察工作机制不断健全完善。

要深化检察工作一体化机制建设。高检院要求要进一步健全检察机关组织体系，坚持并推进检察工作一体化机制建设，形成上下步调统一、横向协作紧密、规范有序协调的工作格局。我省检察机关在实行检察工作一体化机制上率先探索，2006 年制定指导意见，在全省检察机关全面实行“上下统一、横向协作、内部整合、总体统筹”的检察工作一体化机制，并不断深化实际运行和理论论证，使这项机制建设取得了明显成效。我们要牢固树立“一体化”的思想和观念，按照高检院和省院的要求部署，进一步深化检察工作一体化机制建设。充分发挥检察领导体制优势，强化上下级检察院领导关系，加强上级检察院对下级检察院重大案件事项的督导和对下级检察院执法办案活动的监督，确保检察机关领导体制落实到位，确保检令畅通。坚持把检察工作一体化机制的各项措施落实到执法办案和法律监督工作中，加强检察机关内部监督制约与协调配合，加强各地检察机关之间的检务协作，维护检察工作的统一性和整体性，促进检察机关结成运转高效、关系协调、规范有序的统一整体。

要深化“两个适当分离”并推动相关机制建设。实行诉讼职能和诉讼监督职能适当分离、案件办理和案件管理职能适当分离，是我们从遵循检察权运行规律出发，系统谋划检察职能优化配置的重要探索，对于强化法律监督、加强监督制约、促进资源整合、提高工作效率、推动分类管理、优化职能配置等起到了重要促进作用。要认真落实“两个适当分离”这一整体思路，积极探索检察机关内设机构、职能调整、资源配置等方面改革，努力实现诉讼职能与诉讼监督职能，案件办理与案件管理的整体推进、相互促进。要深入推进“两个适当分离”相关配套机制创新，建立健全线索发现移送及办理反馈、综合统一管理、工作协调配合、执法办案监督制约、资源整合优化等机制，加强“适度”分离之后的工作协调配合。

要深化法律监督调查机制建设。检察机关采用调查取证的手段发现严重违法行为，是进行法律监督的前提。近年来，我们在履行对诉讼活动法律监督过程中，探索建立了一套以发现、核实、纠正司法执法人员违法行为为核心内容的法律监督调查机制，强化了法律监督整体效能。“两高三部”联合下发的《关于对司法工作人员在诉讼活动中的渎职行为加强法律监督的若干规定（试行）》和高检院深化检察改革2008～2012年工作规划，都对调查诉讼违法行为作出了明确规定。我们要进一步深化法律监督调查机制建设，全面落实省院制定的“两个办法”，进一步明确法律监督调查范围，规范受理与调查、调查终结与处理等监督程序，完善配套措施和相关制度，切实加大法律监督调查的工作力度，不断增强监督的针对性和实效性。要进一步落实检察机关对司法工作人员在诉讼活动中的渎职行为加强法律监督的改革规定，建立审查、调查与初查、立案侦查相衔接机制。要切实增强法律监督调查中的“线索观念”和“办案观念”，切实提高发现、核实和纠正诉讼违法行为的能力。

要深化同有关政法机关监督制约与协调配合机制建设。加强刑事诉讼过程中政法各部门之间监督制约、协调配合，是我国宪法和刑事诉讼法规定的重要原则。近年来，省院经过认真研究，反复沟通，先后与省法院、公安厅、司法厅会签了关于加强协调配合与监督制约的规范性文件。对于这些规范性文件，我们要持之以恒、常抓不懈。要加强沟通协调，充分保障检察机关的知情权、核查权和纠正权，切实将查阅案卷、案件情况通报、检察长列席审判委员会等各项要求落实到位。加强与其他政法机关经常性工作联系，落实情况通报、介入调查、引导取证等各项工作制度，促进案件依法办理，维护司法权威。

要统一部署实施案件管理机制创新。案件管理是检察管理的重要内容，是执法管理的重要方面，也是强化监督管理、促进规范执法的基本要求。我们要认真贯彻落实高检院这一部署，系统研究我省检察机关深化案件管理的相关办法和措施。要明确案件管理的基本指导思想，围绕执法办案中存在的突出问题，以及自侦案件和诉讼监督案件容易发生问题的重点部位、关键环节强化管理，增强管理的针对性和实效性；要把案件管理同检察管理、执法管理、办案管理、线索管理等统筹协调起来；要明确强化案件管理的基本原则和基本要求，使案件管理机制与检察工作一体化、“两个适当分离”、检察机关自身执法办案监督制约、执法办案责任制等机制相适应；要从执法办案管理规律出发，在全省统一实行“全面管理、分工负责”的案件管理模式，提高案件管理的规范化和科学化水平。对这一案件管理模式要重点把握两个方面：一方面要坚持案件集中、统一、归口管理与分别、分散、个别管理相结合，能集中的就集中，该分散的则分散，不搞越俎代庖、职能交叉替代；另一方面，对应当实行集中统一归口管理事项，一般也不要搞“大一统”，而是要实行分工负责，如自侦案件线索管理、办案的组织指挥和案件交督办与指定异地管辖应由指挥中心负责；案件统一受理、流程监控、诉讼违法线索管理、案件评查纠错应由控申部门负责；执法监督、检务督察应由监察部门负责；涉案赃款赃物管理应由计财部门负责；综合考评应由办公室负责；等等。在案件管理模式统一前提下，要区分省市县三级院、“大院”和“小院”的不同情况加以落实，担负案件管理职能的机构可以实行“上多下少”，机构承担的管理职能可以实行“上窄下宽”，已开展小院整合试点的13个院应由案件管理部承担案件管理工作；要明确案件管理的范围，突出案件流程监控管理；要充分利用信息化手段强化案件管理，推行办案网上运行、网上管理、网上监督、网上考评；要重视控申部门统一受理案件以及具有的监督、制约、纠错职能，充分发挥控申部门对办案流程的管理作用，实行“一个窗口对外，一个闸门对内”；要从管理机构、制度设计、制度实施、技术保障、管理方法等多方面研究案件管理工作，实行多位一体、融会贯通、齐头并进，使案件管理工作落实到位。

三、建设以提升队伍素质能力和执法公信力为基点的检察机关自身建设体系

检察机关自身建设是全面履行法律监督职能的根本保障，是检察事业科学发展的重要基础。检察机关作为国家法律监督机关，要强化法律监督，必须首先做到正人先正己，不断提高自身建设水平。只有切实加强自身建设，才能始终保持自身的先进性，改进自身的薄弱点，才能推动检察工作不断发展进步。

高检院提出，在检察机关自身建设方面要实现检察队伍素质能力和执法公信力明显提升，适应检察工作特点的执法管理机制和内部监督制约体系基本建立，队伍结构进一步优化，整体素质和法律监督能力明显增强，执法规范化程度明显提高，执法形象和社会认可度明显提升；基层基础工作持续加强，基层检察院建设全面推进，检务保障更加有力，检察工作科技含量明显增加。全省检察机关要深刻领会这些要求的精神实质，以提高队伍素质能力和执法公信力为基点，进一步加强自身建设体系建设，最根本的是建设一支高素质的检察队伍，确保严格、公正、文明、廉洁执法，提高队伍素质能力和执法公信力。

（一）深入开展执法公信力建设

近年来，我们坚持把执法公信力作为检察机关的立身之本、战略任务和检察权运行的重要规律来抓，突出重点，逐步深入，取得了明显成效。要进一步坚定信心，强化措施，切实把执法公信力提高到新水平，牢牢把握三个努力方向，即着力解决影响检察机关执法公信力的突出问题，着力争取解决制约执法公信力的体制性、机制性、保障性障碍，着力研究和解决如何提高执法公信力问题。当前，要认真贯彻高检院下发的《检察机关舆情引导及应急处置暂行

办法》，进一步深化检务公开，建立与媒体的良性互动关系，自觉接受新闻舆论监督，积极改进自身工作；同时，要深刻总结经验教训，健全涉检舆情监测、研判、通报、预警、处置机制，加强对网上热点问题的应对和引导。

（二）深入开展执法规范化和监督制约体系建设

省委常委会最近研究检察工作时强调，检察机关作为国家专门法律监督机关，要弘扬法治精神，在法治湖北建设中发挥积极作用，要落实省委提出在普法、信法、守法、依法、施法、执法、司法、立法等方面的新要求，切实维护司法公正，严格遵守法律和制度，执法守法，依法“执法”，治庸问责、清除隐患，对于自身违法违纪案件要下重拳、下狠手，坚决依法严肃查处。全省检察机关要坚持把强化自身监督放在与强化法律监督同等重要的位置来抓，进一步加强监督制约，促进规范执法。

一要全面落实规范执法22项任务。为了健全长效机制，省院近期研究确定了进一步规范执法的22项任务，明确了责任分工，形成专题会议纪要印发会议，并将陆续出台工作方案和具体规范。各地要按照省院统一部署，全面执行“四个绝对禁止、一个必须实行”的办案纪律，认真贯彻讯问全程同步录音录像、行贿犯罪案件办理、指定异地管辖等各项工作要求，确保22项任务落实到位，进一步提高规范执法水平。近期，省院成立4个巡视督察组，首先要对各地贯彻落实规范执法22项任务的情况进行督察。

二要深入推进自身执法办案监督制约体系建设。实践反复证明，只有切实加强监督制约，才能及时发现、有效监督、坚决纠正执法办案中的违法违规问题。要按照省院部署，在自觉接受外部监督的同时，要落实各项内部监督制约措施，着力加强检察机关各个执法环节的相互制约，加强检察机关专门管理、监督机构对执法办案及违法违纪的监督制约，加强上级检察院对下级检察院执法办案活动的监督，加强业务部门执法办案中的自身监督，健全完善对自身执法办案的监督制约体系。近期，省委政法委制定了《关于全省政法机关执法问责六条规定》，明确规定凡刑讯逼供、暴力取证和体罚虐待涉案人员、被监管人员的，一律给予纪律处分；构成犯罪的，坚决追究刑事责任。凡讯问、庭审、监管等执法场所没有按规定安装视频监控设备和装而不用的，主要领导先停职再查处；没有按规定对执法行为实行全程同步录音录像的，一律按相关规定严肃查处。全省检察机关要认真执行上述要求，强化监督制约体系建设，严格落实执法问责规定，不断提高制度规范的执行力。

三要推动形成公正廉洁执法“五位一体”工作格局。省院制定的《关于构建促进检察机关公正廉洁执法工作格局的指导意见》，明确提出构建以执法办案为中心、以制度规范为基础、以执法管理为前提、以监督制约为关键、以执法保障为条件的“五位一体”工作格局，对于解决执法办案中的突出问题具有针对性和指导性，对于促进公正廉洁执法具有根本性和长远性，必须作为一项长期任务来抓。要在抓好思想政治教育、素质能力建设等工作的基础上，按照构建“五位一体”工作格局的要求，更多地从工作机制层面着手，进一步细化工作措施，强化督促检查，真正把《关于构建促进检察机关公正廉洁执法工作格局的指导意见》提出的各项制度落实到每个部门、每个干警、每个案件、每个环节，努力提高公正廉洁执法水平。

（三）深入开展检察管理机制建设

创新和加强检察管理是促进严格公正文明廉洁执法的重要举措，也是提高法律监督工作水平的必由之路。要按照“强化检察管理年”活动的部署，进一步遵循规律，深化探索，把检察管理机制建设放在重要位置来抓。一要明确检察管理机制建设的基本要求。强化检察管理必须遵循检察工作一体化、“两个适当分离”等重要规律，注意从检察工作规律出发来研究检察管理问题，强化对各种检察工作规律的准确把握，促进检察管理科学化。二要把握检察管理机制建设的目标任务。要按照“落实、增效、规范、创新”的要求，突出强调抓落实，抓执行，注重节约成本、提高效率、提升效果，实现从侧重治理向侧重管理的跨越，着眼于促进和推动思想创新、工作创新、机制创新。三要推进强化检察管理的20件事项。要把谋划和解决影响检察工作科学发展的突出问题，作为开展“强化检察管理年”活动的重要抓手来落实。各有关市州分院和省院内设机构要按照责任分工的要求，强化检察政务管理、执法管理、保障管理、队伍管理四个方面20项工作，提出解决存在问题和推动工作落实的对策措施，进一步完善检察管理机制。四要深化检察管理理论研究。要加强检察管理理论研究和调查研究，为强化检察管理提供理论支撑，实现理论与实践互动。省院将在10月份以强化检察管理为主题举办检察发展论坛第四次会议，深化对检察管理规律的研究，以理论研讨的成果指引检察管理实践的深入。

（四）深入开展检察队伍建设

要坚持以队伍建设为根本保证，始终把高素质检察队伍建设作为战略任务，以公正廉洁执法为核心，坚持不懈地强化教育、管理和监督，促进检察人员的全面发展。近年来，省院制定实施《关于加强检察队伍建设若干问题的决定》，积极推进“六项工程”建设，得到了高检院的充分肯定，为推动检察工作全面发展进步提供了坚实组织保证。要按照全国“十三检”会议的部署，赋予“六项工程”建设新的内涵、新的要求，坚持常抓不懈、常抓常新，在更高起点上推进检察队伍建设不断取得新成效。

要加强思想政治建设，坚持以党建带队建，持续开展中国特色社会主义理论体系教育，深入贯彻落实科学发展观，牢固树立社会主义法治理念，自觉践行“六观”。加强领导班子建设，加强干部协管工作，当前要高度重视抓好换届工作，严格按照党政干部选拔任用条例和《检察官法》规定的标准和条件，选准配强各级院领导班子特别是检察长；积极参与干部考察工作，注意把遵守规范执法规定的情况作为考察的一项重要内容；严明换届纪律，按照中纪委、中组部“5个严禁、17个不准、5个一律”的要求，匡正选人用人风气，坚决抵制选人用人上的不正之风。加强素质能力建设，加快国家检察官学院湖北分院建设步伐，深入抓好统筹全员培训工作，加强和改进教育培训工作，全面提高检察人员思想政治素质、职业道德素质和业务素质，着力提高发现违法犯罪、分析研判矛盾、侦查突破案件、收集固定审查运用证据、适用法律政策、群众工作等能力。加强队伍管理机制建设，认真落实检察人员分类管理改革，强化检察人员职业保障，进一步妥善解决检察官提前离岗离职问题；落实检察人员履行职务受到侵害保障救济机制和不实举报澄清机制，保障检察人员合法权益；坚持从优待检，关心和爱护长期处在办案一线的干警，切实把以人为本的要求落到实处。加强纪律作风建设，认真贯彻党风廉政建设责任制，推行廉政风险防控机制，落实领导干部廉洁从检若干规定等制度，管好家属、子女及身边工作人员，抓好自身反腐倡廉工作；坚持把治理庸、懒、散作为推进作风建设的突破点，坚持不懈地反对特权思想、霸道作风，扎实开展治庸问责活动，加大检务督察工作力度，着力治理群众反映强烈的突出问题，树立公正廉洁执法的良好形象。加强检察文化建设，深入推进检察职业道德建设“两活动一机制”，积极培育、大力宣传先进典型，成立湖北省检察文学艺术联合会并充分发挥作用，广泛开展检察文化创建活动，着力构建检察人员共同价值体系，为检察事业全面发展进步提供坚实思想基础和强大精神动力。

要进一步健全检察组织体系。完善检察组织体系，是公正、规范、有效行使检察权的重要前提，是加强检察队伍建设的重要内容，是加强自身建设迫切需要研究解决的重大课题。高检院明确要求，“十二五”时期要进一步健全检察机关组织体系，探索完善检察组织及其运行机制。近年来，我们在实行“两个适当分离”、加强内设机构设置、推行检察工作一体化机制等方面，都进行了积极探索，积累了一定经验。要明确目标，坚定信心，按照高检院要求进一步深化探索，总结经验，力争在检察组织体系建设方面取得更大进展。这里强调三个方面：一是规范组织机构设置。要按照高检院要求，对省、市、县三级院的内设机构以及派出机构设置进行积极探索和逐步规范。省院将内设机构分成五种类型，即执法办案机构、诉讼监督机构、综合业务机构、综合管理机构、检务保障机构，对内设机构进行了调整，实行优化配置。要继续抓好调整后的工作运行，加强协调配合，形成工作合力，增强工作实效。各市州分院可以参照省院模式，结合本地实际，对组织机构设置进行规范。13个开展内部整合改革试点的基层院，要按照批捕公诉部、职务犯罪侦查部、诉讼监督部、案件管理部和综合管理部“五部制”模式逐步规范运行，积极、慎重地扩大和深化内部整合改革试点工作。要加强派出机构管理，制定实施《派驻（乡镇）检察室、检察服务站、检察巡回服务组管理办法》，明确派出主体，严格审批程序，规范向基层延伸工作，并对历史遗留的“乡镇检察室”进行清理。二是探索完善办案组织。要逐步探索建立以检察官为主体的管理模式，实行“扁平化管理”，充分发挥检察官在执法办案中的作用，探索建立权责明确、协作紧密、制约有力、运行高效的办案组织模式，调动检察人员的工作积极性、主动性和创造性。三是建立健全检察组织的运行机制。健全的检察组织体系需要科学有效的工作运行机制来保障和实现。要在做好科学配置职能、调整内设机构等工作的同时，高度重视建立资源整合优化、办案协调配合等工作机制建设，着力防止和解决检令不通、检禁不止、相互掣肘、各自为政等突出问题，建立健全检察组织之间既相互制约又相互协调的运行机制，进一步提高工作效率，增强整体效能。

（五）深入开展基层检察院建设

基层检察院建设是全部检察工作的基石，检察机关加强自身建设必须高度重视抓基层、打基础。近年来，我们提出基层院“四化”建设应当做、急迫做、能够做的20件事项，明确责任分工，逐项抓好落实，受到高检院充分肯定和基层广泛认可。要按照高检院关于加强基层院建设的一系列新部署，以健全完善办案工作机制和落实执法工作规范为重点，深入推进执法规范化建设；以加快基层人才工程建设为重点，深入推进队伍专业化建设；以探索分类管理改革和优化内部管理为重点，深入推进管理科学化建设；以提高保障层次和信息化应用水平为重点，深入推进保障现代化建议。需要强调的是，加强基层院建设是全系统的共同责任，上级院党组要定期研究基层院建设工作，上级院领导要定点联系基层，健全基层院建设宏观指导、分类指导等工作机制，加强基层院建设抽样评估，落实基层院建设工作逐级报告制度，完善基层院建设考核评价模式，强化上级院业务部门对基层院的业务指导，充分发挥省、市、县三级院的不同作用，形成基层院建设的整体合力。近期，省院将对20件事项落实情况进行评估、督办，出台“十二五”时期基层院建设发展规划纲要，适时召开基层院“四化”建设推进会，进一步推动基层院建设大发展。

（六）深入开展检务保障建设

良好的检务保障是公正廉洁执法的重要条件，是加强自身建设的重要方面。要推动检察经费保障政策措施全面落实，积极争取中央和省级财政加大转移支付力度，完善县级院公用经费保障标准，建立公用经费正常增长机制。要认真落实《关于进一步加强地方政法基础设施建设规范投资保障机制的意见》和修订后的《人民检察院办案用房和专业技术用房建设标准》，按照“够用、简朴、大方”的原则开展检察机关基础设施建设，确保“两房”建设如期全面完成并达到新的建设标准。要按照中央统一部署，配合各级政府部门组织开展妥善化解基础设施建设债务工作，坚决防止出现新的债务。要深入实施科技强检战略，认真贯彻《2009－2013年全省检察机关科技强检项目建设实施方案》，深入推进以“强办案、强监督、强管理”为主要内容的科技强检活动，实施电子检务工程，实现信息化办案，提高办公现代化水平，加强交通通讯、侦查指挥、证据收集、检验鉴定等科技装备建设，全面提高检察工作的科技含量，切实将先进科技装备转化为现实战斗力。要坚持厉行节约、勤俭办事，反对贪大求洋、铺张浪费，将有限财力更多地向检察业务工作、执法办案一线倾斜，为公正廉洁执法提供有力保障。

坚定正确政治方向，加强“三个体系”建设，努力推动我省检察工作全面发展进步，是贯彻中央、高检院和省委部署、适应检察工作形势任务要求、结合检察工作实际提出的新时期湖北检察工作的发展目标。全省检察机关和广大检察人员要以这个目标凝聚力量，共同奋斗，为中国特色社会主义检察制度的进一步健全完善作出应有贡献。

13 积极融入“五个湖北”建设，按照“五个检察”要求谋划和推动检察工作自身科学发展*

“五个湖北”构建了全省经济社会发展总体格局。在发挥检察职能保障和服务“五个湖北”建设的同时，我们也要充分认识到，湖北检察事业与全省经济社会发展共生共长、密不可分，检察事业发展也要积极融入“五个湖北”建设，也要按照五个方面的要求谋划和推动检察工作自身科学发展。

一要推进“实力检察”。近年来，随着全省经济发展进入快车道，检察机关人财物保障水平显著提升，但同时仍存在基础不强、保障不足、发展不够的问题。要积极适应“富强湖北”建设要求，与时俱进地推进“实力检察”，以不断增强检察机关“硬实力”为目标，着力强化高素质检察队伍建设，着力提高经费保障水平，着力加快科技强检步伐，着力提升基础设施和装备现代化水平，切实强基础、壮实力，稳固发展根基，增强发展后劲。

二要推进“创新检察”。建设“创新湖北”要求我们打造“创新检察”。坚持解放思想、实事求是、与时俱进，把改革创新的时代精神真正融入检察工作，以创新解难题，以创新求发展，深化学习型、创新型检察机关建设，全面加强思维创新、机制创新和工作创新，推动全省检察工作走上创新驱动的轨道。

三要推进“法治检察”。检察机关作为国家法律监督机关，如果自身缺乏法治精神、违法违规办案，势必对落实依法治国方略和

* 2012年8月2日敬大力同志在湖北省检察长座谈会上的讲话节录。

建设“法治湖北”造成更大危害。要在检察机关大力弘扬社会主义法治精神，自觉做到严格充分履职，依法执法办案，规范执法行为，推动严格、规范、公正、文明执法水平的新提升。

四要推进“文明检察”。把“文明检察”作为“文明湖北”建设的重要内容，坚持以社会主义法治理念为指引，进一步加强以法治精神和公信力为主题的检察文化建设，构筑检察事业发展进步“精神高地”。

五要推进“人本检察”。把以人为本、建设“幸福湖北”的理念和要求贯彻到检察工作中。要坚持执法为民，不断提高检察机关群众工作能力和水平；要依法保障人权，在执法中尊重人格尊严，维护基本人权，体现人文关怀；要始终坚持检察干警的主体地位，尊重干警，理解干警，关爱干警，不断强化干警的主人翁意识，充分调动干警干事创业的积极性和主动性。

14 深入学习贯彻党的十八大精神，为湖北检察事业全面发展进步而努力奋斗*

这次会议是一次非常重要的会议。主要任务是：高举中国特色社会主义伟大旗帜，全面贯彻落实党的十八大、省第十次党代会、第十三次全国检察工作会议和全国全省政法工作会议、全国检察长会议精神，总结过去五年工作，研究部署今后一个时期湖北检察工作的发展战略和主要任务，解放思想，改革创新，凝聚力量，求真务实，努力推动湖北检察事业全面发展进步。

一、过去五年全省检察工作回顾

党的十七大以来，全省检察机关在省委和高检院正确领导下，深入贯彻落实科学发展观，以全面加强和改进检察工作为基本要求，紧紧围绕湖北经济社会发展大局，忠实履行法律监督职责，检察工作取得了新的明显成效。

（一）检察工作思路不断明确和深化

我们牢牢把握检察工作正确政治方向，树立正确的发展理念和执法理念，不断丰富和发展检察工作思路。鲜明提出“深入贯彻落实科学发展观，按照党的十七大的部署全面加强和改进各项检察工作”；强调坚持“高举旗帜、科学发展、服务大局、解放思想、与时俱进”的重要原则；提出工作思路和工作决策要做到“六个符合”；根据全国“十三检”会议精神，提出“三个体系”建设；根

---

* 2013 年 1 月 18 日敬大力同志在第十三次湖北省检察工作会议上的报告，部分内容刊载于《人民检察》2013 年第 2 期。

据省第十次党代会精神，提出推进“五个检察”建设等。各项检察工作思路也不断明确和深化，保持了总体工作思路和具体工作思路的系统性、连续性和创新性，统一了全体干警执法思想，有效指导和推动了全省检察工作科学发展。

（二）服务大局和保障民生卓有成效

我们紧紧围绕“两圈一带”、“四基地一枢纽”等重大决策部署，立足检察职能，依法打击、监督纠正了一大批危害改革、影响发展、破坏稳定的违法犯罪，注重把化解矛盾贯穿检察工作始终，为湖北科学发展、跨越式发展作出了积极贡献。我们始终坚持检察工作的人民性，按照“五条原则要求”和“六个进一步”的思路，加强和改进检察机关群众工作，充分发挥检察职能维护人民权益，推行综合受理接待中心、具有“七合一”功能的“12309”检察服务电话等一系列便民利民措施，群众工作机制进一步健全、能力进一步提升，人民群众对检察工作满意度进一步提高。我们把专项工作作为重要抓手，先后开展了打击侵犯知识产权和制售假冒伪劣商品，食品药品安全专项整治，治理商业贿赂，查办和预防涉农、民生、危害能源资源和生态环境职务犯罪等28个专项工作，增强了服务发展、保障民生实效。

（三）检察业务工作平稳健康发展

我们始终坚持以检察业务工作为中心，注重正确处理数量、质量、效率、效果、规范、安全的关系，在高检院通报去年的38项主要业务指标中，有23项进入前10位，其中5项进入前5位。

（四）检察改革和工作机制建设成效明显

我们认真落实职务犯罪案件审查逮捕上提一级、刑事立案监督、量刑建议、民事与行政诉讼监督、刑罚变更执行同步监督、人民监督员、铁检管理体制改革等改革措施，完善配套机制，取得积极进展。坚持不懈地以机制创新推动检察工作发展，在法律制度框架内，深入推进检察工作一体化机制，有效增强了法律监督合力；积极推进“两个适当分离”，健全完善检察机关组织体系，实行批捕与侦监、公诉与刑事审判监督、民事诉讼监督与行政诉讼监督等职能分离、机构分设，成立案件管理办公室和未成年人刑事检察机构，推行部分基层院内部整合改革，清理整顿和新建派驻检察室、检察服务站、检察巡回服务组，强化了法律监督、提高了工作效率、促进了检力下沉，得到了高检院领导充分肯定；建立法律监督调查机制，增强了法律监督针对性、实效性；健全完善与政法部门监督制约和协调配合机制，增进了相互理解与支持；积极推进“两法衔接”机制，开辟了法律监督新的增长点。通过深化改革和机制创新，有效破解了一批制约检察工作发展的难题。

（五）执法公信力进一步提升

我们坚持把执法公信力作为检察机关的立身之本、战略任务和检察权运行的重要规律来抓，牢牢把握三个努力方向，切实做好端正统一执法指导思想、忠实履行法律监督职责等九个方面工作，推动执法公信力建设不断深化，树立了良好形象，检察工作得到了更为广泛的认可、理解和支持。坚持把执法规范化建设作为提高执法公信力的关键环节来抓，提出并落实“坚持长期治理、健全长效机制、落实治本措施”的工作思路，持续不间断地整治违法违规扣押冻结款物、刑讯逼供等突出问题。制定“四个绝对禁止、一个必须实行”的办案纪律等制度规范，构建促进公正廉洁执法“五位一体”工作格局。针对执法不规范“顽症”，建立规范执法“倒逼机制”，狠抓看守所检察机关职务犯罪讯问室、办案区视频监控、办案区“强制物理隔离”等24项任务落实，得到高检院、省委充分肯定并在全国检察机关推广。

（六）队伍整体素质进一步提高

我们全面推进检察队伍建设“六项工程”，深入开展学习实践科学发展观等教育实践活动，健全检察职业道德自律机制，积极开展检察文化建设，教育引导检察人员坚定理想信念。建立基层院检察长任免备案等制度，加强干部协管工作，强化对检察领导干部教育、管理和监督。统筹推进全员教育培训，共培训检察人员29000余人次，队伍整体素质实现新提升；积极开展岗位练兵，全省共有全国检察业务专家等各类人才478人；加强精品课程、师资队伍建设，创新实训教学、驻院科研等方式，与院校联合培养检察专业法学硕士、博士研究生，国家检察官学院湖北分院汤逊园校区建成投入使用，教育科研水平明显提高。狠抓纪律作风和自身反腐倡廉建设，严格执行党风廉政建设责任制，组织检察机关自身反腐倡廉教育展览，建立廉政风险防控、巡视督察等机制，深入开展“治庸问责”、“维护人民群众合法权益，解决反映强烈突出问题”等专项治理，队伍形象明显改观，检察人员违法违纪比例连续12年低于2‰。

（七）基层基础工作明显加强

我们认真贯彻高检院《2009－2012年基层人民检察院建设规划》，部署和落实基层检察院建设20件事项，实行领导同志联系基层、对口指导、结对共建等制度，为基层检察院补充编制1131个、公开招录选调生和高等院校毕业生1013名充实基层。积极争取各级地方党委、政府重视支持，全面落实基层院公用经费保障标准，经费保障水平逐年稳步提高，“两房”建设取得阶段性成果，基层执法条件明显改善，基层院执法规范化、队伍专业化、管理科学化、保障现代化建设取得长足进展。深入开展以“强办案、强监督、强管理”为主要内容的科技强检工作，推进56个科技强检项目建设，省院司法鉴定中心3个实验室通过国家认可，检察工作科技含量进一步提升。

五年来，我们付出的艰苦努力得到了高检院、省委和社会各界广泛认可，赢得了一系列殊荣。省院连续四届荣获全国基层检察院建设组织奖，被评为全省党建工作先进单位、省直机关目标责任制考核先进单位、全省社会治安综合治理优胜单位。省院班子成员先后47次在全国政法工作会议、第十三次全国检察工作会议、全国检察长会议等一类会议上作经验交流。全省有24个（次）基层院被评为全国模范、先进基层院，有5个基层院被高检院记集体一等功，3个检察院被评为“全国检察文化建设示范院”；90%的检察院被评为文明单位，其中省级以上文明单位76个，全国文明单位3个，全省检察系统被评为省级精神文明建设先进系统；涌现出了党的十七大、十八大代表马俊镠、最美青年检察官华丽、湖北省十大法治人物李晓宝等一批先进典型。

总起来说，这五年，是我们适应大局发展变化和人民群众新要求新期待，为全省经济社会科学发展、跨越式发展作出重要贡献的五年；是把握重要战略机遇期、勇于应对各种风险挑战，检察工作自身科学发展取得丰硕成果的五年。这些成绩的取得，靠的是高检院、省委的高度重视和正确领导，靠的是人大、政协的有力监督、政府及有关部门和社会各界的大力支持，靠的是全省检察人员的团结奋斗。在这里，我代表省检察院党组，向各级领导、社会各界、全省检察人员以及专家咨询委员会委员、人民监督员表示衷心的感谢！

五年来，我们在实践中进一步加深了对检察工作规律性的认识，积累了一些弥足珍贵的新经验，需要继续坚持并不断完善。主要是：坚持把握方向、科学发展。始终按照科学发展观的要求谋划和指导检察工作，统一执法思想，明确工作思路，保持正确方向，推动检察工作全面、协调、可持续发展。坚持围绕中心、服务大局。把检察工作摆到党和国家工作大局中来谋划，找准结合点和着力点，不断增强服务大局的针对性和实效性，为检察工作自身科学发展创造良好条件。坚持以人为本、执法为民。按照人民群众的新要求新期待加强和改进检察工作，把群众工作贯穿于检察工作全过程，永远做群众的贴心人。坚持强化监督、规范执法。高度重视执法公信力建设，强化法律监督，强化自身监督，把执法规范化建设作为重大任务常抓不懈，确保严格公正廉洁执法和理性平和文明规范执法。坚持解放思想、改革创新。勇于打破习惯思维和陈旧方式，以创新的思路和办法解决制约检察工作的机制性、保障性障碍，推动检察事业创新发展。坚持提能聚力、强基固本。始终注重强化检察队伍建设，加强教育、管理和监督，面向基层，检力下沉，夯实检察工作发展基础。

二、今后五年湖北检察事业发展战略和主要任务

党的十八大勾画了全面建成小康社会、夺取中国特色社会主义

新胜利的宏伟蓝图；省第十次党代会开启了建设“五个湖北”、加快构建促进中部地区崛起重要战略支点的新征程；全国“十三检”会议确立了检察工作未来发展的总体思路、目标要求和主要任务。在这样的大背景下，我们面临的发展机遇前所未有，肩负的责任使命更加重大。当前和今后一个时期，全省检察机关要高举中国特色社会主义伟大旗帜，以学习贯彻党的十八大精神为主线，把握加强法治建设和提高执法公信力两个主基调，一手抓检察事业长远发展、一手抓各项工作任务落实，以更加奋发有为的精神状态推动湖北检察事业全面发展进步，为推进“五个湖北”建设、全面建成小康社会提供有力法治保障。

（一）以党的十八大精神为指引，确立新时期湖北检察事业发展战略

深刻领会、全面贯彻党的十八大精神，深入思考关系检察工作长远发展的重大问题，科学确立新时期湖北检察事业发展战略，并使之成为全体干警的行动准则和共同追求。

1. 坚持检察工作的根本政治方向。中国特色社会主义是当代中国发展进步的根本方向。我们一定要在政治方向这个根本问题上保持头脑清醒、立场坚定，始终把中国特色社会主义作为伟大旗帜来高举，作为必由之路来坚持，作为根本制度来遵循，作为科学理论来运用，作为共同理想来追求。要坚持党的绝对领导，增强党性观念，确保党的路线方针政策在检察工作中得到有效落实；坚持人民代表大会制度，对人民负责，受人民监督，维护人民合法权利和自由；坚持中国特色社会主义理论在政法意识形态领域的指导地位，用社会主义法治理念武装干警头脑、指导检察实践，真正在执法思想、执法实践、执法作风等方面体现中国特色社会主义正确方向。

2. 坚持检察事业发展和科学检察发展理念。党的十八大指出，发展仍是解决我国一切问题的关键。我们只有紧紧扭住发展这个根本问题，才能使检察事业发展与经济社会发展同步合拍，才能赢得主动、赢得支持、赢得未来。在任何时候，全省检察机关都要始终坚持检察事业发展是硬道理、执法办案和加强法律监督是硬道理、

业务工作平稳健康发展是硬道理，绝不能有丝毫动摇。坚持发展是硬道理的本质要求就是坚持科学发展。只有坚持以科学发展观指导，才能有效解决检察工作中面临的突出矛盾和问题，更好地实现自身发展。全省检察机关一定要更加自觉地坚持科学发展观的核心立场、根本要求和根本方法，牢牢把握“六观”、“六个有机统一”和“四个必须”，树立科学检察发展理念，加强对发展目标、发展要求、发展布局等重大问题的宏观性、前瞻性思考与谋划，进一步增强检察工作的原则性、系统性、预见性和创造性，增强检察事业发展的全面性、协调性和可持续性。

3. 确立“五个检察”的发展目标。去年以来，我们积极适应、自觉融入“五个湖北”建设，推进“五个检察”，在引领检察工作自身科学发展上迈出了坚实步伐。“五个检察”反映了一定时期检察事业自身发展达到什么样的目标、具有什么样的特质的问题，是“五个湖北”建设目标的“检察版”，理应成为我们自身发展的目标。

一要打造“实力检察”，实现发展的硬实力进一步增强。发展必须依靠硬实力支撑，发展也是为了提高综合实力和竞争力。正如经济基础决定上层建筑，检察机关要更好地履行职责使命，就必须进一步解决好一些基本实力不强的问题。我们要把“竞进提质”的要求创造性地落实到检察工作中，经过一个时期的努力，实现检察队伍结构进一步优化，人才队伍建设明显加强，整体素质和法律监督能力显著提升；检察经费正常增长机制基本建立，经费保障水平大幅提升，办公办案条件进一步改善；科技强检项目建设取得重大进展，检察工作科技含量明显增加。

二要打造“创新检察”，实现创新的驱动力进一步增强。习近平总书记深刻指出，改革开放只有进行时没有完成时，要勇于冲破思想观念的障碍，勇于突破利益固化的藩篱，做到改革不停顿、开放不止步。回顾近年我省检察实践，可以说没有改革创新就没有今天湖北检察工作的大好局面。要坚持走创新驱动发展之路，把发挥基层首创精神和加强顶层设计有机结合，通过上下共同努力，实现思想进一步解放，创新意识和能力明显提升；检察改革和工作机制创新要求全面落实，机制和方法创新成果不断涌现，检察理论与应用研究水平迈上新台阶；创新激励机制、评价标准、平台建设进一步完善，重视学习、重视创新的氛围更为浓厚。

三要打造“法治检察”，实现制度的约束力进一步增强。检察机关作为执法者，依法办事应是我们的灵魂。然而现实中，我们面临着自身法治精神不强的危险、人权意识薄弱的危险、公信力缺失的危险。习近平总书记强调，检察机关要公正司法，不断提高司法公信力。我们一定要把严格执法、公正司法作为基本要求，采取综合性措施，努力在全省检察机关实现社会主义法治精神进一步弘扬，严格充分履职、依法执法办案观念深入人心；执法规范化程度明显提高，自身监督制约体系和执法管理机制进一步完善，严格、规范、公正、文明执法水平进一步提高，执法公信力不断提升。

四要打造“文明检察”，实现优秀文化的感召力进一步增强。省第十次党代会强调，要建设文明湖北，不断提升构建重要战略支点的精神驱动力。在检察机关大力推进精神文明建设，有利于统一执法思想、凝聚检心检力、助推科学发展。要把“文明检察”作为重要目标来追求，积极构筑检察事业发展“精神高地”，努力实现社会主义法治理念真正牢固树立，检察文化的承载、凝聚、激励功能进一步发挥，检察人员文明素养和职业道德修养明显提高，共同价值体系进一步形成。

五要打造“人本检察”，实现队伍的凝聚力进一步增强。以人为本是科学发展观的核心立场。检察事业是人民的事业，服务于人民，也依靠人民；检察事业是全体检察干警自己的事业，依靠于干警，也要服务好干警。我们一定要始终把人民群众放在心中最高位置，把促进检察人员的全面发展摆在突出地位，推动实现检察机关群众工作水平新提升，人民群众合法权益得到更好维护，人民群众对检察工作满意度进一步提高；检察干警的主体地位进一步强化，职业保障机制更加完善，检察干警积极性、主动性、创造性进一步发挥。

实现“五个检察”的目标，我们有基础、有条件、有信心。全省检察干警一定要按照“系统化推进、体系化落实、项目化建设”的思路，明确目标任务、路线图、时间表，埋头苦干，求真求效，朝着“五个检察”的目标奋勇前进。

4. 确立“三个体系”的发展布局。我们贯彻全国“十三检”会议精神提出的“三个体系”，是对检察权运行规律的深刻把握，是检察工作的全局和整体，是检察事业的发展布局和基本方面。新时期，我们积极适应形势任务变化，进一步健全以坚定政治方向、服务大局为基点的检察工作方针政策体系，健全以“四个维护、两个促进”、营造“四个环境”为基点的执法办案和法律监督工作体系，健全以提升队伍素质能力和执法公信力为基点的检察机关自身建设体系，使之充分体现中国特色社会主义发展方向，体现科学发展观的要求，体现“五位一体”总体布局和“五个湖北”建设要求，体现检察事业发展的阶段性特征；使三个方面的内容更加科学、体系更加健全、布局更加合理，使三个方面之间更相适应、更相协调，形成更加健全完善的检察工作体系。

5. 把握检察发展的根本要求。坚持全面协调可持续的要求和统筹兼顾的方法，处理好全局与局部、当下与长远、重点与非重点的关系，把握以下四个方面的根本要求：一是平稳健康发展，不能大起大落、左右摇摆。坚持以执法办案和法律监督工作为中心，坚持把是否有利于促进检察业务工作平稳健康发展作为评价全部检察工作的主要标准。树立正确的业绩观，正确处理办案数量、质量、效率、效果、规范和安全的关系，做到六个方面协调统一、相辅相成。二是持续深入发展，不能虎头蛇尾、朝令夕改。贯彻可持续发展战略，在推动当前发展的同时，紧紧扭住事关检察事业长远发展的重大问题，咬定青山不放松，不为任何困难所惧、不为任何干扰所惑，持续抓、反复抓、深入抓，一步一个脚印地抓出成效。三是全面协调发展，不能孤军奋战、顾此失彼。统筹业务、队伍、改革、基层基础等各项任务，巩固优势工作、狠抓薄弱环节，使各项工作更相协调、互为支撑；统筹执法办案和诉讼监督工作，在保持执法办案工作平稳健康发展的基础上，解决好诉讼监督工作相对薄弱的问题；统筹解决检察工作区域发展不平衡问题，加强宏观指导和分类指导，鼓励和支持制约因素较多、工作相对滞后地区加快发展、赶超先进，鼓励和支持先进地区立足全国、创建品牌。四是合理规范发展，不能违背规律、违反法律。遵循事物发展一般规律，使检察职能的发挥与经济社会发展相适应。遵循司法规律和检察权运行规律，保证检察工作顺利推进、效果良好。遵循社会主义法治原则，以执法规范化建设为核心，依照法定范围、程序和手段行使检察权，努力将各项检察工作都纳入规范化、制度化、法治化轨道。

（二）全面贯彻党的十八大部署，明确当前和今后一个时期全省检察工作主要任务

全省检察机关要深入贯彻十八大和中央、高检院、省委部署，围绕发展战略，把握机遇，真抓实干，保证各项工作任务的落实。

1. 坚持高举旗帜，自觉肩负起中国特色社会主义建设者、捍卫者的职责使命。深刻学习领会精神实质。学习贯彻党的十八大精神是我们当前和今后一个时期的头等大事和首要政治任务。要采取专家辅导、专题研讨等方式加强深度学习，深刻领会“三位一体”构成、总依据、总布局、总任务和基本要求，深刻认识中国特色社会主义的必然性、科学性和优越性，把握好中国特色社会主义的真谛和要义，增强道路自信、理论自信、制度自信，形成建设、捍卫中国特色社会主义事业的高度自觉。

自觉肩负捍卫者职责使命。我们讲建设、捍卫中国特色社会主义，说一千、道一万，归根结底还是要立足检察、履职尽责。要以高度的政治责任感和历史使命感，更好地发挥打击、监督、预防、教育、保护职能作用，巩固党的执政地位，维护社会和谐稳定，促进社会公平正义，保障人民安居乐业，服务经济社会发展，坚决捍卫改革发展稳定的良好局面。尤其要与有关部门密切配合，坚决打击敌对势力的分裂、渗透、颠覆活动，坚决打击间谍和邪教组织的犯罪活动，确保国家安全特别是政治安全。

自觉肩负建设者职责使命。检察事业是中国特色社会主义事业

的重要组成部分，我们要通过检察事业的建设，丰富和完善中国特色社会主义理论、制度和实践。坚持党的领导、人民当家做主和依法治国的有机统一，坚定不移地走中国特色社会主义检察事业发展道路，不断丰富和发展中国特色社会主义检察理论体系，深化检察改革和工作机制创新，促进中国特色社会主义检察制度更加成熟、更加定型，努力使中国特色社会主义检察事业发展道路、理论体系和制度的优越性得以更加充分体现。

2. 坚持服务大局，为全面建成小康社会提供有力法治保障。以党和国家工作大局为重。切实增强大局意识，更加自觉地把检察工作置于湖北经济社会发展全局中来谋划和推进。切实增强环境意识，贯彻省委打造全国环境最优省份的要求，把服务大局的着力点放在维护、创造、优化环境上，努力为经济社会发展营造诚信有序的市场环境、和谐稳定的社会环境、廉洁高效的政务环境和公平正义的法治环境。切实提供法治保障，深刻认识无论是经济建设、政治建设、文化建设、社会建设，还是生态文明建设，法治都是最可靠的保障，通过强化法律监督，促进发挥法治的根本性、基础性作用，保障社会主义现代化建设顺利推进。

积极加强法治建设。建设法治中国，实现各项工作法治化，是中央从国家战略高度提出的新的更高要求。法治化本身就是大局，发挥检察职能促进各项事业法治化就是服务大局。要紧紧围绕建设法治湖北的目标，把加强法治建设贯穿于检察工作全过程，带头严格依法履行职责、行使职权，真正肩负起社会主义法治国家建设者、实践者的重任。依法惩治各类犯罪尤其是领导干部职务犯罪，监督纠正司法不公，深化法治宣传教育，弘扬社会主义法治精神，促进提高领导干部运用法治思维和法律方式深化改革、推动发展、化解矛盾、维护稳定能力，引导全体公民依法维护权益、履行法定义务，促进形成学法尊法守法用法的良好氛围。

找准切入点、结合点。紧紧围绕“五位一体”总布局和“五个湖北”建设，重点抓好四个方面：一要更加注重服务经济持续健康发展。牢牢把握“竞进提质”的总要求，加大对严重破坏市场经济秩序犯罪的打击力度，平等保护各种性质、各种规模的市场主体，促进现代市场体系培育和企业发展壮大。适应经济结构战略性调整，高度重视查办和预防城镇化、信息化、重点工业项目建设等领域的职务犯罪，健全治理商业贿赂长效机制，保障国家投资安全。密切关注地方政府性债务、民间借贷等领域的风险隐患，依法打击财政、税收、金融等领域的犯罪，促进宏观调控政策落实。依法打击涉农刑事犯罪，严肃查办和积极预防强农惠农富农政策落实中的职务犯罪，加强对涉及土地承包经营权流转、土地征收等民事、行政案件的监督，促进农业发展，保障农民合法权益。二要更加注重维护社会和谐稳定。积极参与平安湖北建设，坚持宽严相济，加大对严重刑事犯罪的打击力度，积极参与打黑除恶、治爆缉枪、重点地区治安排查整治等专项治理，促进完善立体化社会治安防控体系；重视运用简易程序、量刑建议等措施对轻微犯罪从宽处理。充分发挥检察职能，落实检察环节加强社会治安综合治理的各项措施，依法打击、监督纠正社会领域违法犯罪，配合加强对互联网、重点人群的服务管理。三要更加注重服务生态文明建设。突出查办国土空间开发、水利建设、矿产资源开发利用、重大生态修复工程、防灾减灾体系建设、环境监管中的职务犯罪，推动解决损害群众健康的突出环境问题。四要更加注重办案效果。落实省委提出的建设性执法司法和“护幼、容错、不赦罪”要求，坚持“五条办案原则”，正确处理原则性和灵活性的关系，依法妥善处理规范和发展民间投资、支持中小企业发展、非公有制经济发展等领域的案件，正确把握罪与非罪等法律政策界限，讲究办案时机、方式和策略，依法保护企业合法权益，保障社会主义市场经济体制机制，为湖北经济社会发展保驾护航。

3. 坚持以人为本，积极发挥检察职能保障和改善民生。以最广大人民利益为念。始终把人民放在心中最高位置，把实现好、维护好、发展好最广大人民的根本利益作为检察工作的出发点和落脚点，顺应人民群众对公共安全、司法公正、权益保障的新期待，依法充分履职，努力让人民群众在每个司法案件中都能感受到公平正义，着力保障和改善民生，促进幸福湖北建设持续取得新进展。

依法惩治损害群众利益的犯罪。严厉打击黑恶势力犯罪、多发性侵财犯罪、涉众型经济犯罪以及危害食品药品安全、拒不支付劳动报酬等直接损害群众切身利益的犯罪，保障人民生命财产安全。严肃查办社会保障、教育就业、医疗卫生、征地拆迁、扶贫开发等领域的职务犯罪，坚决查处重大责任事故、食品药品安全事件背后的职务犯罪，集中开展为期两年的查办和预防发生在群众身边、损害群众利益职务犯罪专项工作，确保惠民政策落实。

依法监督纠正群众反映强烈的执法司法不公问题。加强对刑讯逼供、暴力取证、体罚虐待被监管人员等问题监督，依法保障犯罪嫌疑人等合法权益。加强对有罪不纠、重罪轻判等问题的监督，维护被害人利益。加强对涉及劳动争议、保险纠纷、人身损害赔偿等民事、行政诉讼的监督，监督纠正显失公平的裁判、违法调解等问题，努力满足人民群众司法公正需求。

依法公正对待群众诉求。深化构建处理涉检信访一体化工作格局，创新和落实涉检信访工作机制和方法，依法及时办理申诉、国家赔偿等案件，在法治和公平正义的前提下化解社会矛盾，妥善处理群众诉求。加强和规范刑事被害人救助工作，体现司法人文关怀。把检察工作风险预警、处置、防范“三位一体”要求落实到每一起案件、每一个环节，防止因自身原因引发和激化矛盾、损害群众利益。加强对关系民生的苗头性、倾向性问题分析研判，积极配合党委、政府和有关部门从源头上促进民生改善。

4. 坚持反腐倡廉，深入开展查办和预防职务犯罪工作。深化对反腐倡廉建设重要意义的认识。习近平总书记反复强调，打铁还需自身硬，腐败问题越演越烈、最终必然会亡党亡国，要求全党必须警醒起来。当前腐败现象仍易发多发高发群发，一些大案要案令人触目惊心，腐败行为更加复杂化、隐蔽化，“网络反腐”等现象表明人民群众对反腐败的关注度和期望值不断上升，检察机关查办和预防职务犯罪工作面临新的考验。要按照中央、省委和高检院要求，坚持有案必办、有腐必惩，充分发挥检察机关在惩防腐败体系中的重要作用。

推动查办职务犯罪工作转型发展。正确处理执法办案与服务大局的关系，围绕大局突出办案重点，坚决查办大案要案，严肃查办发生在领导机关和领导干部、权力集中部门和关键岗位的案件，严厉惩治与黑恶势力相勾结的国家工作人员职务犯罪；加大对严重行贿犯罪的打击力度；进一步加强反渎职侵权工作，落实重大复杂案件专案调查、非法干预查处渎职侵权违法犯罪工作情况沟通和处理等机制。要做到执法不忘大局、办案考虑改革发展稳定，防止就案办案、机械执法，努力实现执法办案与服务大局的有机统一，开创职务犯罪侦查工作的新局面。正确处理严格公正廉洁执法与理性平和文明规范执法的关系，着力提高线索分析研判能力、精细化初查能力、规范化讯问能力、依法全面收集固定证据能力。高度重视侦查信息化建设，严格依法依规适用技术侦查措施，使侦查工作从传统人力型向综合运用情报信息、科技手段转变。要以理性、平和、文明的态度和方式办案，持之以恒地抓好规范执法，坚持走既敢办案、能办案、办大案，又能坚持理性、平和、文明、规范执法的良性循环新路子。正确处理机遇与挑战的关系，健全初查工作机制，提高风险评估和决策水平，积极建立“前紧后松”办案模式；健全律师权利保障机制，实现侦查模式从相对封闭向沟通互动转变；落实检察工作一体化、与纪检监察机关工作联系和协调配合等机制，实现侦查模式从孤立作战向整体联动转变，不断探索完善侦查办案的新模式。

全面深化预防工作。深入研究新形势下职务犯罪发生特点和规律，适时开展专项预防和系统预防，加强和改进检察建议、警示教育等工作，提升预防效果。充分利用各类社会资源，加强内设机构之间的协作配合，加快推进预防工作对外社会化、对内一体化进程。坚持预防职务犯罪年度报告制度，加强重点领域、关键环节职务犯罪预防的专题研究和报告，促进完善惩防腐败制度体系。稳步推进预防职务犯罪、刑事犯罪和诉讼违法三项职能整合，加强统筹协调，坚持多措并举，探索建立新的工作模式和运行机制，构建检察机关预防违法犯罪工作新格局。

5. 坚持公平正义，进一步强化对诉讼活动的法律监督。坚守法律监督的工作原则。深入贯彻党的十八大关于加强法律监督、推进公正司法的要求，牢固树立依法正确履职、监督为本的观念，突出诉讼监督的“主业”地位，进一步强化监督意识、加大监督力度、突出监督重点、增强监督实效，做到敢于监督。牢固树立监督就是支持、监督者必须接受监督的观念，进一步规范监督行为、健全监督机制、完善监督方式、提高监督水平，注意监督必要性、监督方式与违法程度的协调性，防止随意监督、选择性监督、为了凑数而监督，挤掉监督的“水分”，做到依法监督、善于监督、规范监督和理性监督。

健全诉讼监督工作格局。坚持整体推进、重点加强，推动各项诉讼监督工作全面协调发展，形成科学合理的诉讼监督工作格局。一要进一步加强刑事诉讼监督。建立健全刑事案件信息通报、对强制性侦查措施的监督等机制，注重监督纠正阻碍行使诉讼权利的行为，进一步探索完善对公安派出所刑事执法活动进行监督的内容、方法和程序。准确把握刑事抗诉范围变化，深入推进刑事抗诉职能整合；加强对简易程序案件审判活动的监督；配合高检院加强对死刑复核程序的法律监督。按照“明确思路、创新机制、解决问题、强化效果”的总体要求加强和改进监所检察工作，加强对刑罚变更执行的同步监督，加大对监管违法行为的监督纠正力度，健全巡视检察工作机制。二要进一步加强民事诉讼监督。落实“四个加强、四个维护”的目标任务，构建多元化民事诉讼监督工作格局。在加强对裁判结果监督的同时，注重加强对民事调解、诉讼程序和民事执行活动的监督；进一步规范一审生效裁判抗诉工作，积极发挥再审检察建议、检察建议、纠正违法通知书等监督方式的综合效用；及时调整省、市、县三级检察机关工作重心，大力加强基层院同级监督工作。三要进一步加强行政诉讼监督。牢牢把握“四强化、一探索”的职能任务，推动行政诉讼监督工作加快发展。加强抗诉和再审检察建议工作，提升办案规模；坚持实体与程序并重，强化对行政诉讼程序违法问题的监督；深入推进行政执行监督试点。四要进一步加强与诉讼活动密切相关的司法与行政执法活动的监督。根据法律规定和司法改革部署，拓展监督范围，深入推进行政执法与刑事司法衔接，加强对国家赔偿工作的法律监督，依法做好行政机关在行政诉讼活动中违法干扰公正司法行为的监督工作，积极开展支持起诉、督促起诉、督促履行职责等工作。同时，从诉讼程序来讲，要切实加强对立案、侦查、审判、执行等各个诉讼环节的监督，坚决纠正违法立案、滥用强制措施、裁判不公、违法执行等突出问题，进一步严密监督体系，构建全方位诉讼监督格局。

正确处理诉讼监督工作中的若干重大关系。一是监督与办案的关系，深刻认识两者在性质、对象、程序等方面的差异和联系，实行两者适当分离，促进两手抓、两手硬、两手协调。二是监督与制约的关系，既注重强化监督，又要自觉接受公安、法院等部门在诉讼中的制约，还要处理好与律师及其他辩护人、诉讼代理人的关系。三是监督制约与协调配合的关系，坚持分工负责、互相配合、互相制约，深化落实检察机关与有关政法机关的监督制约和协调配合机制，理顺工作关系，共同维护司法权威。

6. 坚持群众路线，继续加强和改进新形势下检察机关群众工作。深化细化实化检察机关群众工作。以项目化方式，推动加强检察机关群众工作的指导意见进一步落实。不断探索新形势下专群结合的新途径，完善举报人保护、举报奖励等制度，健全民意征集、转化机制。推行“阳光检务”，完善检务公开机制、内容和形式，创新接受人大、政协监督的方式与机制，全面深入推进人民监督员工作。做好新时期群众工作主要是“脚板”加“鼠标”。“脚板”就是要深入群众、面对面服务群众，积极开展检察官进社区、进企业、进农村、进学校，“万民干警进万村安万家”等活动，加大干警到基层一线锻炼、到信访部门接访及下访、巡访工作力度；“鼠标”就是要更加重视利用网络媒体，包括网站、博客、微博、微信等加强与群众交流互动。要善用媒体、善待媒体，切实抓好涉检舆情监测、研判、预警、引导、处置工作。要推进群众工作能力教育培训制度化、规范化、常态化。增强综合受理接待中心功能，提升“12309”检察服务电话影响力和利用率，建立便捷高效的法律咨询、案件查询平台和机制，为群众提供一站式服务，提高检察工作亲和力。

扎实开展以为民务实清廉为主要内容的群众路线教育实践活动。这是党中央进一步密切联系群众、改进工作作风、践行党的宗旨的重大举措。我们在任何时候都要牢记检察事业是人民的事业，通过思想教育、实践锻炼、典型示范等多种途径，自觉增强群众观点，站稳群众立场，真正与人民群众同呼吸、共命运、心连心；自觉弘扬求真务实精神，把执法办案过程变成服务群众的过程，真心诚意为群众办实事、办好事；自觉保持清廉的政治本色，依法办案、秉公用权，确保人民赋予的检察权始终用来为人民谋利益。

7. 坚持改革创新，不断增强检察事业发展动力和后劲。狠抓修改后刑事诉讼法、民事诉讼法的贯彻执行。两部法律的修改吸收了近年来司法体制改革的重要成果，把新法要求落到实处，在某种意义上就是深化改革。要认真贯彻执行修改后刑事诉讼法及相关司法解释，坚持全面客观收集、审查、判断证据，坚决排除非法证据；建立捕后羁押必要性审查等机制，做好证人出庭及保护工作，积极推行集中起诉、专职公诉人等简易程序案件办案模式；建立健全未成年人犯罪案件、当事人和解公诉案件、指定居所监视居住、强制医疗等工作的办理和监督机制。认真贯彻执行修改后民诉法和全国人大常委会审议意见，适应监督范围、程序、方式的新变化，加强力量调配，转变监督模式，探索建立与职务犯罪“初查”制度类似的“初审”等工作机制。

狠抓机制创新的落实。落实不够仍然是影响改革创新的突出问题。要从加强教育培训、工作考评、选人用人等多方面入手，把全省检察干警的智慧和力量凝聚到创新发展上来。对于检察工作一体化机制，重点解决好“一体化”的理念问题，更加善于运用“一体化”的思维谋划工作、破解难题、推动发展，健全和落实配套制度机制。对于“两个适当分离”，重点解决好分离后的上下对口衔接、部门协调配合和监督制约机制问题；解决好市级院“中间梗阻”问题，加快相关机构分设；解决好基层院内部整合的相关重点问题，进一步突破传统观念、干警职级待遇、机构设置、领导职数等改革“瓶颈”，实行以检察官为主体的运行管理模式，加快新纳入改革范围基层院工作进度。对于法律监督调查机制，重点解决好法律和司法改革文件赋予的调查核实权与法律监督调查机制的衔接问题，及时修改我省法律监督调查办法。

狠抓下一步改革的创新和深化。贯彻中央、高检院部署，充分估计涉法涉诉信访改革以及《民事诉讼法》第 209 条对检察机关工作量的大大增加，对息诉罢访、化解矛盾、维护稳定压力的明显增大，紧紧依靠党委和政府，建立与公安、法院及有关部门的沟通协调机制，加强人员力量配备和接待场所建设，确保顺利实施。适应劳动教养制度改革要求，进一步健全轻微刑事案件、简易程序案件快速办理机制。贯彻司法权力运行机制改革部署，探索建立强化法律监督的新机制，建立对违反法定程序干预的登记备案报告和通报制度，完善检察权运行制约和监督体系。完善检察组织体系，按照检察工作一体化和“两个适当分离”的原则，改革和规范检察机关内设机构设置，研究论证、适时推进中型院、大型院内部整合工作。全省各级院要加强思考谋划和调研论证，为搞好新一轮检察改革的系统规划提出建议、贡献智慧。

8. 坚持提升公信，进一步加强检察机关自身建设。着力解决队伍建设中存在的突出问题。系统总结检察队伍建设“六项工程”的成效、经验和存在的问题，采取有针对性的措施加以解决，着力建设忠诚可靠、执法为民、务实进取、公正廉洁的高素质检察队伍。一要针对思想政治建设存在的薄弱环节，全面加强检察机关党的建设，加强对检察干警的政治轮训，开展生动活泼、主旨鲜明、富有内涵的检察文化创建活动，树立一批在全国有重大影响力的先进典型，打牢检察事业科学发展思想基础。二要针对少数检察人员尤其是检察长存在的精神懈怠的危险，强化职责使命教育，健全与评先表彰、选人用人相挂钩的激励约束机制，引导干警增强责任意识，锤炼品德意志，矢志奋斗拼搏。特别是检察长要始终牢记自己是“关键的少数”，带头保持奋发有为的精神状态，最大限度地激发队伍活力，推动各项工作争进位、上台阶、创一流。三要针对一些地方素质能力不适应、队伍结构不合理的问题，大力推进专业化建设。明确检察教育培训重点项目，扎实推进新一轮全员培训，深化检察教育培训改革，提升培训针对性和实效性。科学制定、认真落实能力席位标准，做到能者上、庸者下。加大干部协管、挂职和交流力度，积极培养选拔优秀年轻干部，拓宽社会优秀人才进入检察队伍渠道，全面推进检察人才重点工程，完善人才引进、培养使用、流动配置等机制，推动领导班子和队伍结构不断优化。四要针对仍然存在的执法不规范问题，坚持开展重点专项整治，高度警惕、坚决防止“顽症”反弹。进一步把规范执法要求制度化、项目化、措施化，继续狠抓规范执法24项任务落实，深化构建促进公正廉洁执法“五位一体”工作格局。加强监督检查，狠抓规范执法制度执行。五要针对执法不公不廉问题，加强日常监督管理，严格执行各项禁令规定，严格落实党风廉政建设责任制、廉政风险防控等机制，进一步完善对自身执法活动的监督制约体系，严肃查处“害群之马”，始终保持队伍纯洁性。六要针对检察队伍职业化水平不够高的问题，开展职业信仰、职业精神、职业道德教育，健全和落实不实举报澄清等机制，真心爱护、真情关怀检察干警尤其是一线干警，积极落实从优待检政策，保障干警合法权利。

谋划强基固本之策。从检察工作长远出发，坚持不懈地夯实基层基础。一要全面深化基层检察院建设。以“四化”建设为方向，推动基层院建设大发展。在人员分配上重点向基层一线倾斜，研究制定稳定基层检察队伍的意见，着力解决基层院进人难、留人难、队伍老化等问题。开展基层院困难帮扶示范工程试点，健全领导联系基层、基层检察院建设情况报告、督导指导、工作考核等制度。二要深入推进检务保障工作。适应法律修改和司法改革的新要求，抓紧制定新的基层院公用经费保障标准，积极争取加大本级财政预算投入，加大转移支付力度，建立经费正常增长机制，稳步推进

“两房”等基础设施建设，完善功能性用房，努力化解基建债务。三要加快实施科技强检战略。要充分依靠科技装备提升战斗力，认真落实省院即将出台的2013至2017年科技强检项目建设规划，以信息化建设为重点，全面推广统一业务应用软件，加快推进职务犯罪侦查、行政执法与刑事司法衔接、案件管理、综合考评等信息化平台建设，进一步加强科技应用技能培训。建立检察科技管理机制，合理布局检察技术信息资源，建立区域协作机制，建设一个综合性、高层次、辐射带动力强的检察技术研究中心。

扎实开展“两转两抓”专项活动。省院党组决定，今年在全省检察机关部署开展“转变执法观念、转变工作作风，狠抓检察管理、狠抓工作落实”专项活动。这是我们贯彻中央、高检院、省委有关文件精神、解决突出问题、完成好各项任务的重要抓手，全省各级院尤其是检察长要高度重视，认真组织，带头执行。要准确把握活动主旨：转变执法观念，重点是适应加强法治建设、修改后刑事诉讼法民事诉讼法实施和司法改革要求，强化法治思维，自觉做到“六个并重”；转变工作作风，重点是认真贯彻中央、高检院、省委要求，改进文风、会风和领导作风，密切联系群众，树立良好形象，提升执法公信力；狠抓检察管理，重点是围绕规范执法，加强以执法管理为核心的各项检察管理工作，以管理促规范；狠抓工作落实，重点是领会贯彻“空谈误国、实干兴邦”精神，锲而不舍、脚踏实地、真抓实干，把上级决策部署落到实处，聚合推动检察事业发展的正能量。

湖北检察事业站在了新的历史起点上。我们要自觉肩负起承担的历史使命，高举中国特色社会主义伟大旗帜，牢牢把握加强法治建设和提高执法公信力两个主基调，坚持检察事业长远发展和各项工作任务两手抓，求实奋进，开拓创新，努力推动全省检察事业全面发展进步，为建设“五个湖北”、加快构建促进中部崛起战略支点作出新的更大贡献！

15 以贯彻落实“三个文件”为抓手，推动检察工作全面发展进步*

这次会议的主要任务是：认真学习省院制定的《湖北省检察机关“五个检察”建设实施纲要》（以下简称《纲要》）、《关于充分发挥检察职能优化法治环境促进经济发展的实施意见》（以下简称《优化法治环境意见》）、《关于进一步深化、细化、实化检察机关群众工作的实施意见》（以下简称《群众工作意见》），对贯彻落实工作进行部署。下面，我讲三点意见：

一、把握背景意义，增强贯彻落实“三个文件”的自觉性

第十三次全省检察工作会议以来，省院认真学习贯彻中央、省委、高检院关于推动经济持续健康发展、推进“五个湖北”建设、加强法治建设、加强群众工作以及推动检察工作全面发展进步的一系列重大决策部署，研究制定“三个文件”，具有深刻的政治背景、社会背景和检察事业发展背景。从全国、全省大局来看，今年是深入贯彻党的十八大精神、全面建成小康社会的开局之年，中央要求把握稳中求进的总基调，推动经济持续健康发展；强调坚持依法治国基本方略，法治是治国理政的基本方式，要坚持依法治国、依法执政、依法行政共同推进，坚持法治国家、法治政府、法治社会一体建设，不断开创依法治国新局面。当前湖北处在科学发展、跨越

* 2013年4月24日敬大力同志在湖北省检察机关学习贯彻“三个文件”电视电话会议上的讲话。

式发展的关键时期，省委对全局工作作出了建设“五个湖北”的战略部署，对经济工作提出了“竞进提质”的总要求，对政法机关提出了建设性执法司法、打造“全国最优法治环境”的部署，省委政法委贯彻这些要求制定出台了《关于政法机关优化法治环境促进经济发展的意见》。这些都对我们深化落实省委转发的省检察院“服务大局二十条”，进一步发挥打击、监督、预防、教育、保护等职能作用，加强法治建设，改善投资环境，保障和服务全省经济社会发展大局提出了新的更高要求。从人民群众的期待来看，近年来，全省检察机关认真落实2009年省委转发的湖北省人民检察院《关于加强检察机关群众工作的指导意见》，按照“维护人民群众权益、紧紧依靠人民群众、提高群众工作能力、接受人民群众监督、落实便民利民措施”的总体思路以及2011年提出的“六个进一步”的要求，加强和改进检察机关群众工作，得到高检院、省委充分肯定和人民群众广泛认可。随着经济社会发展进步，人民群众对公共安全、司法公正、反对腐败、权益保障等提出了新的更高要求。习近平总书记要求政法机关要始终以最广大人民利益为念。我们要随时随刻倾听人民呼声，积极顺应人民群众新期待，提高群众工作水平，进一步提高检察工作亲和力和公信力。如何进一步深化、细化、实化检察机关群众工作，回应人民期待，维护人民权益，自觉践行执法为民根本宗旨，是我们必须承担的重大历史使命。从检察事业自身发展来看，党的十八大以后，我们召开全省“十三检”会议提出了把握“一条主线”、“两个主基调”、“两手抓”的总体思路，明确了今后五年湖北检察事业发展战略和主要任务，突出强调打造“五个检察”，湖北检察工作站在了新的起点上。深入落实以上部署，实现“五个检察”，推动检察工作全面发展进步，是当前和今后一个时期必须重视和抓好的重大任务。

全省检察机关要从经济社会发展大局和检察事业发展全局出发，充分认识学习和贯彻“三个文件”的重要意义。要深刻认识到，服务大局、执法为民是检察机关的重大政治责任。贯彻落实“三个文件”，既是对近年来湖北检察机关服务改革发展稳定大局、加强和改进检察机关群众工作的经验总结，更是我们适应新形势新任务，进一步优化法治环境、增强服务经济发展实效，进一步提高群众工作水平、提升检察机关亲和力和公信力的必然要求和重大举措。要深刻认识到，检察事业发展是硬道理。我们必须紧紧扭住发展这个根本问题，积极融入“五个湖北”建设的战略部署，使湖北检察事业发展与全省经济社会发展相适应。“三个文件”主旨不同、各有侧重，但都是关系党和人民群众对检察工作的认可度和满意度、关系全省检察事业长远发展的战略部署，相互之间紧密衔接、互为支撑，是指导和推动湖北检察事业全面发展进步的重要载体和有效抓手。要深刻认识到，制度机制建设具有打基础、利长远的作用。“三个文件”不是一般化的工作部署，而是坚持应急与谋远相结合，为检察工作长远发展进步提供的机制、制度保证。全省各级院要不断深化对贯彻落实“三个文件”重要意义的认识，把思想和行动统一到省院党组决策部署上来，以强烈的政治责任感、历史使命感和现实紧迫感，积极主动、扎扎实实地抓好贯彻落实。

二、把握精神实质和主要内容，明确贯彻落实“三个文件”的目标任务

“三个文件”主要依据中央、高检院、省委对检察工作提出的一系列重要政策、指示和要求，同时总结吸收以往实践中的好做法、好经验，结合湖北检察实际，提出具体措施和工作机制。

（一）关于《纲要》

《纲要》主要立足于检察事业自身发展，使检察工作积极适应、主动融入“五个湖北”建设，使湖北检察事业发展与全省经济社会发展同步合拍，是“五个湖北”建设目标的“检察版”，是未来五年湖北检察工作发展的坐标系、路线图和时间表。《纲要》共100条，在总体思路部分，明确了推进“五个检察”建设的指导思想、基本原则、基本要求和主要目标。在具体内容部分，突出“系统化推进、体系化落实、项目化建设”的思路，围绕“实力检察”，从队伍建设、经费保障、基础设施、科技强检等方面提出了17个项

目；围绕“创新检察”，重点提出了深化检察改革和工作机制创新的25个项目；围绕“法治检察”，从全面推进检察工作法治化进程、充分发挥法律监督职能优化法治环境两个大的方面提出了20个项目；围绕“文明检察”，从思想政治建设、职业道德建设、检察文化建设等方面提出了13个项目；围绕“人本检察”，从加强检察机关群众工作、检察队伍职业化、突出检察官主体地位等方面提出了16个项目。在项目安排上，既贯彻上级部署，又紧密结合湖北检察实际；既注重保持工作连续性和稳定性，又积极适应新任务新要求进行创新、深化和提高；既有明确的项目名称、具体内容，又有主要措施和时间进度要求，力争做到科学、具体、实在、可行。同时《纲要》还提出了5条保障措施。

（二）关于《优化法治环境意见》

《优化法治环境意见》主要围绕“竞进提质”的经济工作总要求，贯彻省委打造“全国最优法治环境”的部署，立足检察职能，明确优化法治环境、促进经济发展的任务、措施和要求，努力实现执法办案“三个效果”的有机统一，促进湖北市场环境更加公平、更富有吸引力，促进激发社会创造活力和市场活力，进一步提高检察机关服务大局的针对性和实效性。在20条措施中，一方面，从总体上规定了优化法治环境的意识、基本内容和原则要求。特别强调要始终遵循法治原则，严格依法办事，做到有法必依、执法必严、违法必究，努力营造人们不愿违法、不能违法、不敢违法的法治环境，营造法律至上的法治环境，营造公平正义的法治环境，防止违反法律、突破法治原则搞服务。另一方面，针对破坏法治环境、影响经济发展的各类问题，提出了积极参与整治突出治安问题、保护知识产权、营造诚信有序的市场环境、廉洁高效的政务环境、公平正义的法治环境等措施；针对市场主体普遍反映的需要平等保护的问题，明确提出要防止和克服地方保护主义和部门保护主义，对各类市场主体一律实行平等司法保护和法律服务；针对加强与市场主体联系的问题，提出要建立经常性联系和听取意见机制，依法及时妥善处理涉及市场主体的各类信访等措施；同时对做好“发挥检察职能，优化发展环境”专项工作等提出了要求。这里强调两条要求：一是各地检察机关一律按省里的统一规定执行，不要再自行制定规范性文件；二是不要搞违反法律规定、没有法律依据、实际效果不好、不恰当的做法。

(三) 关于《群众工作意见》

《群众工作意见》主要是为了更好地坚持检察工作人民性，坚持群众路线，深入贯彻落实党的十八大关于群众工作的新要求，顺应人民群众新期待，推动检察机关群众工作进一步深化、细化、实化，不断提高检察机关群众工作能力和水平，不断增强亲和力、提升公信力。《群众工作意见》共20个具体项目，在内容上不追求全面系统，而是突出可操作性和有效性，主要包括以下三类：一是落实中央最新部署的具体项目，如开展以为民务实清廉为主要内容的党的群众路线教育实践活动；积极适应涉法涉诉涉检信访工作改革，等等。二是对一些比较成熟或有试点经验的项目进行深化、固定和具体量化。如深入推进释法说理；加强检务公开，实行阳光检务；进一步健全和完善便民利民措施；进一步推进检察工作向基层延伸；进一步加强执法公信力建设，等等。三是对具有探索性质、尚未形成机制的工作提出了原则性要求，并预留一定的空间，以此激发全省各级院发挥主动性、创造性。如充分考虑对象、内容、程序、办法、要求等方面的特殊性，深入开展检察机关特殊性、专门性群众工作，等等。

三、强化工作措施，狠抓“三个文件”的贯彻落实

一切好的部署，只有在落实中才能体现效果。要发扬踏石留印、抓铁有痕的精神，持之以恒地把“三个文件”精神贯彻落实到检察工作的全过程和各个环节，采取综合性措施全力推动落实。

(一) 抓好学习培训

全省各级院要通过召开党组会、全院干警大会、把“三个文件”纳入全员培训规划等方式，组织全体检察人员原原本本、逐条逐句学习文件，加深对重大意义的认识，全面、准确把握文件的具

体规定、精神实质和措施要求。要把思想发动贯穿始终，防止和克服被动应付、厌倦抵触情绪、把开展学习与抓工作对立起来“两张皮”的心态，真正做到学懂弄通、熟练掌握，切实把思想和行动统一到省院部署上来。市级院学习贯彻初步情况5月20日前报省院。

（二）强化领导责任

抓落实是检验各级领导班子特别是检察长政治意识、领导能力、精神状态和工作作风的重要标准。全省各级院党组尤其是检察长要把贯彻落实“三个文件”摆上重要议事日程，进一步增强抓好落实的主动性和自觉性。省院党组将定期听取工作汇报，适时研究解决推动落实过程中存在的问题和困难。省院领导班子成员要把“三个文件”贯彻落实作为联系基层院的重点工作，以点带面，推进工作。各级院、各部门主要负责同志要亲自抓、带头抓，分管领导要集中精力抓，全体干警齐心协力共同抓，一级带着一级干，一级做给一级看，切实克服形式主义，防止浮于表面，真正沉下身子，把工作部署和具体任务一项一项抓落实，抓出成效。

（三）注重实践落实

“三个文件”最终还要依靠实践来发挥作用。全省各级院、各部门要结合实际，认真研究制定科学合理、操作性强的具体措施，把各项部署逐条对照、分解立项、细化要求，明确时间进度和责任分工，以项目化方式推进落实。要把“三个文件”的要求融入日常检察工作，把办理每一起案件、处理每一件事项作为贯彻落实的具体行动，把检察事业发展成效作为检验落实效果的根本标准，真正将“五个检察”建设、优化法治环境服务经济发展、执法为民服务群众的要求落实到检察工作全过程和各个环节。

（四）坚持一抓到底

抓落实，贵在持之以恒，也难在持之以恒。“三个文件”都是谋划和推动检察事业长远发展的战略部署，需要我们长期不懈地努力，并非一朝一夕之功，不可能一蹴而就。全体检察干警一定要有咬定青山不放松、不达目的不罢休的韧劲，经常抓、反复抓、持久抓，知难而进、锲而不舍，稳扎稳打、步步为营，一步一个脚印地抓出成效，坚决防止紧一阵子松一阵子，坚决防止虎头蛇尾、朝令夕改。

（五）加强指导督办

上级院要把贯彻落实情况作为工作考评、报告工作、“两转两抓”活动的重要内容，加强工作指导和检查督办，对工作中出现的新情况新问题，要认真研究解决；对于行动迟缓、措施不力、工作滞后的，要加强重点督导。要认真总结、积极推广好各地在实践中创造的有益做法和新鲜经验，及时提炼、上升为统一要求和制度机制，综合考虑全局，自上而下推行，以新的要求指导新的实践。

（六）积极争取支持

落实“三个文件”涉及方方面面，可能会遇到很多困难和问题，必须紧紧依靠党委领导、人大监督、政府及有关部门和社会各界的支持。各级院要抓紧向当地党委、人大汇报省委领导重要批示精神和省院文件要求，汇报本院贯彻落实的具体措施，主动争取领导和支持，着力解决落实过程中的难题。要加强与公安、法院、司法行政等部门联系沟通，加强协作配合，创造良好外部条件。

（七）营造良好氛围

要加强与新闻媒体的沟通互动，在运用好传统宣传方式的同时，积极通过检察门户网站、检察博客、检察微博、检务微信、检察服务（新闻）手机客户端五位一体的“鄂检网阵”，组织有规模、有声势的宣传活动，积极宣传贯彻落实“三个文件”的部署安排、主要做法和取得的成效，注意把握好宣传重点、角度和尺度，营造浓厚氛围，确保取得良好社会效果。

16 贯彻“三个走在前列”要求，努力推动湖北检察工作走在全国检察机关前列*

中央领导同志对湖北政法机关提出了“三个走在前列”的要求，对于我们进一步扎实推进各项检察工作，开创湖北检察工作新局面，具有重大指导意义。全省检察机关要认真学习领会，切实贯彻“三个走在前列”的要求，努力推动湖北检察工作走在全国检察机关前列。

一、在政治建检方面走在全国检察机关前列

政法机关必须把坚定正确的政治方向放在第一位。政法战线是党领导的一条重要战线，政法事业是中国特色社会主义事业的重要组成部分。政法之“政”是政治之“政”、政权之“政”，检察机关作为政法机关，必须始终坚持政治建检。

第一，坚持同党中央保持高度一致、坚定正确的政治方向不动摇。要始终坚定“三个自信”，切实做好中国特色社会主义事业的建设者、捍卫者；始终保持清醒的政治头脑，在大是大非问题上始终做到立场坚定、旗帜鲜明；始终与习近平同志为总书记的党中央保持高度一致，坚决贯彻党中央、省委和高检院的重大部署；始终做到忠诚可靠，忠于党、忠于国家、忠于人民、忠于法律，在关键时刻靠得住、信得过、能放心。

第二，坚持服务党和国家工作大局不动摇。讲大局和讲政治是

---

* 2013 年 10 月 14 日敬大力同志在湖北省检察长座谈会上的讲话。

一致的，要把维护党和国家工作大局作为重大政治责任和重要任务来对待。要着力维护国家安全和政治安全大局，善于运用法律武器，积极配合公安、国家安全等部门，严厉打击境内外敌对势力的分裂、渗透、破坏活动。着力维护社会和谐稳定大局，始终把维稳工作作为第一责任，坚持“大稳定观”和“一线观念”，运用“底线思维”的方法，加强检察环节矛盾纠纷排查化解，完善检察机关执法办案风险预警、处置、防范工作体系，依法及时稳妥应对涉检突发性事件等影响社会稳定的案事件；积极参与社会治安重点地区和突出治安问题专项整治，突出打击严重暴力犯罪、多发性侵财犯罪、毒品犯罪、黑恶势力犯罪和危害食品药品安全犯罪，促进平安湖北建设，增强人民群众安全感。着力维护经济持续健康发展大局，坚持服务发展“第一要务”，深入落实省院《关于发挥检察职能优化法治环境促进经济发展的实施意见》，深入推进“发挥检察职能，优化发展环境”专项工作，积极参与整顿和规范市场经济秩序，平等保护各种所有制经济合法权益，依法妥善处理经济领域的新情况新问题，确保执法办案“三个效果”有机统一。

第三，坚持加强法治建设和提高执法公信力两个主基调不动摇。推进依法治国是政治建设的重点任务，法律是党领导人民制定的，法治化本身就是大局，讲法治就是讲政治；执法公信力来源于人民群众的评价，体现了人民性和党性的高度统一，提高执法公信力是讲政治的必然要求。加强法治建设和提高执法公信力是中央的明确要求，对此习近平总书记作出了一系列重要指示，加强法治建设和提高执法公信力是贯彻中央部署、推进政治建检的重要内容。要充分发挥检察职能促进各项事业法治化，依法查办和预防职务犯罪，促进提高领导干部运用法治思维和法律方式深化改革、推动发展、化解矛盾、维护稳定能力；加强对诉讼活动的法律监督职能，促进依法行政和公正司法，着力推进法治湖北建设。要促进检察工作自身法治化，把法治原则、公平正义贯穿于执法办案、法律监督全过程，严格按法定权限、程序和手段履行检察职责，深入构建促进公正廉洁执法“五位一体”工作格局，持之以恒地推进执法规范化建设，健全检察权运行和监督制约体系，不断提升检察机关执法公信力。

二、在推进检察改革和工作机制创新方面走在全国检察机关前列

近年来，我们围绕破解实践中制约检察工作发展的障碍和难题，在法律制度框架内，积极推行“两个适当分离”、基层院内部整合改革、法律监督调查、建立规范执法“倒逼机制”等一系列工作机制创新，为检察事业发展进步提供了强大动力，得到高检院和省委充分肯定。中央即将召开的十八届三中全会将对深化改革进行全面部署，在司法改革方面将出台许多新措施，有不少亮点，为我们结合湖北实际，继续深入推进检察改革和工作机制创新提供了重大机遇。我们要紧紧抓住这一机遇，继续解放思想、实事求是、与时俱进、求真务实，深化检察改革和工作机制创新。

一方面，要增强改革创新意识。深刻认识改革是中国最大的红利；应对矛盾和挑战、化解困难和问题，关键在于全面深化改革。深刻认识改革创新是大势所趋，永无止境，停顿和倒退没有出路，改革开放只有进行时、没有完成时。在座的检察长作为检察机关“关键的少数”，自身的思想和行动直接关系到是推动还是束缚检察工作创新发展，要带头解放思想，敢于突破各种封闭意识、保守思想和条条框框，以更大的决心和勇气推进各项改革和机制创新，为检察事业发展增添正能量。

另一方面，要深入推进检察改革和工作机制创新。要根据中央、高检院统一部署，扎实落实好“四项改革”和即将出台的司法改革新措施。同时还要结合湖北检察工作实际全力抓好“三项重点改革”。在推进诉讼监督工作“四化”方面，要狠抓实践落实，突出制度刚性，强化制度执行，坚持在实践中落实法律关于诉讼监督的各项规定，做到敢于监督、善于监督、依法监督、规范监督、理性监督。要加快工作进度，争取尽早制定一个全方位、综合性、多环节的诉讼监督工作规程，各市州分院要配合省院做好相关工作。在

推动执法办案工作转变模式、转型发展方面，省院部署这项改革11个方面的具体任务以来，各地积极探索，认真落实，取得了初步成效。比如，在建立新型检律关系方面，省院与省司法厅、省律师协会加强沟通交流，共同研究制定建立新型检律关系的指导意见，即将正式下发。但也还存在一些问题，有的对形势认识不清，对转变模式、转型发展的必要性认识不足，不够重视；有的任务还落实不够，如探索推行开放式执法办案，等等；有的对转型的实质、要求把握不够准确，存在偏差。要针对上述问题采取进一步的措施，加强组织领导，加大督促、指导和落实力度，全面深入推进，确保取得良好效果。在加强检察机关组织体系和基本办案组织建设方面，要牢牢把握基本原则，遵从检察机关职能特点和检察工作运行规律，坚持在现行法律制度框架内进行，继续深化“两个适当分离”、基层院内部整合、检察工作向基层延伸等工作，不断巩固和扩大组织体系建设成果。要重点抓好主办检察官办案责任制试点工作，参加试点的检察院检察长要亲自抓在手上，及时研究解决试点工作中的问题，确保试点工作顺利进行。

三、在检察机关群众工作创新方面走在全国检察机关前列

近年来，我们坚持不懈地探索、持之以恒地推进检察机关群众工作，做到有思路、有方法、有措施、有载体，受到人民群众普遍好评，省院两次在全国“十三检”会议、全国检察长会议上介绍经验。我们开展群众工作已经具备了良好的基础，应该有信心、有条件继续走在全国检察机关前列。

一方面，要坚持创新驱动，推动检察机关群众工作不断深化细化实化。省院今年制定的《关于进一步深化、细化、实化检察机关群众工作的实施意见》，总结吸收了近年来开展群众工作的实践经验，根据人民群众新期待提出了一些新的要求和新的举措，本身就是一种思路创新、工作创新和机制创新。比如我们充分认识执法办案和法律监督的对象、内容、程序、办法、要求等方面的特殊性，

提出要在做好普遍性、共同性群众工作的同时，做好特殊性、专门性的群众工作，主要是做好被害人、犯罪嫌疑人、被告人及其亲友、辩护人、诉讼代理人等人员的群众工作；要充分利用微博、微信等新媒体打造鄂检网阵，做好“指尖上的群众工作”；要健全民意征集、涉检矛盾排查化解等工作机制；等等，这些都体现了创新检察机关群众工作的精神和要求。只要我们认认真真、扎扎实实抓好贯彻落实，就一定能够推动我省检察机关群众工作不断创新发展、走在全国前列。

另一方面，要以党的群众路线教育实践活动为契机，进一步提高群众工作能力和水平，切实解决执法办案中的“四风”问题。要努力把为民务实清廉的价值追求植根于全体检察人员的思想和行动中，着力解决“四风”问题，密切同人民群众的血肉联系，让人民群众真切感受到检察机关执法作风的新变化，使检察工作具有更加广泛、深厚、可靠的群众基础。要落实为民的要求，深入开展群众观点、群众路线教育，切实增强“人民检察为人民”的理论认同、感情认同和实践认同，适应人民群众的新要求新期待，健全执法为民的长效机制，提高掌握群众心理、运用群众语言、疏导群众情绪等能力。要落实务实的要求，切实把中央、省委、高检院和省院关于改进工作作风的规定落到实处，牢固树立正确的政绩观，不图虚名、不务虚功，创造经得起历史和人民检验的实绩；坚持恪尽职守、真抓实干、勇于担当，着力攻坚克难，着力维护人民群众合法权益；继续改进会风文风，精简各种会议和文件简报。要落实清廉的要求，强化对全省各级院领导班子和领导干部的监督，坚持谦虚谨慎、艰苦奋斗，厉行勤俭节约、反对铺张浪费。要围绕整改落实和建章立制两个关键，贯彻整风精神，着力查摆解决“四风”问题，特别是要解决好执法办案中存在的与“四风”紧密相关的突出问题，包括执法理念、执法办案和法律监督工作力度、执法管理与监督等方面，都要做到立查立改，必要时开展专项治理，完善严格执法、公正司法的制度机制，确保教育实践活动取得实实在在的成效。

17 牢牢把握党的十八届三中全会重大战略思想和重要理论创新，做到“五个适应、五个更加注重”*

近年来，我们认真学习贯彻党的十八大、省第十次党代会和全国“十三检”会议精神，研究确定了“高举中国特色社会主义伟大旗帜，以学习贯彻党的十八大精神为主线，把握加强法治建设和提高执法公信力两个主基调，一手抓检察事业长远发展、一手抓各项工作任务落实，以更加奋发有为的精神状态推动湖北检察事业全面发展进步”的总体思路，形成了诸如“树立科学检察发展理念”、“五个检察”发展目标、“三个体系”发展布局等一系列发展战略，实践证明是科学的、合理的、管用的。当前，党的十八届三中全会描绘了全面深化改革的新蓝图、新愿景、新目标，汇集了全面深化改革的新思想、新论断、新举措，凝聚了全党全国全社会的思想共识。我们现在按照习近平总书记一系列重要讲话和十八届三中全会精神，重新定位、调整、发展检察工作总体思路，其重要程度和战略意义丝毫不亚于甚至会超过“十三检”会时期。我们必须按照习近平总书记重要讲话和三中全会提出的新的战略思想和战略部署，与时俱进地更新思想观念、谋划工作思路。

* 2013 年 12 月 3 ~4 日敬大力同志在湖北省检察机关深入贯彻党的十八届三中全会精神专题调研座谈会上的讲话节录。

一、适应完善和发展中国特色社会主义制度、推进国家治理体系和治理能力现代化的总目标，更加注重在检察工作中促进各方面制度完善和落实

三中全会将“推进国家治理体系和治理能力现代化”写入了全面深化改革的总目标，这是完善和发展中国特色社会主义制度、实现社会主义现代化的必然要求。国家治理体系是党领导下管理国家的制度体系，包括各领域的体制机制和法律法规安排，也就是一整套紧密相联、相互协调的国家制度；国家治理能力则是运用国家制度管理社会各方面事务的能力。习近平总书记深刻指出，推进国家治理体系和治理能力现代化，就是要使各方面的制度更加科学、更加完善，实现党、国家、社会各项事务治理制度化、规范化、程序化。

中国特色社会主义检察制度是中国特色社会主义制度体系的重要组成部分。检察工作也是国家治理体系的重要组成部分。这一总目标意味着对检察工作的更高要求，意味着检察机关服务大局不仅要从工作层面考虑，更要从制度层面考虑；湖北检察工作要实现“三个走在前列”的要求，就必须立足于更高层次、更高水平，在促进完善经济社会等各领域管理制度、完善社会主义司法制度、完善群众工作制度机制方面更有作为、走在前列。

要立足检察职能，更加善于通过执法办案发现、研究、分析全面深化改革过程中的普遍性、制度性问题，提出建章立制的合理化建议，促进改革不适应实践发展要求的体制机制和法律法规，实现党、国家、社会各项事务治理制度化、规范化、程序化；注重通过履行职能，促进运用法律思维、依靠法律制度、采取法律方式解决问题、推动发展，提升党领导人民治理国家的能力。要立足自身，着眼于更好地发挥中国特色社会主义检察制度的优越性，把握和贯彻“国家治理体系和治理能力现代化”的思想精髓和精神实质，全面推进检察工作各方面、全方位的制度化、规范化、程序化、体系化，促进中国特色社会主义检察制度更加完善、成熟、定型。要继

续推进检察业务工作尤其是诉讼监督工作“四化”，进一步规范诉讼监督的内容、形式和程序，推动现有的诉讼监督工作制度从“无”到“有”、从“粗”到“细”、从“虚”到“实”，进一步健全完善执法办案和法律监督工作体系。要着力完善检察队伍专业化职业化建设、人才建设、组织体系建设、作风建设等方面的制度机制，着力健全检务保障、科技强检方面的制度机制，进一步健全完善检察机关自身建设体系。总之，就是要靠体系完备的制度，靠有效的制度运用和执行，推动检察工作向纵深发展。

二、适应“三个进一步解放”，更加注重在检察工作中解放思想、提高效率、增强活力

全会提出进一步解放思想、进一步解放和发展社会生产力、进一步解放和增强社会活力，这既是改革的目的，又是改革的条件。这一要求对检察工作同样具有重要现实意义。解放思想是进一步做好检察工作的总开关，没有解放思想，就很难找准问题症结所在，就很难拿出创造性的改革措施，就不可能在实践中不断推进检察理论创新和工作创新，有效化解各种困难挑战，做到“三个走在前列”。解放和发展社会生产力的要求就检察机关自身而言可以定位为提高效率，中国特色社会主义司法制度不仅要公正权威，而且要高效，我们要使中国特色社会主义检察制度在维护公平正义、维护国家安全和社会和谐稳定、维护人民合法权益方面比其他各种检察制度更有效率，更能体现出优越性。解放和增强社会活力要求检察机关必须通过深化改革创新，让每个检察人员的知识、技能等充分发挥，更好地激发全体干警的积极性、主动性、创造性，让检察事业活力迸发、始终保持旺盛生命力。

三、适应促进公平正义、增进人民福祉的要求，更加注重维护司法公正

全会强调全面深化改革，要以促进社会公平正义、增进人民福祉为出发点和落脚点。习近平总书记强调，全面深化改革必须着眼

创造更加公平正义的社会环境，不断克服各种有违公平正义的现象，使改革发展更多更公平惠及全体人民。如果不能给老百姓带来实实在在的利益，如果不能创造更加公平的社会环境，甚至导致更多不公平，改革就失去意义，也不可能持续。公平正义是司法工作的生命线，司法公正是社会公平正义的最后一道防线，是改革成果公平惠及全体人民的重要保障，也是最为基本、最为重要的一种公平正义。从检察工作的本质属性来看，维护司法公正和维护群众利益都是其中应有之义，而且两者在根本上是统一的。检察机关一定要更加重视把维护司法公正作为最基本的价值目标来追求，通过全面深化检察改革，通过严格规范文明执法，通过强化诉讼活动法律监督，使司法公正的要求具体化，努力让人民群众在每一起案件中都能感受到公平正义。同时。我们还要着眼于整个社会公平正义的大概念，立足检察职能，促进平等竞争、平等参与、平等发展，推动改革完善那些不符合公平正义要求的体制机制和政策规定，解决人为因素造成的有违公平正义的现象，促进权利公平、机会公平、规则公平，营造公平的社会环境。比如，要贯彻“使市场在资源配置中其决定性作用”的要求，更加强调平等保护各种所有制经济产权和合法利益，促进公开公平公正竞争，促进建设统一开放、竞争有序的市场体系，促进形成法治化营商环境。

四、适应人权司法保障要求，更加注重在检察工作中尊重和保障人权

全会对完善人权司法保障制度作出了一系列改革部署，这是推进法治中国建设、深化司法体制改革的重要内容，也是全面深化改革的重要目标之一。检察机关作为保障人权的重要力量，必须站在发展社会主义政治文明、发展完善中国特色社会主义制度的高度，把保障人权放在更加重要的位置来思考和部署，进一步强化人权观念教育，牢固树立打击犯罪与保障人权并重的观念，既依法打击、监督纠正危害人民群众生命财产安全和侵犯公民人身权利、民主权利的违法犯罪行为，强化诉讼权利保障和救济，实现对广大人民群

众基本人权的保护；又彻底破除特权思想，牢固树立理性、平和、文明、规范的执法观，进一步完善并严格落实查封、扣押、冻结、处理涉案财物制度，健全错案防止、纠正、责任追究机制，着力构建新型检律关系，坚决防止自身发生刑讯逼供、体罚虐待等问题，在执法办案中尊重人格与尊严，减少和杜绝侵犯人权行为。

五、适应推进法治中国建设要求，更加注重把握加强法治建设和提高执法公信力两个主基调

依法治国是实现国家治理体系和治理能力现代化的必然要求。全会把推进法治中国建设作为政治体制改革的重要内容进行了专门部署，对维护宪法法律权威、深化司法体制和行政执法体制改革提出了一系列重大改革举措，必将对法治中国建设产生深远影响。检察机关是社会主义法治国家建设者、实践者，我们服务法治建设的成效如何、自身执法公信力水平的高低，直接关系到依法治国进程的顺利推进，也关系到全面深化改革总目标的实现。当前和今后一个时期，检察机关应当更加牢牢把握加强法治建设和提高执法公信力两个主基调，将其贯穿检察工作始终。要依法惩治各类犯罪尤其是领导干部职务犯罪，监督纠正司法不公，深化法治宣传教育，弘扬社会主义法治精神，促进提高领导干部运用法治思维和法律方式深化改革、推动发展、化解矛盾、维护稳定能力。要着力打造“法治检察”，把严格执法、公正司法作为基本要求，以改革的举措深入推进执法规范化建设，深入推进执法管理和监督制约体系建设，进一步提高严格公正规范文明执法水平，提高执法公信力。

18 深入学习贯彻习近平总书记系列重要讲话精神，实现检察工作思路与时俱进*

近年来，我们坚持贯彻上级精神与湖北检察实际相结合，强调把握加强法治建设和提高执法公信力两个主基调，确立“五个检察”发展目标和“三个体系”发展布局，落实“三个走在前列”的要求。实践证明，这些工作思路是科学合理管用的，我们既要一以贯之地坚持，又要与时俱进地完善。当前，以习近平总书记重要讲话精神为根本指针，调整、完善、发展检察工作思路，更具重要性和紧迫性。我们务必要深刻领会、牢牢把握习近平总书记重要讲话阐述的政治立场、主要任务、基本要求和思想方法，深刻领会、牢牢把握讲话通篇贯穿的政治、法治、公正、稳定、公信力等关键词，按照高检院、省委统一部署，谋划好新时期检察工作发展思路。

一、旗帜鲜明、坚定不移坚持党的领导

习近平总书记重要讲话首先强调的就是坚持党对政法工作的领导。检察机关作为人民民主专政国家机器的重要组成部分，必须置于党的绝对领导之下。在这个问题上，全省检察机关历来旗帜鲜明、坚定不移，拥有讲政治、顾大局的优良传统，经受住了重大政治考验和实践检验。在新形势下反复强调这一问题，极具政治意义和现实意义。全省检察机关要做到以下五点：

一要深刻认识坚持党的领导是最大的讲政治。要把严守党的政

---

* 2014 年 1 月 24 日敬大力同志在湖北省检察长会议上的讲话节录，部分内容刊载于《人民检察》2014 年第 2 期。

治纪律放在首位，始终保持政治清醒和政治自觉，始终对党忠诚，始终在思想上、政治上、行动上与以习近平同志为总书记的党中央保持高度一致。

二要深刻认识党的力量来自组织。自觉增强党性原则，强化党的意识，时刻想到自己是党的人，是组织的一员，相信组织、依靠组织、服从组织，严守党的组织纪律，自觉接受组织安排，做到在党言党、在党爱党、在党忧党、在党为党。

三要正确处理党的政策和国家法律的关系。党的政策和国家法律都是人民根本意志的反映，本质上是一致的。实施法律就是贯彻党的意志，依法办事就是执行党的政策。要坚持执行法律和执行党的政策的统一性，严格公正执法，强化法律监督，维护党的政策和国家法律统一正确实施。

四要正确处理坚持党的领导和依法独立公正行使检察权的关系。习近平总书记强调，保证司法机关依法独立行使职权是我们党的明确主张。党的领导是检察机关依法独立公正行使检察权的政治保证，两者是高度一致的，我们绝不能把两者对立起来，割裂开来。要始终坚持党管方向、管政策、管原则、管干部，在党的统一领导下依法履职、公正办案。

五要把坚持党的领导落实在行动上。对中央、省委重大决策部署，各级院必须迅速传达学习，及时提出贯彻意见，全力抓好执行和落实。要敢于担当、勇于负责，坚决执行党的方针政策和国家法律，做到履责、负责、尽责，破坚冰、涉深水、啃硬骨头，在担责担难担险中服务大局、为党分忧。要讲真话、陈实情，实事求是，坚持原则，对党做到襟怀坦白，全面客观反映真实情况，毫不隐瞒自己的观点，保持言行一致、表里如一。要把向党委报告工作制度化，各级院党组要结合贯彻年初、年中全省检察长会议精神，一年两次自觉主动地向地方党委报告工作，重要会议讲话、工作部署和规范性文件要及时报告地方党委，执法办案中的重大事项要严格执行党内请示报告制度，自觉接受党组织管理和监督。要坚持宗旨、执法为民，多为老百姓办实事办好事解难事，保障人民安居乐业，维护群众合法权益，巩固党的执政基础。要讲法治、提公信，带头弘扬法治精神，严格公正廉洁执法，让党放心，让群众对法治更有信心。要维护中央权威、确保政令畅通，深刻认识坚持党的领导最核心的就是维护中央权威，保证法律统一正确实施是维护中央权威的重要体现，坚决克服部门保护主义、地方保护主义影响，确保严格执法、政令畅通、检令畅通，确保党的政策和国家法律得到一体遵循。

二、扎实深入推进“三个走在前列”

我们一定要把“三个走在前列”作为重要目标，鲜明地体现在工作思路和检察实践中，努力推动湖北检察工作走在全国检察机关前列。做到“三个走在前列”，必须把握基本内涵，坚持“三个不动摇”。坚持党的领导、坚定“三个自信”、保持正确政治方向、充分发挥检察职能服务大局不动摇；坚持增强改革自觉、深入落实改革任务、巩固和扩大工作机制建设成果不动摇；坚持把人民群众的事当作自己的事、把人民群众的小事当作自己的大事、进一步深化细化实化检察机关群众工作、维护好人民群众切身利益不动摇。做到“三个走在前列”，必须保持奋发有为的精神状态，强化“四种意识”。要强化机遇意识，紧紧抓住中央、省委高度重视的大好机遇，紧紧抓住全面深化改革的大好机遇，争取战略主动，抢占发展制高点；强化问题意识，坚持问题导向，勇于正视问题，深入研究问题，在想方设法、逐一解决问题过程中逐步接近我们的目标；强化责任意识，以强烈的历史使命感和责任感，最大限度集中全省检察人员智慧力量，最大限度调动一切积极因素，形成敢于担责、勇于负责、人人尽责的生动局面；强化进取意识，高点定位，坚定信心，以攻坚克难的勇气和咬定青山不放松的毅力向“三个走在前列”的目标迈进。

三、主动自觉地做到“五个适应、五个更加注重”

把贯彻习近平总书记重要讲话与贯彻党的十八届三中全会精神

紧密结合起来，当好改革的促进者和改革者的“守护神”。

一要适应完善和发展中国特色社会主义制度、推进国家治理体系和治理能力现代化的总目标，更加注重促进各方面制度完善和落实。检察机关是国家治理体系的重要组成部分，必须自觉发挥各项检察职能作用，主动参与系统治理、依法治理、综合治理、源头治理，促进提升社会治理能力。要从制度层面考虑，更加善于在执法办案中发现、研究经济社会发展过程中的普遍性、制度性问题，及时提出建议，促进各方面的制度更加科学、更加完善，促进提升党领导人民运用法律思维、依靠法律制度、采取法律方式解决问题、推动发展、治理国家的能力。

二要适应促进公平正义、增进人民福祉的要求，更加注重维护司法公正。习近平总书记强调，促进社会公平正义是政法工作的核心价值追求；政法机关要重点解决好损害群众权益的突出问题。要强化法律监督、维护司法公正、惩治司法腐败，让受到侵害的权利得到保护和救济，让违法犯罪活动受到制裁和惩罚，让人民群众在每一个司法案件和每一项执法活动中都感受到公平正义，推动发展成果更多更公平惠及全体人民。

三要适应维护社会稳定和人权司法保障要求，更加注重惩治犯罪与保障人权并重。维护社会大局稳定是政法工作的基本任务。加强人权司法保障是全面深化改革的重要内容。要正确处理维稳与维权的关系，牢固树立打击犯罪与保障人权并重的观念，既严厉打击严重刑事犯罪，通过维护社会大局稳定来维护广大群众权益、保障人民安居乐业；又重视强化对权利的保障和救济，在执法办案中尊重人格和尊严，使群众由衷感到权益受到了公平对待、利益得到了有效维护，从源头上减少不稳定因素。

四要适应严格执法、公正司法、法治中国、法治湖北建设的要求，更加注重发挥检察机关在推动法治建设和提高执法司法公信力方面的主力军作用。坚持一手抓强化法律监督，促进严格执法、公正司法，促进提升执法司法整体公信力和依法治国水平；一手抓强化自身监督和过硬队伍建设，着力打造“法治检察”，保证自身严格公正廉洁执法，提高自身执法公信力。

五要适应“三个进一步解放”，更加注重在检察工作中解放思想、提高效率、增强活力。进一步解放思想、进一步解放和发展社会生产力、进一步解放和增强社会活力，既是改革的目的，又是改革的条件。具体到检察改革中，我们要把解放思想作为总开关，以思想大解放推动改革深化；把提高效率作为紧迫任务，使中国特色社会主义检察制度不仅公正权威，而且高效，比其他检察制度更有效率、更能体现出优越性；把增强活力作为重要目标，让每个检察人员的知识、技能等充分发挥，让全体干警的积极性、主动性、创造性充分调动，让检察事业活力迸发、始终保持旺盛生命力。

19 深入学习贯彻习近平总书记系列重要讲话精神，做到“六讲”，努力推动检察工作全面发展进步*

党的十八大以来，习近平总书记发表了一系列重要讲话，围绕坚持和发展中国特色社会主义、实现中华民族伟大复兴的中国梦，提出了一系列新思路、新观点、新要求，为全党全国人民统一思想认识、明确前进方向、开创党和国家事业新局面提供了科学指南。特别是关于法治建设、政法工作、检察工作的一系列重要论述和指示，对新形势下政法工作、检察工作坚持什么、反对什么和干什么、怎么干，都作了科学回答。学习好、贯彻好习近平总书记重要讲话精神，对于检察机关更好地履行法律监督职责，不断提高检察工作整体水平，切实肩负起党和人民赋予的职责使命，具有重大战略意义。

一个时期以来，全省检察机关认真贯彻中央、省委要求，高度重视习近平总书记重要讲话精神的学习贯彻，做到同党的十八大精神的学习贯彻一同部署、一同推进，取得了明显成效。同时也要看到，学习贯彻好总书记重要讲话精神是一个逐步深化的过程，是一项长期的政治任务。省院机关是全省检察机关的龙头，各位机关处级干部作为省院机关的中坚力量，要有高度的思想自觉，把带头学习贯彻总书记重要讲话精神作为政治责任、政治要求，以身作则、率先垂范，为省院机关干警和全省检察机关当好标杆、作好表率。

下面，根据培训安排，我结合检察工作实际，谈一谈学习习近

---

* 2014 年 6 月 13 日敬大力同志在湖北省人民检察院深入学习贯彻习近平总书记系列重要讲话精神培训班上的辅导报告节录。

平总书记系列重要讲话精神，推动检察工作全面发展进步的一些体会和想法，与大家共同讨论。

党的十八大以来，习近平总书记多次就加强法治建设、政法工作、检察工作发表重要讲话，作出重要批示。专题讲话主要有三次：第一次是2012年12月4日，在首都各界纪念现行宪法公布施行30周年大会上的讲话；第二次是去年2月23日，在中央政治局第四次集体学习时的讲话；第三次是今年1月7日，在中央政法工作会议上的讲话。习近平总书记的系列重要讲话和重要指示批示，提出了许多新思想、新论断、新要求，丰富和发展了中国特色社会主义法治理论，为我们进一步统一思想认识、把握目标任务、不断加强和改进工作指明了方向。

一、深入学习贯彻习近平总书记关于坚持党的领导的重要论述，做到讲政治，坚定检察工作正确政治方向

坚持党的领导，是习近平总书记对政法机关反复强调的问题。尤其是在中央政法工作会议上的重要讲话，首先强调的就是坚持党对政法工作的领导，要求政法机关要旗帜鲜明坚持党的领导，自觉在思想上政治上行动上同党中央保持高度一致；要正确正确处理党的领导和国家法律的关系；要正确处理坚持党的领导和确保司法机关依法独立公正行使职权的关系。

这些重要论述，深刻阐释了我国政法机关的政治属性，明确指出了坚持党的领导的重大意义和关键所在。中国共产党是中国特色社会主义事业的领导核心。检察机关作为人民民主专政国家机器的重要组成部分，必须置于党的绝对领导之下，这是关系检察工作兴衰成败的根本性问题，在任何时候，任何情况下都不能动摇。在这个问题上，全省检察机关历来旗帜鲜明、坚定不移，拥有讲政治、顾大局的优良传统，经受住了重大政治考验和实践检验。在新形势下反复强调这一问题，极具政治意义和现实意义。

我体会，检察机关要正确认识、始终坚持党的领导，必须把握好以下五个方面：

一要深刻认识坚持党的领导是最大的讲政治。我们要把严守党的政治纪律放在首位，始终保持政治清醒和政治自觉，始终对党忠诚，始终在思想上、政治上、行动上与以习近平同志为总书记的党中央保持高度一致。

二要深刻认识党的力量来自组织。我们作为党领导下的国家法律监督机关，理应按照监督者自严、更严的要求来增强组织纪律性，当好严守组织纪律的局中人、清醒人、明白人。

三要正确处理党的政策和国家法律的关系。我们党的宗旨是全心全意为人民服务，党的政策是人民根本意志的反映。实施依法治国是党领导人民治理国家的基本方略，我们国家的法律是党领导人民制定的，同样是人民意志的根本反映。两者在本质上一致的。实施法律就是贯彻党的意志，依法办事就是执行党的政策，保证国家法律的统一正确实施就是坚持党的领导。坚持执行党的政策和执行国家法律相统一，是坚持党的领导、人民当家作主、依法治国有机统一在政策和法律层面的具体体现。我们要坚持执行法律和执行党的政策的统一性，严格公正执法，强化法律监督，维护党的政策和国家法律统一正确实施。

四要正确处理坚持党的领导和依法独立公正行使检察权的关系。习近平总书记强调，保证司法机关依法独立行使职权是我们党的明确主张。党的领导是检察机关依法独立公正行使检察权的政治保证，两者是高度一致的，我们绝不能把两者对立起来，割裂开来。要始终坚持党管方向、管政策、管原则、管干部，在党的统一领导下依法履职、公正办案。

五要把坚持党的领导落实在行动上。主要是以下六个方面：一是迅速传达学习中央、省委重大决策部署，提出贯彻意见，全力抓好执行和落实。二是敢于担当、勇于负责，在担责担难担险中服务大局、为党分忧。三是讲真话、陈实情，实事求是，坚持原则，对党做到襟怀坦白，全面客观反映真实情况，毫不隐瞒自己的观点，保持言行一致、表里如一。四是建立健全、并严格执行向党委报告工作制度，一年两次自觉主动地向地方党委报告工作，重要会议讲话、工作部署和规范性文件要及时报告地方党委，自觉接受党组织管理和监督。目前，省院正在着手制定相关制度规定。五是维护中央权威、确保政令畅通，深刻认识坚持党的领导最核心的就是维护中央权威，保证法律统一正确实施是维护中央权威的重要体现，坚决克服部门保护主义、地方保护主义影响，确保严格执法、政令畅通、检令畅通，确保党的政策和国家法律得到一体遵循。六是把坚持领导的领导落实到执法办案实践中。

二、深入学习贯彻习近平总书记关于法治的重要论述，做到讲法治，努力打造“法治检察”

党的十八大以来，习近平总书记多次就加强法治建设发表重要讲话，作出重要批示。可以说“法治”是贯穿总书记多个重要讲话的一条主线、主基调。习近平总书记指出：法治是治国理政的基本方式，要更加注重发挥法治在国家治理和社会管理中的重要作用，全面推进依法治国，加快建设社会主义法治国家；要全面推进科学立法、严格执法、公正司法、全民守法，坚持依法治国、依法执政、依法行政共同推进，坚持法治国家、法治政府、法治社会一体建设，不断开创依法治国新局面；各级党组织必须坚持在宪法和法律范围内活动，各级领导干部要带头依法办事，带头遵守法律；要依法保障全体公民享有广泛的权利，保障公民的人身权、财产权、基本政治权利等各项权利不受侵犯，保证公民的经济、文化、社会等各方面权利得到落实，努力维护最广大人民根本利益，保障人民群众对美好生活的向往和追求；法律的生命力在于实施；要善于运用法治思维和法治方式领导政法工作，在推进国家治理体系和治理能力现代化中发挥重要作用，等等。

我们学习领会这些重要论述，就是深化对依法治国治国战略思想重要意义的认识。依法治国是我们党站在全面建成小康社会新的历史起点上作出的重大决策和战略部署。从党的十五大确立依法治国的基本方略，到十七大明确提出加快建设社会主义法治国家，再到十八大将法治作为治国理政的基本方式，体现了我们党对法治重要性认识的逐步深化，充分表明以习近平同志为总书记的党中央把法治建设、依法治国放在更加突出、更加重要的全局性、基础性和战略性地位来推进。法治是迄今为止人类社会能够认识到的最佳治国理政方式；在国家治理体系和治理能力现代化中，法治是重要依托。加强法治建设，是推进民主政治、实现人民当家作主的必然要求，是优化发展环境、推动科学发展的重要保障，是加强和创新社会治理、维护社会和谐稳定的有效途径。从世界发展史看，法治是现代制度文明的核心。美国法学家博登海默说过，法律是人类最伟大的发明，别的发明使人类学会了如何驾驭自然，而法律让人类学会了如何驾驭自己。法治作为人类追求的理想而稳定的生活方式，蕴含着民主、自由、平等、人权、正义、文明、和谐、安全等一系列价值观念，是中国特色社会主义的内在要求。保持政治清明、促进经济繁荣、维护社会和谐、巩固党的执政地位，都离不开法治的有力支撑。

就是要深化对法治建设总体布局的认识。“三个共同推进”和“三个一体建设”表明我们党对社会主义法治建设有了更加完整系统的规划，覆盖经济社会发展的方方面面，描绘了一幅法治建设整体推进、协调发展的宏伟蓝图，是对推进依法治国总体布局、主要任务和总要求的深刻阐释，体现了对世情、国情、党情和法治规律、法治进程的深刻把握。省第十次党代会把法治湖北纳入“五个湖北”建设总体部署，省委省政府出台了推进法治湖北建设的实施意见，明确了法治湖北建设抓什么、怎么抓等重大问题，是贯彻落实依法治国方略的具体体现。

就是要深化对我们党依法执政理念的认识。作为党员干部，必须对宪法和法律保持敬畏之心，牢固确立法律红线不能触碰、法律底线不能逾越的观念，不要去行使依法不该由自己行使的权力，也不要去干预依法自己不能干预的事情，更不能以言代法、以权压法、徇私枉法。

就是要深化对执法为民宗旨观念的认识。政法机关权力来自人民，应该把维护把人民权益作为政法工作的根本出发点和落脚点，把人民满意作为评价政法工作的根本标准。法律绝不是冷冰冰的，执法司法工作也要坚持群众路线，也是群众工作，必须解决好损害群众权益的突出问题。

就是要深化对加强法律实施的认识。法律制定出来后，如果不能得到正确有效实施，就只能是一种书面上的法条，不能真正变成社会规范和人们的行为规范，法律的权威和法律的价值就得不到体现，依法治国就无从谈起。我国社会主义民主法治建设的经验及教训都充分证明了这一点。我们什么时候重视法律实施，民主法治建设就会顺利推进。改革开放以来，我国的立法工作已经取得了举世瞩目的巨大成就，涵盖社会关系各方面的法律部门已经齐全，中国特色社会主义法律体系基本形成。在这种情况下，全党全社会特别是政法机关坚持有法必依、执法必严、违法必究的问题就显得更为突出。我们社会生活发生的许多问题，更多是因为有法不依、失于规制乃至以权谋私、徇私枉法、破坏法治。可以说，法律实施已经成为当前我国法治建设的重点，也是亟需加强的重要环节。

就是要深化对依法执法司法重要性的认识。党的十八大提出要提高领导干部运用法治思维和法治方式深化改革、推动发展、化解矛盾、维护稳定的能力。习近平总书记要求，要善于运用法治思维和法治方式领导政法工作，在推进国家治理体系和治理能力现代化中发挥重要作用。这是党中央在新的历史条件下对政法机关提出的新要求。法治思维是基于法治固有特性和对法治的信念，认识事物、判断是非、解决问题的思维方式。法治方式则是按照法律规定和法定程序处理问题的方式。我理解，这一要求不仅适用于政法领导干部，同时也是对全体政法干警的要求。“领导政法工作”当然也包括开展政法工作。政法人员并不当然的有法治思维和法治方式，对违反法律、违背法治精神的现象并不具有天然的免疫力，从执法司法实践中存在的各种问题来看，“依法执法司法”仍然是需要强调的重要问题。做到用法治思维和法治方式做好政法工作，重点是把握三个方面：一是要用法治防止权力滥用；二是要用法治维护人民权益，真正做到执法为民、公正司法；三是要在法治轨道内解决问题。

检察机关贯彻落实习近平总书记关于法治建设的一系列要求，是一个全方位、系统性的工程，涉及检察工作的方方面面。这里我从总体上强调五个问题：

一要增强法治观念。思想认识决定行为方式。无论是法律思维还是法治方式，都要以法治观念为支撑。这是核心的核心、关键的关键。一些执法不规范行为之所以反复发生、屡禁不止，一个很重要的原因就是少数检察干警缺乏基本的法治观念，尚未养成运用法治思维和法治方式看待问题、解决问题的习惯。观念的形成还要依靠长期不懈的教育，无论是教育的内容还是教育的方式都有要创新。当前和今后一个时期，对法治观念的教育内容，应当侧重在法治对权力的约束和规范上，使每一个检察干警都深刻领会法治首先不是“治”老百姓而是“治”我们自己，深刻认识自己手中权力的有限性，深刻懂得有权必有责、用权受监督、滥权要追究的道理。在法治观念的教育形式上，应当更加贴近检察人员思想和工作实际，在抓好常态化的正面教育同时，更加注重警示教育的重要作用，善于运用违背法治精神、违反法律规定、造成重大危害的典型事件和案件教育警醒检察干警，深刻汲取教训，触及思想深处，真正让干警深刻认识到违法违规办案的严重危害性，使“依法执法司法”的观念内化于心、融入血脉。

二要牢牢把握加强法治建设和提高执法公信力两个主基调。检察机关是法治建设的重要力量，要始终坚持把法治精神贯穿检察工作全过程。一方面，要坚守法律信仰，坚持把严格执行法律作为第一遵循，做到执法如山、公平如度，通过依法履行职责维护群众权益、体现公平正义，促进在全社会形成办事依法、遇事找法、解决问题用法、化解矛盾靠法的法治环境。另一方面，要养成运用法治思维和法治方式看待问题、解决问题的习惯，既做到不越权、不滥权，又做到不失职、能办事，善于运用法律武器，在法律框架内妥善处理好疑难复杂问题，着力强化对自身执法活动的监督制约，确保检察权在法治的轨道上规范运行，促进严格规范公正文明执法水平进一步提高，执法公信力不断提升。

三要强化制度执行力。严格规范文明执法要靠制度来保障。要让执法司法权在制度的笼子里运行。诚然，我们的制度体系还要不断的完善，需要进一步构建从不同层面互相促进、优势互补的内外部监督制约体系，将检察权的运行置于严密的、全方位监督制约之下。但我们要更加重视解决把制度当成“稻草人”的问题。如果“铁规不铁”、“禁令不禁”，制度就没有威慑力、没有生命力，就会形成“破窗效应”。制度制定了，就要立说立行、严格执行，真正在执法办案各个环节设置“隔离墙”、通上“高压线”，谁违反就要给予严厉的处罚，在这个问题上还要想更多的办法和措施。

四要发挥好领导示范带头作用。俗话说“火车跑得快，全靠车头带”。各级检察领导干部是否善于运用法治思维和法治方式谋划和开展工作，是否能够坚持在法治轨道上解决问题，将对检察干警的思想、观念、行动都产生直接的影响。领导要发挥好带头示范作用，不能仅仅只是简单的对下属提要求、发号令，而是要躬身实践。“身教重于言教。”在这个问题上，应该说总体上我们是好的，全省各级检察领导干部基本都能够做到自我严格要求，但也还有进一步改进的空间。

五要正确理解执法办案法律效果、政治效果和社会效果等“三个效果”有机统一的深刻内涵。我理解至少要把握三个方面：第一，法律效果是“三个效果”的基础。政治效果和社会效果都是建立在良好的法律效果之上的；如果没有法律效果，政治效果、社会效果就犹如缘木求鱼。第二，好的执法效果必须从长远和全局来看待和把握，而不能仅看一时一事。有些问题的处理，如果偏离法治轨道，就算是看上去暂时平息了事态、缓解了矛盾、维护了稳定，满足了一些方面的要求，看似有了“良好社会效果和政治效果”，但可能隐含着对整体法治的破坏、对法律尊严权威和对司法公信力的损害，从长远来看也不会有良好的社会效果和政治效果。第三，坚持依法履职，做到严格执法、公正司法，维护法治统一，使法律在全国上下都得到一体遵循，在全社会树立法治公信力，就是最大的政治效果和社会效果。

三、深入学习贯彻习近平总书记关于政法机关主要任务的重要论述，做到讲大局，更好地服务改革发展稳定大局

习近平总书记明确提出，新时期政法工作的主要任务是维护社会大局稳定、促进社会公平正义、保障人民安居乐业。维护社会大局稳定是政法工作的基本任务。没有稳定的社会政治环境，一切改革发展都无从谈起，再好的规划和方案都难以实现，已经取得的成果也会失去。促进社会公平正义是政法工作的核心价值追求。实现社会公平正义是我们党的一贯主张，公平正义是中国特色社会主义的内在要求；法治不仅要求完备的法律体系、完善的执法机制、普遍的法律遵守，更要求公平正义得到维护和实现。政法机关是维护社会公平正义的最后一道防线。我们坚持法律面前人人平等，严格公正行使检察权，就要使各类社会主体权利受到同等保护，违法受到同等追究，让人民群众在每一个司法案件中都感受到公平正义。保障人民安居乐业是政法工作的根本目标。政法工作搞得好不好，最终要看是否有利于人民安居乐业。平安是老百姓解决温饱后的第一需求，是极重要的民生，也是最基本的发展环境。政法机关作为维护治安、推进社会治理的主力军，必须要把人民群众的事当作自己的事，把人民群众的小事当作自己的大事，从让人民群众满意的事情做起，从人民群众不满意的问题改起，为人民群众安居乐业提供有力法律保障。

我体会，总书记提出的三项主要任务，是党中央对政法工作的重要政治嘱托，是从党、国家和人民事业大局角度对政法工作提出的重中之重的目标任务，体现了改革发展稳定大局需要和政法机关职能定位的高度统一。我们必须要完成好三项任务，做到这一点，就是在服务大局，就会对党和人民事业有利。

承担起三项任务，服务好改革发展稳定大局，说到底还是要落实到充分履职上。这里我重点强调三个问题：

一要主动自觉地做到“五个适应、五个更加注重”。要把贯彻

习近平总书记重要讲话与贯彻党的十八届三中全会精神紧密结合起来，当好改革的促进者和改革者的“守护神”。要适应完善和发展中国特色社会主义制度、推进国家治理体系和治理能力现代化的总目标，更加注重促进各方面制度完善和落实。要适应促进公平正义、增进人民福祉的要求，更加注重维护司法公正。要适应维护社会稳定和人权司法保障要求，更加注重惩治犯罪与保障人权并重。要适应严格执法、公正司法、法治中国、法治湖北建设的要求，更加注重发挥检察机关在推动法治建设和提高执法司法公信力方面的主力军作用。要适应“三个进一步解放”，更加注重在检察工作中解放思想、提高效率、增强活力。

二要立足检察职能，找准切入点、结合点。近年来，我们始终坚持把服务大局作为一项重大政治任务和根本执法指导思想，紧紧围绕“建成支点、走在前列”等一系列重大战略部署，鲜明提出要努力构建以坚定政治方向、服务大局为基点的检察工作方针政策体系，先后制定出台《关于充分发挥检察职能作用为改革发展稳定大局服务的意见》、《关于充分发挥检察职能优化法治环境促进经济发展的实施意见》，全面部署、全员参与“发挥检察职能、优化发展环境”专项工作，努力发挥打击、预防、监督、保护等检察职能作用，优化法治环境，促进经济发展，取得了积极成效。

下一步我们要在发挥各项检察职能，做好经常性、常态化的服务工作的同时，重点开展好四个专门性工作：一是开展惩治涉及企业的违法犯罪专项工作，切实维护企业发展的治安环境、经济环境、政务环境，促进企业加强内部管理。二是开展打击侵犯知识产权违法犯罪专项工作。省检察院将出台专项工作方案，严厉打击侵犯商标权、专利权、著作权及其他知识产权违法犯罪行为。同时，为知识产权保护提供良好的法治环境。三是专题研究制定《关于充分发挥检察职能服务科技创新创业、推动科技成果转化应用的实施意见》，按照相关法律法规和省政府《促进高校、院所科技成果转化暂行办法》，在办理相关案件过程中，严格把握法律政策界限，依照法律法规和政府规章的规定及有关方面的协议，切实维护科技人员创新创业合法权益，建立相关工作机制，着力保障和促进全省创新驱动发展战略的深入实施。四是在职务犯罪预防工作中加强公务人员法律底线意识和程序意识警示教育，增强公务人员法律红线不能触碰，法律底线不能逾越的观念，增强法定程序不可违反的观念，正确区分合法与违法、罪与非罪、履职与渎职、“公错”与“私罪”的界限，树立社会主义法治理念，自觉运用法律思维、依靠法律制度、采取法律方式解决问题、推动发展，正确履行法定职能，为企业发展和市场培育营造良好的政务环境，促进优化我省的法治环境。

三要更加注重方式方法。衡量执法办案水平的高低，不仅要看是否严格执法、查处了违法犯罪行为，而且要看是否有利于维护经济社会发展大局。要求既要严厉打击各类经济犯罪活动，又要把握好法律政策界限，统一执法思想和标准，讲究工作方式方法，努力实现法律效果和社会效果的有机统一。我们要坚持服务改革与促进发展、维护稳定相统一。通过服务改革促进经济发展与社会和谐稳定，在维护稳定的基础上为改革发展营造安定和谐的社会氛围。

四、深入学习贯彻习近平总书记关于严格执法、公正司法的重要论述，做到讲公正，全面加强和规范执法办案、法律监督工作

严格执法、公正司法是全面推进依法治国、建设法治中国的重要内容。习近平总书记多次对严格执法、公正司法作出重要论述和重要批示。在中央政法工作会议上，习近平总书记又将严格执法、公正司法作为一个独立的部分进行了专门阐述。

对于如何做到严格执法、公正司法，习近平总书记强调，一要树立职业良知；二要坚守法治，把法治精神当作主心骨，做知法、懂法、守法、护法的执法者；三要强化制度约束，让执法司法权在制度的笼子里运行；四要深化司法公开，执法司法越公开就越有权威和公信力，要坚持以公开促公正、以透明保廉洁；五要领导干部带头依法办事，带头遵守法律；六要树立法律信仰；七要坚持严格文明公正执法相统一。

习近平总书记的重要论述，深刻阐述了政法机关严格执法、公正司法的重要意义。这关系到人民群众合法权益能否得到有效维护、社会公平正义能否充分实现，关系到政法机关自身形象和执法公信力，关系到全社会法律信仰能否真正树立和依法治国能否顺利推进。习近平总书记讲的七个方面，紧紧抓住了当前影响政法机关严格执法、公正司法的主要问题，具有很强的针对性和指导性。

我们认真贯彻习近平总书记这些重要论述和指示精神，必须全面加强和规范各项检察职能的行使，努力让受到侵害的权利得到保护和救济，使违法犯罪活动受到制裁和惩罚，让人民群众在每个案件、每个执法环节都感受到公平正义。从总体上讲，要从两个方面着手：

一方面，严格执法、充分履职。要把严格执法作为敢于担当的基本要求，牢固树立执法不严、履职不充分就是失职渎职的观念，坚守法治精神，充分运用法律武器妥善处理好疑难复杂问题，调整经济社会关系，努力做到不失职、能办事，完成好法律赋予的职责。

一要围绕服务平安建设，加强批捕、起诉等工作。把维护政治稳定放在首位，把群众对平安的愿望作为努力方向，进一步做好批捕、起诉、控告申诉检察等工作，综合运用宽严相济等刑事政策，依法打击各类严重刑事犯罪活动，增强人民群众安全感，维护社会和谐稳定。

二要围绕促进反腐倡廉建设，全面加强查办和预防职务犯罪工作。积极适应反腐败斗争严峻复杂形势，贯彻以法治思维和法治方式反对腐败的要求，坚持有案必查、有腐必惩，自觉适应纪委查办违纪案件时，对涉嫌犯罪的及时按程序移送司法机关这一工作方式的调整，及时充实办案力量，加大查办职务犯罪力度，提升办案能力和水平，更加注重犯罪预防，继续保持反腐败高压态势。

三要围绕维护司法公正，加强诉讼监督工作。检察机关作为国家的法律监督机关，在促进严格执法、公正司法、保证法律有效实施方面肩负着特别重要的职责。习近平总书记对检察机关履行好法律监督职责提寄予了殷切期望。

我国的检察制度是建立在人民代表大会制度之下的一项重要政治制度、司法制度，与西方国家的检察制度有着本质的区别。我国宪法明确规定检察机关是国家的法律监督机关，主要职责是通过行使法律监督权来保障法律的统一正确实施，维护公平正义。我理解至少应当包括以下三个方面的含义：第一，检察机关是“国家”的法律监督机关。检察机关是代表国家，维护国家利益，并以国家的名义对法律的实施和遵守进行监督，保证国家法律的统一正确实施。第二，检察机关是“法律”的监督机关。《宪法》明确规定“国家维护社会主义法制的统一和尊严”。检察机关的监督，主要在于依照宪法和法律的规定对法律的遵守和执行情况进行监督。具体而言，检察机关通过在法律实施的各个环节上对遵守、执行和适用法律的具体情况进行监督，运用法律监督权来督促纠正严重违法、执法不严、司法不公等行为，保障法律被严格遵守，维护社会主义法制的统一和尊严，是对法律实施过程最现实、最直接的监督。第三，检察机关是“专门”的法律监督机关。一是“专职”，法律监督权是与行政权、审判权和军事权相平行的“专门”的国家权力，具有很高的权威性、严肃性和强制性。随着依法治国的深入推进，我国的监督制度日趋多元化，初步建立了国家的监督制度体系，各类监督主体从不同角度发挥监督作用。二是“专责”，检察机关的监督不同于权力机关的监督、舆论监督、群众监督等意义上的监督，而是由宪法明确规定的。检察机关的监督范围是特定的。

全省检察机关要牢牢把握检察机关宪法定位，牢固树立依法正确履职的观念、监督为本的观念、监督就是支持的观念、监督者首先必须接受监督的观念，按照“强化监督意识、加大监督力度、突出监督重点、增强监督实效”和“规范监督行为、健全监督机制、完善监督方式、提高监督水平”的思路和要求，全面加强对刑事诉讼、民事诉讼、行政诉讼活动的法律监督，积极推进诉讼监督“四化”建设，下大气力监督纠正执法司法突出问题，从严惩治司法腐败，依法查办执法不严、司法不公背后的司法人员职务犯罪案件，坚决清除害群之马。

另一方面，要规范执法、文明办案。用法治思维和法治方式领导开展检察工作，更重要的要求在于用法治规范约束检察权行使。法治的要义首先是限制权力、防止滥用。要求政法机关和政法干警自觉用法律厘定权力边界，用法律约束权力行使，确保严格按照法定权限和程序行使权力。近年来，我们按照“两长一本”的思路深化执法规范化建设，着力构建促进公正廉洁执法“五位一体”工作格局，健全完善自身监督制约体系，狠抓24项任务“倒逼”规范执法，积极推进“全面管理、统分结合、分工负责、统筹协调”的执法管理模式，取得了积极成效，得到了高检院和省委领导的充分肯定。

我们要按照“四个新”的要求，努力推进规范文明执法再上新台阶。一要强化新观念。从思想深处剖析根源，切实转变执法观念，筑牢严格公正文明规范执法的思想根基。要强化法治观念，带头信仰法治、坚守法治，以积极推进“法治检察”为依托，把依法办事作为第一遵循，严格按照法定权限和程序行使检察权，从实体、程序、时效上充分体现依法保护人民群众合法权益的要求。强化公信观念，着力解决制约执法公信力的深层次问题，以严格公正文明廉洁执法赢得公信、提升公信。强化人权观念，切实尊重人的法律主体地位，自觉把保障人权的执法观念贯穿于每一个办案环节，体现在每一个具体案件之中。强化体制观念，切实将“一体化”的理念融入到谋划和推进工作的全过程，自觉严格执行上级检察院的指示、部署和决定，防止“选择性落实”、“按需执行”，确保上级各项要求得到统一遵循和落实。二要探索新模式。努力将传统落后的办案模式转变为符合当前发展要求的新模式，推进执法办案工作平稳健康发展。要坚定信心、坚定不移地走既敢办案、能办案、办大案，又能坚持理性、平和、文明、规范执法的良性循环新路子。深刻认识执法办案转变模式转型发展的重要意义，积极推进省院部署的11项具体任务的落实，确保取得实实在在的效果。始终把新能力建设作为当前的硬任务来抓，紧扣新模式部署要求，以新的标准和要求来加强执法办案能力建设，为探索新模式、走出新路子提供坚实基础。三要形成新作风，紧密结合开展党的群众路线教育实践活动，切实贯彻整风精神，把维护人民权益作为检察工作的出发点和落脚点，紧紧围绕严明办案纪律、改进执法作风、强化职业道德、增强执法效果，持之以恒地整治执法作风突出问题。四是要开展新局面。坚持问题导向，进一步解放思想、迎难而上、改革创新、与时俱进，以更加坚定的决心、更加有力的举措推进工作与时俱进，真正把新理念、新路子、新模式体现在具体执法办案中，努力在服务全省经济社会发展大局中作出更大贡献。

五、深入学习贯彻习近平总书记关于建设“五个过硬”政法队伍的重要论述，做到讲公信，努力建设一支党和人民满意的过硬检察队伍、提高执法公信力

习近平总书记指出，实施依法治国基本方略，建设社会主义法治国家，必须有一支高素质队伍。要求按照政治过硬、业务过硬、责任过硬、纪律过硬、作风过硬的要求，努力建设一支信念坚定、执法为民、敢于担当、清正廉洁的政法队伍。习近平总书记强调的“五个过硬”，为我们在新的历史时期加强政法队伍建设指明了方向。我体会，政治过硬，就是要求政法干警要有坚定的理想信念，这是政法队伍的政治灵魂，关系到政法工作的政治方向，关系到政法事业的兴衰成败。当前，世情、国情、党情都发生了深刻变化，我们党面临着“四大考验”和“四种危险”。面对复杂严峻的形势，必须要把理想信念教育摆在第一位，使政法干警在大是大非问题上始终做到头脑清醒、立场坚定、旗帜鲜明，确保政法工作始终坚持正确的政治方向。业务过硬，就是要适应新的形势和任务，增强亮剑的本事和克敌制胜的能力。政法队伍听党指挥是前提，同时还要好使好用，能解决问题，能顶用干事。这就要求我们要加强业务能力建设，提升专业素养，解决好“追不上、打不赢、说不过、判不明”等问题，确保更好地履行职责。责任过硬，就是要敢于担当，以奋发有为、昂扬饱满的士气，坚持原则、无私无畏的正气和挺身而出、冲锋陷阵的勇气，履行好中国特色社会主义事业建设者、捍

一系列新要求、新挑战。只有不断深化司法体制改革，着力解决影响司法公正、制约司法能力的深层次问题，才能确保司法公正，提高司法公信力，让司法真正发挥维护社会公平正义最后一道防线的作用，为全面深化改革提供有力司法保障。

我们要坚决贯彻中央、高检院和省委部署，准确把握深化司法体制改革的正确方向，目标和重点，着力解决影响司法公正、制约司法能力、妨碍司法公信的深层次问题，破解体制性、机制性、保障性障碍，努力推动我省检察改革和工作机制创新不断取得新的成效，走在全国检察机关前列。

抓好上级已经明确的各项改革部署的落实。包括加快推进涉法涉诉信访改革、深化检务公开工作、检察官办案责任制试点、人民监督员选任方式改革等改革部署，都要认真落实。

抓好司法体制改革试点方案制定工作。湖北是中央政法委确定开展这项改革试点工作的七个省份之一。今年的重点是研究制定试点方案。目前省院已经拿出了初步方案，正在深入调研论证、抓紧修改完善。对此，一要严格按照中央制定的框架方案执行，在统一的框架方案内，认真听取高检院、下级院以及各方面意见，用积极的态度制度好我们的改革试点方案。二要积极借鉴外地经验，尤其要加强与其他改革试点省份的沟通交流，学习吸收好的经验做法，努力使我们的方案更加完善。三要坚持、宣传、推广湖北的经验做法。近年来，我们在推进检察工作一体化、检察官办案责任制、基层院内部整合以及相关配套改革方面积极探索实践，积累了宝贵经验，形成了很多有效管用的做法，实践效果是好的，得到了上级领导和广大干警的认可、支持。同时我们在干部人事管理、计财工作等方面，也研究探索了一些符合实际的做法。对此，我们一定要有模式自信、机制自信、方法自信，要在符合中央总体框架方案的前提下，始终如一坚持，加强向中央政法委、向高检院、向外省份的宣传力度，积极争取可推广、可复制，争取将湖北模式上升为全国模式。四要继续深化工作机制建设，与司法体制改革一并进行、协调推进，形成综合配套。五要争取把相关重大问题一并纳入、一并解决。如检察机关机构规格、职级待遇问题，加强对检察官尤其是主办检察官的监督制约问题，等等。六要积极争取省委、省政府制定出台相关文件，如检察官遴选委员会、延迟退休等方面的配套文件，不是检察机关内部能够决定的，要积极争取省里统一制定出台。

抓好深化工作机制创新。要按照全省检察长会议的部署，继续深入推进检察机关组织体系建设、基层院综合配套改革、新型检察院建设、诉讼监督“四化”、执法办案转变模式转型发展等各项工作机制创新任务落实。这里，我主要谈两个问题：

一方面，加快推进诉讼监督“四化”。对诉讼活动中执法不严、司法不公、司法腐败等问题进行监督，是宪法和法律赋予检察机关的神圣职责。近年来修改后刑事诉讼法、民事诉讼法和即将出台的修改后行政诉讼法都已经或者即将赋予检察机关更多的监督职能，扩大监督范围，增加监督方式，强化监督手段，诉讼监督的重要性越来越受到重视。相比之下，我们的诉讼监督工作还有许多薄弱环节。在年初对全省诉讼监督工作数据的核查中，我们发现各地不同程度的存在问题。这些问题反映出少数地方政绩观存在偏差，存在为考评指标片面追求监督数量的倾向；监督能力不强，缺乏主动调查、核实、处理诉讼违法的意识和能力；诉讼监督规定相对原则、薄弱，导致实践中操作不规范、不统一，效力得不到保障等深层次的问题，制约了诉讼监督工作的健康发展，也影响了促进严格执法、公正司法的实际效果，需要引起我们的高度重视，认真加以研究解决。目前，省院已经部署、正在抓紧推进诉讼监督“四化”工作，包括九个方面的具体任务。现在看来，这项工作意义重大，还得抓得更紧。这里我强调五点：

一是要解决政绩观的问题。我们要重视加强对检察领导干部科学政绩观的教育引导。同时，在正确政绩观为指导下，进一步建立完善科学的工作考评问题，研究解决好比如“小地方”、“小院”与“大地方”、“大院”不在同一起跑线的问题、潜绩与显绩等问题，充分调动各级院的积极性。

二是要解决诉讼监督的标准和程序问题。诉讼监督之所以存在这样那样的问题，之所以有的效果不佳，很重要的原因就是标准不清、程序不明。由于法律及司法解释的规定不够明确具体，我们在实际工作中，不知道什么样的情形该监督，什么样的情形不该监督；什么样的情形该用较重的监督手段，什么样的情形该用较轻的监督手段，等等。对此，省院正在研究诉讼监督监督的立案标准问题，主要想法是制定出一个类似于刑事案件立案标准的规则，指导和规范诉讼监督实践；同时也在制定诉讼监督工作的流程图，让大家可以“按图索骥”、照章办事。这是一项比较复杂的工作，希望大家共同研究，结合自身经验提出合理建议。下一步，我们还要积极建议高检院制定全国统一的诉讼监督规则，真正让诉讼监督工作有章可循。

三是要研究相关“倒逼”机制。我们在加强执法规范化建设中，研究提出了一些执法中躲不开、绕不过、免不了的硬措施，形成了规范执法“倒逼”机制，取得了良好效果。这个做法同样和适用于规范诉讼监督工作。比如，建立案件质量评价机制，数据监管核查机制，责任追究机制，统一软件，等等。此类的机制和措施都有利于“倒逼”诉讼监督行为规范运行。还有什么样的办法可以发挥类似的作用，需要我们共同研究、不断完善。

四是要正确处理好监督制约与协调配合的关系问题。政法机关在诉讼活动中加强监督制约和协调配合是一个重要的法律原则。近年来，我们先后与省法院、公安厅、司法厅等部门建立了加强监督制约与协调配合机制。从实践看，解决了部门之间因认识不统一造成的相互掣肘，为法律监督工作顺利开展、共同维护司法公正创造了良好条件。但有些地方对此认识还存在偏差。有的重协调配合、轻监督制约；有的只强调监督、不讲配合、不接受制约，影响了正常工作的开展，等等。要在思想观念、制度机制层面，进一步研究解决这些问题。要正确处理监督与制约的关系，监督与制约统一于诉讼活动，本质上都是对权力行使的约束与限制，但在行为走向、运行机理、效力后果等方面存在不同；我们既要注重强化监督，又要尊重相关内部纠错机制，还要自觉接受公安、法院、律师以及执法办案部门在诉讼中的制约，防止越权代替、无序监督，确保诉讼活动依法顺利进行。正确处理监督制约与协调配合的关系，坚持分工负责、互相配合、互相制约的原则，理顺工作关系，共同维护司法权威。

另一方面，推动执法办案转变模式转型发展。执法办案工作转变模式、转型发展涉及方方面面，省院在去年召开的专题座谈会上，研究部署了建立新型检律关系，完善检察机关与纪检监察机关协调配合机制，完善受理或立案前的审查、初查程序，建立听取意见、公开审查、听证制度，健全“前紧后松”办案模式，完善规范执法“倒逼机制”，推行开放式执法办案等11项具体任务，并制定出台了一系列配套制度机制和工作措施，希望大家认真落实。这里我重点强调一下有关的思想认识问题。一要深刻认识探索新模式的必要性。传统执法办案模式的形成有着特定的历史背景。随着当前经济社会形势广泛而深刻的发展变化，必须作出相应的调整、改变，甚至是脱胎换骨的彻底转变，这是法治建设深入推进的必然要求，是人权保障不断强化的必然要求，是更好地维护公平正义的必然要求，是深化反腐倡廉建设的必然要求。以此来看，这项任务在一定程度上，是关系职务犯罪侦查乃至整个检察工作长远发展的重大问题，需要我们从战略的高度清醒认识，认真对待。二要深刻认识办案新模式的适应性。我们探索新模式，不是为了创新而创新，也不是作表面文章，而是有着实实在在的现实需要，有着明确的目标和方向。从总体上看，就是为了适应整个检察机关工作任务和执法环境的深刻变化，更好地履行宪法和法律赋予的职责，完成好习近平总书记提出的三项主要任，不辜负党和人民的重托。这可以说是探索新模式的根本出发点和落脚点，也是其生命力的根源所在。从具体来讲，就是要适应保障人权的需要、辩护制度的完善、证据制度的修改、强制措施的调整、反腐败领导体制机制的变化等方面，使职务犯罪侦查工作符合法律、符合规律、符合实际，既是当务之急，也反映了未来发展方向，是应急与谋远的有机统一。这可以说是直接的出发点和落脚点，也是不断增强执法办案生命力的现实需求。三要深刻认识探索办案新模式与规范文明执法的联系性。规范文明执法是推进办案新模式的重要目标和应有之义，探索新模式是实现规范文明执法的必然选择和重要途径，两者紧密相关。我们既要善于以新的模式为手段，通过一系列实践操作层面的程序性设计和技术性措施，促进解决执法不规范、不文明的“顽症”；又要善于以规范文明执法为目标，在坚守法治底线的过程中“倒逼”办案模式的逐步转变，使现代化的执法办案模式成为一种习惯和自觉。

学习贯彻习近平总书记重要讲话精神是一项长期战略任务。在今后的工作中，我们要以更加自觉的态度、更加有力的措施，推动学习贯彻讲话精神向广度和深度拓展，切实把思想和行动统一到讲话精神上来，更好地武装头脑、指导实践，努力推动全省检察工作全面发展进步、不断迈上新台阶！

20 正确把握执法办案的方针政策问题*

在全部执法办案和法律监督工作中，要高度重视、密切关注形势任务变化，适时调整执法办案方针政策，确保办案工作更加贴近、更加符合改革发展稳定大局需要。

一、正确适用宽严相济刑事政策

针对当前暴力恐怖活动活跃、反分裂斗争激烈的维稳形势，我们必须坚决贯彻中央、高检院、省委部署，从严打击企图分裂国家政权、造成无辜群众伤亡和极其恶劣影响的暴恐犯罪、宗教极端势力犯罪，及时提前介入侦查、快捕快诉、从严惩处。针对一些危害公共安全和人民群众生命健康的极端暴力犯罪，必须态度鲜明，依法严惩，绝不手软。针对当前腐败现象多发、反腐败斗争依然严峻复杂的形势，我们必须坚决贯彻中央从严治党要求，坚持“老虎”、“苍蝇”一起打，从严查处败坏党的形象、损害党的肌体健康、人民群众深恶痛绝的职务犯罪，毫不手软惩治腐败，形成威慑。

二、准确把握服务大局要求

围绕大局开展工作，既是我们的政治责任，也是我们的基本经验。今年以来，省院根据全省经济社会发展大局变化，部署开展三个专项工作，具有深刻的背景和很强的针对性。开展惩治涉及企业的违法犯罪专项工作，主要是深入贯彻落实省委政法委和省院关于

---

* 2014 年 7 月 8 日敬大力同志在湖北省检察长座谈会上的讲话节录。

优化法治环境促进经济发展的意见，促进企业健康发展、促进企业家健康成长、为企业发展营造健康环境。企业是最主要的市场主体，是社会财富的创造者，是经济社会发展中最具活力的因素。省委高度重视、多次强调培育壮大市场主体问题，要求政法机关为企业发展营造良好环境。从各方面的反映来看，当前，影响企业生产经营的刑事犯罪、侵吞企业资产资金、“告状难”、向企业“吃拿卡要”、涉企案件裁判不公等问题存在，要求加大打击力度的呼声很高，开展惩治涉及企业违法犯罪专项工作十分必要。开展打击侵犯知识产权违法犯罪、促进科技成果转化专项工作，主要是围绕创新驱动发展战略，依照法律法规和政府规章的规定及有关方面的协议，保护知识产权主体的合法权益，维护科技人员创新创业合法权益，营造有利于自主创新的司法环境，促进发挥科技创新对提高社会生产力和综合国力的战略支撑作用。在职务犯罪预防工作中加强公务人员“两个意识”警示教育，主要是针对当前一些公务人员特别是领导干部在招商引资、发展经济的过程中存在问题，造成的“项目上马、干部落马”、看似优化发展实则损害发展环境等现象，有目的、有针对性地加强预防工作，营造廉洁高效的政务环境和公平有序的市场环境。以上三项工作，省院专门制定了工作方案，各地要结合实际，创造性地加以认真落实。

三、严格遵守法治的要求

习近平总书记多次强调，要善于运用法治思维和法治方式领导政法工作。检察机关依法办案是我们的本分，但检察机关和检察人员并不当然地具有法治思维和法治精神，对违反法律、违背法治的现象并不具有天然的免疫力，有一些执法司法者甚至使执法司法活动变成恣意擅权滥权之举。因此，“依法执法司法”仍然是需要强调的重要问题。第一，要始终信仰法治、坚守法治，坚持法不容情、法不阿贵，把法治精神当作主心骨，把依法办事作为第一遵循，不偏不倚、不枉不纵，铁面无私、秉公执法。第二，要坚持在法治轨道上解决问题，尤其在重大敏感案件的处理上，既要旗帜鲜明，敢于斗争，又要善于运用政治智慧和法治智慧，做到于法有据、法理充分。第三，要用法治防止权力滥用，深刻认识法治的要义在于限制权力，自觉用法治厘定权力边界、约束权力行使，严格按照法定权限和程序行使权力。第四，要正确理解“三个效果”有机统一，法律效果是政治效果和社会效果的基础，如果没有法律效果，政治效果、社会效果就犹如缘木求鱼；好的执法效果必须从长远和全局来看待和把握，而不能仅看一时一事。有些问题的处理，如果偏离法治轨道，就算是看上去暂时解决了一些问题，满足了一些方面的要求，看似有了“良好社会效果和政治效果”，但可能隐含着对整体法治的破坏、对法律尊严权威和司法机关公信力的损害，从长远来看也不会有良好的社会效果和政治效果；检察机关依法办事，做到严格执法、规范办案，使法律在全国上下都得到一体遵循，在全社会树立法治公信力，就是最大的政治效果和社会效果。第五，要深入推进执法规范化建设，善于从大量不遵守法治原则而造成严重后果的案事例中汲取深刻教训，严格执行修改后刑事诉讼法、民事诉讼法和各项办案纪律，加大对规范执法 24 项倒逼机制落实情况的监督检查力度，深化职务犯罪侦查工作规范化建设；加大诉讼监督“四化”9 项措施的推进落实力度，切实让诉讼监督工作有章可循、规范运行。要高度重视相关新增职能的正确运用和规范运行，注意防止和纠正擅自扩大指定居所监视居住适用范围及审批程序不严格、把社区矫正监督搞成社区矫正执行、把执行监督搞成联合执行等问题。要深化构建促进公正廉洁执法“五位一体”工作格局，健全并落实“全面管理、统分结合、分工负责、统筹协调”的执法管理模式，重视解决由于制度规范缺失或不科学造成的执法不规范问题，积极运用统一业务应用系统等信息化手段加强动态监督管理，以“人治”、“法治”、“机治”三者的有机结合提高严格规范文明执法水平。下半年，要根据高检院部署，认真组织开展规范执法专项检查。

21 按照党的十八届四中全会精神谋划检察工作总体思路和主要任务*

党的十八届四中全会明确提出了全面推进依法治国的指导思想、总目标、基本原则和重大任务，开启了“全面深化改革”和“全面依法治国”双轮驱动的新征程，为检察机关在新的历史起点上实现新的奋斗目标提供了基本遵循，为进一步深化、调整和完善检察工作总体思路提供了行动指南。全省检察机关要切实把思想和行动统一到中央、高检院和省委的决策部署上来，坚持立足职能、联系实际，科学分析面临的新形势新任务，切实找准参与、服务和推进法治建设的结合点和着力点，奋力推动全省检察工作全面发展进步。

一、深刻认识当前检察工作面临的新形势新任务

形势决定任务，任务指引方向。深刻认识和把握当前和今后一个时期检察工作面临的形势任务是抢抓机遇、科学决策、谋划思路、推进工作的基础和前提。

（一）深刻把握经济社会发展总体形势任务

当前，全面建成小康社会进入决定性阶段，改革进入攻坚期和深水区，国际形势复杂多变，在改革攻坚期、发展机遇期、社会风险期“三期叠加”的背景下，面对的改革发展稳定任务之重前所未有、面对的矛盾风险挑战之多前所未有，肩负的历史责任使命更加重大艰巨。在经济发展方面，经济发展进入新常态，经济下行压力

* 2014 年 12 月敬大力同志主持撰写的调研报告，部分内容刊载于《检察日报》2014 年 11 月 25 日。

较大，结构调整阵痛显现，企业生产经营困难增多，围绕中心、服务大局的任务更加艰巨。在政治和社会稳定方面，各种社会热点问题叠加，各类突发事故和事件时有发生，人民内部矛盾和其他社会矛盾相互交织，协调各方面利益、维护社会和谐、保障社会安定的任务更加艰巨。在反腐倡廉方面，反腐败斗争形势复杂严峻，一些领域职务犯罪易发多发，一些犯罪分子不收手、不收敛，查处和预防职务犯罪的任务更加艰巨。在深化改革方面，越来越牵涉深层次利益格局和体制格局调整，骨头越来越硬、险滩越来越多，各项多重改革相互叠加，统筹设计和有效落实各项改革举措的任务更加艰巨。

（二）深刻把握全省检察工作自身面临的形势任务

全省检察工作继续发生深刻复杂变化，机遇和挑战并存。一方面，检察事业处于全面深化改革的大时代、处于全面推进依法治国的重大战略机遇期，党和人民对检察工作更加关心、重视、支持；办案工作力度大、质量高、效果好，多项工作长期处于全国第一方阵，相对落后的工作也取得长足进步，总体上实现了平稳健康发展；严格规范公正文明司法落地生根，24 项规范执法倒逼机制持续发力，规范司法理念深入人心；狠抓改革攻坚，突出创新驱动，各项检察改革和机制创新任务稳步推进、蹄疾步稳、亮点纷呈，可复制、可推广的湖北经验模式走向全国，为全省检察事业不断发展进步提供了坚实基础和有利条件。另一方面，我省检察工作也存在一些问题和不足，中央和上级要求越来越严，管党治党的责任越来越重，严格规范公正文明司法任务越来越重，圆满完成中央交办的重大专案任务更加艰巨，办案中遇到的困难和压力前所未有；自身执法理念、执法模式、素质能力、工作机制、执法保障等方面依然存在不适应、不符合、不协调的问题；司法不公不廉不严的问题尚未得到根治，党风廉政建设和反“四风”方面依然存在差距，破解各种风险难题、化解各种风险挑战的任务越来越紧迫。全省检察机关要从战略和全局出发，既看到有利条件和积极因素，又清醒认识严峻的形势和挑战，切实增强政治定力、把握发展机遇、加强总体谋划、化解矛盾风险，更加扎实有效地做好各项检察工作。

二、全面把握四中全会关于加强法律监督的新部署新要求

《中共中央关于全面推进依法治国若干重大问题的决定》（以下简称《决定》）围绕全面推进依法治国的总目标和重大任务作出了一系列重大部署，鲜明提出要加强对司法活动的监督、完善检察机关行使监督权的法律制度，为加强和改进法律监督工作提供了根本依据。系统梳理《决定》关于加强检察机关法律监督的重要内容，集中体现在7个方面：

一是完善检察机关行使监督权的法律制度。对司法活动进行监督是宪法和法律赋予检察机关的重要职责。《决定》再次强调要加强对刑事诉讼、民事诉讼、行政诉讼的法律监督，充分体现了法律监督在司法权运行监督体系中的重要地位和作用。要针对司法实践中法律监督仍然比较薄弱，存在着监督力量不足、手段缺乏、水平不高，监督工作机制不完善、程序不规范等突出问题，进一步加大监督力度，突出监督重点，规范监督行为，健全监督机制，增强监督实效，努力构建完善的检察机关行使监督权的法律制度体系。

二是强化检察机关对行政机关行使职权的监督和制约。《决定》明确提出，检察机关在履行职责中发现行政机关违法行使职权或者不行使职权的行为，应该督促其纠正；探索建立检察机关提起公益诉讼制度。这对加强检察机关法律监督是重大的制度性突破。要总结以往湖北省检察机关的实践经验，加强实践探索，积极推动完善配套保障措施，拓展检察机关对行政机关及行政人员乱作为和不作为的法律监督，建立工作机制，组建工作机构，促进依法行政、严格执法、保护公共利益。

三是适应以审判为中心的诉讼制度改革。《决定》明确提出，要推进以审判为中心的诉讼制度改革，确保侦查、审查起诉的案件事实证据经得起法律的检验。这一制度改革增强了审判活动特别是庭审活动的实质性，使整个诉讼活动围绕审判建构和展开，审判阶

段对案件的调查更具有实质化特征。要主动适应新形势新要求，准确把握“以审判为中心”的含义和精髓，更加注重围绕庭审中举证、质证、辩论等实际需要，严格依法收集、固定、保存、审查、运用证据，强化检察机关在审前程序中的主导作用，发挥检察机关庭审过程中的主体作用，逐步把诉讼监督工作重点调整到审判活动上来，着力发现、核实和纠正各诉讼主体的违法行为，确保诉讼活动公正高效。

四是依法严格查办职务犯罪案件。《决定》在“优化司法职权配置”部分强调，要明确纪检监察和刑事司法办案标准和程序衔接，依法严格查办职务犯罪案件。同时，对加快推进反腐败国家立法，完善惩治和预防腐败体系等方面也提出具体意见。这些部署是对以法治思维和法治方式反腐败工作思路的深化与拓展，有利于提升检察机关查办职务犯罪法治化水平。要根据新的部署要求，进一步明确与纪检监察的各自职责和办案标准，完善协作配合程序，以法治思维和法治方式反对腐败，提升职务犯罪侦查能力和法治化水平。

五是健全“公检法司”四部门相互关系的体制机制。健全司法权力运行体制机制是优化司法职权配置的关键问题。《决定》提出，要健全公安机关、检察机关、审判机关、司法行政机关各司其职，侦查权、检察权、审判权、执行权相互配合、相互制约的体制机制。这体现出对司法机关不同权力性质认识的深化，形成了具有中国特色的刑事司法新体制。要深入落实检察机关分别与公安、法院、司法三机关会签的文件，严格执行办案情况通报、介入侦查引导取证、调借阅案卷、检察长列席审判委员会等制度，加强在技术侦查、指定居所监视居住、简易程序适用，刑罚变更执行监督等方面的协作配合。

六是完善人权司法保障制度。尊重和保障人权是我国宪法确立的重要原则，也是司法机关保障法律实施的重大使命和重要职能。《决定》对“加强人权司法保障”作出专门部署，并在多项具体规定和制度设计中加以贯彻和体现。检察机关要坚持尊重人的法律主体地位，坚持惩治犯罪和保障人权并重，更加尊重和保障犯罪嫌疑人、被告人、其他诉讼参与人依法享有的各项诉讼权利，坚守客观公正立场，忠于法律和事实真相，依法全面收集证据，自觉把保障人权的执法观念贯穿于每一个办案环节，体现在每一个具体案件之中。

七是强化检察机关自身的监督制约。强化自身监督制约是权力运行规律的必然要求。《决定》明确提出，要健全内部监督制约机制，完善主任检察官办案责任制，保障人民群众参与司法，依法规范司法人员对外的接触、交往行为等具体措施。这些部署要求有利于进一步健全完善自身监督制约体系。要坚持把强化自身监督与强化法律监督放在同等重要的位置来抓，认真研究如何提升自身严格公正司法的能力和水平，明确检察机关内部各层级权限，明确各类检察人员工作职责、工作流程、工作标准，建立内部人员过问案件的记录制度和责任追究制度，狠抓检察队伍建设，坚决清除害群之马。

三、统筹谋划落实四中全会的总体思路和主要任务

检察机关作为国家法律监督机关和司法机关，是法治中国建设中不可替代的重要力量，要从全面推进依法治国、建设法治国家的高度，不断增强责任意识、忧患意识、创新意识、宗旨意识，在保持工作延续性的基础上，进一步调整、深化和完善检察工作的发展战略和总体思路。

一是适应完善法治体系建设的新要求，着力构建更加健全完善的检察工作体系。检察工作体系是法治体系的重要组成部分。要深刻理解“法治体系”的内涵和外延，系统总结、巩固发展以往工作成果、成功经验，进一步发展、健全和完善检察工作方针政策体系、执法办案和法律监督工作体系、检察机关自身建设体系等“三个体系”建设，使之更加符合中国特色社会主义法治道路、更加符合检察权运行规律。

二是适应保证司法公正、提高司法公信力的新要求，着力把握检察机关的主基调。《决定》提出要努力实现国家各项工作法治化，

保证司法公正、提高司法公信力。全面推进依法治国的各项部署既充分体现了法治精神、法治原则、法治要求，又充分彰显了提高政府公信力、执法公信力、司法公信力的要求。要进一步牢牢把握“全面提高检察工作法治化水平”和“全面提高检察机关司法公信力”两个主基调，主动把检察工作置于社会主义法治建设全局中谋划和推进，自觉肩负起全面推进依法治国实践者、推动者的职责使命。

三是适应加强对司法活动监督的新要求，着力推进诉讼监督制度化、规范化、程序化和体系化建设。要从更高起点、更高层次、更高水平上思考如何进一步推进诉讼监督制度化、规范化、程序化和体系化“四化”建设。重点针对检察机关行使监督权的相关制度缺位、抽象等问题，主动在法律制度层面、工作机制层面加强探索，研究编制诉讼监督规程，推动制定专门的诉讼监督规则和专门立法，进一步明确监督权限、范围、程序、手段，形成系统完备、科学规范、运行有效的法律监督制度体系。

四是适应运用法治思维和法治方式反对腐败的新要求，着力提升职务犯罪侦查工作法治化水平。要进一步明确纪检监察和刑事司法办案标准和程序衔接，明确各自职责，规范协作行为，建立归口联系、同级联系制度，促进办案工作更加顺畅、良性循环。要加快建立领导干部干预司法活动、插手具体案件处理的记录、通报和责任追究制度，进一步明确认定标准、报告程序、调查核实、追责主体、问责程序、通报范围等内容。要加强职务犯罪线索管理，加强信息数据资源的采集、联通、整合，运用大数据提高查办职务犯罪能力。

五是适应优化司法职权配置的新要求，着力强化检察机关对行政机关行使职权的监督和制约。要积极探索开展先行先试工作：第一，立足职能，始终不越位、不错位、不缺位。第二，把握层次，根据具体情形采取适当的监督方式和手段，在履行检察职责中发现行政机关及行政人员违法履行职责或者不履行职责的，可以检察建议或者督促令等形式督促其纠正；对应当纠正而拒不纠正，且属于行政公益诉讼的，可以提起行政公益诉讼；对构成渎职犯罪的，应当立案侦查追究刑事责任。第三，明确职责，按照检察工作一体化机制，遵循诉讼职能和诉讼监督职能适当分离的原则，合理确定履行监督职责的部门。第四，拓展检察机关对行政违法行为的监督范围和方式，完善对涉及公民人身、财产权益的行政强制措施实行司法监督制度。

六是适应以审判为中心的诉讼制度改革新要求，着力构建新的诉讼监督工作格局。积极适应新形势新要求，构建完善检察机关诉讼监督工作格局，确立“两主一重”的诉讼监督工作思路。“两主”即强化检察机关在审前程序中的主导作用和发挥检察机关庭审过程中的主体作用。前者强调检察机关提前介入、引导侦查、审核把关的制度化、常态化，严把事实关、证据关、程序关和法律适用关，促进职务犯罪侦查工作转变模式、转型发展，确保侦查阶段证据的收集、固定、保全和运用符合法律要求、经得起庭审检验。后者强调检察机关作为庭审活动的重要主体，要当好诉讼参与者的“主角”，既遵循检察官的客观义务，又加强证据审查、举证示证、庭审应变工作，确保指控有据、辩论有力，避免法官既当裁判员又当运动员，提升庭审的质量和效果。“一重”即检察机关的诉讼监督以庭审为重心。在坚持多元化监督格局的基础上，把庭审活动作为主阵地，逐步将诉讼监督的重心转移到审判活动上来，强化对其他司法机关和自身司法活动的监督，着力发现、核实和纠正各诉讼主体的违法行为。

七是适应推进检察改革创新的新要求，着力完善和发展中国特色社会主义检察制度。《决定》围绕全面推进依法治国部署了180余项改革措施，提出了许多与检察机关密切相关的改革要求。要正确把握改革方向和目标，坚持把三中和四中全会部署的改革任务结合起来，统筹抓好中央司法体制改革试点任务、高检院部署的检察改革任务以及检察工作机制创新，明确各项改的路线图、任务书、时间表，确保不同范畴、不同层级的改革部署协调有序推进。

八是适应建设法治专门人才队伍的新要求，着力打造过硬检察队伍建设。要按照“五个过硬”要求，进一步加强过硬检察队伍建设，为落实全面推进依法治国各项任务提供组织和人才保障。要把思想政治建设放在首位，加强忠诚教育，坚定理想信念，强化为民意识，严守政治纪律和政治规矩，构建检察人员核心价值体系。要抓住领导班子建设这个关键，突出政治标准，切实提高领导班子建设的针对性和计划性，打造善于推进检察事业科学发展的坚强领导集体。要狠抓检察队伍正规化专业化职业化建设，建立健全符合检察权运行规律和检察官职业特点的管理模式和保障机制，不断提高检察队伍职业素养和专业水平。要狠抓司法作风建设，深化“四风”和执法司法突出问题专项整治，健全改进作风常态化制度机制，坚决反对和克服特权思想、衙门作风、霸道作风，用铁的纪律带出过硬检察队伍。

22 以“四个全面”为统领，增强检察工作的前瞻性、适应性、主动性，全面推动检察工作发展进步*

我们这次会议是经省委同意召开的，主要任务是：深入学习贯彻党的十八大、十八届三中、四中全会、中央政治局常委会议、习近平总书记系列重要讲话特别是对政法工作、检察工作的重要指示精神，认真学习贯彻中央政法工作会议、全国检察长会议、省委十届四次、五次全会和省委政法工作会议精神，总结工作，分析形势，研究部署今年工作思路和主要任务。

2014 年，在高检院和省委的正确领导下，全省检察机关牢牢把握三项主要任务和五项职责，深入落实 28 项重点工作，勇于担当，戮力同心，顽强拼搏，为湖北“建成支点、走在前列”作出了新的贡献。我们坚持严格依法履职，维护社会稳定有力有效，查办职务犯罪成效明显，预防工作合力增强，诉讼监督“四化”深入推进，专项工作亮点纷呈，服务改革发展稳定大局取得了新的成效；“1·10”专案任务圆满完成，一系列重大中央专案取得重大进展，得到中央政法委、高检院、省委表彰和充分肯定。我们坚持深化改革创新，司法体制改革试点顺利启动，其他改革任务有序推进，机制创新成果丰富，检察工作法治化水平实现了新的提高。我们坚持转作风抓规范，办案行为更加规范，司法作风更加文明，监督管理更加严密，检察公信力建设取得了新的进展。我们坚持打造过硬队伍，理想信念不断坚定，专业化水平不断提高，基层基础不断夯实，新

---

* 2015 年 2 月 10 日敬大力同志在湖北省检察长会议上的讲话，部分内容刊载于《人民检察》2015 年第 4 期。

型检察院建设持续推进，法律监督能力实现了新的提升。这些来之不易的成绩，是高检院和省委正确领导、社会各界大力支持的结果，凝聚着全省广大检察干警的智慧和汗水。在此，我代表省院党组，向全省检察干警和人民监督员、专家咨询委员会委员表示衷心的感谢和崇高的敬意！

一、准确把握新形势新要求，增强检察工作的前瞻性、适应性、主动性

科学认清当前形势，准确判断未来走势，是做好检察工作的基本前提。最近，中央、高检院、省委在一系列重要会议上，对国际国内、经济发展、社会变化、依法治国、人民期待、反对腐败、党的建设、政法和检察机关自身建设的新形势进行了科学判断，作出了全面建成小康社会、全面深化改革、全面依法治国、全面从严治党等重大战略部署。全省检察机关一定要把思想和行动统一到这些形势判断和工作要求上来，结合实际深入思考，认清我省检察工作面临的一些趋势性变化。

从经济发展新常态来看，省委提出了适应新常态的湖北思维，强调经济工作要坚持“竞、进”不放松，更加注重结构调整和转型升级，更加注重创新驱动和绿色环保，要求扩大有效投资，解决就业问题，促进企业赢利。同时，由于经济下行压力，房地产风险增加，企业融资困难等因素，经济纠纷、经济犯罪以及相关的群体性事件风险可能会大量增加。检察机关如何调整服务经济发展的取向和重点，改进服务方法和措施，是我们要深入研究的重大课题。

从深化改革新阶段来看，全面深化改革进入攻坚期、深水区，越来越牵涉深层次利益格局和体制格局调整，面对的都是难啃的硬骨头。司法改革的广度、深度、难度前所未有，在三中全会基础上，四中全会提出了 83 项涉及检察机关的改革措施，同时需要大量的配套制度及机制建设；湖北作为首批司法体制改革试点省份，进入了实质性推进阶段，年内还要扩大试点，改革的阵痛已经十分现实的摆在我们面前。我们既面临着服务全面深化改革的新挑战，也面临

着统一思想、统筹协调、稳步推进司法改革爬坡过坎的艰巨任务。

从依法治国新任务来看，全面推进依法治国是一项广泛而深刻的革命，省委制定出台了全面推进法治湖北建设的意见。中央、省委越来越重视检察机关在法治建设中的主力军、生力军作用，四中全会通过的《中共中央关于全面推进依法治国若干重大问题的决定》和省委部署的重大举措，大多数与检察机关紧密相关，对我们既有忠实履职、加强监督，充分发挥检察职能作用维护法治、促进公正的新要求；又有依法治权、依法治检，提高检察工作法治化水平的新考验。

从平安建设新情况来看，中央强调要牢固树立总体国家安全观。省委作出了打造全国最平安省份的部署，全省社会治安大局总体稳定。但刑事犯罪仍处于高发期，今年全省批捕数上升4.1%，起诉数上升6.5%，严重暴力犯罪甚至是个人极端暴力犯罪仍时有发生；由发展差距、收入差距引发的社会矛盾易发多发；网络与商业、金融、群众生活高度融合，利用网络、新媒体、自组织、银行卡等实施的各种犯罪呈上升趋势。我们必须适应这些要求和变化，有针对性地推进平安湖北建设。

从从严治党新要求来看，反腐败斗争形势依然严峻复杂。中央、省委对腐败零容忍的态度不变、猛药去疴的决心不减。查办职务犯罪面临着工作量加大、大要案增多、利益输送等新型职务犯罪办理难度大等多重压力，需要以新思路新举措和过硬实力来适应。中央、省委横下一条心纠正“四风”，检察机关自身反腐倡廉建设要求更高、任务更重。

从公信力建设新考验来看，随着社会开放文明程度提高和人民群众权利意识、法治意识不断增强，公信力评价的角度、高度、广度都随之发生深刻变化。过去只要我们做好工作就有好的评价，现在不仅要做，还要会说，满足群众的知情权、参与权、表达权；不仅要维护权益，而且要有文明的态度和科学的方法，关注群众的实际感受；不仅要保护实体权利，而且要程序合法，以看得见的方式实现正义；不仅要保护个人权利，而且要注重维护公共利益。总之，公信力评价标准越来越社会化、多元化、透明化，对检察工作带来了全新的、全方位的考验。

面对这些新形势新要求，唯有积极适应，才能掌握战略主动；越是超前谋划，越能开辟更广阔发展空间。2015年，全省检察机关要深入贯彻党的十八大、十八届三中、四中全会、中央政治局常委会议精神，深入贯彻习近平总书记系列重要讲话精神，深入贯彻中央政法工作会议、全国检察长会议、省委十届四次、五次全会和省委政法工作会议精神，以全面建成小康社会、全面深化改革、全面依法治国、全面从严治党的战略部署统领检察工作，牢牢把握全面提高检察工作法治化水平和全面提高检察公信力两个主基调，切实增强工作前瞻性、适应性、主动性，忠实履行好维护社会大局稳定、促进社会公平正义、保障人民安居乐业的职责使命，进一步深化"五个检察"建设，全面推动检察工作发展进步，努力为湖北"建成支点、走在前列"创造安全稳定的社会环境、公平正义的法治环境、优质高效的服务环境。贯彻这一思路，要落实好省委政法委关于"五个争创一流"的部署，从总体上把握以下六个方面：

一要更加强调服务大局。服务大局是检察机关的政治责任。全部检察工作的出发点和落脚点就在于为党分忧、为国干事、为民谋利，必须在贯彻落实中央、省委重大决策部署上凝神聚焦发力。面对经济社会发展新变化，我们要进一步把检察工作摆到经济社会发展全局中来谋划，胸怀大局，服从全局，牢固树立大局观，始终做到以党和国家大局为重。要牢牢把握"四个全面"的重大战略部署，这是新时期党中央总揽全局、运筹帷幄的科学决策，是治国理政的全新布局，使党和国家各项工作主攻方向、重点领域、关键环节更加清晰，内在逻辑更加严密。省委贯彻这一要求，强调要坚持"市场决定取舍、绿色决定生死、民生决定目的"的经济工作三维纲要，狠抓改革攻坚，突出创新驱动，加快长江经济带建设，全面推进法治湖北建设。对此，我们一定要做到心中有数。抬头看清路，才能低头做好事。要坚持以"四个全面"为统领，更加准确地把握服务大局的重点任务和关键环节，进一步发挥检察职能推动湖北

“建成支点、走在前列”。

二要更加强调“两个主基调”。所谓主基调，就是贯穿于工作始终、占据主导地位的基本思想、观点和要求。检察机关作为国家法律监督机关，依法办事是一个最基本的道理，提高公信力是一条重要的检察权运行规律。较之以往，我们讲“全面提高”，主要是适应全面推进依法治国的战略部署，适应公信力评价标准的多元化、复杂化趋势。全省检察机关要不断增强法治观念，把法治精神当作主心骨，养成运用法治思维和法治方式看待问题、解决问题的习惯。要坚持把检察公信力作为立身之本和战略任务来抓，更加注重与社会的沟通交流，更加注重满足群众新要求新期待，从更高水平上推进公信力建设。要把“两个主基调”落实到检察工作全过程，在业务工作、队伍建设、改革创新过程中，紧紧围绕这一目标来展开，充分体现这一基本精神，确保司法严格、行为规范、作风文明、自身廉洁、群众满意。

三要更加强调转型发展。“转”就是适应之举；只有转型发展，才能更好适应新形势新要求。2013 年以来，我们推进司法办案转变模式、转型发展，取得了积极成效。在“四个全面”的战略背景下，要想增强检察工作的前瞻性、适应性、主动性，我们所有的工作都有一个转变观念、转变模式、转型发展的问题。司法理念要向更加注重惩治犯罪与保障人权并重、实体公正与程序公正并重等方面转变；司法办案要向既严格公正司法又规范文明司法转型；诉讼监督要向制度化、规范化、程序化、体系化转变；改革创新要向深水区转化；队伍建设要向正规化、专业化、职业化方向转变；各项工作都要向善于运用信息化手段、向更加开放透明转变等。对此，思想僵化、因循守旧、固步自封是行不通的。大家一定要审度时宜、虑定而动，结合实际认真分析，符合的就坚持，转的不彻底的就深化，不合时宜的就要坚决克服思维定势，打破陈规旧矩，以全新的思维和举措，适应新形势、贯彻新要求、解决新问题、推动新发展。

四要更加强调统筹协调。统筹兼顾是唯物辩证法的基本观点，是推动工作的根本方法。随着检察工作全面纵深发展，老问题和新问题、一般矛盾和深层次矛盾、内部协调和外部沟通、有待完成的任务和新提出的任务交织叠加、错综复杂，司法办案、法律监督、检察改革、队伍建设本身及其之间的综合性、关联性、互动性明显增强，对我们统筹谋划、驾驭全局的本领是极大的考验。全省各级院党组特别是检察长，必须牢固树立系统思维和全局观念，加强总体谋划，注重衔接配套，搞好整体推进。整体推进不是平均用力，要善于抓住主要矛盾，统筹日常工作与专项工作、一般案件与重大专案、中央改革与高检院改革以及省院机制创新等方面的关系，紧紧扭住“牛鼻子”攻坚克难、带动全局。要注意研究和把握单项工作的综合性，善于运用全局的观点、联系的方法考虑具体问题、开展具体工作。要科学排兵布阵，优化人力、物力、财力等各种检察资源配置，提高整体运行效能。

五要更加强调把握规律。遵循规律则事半功倍，违背规律则事与愿违。面对新形势，我们必须更加善于在纷繁复杂的各项工作中把准脉搏，加深对检察工作规律性的认识，增强按基本规律办事的战略定力。要坚持顶层设计与基层首创相结合，在战略思考、总体谋划过程中，尊重规律、尊重实际，善于总结提炼基层创造的新鲜经验；在大胆探索、积极创新过程中，坚持原则、把握方向，不能与规律背道而驰，把不是当理讲，把顽症当创新。要遵循检察工作和检察权运行的特有规律，把“检察工作一体化”和“两个适当分离”作为事关检察机关领导体制和检察权运行方式的根本问题和基本问题，在工作和改革的实践中牢牢把握，不断优化检察职能配置，发挥好检察工作整体性、统一性优势。

六要更加强调夯实基础。适应新形势不仅要有新观念，还要有强大实力，软件硬件都要跟得上才行。尽管这几年我们在素质能力、设施装备等方面有了极大改善，但要完全适应检察工作任务加重、要求提高、快速发展的态势，还有很长的路要走。要坚持不懈地打基础、利长远，紧紧抓住教育培训、人才队伍、科技强检、经费保障等基础性工作，充分利用全面深化司法改革的重大机遇，破解体制机制障碍，推动一些长期制约发展的难题从根本上得以解决。要树立长远眼光，在想方设法解决迫在眉睫现实问题的同时，着眼未来，科学谋划，持续不断地稳固基层、夯实基础、增强实力，确保检察事业发展步稳蹄疾、行稳致远。

二、立足全局、服务大局，切实发挥好各项检察职能作用

习近平总书记多次强调，维护社会大局稳定、促进社会公平正义、保障人民安居乐业是政法机关的主要任务和职责使命。打击、监督、预防、教育、保护、服务等方面，是检察机关职能作用的科学概括，是履行各项检察职责的直接目标，是完成好中央交给我们的政治任务的基本路径。新时期，全省检察机关要自觉把检察工作置于“四个全面”和“五个湖北”的整体部署中来谋划和推进，履职尽责，奋发有为，进一步发挥好各项检察职能作用，为贯彻落实中央、省委重大决策部署保驾护航。

（一）打击和惩治犯罪

打击和惩治犯罪是检察机关的基本职能，是我们完成任务、担当使命的主要着力点，在任何时候都必须牢牢把握，坚持履行好侦查、批捕、起诉等各项职责，依法严厉制裁各种犯罪行为。

坚决打击危害国家政治安全和政权安全的犯罪。牢固树立总体国家安全观，积极参与反渗透、反间谍、反窃密斗争，全力防范和抵御“颜色革命”。深化严打暴恐活动专项行动，坚决防止暴力恐怖分子在我省制造事端。健全批捕、起诉、控申与侦查、审判紧密衔接的应急处置、协调配合、信息沟通机制，依法从严从快惩治、科学严密防范危害国家安全的犯罪活动。

严厉打击严重刑事犯罪。围绕平安湖北建设，建立对黑拐枪、盗抢骗、黄赌毒等犯罪的常态化打击整治机制，严厉打击故意杀人、绑架等严重暴力犯罪，严惩邪教组织犯罪，突出打击爆炸、放火等严重危害公共安全的个人极端暴力犯罪，严厉打击“两抢一盗”等多发性侵财犯罪，加大对黑恶势力、制毒贩毒、寻衅滋事等扰乱社会秩序犯罪的打击力度，切实维护社会治安大局稳定。积极参与

“清网行动”，依法惩治利用网络及新媒体实施的造谣传谣、诈骗、赌博、传播淫秽信息等犯罪，维护网络社会安全。维护稳定不仅是批捕、起诉部门的任务，各部门都要牢固树立大稳定观和一线观念，在工作中注意发现犯罪、及时移送，注意甄别可能涉及公共安全、引发群体性事件的风险，做好矛盾化解、应对、防范等工作，实现维稳合作常态化和合力最大化。

依法打击破坏市场经济秩序犯罪。针对非法集资、金融诈骗、传销等涉众型经济犯罪增多的趋势，积极配合有关部门开展专项打击整治。继续开展破坏环境资源和危害食品药品安全专项立案监督活动，严厉打击制售有毒有害食品和假药劣药、污染环境、非法采矿等犯罪活动。加大对非法经营、强迫交易、假冒商标专利等犯罪的打击力度，维护公平竞争市场秩序，更好地服务创新驱动发展战略。

持续保持惩治职务犯罪的高压态势。坚决贯彻中央、高检院和省委要求，坚持凡腐必反、有贪必肃、有案必办，加大查办职务犯罪力度。要突出查办领导机关和权力集中、资金密集、资源富集的部门及重要岗位领导干部职务犯罪案件。严肃查办国家投资、工程项目、土地流转、矿产资源开发、金融改革、文化等领域职务犯罪，特别是坚决查办借国企经营管理和改革之机谋取私利、失职渎职造成国有资产重大损失等职务犯罪，着力遏制内部人控制、利益输送等现象背后的职务犯罪。深化打击行贿犯罪专项行动，严肃查办围猎干部、行贿人数多数额大、造成严重后果的犯罪。建立常态化追逃追赃机制，对一些重点人员实行挂牌督办，境内、境外一起抓，追逃、防逃两手硬，运用好违法所得没收程序，绝不让腐败分子一跑了之，在经济上捞到好处。当前，我省检察机关承担高检院交办的重大专案多、任务很重，要继续发扬勇于担当、顽强拼搏的优良作风，加强统筹协调，集中人力物力财力，加快进度、保证质量，又快又好地完成专案办理任务。惩治职务犯罪涉及侦查、批捕、起诉等多个部门，必须在分工负责的基础上，上下一体、横向协作、整体联动。侦查指挥中心要健全线索集中统一管理、分析研判、审查分流、跟踪督办等各环节紧密衔接的运行机制，严格防止有案不查、选择性办案。侦查部门要加强统一组织指挥，提高运用侦查信息平台、电子证据检验鉴定等科技手段突破案件能力，打造过硬反贪局、反渎局。批捕、公诉及诉讼监督部门要严把事实关、证据关、程序关和法律适用关，全面客观审查事实，严格证明标准，依法准确定性，注意纠正程序性错误及瑕疵，合理提出量刑建议，确保案件质量高效果好。要建立健全侦查与公诉部门之间的协作配合机制，公诉部门对重大案件要提前介入、引导侦查，侦查部门在起诉阶段也要提供必要的配合协助；对上级院侦查并移送下级院起诉的案件，下级院要严格审查把关，该纠正的纠正、该退查的退查，上级院也要有正确的态度，积极支持配合。要强化司法警察部门对办案工作的监督、制约和管理，确保规范文明安全办案。

（二）加强诉讼监督

要深刻认识司法不公对社会公正的致命破坏作用，认真贯彻四中全会关于加强对司法活动的监督、形成严密法治监督体系的要求，充分发挥监督职能对法治建设的独特作用，完成好促进社会公平正义的职责使命。

加强刑事诉讼监督。要把严防冤假错案作为底线，贯彻落实到刑事诉讼监督全过程和各环节，健全冤假错案发现受理、审查办理、监督纠正等机制。加大立案监督力度，在依法监督纠正有案不立等问题的同时，重点加强对利用刑事立案插手民事经济纠纷、报复陷害、谋取非法利益等问题的监督。深入推进行政执法与刑事司法无缝衔接，细化案件移送标准和程序，研究探索确保行政执法案件信息全部上网、涉嫌犯罪案件全部移送的措施办法，防止和纠正有案不移、以罚代刑等问题。要深入分析冤错案件成因，进一步加大对侦查活动中刑讯逼供、暴力取证、伪造证据等问题的监督力度。要高度重视对重大案件尤其是死刑案件的审判监督，及时发现、认真调查核实事实、证据和程序方面存在的问题，该纠正的坚决予以纠正，决不能为了所谓的“面子”放过丝毫疑点。要强化对二审书面审理、人民法院依职权启动再审后改变原审判决案件及判处缓刑、免刑案件的监督。

加强刑事执行检察工作。要适应完善刑罚执行制度、统一刑罚执行体制的要求，根据高检院部署，全面加强对刑罚执行、刑事强制措施执行和强制医疗执行及有关监管活动的监督。健全刑罚变更执行同步监督机制，加快推进与刑罚执行机关、审判机关减刑假释网上协同办案平台建设，进一步加强对违法减刑、假释、暂予监外执行问题的监督，继续整治有权人、有钱人犯罪后以权或花钱赎身问题。继续清理纠正久押不决案件，完善分级负责的纠防超期羁押和久押不决工作机制。加强对交付执行违法、监管活动违法等问题的监督。要注意发现隐藏在监管活动不正常现象背后的违法犯罪案件线索，集中力量查办一批刑事执行活动中的职务犯罪。

加强民事诉讼监督。要继续完善多元化的民事诉讼监督格局，进一步推动生效裁判监督、审判程序监督和执行活动监督协调发展，尤其要加大对虚假诉讼、恶意诉讼的监督力度。进一步强化质量意识，落实疑难案件专家咨询等制度，针对监督意见不回复、对正确的意见不采纳等问题加大跟踪监督力度。进一步调整省、市、县三级院监督重心，推动转型发展，形成各有侧重、各负其责、密切配合的工作格局。针对符合抗诉条件的案件比例下降、息诉压力明显增大的状况，进一步优化资源配置，加强与控申等部门的协作配合，更加富有成效地开展化解矛盾、息诉维稳工作。

加强行政诉讼监督。要积极适应修改后行政诉讼法带来的案件数量上升、办案期限缩短、息诉难度增大等挑战，进一步整合办案力量、突出办案重点，充分运用抗诉、检察建议等手段，加强对行政诉讼全过程的监督，加强对行政机关在行政诉讼活动中违法干扰公正司法行为的监督，促进解决行政诉讼立案难、审理难、执行难等突出问题。

严惩司法腐败犯罪。要把查办职务犯罪作为加强法律监督、维护司法公正的重要手段，进一步健全并落实诉讼监督与职务犯罪侦查、侦查指挥中心等部门之间的线索双向移送机制，强化诉讼违法调查，严查司法不公背后的贪赃枉法、滥用职权、玩忽职守等犯罪，严查行贿受贿的司法掮客行为，促进公正廉洁司法。

（三）加强预防和教育工作

预防和教育是检察职能的自然延伸，是完成好三项主要任务的必然选择。我们要更加注重发挥预防和教育的治本功能，紧密结合司法办案和诉讼监督，加强前端治理，从源头上减少违法犯罪问题。

坚持全面预防。要结合十八大以来查处的腐败犯罪，深入开展预防调查，研究职务犯罪新特点、新趋势，健全职务犯罪预测预警机制。按照高检院部署，组织开展促进三农建设专题预防。拓展行贿犯罪档案查询应用范围，探索开展非罪行贿行为查询。要坚持末端处理与前端治理相结合，加大预防刑事犯罪工作力度。着力抓好未成年人犯罪预防，积极参与校园周边环境整治、不良行为青少年教育管理等工作，深化构建未成年人犯罪预防帮教社会化体系。加强对多发性犯罪、新型犯罪的特点、规律分析，积极向党委政府提出预防建议，促进完善立体化社会治安防控体系。要加强对诉讼违法行为的预防。诉讼违法与犯罪仅一步之遥。法律监督以“纠防并举”的原则展开，有利于从根本上防治诉讼违法和司法腐败，促进公正司法，提升司法公信力。要牢固树立“纠正违法是成绩、防止违法也是成绩”的观念，更加重视对诉讼违法的预防；要善于运用审查审批、提示预警等方式加强事前、事中预防；对反复出现、带有一定普遍性的问题，采取向有关机关通报情况、集中提出检察建议等方式进行预警防范。

大力提升预防工作专业化水平。专业化是检察机关预防工作之所以存在并发挥作用的根本，是检察职能的集中体现，其核心是提高预防工作质效。我们要充分发挥各项检察职能，积极推动预防工作向更加专业、更加精准、更加有效的方向发展。要始终坚持以教育为基础，运用检察机关丰富的法律资源和检察官学院等平台，营造守法光荣、违法可耻的社会氛围；始终坚持以制度为保障，紧紧围绕建章立制、堵塞漏洞，提高专题报告、年度报告、检察建议质量，研究提出预防违法犯罪的监督管理机制、改革举措和立法建议；始终坚持以法律监督为关键，深刻认识打击、惩治和监督本身就是对违法犯罪人员的特殊预防，也是对社会的一般预防，充分发挥打击刑事犯罪、查办职务犯罪和监督纠正诉讼违法的治本功能，警示大众恪守法律；始终坚持以整合为路径，理顺运行机制，建立预防联络员、部门责任制等制度，健全党组统一领导、预防部门组织协调、各业务部门分工负责的工作模式，使预防与办案更加紧密地衔接起来，充分发挥检察机关在预防方面的整体作用。

加强法治宣传教育。结合检察职能促进全民守法，是检察机关应尽的责任。检察机关在普法教育、法治宣传方面优势明显，而且责无旁贷。要认真贯彻“谁执法谁普法”的普法责任制要求，建立检察官以案释法制度，使普法要求责任到人、具体到案，既采取法律文书说理、面对面沟通交流等方式，向当事人讲清法理、讲透事理；又以点带面，以案说法，广泛向社会普及法律知识、传递法治精神、树立法治信仰。组建法治宣讲团，深入开展法律“六进”活动，拓展职务犯罪警示教育基地普法教育功能，加强中小学法治副校长、预防联席会议等载体平台建设，积极参与群众性法治文化活动，增强法治宣传教育的广泛性、针对性。加强与大众传媒的沟通合作，采取开辟法治栏目，制作播放法治公益广告、微电影等形式，引导全民自觉守法、遇事找法、解决问题靠法。在窗口部门增设法治文化设施，充分运用检察机关新媒体传播法治能量，引领社会主义法治新风尚。

（四）依法做好保护和服务工作

保障人民根本利益是社会主义法治建设的出发点和落脚点。我们作为人民检察院、人民检察官，必须坚持严格司法、强化监督、规范办案，充分彰显保护人民、服务人民、造福人民的价值作用。

维护人民权益。要始终着眼于人民群众对美好生活的向往，充分发挥各项检察职能作用，着力推动解决关系群众切身利益的社会治安、生态环境、食品药品安全、教育就业、医疗卫生、社会保障、征地拆迁等方面的突出问题，有针对性地开展专项工作，尤其要严惩“小官大贪”，加大对基层组织工作人员侵吞惠民资金、滥用权力等违法犯罪的惩治、监督和预防力度，增强人民群众的安全感、幸福感。贯彻中央一号文件精神，严惩农民身边的腐败，强化对涉农刑事犯罪、民事经济纠纷、行政诉讼案件的打击和监督，保护农民合法权益。大力加强未成年人司法保护，认真贯彻“教育、感化、挽救”方针和少捕、慎诉、少监禁要求，着力推进未检工作专业化、制度化建设，调整未检部门受案范围，认真落实合适成年人到场、分案起诉、犯罪记录封存等制度，建立捕诉监防一体化工作模式。坚持维权与维稳相统一，积极参加信访法治建设年活动，推进不服法院生效刑事裁判申诉案件办理程序改革，探索建立刑事案件申诉异地审查等制度，健全检察环节依法维权和化解纠纷机制，加大司法救助力度，维护信访群众合法权益。

加强人权司法保障。要完善对刑事拘留等限制人身自由的司法措施和侦查手段的监督机制，加大对诉讼活动中体罚虐待、牢头狱霸、超时办案等问题的监督和查处力度，依法做好羁押必要性审查工作，坚决查处贿选、破坏选举等侵犯公民政治权利的案件。要坚持文明司法、规范办案，尊重犯罪嫌疑人、被告人人格与尊严，严格依法采取侦查手段和强制措施，认真执行中央《关于进一步规范刑事诉讼涉案财物处置工作的意见》，防止和纠正违法搜查、查封、扣押、冻结涉案财物的问题。

加强诉讼权利保障。依法保障律师执业权利，严禁滥用“特别重大贿赂案件”限制会见的规定，加大对阻碍律师行使诉讼权利的控告、申诉审查办理力度，纠正会见难、阅卷难、调查取证难等问题。开展举报人保护、奖励等制度改革试点，落实证人保护制度，严惩报复举报人、证人的违法犯罪。要保障当事人依法享有法律救济的权利，加大对侵犯当事人知情权、陈述权、辩论权等问题的监督力度，适应民事立案制度改革，强化立案监督，促进解决有案不立、有诉不理问题，保障当事人诉权。

做好检察服务和联络工作。切实增强检察服务意识，以对外沟通联络的窗口为重点，深化综合性受理接待中心建设，加强新媒体服务平台的功能拓展与运用，逐步把控告举报申诉受理、诉讼指引、视频接访、查询咨询、征求意见等工作统一到综合受理接待中心、整合在网络平台，实现网上网下“一站式”服务。完善律师参与接访制度，积极探索建立律师代理申诉和信访制度，减少当事人诉累。进一步推动检察工作向基层延伸，发挥好派驻检察室、检察服务站、检察巡回服务组贴近群众的优势，提供更加便捷高效的检察服务。要积极服务企业发展，深入贯彻省委政法委关于优化法治环境、促进经济发展的16条意见和省检察院实施意见，依法惩治、监督纠正侵害企业权益、影响企业生产经营的各类违法犯罪，更加重视对民营企业、小微企业的平等保护，进一步做好涉企犯罪预防、为企业提供法律咨询服务等工作，促进企业健康发展，促进企业家健康成长，为企业发展营造健康环境。进一步加强同代表委员和人民群众的联系，继续在拓宽联络渠道、创新联络载体、完善联络机制上下功夫，搭建与代表委员、社会各界及广大人民群众之间的“零距离”交流平台。

三、深入推进“五个检察”，全面加强自身建设

近两年来，我们适应“五个湖北”建设要求，积极打造“五个检察”，系统化推进、体系化落实、项目化建设，凝神聚力强自身，取得了明显进展。实践证明，“五个检察”全面贯彻了中央、高检院、省委对政法机关、检察机关自身建设的各项要求，是自身建设的科学布局和有效抓手。我们一定要一张蓝图干到底，与时俱进地调整完善，不断提高履职尽责的本领和水平。

（一）继续深化实力检察建设

要把“竞进提质”的要求创造性地落实到自身建设中，着力推动检察机关发展条件明显改善，促进综合实力显著增强。

狠抓过硬检察队伍建设。始终以“五个过硬”为根本指针，努力建设一支信念坚定、司法为民、敢于担当、清正廉洁的检察队伍。

一要旗帜鲜明坚持党的集中统一领导。党的领导是中国特色社会主义最本质的特征，是做好党和国家各项工作的根本保证。全省检察干警要以更强的党性原则、政治觉悟、组织观念要求自己，做到心中有党、心中有民、心中有责、心中有戒，始终在思想上政治

上行动上与以习近平同志为总书记的党中央保持高度一致，确保党的领导体现为绝对的领导、实体的领导。各地要把坚持党的领导制度化，按高检院要求，参照省院党组向省委报告工作的规定，制定具体制度，争取党委常委会听取专题汇报，坚持重要事项及时报告、司法办案重大事项党内请示报告等制度，确保政令畅通，确保中央、省委决策部署在检察工作中得到坚决贯彻执行。

二要严守党的纪律和政治规矩。严明的纪律是检察队伍的政治优势，讲规矩是对检察干警党性和忠诚可靠度的重要检验。要把守纪律、讲规矩摆在更加突出的位置，深入开展“三严三实”、“增强党性、严守纪律、廉洁从政”等专题教育活动，以严重违纪违法案件为反面教材，加强警示教育，自觉同违背党性原则的言行划清界限、坚决斗争，自觉做到习近平总书记强调的“五个必须”和“五个决不允许”。

三要突出抓好领导班子建设。习近平总书记深刻指出，党组是党中央和地方各级党委在非党组织的领导机关中设立的组织机构，是实现党对非党组织领导的重要组织形式和制度保证。全省各级院党组要强化观大势、掌全局、议大事、抓大事的责任担当，加强对事关长远发展的全局性、战略性、前瞻性重大问题的研究和谋划，提高决策水平和工作效率。要完善领导干部的选拔考核标准，把好选人用人关，确保选拔的干部政治坚定、懂法懂行。

四要深入推进队伍专业化建设。坚持把专业化作为检察队伍的核心战斗力来抓，积极创新教育管理模式，健全教育培训体系，加快岗位素能基本标准研发，加强对基层一线领导和骨干的轮训，建立检察官职前培训、执法司法部门之间的混合培训等制度，继续加强实训教学，着力提升检察人员的专业水平。加快实施人才队伍建设重点项目规划，健全检察机关与法学院校、法学研究机构人员双向交流机制，大力培养检察领导人才、业务领军人才和专门型人才，尤其要培养造就一批政治坚定、业务精通、作风优良、善于办案的基层一线领导人才。

狠抓科技强检。认真落实省院最近制定的关于加强科技强检工作的意见，全面整合科技装备、技术人员力量，优化资源配置，建立统一管理、分散利用机制；全面整合各种系统平台，建设全省检察机关大数据中心，提高数据信息综合开发利用效益，积极推动省院检察科技综合体建设，促进“一主两副”检察院高标准检察科技基地建设。注重信息化、检察技术与司法办案的深度融合，加快侦查信息、诉讼监督、公诉出庭辅助等系统平台建设，健全技术同业务融合的协作配合机制，开展全省检察机关信息化应用推广年活动，举办信息化应用“大比武”竞赛，切实将现代科技转化为现实战斗力。

狠抓检务保障。坚持以“保障检察办案、保障能力提升、保障规范司法、保障事业发展”为目标，积极商请省财政厅研究制定新的经费保障标准，争取加大转移支付力度，统筹推进“两房”、规范司法基础设施设备等项目建设。积极适应省以下检察院财物统一管理要求，抓紧做好预算调整工作，合理确定经费上划基数，确保经费保障与检察事业发展相适应；建立健全预决算、涉案财物、政府采购、资产管理、项目建设等方面的统一管理机制，形成高效有序的运行模式；要有效应对财物统一管理以后的繁重任务和内控风险，加强力量配备，完善监督制约机制，严格执行财经制度和纪律，着力提高资金使用效益，提升财物统一监管水平。

狠抓新型检察院建设。深入贯彻高检院《2014－2018年基层人民检察院建设规划》，努力推动“四个适应”、“八个新”的新型检察院建设在基层院中取得突破性进展。要以司法体制改革为契机，建立健全重心下移、力量下沉的制度机制，从人员编制、员额比例、检察官等级设定、薪酬待遇、经费保障、人员培训等方面切实体现重视基层、倾斜基层、夯实基层的导向，解决一批长期困扰基层院发展的现实难题，为基层注入新的生机与活力，营造拴心留人的良好环境。加快推进新型检察院示范建设，打造相对成熟的样板，让各地学有榜样、追有标兵。加强对基层院的分类指导，加大上挂下派、对口联系、督导检查等工作力度，推动基层院建设创新发展、跨越式发展。

（二）继续深化创新检察建设

今年是全面深化改革的关键之年，各种改革部署叠加、任务繁重。我们要切实增强深化改革创新的政治责任感和历史使命感，坚持走创新驱动发展之路，全面改、深入改、真正改、不断改，推动中国特色社会主义检察制度自我完善、自我发展。

全力抓好司法体制改革试点。这是整个司法改革的“重头戏”，是一项十分复杂的系统工程，也是今年工作的重点和难点。省院要切实加大统筹协调力度，进一步加强与有关部门的沟通协调，尽快形成符合中央、高检院和省委要求，符合检察工作规律和湖北实际的试点方案及配套制度，早日下发实行。要根据中央、省委要求，从严控制39%的检察官员额，在员额比例、各类检察人员单独职务序列、过渡期安排等方面建立科学合理的制度机制；要深刻认识检察官办案责任制改革的基础性地位和综合性特点，统筹中央、高检院、省院不同层级的试点，建立科学划分检察办案责任体系、明确检察官助理参与办案职责、优化审批审核与指挥指令等9个方面的综合配套改革制度体系；按照省以下检察院人财物统一管理改革要求，建立省委领导下、省相关部门全面、分类、分工负责的干部管理模式，建立健全财物统一管理制度机制。要全力抓好组织实施，密切跟踪12个试点院改革进展，加强督促指导和中期评估，及时研究解决存在的问题和困难，注重总结经验，为全面推开试点做好准备。各试点院要牢固树立改革的大局观，立足检察事业全局和长远发展，以自我革新的胸襟落实好试点要求。需要强调的是，司法体制改革涉及广大干警切身利益，必须重视思想政治工作，讲明意义、说清道理，既服从改革大局，又兼顾好大家的利益，最大限度地凝聚改革正能量，确保顺利平稳推进。

扎实推进已部署的其他改革任务。加快推进涉法涉诉信访改革，坚持以解决涉法涉诉信访导入难、纠错难、终结难问题为主要目标，做好诉访分离、程序导入、案件办理、终结退出等工作，一手抓改革，一手抓办案，发挥检察工作一体化优势，切实把涉法涉诉信访纳入法治化轨道；着力抓好涉检非正常访排查化解，按要求做好全国“两会”期间安全维稳工作。积极推进人民监督员选任管理方式、监督范围和程序改革试点，加强与司法行政机关沟通协调，拓展案件监督范围，完善监督程序，强化对查办职务犯罪立案、羁押、扣押冻结财物、起诉等环节的监督。加快推进刑事案件速裁程序试点，研究制定实施细则，完善“繁简分流”办案模式，健全检察环节认罪认罚从宽处理机制，提高司法效率，降低诉讼成本。

审慎探索检察机关对行政机关行使职权的监督。这是四中全会新的重大部署，对促进依法行政、维护国家和社会公共利益具有重大意义。我们要坚持立足职能，准确把握“在履行职责中发现”的要求，限定监督的范围，防止脱离职能甚至搞成“一般监督”。要把握层次，对行政机关及行政人员违法履行职责或者不履行职责的，根据具体情形、不同阶段，分别采取检察建议、提起行政公益诉讼、立案侦查追究刑事责任等不同方式进行监督；同时要探索对涉及公民人身、财产权益的行政强制措施实行法律监督的方式。这些改革重大而敏感，各地在开展探索前要慎重研究，层报省院、高检院，防止随意监督、越权监督、一哄而上。

继续深化工作机制创新。要以三中、四中全会精神为指针，扩大和深化我们以往的机制创新成果。深入贯彻“加强和规范对司法活动的监督”、“完善检察机关行使监督权的法律制度”等要求，从更高层次、更高水平上推进诉讼监督“四化”建设，严格落实诉讼监督规程、规范线索管理等 9 项措施，在测试的基础上继续完善。健全与纪检监察机关的协调配合机制，严格执行中央关于在查办涉嫌违纪违法、犯罪案件中加强协作配合的意见和省院、省纪委联合出台的 8 条规定，完善归口联系、及时移送、同时立案等制度，依法依规加强协作配合。认真落实人大司法监督与检察机关法律监督衔接机制，研究制定实施细则，进一步明确衔接范围，完善办理和流转机制。健全“公检法司”各司其职、相互配合、相互制约的体制机制，全面落实省院与省公安厅、省法院、省司法厅会签的“三个文件”，在坚持以往好做法的同时，重点加强提前介入侦查、技术侦查、职务犯罪嫌疑人定点羁押、指定居所监视居住、信息共享和横向联接等方面的协作配合。

（三）继续深化法治检察建设

深入落实全面推进依法治国新要求，强化依法治检、依法用权，确保严格公正规范廉洁司法，提升检察公信力。

必须坚持领导带头。最近，习近平总书记在省部级主要领导干部学习贯彻四中全会精神专题研讨班上强调，全面推进依法治国必须抓住领导干部这个“关键的少数”；领导干部要做尊法学法守法用法的模范，带动全党全国一起努力，在建设中国特色社会主义法治体系、建设社会主义法治国家上不断见到新成效。领导干部的信念、决心、行动，对推进法治检察具有十分重要的示范意义。全省各级院党组、各级检察领导干部特别是一把手，一定要系统学习中国特色社会主义法治理论，准确把握我们党处理法治问题的基本立场；要牢记法律红线不可逾越、法律底线不可触碰，以依法办事、严格公正规范廉洁司法为天职，谋划工作、处理问题始终坚持法治思维、法治方式和法治定力，决不能把手中的检察权作为谋取利益的工具；要切实履行推进法治检察的第一责任人职责，加强对干警的教育、管理和监督，对各种违法违规行为严肃纠正、严格追究，形成依法办事、规范用权的氛围。

必须严格公正司法。始终坚持以事实为依据，以法律为准绳，适应以审判为中心的诉讼制度改革，大力推进严格公正司法。一要充分发挥检察机关在审前程序中的主导作用。重点完善提前介入、引导侦查机制，探索建立重大、疑难案件侦查机关听取检察机关意见建议制度，坚持依法、适度介入原则，帮助厘清思路、明确重点、完善证据体系、规范侦查行为，细化完善检察机关不批捕、不起诉标准，确保审查起诉的案件事实证据经得起法律的检验。二要充分发挥检察机关在庭审中指控犯罪的主体作用。按照“指控有据、辩论有力”的要求，重视庭前准备，掌握庭审主动，善于抓住关键、运用技巧从容应对庭审变化，当好诉讼参与者的“主角”。要密切关注证人、犯罪嫌疑人心理变化，稳定证供，努力实现诉讼证据出示在法庭、案件事实查明在法庭、诉辩意见发表在法庭。三要更加注重做好刑事审判监督工作。要善于发挥参与庭审、全程监督的优势，着力监督纠正错误裁判，着力发现、核实、纠正审判活动中的诉讼违法行为，维护刑事审判公平公正。四要全面贯彻证据裁判规则。遵循检察官客观义务，依法全面收集、固定、审查和运用证据，加强检察环节证据审查复核工作，增强司法亲历性和判断性。坚持有罪则诉，疑罪从无，严格排除非法证据，坚决防止事实、证据不足的案件或者违反法定程序的案件“带病”进入起诉、审判程序，造成起点错、跟着错、错到底的现象。五要注重与律师的沟通、交流、协商、协作，认真听取、合理采纳律师意见，补强薄弱环节，与律师共同开展稳定情绪、说服教育等工作，同时严格规范检察人员与律师接触交往行为，最大限度发挥律师的积极作用。

必须规范司法和监督行为。坚持问题导向，突出抓好规范司法行为专项整治活动。近期，省院将召开专项整治动员部署会，下发实施方案。各地要严格按照统一部署，深入查找违法关押、体罚虐待、滥用强制措施、违法查封扣押冻结等问题，加大对同步录音录像、视频监控、“强制物理隔离”等倒逼机制执行情况的监督检查力度，加强对诉讼监督中造假虚报、凑数监督、滥用监督等问题的检查，对发现的问题，严肃纠正、严肃查处，使规范司法的要求在办案一线落地生根。要针对存在的问题，进一步健全规范司法制度体系，完善诉讼监督“四化”制度机制，深化构建“五位一体”工作格局，以更高标准和更严要求推进司法和监督工作规范化建设。

必须加强管理和监督。进一步完善“全面管理、统分结合、分工负责、统筹协调”的司法和监督工作管理模式，健全对检察权运行的监督制约体系。信息化是加强自身监督管理的重要手段，要以统一业务应用系统的完善和运用为重点，加强节点监控、实时监管和事后评价。健全办案质量终身负责制和错案责任倒查问责制，建立内部人员过问案件的记录制度和责任追究制度。要改进工作考评。下一步，省院还要对考评标准进行系统修改，建立更加科学的激励机制，确保干警依法办案、多办案、办好案。

必须廉洁司法。牢固树立惩治腐败“无例外、无禁区、无盲区”的思想，坚持从严治检不动摇。各级院党组和检察领导干部要切实承担好主体责任，尤其是检察长作为第一责任人，既要挂帅又要出征，既要管好自己又要管好班子、带好队伍，层层传导压力，级级落实责任。纪检监察部门要牢记主责主业，真正把功夫下在监督、执纪、问责上。把解决问题与完善制度结合起来，健全巡视督察、回避、典型案件通报曝光等制度，堵塞检察权寻租空间。坚持以零容忍的态度查处自身腐败问题，同时落实“追责问责年”部署，按照“一案双查”规定追究相关领导及人员的主体责任和监督责任。各级院检察长要坚持以上率下，抵得住私心、私情、私利诱惑，跳得出面子、圈子、场子禁锢，始终保持清正廉洁的为政品格。

（四）继续深化文明检察建设

文明是社会发展进步的标尺。全省检察机关要积极适应文明湖北建设要求，把握现代司法文明的价值取向，提升检察人员文明素养和检察工作的品质与境界。

培育现代文明司法理念。司法理念是对司法的本质及其规律的理性认识和整体把握。随着社会文明程度的不断提高，要求我们必须把法律平等、人权保障、诉讼民主、司法公正、监督制约等体现司法文明的理念牢记于心、融入血脉。要加强职业信仰、职业道德和社会主义核心价值观教育，大力开展树典型、学典型活动，深化文明系统创建，充分发挥检察文化怡情养志、涵育文明的重要作用，树立湖北检察新风貌。

持之以恒深化作风建设。作风文明是司法文明的集中体现。要牢固树立作风建设永远在路上的思想，以更严格的标准、更严厉的措施持续抓、经常抓，抓出习惯、抓出长效。要持续整治“四风”，包括各种隐形、变种问题，包括特权思想、衙门作风、粗暴野蛮办案等司法作风问题，从严查处八项规定和六条意见出台后、群众路线教育实践活动后仍然顶风违纪的行为，健全作风建设长效机制，进一步巩固和深化作风建设的新常态。

继续深化检务公开。把司法公开的文明理念融入检察工作，积极构建开放、动态、透明、便民的阳光司法新机制。以案件信息公开为重点，拓展案件信息公开系统功能，加快案件程序性信息、终结性法律文书公开，在公开、自信中赢得公信和权威。加大案件公开审查、公开听证力度，完善“公众开放日”、新闻发布会等制度，进一步丰富新媒体平台的检务公开内容和功能。

加强检察宣传工作。检察宣传是展示业务工作成效和队伍文明形象的重要载体。面对复杂的舆论场，我们必须加强检察宣传主阵地建设，树立主动宣传、引导舆论的理念，深化新型检媒关系，善于统筹检察资源和社会资源、传统媒体和新型媒体，策划好重大主题宣传活动，讲好检察故事，把重点工作、感人事迹及时传递到社会。要管好用好“双微平台”，提升“鄂检网阵”的整体服务功能。完善涉检舆情收集、分析和导控联动机制，把握好新闻传播规律和司法规律的平衡点，对社会关注的重大敏感案事件，要及时有效发声，防止舆论渲染炒作、影响公正司法。

（五）继续深化人本检察建设

所谓人本检察，就是要以人民群众为本、以检察干警为本；就是要尊重人、理解人、关心人，满足人民群众的利益诉求，促进检察人员的全面发展。

全面提升群众工作能力和水平。进一步落实深化、细化、实化检察机关群众工作的实施意见，善于研究和把握新形势下检察机关群众工作的特点和规律，有针对性地开展群众工作教育培训和实践锻炼，提高检察人员了解社情民意、掌握群众心理、运用群众语言、疏导群众情绪、应对突发事件、协调各方妥善处理群众诉求的能力。要善于掌握“一把钥匙开一把锁”的工作方法，因地、因时、因事、因人而异地开展工作，把群众工作做实、做细、做深、做好。坚持“脚板”与“鼠标”相结合，完善民意征集、转化、反馈机制。落实组织协调、检查评估、调查研究等机制，推动检察机关群众工作向纵深发展。

进一步关心爱护干警。按照“从高赞警、从严治警、从优待警”的精神，加强检察人文关怀，努力使每个检察人员都享有人生出彩的机会，享有实现自我价值的机会，享有与检察事业一起成长进步的机会。健全检察人员职业保障，建立以专业等级为基础的检察官薪酬制度，实行资深、优秀检察官延迟退休制度，推动建立各类检察人员相对均衡的薪酬体系，完善干部任用、奖惩、待遇与德才表现、工作业绩、能力素质挂钩的制度。建立健全检察人员履行法定职责保护救济、不实举报澄清、医疗保险等机制。落实定期体检、带薪休假等制度，确保劳逸结合、张弛有度。千方百计帮助干警解决实际困难、解除后顾之忧，使大家能够快乐工作、幸福生活。

新的历史条件下，检察工作的任务更加艰巨，前景更加光明。我们一定要牢牢把握“四个全面”的战略部署，勇于担当，改革创新，奋勇前进，全面推动检察工作发展进步，为湖北“建成支点、走在前列”作出新贡献！

23 关于“十三五”时期检察工作总体发展目标和基本任务的若干思考*

“十三五”时期在我国发展史上具有特殊重要的意义，是全面建成小康社会、实现第一个百年奋斗目标的决胜阶段，也是中国跨越“中等收入陷阱”向更高发展阶段迈进的关键一程。站在新的历史起点上，检察机关要积极适应、把握和引领新常态，主动聚焦对接“十三五”规划，全面履行法律监督职责，与时俱进提出新的总体发展目标，不断健全完善中国特色社会主义检察制度，为“十三五”规划顺利实施和全面建成小康社会提供坚实有力的法治保障。

一、关于“十三五”时期检察工作总体发展目标的提出确定

党的十八大以来，以习近平同志为总书记的党中央敏锐把握我国经济社会发展的阶段特征和历史变化，科学分析党和国家事业发展面临的机遇和挑战，明确提出“四个全面”战略布局，协调推进经济体制、政治体制、文化体制、社会体制、生态文明体制和党的建设制度改革，突出强调到2020年，全面建成小康社会奋斗目标顺利实现，依法治国基本方略全面落实，法治政府基本建成，司法公信力不断提高，人权得到切实尊重和保障，并在重要领域和关键环节改革上取得决定性成果，形成系统完备、科学规范、运行有效的制度体系，使各方面制度更加成熟更加定型。如期实现这些既定目

---

* 2015年12月29日敬大力同志向“十三五”时期检察工作发展规划专题研讨会提交的文章。

标和宏伟蓝图，是我们党的庄严承诺和历史责任。

检察机关作为国家法律监督机关和司法机关，其性质、职责、任务决定于、服务于党和国家工作大局，并随着大局的变化而变化。“十三五”时期，我国发展的环境、条件、任务、目标、要求等都继续发生重大变化，必将对检察工作带来深刻变革、产生深远影响。我们要牢固树立大局观，准确把握新战略、新布局、新任务，主动围绕经济社会发展大局来定位、调整、完善自身发展战略，谋划新时期检察工作发展规划，努力增强服务经济社会发展大局的针对性、协同性、实效性。

研究和谋划“十三五”时期检察工作的发展规划，首先要确立当前和今后一个时期检察工作新的总体发展目标。所谓目标就是想要达到的境界和目的，通过奋斗所期望实现的结果和成果。目标能够指引方向、凝聚共识、增强动力。只有明确了检察工作总体发展目标，才能与全面建成小康社会的奋斗目标相适应，与加快建设中国特色社会主义法治体系相配套，与推进国家治理体系和治理能力现代化相衔接。综合判断，我认为，可以考虑将这一时期的总体发展目标定位于“努力推动中国特色社会主义检察制度全面健全完善”。之所以从制度层面来定位发展目标，最基本的出发点在于制度带有根本性、全局性、稳定性、长期性，是实现其他检察工作发展目标的重要依托和保障。缺少了制度性的东西，我们就打不好基础、抓不住根本、管不了长远。

提出并确立这一总体发展目标，其重大的理论和实践意义在于，立足我国发展的阶段性特征，既对以往发展目标继承深化，又对当前发展实践全面提升，为我国检察制度向着美好愿景演进提供方向指引，为推动检察事业全面发展进步布阵筑基，为维护社会大局稳定、促进社会公平正义、保障人民安居乐业提供一整套更完备、更稳定、更管用的制度保障。具体来说，主要基于四个方面的实际或考虑：

（一）更好地与全面建成小康社会目标相对接

全面建成小康社会是我们党确定的第一个百年奋斗目标，是引领未来发展的新旗帜，“十三五”规划紧紧围绕实现这个奋斗目标来制定、来推进。提出这样的一个奋斗目标与社会主义现代化建设总体目标相适应，是经济发展、人民生活水平、国民素质和社会文明程度、生态环境等协调推进的目标，内含着各方面体制机制、制度安排、法律法规的成熟定型。健全完善检察制度是全面建成小康社会的应有之义，也是实现这一奋斗目标不可或缺的重要组成部分。我们要主动聚焦和保障全面建成小康社会发展目标，加强顶层设计，抓住关键环节，努力推进检察制度全面健全完善，更好地服从服务于这个战略目标，在促进和保障经济社会发展中推动检察工作科学发展。

（二）更好地与全面依法治国总目标相对接

全面推进依法治国的总目标是建设中国特色社会主义法治体系、建设社会主义法治国家，这是贯穿治国理政全过程的一根主线，具有纲举目张的意义。检察机关是国家法律监督机关，在推进依法治国进程中担负着特殊历史使命，发挥着主力军、生力军的作用。检察制度建设是社会主义法治体系的骨干工程，与建设高效的法治实施体系、严密的法治监督体系紧密相关，是建设社会主义法治国家的重要一环。检察机关坚持全面依法治国的总目标、落实全面依法治国总布局，就应当更加注重发挥制度的保障、规范与推动作用，将司法办案与法律监督工作都纳入制度化、规范化、程序化轨道，完善检察制度体系，为服务和保障社会主义法治国家建设提供检察制度方面的支撑。

（三）更好地与全面深化司法体制改革部署相对接

党的十八届三中、四中全会围绕完善检察机关行使监督权的法律制度等提出了一系列重大改革举措，而且明确提出到2020年，重要领域和关键性改革要取得决定性成果，这其中就有司法体制改革的各项任务。习近平总书记也多次就深化司法体制改革作出重要指示，强调着力解决影响司法公正和制约司法能力的深层次问题，这些都为发展完善中国特色社会主义检察制度提供了重要契机，许多长期以来制约、影响检察工作的体制性、机制性、保障性问题，都将随着重大改革任务的完成而得到有效解决，整个国家层面的制度体系将得到全面健全完善，检察制度体系也应当、也必将全面健全完善。检察机关应当抢抓机遇，借力改革，按照中央、高检院的总体部署，积极稳妥推进各项司法体制改革和工作机制创新，确保如期完成重大改革任务，全面健全完善中国特色社会主义检察制度体系，使其内在的合理性、巨大的优越性和强大的生命力得以更加充分彰显。

（四）更好地与以往发展目标和工作基础相对接

检察机关恢复重建以来，中国特色社会主义检察制度先后历经“初步建立、巩固发展、健全完善”三个发展阶段，在全体检察人员的共同努力、不懈奋斗下，检察事业不断发展进步、成绩显著。特别是全国第十三次检察工作会议后，全国检察机关围绕高检院提出的“五大发展目标”，着力在发挥职能作用、完善法律监督格局、提升队伍素质能力和司法公信力、强化基层基础等方面加强探索实践，有力推动了中国特色社会主义检察制度体系日臻完善。但与此同时，对检察机关的性质地位、职能配置等方面的争议和质疑依然存在，检察院组织法、检察官法等依然滞后于实践发展。这些是我们规划未来、制定战略、推进事业的客观基点，也是确定检察制度发展目标的重要依据。只有坚定不移地推进理论创新和制度创新，才能用更加明确的总体发展目标来动员、团结和激励全国检察机关和广大检察人员，用更加健全完善的检察制度推动检察事业全面发展进步，永葆检察工作的生机和活力。

二、关于“十三五”时期检察工作总体发展目标的实现标志

检察制度是关于国家检察机关的性质任务、组织体系、运行程序、活动原则和工作制度的总称，具有社会历史性，不同国家、不同社会、不同历史时期，具有不同的内涵和外延。中国特色社会主义检察制度是马克思主义法律思想和法学理论中国化的伟大成果，是我们党领导人民在法治领域进行的伟大创举，符合我国国情、符

合人民意愿、符合时代发展，具有历史必然性、内在合理性和明显优越性。

辩证唯物主义认为，事物是普遍联系、永恒发展的，要用全面、联系和发展的眼光看问题，根据时代变化和实践发展，不断推进理论创新和实践创新。如同我国社会主义政治制度和司法制度一样，中国特色社会主义检察制度也要随着时代的发展而不断改革与完善，经历一个由不够成熟到比较成熟、由不够完善向更加完善的渐进过程。在不同的历史时期和发展阶段，我们提出过不同的发展目标，有力指导了检察工作实践。根据“十三五”发展规划，我们所建议提出的总体发展目标，涉及检察机关、检察工作、检察活动的方方面面，必须立足全局和长远，加强顶层设计和整体谋划。我认为，实现这一总体发展目标应至少具备以下重要标志。

标志一，检察工作方针政策体系更加完善。方针政策是调整检察工作基本、重大关系的指导性规范，具有观念引导、目标导向、工作调控、行为规制功能。其主要内涵包括检察工作的指导思想、目标、方针、原则、策略等，在检察制度体系中相对独立、范围很广。我认为，检察工作的方针政策体系的完善，必须与国家经济社会发展的大政方针政策相适应，现代司法理念和司法原则深入人心，检察政策和办案策略更加完善并得到严格执行。具体而言，要明确检察工作的指导思想，坚决贯彻党的路线方针政策，围绕落实全面推进依法治国总目标，以坚定政治方向、服务大局为基点，坚持党的领导、人民当家作主、依法治国有机统一，坚定不移走中国特色社会主义政治发展和法治建设道路。要更新司法理念，树立法治、公信、公平、正义、理性、平和、文明、规范、民主等理念观念。坚定司法原则，坚持依法独立行使检察权、司法为民、客观公正、检察一体、程序正当、保障人权、监督制约等基本原则。明确检察工作政策策略和司法要求，严格贯彻执行宽严相济、惩防腐败、从严治党、改进作风、密切联系群众、深化改革等政策，正确处理司法办案数量、质量、效率、效果、规范、安全的关系，实现司法办案“三个效果”有机统一。

标志二，法律监督制度更加完善。法律监督是中国特色社会主义检察制度最核心、最显著的特征。党的十八大明确要求“加强法律监督”，十八届三中全会再次强调要“健全法律监督机制”，这表明法律监督在国家权力运行制约和监督体系中的地位和作用日益凸显。我认为，法律监督制度完善的标志是：检察机关行使监督权的法律制度更加健全，法律监督的范围、措施、程序更加细化和明确，系统完备、科学规范、运行有效的法律监督制度体系更加健全。围绕实现这一目标，检察机关应始终坚持宪法定位，从更高起点、更高层次、更高水平上思考如何健全完善检察机关行使监督权的法律制度，针对行使监督权的相关制度缺位、原则、抽象、不规范等问题，在法律制度层面、工作机制层面加强探索，推动法律监督工作专门立法，进一步明确检察机关的监督权限、范围、内容、程序、手段，着力推进法律监督工作制度化、规范化、程序化和体系化。

标志三，检察监督体系格局更加完善。设立检察机关并赋予专门的法律监督职责，是我国司法制度乃至政治制度的一个重要特色，也是我国一元分立权力架构下对权力制约监督的必然选择。检察监督是法治监督体系的重要组成部分，具有特殊的地位和作用。随着三大诉讼法的修改完善，特别是十八届三中、四中全会作出一系列强化法律监督职能的新部署，检察监督上的诸多“短板”得到补强，将逐渐形成各项检察监督工作均衡发展，齐头并进的法律监督体系格局。这一格局的健全完善主要体现在：检察机关诉讼职能范围、措施、程序更加完善，对刑事、民事、行政的诉讼监督更加全面，提起公益诉讼制度全面建立，行政违法行为监督、行政强制措施监督等检察机关对行政权的监督格局基本形成，在推动国家治理体系和治理能力现代化上发挥更大作用。从逻辑结构上看，各项法律监督体系格局是相互联系、有机统一、互为支撑的整体，不能偏废、相互割裂。我们应坚持检察“一体化”和全国“一盘棋”，既巩固强化已有监督职能，又抓好落实新增业务，两手抓、两手硬，不断调整和完善监督工作大格局。

标志四，检察工作运行机制更加完善。运行机制是实现检察权能的制度安排，涉及检察工作核心要素的内外部结构和布局关系，是公正司法、高效司法、廉洁司法的必要保障。总的看，应主要包括：检察一体化体制机制更加顺畅，检察机关组织体系建设更加完善，司法办案责任制设置更加科学，检察机关与公安机关、审判机关、司法行政机关相互配合、相互制约的体制机制更加健全，等等。实现这些目标，需要检察机关遵循检察工作规律，深刻把握检察组织体系、办案组织体系、司法责任体系等检察权运行的重要载体，正确认识诉讼职能与诉讼监督职能、案件办理与案件管理职能、检察权与检察机关行政事务管理权之间的区别和联系，科学制定程序规则，形成系统完备、权责明晰、规范高效的工作运行机制体系。

标志五，检察机关自身建设制度更加完善。发展和完善中国特色社会主义检察制度关键在自己、根本靠自身。自身建设制度完善应主要体现在：检察队伍和基层基础建设等方面的制度基本成熟定型，检察管理体系和管理能力现代化基本实现，对检察工作的保障和支撑作用更加突显。具体来说，要推动思想政治建设常态化、长效化，完善并落实党建工作责任制，建立健全检察队伍日常教育、监督和管理机制；建构职业化管理体系，实施检察人才重点工程，完善检察官遴选、培训、考核制度，全面提升检察队伍专业化、职业化建设水平；建立与省级统一管理体制相适应的检察机关干部管理制度，完善检察人员分类管理，健全检察职业保障；建立公用经费正常增长机制，健全基层基础设施建设保障制度，完善司法办案科技手段和设施体系；健全完善财物统一管理体制，建立健全省以下检察机关经费和资产由省级统一管理的机制，探索符合司法规律和检察工作性质特点的检察经费保障标准体系。

标志六，检察公信力显著提升。公信力是公权力的生命线，也是司法权的存在基础。加强检察机关司法公信力建设，中央有要求，人民群众有期待，司法实践有需要。检察机关自身理应提的更高、看的更重、推进的更快。我认为，检察公信力提升主要体现在：检察队伍整体素质和法律监督能力明显增强，促进严格公正文明规范司法的制度机制更加完善，司法规范化程度显著提高，自身监督制约机制更加严密，依法独立公正行使检察权的体制机制更加健全，检察机关形象和社会信赖感、认可度明显提升。检察机关要始终把提升公信力作为重要的司法规律、立身之本和战略任务来抓，切实端正统一司法指导思想，坚守法律信仰和职业良知，突出抓好司法规范化建设，全面加强和改进检察机关群众工作，强化自身监督和过硬队伍建设，保证严格公正规范文明廉洁司法，确保检察权在法治的轨道上规范运行，不断提升检察公信力。

标志七，检察理论体系更加完善。理论是制度的根基，系统化的制度理论是制度成熟的重要标志。近年来，在检察机关和社会各界的共同努力下，我们不断深化对检察工作重大理论和实践问题的认识，形成了一批优秀检察理论研究成果，丰富和发展了中国特色社会主义检察理论体系。但这个理论体系还不够完备，许多对检察制度体系和检察理论体系具有决定性、根本性、支撑性作用的基础理论、基本规律、根本制度尚未取得定论或共识。我认为，检察理论体系的健全完善需要具备以下要素：检察基本制度的总体框架和基本理论更加成熟定型，中国特色社会主义检察理论体系、学科体系、课程体系更加完善，理论研究平台载体全面拓展，检察理论基础和应用基础更加坚实，理论研究人才形成规模和优势，制度研究成果取得重大进展。要实现这一目标，我们应紧紧围绕检察制度建设和检察改革重点任务，着眼于新的实践和新的发展，系统研究检察制度的内涵、本质、规律、功能和特征，及时从理论和实践上阐明破解难题、深化改革的方向和途径，努力构建科学完备的中国特色社会主义检察理论体系，为完善检察制度、强化法律监督、推动检察工作科学发展提供理论指导和学理支撑。

三、关于“十三五”时期检察工作总体发展目标的实现路径

推动中国特色社会主义检察制度全面健全完善是一项系统工程，应坚持目标导向和问题导向相统一，找准影响全局发展的主要因素、关键变量和薄弱环节，一手抓战略谋划，一手抓实践落实，坚定目

标、理清思路、更新观念、精准施策，确保战略目标落地生根、如期实现。

（一）明确总体发展思路

综合分析当前形势任务，我们建议将“十三五”时期检察工作的总体思路概括为：高举中国特色社会主义伟大旗帜，以马克思列宁主义、毛泽东思想、邓小平理论、“三个代表”重要思想、科学发展观为指导，深入贯彻习近平总书记系列重要讲话精神，以“四个全面”战略布局统领检察工作，聚焦全面建成小康社会和构建发展新体制，以强化法律监督、强化自身监督、强化队伍建设为总要求，牢牢把握全面提高检察工作法治化水平和全面提高司法公信力两个主基调，以司法办案为中心，以服务大局为根本，以改革创新为动力，全力维护社会大局稳定、促进社会公平正义、保障人民安居乐业，努力推动中国特色社会主义检察制度全面健全完善，促进建成中国特色社会主义检察监督体系，为“十三五”规划顺利实施创造安全稳定的社会环境、公平正义的法治环境、优质高效的服务环境。贯彻落实以上总体发展思路，需要重点把握好七个关键词：

一是牢牢把握“四个全面”战略布局。五中全会把“四个全面”战略布局纳入“十三五”时期我国发展的指导思想，进一步廓清了我们治国理政的全貌，抓住了改革发展稳定的关键，拎起了中国未来发展的总纲，使党和国家事业的战略方向、重点领域、主攻目标更加清晰，标志着这一战略布局已经成为实现“两个一百年”奋斗目标和实现中华民族伟大复兴中国梦的理论指导和实践指南。检察机关一定要坚持以“四个全面”为统领、动力和保障，加强顶层设计，既把握战略目标，又落实战略举措，增强检察工作和制度建设的系统性、整体性、协同性，使新的发展目标更好地服从服务于这个战略布局。

二是牢牢把握“两个聚焦”。习近平总书记强调指出，各项改革任务、制度建设要向全面建成小康社会目标聚焦、向构建发展新体制聚焦。“十三五”规划围绕如期实现全面建成小康社会目标，提出要加快形成引领经济发展新常态的体制机制和发展方式，进一步深化行政管理体制、国有企业、财税、金融等体制改革。体制的基础在于制度，体制改革的关键在于制度创新，新体制的构建需要新的制度为支撑。健全完善检察制度是构建发展新体制的应有之义，也是实现这些发展目标的制度性保障。只有紧紧扭住关键性目标任务，精准发力，狠抓落实，努力建设与经济社会发展相适应、与发展新体制相衔接的检察制度，才能实现自身制度建设与经济社会发展大局同频共振、相互协调。

三是牢牢把握“三个强化”。法律监督是检察机关的立身之本，自身监督是检察权运行规律的必然要求，队伍建设是检察工作的永恒主题，三者相辅相成、互为支撑，都是建设公正高效权威检察制度的关键所在，必须统筹兼顾、整体推进。检察机关应当坚持“三个强化”的总要求，始终坚持宪法定位，全面履行法律监督职责，努力做到敢于监督、善于监督、依法监督、规范监督和理性监督；坚持把强化自身监督放在强化法律监督同等重要的位置，牢固树立监督者更要接受监督的观念，建立健全多层次、全方位的自身监督制约体系；坚持把队伍建设作为一项战略性、基础性任务，反复抓、抓反复，持续发力、久久为功，为检察工作发展提供坚实组织保障。

四是牢牢把握“两个主基调”。法治和公信力是贯穿于检察工作始终、占据主导地位的基本思想、观点和要求。依法办事是检察机关的立身之本和检察工作的应有之义，公信力是权力运行的基本规律。离开了法治和公信力，检察机关必将失去根基、丧失权威。检察机关要主动适应全面推进依法治国的新部署、新常态，在业务工作、队伍建设、改革创新过程中，都要紧紧围绕“两个主基调”来展开，充分体现其基本精神，确保司法严格、行为规范、作风文明、自身廉洁、群众满意。

五是牢牢把握“三项主要任务”。维护社会大局稳定、促进社会公平正义、保障人民安居乐业，是习近平总书记对新形势下政法工作提出的三项主要任务。维护社会大局稳定是检察工作的基本任务，促进社会公平正义是检察工作的核心价值追求，保障人民安居乐业是检察工作的根本目标。三项主要任务是党中央对检察工作的重要政治嘱托，是从党、国家和人民事业大局角度对检察工作提出的重中之重的目标任务，体现了大局需要和检察机关职能定位的高度统一。检察工作发展规划必须紧紧围绕三项主要任务来展开，检察工作成效也主要体现在这三个方面。

六是牢牢把握“发展目标”，即努力推动中国特色社会主义检察制度全面健全完善。

七是牢牢把握创造“三个环境”。环境是经济社会发展必不可少的条件，环境的好坏事关经济社会发展全局。为推动经济社会持续健康发展提供坚实的法治保障、营造良好的发展环境，是“十三五”时期检察机关的重大政治任务。特别是在全面建成小康社会决胜阶段的新形势下，检察机关更要自觉把“三个环境”作为检察工作最根本的“环境观”，坚持从自身性质和职能出发，既要通过加强和改进检察工作来创造良好的发展环境，又要通过依法打击和纠正损害发展环境的违法行为来维护和优化发展环境，为实现“十三五”规划发展目标作出积极贡献。

（二）强化新的发展理念

思想是行动的先导，理念是实践的指南。实现检察工作的科学发展，首先要符合和适应五中全会提出的“创新、协调、绿色、开放、共享”发展理念，并针对当前工作理念中存在的不足，及时更新和完善发展理念。我们建议进一步强化大局、法治、统筹、改革、基础、履职等六种观念，以新理念引领新发展。

一是强化大局观念，更好服务发展。必须进一步增强全局意识、责任意识、服务意识，坚持把检察工作放在党和国家工作大局中谋划和推进，更加准确把握服务大局的重点任务和关键环节，有针对性提高识大势、干大事、成大事的能力和水平，始终做到司法不忘大局、办案考虑改革发展稳定。

二是强化履职观念，更好健康发展。必须进一步强化“法定职责必须为”，树立正确的政绩观、权力观、事业观，充分发挥各项检察职能，坚持以司法办案为中心，实现办案数量、质量、效率、效果、规范和安全的有机统一，确保检察工作平稳健康发展。

三是强化法治观念，更好规范发展。必须坚持把法治精神当作主心骨，自觉运用法治思维和法治方式开展检察工作，带头学法尊法守法用法，严格按照法定范围、程序和手段行使检察权，不断提高依法办事能力，将各项检察工作都纳入规范化、制度化、法治化轨道。

四是强化改革观念，更好创新发展。必须把检察工作发展基点和动力放在创新上，深入实施创新驱动发展战略，积极协同、促进和适应全面深化改革部署，形成促进创新的体制架构，塑造更多依靠制度改革破解难题、更多发挥创新优势的引领型发展。

五是强化统筹观念，更好协调发展。必须牢固树立系统思维和全局观念，正确处理重大关系，统筹推进业务、队伍、改革、基层基础等各项任务，注重衔接配套，促进各项检察工作同步发展，促进不同区域的检察工作同步协调发展，不断增强检察工作全面发展进步的均衡性。

六是强化基础观念，更好持续发展。必须贯彻落实可持续发展战略，坚持不懈地打基础、利长远，在想方设法解决迫在眉睫现实问题的同时，紧紧扭住人才队伍、科技应用、经费保障等基础性工作，持续不断地稳固基层、夯实基础、增强实力，确保检察事业发展步稳蹄疾、行稳致远。

（三）明确重点发展任务

坚持在观大势、谋大事、成大事上下功夫，围绕促进检察制度健全完善的发展规律和内在逻辑，善于抓住一些标志性、全局性、引领性的任务，系统化推进，体系化落实，项目化建设。

一是着力促进服务经济社会发展大局。以服务和保障全面建成小康社会为根本指引，主动适应“五个发展”理念和规划，研究制定检察机关优化法治环境、服务经济发展新常态的实施意见和细则，积极参加整顿和规范市场经济秩序工作，找准促进法治经济和法治社会建设的切入点和着力点。围绕构建发展新体制，依法惩治行政管理、国企改革、金融、财税、科技体制改革等领域违法犯罪，保障大众创业、万众创新和创新驱动发展战略的深入实施。依法惩治危害城乡统筹发展、产业协同发展、生态文明共建等领域的犯罪，重视推动和保障区域协调发展、城乡协调发展、物质文明精神文明协调发展。加强对资源和生态环境司法保护，推动加快资源节约型、环境友好型社会建设，促进筑牢生态安全屏障，推进美丽中国建设。主动对接、积极服务“一带一路”建设，深化司法合作，打击跨国、跨境犯罪，推进和保障我国与有关国家和地区多领域互利共赢的务实合作，维护国家经济安全。加大惩治和预防民生领域犯罪力度，尤其要重点围绕脱贫攻坚工程，坚决惩治扶贫项目安排和扶贫资金管理、使用、发放等环节的职务犯罪，促进国家扶贫政策真正惠及贫困地区、贫困群众。

二是着力强化履行法律监督职责。认真履行批捕、起诉职能，依法打击各类危害国家安全、政治安全、社会稳定的刑事犯罪；密切关注国家安全新动向，积极参与专项行动，建立对各类严重刑事犯罪依法严惩的常态化机制，完善多元化纠纷解决机制。根据反腐败斗争形势与党和国家的工作要求，适时调整查案主攻方向和打击重点；有针对性的组织专项查案行动；在办案工作中落实宽严相济刑事政策，坚持依法坚决查办、坚持惩防并举、把握政策界限、掌握分寸节奏、注意方式方法的办案原则；健全职务犯罪信息情报体系，提升信息化引导侦查的能力和水平；深入推进三项预防职能整合，加强预防工作社会化、专业化、规范化、法治化建设，健全完善检察机关预防职务犯罪的工作机制。全面加强对刑事诉讼、民事诉讼、行政诉讼的法律监督，适时组织开展专项监督工作；推进建立重大疑难案件侦查机关听取检察机关意见和建议制度，探索完善对公安派出所刑事侦查活动监督、对限制人身自由的执法措施和侦查手段的监督等机制；强化对司法执法活动各环节的法律监督，加强“减假暂”检察监督，强化对刑罚交付和变更执行的同步监督；健全冤假错案有效防范、及时纠正机制，等等。

三是着力完善检察监督制度机制。贯彻落实三中、四中全会新部署，强化对行政机关行使职权的监督和制约，建立检察机关在履行职责中发现行政机关违法行使职权或不行使职权行为的督促纠正机制，健全检察机关提起公益诉讼制度，逐步完善对涉及公民人身、财产权益的行政强制措施实行检察监督制度。加快推进反腐败国家立法，明确纪检监察和刑事司法办案标准和程序衔接，完善惩治和预防职务犯罪法律制度体系。完善检察职能配置，健全“一体化”领导体制，优化检察资源配置和内设机构的设置，完善办案组织模式，健全司法办案责任体系，探索设立跨行政区划的检察院。优化检察权与侦查权、审判权的相互关系，健全各司其职、相互配合、相互制约的体制机制。健全行政执法和刑事司法衔接机制，完善案件移送标准和程序，等等。

四是着力深化检察改革创新。加强对检察人员分类管理、完善人民检察院司法责任制、健全检察职业保障、实行省以下检察院人财物统一管理等改革试点的前瞻性、战略性研究，建立健全落实的路线图、任务表、总台账，统筹推进业务、队伍、保障多方面、系统化的改革创新。坚持在法治轨道上推进涉法涉诉信访工作机制改革，深化检务公开，稳步推进人民监督员制度改革试点。推进诉讼监督制度化、规范化、程序化、体系化建设，推动司法办案转变观念、转换模式、转型发展。注重对实践中行之有效的成功做法进行提炼总结，形成可复制可推广的新鲜经验，并及时上升为制度机制。

五是着力健全检察权力监督制约体系。重点围绕合理授权、依法用权、严密制权等环节，明确各类检察人员工作职责、工作流程、工作标准，合理确定权力归属，划清权力边界，厘清权力清单，强化权力流程控制。完善办案各环节之间、办案组织之间、办案组织内部的同步制约机制，充分发挥业务部门负责人、案管部门以及纪检监察机构的监督制约作用。主动适应以审判为中心的诉讼制度改革，推进严格司法，健全事实认定符合客观真相、办案结果符合实体公正、办案过程符合程序公正的法律制度。明确办案质量终身负责制和错案责任倒查问责制的具体落实办法。加强和改进巡视督察、案件评查等工作，完善接受人大、政协和社会各界的监督机制，构建开放、动态、透明、便民的检务公开机制，切实提升严格规范公正文明司法水平。

六是着力打造过硬检察队伍、夯实基层基础。按照“五个过硬”要求，制定实施人才强检战略，出台加强和改进检察机关思想政治建设的实施意见，明确检察人员必须严守的纪律和规矩，构建检察人员核心价值体系。完善检察机关领导干部任用、管理机制，完善异地交流、上下交流机制。狠抓检察队伍正规化专业化职业化建设，确定岗位素能标准，完善教育培训体系，健全符合检察权运行规律和检察官职业特点的管理模式和保障机制。强化司法作风建设，健全改进作风常态化的制度机制，用铁的纪律打造过硬检察队伍。深化科技强检和信息化建设，探索“互联网 + 检务”工作模式，加快推进电子检务工程，促进互联网与检察工作深度融合，建设检察机关大数据中心、科技中心和灾备中心。扎实推进新型检察院建设，完善和落实倾斜基层、指导基层的政策、机制和措施，制定基层基础建设项目规划，强化检务保障，提升自身发展的硬实力、软实力和执行力，筑牢检察事业发展根基。

第三章
检察工作法治化和检察公信力“两个主基调”

1 加强检察职业道德建设，提高检察公信力*

一、以提高检察机关公信力为目标，进一步加强检察职业道德建设

道德，是衡量行为正当与否的观念标准。一个社会一般有社会公认的道德规范，涉及社会公共部分的道德，就是社会公德。所谓职业道德，就是同人们的职业活动紧密联系的符合职业特点所要求的道德准则、道德情操与道德品质的总和，它既是对本职业人员在职业活动中行为的要求，同时又是职业对社会所负的道德责任与义务。各行各业都有与其行业特征和角色地位相适应的职业道德，为师有“师德”、行医有“医德”、从艺有“艺德”等。检察职业道德，是检察人员在从事检察职业活动中应该遵循的基本行为准则，是检察人员必须具备的道德品质和最基本的道德素养。我们加强检察职业道德建设不是最终目的，而是要通过抓检察职业道德建设进一步提高检察机关公信力。检察机关要以执法公信力为立身之本。检察机关公信力建设是一项系统工程，加强检察职业道德建设是提高检察机关公信力的重要内容和有效途径。检察人员具有良好的检察职业道德，是检察机关具有社会公信力的基础。加强检察职业道德建设对于确保严格、公正、文明、廉洁执法，提高检察机关公信力，维护人民检察院的良好形象至关重要。

---

* 2009年2月27日敬大力同志在湖北省检察官协会“恪守检察职业道德、维护社会公平正义”主题实践活动启动仪式上的讲话，刊载于《人民检察（湖北版）》2009年第3期。

最近，中央、高检院就加强政法、检察干警职业道德建设作出了一系列重要部署，强调要大力加强检察职业道德建设，教育引导广大检察人员把维护社会公平正义作为崇高的职业使命和毕生的价值追求，努力提高检察人员职业道德水准，坚守职业信仰，不断提升检察队伍的职业素养和职业形象。我们要认真贯彻这些重要精神，深刻领会精神实质，把思想和行动统一到中央、高检院的部署上来，切实增强开展“恪守检察职业道德、维护社会公平正义”主题实践活动的责任感、使命感和紧迫感。

人民检察官所从事的法律监督工作，是一项政治性、政策性、法律性都很强的专门工作。高检院根据检察官的职业特征，提出了以“忠诚、公正、清廉、严明”为核心的检察官职业道德规范，高检院还将研究制定检察官职业道德准则和执法行为规范，进一步细化、充实和完善检察职业道德的内涵。“忠诚、公正、清廉、严明”这八个字言简意赅，寓意深刻，是相互联系的有机整体，是检察官在职业活动中应该遵循的基本行为准则，是对长期以来检察职业实践的系统总结，体现了检察官职业特征，反映了社会主义基本道德规范的本质要求和马克思主义世界观、人生观、价值观的鲜明导向。要坚持不懈地抓好以“忠诚、公正、清廉、严明”为核心的检察职业道德建设，指导检察官在本职岗位上确立崇高的工作目标，培养良好的职业习惯，为推进检察事业科学发展提供强大的精神动力和思想保证。

我们开展“恪守检察职业道德、维护社会公平正义”主题实践活动，是加强检察职业道德建设的重要形式，总的目标要求是提高检察机关公信力。从检察职业道德方面来讲，就是要使检察人员的职业道德品质进一步提高，具体表现为：一是理想信念进一步坚定。教育引导检察人员坚定共产主义远大理想和中国特色社会主义信念，坚守职业信仰，强化职业责任，牢固树立社会主义法治理念。二是维护社会公平正义的价值取向进一步增强。教育引导检察人员坚持检察工作主题，把维护社会公平正义作为检察工作的生命线和首要价值追求，牢记职业使命，提升职业素养，把每一起案件的办理、每一件事情的处理都当作维护社会公平正义的具体实践，努力做社会公平正义的守护者。三是检察机关的社会形象进一步提高。教育引导检察人员忠实履行宪法法律赋予的神圣职责，珍惜职业荣誉，遵守职业纪律，增强法律监督能力，以严格依法办案、模范遵守法律的实际行动赢得人民群众的信任、尊重和认同，不断提高检察机关的社会形象。要通过深入开展主题实践活动，全面加强检察职业道德建设，切实增强执法信誉度、社会认可度和人民满意度，全面提高检察机关公信力。

二、准确把握精神实质，大力弘扬以忠诚、公正、清廉、严明为核心的检察职业道德

全体检察人员要准确把握检察官职业道德规范的精神实质，在自觉参与检察职业道德建设活动中，使思想感情得到熏陶，精神生活得到充实，道德境界得到升华，使忠诚、公正、清廉、严明的检察职业道德真正内化于心，外践于行。

要始终保持“忠诚”的政治品格。忠诚是检察官首先必须具备的政治品格。要自觉投入学习实践科学发展观活动和“大学习、大讨论”活动，坚持不懈地用中国特色社会主义理论体系武装头脑，毫不动摇地坚持走中国特色社会主义道路；要牢固树立社会主义法治理念，始终保持忠于党、忠于国家、忠于人民、忠于宪法和法律、忠于人民检察事业的政治本色；坚持检察机关政治属性、人民属性、法律监督属性的统一，努力实现执法办案政治效果、法律效果和社会效果的统一；坚持以人为本、执法为民的执法观，坚持权为民所用，情为民所系，利为民所谋，提高群众工作能力，把维护最广大人民的根本利益作为各项检察工作的出发点和落脚点。要恪尽职守，爱岗敬业，乐于奉献，保持奋发有为、积极进取的精神状态，在平凡的工作岗位上忠实履行宪法法律赋予的职责，坚定不移地做中国特色社会主义事业的建设者、捍卫者。

要始终保持“公正”的价值追求。作为法律监督工作者，维护社会公平正义是检察官应当具备的品质，理应成为每一位检察人员

的首要价值追求。要牢牢把握检察工作科学发展“一个保障，四个维护”的根本目标，坚持法律面前人人平等，重视维护弱势群体合法权益，使人民群众享受法律的公正；崇尚法治，客观求实，坚持以事实为依据，以法律为准绳，坚守检察官的客观义务，依照法定程序客观全面地收集、审查证据，严格把好事实关、证据关、程序关、法律适用关，维护程序公正和实体公正；要深入推进检务公开，让检察权在阳光下运行，以公开促公正，以公正赢得公信；要依法独立行使检察权，讲原则、守纪律，秉公办案，公正执法，让违法者依法受到惩处，让守法者依法得到保护，真正做社会公平正义守护者。

要始终保持“清廉”的职业操守。检察官承担着查处贪污贿赂、渎职侵权等执法不公、不严、不廉问题的重任，保持自身清正廉洁具有特殊的重要意义。要严格遵守法纪，模范执行有关廉政规定，不得利用职务便利或检察官的声誉及影响，为自己、家人或他人谋取不正当利益。要淡泊名利，克己奉公，坚守正确的职业价值取向，不以权谋私，不以案谋利，一身正气，严格自律，自尊自重；要筑牢拒腐防变、廉洁从检的思想防线，坚持从日常生活细节做起，把好工作圈、生活圈、社交圈，规范八小时以外的言行，约束检察官业外活动，切实维护检察队伍的荣誉和尊严；牢固树立监督者必须接受监督的观念，加强对自身执法活动的监督制约，以自身的清正廉洁赢得人民群众的信任和支持，进一步提高检察机关的公信力。

要牢固树立“严明”的执法形象。检察官要牢牢把握法律监督这个本质特征来开展检察工作，真正担负起宪法法律赋予的神圣职责，理直气壮地履行法律监督职能；要依法严格履行职责，敢于监督，对于发现的问题要排除各种干扰阻力，攻坚克难，一查到底；要具有刚正不阿、不畏权势、严格执法的品质，不为利益所惑，不被压力屈服，关键时刻不惜牺牲个人利益甚至丢掉“乌纱帽”，坚决捍卫宪法和法律尊严。要坚持严格依法办案，规范执法行为，改进执法方式，既平等保护人权，又平等保护物权，依法保护公民的人身权利和财产权利；要弘扬优良执法作风，坚决克服特权思想、霸道作风，坚持热情服务，文明办案，注重人文关怀，树立检察人员可亲、可信、可敬的良好形象。

三、切实加强对主题实践活动的组织领导，推动检察职业道德建设取得新的实效

法律、纪律和道德是三个既紧密联系，又相互区别的范畴。法律和纪律的约束力来源于国家和组织的强制力，而道德的约束力来源于内心，出于自觉自愿，遵从于社会评价，因此它是维护社会公平正义最根本、最可靠的保证；法律是道德的最低标准，道德是最高层次的行为规范。严格依法办事是检察官的天职，遵守检令检规是检察官的重要义务，恪守检察职业道德则是对检察官的更高要求。近年来，我们先后组织开展“三个专项治理”、“作风建设年”、“两严一强”教育整顿等活动，主要是针对检察人员执法不严格、不规范、不文明等突出问题，已经取得了明显成效。今年，我们部署开展“恪守检察职业道德、维护社会公平正义”主题实践活动，是在前几年专项教育活动基础上的更高要求，引导检察人员在遵守国法、检纪的同时，从更高层次上加强检察官自身修养，更好地维护社会公平正义，进一步提高检察机关公信力，推动我省检察工作科学发展。这里强调三个方面。

（一）坚持五个并重，丰富实践形式

加强检察职业道德建设，必须坚持教育、制度、监督、自律、宣传五个方面并重。提高检察职业道德素质，教育是基础，也是根本。检察官需要道德教化。一个人具有良好的职业道德情操不是一朝一夕的事情，必然有一个培养、熏陶、养成的过程，往往是在“随风潜入夜，润物细无声”的情形下逐渐形成的。要将检察官职业道德规范作为日常教育和岗位培训的重要内容，采取干警喜闻乐见的形式，在潜移默化中加深理解、约束行为，打牢思想根基。要发挥制度的基础性、根本性、长远性作用，健全完善职业守则、职业规范，坚持及时讲评、严格奖惩，确保各项规章制度及道德要求在实践中得到落实。要加强内外监督，把检察官职业道德规范向社

会公示，认真接受人民群众的监督，督促广大检察干警在公开和透明的环境中约束自己的行为；检察机关内部也要形成对检察职业道德的监督机制。要加强自律，恪守道德底线，充分发挥检察职业道德的教化、引导和调节功能，切实加强道德修养，不断提高自律能力。要充分运用报刊、网络等新闻媒体，大力宣传主题实践活动的进展、成效和检察职业道德建设的先进典型，形成强大的舆论氛围。

（二）坚持加强领导，精心组织实施

加强检察职业道德建设，是检察机关执法公信力建设专项工作的重要内容，是今年省院党组着力推进的20项重点工作之一。各级院党组要提高认识，加强领导，将主题实践活动摆上重要工作日程，检察领导干部要在检察职业道德建设中发挥模范带头作用，在全省检察机关树立“以德为先”的理念，特别是在干部人事工作中坚持德才兼备、以德为先的选人用人原则。要充分发挥政工、纪检等部门的职能作用，形成一级抓一级、层层抓落实，同心协力、齐抓共管的工作格局。要加强检察职业道德实施机制建设，建立职业道德考核制度，对违反检察职业道德的行为严格按规定给予惩戒。这次检察官协会换届，我们修改了章程，将检察职业道德作为重要内容列入协会的业务范围，设置了检察官职业道德委员会。同时，检察官协会秘书长由政治部主任担任，副秘书长由政治部副主任、办公室主任和法律政策研究室主任担任，也是为了进一步发挥检察官协会的职能优势和自律作用。目前，已经成立的检察官协会在换届时也可效仿这一做法，高度重视、充分发挥检察官协会在加强检察职业道德建设中的作用；没有成立检察官协会的地方要抓紧时间成立，该换届的抓紧安排换届。各地检察官协会应当及时申请作为省检察官协会的单位会员，规范业务范围，加强人员配置，进一步形成抓检察职业道德的合力。

（三）坚持统筹兼顾，做到相互促进

要把检察职业道德建设与深化社会主义法治理念教育、实践社会主义核心价值体系结合起来，全面开展思想道德建设，协调好职业道德与社会公德、家庭美德、个人品德的关系。要把检察职业道德建设与执法规范化、反腐倡廉建设结合起来，不仅依靠法律、纪律来明令禁止违法违纪行为，更要注重以德治检，用检察职业道德来约束检察人员的执法行为；集中整治突出问题，严肃查处违纪违法案件，努力形成以恪守职业道德为荣、以违背职业道德为耻的良好风尚。要把检察职业道德建设与基层检察院建设结合起来，尊重基层的首创精神，发挥基层检察人员的主体作用，切实把职业道德建设的要求落实到基层，落实到每一位检察人员。

最后，让我们重温毛泽东同志在《纪念白求恩》一文中的一段名言：一个人能力有大小，但只要有这点精神，即毫无自私自利之心的精神，就是一个高尚的人，一个纯粹的人，一个有道德的人，一个脱离了低级趣味的人，一个有益于人民的人。我们全体检察官要以此共勉，模范践行以忠诚、公正、清廉、严明为核心的检察职业道德，做一个有益于人民的人！

2 提高认识，强化措施，全面加强检察公信力建设*

我们这次党组中心组理论学习的主题是加强检察机关执法公信力建设。刚才，各位院领导和其他同志围绕这个主题，分专题就检察机关执法公信力建设问题进行了深入研讨，畅谈了各自的学习体会，提出了许多很好的观点、思路和措施，具有很强的思想性、针对性和实践性，相信大家会互相启发和借鉴。通过大家的发言，说明大家对执法公信力问题有了更为深刻的认识，对检察机关如何加强执法公信力建设问题有了更加深入的思考。下面，我就全面加强检察机关执法公信力建设谈三点认识，与大家交流。

一、深刻认识加强检察机关执法公信力建设的重大意义

中央提出加强执法公信力建设的要求以来，理论界和实务界从不同角度、不同层面有不同的理解和阐释，各地检察机关也结合自身工作实际，开展了一些积极探索，有的用“检察公信力”的提法，有的提“检察机关公信力”或者“检察机关执法公信力”等。我倾向于提“检察机关执法公信力”这个概念。因为检察工作虽然涉及方方面面，但都是围绕“执法”这个中心环节来开展的，队伍建设、机制建设、规范化建设等虽然从不同角度对检察机关提出了要求，但都与“执法”紧密相联。我们提“检察机关执法公信力”

* 2009 年 5 月 5 日敬大力同志在湖北省人民检察院党组中心组学习时的发言，刊载于《人民检察》2009 年第 6 期。

建设，既符合中央对政法机关的明确要求，又抓住了检察机关的根本属性、检察权的本质特征和检察工作的核心内容，有利于统一思想认识和推动实践工作。

检察机关执法公信力是整个社会诚信体系的重要组成部分。检察机关执法公信力的核心在于检察机关在执法中对社会的信用以及社会对检察机关的信赖。一方面，检察机关认真履行法律监督职责，维护社会公平正义，既是检察机关权力的集中体现，也是检察机关需要承担的责任所在。从某种意义上讲，检察机关执法公信力是对社会公众的承诺，只有对这一承诺负责，才能够取信于民，建立在社会中的权威性和信誉度。另一方面，检察机关执法公信力体现在社会公众对检察机关的信赖感、认可度和满意度，对检察工作做出肯定性的信任评价。这种信任评价基于检察机关法律监督权力的有效运作和职能的有效行使，只有检察机关坚持严格、公正、文明、廉洁执法，才能赢得社会公众的积极认可和主动信赖，才能树立检察机关执法公信力。检察机关执法公信力是社会诚信体系中的重要一环，加强检察机关执法公信力建设，不仅是构建社会诚信体系的重要内容，也是整个社会诚信体系赖以支撑的重要部分。如果检察机关执法缺失公信力，对于维护社会公平正义，建设社会主义法治国家的负面影响甚至破坏作用十分严重。当前，加强检察机关执法公信力建设具有重要意义，也十分必要，极为紧迫。

1. 加强检察机关执法公信力建设是中央和高检院的明确要求。政法机关的执法能力，集中体现在执法公信力上。执法公信力来源于严格、公正、文明执法，来源于全心全意为人民服务的良好形象。我们要全面抓好队伍的思想政治建设、领导班子建设、专业化建设、职业道德建设、自身监督制约机制建设，努力提高法律监督能力和执法公信力。要紧密结合我省实际，进一步采取有力措施，切实加强检察机关执法公信力建设，推动检察工作科学发展。

2. 加强检察机关执法公信力建设是人民群众的殷切期盼。要深刻认识到，维护人民权益，是党的根本宗旨的要求，也是做好检察工作的目的。随着依法治国稳步推进，法治观念深入人心，人民群众和社会各界希望检察机关充分履行法律监督职能，全面加强队伍建设，健全完善体制机制，不断提升执法公信力的要求越来越强烈。最近，我到襄樊等地调研，深入了解了人民群众对检察机关的新要求新期待问题。从调研情况看，人民群众主要是要求、期待我们重视对克扣、侵吞、挪用惠民补贴等侵害群众利益"小案"的查处，加强对监管场所的监督力度，强化对基层执法单位的监督，加强对民事执行活动的监督等等。这些新要求新期待是具体的、实在的，是我们应当做、能够做，但做得不够或做得不到位的地方。检察机关只有按照人民群众的这些新要求新期待不断加强和改进工作，才能真正赢得人民群众对检察机关的理解、信任与支持，树立检察机关执法公信力。

3. 加强检察机关执法公信力建设是解决当前检察工作中突出问题的客观需要。近年来，全省检察机关紧紧抓住人民群众反映强烈的突出问题和易发多发执法不严、不公、不廉问题的关键环节，持续加强执法规范化建设，执法行为进一步规范，执法形象有了进一步改观。但是仍然存在一些突出问题影响检察机关执法公信力：检察机关在履行法律监督职责过程中存在不敢监督、不愿监督、不会监督等问题，检察干警的整体素质和法律监督能力还有待进一步提高；受利益驱动违法违规办案问题没有根绝，少数干警严重侵犯有关单位和个人的合法权益，扰乱社会经济秩序；少数干警执法犯法、徇私舞弊、贪赃枉法，造成恶劣的社会影响。社会各界对检察机关的各种意见，集中起来就是对检察机关执法公信力产生了怀疑，需要我们采取切实可行的措施加以解决。

公信力是公权力伴生的，公权力必须具有公信力才能存在并发挥作用。执法公信力是检察机关的立身之本。检察机关的执法活动要以社会公信为前提。近年来，全省检察机关围绕提高检察机关执法公信力，先后开展了一系列活动，如部署推进了队伍建设"六项工程"、执法规范化建设、纪律作风建设、检察工作机制建设以及查办执法不严、司法不公背后的职务犯罪、民生领域的职务犯罪等工作，核心都是为了提高检察机关执法公信力。当前，我们提出加强检察机关执法公信力建设，不是为了简单地找一个工作“抓手”，不是对近年来队伍建设、规范化建设、纪律作风建设等方面内容的重叠相加，而是在以往工作基础上，从战略高度、立身之本的高度、检察权运行规律的高度，对检察机关提出了一个新的工作要求。从自身来讲，加强检察机关执法公信力建设内容更为丰富，目标更加明确，标准和层次也更高；从外界来讲，加强检察机关执法公信力建设能使人民群众和社会各界对检察机关更加关注、更加理解、更加支持。公信力应当成为一面旗帜，一个目标，一种精神。因此，加强检察机关执法公信力建设应该成为我们当前和今后一个时期的战略任务。

二、牢牢把握加强检察机关执法公信力建设的目标要求

公信力建设的目标要求，也可以说是公信力建设的主题、精神实质。党的十七大深刻指出，深化司法体制改革，优化司法职权配置，规范司法行为，建设公正高效权威的社会主义司法制度，保证审判机关、检察机关依法独立公正地行使审判权、检察权。加强政法队伍建设，做到严格、公正、文明执法。我体会，党的十七大提出“深化司法体制改革”，是对十五大推进“司法改革”，十六大积极稳妥推进“司法体制改革”的进一步深化，还首次鲜明提出了建设公正高效权威的社会主义司法制度的改革目标。十七大提出加强政法队伍建设，做到严格、公正、文明、廉洁执法，也是对十五大“加强执法和司法队伍建设”和十六大“建设一支政治坚定、业务精通、作风优良、执法公正的司法队伍”的进一步发展，体现了中央对政法机关的更高要求。当前，政法工作在执法观念、体制机制、干警素质、执法作风等方面存在一些不适应、不符合科学发展观要求的问题，但执法不严格、不公正、不文明、不廉洁和执法效率不高、权威不够，是人民群众反映最强烈的突出问题，也是影响和制约政法机关执法公信力的关键因素。因此，中央提出了建设公正高效权威的社会主义司法制度和造就严格、公正、文明、廉洁执法的政法队伍。

建设公正高效权威的社会主义检察制度和造就严格、公正、文明、廉洁执法的检察队伍，既是我们开展各项检察工作的一个宏大目标，同时也代表了检察机关执法公信力建设的总体目标。这两句话立意高远，言简意赅，高屋建瓴，内涵丰富，对于我们开展检察工作特别是加强检察机关执法公信力建设具有重要指导意义。从职责层面看，检察机关必须坚持宪法定位，依法正确履职，忠实履行法律监督职责，才能真正树立检察机关执法公信力。检察机关要通过对各种执法不严、司法不公行为的监督纠正及依法追究，保证法律的统一正确实施，最终在整体上维护司法公信力。从制度层面看，公正、高效、权威是有机联系的统一整体，只有以公正赢得权威，以高效体现公正，以权威保障公正，才能推动建设公正、高效、权威的社会主义检察制度，从制度上保障检察机关执法公信力。可以说，公正、高效、权威，既是我国检察制度应当坚持的基本特征，又是检察机关执法公信力建设的目标要求。从工作层面看，严格、公正、文明、廉洁执法是中央对检察机关的基本要求，是检察队伍建设的根本，是检察机关执法公信力的源泉。检察机关只有使工作思路和工作决策做到符合法律、符合规律、符合大局、符合民意、符合理念、符合实际，在各项工作中做到严格、公正、文明、廉洁执法，才能不断提高检察机关执法公信力。从规范层面看，建设公正高效权威的检察制度，要通过深化改革来“规范执法行为”；做到严格、公正、文明、廉洁执法，也必然要求我们坚持治理执法不规范的突出问题，进一步推进执法规范化建设，不断提高检察机关执法公信力。从素能层面看，检察机关的法律监督能力是党的执政能力在检察机关的重要体现，是检察机关完成各项任务的重要保证，集中体现在执法公信力上。只有按照严格、公正、文明、廉洁执法的要求，全面加强检察队伍“六项工程”建设，不断增强思想政治素质和业务工作能力，才能切实提高检察机关执法公信力。从形象层面看，社会主义检察制度与资本主义检察制度的根本区别就在于它的人民性，检察机关执法公信力的来源之一就是要树立全心全意为人民服务的良好形象。检察机关只有坚持执法为民、紧紧依靠人民、维护人民权益，全面加强群众工作，才能争取人民群众和社会各界对检察工作的理解与支持，才能树立检察机关的公信力。

建设公正高效权威的社会主义检察制度和造就严格、公正、文明、廉洁执法的检察队伍，是对检察机关执法公信力最集中、最准确的概括，是提高检察机关执法公信力的总体目标，是检察机关加强公信力建设的主题和核心。

严格执法是检察机关执法公信力的重要前提。严格执法是法治的基本内涵，是依法办事观念对检察工作的必然要求。检察机关作为国家法律监督机关，首先必须带头严格执行法律，不为利益所惑，不被压力屈服，真正做到严格执法，依法履职，有法必依，执法必严，才能树立检察机关执法公信力。

公正执法是检察机关执法公信力的核心要素。检察机关执法公信力的确立，说到底，是其执法活动能够产生公正的效果，能够实现正义的目标，能够使人民群众相信执法活动是公正的。检察机关必须把维护社会公平正义作为生命线和首要价值追求，在办理每一起案件、处理每一件事情中体现公平正义，赢得人民群众的信赖、理解与支持。

文明执法是检察机关执法公信力的必然要求。检察机关在执法过程中，应该举止文明，热情服务，尊重人格尊严，体现人文关怀，坚决避免冷横硬推、吃拿卡要的做法，坚持治理简单、粗暴、野蛮的执法行为，这样才能妥善化解人民内部矛盾，密切检察机关与人民群众的联系，争取当事人对执法活动的配合，增强检察机关执法公信力。

廉洁执法是检察机关执法公信力的基本底线。执法机关的廉洁是最基本的公信力。检察机关作为反腐败的重要职能部门，必须做到清正廉洁，如果自身不时出现腐败问题，不仅影响更坏，社会反映更大，也无法完成好党和人民交给的任务，检察机关执法公信力将无从谈起。检察机关要牢固树立监督者必须接受监督的观念，加强对自身执法活动的监督制约，以自身的清正廉洁赢得人民群众的信任和支持，提高检察机关执法公信力。

高效执法是检察机关执法公信力的重要内容。“迟到的正义即非正义。”这一法律谚语恰当地表明了执法效率对于实现公正，提高公信力的重要性。检察机关如果案件久办不结、事情久拖不办，就会极大损害公信力；如果能够以最快的速度、最低的成本、最便捷的方式，及时高效惩治违法犯罪行为，及时高效救济当事人的权利，及时高效恢复受损害的法律秩序，才能不断增进公众对检察机关的信任与支持。

树立权威是检察机关执法公信力的应有之义。权威与公信力是紧密联系的两个范畴，检察机关的权威以检察机关执法公信力为基础，检察机关执法公信力也以检察机关的权威为条件。检察机关的权威不仅来自于检察机关本身所具有强制服从的能力，更来源于人们对检察机关的积极认可、主动信赖和自愿服从。公信力是权威的基础，只有更多的社会公众从内心理解、信任、支持检察机关，才能真正树立起检察机关的权威。

我们全面加强检察机关执法公信力建设，既要深刻领会、准确把握严格、公正、文明、廉洁、高效、权威对检察机关执法公信力的具体要求，又要将其作为辩证统一的有机整体进行宏观把握、融会贯通，紧密结合我省检察工作实际全面贯彻，并创造性地加以落实。

三、全面加强检察机关执法公信力建设的主要内容

今年以来，省院在全省检察长会上将检察机关执法公信力建设作为一项专项工作进行了重点部署，组织开展了“恪守检察职业道德，维护社会公平正义”主题实践活动，部署了以提高检察机关执法公信力为基本目标，以“三个围绕”为主要内容的纪检监察工作等，各地已经进行了一些有益的探索。党组同志在讨论中也一致认为，加强检察机关执法公信力建设是一项具有战略意义的重要工作，只要我们坚定信心，明确思路，突出重点，强化措施，就一定能够抓出成效，推动我省检察工作再上一个新台阶。当前，主要是突出抓好以下九个方面：

（一）端正统一执法指导思想，奠定坚实思想基础引领公信

思想是行动的先导。只有不断端正统一执法指导思想，才能形成加强执法公信力建设的共识。要按照党的十七大的战略部署，进一步端正、统一执法指导思想，奠定执法公信力建设的坚实思想基础，自觉把检察工作置于党的绝对领导之下，把维护好人民权益作为检察工作的根本出发点和落脚点，忠实履行法律监督职能，保证宪法法律统一正确实施，维护社会主义法制的统一尊严权威；树立服务大局意识，牢牢把握“一个保障、四个维护”的检察工作根本目标，自觉把检察工作置于大局之中谋划和思考，创新服务大局的新举措新方法，提高服务水平和实效；树立执法为民意识，坚持以人为本、执法为民，积极回应人民群众的新要求新期待；树立科学发展意识，进一步提高对科学发展观、对检察机关发挥职能服务、保障和促进经济社会科学发展、对促进检察工作自身科学发展三个问题的认识，使工作思路和工作决策做到符合法律、符合规律、符合大局、符合民意、符合理念、符合实际；树立公平公正执法意识，坚持把维护社会公平正义作为检察工作的首要价值追求，坚守检察官的客观义务，秉公办案，公正执法，努力做国家法律的捍卫者、社会公平正义的守护者；树立公信为本意识，深刻认识执法公信力是检察机关的立身之本，切实把执法公信意识内化于心，通过加强执法公信力建设赢得党和人民的重视与信任，争取人民群众和社会各界的理解与支持，树立检察机关的良好形象和法律监督的权威。要通过不断端正统一执法指导思想，打牢思想基础，使提高执法公信力成为全省检察机关的自觉行动。

（二）忠实履行法律监督职责，通过自身严格执法树立公信

检察机关的宪法定位是国家法律监督机关，根本职责是法律监督。检察机关必须牢牢把握法律监督这个本质特征，忠实履行法律监督职能，才能从根本上树立公信力。因此，加强检察机关执法公信力建设，必须首先从自身做起，依法严格履行宪法和法律赋予的神圣职责，确保自身严格执法。一方面，要依法严格履行职责。检察机关不履行法律监督职责，就像工人不做工，农民不种地，企业

不生产合格产品一样，公信力就无从谈起。我们加强公信力建设，核心就是要推动各级检察机关依法履职、严格履职，推动各项法律监督工作全面加强。要敢于监督，敢于碰硬，对于发现的问题要排除各种干扰阻力，坚决一查到底；要善于监督，依法监督，切实提高发现问题的能力、攻坚克难的能力、法律监督制约的能力，树立法律监督的权威，赢得人民群众的信任、尊重和认同。另一方面，要始终坚持严格依法办事。检察机关作为国家法律监督机关，自身严格执法具有特殊的重要意义；如果执法不严格，工作不规范，执法公信力就会大打折扣。所有执法、办案、监督活动都必须坚持实体与程序并重，做到实体公正，程序规范；坚持有法必依，执法必严，以事实为依据，以法律为准绳，严格依法办案，以模范遵守法律、严格依法办案的实际行动赢得人民群众和社会各界的理解和支持。与此相关的是要按照科学发展观的要求，建立健全科学的考评标准，做到数量、质量、效率、效果、规范的有机统一。

（三）不断深化工作机制建设，完善检察工作机制保障公信

科学、规范、明晰、便捷的检察工作机制，是检察机关执法公信力的制度保障。要不断破解影响检察机关执法公信力的难题，解决体制性、机制性和保障性障碍。全省各级检察机关在开展公信力建设专项活动中，要以深化检察改革为契机，加大工作机制建设力度，积极探索创新有利于实现公正、提升公信的工作机制。要加强业务工作机制建设，注重实际运用，总结推广经验，完善配套制度，推进改革深化，使人民群众对检察机关的执法活动更加信任。要加强队伍管理机制建设，不断建立健全专业化管理机制、绩效考评奖惩机制和职业保障机制，进一步增强检察队伍珍惜荣誉、保持公信的责任感。要加强检务保障机制建设，着力促进“收支挂钩”、“上进下退”两个突出问题，深入开展科技强检活动，提高检察工作科技含量，使检察机关执法公信力的保障更加有力。

（四）坚持持续整治突出问题，公正规范文明执法赢得公信

执法不规范、不公正、不文明问题是影响检察机关执法公信力的主要症结。要把治理执法不规范、不公正、不文明问题作为执法

公信力建设的一项重要内容和紧迫任务，坚持抓反复、反复抓。要坚持“两长一本”的思路，继续采取普遍检查与重点抽查、日常监督与集中治理、日常督察与突击检查等多种形式，着力解决人民群众反映强烈的突出问题。要做到态度坚决，对出现的问题发现一起、查处一起，切实严格执法、严明法纪；要坚持常抓不懈，采取行之有效的措施，坚定不移、坚持不懈地抓下去。要以治理执法不规范、不公正、不文明问题的实际成果取信于民，树立检察机关的良好形象。

（五）全面加强检察队伍建设，提高法律监督能力增强公信

检察队伍是确保严格、公正、文明、廉洁执法，保持检察机关执法公信力的主体。检察机关的每一个工作岗位都是一个“能力席位”，岗位意味着责任，意味着能力。要坚持以与时俱进的精神加强检察队伍建设，切实提高检察干警的法律监督能力，不断增强检察机关执法公信力。在全省检察长会议上，我们对此已经作了明确部署，关键是要在“深入”上下功夫。一要深入抓好理想信念教育。检察机关执法公信力水平首先要看检察领导干部的公信力水平。要认真学习、坚决贯彻高检院最近下发的《关于加强检察机关领导班子思想政治建设的实施意见》，把检察机关执法公信力建设作为加强党性修养和作风建设的重要内容和有效途径，进一步坚定理想信念，以“为民、务实、清廉”为根本，促进提高检察领导干部决策力、执行力和公信力。二要深入抓好职业道德建设。认真开展“恪守检察职业道德，维护社会公平正义”主题实践活动，弘扬以忠诚、公正、清廉、严明为核心的检察职业道德。要发挥检察官协会的自律作用，大力加强文化建设，引导检察人员在遵守国法、检纪的同时，从更高层次上加强自身修养，从日常生活细节做起，进一步提高检察机关执法公信力。三要深入开展大规模教育培训，健全和完善全员培训体系，提高队伍整体素质。要认真落实《全省检察机关三年全员培训方案》，大规模推进教育培训工作的部署，真正做到一个都不能少，切实提高队伍的整体素质和法律监督能力。

（六）牢固树立执法为民宗旨，全面加强群众工作提升公信

坚持以人为本、执法为民是执法具有公信力的前提和基础。最近，我们要按照中央、高检院的最新部署，组织力量对《关于加强检察机关群众工作的意见》进行修改完善，采取多种形式，进一步征求基层意见、征求群众意见，力争尽快下发执行。全省检察机关都要坚持执法为民、紧紧依靠人民、维护人民权益，按照人民的新要求新期待改进工作，不断满足人民群众的司法需求，不断健全为民、便民、利民机制建设，加强检察机关与社会公众的良性互动，使检察工作真正符合民情，反映民意，集中民智，保障民生。要重点解决好“为了人民群众”、“依靠人民群众”、“提高群众工作能力”、“接受人民群众监督”、“让人民群众得到检察工作的实惠”等五个问题，全面加强检察机关群众工作，提升检察机关执法公信力。要以人民满意不满意、拥护不拥护、赞成不赞成、答应不答应作为衡量检察工作好坏成败的根本标准。当前，要特别注意正确认识和处理一个特殊问题，即在社会存在“仇官”、“疑官”情况下，以及在一部分群众由于认识水平、实际境况等因素影响，不认可、不满意检察机关的正确决定或行动的情况下，如何最大限度地维护检察机关执法公信力。

（七）加强自身反腐倡廉工作，确保队伍清正廉洁保持公信

“公生明，廉生威。”执法机关的廉洁是最基本的公信力。认真贯彻落实中央、省委建立健全惩治和预防腐败体系2008～2012年工作规划，深入推进全省检察机关惩治和预防腐败体系建设。严格执行党风廉政建设责任制，完善配套规定，加强监督检查，确保责任分解、责任考核、责任追究落到实处。深化检务督察工作，加强和改进巡视工作，强化对领导班子特别是“一把手”的监督。要切实抓好自身反腐败工作，对违纪违法检察人员特别是危害严重、影响恶劣的案件，严肃查处，绝不姑息。

（八）加强监督制约机制建设，健全监督制约体系维护公信

要牢固树立监督者必须接受监督的观念，进一步健全完善对自身执法活动的监督制约体系，确保对执法办案的每个环节进行有效

监督。要建立健全问责制，对不作为、乱作为以及考核不称职的检察人员，探索和实行诫免谈话、引咎辞职、责令辞职等办法。要紧紧抓住执法办案中的突出问题和薄弱环节，加强各业务部门之间的内部制约，加强纪检监察和检务督察部门对执法办案的监督制约，加强上级院对下级院的领导与指导，加强业务部门执法办案中的自身监督，完善接受人大监督、人民监督员监督、公安法院制约、人民群众监督、舆论监督等外部监督制约机制，真正以公开促公正，以公正赢得公信。

（九）深入抓好基层检察院建设，提升基层执法水平争取公信

要提高执法公信力，必须把基层检察院建设作为一项战略任务常抓不懈。要深入贯彻全国基层检察院建设工作会议精神，在加强基层检察院建设中，始终坚持科学发展，切实加强法律监督，牢固树立理性平和文明规范执法的新理念，大力推进执法规范化、队伍专业化、管理科学化、保障现代化建设，持之以恒、毫不松懈地抓好基层院建设。当前，我们要抓紧组织基层院建设情况调查研究工作，积极向省委汇报，争取重视与支持，适时召开基层院建设工作会议，切实提高基层执法水平，帮助解决基层困难问题，不断改善基层执法条件，全面提升基层检察机关的法律监督能力和水平，不断提高执法公信力。

检察机关执法公信力建设是主客观相统一的有机整体，不仅需要检察机关的自身努力，也需要整个社会的共同推动。我们要加强主观努力，突出抓好上述九个方面的重点内容，通过自身执法办案、工作机制、队伍建设、监督制约等方面的全面加强来提高检察机关执法公信力。同时，我们也要积极争取各级党委重视、人大监督，紧紧依靠人民群众和社会各界的支持，进一步改善执法环境，树立法治权威，加强政治、经济和组织保障，促进提高人民群众知法懂法守法意识，为推进检察机关执法公信力建设创造良好的外部环境。

检察机关执法公信力建设意义重大，任务艰巨。只有下大力气抓，才能真正取得实效。结合大家谈的意见，我就怎样抓好检察机

关执法公信力建设强调三点：第一，要作为战略任务抓。加强检察机关执法公信力建设，是一项全局性、基础性、整体性的工作，对于检察机关而言是一项带有根本性的任务。我们要把检察机关执法公信力建设作为一项战略任务来抓，坚持不懈、持续深入地抓出成效。第二，要全面抓。检察机关执法公信力建设是系统工程，涉及方方面面，必须统筹兼顾，全面推进。当前，全省检察机关特别是市县两级检察院要将执法公信力建设与深入学习实践科学发展观活动有机结合起来，既要着眼长远，采取一些根本性措施提高执法公信力；又要立足当前，每年着力解决几个影响和制约执法公信力的突出问题。第三，要具体抓。加强检察机关执法公信力建设不是一句空洞的“口号”，而是具有丰富内容的具体实践。加强检察机关执法公信力建设，要求我们必须从自身做起，从小事抓起。我们办理每一起案件、发布每一份文件、做出每一个表态，都要考虑是否有利于提高检察机关执法公信力。要通过全省检察机关每个单位、每个部门、每位干警自觉的具体行动，不断提高检察机关执法公信力。要看到，检察机关执法公信力建设既是一个重要实践问题，也是一个重大理论课题。省院党组中心组今天集中一天时间进行理论学习，只是开了个头，还要进一步深化。省院将在今年 8 月份左右举办“检察发展论坛第二次会议”，集中研讨检察机关执法公信力建设问题。同时，建议近期在全省部署两个活动：一个是“检察机关执法公信力问题专项调查”，另一个是“提高公信力，我该做什么”？对照检查活动。各级院党组在突出抓好执法公信力建设的同时，也要抓好理论学习，深化理论研究，增强理性认识，不断汲取理论营养并用以指导实践，推动检察机关执法公信力建设不断深入。

3 公信力是重要的执法规律*

执法公信力根本上是由群众去评判执法工作的成效。公权力必须要有公信力才有存在的基础，也必须接受外界评判，这是执政规律，也是执法规律。宪法明确写着一切权力属于人民，如果人民不监督，那么公权力由谁来监督？所以要正确对待群众的评价，要勇于面对，勇于担当。执法公信力一方面是检察机关对社会、对群众有什么样的承诺，这个承诺包括是否完成了宪法、法律规定的职责，是否规范、文明、清廉执法。这是检察机关的社会信用问题；另一方面是群众对检察机关的信赖，也就是群众对检察机关的信任度、信赖感。我认为，相对于群众的评价而言，检察机关更应该注重社会信用。检察机关主动实现对社会、对群众的承诺，满足人民群众的期待、要求，群众的评价自然就会好。

“建设公正、高效、权威的社会主义司法制度；建设严格、公正、文明、廉洁执法的政法队伍”，这是中央对政法工作提出的重要要求，也是加强执法公信力建设的根本目标。我们所开展的一切工作都是围绕这两句话进行的。

执法不规范，公信力就无从谈起。从 2006 年开始，湖北省检察机关主要抓受利益驱动违法违规办案、不文明办案、办案安全隐患 3 个突出问题，取得了一定成效。同时，建立了一些长效机制，比如出台《湖北省检察机关扣押、冻结、处理款物办法》，就是为了解决检察机关在办案过程中，忽视财产权保护的问题。

---

* 《法制日报》2009 年 9 月 14 日刊载敬大力同志访谈。

在履行法律监督职能方面，我曾经提过一个观点：检察机关不抓执法办案和法律监督，就没有起码的公信力。湖北省检察院一直强调检察事业发展是硬道理；强化监督和执法办案是硬道理；执法办案工作平稳健康发展是硬道理。应该说，近年来，我们的业务工作是平稳、健康发展的。

围绕如何提高执法办案能力，如何提高执法规范和自身执法监督水平这两个重点，我们在检察工作一体化、法律监督调查、执法规范化、内部监督制约机制等方面开展机制创新工作。尤其通过推进检察工作一体化机制，解决了检令不畅通、力量不集中等问题，整合了办案力量。

应该说，我们在加强执法公信力建设方面作了一些努力，但仍存在一些问题。比如，有些地方执法办案力度大，但同时也出现了执法不规范的问题。我们提出，检察机关执法办案，要实现数量、质量、效率、效果、规范等五个方面的统一。为此，我们提出了“五条办案原则”：依法严肃查办；坚持打防并举；注意政策界限；掌握分寸节奏；注意方式方法。按这五条原则办案，处理好五个方面的关系，群众就会满意；相反，检察机关只注重办案，不注重社会效果，就会失分。

加强检察机关执法公信力建设，要抓好九个方面工作：端正统一执法指导思想，奠定坚实思想基础引领公信；忠实履行法律监督职责，通过自身严格执法树立公信；不断深化工作机制建设，完善检察工作机制保障公信；坚持持续整治突出问题，公正规范文明执法赢得公信；全面加强检察队伍建设，提高法律监督能力增强公信；牢固树立执法为民宗旨，全面加强群众工作提升公信；加强自身反腐倡廉工作，确保队伍清正廉洁保持公信；加强监督制约机制建设，健全监督制约体系维护公信；深入抓好基层检察院建设，提升基层执法水平争取公信。

要让执法公信力建设真正取得实效，而不会流于走过场，主要要把握住教育、制度、监督这三点。教育就是要从理念上、意识形态方面解决问题。当然，最终要靠制度管人。加强执法公信力建设，必须要进行配套的制度建设，形成一贯的规范。在监督方面，除了加强自身监督，检察机关要将承诺交给群众，接受群众监督。目前，湖北省三级检察机关都已经开通了网站，将检察机关工作措施上网公布，通过互动平台接受群众监督，受理群众诉求。

4 把公信力作为检察机关立身之本、检察权运行规律、重要战略任务来抓*

今天，我们在这里迎来了全国各地的专家学者和全国检察系统的同志们，共同研讨检察机关执法公信力建设的理论和实践问题。首先，我代表湖北省人民检察院向出席会议的各位专家、高检院有关部门的领导、兄弟省市检察院的同志们，以及所有参加会议的同志们表示热烈的欢迎！在各位领导和专家畅言真知灼见之前，我就检察机关执法公信力的三个问题谈谈自己的认识。

一、加强执法公信力建设的重要意义

公信力是与公权力伴生的，公权力必须具有公信力才能存在并发挥作用。我们提出加强检察机关执法公信力建设，是在以往工作基础上，从战略高度、立身之本的高度、检察权运行规律的高度，对检察机关提出的一个新的工作要求。公信力应当成为检察机关的一面旗帜，一个目标，一种精神，是我们从事检察工作应当坚持的思想理念。

第一，加强执法公信力建设是检察机关的战略任务。要将执法公信力建设提得更高、看得更重、推进得更快，从战略高度进行谋划和建设。加强执法公信力建设具有全局性、长期性、综合性、复杂性，是落实党和国家总体战略的重要组成部分。首先，加强执法公信力建设具有全局性意义。加强执法公信力建设是发展社会主义

---

* 2009 年 10 月 25 日敬大力同志在湖北省检察院检察发展论坛第二次会议上的讲话，刊载于《人民检察（湖北版）》2009 年第 11 期。

民主政治、建设社会主义法治国家的必然要求，既涉及到落实依法治国总体方略、建设社会主义法治国家的各个环节，又是保持党同人民群众的血肉联系、提高党的执政能力、保证人民当家作主的重要组成部分，还是落实民主法治、公平正义、诚信友爱等和谐社会建设总要求的应有之义，因而具有全局性意义。其次，加强执法公信力建设具有长期性。加强执法公信力建设不是仅指一时地做好某项具体工作，或单纯地提高某项具体工作的影响力和信誉度，而是要求促进司法机关执法公信力的整体提升，并长期保持在一个较高的水平。再次，加强执法公信力建设具有综合性。加强执法公信力建设既要强化工作机制的建设、工作水平的提高、突出问题的整治等内部措施，又离不开党的领导、人大的监督与支持、法治精神的弘扬、司法体制的改革以及人民群众和社会各界的共同推动。最后，加强执法公信力建设具有复杂性。随着经济社会的发展和人民群众法治意识的增强，各种社会矛盾以诉讼形式不断进入司法领域，各类案件背后隐含着诉讼当事人的种种诉求，对我们深入了解人民群众的诉求、提高执法工作的质量和水平提出了更高的要求。

第二，执法公信力是检察机关的立身之本。法律监督是检察机关的根本职责，执法公信力是综合反映检察机关法律监督能力、力度和实效的重要标准。

树立执法公信力是解决法律监督工作现实问题的需要。检察机关恢复重建30年来法律监督工作取得了显著成绩，一条重要经验就是必须坚持把人民满意作为检察工作的根本标准，确保人民群众对检察机关的新要求和新期待不断得到满足。目前法律监督工作面临一些困难和问题，原因涉及方方面面。解决这些困难和问题，不仅需要完善相关法律法规、深化司法体制改革、创新工作机制、改进工作方法，还需要更加准确地把握历史方位，更加全面地融入大局，以法律监督工作自身良好的信用赢得人民群众和社会各界的信任和支持，实现法律监督工作的科学发展。

树立执法公信力是提高法律监督权威的有效途径。检察机关肩负着监督其他执法机关行为、保障法律统一正确实施的重任，理应在社会生活和司法活动领域保持一定的权威性和影响力。而要使法律监督工作获得来自人民群众和社会各界的积极评价，使法律监督权威得到被监督对象的自觉遵从，检察机关的执法行为必须做到公正和高效，要以高效体现公正，以公正赢得权威，以权威保障公正。

第三，执法公信力是重要的执法规律。执法工作离不开执法者与执法对象的互动，执法者只有以公正、高效、文明的执法行为作用于执法对象，才能得到执法对象的认同、支持和遵从。信用和信任相结合，构成了公信力的完整概念，体现出检察权维系、发展、评价的客观规律，是检察权运行的重要规律之一。

只有加强执法公信力建设，检察机关的法律监督权才能维系和发展。我国检察权来源于人民，属于人民，必须为人民服务，对人民负责，受人民监督。广大人民群众对专司法律监督之职的检察机关的公信力有更高要求，检察机关应当牢固树立公信为本的意识，依靠群众全面履行法律监督职责，努力实现群众的利益诉求，赢得人民群众的满意和支持。

只有加强执法公信力建设，才能有效发挥检察机关法律监督工作应有的功能和作用。检察机关的执法工作是消除社会矛盾的常规性机制，但仅仅依靠法律监督权实施过程或结果的公正性本身来获得公信力是不够的，还必须依靠社会公众对这种公正性的认知、评价来获得和检验。只有加强执法公信力建设，检察机关才能在构建诚信社会、和谐社会的历史进程中占据一席之地，发挥法律监督工作应有的功能和作用。

只有加强执法公信力建设，才能进一步弘扬法治精神，营造良好执法环境。大多数社会公众对法治的认识往往是从司法机关的实际操作中获得的直接感受。检察机关只有以良好的执法行为为民众的普遍守法树立真正的榜样，法律规则才能真正为人们所普遍遵守。只有树立守法信念，人们才会依法、依章办事，遇到纠纷时依法诉求。检察机关具有执法公信力，是引导人们依法行使权利、履行义务，获得公众知法守法积极性，营造良好执法环境的重要保障。

二、执法公信力建设的根本目标

“建设公正、高效、权威的社会主义司法制度”和“建设严格、公正、文明、廉洁执法的政法队伍”，这是中央对政法工作提出的重要要求。这两句话立意高远，言简意赅，高屋建瓴，内涵丰富，对于我们开展检察工作具有重要指导意义，也是检察机关加强公信力建设的行动指南，特别是明确了执法公信力建设应当把握的目标要求。第一，严格执法是检察机关执法公信力的重要前提。检察机关不抓执法办案和法律监督，就没有起码的公信力。要始终强调检察事业发展是硬道理，强化监督和执法办案是硬道理，执法办案工作平稳健康发展是硬道理。第二，公正执法是检察机关执法公信力的核心要素。检察机关必须把维护社会公平正义作为生命线和首要价值追求，在办理每一起案件、处理每一件事情中体现公平正义，赢得人民群众的信赖、理解与支持。第三，文明执法是检察机关执法公信力的必然要求。检察机关在执法过程中，应该举止文明，热情服务，尊重人格尊严，体现人文关怀，密切检察机关与人民群众的联系，争取当事人对执法活动的配合。第四，廉洁执法是检察机关执法公信力的基本底线。检察机关要牢固树立监督者必须接受监督的观念，加强对自身执法活动的监督制约，以自身的清正廉洁赢得人民群众的信任和支持。第五，高效执法是检察机关执法公信力的重要内容。检察机关要努力做到以最快的速度、最低的成本、最便捷的方式，及时高效惩治违法犯罪行为，及时高效救济当事人的权利，及时高效恢复受损害的法律秩序，不断增进公众对检察机关的信任与支持。第六，树立权威是检察机关执法公信力的应有之义。公信力是权威的基础，只有更多的社会公众从内心理解、信任、支持检察机关，才能真正树立起检察机关的权威。

全面加强检察机关执法公信力建设，既要深刻领会、准确把握严格、公正、文明、廉洁、高效、权威对检察机关执法公信力的具体要求，又要将其作为辩证统一的有机整体进行宏观把握、融会贯通，紧密结合检察工作实际全面贯彻，并创造性地加以落实。

三、湖北省检察机关执法公信力建设的实践和探索

近年来，我们加强了对执法公信力建设的理论思考。对加强执法公信力建设的基本内涵、构成要素、表现形式、衡量标准、价值追求等问题，形成了初步共识；研究提出了端正统一执法指导思想、忠实履行法律监督职责、不断深化工作机制建设、坚持持续整治突出问题、全面加强群众工作、加强自身反腐倡廉工作、加强监督制约机制建设、深入抓好基层检察院建设等九个方面的工作重点，以提高检察机关的执法公信力。

近年来，我们对执法公信力建设进行了重点部署。注重整体推进，开展了推进队伍建设“六项工程”、执法规范化建设、检察工作机制建设以及查办执法不严、司法不公背后的职务犯罪案件等工作；注重进行配套制度建设，争取省人大常委会通过了《关于加强检察机关法律监督工作的决定》；注重健全完善保障规范执法的长效机制，制定实施了一系列行之有效的制度规范；注重将承诺交给群众，在反复酝酿基础上出台加强检察机关群众工作的指导意见，指导全省检察机关全面加强检察机关群众工作；注重把法律监督工作向基层延伸，密切与基层群众的联系，提高依法妥善处理群众诉求、化解矛盾纠纷的能力和水平；积极争取各级党委重视、人大监督，紧紧依靠人民群众和社会各界的支持，为推进执法公信力建设创造良好的外部环境。

本次会议由检察日报社、湖北省人民检察院检察发展研究中心、湖北省检察官协会主办。“检察发展论坛”是湖北省人民检察院检察发展研究中心推出的一个特色品牌，通过定期举办论坛会议，研讨检察发展问题。中心成立以来开展了一系列工作，特别是去年10月中心成功举办主题为“检察机关法律监督职能与检察工作一体化机制建设”的检察发展论坛第一次会议，汇集了有说服力的观点，有力地指导了实践工作。本次会议规模更大，层级更高，为我们提供了一次非常难得的研讨学习机会，我们热切期盼从这里听到富有智慧的声音，凝聚信心和力量，将检察机关执法公信力建设提高到一个新的水平，努力为检察事业的科学发展做出新的贡献！

5 提高思想认识、明确基本任务、把握努力方向，着力提高检察公信力*

按照中央、省委、高检院的新要求新部署，要在巩固去年执法公信力建设成果的基础上，进一步提高认识、强化措施，将执法公信力建设提得更高、看得更重、推进得更快，把执法公信力提升到更高水平。

一、牢牢把握五个思想认识

深刻认识检察机关执法公信力是党和国家公信力的重要组成部分，是社会诚信体系的重要一环，增强执法公信力建设的使命感；深刻认识执法公信力是检察机关的立身之本、战略任务和检察权运行的重要规律，增强执法公信力建设的责任感；深刻认识检察机关执法公信力的核心在于检察机关对社会的信用以及社会对检察机关的信赖，找准执法公信力建设的着力点；深刻认识建设公正高效权威的社会主义检察制度和造就严格、公正、文明、廉洁执法的检察队伍是执法公信力建设的总体目标，把握执法公信力建设的主题和核心；深刻认识当前提高执法公信力的复杂性和特殊重要性，增强执法公信力建设的紧迫感。

二、牢牢把握两项基本任务

检察机关加强执法公信力建设必须牢牢把握两个方面的基本任务：一方面，要坚持检察机关宪法定位，做到依法监督、敢于监督、

---

* 2010 年 1 月 13 日敬大力同志在湖北省检察长会议上的讲话节录。

善于监督、规范监督，牢牢把握法律监督同严格公正文明廉洁执法的密切关系，充分发挥检察职能作用，促进执法司法公信力的整体提高。另一方面，努力提高检察机关自身执法公信力。上述两项任务是有机联系的统一整体，是相辅相成、互相促进的。全省检察机关要把两项任务紧密结合起来，通过强化法律监督的具体实践和公正廉洁执法的实际行动，促进执法公信力的整体提升。

三、牢牢把握三个努力方向

执法公信力建设作为一项系统工程和战略任务，不能一般地、常规地抓，必须以战略眼光，全面、系统、深入地推进。今年，全省检察机关要在全面落实省院已有工作部署的基础上，努力从三个方面深入推进执法公信力建设。

第一，要着力解决影响检察机关执法公信力的突出问题。今年，全省检察机关要深入抓好以下工作：（1）以“内强素质、外树形象”为重点，抓好检察队伍建设。要认真总结深入学习实践科学发展观活动经验，深入开展“建设学习型党组织、创建学习型检察院”活动，不断提高思想政治建设水平。坚持以党建带队建，发挥各级院党组在履行检察职责中的领导核心作用、机关党组织在履行检察职责中的协助和监督作用、党员检察官在履行检察职责中的先锋模范作用。认真贯彻省院《关于进一步加强和改进检察机关领导班子思想政治建设的实施意见》，不断提高领导班子的学习力、决策力、创新力、执行力、凝聚力、公信力。认真落实党风廉政建设责任制，深化检务督察工作，加强和改进巡视工作，切实抓好自身反腐倡廉工作。建立健全全员培训体系，统筹推进教育培训工作，全面提高检察队伍法律监督能力。（2）以“培育良知、不越底线”为重点，抓好检察职业道德建设。进一步落实《检察官职业道德基本准则（试行）》，在去年开展主题实践活动的基础上，认真做好与高检院“恪守检察职业道德、提升执法公信力”主题教育活动的对接，重点是抓好“两活动、一机制”，即扎实开展“提高执法公信力，我该做什么”集中评查活动和争当“十型”检察官活动，充分发挥检察官协会及其职业道德委员会的积极作用，健全职业道德自律机制。(3）以“贴近群众、提高群众工作能力”为重点，抓好检察机关群众工作。深入贯彻省委转发的《关于加强检察机关群众工作的指导意见》，真正解决对人民群众的思想感情问题，始终保持与人民群众的血肉联系。以加强检察机关群众工作为主题召开检察发展研究论坛第三次会议，分阶段开展征求意见、交流经验、理论研讨，形成一批理论和实践成果；加强群众工作能力培训，开发群众工作精品课程，编发《群众工作手册》，促进提高检察机关群众工作的水平。(4）以“完善制度机制、强化信息化管理”为重点，抓好执法管理、监督制约和执法规范化建设。继续探索健全完善执法办案监督制约体系，进一步规范扣押冻结款物管理，深入推进执法规范化建设。进一步完善侦查指挥中心组织体系，健全相关工作机制，切实规范行贿案件的办理，规范侦、捕、诉衔接机制，明确提前介入的案件范围和提前介入的任务，加大办案工作区规范化建设力度。积极推动以信息化提高管理水平，促进执法规范。近日，高检院下发了考核评价各省、自治区、直辖市检察业务工作《实施意见》、《项目及计分细则》，省院将根据这一意见并结合我省实际尽快修改完善对各市州分院的考评机制，希望各地认真抓好落实，促进检察工作科学发展。(5）以“落实20件事项”为重点，抓好基层检察院建设。基层检察院承担检察机关80%以上的执法活动，与人民群众面对面打交道，必须把基层院建设作为一项战略任务来抓，夯实执法公信力的基础。要坚持以执法规范化、队伍专业化、管理科学化、保障现代化为目标，重点抓好基层院建设20件事项，夯实基层基础，推动基层院全面发展进步。

第二，要着力争取解决制约执法公信力的体制性、机制性、保障性障碍。执法公信力建设是一项系统工程。执法公信力的高低，除我们自身的因素外，还受制度、保障、环境等多种客观因素的制约。我们要加强主观努力，多做争取工作，积极破解体制性、机制性、保障性障碍，为提高执法公信力提供有力保障。(1）立足于促进严格公正文明廉洁执法，切实加强检务保障。今年，各地不能一般地抓检务保障，而要从提高检察机关执法公信力的高度，以落实中办、国办《关于加强政法经费保障工作的意见》为契机，在严格扣押冻结款物管理的基础上，积极争取党委政府为公正廉洁执法“埋单”，有效遏制受利益驱动违法违规办案。（2）立足于提高法律监督能力，加快科技强检步伐。按照“强办案、强管理、强监督”的要求，根据高检院“四个统一”的原则和2013年建成覆盖全国的检察信息化综合体系的部署，省院将就基础网络、人员素质、应用项目等发展规划、项目建设进行调整并推进实施；整合检察技术资源，完善检察科技管理，建成一批通过国家认可的司法鉴定实验室，推进电子证据检验等新技术手段在执法办案工作中的应用。（3）立足于提供制度保障，深入推进检察改革和工作机制建设。围绕贯彻落实省人大常委会《决定》和高检院《意见》，完善配套制度和措施，为提高检察机关执法公信力提供有力的制度保障。要深化检察工作一体化机制、法律监督调查机制建设，在理论上、制度上、措施上逐步形成完整体系，进一步提升工作实效。（4）立足于坚持以人为本，加强队伍管理工作。检察机关每位干警的个人素质、执法能力、执法水平都从一个角度、一个层面体现检察机关执法公信力。要坚持以人为本，推进人才强检战略，争取地方党委领导，积极做好组织、人事、编制部门的工作，努力破解一些地方“进人难、留人也难”的局面，加大人才引进力度，创造吸引和留住人才的良好环境；努力完善绩效考评奖惩机制，调动广大干警的积极性主动性；努力健全检察职业保障机制，依法保障检察人员合法权益，解除广大干警的后顾之忧。

第三，要着力研究和解决如何提高执法公信力问题。现代信息技术和互联网的迅猛发展，为我们提供更为开放、互动、快捷的平台，也产生了一些良莠不齐的网络舆情，使社会矛盾网络化、个别问题社会化的现象日趋突出。检察机关作出的工作部署、提出的方针原则、做出的对外表态以及检察官个人的生活细节，都可能成为公众关注、评论的对象。这种关注和评论通过媒体的传播、炒作，特别是通过网络的发酵、放大，轰动效应更大，误导因素更多，检察机关承受的压力也就更大。特别是一些别有用心的人运用网络资源同执法机关“较劲”，甚至进行颠覆性煽动，出现了“网络打手”、“网上黑社会”等值得关注的新情况新问题。我们要深刻认识到，这种执法条件不是暂时的，而是长期的；不是个别的，而是普遍的。检察机关必须主动适应、积极应对这个不容回避的现实，认真做好以下五个方面的工作：（1）进一步健全完善检务公开制度。要将检务公开作为检察机关争取人民群众支持、接受社会各界监督的重要形式。要进一步明确公开内容，除法律规定保密的以外，能够公开的执法活动、案件、会议、事项、文件等一律向社会公开。要解放思想，多措并举，进一步拓宽公开渠道，丰富公开形式。在检务公开中重点解决“信息不对称”问题，既要努力解决群众想知道却没有办法知道的问题，让群众能够“监督”检察工作；又要努力解决检察机关希望群众知道却没有办法提供的问题，让群众能够“了解”检察工作。（2）努力建立检察机关的和谐公共关系。要坚持党的领导，接受人大监督，争取政府支持，自觉接受政协民主监督和新闻舆论监督，加强与公安、法院和其他部门的沟通，加强与人大代表、社会组织、发案单位以及广大人民群众的联系，依法保障诉讼参与人合法权益，最大限度地争取社会各界对检察工作的理解、信任与支持。（3）努力建立同媒体的良性互动关系。适应时代发展要求，努力提高与媒体打交道的能力，切实做到重视媒体、善待媒体，充分发挥媒体凝聚力量、推动工作的积极作用。健全和落实检察机关新闻发言人制度、向新闻媒体发布检察工作信息制度。保障媒体依法进行采访，逐步规范个案报道，自觉接受新闻舆论监督，构建同媒体相互促进、相互制约的良性互动关系。（4）高度重视检察门户网站建设和网络舆情应对引导工作。要进一步抓好全省上下一体的湖北检察网建设，充分注重网络民意和网上交流，注意通过互联网多做联系群众、服务群众、引导群众的工作，增强工作主动性。探索建立涉检网络舆情的监测、报告、研判和预警机制，切实加强网络舆情的掌握和应对引导工作。建立网上舆论队伍，编写涉检涉法网络舆情警示案例手册，提高应对、引导能力。（5）努力构建体制内和体制外相结合的执法公信力评价指标体系。要深入研究检察机关新情况新变化，充分运用信息化手段，探索建立内外结合、各种要素综合的执法公信力评价指标体系，引导执法公信力建设深入开展。

6 由"法律体系"迈向"法制体系"和"法治体系"*

全国人大常委会工作报告实事求是地总结了全国人大常委会2010年的工作，紧紧围绕党和国家工作大局依法行使职权，在立法和监督等方面都取得了显著的成效。对2011年工作的部署和安排，也是科学的、有针对性和操作性的。报告回顾、总结了形成中国特色社会主义法律体系的重大意义和基本经验，阐述了形成中国特色社会主义法律体系的做法、成效以及今后的努力方向等，我谈六个方面的体会：

1. 形成中国特色社会主义法律体系适应了经济社会科学发展的现实需要。中国特色社会主义法律体系是在建设中国特色社会主义伟大进程中经过不断摸索、不断总结、不断推进而得来的实践成果。这一体系的形成，始终与时代进程同步、与国家发展同行，反映了建设中国特色社会主义伟大事业的历史进程。

2. 形成中国特色社会主义法律体系体现了以人为本、立法为民的重大成果。中国特色社会主义法律体系集中体现了人民共同意志、保障了人民当家作主、维护了人民根本利益，反映了全国人大常委会坚持以人为本、立法为民，是加强民主法制建设、做好立法工作的不懈追求。

3. 形成中国特色社会主义法律体系反映了实施依法治国方略的生动实践。中国特色社会主义法律体系的最终形成，反映了党的历

* 2011年3月11日敬大力同志在十一届全国人大四次会议湖北代表团分组讨论全国人大常委会工作报告时的发言，主要内容刊载于2011年3月11日《法制日报》、《检察日报》、《中国青年报》和《楚天主人》2011年第4期。

代领导集体推进社会主义民主法制的不懈追求，特别是十五大以来党中央坚定不移地实施依法治国方略的积极成果。

4. 形成中国特色社会主义法律体系奠定了实现国家长治久安的法制基础。我国的法律是党的主张和人民意志的统一，它的一个重要意义就在于为党和人民的事业提供法制保障。

5. 形成中国特色社会主义法律体系增强了推进民主法制建设的坚定信心。中国特色社会主义法律体系的形成，进一步增强了我们在实践中信仰法律、遵守法律、执行法律的信心与决心，建设社会主义法治国家必将逐步实现。

6. 形成中国特色社会主义法律体系的过程中积累了宝贵的立法经验。最根本的是坚持党的领导，坚持以中国特色社会主义理论体系为指导，坚持从中国国情和实际出发、坚持以人为本，立法为民，坚持社会主义法制统一等。

中国特色社会主义法律体系形成后，如何适应经济社会发展，从依法治国的基本方略的高度推动国家“法制”、“法治”建设，由“法律体系”迈向“法制体系”和“法治体系”，是摆在我们面前的重大而现实的课题。

一是更加重视法律实施。当务之急是加强法律实施工作，在全社会树立尊崇、敬畏法律的理念，保证法制的统一、尊严和权威。

二是更加重视完善法律体系。建议全国人大把修改和完善法律制度和制定配套法规摆在更加突出位置，注重法律修改和完善工作。将司法改革的成功经验用法律的形式固定下来；及时修改 1979 年制定的检察院组织法；总结 22 个省、市、自治区人大常委会制定关于加强检察机关法律监督工作的决定或决议等做法，适时制定《人民检察院法律监督法》。

三是更加注重执法、司法和法律监督制度体系、工作体系建设。必须把“法律体系”建设放在“法制体系”或者“法治体系”的大框架下加以推进，法律体系和执法、司法和法律监督制度体系、工作体系必须整体推进。发挥人大及其常委会的独特作用，进一步推进制度建设。

7 弘扬法治精神，推动修改后的刑事诉讼法贯彻落实*

一、法治精神的基本涵义

法治精神强调的是一种对法治的基本立场、主张；作为一种精神力量，它是法治的灵魂、要旨和内容实质。相对于客观存在的法律条文、法律设施和执法力量，法治精神属于心理和精神范畴，而且是一种普遍的社会心理、社会精神。弘扬法治精神具有重要的现实意义。当前，社会主义法律体系已基本建立，法庭、监狱、看守所、办案区等法律设施的现代化程度不断提高，政法队伍空前壮大并且其中法律专门人才越来越多。但这些仍不足以证明我们的社会是一个具有较高的法治精神的社会。现实中，法律权威不够，有法不依、执法不严的问题还很严重，特权思想仍然存在，执法不规范的顽症难以彻底清除。这些现实反差提醒我们，培育和弘扬法治精神十分重要。

1. 法治精神强调的是一种法治理想、法律信仰。法治精神体现着社会成员对施行法治的不懈追求以及对宪法法律的高度信仰。“没有信仰的法律将退化成为僵死的法条”，从这一点讲，法治精神是法治建设的内在驱动力，没有法治精神作为法治建设的灵魂，脱离了对法律的信仰和对法治的信仰，法治建设将丧失前行的动力。

---

* 2012年6月30日敬大力同志在湖北省检察机关贯彻实施修改后刑事诉讼法座谈会上提交的论文，部分内容刊载于《人民检察》2012年第15期、《检察日报》2012年7月9日。

2. 法治精神较法治理念、法治意识更具有普遍性。法治精神与法治理念既有区别也有联系，两者都属于意识范畴。法治理念是对如何施行法治的理性把握，与一国政权性质密切相关，旨在强调法治的发展道路和发展方向；而法治精神主要强调依法办事、公平正义、保障人权、监督制约等法治价值，更具有普遍性，更应该受到社会的普遍认可。

3. 法治精神体现着一种社会风尚、社会习惯。法治精神得以弘扬的社会，人权、平等、公正、民主等法治价值取向深入人心，法律成为国家机关、社会团体和公民个人自觉遵守的行为准则，遵守法律、依法办事的观念深深的根植于公民意识之中，体现在立法实践、执法活动以及公民的守法过程之中，成为一种社会风气、风尚和习惯。

4. 法治精神所要求的思维方式是一种法律思维、法律逻辑。法治要求按照法律本身的逻辑观察、分析和解决社会问题，而不能以社会常识、本人好恶评判是非。法治思维的重心在于合法性分析，即“合乎法、循于规”。法治思维虽是从现象到本质的思考过程，但思维的对象一般都是发生过的事实，只能根据符合程序要件的主张和举证，以及依照法定程序收集的信息和证据进行分析判断，只能达到程序要求的法律真实，不可能完全再现客观真实。

5. 法治精神是法治文化的核心内容。法治精神是法治文化的核心内容，与物化的法治文化载体是魂与体的关系。法治文化的生成有其基本规律。法律和保障法律运行的制度机制建立后，人们通过感知法律活动积累法律知识，逐步形成对法律的基本看法，即法律意识。在理性思维的指导下，法律意识被抽象为法治理念。法治理念在指导法治实践的过程中，被升华为法治精神。伴随着法治精神渐入人心，法治精神成为一种法治文化，显现出“道德化法律”或“法律化道德”的特征。

二、法治精神的主要内容

在人类思想史上，关于法治、法治精神的诠释不胜枚举，但法治所蕴含的平等、正义、人权等观念，已成为普世价值和人类的共同追求。改革开放以来，特别是实施依法治国方略后，我们党领导人民大力推进社会主义民主政治建设，坚持党的领导、人民当家作主、依法治国的有机统一，成功探索出了一条符合中国国情的社会主义法治道路，形成了以“依法治国、执法为民、公平正义、服务大局、党的领导”为主要内容的社会主义法治理念，为法治精神注入了新的内容。总体看来，弘扬法治精神，既要坚持正确的努力方向，体现社会主义的本质特征；又要注意吸收人类文明发展的有益成果，全面体现法治的价值取向。

1. 依法办事。在法治国家，法律是治国理政的依据，拥有至上权威，而不仅仅是一种工具。落实依法治国要求、推进建设法治国家，核心是依法办事。树立依法办事的观念、理念，是依法治国的应有之意。只有牢固树立依法办事理念，才有可能树立法律的权威，只有法律得到普遍的遵从，依法治国才有可能落到实处。在建设法治国家进程中，国家机关工作人员、特别是领导干部的表率作用，对于自觉学法守法用法的社会氛围形成至关重要。贯彻修改后刑事诉讼法，必须坚持依法办事，才能执行法律，才能有力惩治犯罪，依法保障人权。

2. 崇尚民主。民主与法治相伴而生、相互依存，法治必须以民主为基础，没有民主就没有真正的法治；发展民主必须健全法制，使民主法制化、法律化。发展社会主义民主，是中国特色社会主义民主政治建设的需要，是建设社会主义法治国家的基础。弘扬社会主义法治的民主精神，必须坚持民主立法、民主司法，通过开门立法、民主立法的形式汇集民智、反映民意，通过透明、公开的诉讼活动保障诉讼参与人的诉讼权利和社会公众的知情权、监督权。

3. 公平正义。公平正义是法治的价值追求；现代法治既是公平正义的重要载体，也是公平正义的重要保障。公平正义包括实体公正和程序公正两个方面，两者不可偏废。其中，程序正义是公平正义的实现方式，即“正义不仅应得到实现，而且要以人们看得见的方式加以实现”。当前，在刑事司法领域，重实体轻程序、重司法公正轻司法效率的错误倾向仍然存在，因此，增强公平正义的法治意识，必须注重程序公正的独立价值，树立实体与程序、公正与高效并重的公正观。

4. 法律平等。法律平等，即法律面前人人平等，是法治国家的基本要求。根据我国宪法，任何公民都平等地享有法律权利、平等地履行法律义务、平等地接受法律保护和制裁，绝不允许一部分人受到法律的约束而另一部分人成为法外之民的现象存在。因此，全面实施依法治国方略，推进建设社会主义法治国家，必须大力弘扬“法律面前人人平等，法律面前没有特权”的法治观念，真正使平等守法、严格依法根植于公民的意识之中。

5. 保障人权。保障人权，就是保障人作为“人”而应当享有的权利。保障人权是社会主义的本质要求，集中体现了社会主义法治精神的时代性和普适性。刑事诉讼法修改后，“尊重和保障人权”这一宪法原则被载入总则，成为刑事诉讼的一项基本任务。这就迫切要求我们摒弃重打击轻保护、重有罪推定轻无罪辩解的观念，增强“以人为本、尊重权利”的执法意识，坚持理性、平和、文明、规范执法，体现刑事司法的人权保障功能。

6. 监督制约。控制公权、保障私权是一个永恒的政治命题，法治思想的形成发展与监督制约观念密不可分。社会主义法治的基本意义就在于，既能充分地利用国家权力促进和保障公民权利，又能防止国家权力的滥用和腐败。现阶段，强调监督制约，有利于各级国家机关及其工作人员牢固树立自觉接受监督制约的观念，推动形成符合法治要求的权力运行机制，保证权力沿着制度化、法律化的轨道运行。

三、法治精神体系建设

法治精神是法治建设的重要方面。完整的法治既包括法律制度层面的建设，也包括法治精神层面的建设。单有完备的法律制度不是真正的法治，它只有法治的外表和骨架而没有内在的灵魂。从历史上看，我们国家从来都不缺乏严密的法典、高大的衙门和森严的监狱等法治“硬件”，但法治社会所必备的法治精神总是先天不足或被人忽视，严重阻碍了法治实践的深入。因此，法治建设作为一项庞大的系统工程，不仅需要关注法律制度建设，更需要关注法治精神的弘扬。法治精神既是法治建设的应有之意，也是法治实践的动力和保障，贯穿整个法治建设过程。缺乏法治实践的法治精神是空洞的，而缺乏法治精神的法治实践必将因为动力不足而水平有限。中外法治实践反复表明，当法治精神得到重视和弘扬时，法治建设的步伐就会加快，相反，在缺乏法治精神的情况下，法治建设就会止步不前，甚至出现严重的倒退。因此，推动法治建设进程，必须始终将法治精神融入到法治实践的各个环节。

弘扬法治精神、构建“法治精神体系”是法治的远大目标。法治建设是一个从法律制度到精神内核、从体系构建到文化培育的渐进过程。构建“法律体系”是法治建设的第一阶段，通过法律的立、改、废，实现国家经济建设、政治建设、文化建设、社会建设以及生态文明建设的各个方面有法可依，为法治建设奠定良好的制度基础。构建“法治体系”是法治建设的第二个阶段，即健全完善法律运作体系，将国家的各项事务都纳入法制化轨道，保证法律有效实施。构建“法治精神体系”是法治建设的第三个阶段，在这一阶段，崇尚法治、信仰法律的法治精神深入人心，遵守法律、依法办事成为一种社会自觉。当前，中国特色社会主义法律体系的形成，解决了法治建设中的“有法可依”。推动国家法治建设，实现“法律体系”向“法治体系”和“法治精神体系”的迈进，成为摆在我们面前的重大课题。但现实中，有法不依、执法不严、违法不究的问题还比较突出，根源就在于法治意识、法治观念的淡薄。这就迫切需要我们在发展和完善法律制度的同时，重视培育和弘扬法治精神，为依法治国奠定良好的社会心理基础。

四、在法治精神指引下转变和更新执法观念

法治作为现代社会治理的基本模式，不仅只是一套客观的制度和规则体系，更是一种蕴涵了人类理想和价值追求的精神理念。这

种精神理念的形成受制于人的客观生活、工作、受教育等诸多环境因素影响。作为执法和司法者，有条件同时也应当更具有法治精神，但其对违反法律、违背法治精神的现象并不具有天然免疫力，需要我们予以正视，深挖根源，正确引导，着力解决。

1. 着力解决人权观念淡薄、霸道作风严重的问题。分析“顽症”难以根除的原因，根子还在观念层面，主要是人权意识树立不够牢固，“重打击犯罪、轻保障人权”的观念在特定环境下支配了干警的思想意识，占据了主导地位。法国启蒙思想家伏尔泰曾说，我可能不同意你的观点，但我誓死捍卫你说话的权利。检察机关坚决惩治犯罪，与犯罪嫌疑人立场不同，但必须坚持依法保障其合法权利这一前提，破除特权思想、反对霸道作风，牢固树立打击犯罪与保障人权并重的观念，牢固树立理性、平和、文明、规范的执法观，在执法办案中尊重人格与尊严，重视人文关怀，尊重和保障健康权、财产权等基本人权，尊重和保障犯罪嫌疑人、被告人及律师等诉讼参与人的知情权、辩护权、控告申诉权等诉讼权利，坚决防止公权力对公民合法权利的侵害和践踏。

2. 着力解决证据意识薄弱、法律逻辑欠缺的问题。执法办案要凭证据说话。正确收集、审查、判断和运用证据，是确保执法办案质量的关键所在，也是法治精神下必然的法律逻辑。当前，证据意识方面的问题主要表现为，有的重主观判断、轻事实证据，在没有证据或证据不足的情况下采取各种强制措施；有的重口供、轻其他证据；有的收集证据不客观全面，重视有罪、罪重证据，忽视无罪、罪轻证据等等。检察机关要坚决摒弃先入为主、片面重视口供等错误观念，摒弃为了破案而违法取证、为了证明有罪而忽视无罪证据等错误做法，坚持实事求是的原则，以事实为依据、以法律为准绳，按照合法性、真实性、关联性的标准收集、固定、审查、运用证据，对认定的每一项事实形成完整证据链条，排除合理怀疑，确保案件质量过硬，经得起历史和法律检验。

3. 着力解决重实体轻程序、缺乏程序正义观念的问题。正当程序是对公权力的必要限制，是公民权利和实质正义的重要保障。当前，在执法和司法工作中，有的不严格执行当事人权利义务告知制度，有的不严格落实回避规定，有的随意简化程序和手续、法律文书填写不齐全、不规范，诸如此类现象的思想根源，主要在于没有正确认识程序的价值，还存在程序过于繁琐、束缚办案、影响效率等错误认识。正当程序是法治社会的典型表征。缺乏程序的法律无异于道德，缺乏程序的法治也无异于人治。检察机关应当坚决反对重实体轻程序、重结果轻过程的错误观点和做法，大力提倡并始终坚持实体和程序并重，严守各项程序规范，将正当程序的要求落实到执法办案全过程，让社会公众首先在“能够看得见”的程序中感受社会公正和法律权威。

4. 着力解决监督制约意识不强、措施不力、功夫不到位的问题。这些问题与法治精神和要求存在一定程度的反差。检察机关作为国家法律监督机关，必须牢固树立监督为本的观念，将强化法律监督作为检察工作本身固有的、基本的、第一位的要求，作为检察机关立身之本，树立法律监督的权威；牢固树立强化法律监督与强化自身监督并重、监督者更要自觉接受监督的观念，以比监督别人更严格的要求监督自身，带头自觉接受监督制约，养成在监督下工作和生活的习惯，建立健全对自身执法活动的内外部监督制约体系。

五、弘扬法治精神关键在于国家机关

在全社会弘扬法治精神，是我们党顺应时代发展潮流，站在世界文明发展的历史高度，对推进中国特色社会主义法治建设，实现富强、民主、文明、和谐的社会主义现代化国家的深刻认识和理论创新，是事关国家长治久安、兴旺发达的战略任务。落实这一要求，需要全社会共同努力，尤其是掌握公权力的国家机关，在某种程度上，处于主导地位，具有示范效应，肩负更重责任，理应发挥关键作用。

1. 高度重视发挥国家机关表率作用。普通公民一般不可能通过系统地学习法律来培养法治精神，其法律信仰和法治观念的形成更多地来自于生活的直观感受，来自于与公权力部门及其人员的日常接触。只有国家公职人员首先尊法信法、依法办事，才能让群众感受到法律的权威性和法治的优越性，才能让法治观念深入人心、法治精神得以弘扬，在全社会形成敬畏法律、崇尚法治的大环境、大氛围。因此，发挥国家机关的表率作用对于弘扬法治精神至关重要。国家机关及其工作人员有责任、有义务带头学法、普法，切实提高运用法律手段解决问题的意识和能力，扩大法治宣传教育的广度和深度，使广大干部群众学法辨是非、知法明荣辱、守法定行止。带头信法、尊法，牢固树立法律面前没有高低贵贱、没有特殊例外的意识，防止特权思想，杜绝以权压法，以实际行动维护法律权威，引领以尊重权利和遵守法律为荣、以滥用权力和违反法律为耻的社会风尚。带头守法、用法，坚持依法决策、依法办事、依法管理、依法监督，自觉在宪法和法律范围内活动，切实做到所有管理和服务行为合乎法、循于规，以此引导群众养成依法表达诉求、维护权益、履行义务的良好习惯。同时还要坚持依法、科学、民主立法，抓好立、改、废工作，维护国家法制统一，以“良法”实现“善治”。

2. 高度重视依法执法司法、依法办案。执法、司法机关作为国家法律的执行者，如果本身缺乏法治精神，选择执法、任意执法、懈怠执法或越权执法、违法违规办案，必将严重损害法治在广大民众心目中的地位和形象，使人们对法治产生怀疑和失望，甚至会造成崇拜权力、轻视法治的不良导向，对法治的危害甚大。弘扬法治精神，必然要求执法司法机关首先带头做到依法办事，提高执法司法公信力。一要严格履职。牢固树立不履职或履职不充分就是失职、渎职的观念，坚持有法必依、执法必严、违法必究，以高度的政治责任感和历史使命感、毫不懈怠地履行好法律规定的各项职能，使法律蕴含的自由、民主、平等、公正等价值和功效得以实现，使广大人民群众享受到法律的平等保护和服务。二要依法办事。始终坚持法治原则，恪守法律底线，严格依照法律授权范围和程序开展执法办案工作。凡此种种以牺牲法治为代价的行为，看似追求政治效果、社会效果，实则是忽视长远的做法，对经济社会科学发展的危害也更大。开展执法司法工作，应当正确处理法治与相关问题的关系，始终把法治作为首要原则，把维护公平正义作为首要价值追求，在法治和公平正义的前提下服务发展、维护稳定，坚持原则性和灵活性相统一，真正实现“三个效果”的有机统一。三要规范执法。牢固树立理性、平和、文明、规范的执法观，严格遵循执法行为规范、办案安全防范制度和职业道德规范，使每一项执法办案和每一个执法办案环节都合乎规范，防止违法违规办案，防止执法不公、不廉等问题的发生。

3. 高度重视发挥检察机关的法律监督作用。检察机关通过强化法律监督，保障执法、司法机关严格、公正、文明、廉洁执法，维护社会公平正义，维护人民合法权益，自然而然地就能让老百姓感受到法律可以依靠信赖、法制拥有尊严权威、法治精神理应大力弘扬。检察机关应当充分认识自身在弘扬法治精神方面责任重大、大有可为，牢牢把握法律监督机关的宪法定位，紧紧抓住人民群众反映强烈的执法不严、司法不公问题，强化监督意识，突出监督重点，加大监督力度，真正做到敢于监督、善于监督、依法监督、规范监督，确保国家法律统一正确实施，以法律监督的实际成效赢得群众信任，不断巩固和扩大弘扬社会主义法治精神的群众基础。

8 抓紧做好实施修改后刑事诉讼法各项准备工作*

学习贯彻修改后刑事诉讼法是当前和今后一个时期检察机关一项重大而紧迫的任务，这次全国检察长座谈会以此为主题，进行了全面部署。全省检察机关要在前阶段学习、培训、调研的基础上，按照高检院要求，进一步深化认识、强化措施，对学习贯彻工作进行再动员、再部署、再落实，确保新法顺利实施。

一、抓紧做好思想准备

转变和更新执法理念，是确保修改后刑事诉讼法正确有效实施基本的、首要的前提。检察机关首先面临的就是执法理念的挑战，而且是最大的挑战。我们要切实把转变和更新执法理念摆在突出位置来抓。

一要大力弘扬社会主义法治精神。贯彻修改后刑事诉讼法，增强干警对立法精神认同感，使执法理念与法律价值取向相一致，与社会主义法治文明要求相协调，使严格、规范、公正、文明执法成为检察人员的自觉行动。实现这一目标，至关重要的一条，就是要大力弘扬社会主义法治精神。法治精神是法治的灵魂、要旨和内容实质，更具有一般意义和价值。要通过大力弘扬法治精神，使执法办案工作更好地体现诉讼民主、诉讼文明、诉讼公开、诉讼监督制约等法治要求。

二要进一步丰富和发展检察机关执法理念。检察机关转变和更

---

* 2012年8月2日敬大力同志在湖北省检察长座谈会上的讲话节录。

新执法理念的基本原则、基本要求，对我们遵循立法原意，正确贯彻执行修改后刑事诉讼法，解决执法办案中存在的突出问题，提升执法公信力具有重大现实意义。

三要正确认识刑事诉讼法修改给检察工作带来的机遇和挑战。修改后刑事诉讼法全面完善了刑事诉讼制度，为惩罚犯罪、保护人民提供了更加有力的法律武器；进一步强化了法律监督职能，对检察机关维护司法公正、维护社会秩序赋予了新的重任；进一步强调保障人权、规范执法，对严格公正执法提出了新的更高要求。应当看到，刑事诉讼法修改对检察机关，既是挑战，更是机遇，总体讲机遇大于挑战。挑战和机遇也是相对的，甚至可以位移互换。对于挑战，只要能够积极看待、妥善应对，就可以变不利为有利、在破解难题中实现新发展。如果等待观望、消极懈怠甚至滥用权力，机遇也会流失、困难则会更大。全省检察机关一定要深刻领会机遇与挑战的辩证关系，在看到矛盾对立面的同时，更要看到矛盾的统一性，以辩证的眼光、积极的态度看待修改后刑事诉讼法带来的机遇和挑战，坚定信心决心，做好各项准备，迎接新法实施。

四要注重培养转变和更新执法理念的高度自觉。要注重学习法律法规和上级会议文件精神。加强对法律规定和上级决策部署的学习，是开展工作的基本前提，也是干部法治观念、上级观念、政治觉悟的重要体现。如果不传达、不学习、不掌握，执行和落实就只能落空。要高度重视、严肃对待学习问题，增强政治敏感性和法治自觉性，认真学习法律法规和司法改革文件，学习上级会议文件精神，领会精神实质，把握基本要求，推动执法理念的转变。要严格遵守政治纪律和职业纪律。要正确理解刑事诉讼法的立法本意，不能随意做扩张性或限制性的解释和规定，要坚持有法必依、执法必严，切实防止选择性执法或任意性执法，这要作为一条严肃的政治纪律和职业纪律。全省检察干警要从讲政治、讲法治的高度看待新法规定，自觉消除抵触、抱怨、畏难情绪，摒弃束缚办案、影响执法等错误认识，坚决防止乱发议论、钻空子、打“擦边球”的错误做法，切实统一思想，统一行动，严守政治纪律，恪守法律规定。

要重视警示教育的重要作用。深刻吸取教训，善于运用违背法治精神、违反法律规定、造成重大危害的典型事件和案件教育警醒检察干警，触及思想深处，真正让干警深刻认识到违法违规办案的严重危害性，使正确的执法理念内化于心、融入血脉。要高点定位、严格要求。检察机关作为国家法律监督机关，在转变和更新执法理念方面应该更加自觉、更加主动，这是宪法定位和职责使命所决定的。要坚持严格要求、自我加压，以更高的标准衡量自身，更加主动地转变观念，首先做到严格规范公正文明执法。

二、抓紧做好工作准备

要认真贯彻全国检察长座谈会和本次会议部署，在各项检察业务工作中，切实做好制度、机制、措施、方法等方面准备。这里我重点强调以下几个问题：

一是关于"前紧后松"的办案模式。这次全国检察长座谈会明确提出，要遵循侦查规律，该立案的依法立案，该逮捕的及时逮捕，防止因不恰当地提高或"前移"法定标准给侦查办案增加不必要的束缚；要依法正确使用强制措施和侦查措施，在坚持慎用、少用羁押性强制措施的同时，提高风险决策能力，敢于依法使用强制措施和侦查措施。这一要求的实质，就是建立"前紧后松"的办案模式。要综合考量执法办案可能发生的政治风险、社会风险和法律风险，既要尽量减低办案法律风险，更要坚决防止违法违规办案而造成政治风险、社会风险。要准确理解这一模式的基本涵义和要求，所谓"前紧"，就是要严格规范立案前的审查、初查程序以及采取强制措施前的程序，严格防止为了破案而在立案、拘留、逮捕之前变相限制办案对象人身自由等违法违规现象，把维护法治和保障人权作为执法办案的优先选项，把规范文明执法抓得紧而又紧；所谓"后松"，就是要遵循侦查工作规律，正确理解和执行法律有关立案、撤案、采取强制措施的规定，既依法慎重使用、又善于果断运用这些措施，善于风险决策，该立案的就要立案，该撤案的就要撤案，该依法采取强制措施的就要依法采取强制措施，防止因不恰当地提高标准而造成违法违规办案。要进一步建立科学的工作考评和责任追究机制，合理设置撤案率、逮捕质量、起诉比例等考评指标，为规范执法、保证办案安全而风险决策所可能造成的失误，除依法应当由检察机关承担的赔偿责任外，按照国家赔偿法等有关法律规定，一般也不对个人追偿和问责，以此引导和促进办案模式的转变。

二是关于技术侦查措施。修改后刑事诉讼法赋予了检察机关技术侦查权。一方面，要依法有效运用这项措施，促使侦查工作摆脱对口供的过分依赖，提高突破案件、证明犯罪的能力。另一方面，更为重要的是，要把严格、依法、规范、安全使用技术侦查措施作为一条政治纪律，按照刑事诉讼法和中央政法委有关规定，实行最为严格的审批制度，并由公安机关或国家安全机关执行，决不允许突破规定程序和条件擅自使用，决不允许突破审批的技侦手段种类、适用对象、时限等要求，决不允许泄露国家秘密、商业秘密和个人隐私，决不允许将获取的信息用于法律规定以外的其他用途，坚决防止技侦手段被滥用，凡是违反规定的，一律严肃处理。

三是关于指定居所监视居住。这是一项特殊规定，如果执行不规范，可能会造成侵犯人权、甚至更为严重的问题。要严格审批权限，省院党组初步考虑这一措施的使用先由省院统一审批。要尽量减少指定居所监视居住的使用，对应该和可能采取逮捕措施的，一般都应逮捕，而不要采取指定居所监视居住这一替代性措施，尽量使之成为一种备而不用或者只适用于极特殊情况的措施，一般情况下，应在逮捕期限届满而案件仍未办理完结、需要变更强制措施时使用这一措施。严格规范执行场所，严禁在监管场所、专门办案场所、检察机关办公区域执行，在有关部门没有明确规定前，各地不要建专门的监视居住场所。

四是关于同步录音录像。高检院明确提出要坚决按照“三全”的要求严格执行讯问职务犯罪嫌疑人全程同步录音录像制度，在提请批捕、移送审查起诉时移送录音录像资料。全省各级院一定要坚持现行标准不倒退，巩固和扩大前期工作成果。加大看守所讯问室建设力度，确保同步录音录像设备安装到位；严格执行审录分离、不符合录音录像要求的讯问笔录排除入卷等制度，确保落实到位。

五是关于依法保障律师权利。修改后刑事诉讼法赋予了律师侦查阶段介入、会见、阅卷、申请调取证据等诉讼权利。可以预计，在今后的刑事诉讼中，律师将如影随形。我们既要积极应对这一变化带来的挑战，又要正确认识律师制度的重要作用，依法保障律师职业权利。要遵循立法精神，对于律师会见权，不能以特殊代替一般，应当以直接会见为原则，以经许可会见为特殊，对于特别重大贿赂犯罪，该许可的也要许可，防止将特殊和例外规定常态化。要加强监督，依法监督纠正阻碍辩护人、诉讼代理人行使诉讼权利的行为。要认真落实审查批捕、审查起诉听取律师意见制度，及时发现执法中的偏差和错误。

六是关于简易程序。一方面，要在提高办案效率上下功夫，总结借鉴先进经验，积极探索实行集中起诉、专职公诉人等办案模式，充分发挥庭前会议作用解决好回避、非法证据排除等程序性争议，尽量在审前解决定罪争议，把出庭的重点放在发表量刑建议、解决量刑争议问题上，切实提高庭审效率。另一方面，要立足于维护司法公正，强化对简易程序的法律监督，坚持把好“三关”，在审查起诉时，认真审查是否符合适用简易程序的条件，把好程序适用关；在开庭时，严格执行应当出席法庭的规定，加强对庭审活动是否合法的监督，把好派员出庭关；在庭审后，加强对判决和裁定的监督，对存在的问题综合运用抗诉等手段及时监督纠正，把好事后审查关。

七是关于当事人和解的公诉案件诉讼程序。这一制度赋予了检察机关一定的自由裁量权，务必依法审慎行使，坚决防止造成“花钱买刑”的不良印象。要严格把握适用范围和条件，加强对和解自愿性、合法性的审查。要注意保持地位的中立性，可以建议、促成双方当事人和解，主持制作和解协议书，但不得主持和解，更不得偏袒任何一方，办关系案、人情案、金钱案，滥用这一权力。要加强监督制约，强化诉讼监督部门对和解过程和结果的监督，对拟作出从宽处理决定的实行严格审批，尤其是对拟作出不批捕、不起诉决定的（包括对未成年人犯罪的附条件不起诉），要探索建立公开听证制度，引入外部监督，使权力行使更加公开透明。

八是关于强化诉讼监督。本次刑事诉讼法修改的亮点之一，就是全面强化了检察机关诉讼监督职能，尤其是新增了对强制性侦查措施的监督、对阻碍行使诉讼权利行为的监督、非法取证行为调查核实、刑罚变更执行同步监督等职能，为强化法律监督提供了更为有力的制度保障。全省检察机关要牢牢把握机遇，切实把诉讼监督作为硬任务和“主业”来抓，进一步加大监督力度，增强监督实效。要认真研究新增监督职能的分工问题，遵循检察工作规律，结合“两个适当分离”，积极向高检院提出意见建议，待《人民检察院刑事诉讼规则（试行）》正式修改后，明确职能划分，完善工作程序，健全协调配合机制，形成新的工作增长点。要强化监督措施，针对不同情形，依法运用好提出纠正意见、发出检察建议、抗诉、建议更换办案人等监督方式，进一步推动法律监督调查、初查、侦查的有序衔接，促进法律监督由“软”变“硬”。要坚持依法监督、规范监督、理性监督，防止任意扩张监督权、滥用检察权。

九是关于预防工作。预防是检察机关的重要职能，预防刑事犯罪、职务犯罪和诉讼违法都是法律监督工作的应有之义。当前和今后一个时期，开展预防工作总的思路是，整合三项预防职能，构建检察机关预防违法犯罪工作大格局。一要坚持全面预防。贯彻惩防并举、纠防并举原则，积极参与惩防腐败体系建设，做好职务犯罪预防；积极参与社会治理，做好刑事犯罪特别是青少年犯罪预防；积极强化对诉讼活动的法律监督，包括对自身执法办案活动的监督，着力防止各种执法“顽症”，做好诉讼违法的预防，以此实现三种预防的相互促进、协调发展。二要坚持各方协同。对内实行一体化，明确各部门责任，形成共同负责、各司其职、互相配合、齐抓共管的运行模式；对外实行社会化，紧紧依靠人民群众，充分利用各类社会资源，走开放型预防违法犯罪之路。三要坚持多措并举。积极采取审查审批、提示预警、警示教育、预防调查、预防咨询、预防宣传、检察建议等各种手段和措施，提升预防工作水平和实效。

十是关于执法监督管理。高检院高度重视内部监督和案件管理工作，新成立了专门案管机构，将在修改后的《人民检察院刑事诉讼规则（试行）》中对案件管理作出专章规定。案件管理是执法监督管理的重要组成部分，其实质是对执法办案的流程管理和过程控制。要深入推进“全面管理、分工负责、统筹协调”的执法管理模式，根据修改后刑事诉讼法调整管理范围，加强对执法办案全方位、全环节、全过程的执法管理；坚持案件集中、统一、归口管理与分别、分散、个别管理相结合，能集中的就集中，该分散的则分散；加强执法管理工作的宏观决策和协调运作，统筹各项执法管理工作。要充分发挥执法管理与监督委员会作用，履行好情况通报、事项协调、争议处理等职能，提升执法管理科学化、规范化水平。要深化案件管理机制改革，按照高检院建立统一受案、全程管理、动态监督、案后评查、综合考评的执法管理机制的要求，坚持“两个适当分离”原则，坚持案件管理部门与控申部门合署办公的模式，分清职能，理顺关系，做好对口衔接工作，探索符合检察工作规律和高检院要求、符合我省实际的案件管理机制。

十一是关于与纪检监察机关的协作配合。坚持反腐败领导体制和工作机制，在办案协作中落实“权责一致、各负其责、互相配合、同级联系”的工作原则。坚持依法办案，依法依规审查和受理纪检监察机关移送的案件、提供协作配合；坚持分工履职，不得混淆管理审批程序、相互替代职责、相互借用手段；坚持协调有序，明确对口联系归口管理部门，健全协作配合长效机制。要适应形势变化，积极研究提前介入问题，明确检察机关提前介入纪检监察机关正在调查案件的范围、程序和方式；研究及时移交问题，对纪检监察机关已查明被调查人涉嫌职务犯罪的主要事实或一两笔主要问题的，尽早移送检察机关处理；研究同时立案问题，根据案件实际情况，纪检监察机关与检察机关同时采取各自措施，但不得搞职能替代和手段互用；研究监察机关行政执法和查办案件的证据移送、审查问题，对符合法定要求的直接作为刑事诉讼证据使用。

三、抓紧做好保障准备

修改后刑事诉讼法明显增加了检察机关工作量，给检察机关人财物保障提出了严峻挑战。各地要充分认识这一问题的重要性和紧迫性，检察长亲自抓，分管领导履职尽责，积极争取各方支持，多做自身努力，确保有效解决。

一要切实加强编制管理。突出解决好空编问题，加强与组织人事、编制管理部门的沟通协调，争取利用现有空编招录人员、补充力量，对于空编过多、利用不好的院，原则上不再继续增编，切实做到对政法专项编制的专管专用，防止专项编制被挤占和挪用，争取在一年内将全省整体空编比例控制在3%以内。加强编制的动态管理和调剂使用，研究建立跨层级、跨单位、跨区域编制动态调整机制，对编制长期不能分配使用的或被其他单位挤占的，建立收回制度，鼓励有条件的市级院探索实行编制管理上提一级改革，使编制分配和人员分布更为科学合理。

二要切实加强经费保障。统筹考虑以往公用经费保障标准偏低和贯彻修改后刑事诉讼法新增经费需求，加强与财政部门的紧密沟通，尽快制定出台新的公用经费保障标准。抓紧做好明年部门预算编制工作，确保将新增经费需求纳入本级财政预算，防止“收支挂钩”。要积极争取加大中央、省转移支付力度，确保转移支付专项资金不被冲抵，防止“上进下退”。坚持勤俭办事，把有限的经费更多地向检察业务工作倾斜，提高资金使用效率。

三要切实加强基础设施和科技装备建设，积极争取发改委等部门支持，做好相关项目立项工作，加强侦查指挥、电子证据检验鉴定、多媒体示证以及车辆等装备建设，推进综合受理、侦查信息查询等信息化系统平台建设，努力提升检察信息化和装备现代化水平。

四要向机制创新要战斗力。积极运用检察工作一体化机制，加强侦捕诉协作配合与相互制约，加强对职务犯罪侦查的统一组织指挥，加强检务协作，提升法律监督整体合力。要按一体化要求，探索建立检察机关内部整合机制，检察机关要有部门，但不能形成部门壁垒；检察人员要有专业，但不能只专不兼。要打破部门壁垒，鼓励检察官一专多能，根据执法办案需要，适时跨部门调用人员，实现人力资源的合理充分利用。深入推进“小院整合”，优化职能配置，促进检力下沉。建立健全繁简分流、介入侦查、引导取证等工作机制，切实提高办案效率。完善检察职业保障机制，加大从优待检力度，调动干警积极性。完善目标责任管理与工作考评激励机制，按照权责统一要求，奖优罚劣、奖勤罚懒，提升工作效能。

9 深刻学习领会党的十八大关于法治和制度建设的重要论述*

党的十八大对法治和制度建设提出了一系列新观点、新论断、新要求，强调：要加快建设社会主义法治国家，实现国家各项工作法治化；要更加注重发挥法治在国家治理和社会管理中的重要作用；要全面推进依法治国，推进科学立法、严格执法、公正司法、全民守法；要提高领导干部运用法治思维和法治方式深化改革、推动发展、化解矛盾、维护稳定能力；任何组织或者个人都不得有超越宪法和法律的特权，绝不允许以言代法、以权压法、徇私枉法；要加强法律监督；要加快形成党委领导、政府负责、社会协同、公众参与、法治保障的社会管理体制；要构建系统完备、科学规范、运行有效的制度体系，使各方面制度更加成熟更加定型，等等。这些重要观点和论述有深度、有新意，从更高的层次、以宽阔的视野谋划和推动法治建设，进一步彰显了中央推进依法治国的坚定决心，尤其是加强法律监督的要求让我们检察干警备感振奋。我认为可以从精神、工作、制度三个层面来理解和把握其深刻意义和基本要求。

第一，精神层面。以上这些重要论述和要求表明我们党对执政规律认识的进一步深化和治国理政理念的进一步转变，实质上反映了法治精神这一更高层面的变化和要求。法治精神属于心理和精神范畴，而且是一种普遍的社会心理和社会精神，强调的是对法治的基本立场、主张，它是法治的灵魂、要旨和内容实质，集中体现着

---

* 2012 年 11 月 20 日敬大力同志在湖北省人民检察院党组中心组学习党的十八大精神专题会议上的发言节录。

社会成员对施行法治的不懈追求以及对宪法法律的高度信仰。这种精神信仰，是法治建设的内驱动力，是社会主义法治国家的灵魂支柱。十八大强调要更加注重发挥法治在国家治理和社会管理中的重要作用，实现这一目标有赖于法治精神的深入人心，有赖于崇尚法治成为一种社会心理和社会风尚；强调要提高领导干部法治思维，法治精神所要求的正是这种法治思维、法律逻辑，要求社会公众尤其是领导干部按照法律本身的逻辑观察、分析和解决问题，而不能以常识、个人好恶评判是非；强调绝不允许以言代法、以权压法、徇私枉法，蕴含了法律平等、依法办事等法治精神的主要内容。所以我体会，领会和贯彻这些重要部署，最根本的就是要在全社会大力弘扬社会主义法治精神、努力向法治精神体系建设迈进。

第二，工作层面。概括起来讲，就是全面推进依法治国，加快建设社会主义法治国家，实现国家各项工作法治化。十八大提出这些要求具有深刻的社会背景和现实依据。当前我们在经济发展、社会治理等方面仍存在一些与法治和公正要求不相符合的倾向和问题，有的任意变通法律、打破程序，有的采取高压手段甚至违法手段保平安、或者“花钱买平安”，少数领导干部、执法司法人员腐化堕落、徇私情、谋私利，触犯法律底线，等等。“齐之以民莫过于法”。邓小平同志讲“还是要靠法制，搞法制靠得住些”。法治是实现国家长治久安的根本之策，是治国理政的基本形式，法治能够使国家和社会治理更加“有谱”和“靠谱”。这是我们党领导人民通过长期实践、探索、比较得出的科学结论。只有坚持依法办事，才能保障公平竞争、激发各方面创造活力、推动科学发展；才能有效化解各种社会矛盾、维护社会稳定、促进社会和谐。当前，中国特色社会主义法律体系已经形成，推进法治建设的关键在于加强法律实施，按照法治方式深化改革、推动发展、化解矛盾、维护稳定，切实做到有法必依、执法必严、违法必究。检察机关尤其要按照加强法律监督的要求，坚持宪法定位，牢固树立监督为本的观念，着力解决执法不严、司法不公等突出问题，确保国家法律统一正确实施，维护社会主义法制尊严权威，努力促进建设法治体系。

第三，制度层面。制度带有根本性、全局性、稳定性和长期性，对我们事业发展至关重要。要保障中国特色社会主义事业顺利进行，必须把制度建设摆在突出位置，解放思想、把握规律、深化改革，破除妨碍科学发展的体制机制障碍，在坚持基本制度的基础上发展完善中国特色社会主义各项制度。对法律制度而言，就是要完善中国特色社会主义法律体系。中国特色社会主义法律体系是中国特色社会主义创新实践的法制体现。我们已经取得的发展成就离不开法制保障，我们奋力开创更加美好的未来也离不开法制保障。要按十八大部署，与时俱进地推进科学立法、民主立法，加强重点领域法律的立、改、废工作，健全配套法规，使中国特色社会主义法律体系更加完善、臻于成熟，进一步夯实立国兴邦、长治久安的法制根基。要完善中国特色社会主义司法制度和检察制度。中国特色社会主义司法制度和检察制度，是马克思主义法律思想和法学理论中国化的伟大成果，是我们党领导人民在法治领域进行的伟大创举，符合我国国情、符合人民意愿、符合时代要求，具有强大的生命力。但我们也要清醒认识到，中国特色社会主义司法制度特别是检察制度到现在仍未完全定型，在职权配置、运行机制等方面等存在一些理论争议和实践问题。要按照党的十八大关于进一步深化司法体制改革的部署，大力推进理论创新、体制创新和机制创新，着力解决影响和制约司法工作、检察工作科学发展的体制性、机制性、保障性障碍，使中国特色社会主义司法、检察制度更加成熟和定型，保证检察机关、审判机关依法独立公正地行使检察权、审判权。

10 深刻学习领会习近平总书记关于法治建设的重要论述*

法律监督和严格执法、公正司法是保证法律实施、推进法治建设的重要环节。习近平总书记在关于法治建设的重要论述中，对加强法律监督，坚持严格执法公正司法作了一系列重要指示，提出了明确要求。政法机关作为执法司法的主要力量，深刻学习好、领会好总书记重要讲话精神，对于依法正确履行职责使命，全面落实依法治国基本方略，加快推进法治中国建设具有十分重要的意义。

一、深刻学习领会习近平总书记关于法治建设的重要论述

党的十八大以来，习近平总书记多次就加强法治建设发表重要讲话，作出重要批示。专题讲话主要有三次：第一次是 2012 年 12 月 4 日，在首都各界纪念现行宪法公布施行 30 周年大会上的讲话；第二次是去年 2 月 23 日，在中央政治局第四次集体学习时的讲话；第三次是今年 1 月 7 日，在中央政法工作会议上的讲话。习近平总书记还就法治建设、政法工作、检察工作作出了一系列重要批示。习近平总书记的系列重要讲话和重要指示批示，提出了许多新思想、新论断、新要求，进一步丰富和发展了中国特色社会主义法治理论，为我们进一步统一思想认识、把握目标任务、不断加强和改进工作指明了方向。我体会主要体现在以下九个方面：

---

* 2014 年 5 月 28 日敬大力同志在湖北省政法领导干部学习贯彻习近平总书记系列重要讲话培训班上讲稿节录。

第一，法治是治国理政的基本方式。习近平总书记深刻指出，法治是治国理政的基本方式，要更加注重发挥法治在国家治理和社会管理中的重要作用，全面推进依法治国，加快建设社会主义法治国家。这是我们党站在全面建成小康社会新的历史起点上作出的重大决策和战略部署。从党的十五大确立依法治国的基本方略，到十七大明确提出加快建设社会主义法治国家，再到十八大将法治作为治国理政的基本方式，体现了我们党对法治重要性认识的逐步深化，充分表明以习近平同志为总书记的党中央把法治建设、依法治国放在更加突出、更加重要的全局性、基础性和战略性地位来推进。法治是迄今为止人类社会能够认识到的最佳治国理政方式；在国家治理体系和治理能力现代化中，法治是重要依托。加强法治建设，是推进民主政治、实现人民当家作主的必然要求，是优化发展环境、推动科学发展的重要保障，是加强和创新社会治理、维护社会和谐稳定的有效途径。从世界发展史看，法治是现代制度文明的核心。美国法学家博登海默说过，法律是人类最伟大的发明，别的发明使人类学会了如何驾驭自然，而法律让人类学会了如何驾驭自己。法治作为人类追求的理想而稳定的生活方式，蕴含着民主、自由、平等、人权、正义、文明、和谐、安全等一系列价值观念，是中国特色社会主义的内在要求。保持政治清明、促进经济繁荣、维护社会和谐、巩固党的执政地位，都离不开法治的有力支撑。

第二，开创依法治国新局面。习近平总书记在中央政治局第四次集体学习时强调，“要全面推进科学立法、严格执法、公正司法、全民守法，坚持依法治国、依法执政、依法行政共同推进，坚持法治国家、法治政府、法治社会一体建设，不断开创依法治国新局面”。我体会，这是对推进依法治国总体布局、主要任务和总要求的深刻阐释，体现了对世情、国情、党情和法治规律、法治进程的深刻把握。“三个共同推进”和“三个一体建设”表明我们党对社会主义法治建设有了更加完整系统的规划，覆盖经济社会发展的方方面面，描绘了一幅法治建设整体推进、协调发展的宏伟蓝图。

省第十次党代会把法治湖北纳入“五个湖北”建设总体部署，省委省政府出台了推进法治湖北建设的实施意见，明确了法治湖北建设抓什么、怎么抓等重大问题，是贯彻落实依法治国方略的具体体现。

第三，坚持党的领导和法治的统一性。中国共产党是中国特色社会主义事业的领导核心。习近平总书记深刻指出，我们强调党的领导、人民当家作主、依法治国的有机统一，最根本的是坚持党的领导。党的领导和社会主义法治是一致的，只有坚持党的领导，人民当家作主才能充分实现，国家和社会生活制度化、法治化才能有序推进。必须坚持党对政法工作的领导不动摇。要正确理解党的政策和国家法律在本质上的一致性，自觉维护党的政策和国家法律的权威性，努力做好统一正确实施工作。正确理解党的领导和确保司法机关依法独立公正行使职权相统一，坚持党管方向、管政策、管原则、管干部。同时，习近平总书记也强调，各级党组织必须坚持在宪法和法律范围内活动，各级领导干部要带头依法办事，带头遵守法律。这充分体现了依法执政的理念。我们作为党员领导干部，必须对宪法和法律保持敬畏之心，牢固确立法律红线不能触碰、法律底线不能逾越的观念，不要去行使依法不该由自己行使的权力，也不要去干预依法自己不能干预的事情，更不能以言代法、以权压法、徇私枉法。

第四，坚持执法司法为民。我国是人民民主专政的社会主义国家，人民是我们国家的主人，是中国特色社会主义事业的力量源泉。习近平总书记强调，要依法保障全体公民享有广泛的权利，保障公民的人身权、财产权、基本政治权利等各项权利不受侵犯，保证公民的经济、文化、社会等各方面权利得到落实，努力维护最广大人民根本利益，保障人民群众对美好生活的向往和追求。在推进法治建设中必须坚持人民主体地位，把保护每个公民的每一项合法权益作为法治建设的根本任务。政法机关权力来自人民，应该把维护把人民权益作为政法工作的根本出发点和落脚点，把人民满意作为评价政法工作的根本标准。法律绝不是冷冰冰的，执法司法工作也要坚持群众路线，也是群众工作，必须解决好损害群众权益的突出问题。

第五，法律的生命力在于实施。习近平总书记高度重视法律实施问题，多次对这一问题进行强调，指出法律的生命力在于实施，并引用“徒法不足以自行”这句古语，精辟阐明了法律实施的重要性。法律制定出来后，如果不能得到正确有效实施，就只能是一种书面上的法条，不能真正变成社会规范和人们的行为规范，法律的权威和法律的价值就得不到体现，依法治国就无从谈起。我国社会主义民主法治建设的经验及教训都充分证明了这一点。我们什么时候重视法律实施，民主法治建设就会顺利推进。改革开放以来，我国的立法工作已经取得了举世瞩目的巨大成就，涵盖社会关系各方面的法律部门已经齐全，中国特色社会主义法律体系基本形成。在这种情况下，全党全社会特别是政法机关坚持有法必依、执法必严、违法必究的问题就显得更为突出。我们社会生活发生的许多问题，更多是因为有法不依、失于规制乃至以权谋私、徇私枉法、破坏法治。可以说，法律实施已经成为当前我国法治建设的重点，也是亟需加强的重要环节。

第六，促进社会公平正义是政法工作的核心价值追求。公平正义是法治的固有内涵，也是法治建设积极追求的价值目标。党的十八大提出，加紧建设对保障社会公平正义具有重大作用的制度，逐步建立以权利公平、机会公平、规则公平为主要内容的社会公平保障体系。习近平总书记指出，实现社会公平正义是我们党的一贯主张，公平正义是中国特色社会主义的内在要求。法治不仅要求完备的法律体系、完善的执法机制、普遍的法律遵守，更要求公平正义得到维护和实现。政法机关作为法治建设的重要主体，在维护公平正义上承担着重要的特殊使命，是维护社会公平正义的最后一道防线。人民群众每一次求告无门、每一次经历冤假错案，损害的都不仅仅是他们的合法权益，更是法律的尊严和权威，是他们对社会公平正义的信心。正是在这个意义上，习近平总书记强调，促进社会公平正义是政法工作的核心价值追求。只有坚持严格执法、公正司法，坚持法律面前人人平等，使各类社会主体权利受到同等保护，违法受到同等追究，才能让人民群众在每一个司法案件中都感受到公平正义。

第七，善于运用法治思维和法治方式领导和开展政法工作。党的十八大提出要提高领导干部运用法治思维和法治方式深化改革、推动发展、化解矛盾、维护稳定的能力。习近平总书记在中央政法工作会议上明确要求，要善于运用法治思维和法治方式领导政法工作，在推进国家治理体系和治理能力现代化中发挥重要作用。这是党中央在新的历史条件下对政法机关提出的新要求。法治思维是基于法治固有特性和对法治的信念，认识事物、判断是非、解决问题的思维方式。法治方式则是按照法律规定和法定程序处理问题的方式。我理解，这一要求不仅适用于政法领导干部，同时也是对全体政法干警的要求。“领导政法工作”当然也包括开展政法工作。政法人员并不当然地有法治思维和法治方式，对违反法律、违背法治精神的现象并不具有天然的免疫力，从执法司法实践中存在的各种问题来看，“依法执法司法”仍然是需要强调的重要问题。做到用法治思维和法治方式做好政法工作，重点是把握三个方面：一是要用法治防止权力滥用；二是要用法治维护人民权益，真正做到执法为民、公正司法；三是要在法治轨道内解决问题。既要做到不越权、不滥权，又要做到不失职、能办事，善于运用法律武器，在法律框架内妥善处理好疑难复杂问题，把政法工作更好地纳入法治轨道，在全社会形成办事依法、遇事找法、解决问题用法、化解矛盾靠法的法治环境。

第八，深化司法体制改革，建设公正高效权威的社会主义司法制度。党的十八届三中全会对司法体制改革作出重大部署。习近平总书记指出，司法体制改革是政治体制改革的重要组成部分，对推进国家治理体系和治理能力现代化具有十分重要的意义。当前，我国司法制度总体上是适应我国国情和发展需要的。同时，随着社会主义市场经济的发展、社会矛盾的增多、人民群众民主法治意识的增强，越来越多的社会矛盾和社会问题以案件形式进入司法渠道，司法工作任务日益繁重。面对新的形势任务，只有不断深化司法体制改革，着力解决影响司法公正、制约司法能力的深层次问题，破解体制性、机制性、保障性障碍，才能确保司法公正，提高司法公信力，让司法真正发挥维护社会公平正义最后一道防线的作用。一是确保依法独立公正行使审判权、检察权。这是宪法和法律的明确规定。二是健全司法权力运行机制，使司法权在法律和制度的框架内运行得更加顺畅。三是完善人权司法保障制度。这是贯彻党执政为民宗旨的必然要求，是发展社会主义民主政治的重要任务，是推进法治中国建设的关键环节。政法机关要在党的领导下，增强推进司法改革的责任感、使命感、紧迫感，坚持从实际出发，循序渐进，以务实稳妥的措施，落实好各项改革要求，推动中国特色社会主义司法制度不断发展和完善。

第九，坚持依法治国和以德治国相结合。这也是习近平总书记强调的一个重要观点。法律规范人们的行为，可以强制性地惩罚违法行为，但不能代替解决人们思想道德的问题。我国古代的德治思想十分丰富。儒法并用，德刑相辅，是我国历史上常用的社会治理方式。法律是外在的“他律”规矩，道德是内在的“自律”守则，两者相辅相成。法律和道德同为上层建筑组成部分，法治属于政治建设、政治文明，德治属于思想建设、精神文明，两者的社会目的和功能有相同之处，都是保障经济社会发展的必要条件，只有有机结合才能相得益彰、达到最佳效果。

二、深刻学习领会习近平总书记关于严格执法、公正司法的重要论述

严格执法、公正司法是全面推进依法治国、建设法治中国的重要内容。政法机关作为执法司法的重要力量，在法治建设中发挥着不可替代的重要作用。习近平总书记多次对政法机关严格执法、公正司法作出重要论述和重要批示。在中央政法工作会议上，总书记又将严格执法、公正司法作为一个独立的部分进行了专门阐述，强调政法机关要完成党和人民赋予的光荣使命，必须严格执法、公正

司法。主要是要把握好以下五个方面：

第一，要树立职业良知。各行各业都要有自己的职业良知，心中一点职业良知都没有，是不可能做好工作的。职业良知体现的是价值观的追求。良知是一把放在心中的尺子。执法为民是政法机关最重要的职业良知。政法机关既是法律卫士，也是人民卫士，必须真正把人民放在心中最高位置，努力让人民群众在每一个司法案件中都感受到公平正义。职业良知来源于职业道德。世界各国法律都要求，无能者不能执掌法律，无德者更不能执掌法律，都把司法职业道德摆在十分重要的位置。一些案件之所以显失公正、之所以当事人不服、甚至引起舆论炒作，就是由于没有起码的职业道德和良知，越过了社会公众对公平正义最朴素认知的底线。反之，如果能够坚守职业良知，就能为坚守严格执法公正司法底线提供一股强大的内心力量。

第二，要把法治精神作为主心骨。习近平总书记用“法不阿贵，绳不挠曲”这句古语精辟阐释了法治精神的真谛。并明确指出：如果不信仰法治，没有坚守法治的定力，面对权势、金钱、人情、关系是抵不住诱惑、抗不住干扰的。政法干警要把法治精神当作主心骨，做知法、懂法、守法、护法的执法者，站稳脚跟，挺直脊梁，只服从事实、只服从法律，一是一、二是二，不偏不倚，不枉不纵，铁面无私，秉公执法。法治精神与严格执法、公正司法之间有着的重要内在联系。一方面，树立法治观念、坚守法治信仰是政法干警严格执法、公正司法的思想根基；另一方面，能否做到严格执法、公正司法，体现着国家法治文明程度，影响着国家治理体系和治理能力现代化。作为政法干警，拥有法治精神应该是最基本的修养，在面对私心、人情、关系、利益的时候，都应该想想法治要求什么，都要用公正的尺子量一量。

第三，加强制度机制建设。习近平总书记多次强调，做到严格执法、公正司法，还要靠制度来保障，让执法司法权在制度的笼子里运行。完善的执法司法制度机制是有效指引、规范约束执法司法活动的重要前提。要防止权力滥用，必须加强制度机制建设，构建完整的监督制约体系，筑起最严密的篱笆墙，在执法办案各个环节都设置隔离墙、通上高压线，切实强化对执法司法全过程、全环节的监督制约，确保严格按照法定权限和程序行使权力。制度的生命力在执行，有了制度没有严格执行就会形成“破窗效应”。虽然我们的制度体系的完善还需要一个过程，但当前突出的问题在于很多制度没有得到严格执行。从近年来暴露出来的一些冤假错案来看，很多执法不规范的问题并不在于没有制度，而在于制度没有得到很好的遵循，有些甚至形同虚设。

第四，要树立法律信仰。法律信仰是指社会对于法律的一种崇敬态度，并自愿接受法律统治的一种信仰姿态，是保证法律实施一种无形的精神力量。古往今来，众多思想家、政治家都讲“法律至上”、“法律至尊”，强调就是一种法律信仰和法律权威。对此，习近平总书记深刻指出，法律要发挥作用，需要全社会信仰法律。如果一个社会大多数人对法律没有信任感，认为靠法律解决不了问题，还是要靠上访、信访，要靠找门路、托关系，甚至要采取聚众闹事等极端行为，那就不可能建成法治社会。法国思想家卢梭有一句名言，一切法律中最重要的法律，既不是刻在大理石上，也不是刻在铜表上，而是铭刻在公民的内心里。在全社会形成法律信仰关键在于政法机关。人民对法律的信仰不是凭空而来的。如果没有严格执法、公正司法，一味强调法律的权威性及强制性，就是无源之水、无本之木。一方面，政法机关自身要坚守法律信仰，始终把遵守法律作为第一遵循，真正做到铁面无私、执法如山，让老百姓感受到法律可以依靠信赖，充分相信法律、自觉运用法律，不断巩固和扩大信仰法律的社会基础。另一方面，要通过依法打击违法犯罪、维护群众权益、体现公平正义，促进形成以尊重权利和遵守法律为荣，以滥用权力、违反法律为耻的社会环境。

第五，要深化执法司法公开。习近平总书记指出，执法司法越公开就越有权威和公信力；要坚持以公开促公正、以透明保廉洁。要增强主动公开、主动接受监督的意识。阳光是最好的防腐剂。权力运行不见阳光，或有选择地见阳光，公信力就无法树立。随着新兴传播媒介快速发展，信息传播格局、社会舆论生态、公众参与方式发生重大变化，舆论环境空前开放、高度透明，如果执法司法不及时公开，就容易引发无端猜测甚至出现各种谣言，给执法司法工作造成极大被动和损害。党的十八届三中全会也对深化执法司法公开提出了明确要求，需要我们牢固树立公开意识，摒弃司法神秘主义，依法保障人民群众知情权、参与权、表达权、监督权，更好地接受人民群众的评判和监督。

三、深刻学习领会习近平总书记关于加强法律监督的重要论述

党的十八大以来，以习近平同志为总书记的党中央对检察机关法律监督格外重视。党的十八大报告明确提出，要加强党内监督、民主监督、法律监督、舆论监督，让人民监督权力。党的十八届三中全会进一步明确提出，要加强和规范对司法活动的法律监督。在首都各界纪念现行宪法公布施行30周年大会上，习近平总书记强调，全国人大及其常委会和国家有关监督机关要担负起宪法和法律监督职责，加强对宪法和法律实施情况的监督检查，健全监督机制和程序，坚决纠正违宪违法行为。这些都表明，随着社会主义法治建设的深入推进，我们党对法律监督的认识也在逐步深入，法律监督的地位和作用日益凸显。

现代检察制度始于19世纪的欧洲并逐渐为世界各国所借鉴。其设立的初衷是为了在刑事诉讼中通过控审分离来弱化法官的纠问倾向，后来又兼具了控制警察权力滥用的功能。检察机构被称为“法律的守护者”，自始即具有处于法官与警察两种国家权力中介的性质。200多年间检察制度在世界范围内蓬勃发展，虽然各国检察制度的形态各异，但是检察机构与审判机构、警察机构分权制衡和监督制约的基本关系并未有根本改变，控审分离、检察监督一直是各国刑事诉讼制度不变的原则，我国也不例外。

我国的检察制度是建立在人民代表大会制度之下的一项重要政治制度、司法制度，与西方国家的检察制度有着本质的区别。我国

宪法明确规定检察机关是国家的法律监督机关，主要职责是通过行使法律监督权来保障法律的统一正确实施，维护公平正义。依法监督纠正执法不严、司法不公是检察机关法律监督的重要职责；进一步发挥检察机关法律监督的作用，是坚持和发展中国特色社会主义检察制度的重要任务。

11 认真学习贯彻全面推进依法治国战略部署，推动检察工作全面发展进步*

党的十八届四中全会是在全面深化改革、全面建成小康社会的重要历史时刻，召开的一次具有里程碑意义的会议。以习近平同志为总书记的党中央统筹党和国家事业发展全局作出了又一重大战略部署，开启了依法治国“2.0”版新征程，形成了“全面深化改革”和“全面推进依法治国”双轮驱动的局面。全会审议通过了《中共中央关于全面推进依法治国若干重大问题的决定》（以下简称《决定》），明确提出了全面推进依法治国的指导思想、总目标、基本原则和重大任务，回答了党的领导和依法治国关系等一系列重大理论和实践问题，回应了人民呼声和社会关切，是加快建设社会主义法治国家的纲领性文件。全省检察机关要迅速掀起学习贯彻全会精神的高潮，努力以全会精神统一思想、凝聚力量，推进社会主义法治国家和法治湖北建设，推动全省检察工作全面发展进步。

一、深刻领会全面推进依法治国的指导思想、根本保证和重大意义，牢牢把握检察工作正确发展方向

《决定》对全面推进依法治国的指导思想、根本保证和重大意义进行了科学归纳和深刻阐述，正确而深刻的领会这些问题，是学习贯彻全会精神的首要前提，是把握法治中国建设前进方向的鲜明

---

* 2014 年 10 月 30 日敬大力同志在湖北省人民检察院党组中心组专题学习党的十八届四中全会精神时的发言，刊载于《人民检察（湖北版）》2014 年第 11 期。

旗帜。

（一）深刻领会全面推进依法治国的指导思想

《决定》明确提出了全面推进依法治国的指导思想，深刻阐明了依法治国的根本遵循和价值追求。一要以深入学习贯彻习近平总书记系列重要讲话精神特别是法治思想为指导推进依法治国。党的十八大以来，习近平总书记系列重要讲话提出了许多关于法治建设的新思想、新论断、新要求，从“法治是治国理政的基本方式”到“坚持依法治国、依法执政、依法行政共同推进，坚持法治国家、法治政府、法治社会一体建设”；从“坚持党的领导、人民当家作主、依法治国有机统一”到“依法治国和以德治国相结合”；从“依法执政”到“法律的生命力在于实施，严格执法、公正司法，努力让人民群众在每一个司法案件中感受到公平正义”；从“重大改革要做到于法有据”到“善于运用法治思维和法治方式反对腐败”等一系列重要思想，高扬法治精神、发展法治理论、运用法治思维、创新法治方式，推动了依法治国在前所未有的广度和深度上不断展开。我们只有牢牢把握这些重要思想，才能坚持全面推进依法治国的前进方向，才能坚持全面推动检察工作发展进步的前进方向。二要坚定不移地按照中国特色社会主义法治道路推进依法治国。中国特色社会主义法治道路是中国特色社会主义道路的重要组成部分，是实现法治中国的正确路径选择。道路与理论、制度紧密相关。坚持中国特色社会主义法治道路，要以中国特色社会主义制度为根本保障，以中国特色社会主义法治理论为行动指南，形成相互联系、互为支撑、辨证统一的有机整体。为了确保全省检察工作始终沿着中国特色社会主义法治道路阔步前进，我们必须坚定不移地走中国特色社会主义检察事业发展道路，全面落实深化司法体制改革和检察改革部署，大力推进理论创新、体制创新和机制创新，着力解决影响和制约检察工作发展进步的体制性、机制性、保障性障碍，发展和丰富中国特色社会主义检察理论体系，使中国特色社会主义检察制度更加成熟、更加定型、优越性得以更加充分的发挥。

（二）深刻领会全面推进依法治国的根本保证

《决定》突出强调，党的领导是中国特色社会主义最本质的特征，是社会主义法治最根本的保证和根本要求，是我国法治建设的一条基本经验，是党和国家的根本所在和命脉所在，是全面推进依法治国的题中应有之义。党的领导和依法治国的关系是法治建设的核心问题。党的领导和社会主义法治是一致的，社会主义法治必须坚持党的领导，党的领导必须依靠社会主义法治。加强法治建设就是加强党的建设，不能以加强法治为名脱离或削弱党的领导。坚持党的领导、人民当家作主和依法治国有机统一，是我国的法治与西方所谓“宪政”、“法治”的根本区别，对此我们一定要有清醒的认识和坚强的定力，决不能在这个根本问题上犯错误。全省检察机关在推动全面依法治国和检察工作发展进步的进程中，一定要旗帜鲜明、坚定不移地坚持党的领导，坚持执行法律和执行党的政策的统一性，正确理解和把握党的领导和确保检察机关依法独立公正行使职权的统一性，始终在思想上、政治上、行动上与以习近平同志为总书记的党中央保持高度一致。

（三）深刻领会全面推进依法治国的重大意义

全面推进依法治国，对于全面建成小康社会、实现中华民族伟大复兴的中国梦，具有极其重要的意义。第一，全面推进依法治国有利于保证国家统一、法制统一、政令统一、市场统一，使法治在国家治理体系中的重要性更加凸显；有利于提高科学立法、民主立法水平，实现良法善治；有利于提高严格执法、公正司法水平，通过法律的统一正确实施促进国家治理体系和治理能力现代化；有利于提高党的执政能力和执政水平，增强各级领导干部运用法治思维和法治方式深化改革、推动发展、化解矛盾、维护稳定的能力。第二，全面推进依法治国可以在维护宪法法律权威过程中，更好地弘扬社会主义法治精神，引领信法、尊法、守法、用法的社会风尚，使法治信仰上升为国家信仰、扎根于全体人民；可以更好地统筹社会力量、平衡社会利益、调节社会关系、规范社会行为，调动各类主体的积极性、创造性，搭建起更牢固的框架、更规范的轨道，使我国社会在深刻变革中既生机勃勃又井然有序。第三，全面推进依法治国可以保证国家和社会的长治久安。法治是改革发展稳定的压仓石。在改革攻坚期、发展机遇期、社会风险期“三期叠加”的今天，只有依靠法治、践行法治、充分发挥法治的保障作用，才能有效维护人民权益、维护社会公平正义、维护国家安全稳定，才能让各项改革蹄疾而步稳地前行，才能让各项事业行稳而致远的发展。

全面推进依法治国，对于检察事业发展进步具有重要的指导意义和保障促进作用。《决定》确定的指导思想、总目标以及重大任务，进一步指明了检察工作的发展方向、发展目标和实现路径，为我们不断调整完善新时期检察事业发展战略、制定加强和改进检察工作的措施，指明了方向，提供了基本遵循。《决定》明确提出要加强对司法活动的监督，完善检察机关行使监督权的法律制度，健全行政执法与刑事司法衔接机制；完善司法管理体制和司法权运行机制；完善确保依法独立公正行使检察权的制度；优化司法职权配置，探索设立跨行政区划的检察院，探索建立检察机关提起公益诉讼制度；进一步推动法治专门队伍正规化、专业化、职业化，等等。这些要求进一步拓展了检察机关职责范围，从制度、人才等方面为检察事业发展提供了坚强保障，创造了难得的“黄金发展期”，必将极大地促进检察改革不断深化、队伍素质整体提升、执法环境更加优化、职能作用充分发挥，必将极大地促进检察工作体制机制进一步健全完善、中国特色社会主义检察制度更加成熟和定型。

二、深刻领会全面推进依法治国的总目标，努力构建更加健全完善的检察工作体系

《决定》提出全面推进依法治国的总目标是建设中国特色社会主义法治体系，建设社会主义法治国家。鲜明提出要形成完备的法律规范体系、高效的法治实施体系、严密的法治监督体系、有力的法治保障体系，形成完善的党内法规体系。

（一）深刻理解“法治体系”的内涵和外延

“法治体系”这一概念，是第一次出现在中央文件当中，是我

们党在法治理论上的一次重大飞跃。要正确理解法律体系、法制体系与法治体系的区别与联系。新中国成立以来，我们在治理国家的方式上经历了从主要依靠政策到主要依靠法律、从法制到法治的转变过程。法律、法制与法治之间既有联系，也有明显的区别，法治不仅要求制定出良好的法律，也要求这些法律得到普遍的实施，更要求运用法治思维和法治方式治理国家、调整社会关系。法律和法制是一个相对静态的概念，而法治则更加强调有法必依、执法必严、违法必究，更加强调宪法法律权威性，是相对动态的概念。从法律体系、法制体系到法治体系，这一字之差的变化，表明了我们党对法治建设认识的进一步深化，标志着我们党在推进国家治理体系和治理能力现代化的道路上迈出了实质步伐。中国特色社会主义法治体系是一个全面的、系统化的概念，具体包括“五个体系”。每一个体系既各有侧重、各自独立，又相互联系、互为支撑、彼此促进，共同构成了这一体系的有机统一整体。检察机关既是司法机关，也是国家法律监督机关，肩负着保障宪法和法律统一正确实施的职责使命，在法治体系建设进程中的地位和作用必将更加突出。我们一定要深刻认识、准确把握法治体系建设的新目标新要求，努力找准服务和促进法治体系建设的切入点和着力点。

（二）深刻认识检察工作体系是法治体系的重要组成部分

毋庸置疑，检察工作体系是法治体系中的重要一环。近年来，我们在检察工作实践中，逐步总结形成了检察工作方针政策体系、执法办案和法律监督工作体系、检察机关自身建设体系等“三个体系”。这“三个体系”在总体上是符合法治体系建设要求的、具有一致性。比如，“四个维护”的根本目标（即维护社会主义法制统一、尊严、权威，维护社会和谐稳定，维护人民权益，维护社会公平正义），与全面推进依法治国指导思想中提出的“坚决维护宪法法律权威，依法维护人民权益、维护社会公平正义、维护国家安全稳定”的要求相一致。又如，我们强调坚定政治方向、服务大局，与坚持党对全面推进依法治国的领导、坚持中国特色社会主义法治道路的精神是相符合的。再如，我们坚持把诉讼监督工作作为硬任务、作为主业来抓，不断明确监督思路，健全完善监督格局，与构建严密的法治监督体系要求十分契合，等等。

（三）全面发展、健全和完善检察工作体系

我们要深入贯彻全面推进依法治国的战略部署，按照法治体系建设的总目标和新要求，在中国特色社会主义法治体系总体布局中进一步发展、健全和完善检察工作“三个体系”，使之更加符合中国特色社会主义法治道路，更加符合法治体系建设要求，更加符合检察权运行规律和检察事业发展的阶段性特征，努力形成更加健全完善的检察工作体系。要以习近平总书记重要讲话精神为根本指针，更加强调坚持党的领导，坚持“三个走在前列”，自觉做到“五个适应、五个更加注重”，切实承担起“三项主要任务”，进一步完善检察工作方针政策体系。要深化司法改革和检察改革，深化检察工作机制创新，深入推进执法办案转变模式转型发展，大力加强诉讼监督“四化”建设，进一步完善执法办案和法律监督工作体系。要贯彻“五个过硬”要求，深入实施检察队伍“六项建设”，深化规范文明执法长效机制和自身监督制约体系建设，推进新型检察院建设，努力打造“五个检察”，进一步完善检察机关自身建设体系。

三、深刻领会全面推进依法治国的重大任务，把握进一步“提高检察工作法治化水平”和“提高检察机关执法公信力”两个主基调

全会明确提出了全面推进依法治国的六大任务，即：完善以宪法为核心的中国特色社会主义法律体系，加强宪法实施；深入推进依法行政，加快建设法治政府；保证公正司法，提高司法公信力；增强全民法治观念，推进法治社会建设；加强法治工作队伍建设；加强和改进党对全面推进依法治国的领导。这六大任务符合我国经济社会发展和法治进程现状，是全面推进依法治国换挡提速、转型升级的抓手，描绘了法治建设整体推进、协调发展的路线图。

（一）牢牢把握依法治国重大任务的精神实质

从内在本质上看，依法治国重大任务集中体现了法治和公信力

的要求。法治是治国理政的基本方式，是推进国家治理体系和治理能力现代化的重要依托。要实现建设中国特色社会主义法治体系和法治国家的总目标，就必然要求每一项立法活动、行政行为、执法司法活动都符合法治精神、符合法律规定、在法治轨道内运行，树立法治的权威。无论是加快建设法治政府，还是保证公正司法，亦或是推进法治社会建设，加强法治工作队伍建设等重大任务都明确地将法治精神贯穿始终，都彰显着法治的内涵。公信力来源于社会公众对法治的认同、信任和尊重，法治是公信力最坚实的基础和保障。缺少法治的支撑，公信力就难以确立和提升；而没有公信力的法治，也必将难以实施、缺少权威，无法获得来自人民群众的内心崇尚和信仰，就不是真正的法治。依法治国重大任务既充分体现了法治精神、法治原则、法治要求，又充分体现了提高政府公信力、执法公信力、司法公信力的要求。湖北省检察机关提出并坚持的加强法治建设和提高执法公信力“两个主基调”的工作思路，与四中全会法治精神相符合，与部署六大任务的精神相一致。我们一定要以坚持“两个主基调”促进依法治国重大任务贯彻落实到位，以落实依法治国重大任务推动“两个主基调”更加深入发展，更加健全完善。

（二）以“两个主基调”为根本狠抓依法治国重大任务的贯彻落实

要牢牢把握法治和公信力“两个主基调”，以此为总抓手，主动把检察工作放在社会主义法治建设全局中谋划和推进，充分发挥促进、服务、保障全面依法治国的职能作用，自觉肩负起中国特色社会主义法治体系建设者、捍卫者的职责使命。总体而言，要把握两个方面：一方面，要增强坚持“两个主基调”的自觉性和坚定性。要不断增强法治观念，坚守法律信仰和职业良知，把法治精神当作主心骨，养成运用法治思维和法治方式看待问题、解决问题的习惯。要坚持把执法公信力作为检察机关的立身之本、战略任务和检察权运行的重要规律来抓，持之以恒、坚持不懈地深入推进。另一方面，要把“两个主基调”落实到检察工作各环节，推动依法治国重大任务全面落实。要深刻认识全面推进依法治国本身就是大局，发挥检察职能促进各项事业法治化就是服务大局，切实把加强法治建设贯穿检察工作全过程，强化法律监督，监督纠正司法不公，深化行政执法与刑事司法衔接，提高职务犯罪侦查法治化水平，积极提出相关立法建议，深化法治宣传教育，促进加快建设社会主义法治国家，提升执法司法整体公信力。要强化自身监督和过硬队伍建设，打造“法治检察”，保证自身严格公正规范文明廉洁执法，确保检察权在法治的轨道上规范运行，切实让人民群众在每一起案件中体会到公平正义，提高自身执法公信力。

四、深刻领会健全法治监督体系的要求，进一步加强检察机关法律监督制度建设

全会首次明确提出要建立严密的法治监督体系，强调检察机关在履行职责中发现行政机关违法行使职权或者不行使职权的行为，应该督促其纠正；探索建立检察机关提起公益诉讼制度；加强对司法活动的监督，完善检察机关行使监督权的法律制度，加强对刑事诉讼、民事诉讼、行政诉讼的法律监督。这些重大决策部署把强化法治监督和检察机关法律监督提到一个新的高度。

法律的生命在于实施，法律的实施离不开监督。只有加强对法律实施的监督，才能防止执法不严、司法不公，才能树立法治的权威，增强全社会厉行法治的积极性和主动性。法治监督体系的建立和完善，关系到法律能否很好地实施，关系到公权力能否在法律的框架内行使，关系到全社会能否遵守法律、信仰法律。严密的法治监督体系是一个多方面、全方位、系统化的有机整体。检察机关法律监督是法治监督体系中的重要一环，是法治监督的主力军。对此，习近平总书记在庆祝全国人大成立60周年重要讲话中明确强调要加强检察监督，这次全会又明确提出要完善检察机关行使监督权的法律制度，这些都为我们加强和改进法律监督工作提供了根本依据和制度保障，同时也设定了新目标、带来了新的重大机遇。

（一）全力推动诉讼监督“四化”建设

去年以来，我们深入贯彻党的十八届三中全会关于“健全司法权力运行机制，加强和规范对司法活动的法律监督”的要求，着力推进诉讼监督制度化、规范化、程序化和体系化的“四化”建设，不断完善配套制度和措施，取得了积极成效。这项机制创新与“完善法治监督体系、完善检察机关行使监督权的法律制度”的要求高度契合。全省检察机关要始终坚持以“四化”建设抓手，从更高起点、更高层次、更高水平上思考如何完善法治监督体系，找准结合点、切入点、着力点，努力构建完整的检察机关行使监督权的法律制度体系。要严格落实规范诉讼违法线索管理、明确诉讼监督立案标准、统一规范诉讼监督文书等九项措施，切实做到敢于监督、善于监督、依法监督、规范监督、理性监督，真正担负起宪法法律赋予检察机关的责任。要针对检察机关行使监督权的相关制度缺位、原则、抽象等问题，在法律制度层面、工作机制层面加强探索，研究编制诉讼监督规程，争取制定专门的诉讼监督规则，推动诉讼监督工作专门立法，进一步明确检察机关的监督权限、监督范围、内容、程序、手段，明确监督机构的分工和相互关系，形成系统完备、科学规范、运行有效的法律监督制度体系。

（二）探索加强对行政权力运行的监督和制约

四中全会决定提出强化检察机关对行政权力的监督和制约，这对加强检察机关法律监督来说是重大的制度性突破。要加强实践探索，积极推动完善配套保障措施，拓展检察机关对行政机关及行政人员乱作为和不作为的法律监督，总结以往湖北省检察机关的实践经验，建立工作机制，组建工作机构，在履行检察职责中发现行政机关及行政人员违法履行职责或者不履行职责的，可以检察建议或者督促令等形式，督促其纠正。行政机关及行政人员应当纠正而拒不纠正，且属于行政公益诉讼的，检察机关可以向法院提起行政公益诉讼。检察机关发现行政人员违法履行职责或者不履行职责构成渎职犯罪的，应当立案侦查追究刑事责任。要探索推进检察机关提起公益诉讼制度，明确检察机关公益诉讼职责范围、诉讼程序、审理方式等内容，加强对公共利益的保护。要推动完善相关立法，明确检察机关对行政权力监督的范围、方式、程序和效力，规定行政主体接受检察监督的法定义务，为检察机关实施行政检察监督提供明确的法律依据和操作机制。

（三）探索建立与以审判为中心的诉讼制度相适应的诉讼监督制度

四中全会决定提出推进以审判为中心的诉讼制度改革，目的在于确保侦查、审查起诉的案件事实证据经得起法律检验。以审判为中心的诉讼制度改革，相对于卷宗中心主义，主张审判特别是庭审活动的实质性，参加诉讼的各方更集中注意在法庭上发挥作用，意味着整个诉讼制度和活动围绕审判而建构和展开，审判阶段对案件的调查更具有实质化的特征。检察机关要主动适应这一制度改革的新形势新要求，有针对性地对检察机关诉讼监督工作进行必要的调整：一要明确这一制度改革是以审判为中心，不是以法院为中心，公检法三机关在刑事诉讼活动中各司其职、互相配合、互相制约的原则不能变、不能丢。二要明确这一制度改革是以审判活动为中心，不是以审判职能为中心，注意把握审判职能与监督职能、诉讼活动的联系和差异，不能将相互间的定位和职能混为一谈。三要明确这一制度改革所带来的新变化新要求，对诉讼监督要有所侧重、有所调整，在坚持多元化监督工作格局的基础上，逐步将诉讼监督的重心转移到审判活动上来，着力在审判活动中发现、核实和纠正有关司法机关和司法工作人员的诉讼违法行为，确保诉讼活动公正高效。

第四章
检察机关群众工作

1 充分认识加强检察机关群众工作的重大意义*

今年7月，省院制定下发了《关于加强检察机关群众工作的指导意见》。这是贯彻落实中央、省委和高检院关于检察机关必须坚持执法为民、紧紧依靠人民、维护人民权益重要指示精神的重大举措。省委已经将省院的这个文件转发全省，要求各级党委和有关方面重视和支持检察机关工作，重视和加强群众工作。全省检察机关要认真学习领会高检院、省委领导同志的重要批示精神，充分认识加强检察机关群众工作的重大意义，切实增强贯彻落实《指导意见》的责任感和自觉性。

第一，加强检察机关群众工作，是维护社会和谐稳定的必然要求。密切联系群众，善于做群众工作，是我们党的优良传统和维护社会和谐稳定的重要法宝。社会稳定的基点是做好群众工作，维护群众利益。检察机关的各项职能都与维护稳定密切相关，检察机关在维护稳定中肩负重要责任。检察机关和检察人员只有高度重视做好群众工作，紧紧依靠人民群众开展检察工作，才能履行好打击刑事犯罪、查办和预防职务犯罪、对诉讼活动进行法律监督等各项检察职责，全面发挥检察职能作用维护社会和谐稳定；只有坚持把实现好、维护好、发展好人民群众权益作为检察工作的根本出发点、落脚点，把人民拥护不拥护、赞成不赞成、满意不满意作为检验检

* 2009年8月11日敬大力同志在湖北省检察机关学习贯彻湖北省人大常委会《关于加强检察机关法律监督工作的决定》和湖北省人民检察院《关于加强检察机关群众工作的指导意见》电视电话会议上的讲话节录，刊载于《人民检察（湖北版）》2009年第9期。

察工作成效的根本标准，按照人民群众的需要开展检察工作，才能适应人民群众对检察工作的新要求新期待，促进解决人民群众最关心最直接最现实的利益问题，维护社会和谐稳定；只有增强群众观念，满怀对群众的深厚感情，切实改进作风，沉下去直面群众、多做群众工作，才能倾听民情，沟通民心，认真听取、妥善解决人民群众的诉求，积极化解社会矛盾纠纷，促进密切党群干群关系，促进社会和谐稳定。

第二，加强检察机关群众工作，是提升检察机关执法公信力的必然要求。加强检察机关执法公信力建设，是中央和高检院的明确要求。去年以来，我们努力从更高层次、战略高度谋划和加强检察机关执法公信力建设，并部署开展执法公信力建设专项工作。我们必须深刻认识到，执法公信力体现在社会公众对检察机关的信任度和满意度；执法公信力来源于严格、公正、文明执法，来源于全心全意为人民服务的良好形象。检察机关如果不重视群众工作，检察工作就难以体现人民愿望、符合人民利益，社会公众对检察工作的信任度和满意度就不可能高，提升执法公信力也就无从谈起。因此，加强检察机关群众工作，既是提高执法公信力的必然要求，也是执法公信力建设的一个极其重要的方面。全省检察机关要全面加强检察机关群众工作，坚持一切从人民利益出发开展检察工作，按照人民群众的要求加强和改进检察工作，努力满足人民群众的司法需求，认真落实执法为民、便民、利民措施，切实做到严格公正文明廉洁执法，加强检察机关与社会公众的良性互动，使社会各界和人民群众更加重视、理解和支持检察工作，使检察工作真正符合民情、反映民意、集中民智、保障民生，不断提升检察机关执法公信力。

第三，加强检察机关群众工作，是提高执法能力的必然要求。检察机关要贯彻群众路线，坚持执法为民，紧紧依靠人民，维护人民权益。我们要深刻认识检察机关无论是批捕起诉各类案件、查办预防职务犯罪、开展对诉讼活动的法律监督、处理群众信访申诉案件、处置涉法涉诉涉检群体性事件、突发性事件，都要与群众打交道，都要紧紧依靠人民群众，都要提高联系群众、服务群众、组织群众、引导群众的本领。因此，我们必须高度重视检察机关群众工作，加强对检察人员的群众观念教育和群众工作能力培训，通过切实提高群众工作能力，促进检察机关执法能力的整体提高。

2 从五个方面着手继承和创新检察机关群众工作*

作为国家法律监督机关的检察机关，人民性是其最根本的政治属性，群众工作无论作为内容还是方法都是检察工作的应有之义。近年来，我们积极探索新形势下加强检察机关群众工作的新思路新办法。为了统一思想，确定指导原则和目标任务，省院制定《关于加强检察机关群众工作的指导意见》（以下简称《指导意见》），省委予以全文转发，明确了推进群众工作的总体思路和具体措施；为了加强统筹协调，提供组织保障，省院组建群众工作处，负责归口管理、指导督办、全面推进检察机关群众工作；为了整体发动和深入推进，今年省院以检察机关群众工作为主题举办检察发展研究论坛第三次会议，按征求意见、交流经验和理论研讨三个阶段分期进行；为了推动工作落实，加强督促检查，我们对《指导意见》进行责任分工，并探索建立对群众工作开展情况的测评制度，实行奖惩和问责制。经过一个时期的实践探索，我们逐步摸索出了继承和创新检察机关群众工作的总体思路，即“维护人民群众权益、紧紧依靠人民群众、提高群众工作能力、接受人民群众监督、落实便民利民措施”。通过在这五个方面下功夫，与时俱进地做好群众工作。

一、维护人民群众权益，夯实社会稳定基础

坚持执法为民，着力把维护人民权益更好地体现在各项检察工作中，把化解社会矛盾贯穿于执法办案始终，从源头上维护和促进

---

* 2010年7月21日敬大力同志在全国检察长座谈会上的发言。

社会和谐稳定。认真贯彻宽严相济刑事政策，严厉打击黑恶势力犯罪、“两抢一盗”等严重影响群众安全感的刑事犯罪，今年上半年共批捕此类犯罪嫌疑人14665人，起诉14171人，依法对轻微刑事犯罪作出宽缓处理，最大限度地增加和谐因素。深入开展查办涉农职务犯罪、查办民生领域职务犯罪等专项工作，严肃查办发生在医疗、教育、就业、社会保障等领域严重损害群众利益的职务犯罪883人，着力保障和改善民生。紧紧抓住人民群众反映强烈的执法司法不公问题，加大对诉讼活动的法律监督力度，开展法律监督调查767件，促进公正廉洁执法。制定并落实《关于进一步加强涉检信访工作的意见》，突出抓好源头治理，努力构建执法管理、制度规范、严格执法、监督制约“四位一体”的公正廉洁执法工作格局；认真开展涉检信访积案排查化解专项工作，妥善处理涉检群体性、突发性事件；推行执法办案风险评估制度，实行分级预警，增强化解矛盾的主动性和预见性。积极开展检察工作向基层延伸试点工作，在有关乡镇、街道、社区设置检察办事处、检察服务站等派出机构，设立巡回服务组，充分发挥其联系和服务群众的职能作用，筑牢维护稳定的第一道防线。

二、紧紧依靠人民群众，争取群众理解支持

坚持专群结合，密切联系群众，紧紧依靠群众。注重加强民意沟通，健全民意征集和转化机制，通过召开座谈会、网上征求意见等多种途径征集人民群众的意见建议，并将其作为工作决策的重要依据，转化为工作整改的重要内容，切实按人民群众新要求新期待加强和改进检察工作。抓住“举报宣传周”活动契机，突出“依靠群众、反腐倡廉、服务大局”主题，采取各种有效方式，鼓励群众举报职务犯罪，增进人民群众对检察工作的理解与支持。坚持向群众学习，深入群众开展调查研究，掌握发案规律，学习专业知识，有针对性地开展查案、追逃等工作，促进提高查办职务犯罪工作水平；积极发动人民群众、专家学者等社会力量参与，推动预防职务犯罪社会化，开展预防宣传和警示教育608场次，提出检察建议217

件，帮助建章立制、堵塞漏洞，提升了反腐倡廉合力；研究制定职务犯罪线索、诉讼违法线索管理办法，统一管理群众反映的职务犯罪和诉讼违法线索，拓宽案件来源渠道；针对群众反映强烈的问题，研究部署对刑事立案侦查活动专项监督等专项工作，提高法律监督的针对性和实效性。

三、提高群众工作能力，努力化解矛盾纠纷

紧密结合“恪守检察职业道德、促进公正廉洁执法”主题实践活动等，强化立检为公、执法为民观念，真正从思想上解决“相信谁、依靠谁、为了谁”的问题，坚持以良好的作风取信于民，始终保持与人民群众的血肉联系。切实将提高群众工作能力列为全员教育培训的必修课，开发群众工作精品课程，编发《群众工作手册》，使检察人员掌握群众工作的方法、技巧，提高联系群众、服务群众、组织群众、引导群众的能力。注重运用典型案例教育干警，总结推广办理此类案件涉及做好群众工作的经验，提高应对处置涉检群体性事件、突发性事件的能力。省院去年以来先后派33名同志到基层一线工作、到信访部门接访、到乡镇挂职锻炼，各市州分院也选派了一批同志到基层磨砺，增进对群众的感情，真正了解群众疾苦、掌握群众心理，提高做群众工作的实际本领。坚持理性、平和、文明、规范执法，用群众信服的方式执法办案，提出并落实坚决依法查办、坚持惩防并举、把握政策界限、掌握分寸节奏、注意方式方法等“五条办案原则”，确保执法办案法律效果、政治效果和社会效果的有机统一。

四、自觉接受群众监督，促进公正廉洁执法

牢固树立监督者更要首先接受监督的意识，主动把检察工作置于人民群众的有效监督之下。自觉接受监督以深化检务公开为前提，坚持能公开的一律公开，通过开展检察院公众开放日、开辟检察门户网站检务公开专栏、建立检务查询、资料索取、法律咨询机制等措施，加大公开力度，完善公开的内容、形式及工作机制，保障人

民群众的知情权、参与权、表达权和监督权。深化人民监督员制度试点工作，43件“三类案件”全部纳入监督程序，加大对“五种情形”的监督力度；定期听取人民监督员对检察工作的意见，邀请人民监督员听取下级院工作报告、参与执法检查、检务督察等活动，拓展接受监督范围。建立健全人民群众评判检察工作的机制，在执法检查和专项教育活动中，邀请群众代表参与，听取群众意见，认真接受监督。坚持办案回访制度，认真听取发案单位、相关人员的意见，坚决纠正、严肃查处检察人员的违法违纪行为和损害群众利益问题。健全情况通报、新闻发布等制度，定期向社会公开重大决策、事项，重大紧急情况及时公开客观事态，表明处理态度，自觉接受新闻舆论监督，着力提高执法公信力。

五、落实便民利民措施，畅通诉求表达渠道

真心实意、满腔热忱地为群众服务，在执法办案、法律服务等方面，不断推出便民利民措施，努力实现与人民群众“面对面、手拉手、心连心”。在全省各级院统一设立综合性受理接待中心，全面开通具有举报、控告、申诉、投诉、咨询、查询等功能的“六合一”、“12309”检察服务电话，实行电话、网络、信函、接访等受理方式的“四整合”，认真落实检察长接待、定期巡访、联合接访等制度，确保群众诉求得到及时反映和妥善解决。积极开展法律监督工作进机关、进乡村、进社区、进学校、进工地、进企业活动，广泛开展法律宣传与咨询，为群众送温暖、送平安、送法律、送服务。对人民群众有疑问和异议的案件、决定等，运用群众语言和群众易于接受的方式，耐心做好答疑解惑、思想疏导等工作，实现定分止争、化解矛盾。依法保障诉讼参与人权利，严格执行权利义务告知制度，依法推进不起诉案件、重大申诉案件公开审查听证制度，促进公正廉洁执法；依法开展刑事被害人救助工作，共对28件案件的被害人发放救助金176万余元，为最需要帮助的群众提供法律支持。

3 坚持群众工作的实践性，推动检察机关群众工作创新发展*

密切联系群众是党的优良作风和政治优势。一切为了群众，一切依靠群众，从群众中来，到群众中去，是党领导社会主义革命和建设各项事业取得胜利的根本经验。群众路线是党在长期的历史实践中逐步形成并不断丰富发展起来的，发挥了巨大作用，成为指引我们前进的“传家宝”。做好法律监督工作，离不开群众的大力支持。加强检察机关群众工作，是在检察工作实践中践行党的宗旨、贯彻党的群众路线的必然要求；是尊重人民的主体地位，坚持检察工作人民性的应有之义；是切实提高执法公信力、广泛争取人民群众对检察工作的信任、理解与支持的重要举措。

近年来，湖北省院党组认真落实中央、省委、高检院一系列重要指示精神，深入了解人民群众对检察工作的新要求新期待，适应新时期加强和改进检察工作的实际需要，继承和创新检察机关群众工作，全省检察机关群众工作有了新的发展。2009 年，省院立足检察工作实际，总结各地实践经验，制定《关于加强检察机关群众工作的指导意见》（以下简称《指导意见》），明确了加强群众工作的指导思想、基本原则、目标任务和主要举措。《指导意见》的出台，既深化了对群众工作的理性认识，又有力指导了群众工作的具体实践。全省检察机关在省院的统一领导下，按照“维护人民群众权益、紧紧依靠人民群众、提高群众工作能力、接受人民群众监督、落实

* 2010 年 9 月 28 日敬大力同志在湖北省人民检察院检察发展论坛第三次第二阶段会议上的讲话。

便民利民措施”的工作思路，在各项检察工作实践中更加自觉地倡导、坚持群众路线，更加注重继承、发扬群众工作经验，更加重视发展、创新群众工作方法，推动了全省检察工作全面发展进步。

毛主席说过：“人类总得不断地总结经验，有所发现，有所发明，有所创造，有所前进。”我们召开这次会议，就是坚持群众工作的实践性，总结推广各地开展群众工作的实践经验，推动检察机关群众工作不断前进。会议安排了经验做法、典型案例、先进事迹等三个方面的交流内容：十堰市院、武汉市江汉区院将介绍他们依靠群众查办案件、“大手拉小手”维护青少年权益等新鲜经验。这些行之有效的经验做法都来源于实践，完善于实践，发展于实践，希望大家把这些好的做法和传统学习好、领会好、继承好，并将其更好地运用于实践，使之在检察工作实践中开花结果、发扬光大。

实践永无止境，创新永无止境。随着时代的进步、形势的发展、实践的变化，检察机关群众工作也需要始终保持实践品格，始终做到与时俱进。全省检察机关要进一步牢固树立执法为民思想，立足检察职能，深入实际，深入群众，把握社会脉搏，关注群众利益，思民之所忧，做民之所盼，在实践中创造出更多为民、利民、便民的新鲜经验。要密切关注检察机关群众工作的实践，不断总结新经验、进行新思考、做出新概括，不断创新群众工作方式方法。要由浅入深，由点到面，在实践的基础上升华对检察机关群众工作规律的认识，用以指导群众工作实践，推动群众工作创新发展。

4 筑牢做好检察机关群众工作的思想基础和理论基础*

党的十七届五中全会指出，要继续抓住和用好我国发展的重要战略机遇期，实现“十二五”时期我国经济社会发展目标任务，必须紧紧依靠广大人民群众，必须加强和改进新形势下的群众工作。全国检察长会议提出，要深刻领会检察机关做好新形势下群众工作的重大意义和基本要求，更好地联系群众、依靠群众、服务群众。这些重要精神，从巩固党的执政地位、完成党的执政使命、确保党和国家长治久安的战略高度出发，深刻揭示了新的历史条件下，继续坚持党的群众路线，加强和改进群众工作，做好政法、检察机关群众工作的重大意义，具有重要的理论价值和重大的现实意义。认真学习、深刻领会这些重要精神，发扬党的群众工作的优良传统，更加注重继承和创新检察机关群众工作，切实维护人民群众权益，是全省检察机关当前和今后一个时期的重要任务。

党的群众工作必须以马克思主义的群众观点和党的群众路线为理论基础和行动指南。群众观点是历史唯物主义的基本观点，也是我们做好群众工作的思想基础。一切为了群众、一切依靠群众，从群众中来、到群众中去的群众路线，是实现党的思想路线、政治路线、组织路线的根本工作路线。我们党在革命、建设、改革的长期历史实践中，对开展群众工作的经验做法不断进行总结和概括，逐步形成并发展了党的群众工作理论，系统阐述了党的群众工作的含

---

* 2010年12月27日敬大力同志在湖北省人民检察院检察发展论坛第三阶段第三次会议上的致辞。

义、地位、原则、任务、规律等重大问题，有力指引了党的群众工作在继承中创新，在创新中发展，指引着党和人民事业不断取得新胜利。与此同时，党的群众工作理论也是一个发展的、开放的理论体系。随着形势任务的发展变化，根据群众工作中存在的突出问题，中央和中央领导同志对加强和改进新形势下的群众工作提出了一些新观点新论断，丰富和发展了党的群众工作理论，对做好群众工作提出新的更高要求，既需要我们在理论上深入总结，也需要在实践中认真落实。

检察机关的群众工作是党的群众工作的重要组成部分，必须坚持以党的群众工作理论为指引，同时也要充分考虑检察机关特点，符合法律监督工作规律。近年来，湖北省检察机关深刻领会中央、省委、高检院一系列重要指示精神，认真贯彻省委转发的《关于加强检察机关群众工作的指导意见》，注重运用党的群众工作理论，立足检察职能，坚持与时俱进，检察机关群众工作取得一定成绩，涌现出一批先进典型，推动检察工作全面发展进步。理论是实践的先导，实践的深入更需要科学理论的指引。本次会议集中研讨群众工作的基础理论，新形势下加强和改进群众工作的重大意义和群众工作的方针原则，检察机关群众工作的具体制度、机制和模式等三个专题，就是要在前两个阶段征求意见、总结经验的基础上，从理论上对检察机关群众工作进行系统梳理、理性思考，进一步破解工作难题，提供强大动力，使检察机关群众工作开展得更科学、更理性、更有针对性、更富实效性。

“检察发展论坛”由湖北省院检察发展研究中心承办，每年选择检察工作中的一个重大问题作为主题，广泛邀请学术界和实务界的专家代表进行研讨。在各位专家学者和社会各界的热情支持、广泛参与下，论坛的品牌效应逐步显现，影响逐步扩大，服务检察业务、服务决策的作用不断增强。本次会议为我们提供了一次非常难得的学习机会，希望与会的领导和同志们不吝赐教，踊跃发表你们的真知灼见。湖北检察机关作为会议东道主，将积极参与研讨交流，竭力为大家提供热情周到的服务。我们将学习借鉴各地、各部门的先进经验，将理论研讨的成果转化为工作实践的不竭动力，努力把检察机关群众工作提高到新的水平，进一步推动检察工作科学发展。

5 依法履行检察职能，促进人权事业发展*

国家“十二五”规划将加强人权保障的要求写在“全面推进法制建设”这一部分，这也就再次表明人权的有效保障必须依靠法律制度的完善及落实。今年3月10日，全国人大常委会向全世界庄严宣布中国特色社会主义法律体系已经形成，其中就包括了保护人权的一系列重要法律制度规范，最典型、最基本的就是我国《宪法》明确规定“国家尊重和保障人权”。检察机关作为国家法律监督机关，承担着保障国家宪法和法律统一正确实施、维护社会主义法制统一尊严权威的重要职责，这就决定了检察机关在保障人权方面处于重要地位、负有义不容辞的责任。检察机关的这一地位和责任在相关法律中也予以了明确规定，如《刑事诉讼法》第2条规定刑事诉讼法的任务之一就是保护公民的人身权利、财产权利、民主权利和其他权利；第14条规定人民法院、人民检察院、公安机关应当保障诉讼参与人依法享有的诉讼权利；《人民检察院组织法》第4条规定人民检察院通过行使检察权……保护公民的人身权利、民主权利和其他权利；第6条规定人民检察院依法保障公民对于违法的国家工作人员提出控告的权利，追究侵犯公民人身权利、民主权利和其他权利的人的法律责任。由此可见，法律明确规定了检察机关在人权保障中的地位，加强对人权的司法保障、确保公民基本权利不受侵犯是国家赋予检察机关的重大责任和神圣使命，同时也是检察工作的价值体现之一。检察工作与保障人权息息相关，检察机关的宪

---

* 《人权》2011年第2期刊载敬大力同志文章。

法定位、性质、职责都决定了检察机关在保障人权方面具有重要作用，这种作用总体上来看，主要体现在两个方面：一方面，检察机关通过认真履行批准逮捕、提起公诉、查办和预防职务犯罪、诉讼监督等职责，依法打击侵犯公民人身权利、财产权利、民主权利等各项权利的犯罪行为，依法加强对各类侵犯人权问题的法律监督，从而实现对公民权利的保护、对受损权利的恢复与补偿；另一方面，检察机关在履行各项职责过程中，通过树立正确执法理念、完善执法制度规范、加强执法管理、主动接受外部监督、强化内部监督制约等多种途径，确保自身严格公正文明廉洁执法，依法保障好相关人员合法权利，落实好人民群众对检察工作的知情权、参与权、表达权和监督权，防止在执法办案过程中发生侵犯人权问题，促进我国人权事业发展。

近年来，湖北检察机关坚持以人为本、执法为民，认真贯彻落实尊重和保障人权的宪法原则，努力通过充分履行法律监督职能保护人民各项合法权益、维护群众切身利益。2009 年，湖北省检察院制定《关于加强检察机关群众工作的指导意见》并被湖北省委全文转发，明确提出要从“维护人民群众权益、紧紧依靠人民群众、提高群众工作能力、接受人民群众监督、落实便民利民措施”五个方面全面加强和改进检察机关群众工作，并专门组建群众工作处强化组织保障。经过近两年的持续推进，全省检察机关在依法保障人权、维护群众利益方面取得了积极成效。主要体现在以下几个方面：

一是依法惩治刑事犯罪，保障公民生命财产安全。着眼于保护人民群众人身权、财产权等基本权利，全省各级检察机关认真履行批捕、起诉职责，严厉打击黑恶势力犯罪、严重暴力犯罪、多发性侵财犯罪、涉众型经济犯罪等严重影响群众安全感的刑事犯罪，2010 年共批捕各类刑事犯罪 29959 人，起诉 32249 人。针对严重损害人民群众生命健康和消费者权益、社会反映强烈的制假售假特别是制售有毒有害食品药品的违法犯罪行为，去年 10 月以来，全省检察机关积极参加打击侵犯知识产权和制售假冒伪劣商品专项行动，共批捕侵犯知识产权和生产销售假冒伪劣商品犯罪嫌疑人 140 人，涉及案件83件。尤其将制售有毒有害食品和假冒伪劣药品的犯罪行为作为打击的重中之重，对引发食品药品安全事件、造成严重后果和恶劣影响的案件，及时介入侦查、引导取证，依法快捕快诉、从严从重打击，切实保障人民生命权和健康权。

二是严肃查办和积极预防职务犯罪，促进改善民生、保障公民人身权利和民主权利。查办和预防职务犯罪是检察机关保障人权的重要途径。一方面，检察机关可以通过查办和预防相关领域职务犯罪促进有关部门和工作人员依法履职、维护人民利益。如湖北检察机关连续三年开展查办民生领域职务犯罪专项工作，在医疗、教育、就业、社会保障等领域查办严重损害群众利益的贪污受贿、失职渎职等职务犯罪嫌疑人2222人，努力促进改善民生，保障人民工作、生存、健康、受教育等基本权利。另一方面，检察机关承担着查办国家机关工作人员利用职权实施的侵犯公民人身权利、民主权利犯罪的职责。对于国家机关工作人员这一直接侵犯人权的严重行为，湖北检察机关始终高度重视，不断加大对非法拘禁、非法搜查、刑讯逼供、暴力取证、破坏选举、虐待被监管人、报复陷害等案件的查办力度，依法保障公民人身权利和民主权利。同时，我们始终注重发挥预防职务犯罪作用，结合办案深入分析各种侵权犯罪的发案原因、特点及规律，及时加强警示教育、提出检察建议，积极预防侵犯人权职务犯罪的发生。

三是强化对诉讼活动的法律监督，以司法公正保障公民各项合法权益。公民在诉讼活动中有适用法律平等、获得公正审判等基本权利，检察机关通过强化诉讼监督、维护司法公正是保障人权的重要途径。强化刑事立案和侦查活动监督，我们始终坚持打击犯罪与保护人权并重，既依法监督有案不立、有罪不纠等打击不力问题，去年共监督侦查机关立案1088件；又高度重视加强对违法立案、动用刑事手段违法插手民事经济纠纷、违法采取强制措施等侵犯人权问题的监督，监督侦查机关撤案294件，监督纠正侦查活动中的违法情形594件次，保障无罪的人不受刑事追究，保障犯罪嫌疑人的合法权益。强化刑事审判监督，去年全省检察机关对认为确有错误的刑事判决、裁定提出抗诉119件，对刑事审判活动中的违法情形提出纠正意见136件次，着力防止量刑畸轻畸重等问题，保障被告人获得公正审判。同时我们坚决贯彻严格控制并慎用死刑的原则，高度重视死刑案件的审查、出庭和监督工作，确保死刑的依法正确适用。强化刑罚执行和监管活动监督，在着力监督纠正违法减刑、假释、暂予监外执行等问题、保障刑罚有效执行的同时，将监督重点放在解决超期羁押、体罚虐待被监管人员等侵犯人权问题上，建立健全纠防超期羁押长效机制，会同有关部门深入开展看守所监管执法专项检查，监狱清查事故隐患、促进安全监管等专项活动，严厉打击"牢头狱霸"、体罚虐待被监管人员的违法犯罪行为，完善在押人员死亡介入调查机制，通过检察官约见、设立检察官信箱等方式认真受理审查在押人员及其家属的申诉、控告，切实维护在押人员合法权益。强化民事和行政诉讼监督，加大对民事、行政裁判不公等问题的监督力度，2010年全省检察机关对认为确有错误的民事、行政判决和裁定提出抗诉432件，提出再审检察建议196件，确保公民各项权利得到有效的司法保护。

四是加强控告申诉检察工作，保障公民检举、控告、申诉等权利。检举、控告、申诉等权利是宪法规定的公民基本权利。为方便群众履行这些权利，全省检察机关认真落实检察长接待、带案下访、定期巡访、联合接访等制度，坚持开展"举报宣传周"活动，并在全省统一设立综合性受理接待中心，开通具有举报、控告、申诉、投诉、咨询、查询等"六合一"功能的"12309"检察服务电话，实行电话、网络、信函、接访等受理方式的"四整合"，积极推进检察工作向基层延伸试点，在乡镇、街道设置10个派驻检察室、182个检察服务站、603个巡回服务组。通过上述途径，努力畅通群众诉求表达渠道，2010年共依法受理、办理群众举报、控告、申诉、投诉11861件次。

五是强化对弱势群体和特殊群体的司法保护，保障他们的合法权益。我们始终将青少年、妇女、农民等弱势群体和困难群众的权益保护放在突出位置。依法严厉打击拐卖妇女儿童的犯罪行为；对青少年犯罪坚持教育、感化、挽救的方针，积极推行专人办理、分案起诉、社会调查、亲情会见等适合未成年人身心特点的办案方式，积极通过选派中小学校法制副校长等方式预防青少年犯罪；连续四年开展查办涉农职务犯罪专项工作，在“村村通”公路、农网改造、退耕还林、农民工培训等领域查办职务犯罪嫌疑人1658人，切实保障农民合法权益；加强刑事被害人救助工作，对生活确有困难被害人发放救助金，体现司法人文关怀。

一直以来，湖北检察机关始终高度重视自身执法办案工作中的保护人权问题，在规范执法行为、确保公正廉洁执法方面作出了一系列安排部署。2006年，全省检察机关针对受利益驱动违法违规办案、不文明办案、办案安全隐患问题部署开展“三个专项治理”，着力整治执法办案中侵犯当事人及相关单位、人员合法权益的问题；2007年部署开展“作风建设年”；2008年部署“严肃法纪、严守规章、强化管理”教育活动，提出要完善执法办案内外部监督制约体系；2009年提出要按照“坚持长期治理、健全长效机制、落实治本措施”的要求持续推进执法规范化建设，部署开展执法公信力建设专项工作；去年我们着眼于从工作机制层面保障公正廉洁执法，制定出台《关于构建促进检察机关公正廉洁执法工作格局的指导意见》，强调要着力构建执法办案、制度规范、执法管理、监督制约、执法保障“五位一体”工作格局，促进自身公正廉洁执法，确保在执法办案中依法保障当事人等相关人员合法权益。具体体现在以下几个方面：

一是强化人权保障意识。近年来，我们通过开展学习实践科学发展观、社会主义法治理念教育、“恪守检察职业道德、促进公正廉洁执法”主题实践活动等一系列教育活动，教育引导检察人员牢固树立以人为本、执法为民意识，始终把实现好、维护好、发展好人民群众利益作为检察工作的根本出发点、落脚点；牢固树立打击犯罪与保障人权并重的观念，在依法惩治犯罪的过程中，重视维护犯罪嫌疑人、被告人和罪犯的合法权益；牢固树立理性、平和、规范、文明的执法理念，努力消除执法不规范、不文明的思想根源，增强保障公民合法权利的意识。

二是依法保障诉讼参与人合法权利。严格执行诉讼权利义务告知制度，依法保障当事人及其亲属的申请回避权、委托诉讼代理权等诉讼权利；依法推行不起诉案件、重大申诉案件公开审查听证制度；认真贯彻《律师法》，完善保障会见权、阅卷权、调查取证权等各项执业权利机制，确保律师有效履行权利、维护当事人及其亲属合法权益；认真执行“两高三部”《关于办理刑事案件排除非法证据若干问题的规定》，在执法办案工作中坚持“四个绝对禁止、一个必须实行”的办案纪律，即“绝对禁止刑讯逼供和暴力取证；绝对禁止违法违规扣押、冻结及处理款物；绝对禁止在办案区违法违规关押犯罪嫌疑人，或者将已经关押在看守所的犯罪嫌疑人违规提押到办案区进行讯问；绝对禁止接受吃请、收礼，为犯罪嫌疑人或有关请托人通风报信、出谋划策；必须实行讯问职务犯罪嫌疑人全程同步录音录像，不安排录音录像不得进行讯问，每次讯问笔录都要准确记载实行全程同步录音录像情况”，以此尽量杜绝和减少刑讯逼供等非法取证行为，依法保障犯罪嫌疑人合法权利，对确有刑讯逼供或暴力取证的，该排除的非法证据毫不含糊一律予以排除，该追究责任的绝不袒护。同时，我们在办案过程中还注重把握政策策略、讲究方式方法，根据犯罪嫌疑人身体、家庭等状况给予合法合理的特殊照顾和安排，增强司法人文关怀。

三是切实强化内部监督。坚持把加强内部监督作为规范执法行为、防止和减少侵犯人权问题的重要途径。认真执行职务犯罪案件撤案、不起诉报上一级检察院批准和逮捕职务犯罪嫌疑人报上一级检察院审查决定制度，积极推行讯问职务犯罪嫌疑人全程同步录音录像工作，加强扣押、冻结款物专项检查，完善执法档案，加强案件评查，进一步强化对执法办案工作的监督。大力推进检务督察工作，加大对办案区建设管理、枪支、警械、警车管理使用以及检容风纪的监督力度，及时纠正解决侵犯当事人权益的问题。

四是自觉接受外部监督。自觉接受人大监督和政协民主监督。坚持及时向人大及其常委会报告工作，积极邀请代表、委员视察检察工作，认真听取、及时办理代表委员意见建议，通过寄送《联络专刊》、走访等方式加强与代表、委员的经常性联系，主动接受监督。自觉接受社会监督。积极推行人民监督员制度，对检察机关拟作撤案、不起诉处理、立案不当、超期羁押、违法搜查扣押、不依法给予刑事赔偿和检察人员违法违纪办案等七类案件全部纳入人民监督员程序，防止在执法办案中发生侵犯人权的现象，保障检察权依法正确行使；认真落实查办职务犯罪“一案三卡”制度，对直接立案侦查案件进行回访，接受当事人、律师、发案单位等监督；深化检务公开，依法向社会和诉讼参与人公开与检察职权相关的不涉及国家秘密、商业秘密和个人隐私的有关活动和事项，通过开辟检察门户网站检务公开专栏、召开新闻发布会、开展“公众开放日”活动、编发检务公开手册、健全检务查询和法律咨询制度等措施，保障人民群众的知情权、参与权、表达权和监督权。

客观地讲，检察机关在促进人权保障方面还存在一些不足，有的检察机关履行职能保障人权的功能发挥不够充分，少数干警人权保护意识不强，有的还存在执法不规范现象，个别干警甚至以权谋私、违纪违法，侵犯了案件当事人及相关人员合法权益。检察机关继续推进人权保障事业，我认为要进一步抓好如下几个方面的工作：第一，要进一步培养干警人权保障意识。继续深化宗旨意识教育，不断提高检察干警执法为民意识和人权保障意识，自觉地把尊重和保障人权的宪法原则落实到检察工作的各个环节和各项具体工作之中。第二，要进一步发挥检察职能保障人权、促进人权事业发展。依法坚决打击危害人民群众生命财产安全和侵犯公民人身权利、民主权利的犯罪活动，突出查办教育、就业、食品安全、医疗卫生、社会保障、征地拆迁、抢险救灾、移民补偿等领域发生的职务犯罪案件，突出查办国家机关工作人员贪赃枉法、徇私舞弊、刑讯逼供、暴力取证等侵害公民人身权利、民主权利的犯罪案件，有针对性地加大对违法立案、超期羁押、轻罪重判等侵犯公民合法权利案件的法律监督力度，把保障公民合法权利的要求落实到办理的每一起案件、受理的每一项诉求中，进一步体现司法为民、司法护民。第三，要进一步推进检察机关执法公信力建设。要从牢固树立群众观点、维护人民群众权益、健全检察机关群众工作制度机制、创新群众工作方式方法等方面入手，深入推进检察机关群众工作；要努力构建和完善以执法办案为中心、以制度规范为基础、以执法管理为前提、以监督制约为关键、以执法保障为条件的“五位一体”工作格局，确保检察自身公正廉洁执法、确保公民合法权利不受侵犯。第四，要进一步完善执法办案内外部监督制约体系。完善接受人大、政协、公安、法院等有关部门以及人民群众、新闻媒体监督制约等外部监督制约机制，加强检察机关各业务部门之间的内部制约，加强纪检监察部门等检察机关专门监督机构对执法办案的监督制约，加强上级检察院对下级检察院的领导与指导，加强业务部门执法办案中的自身监督，以严密有效的监督制约规范执法行为、促进保障人权。第五，要进一步推进检察改革和工作机制建设。围绕保障人权，重点抓好贯彻宽严相济刑事政策、人民监督员、检察工作考评机制等方面改革措施，尤其要高度重视检察管理工作，结合实际认真组织开展“强化检察管理年”活动，按照“落实、增效、规范、创新”的要求加强以执法管理为核心的各项检察管理工作，保障严格、公正、文明、廉洁执法，确保相关人员合法权利不受侵犯。

6 按照“六个进一步”的要求进一步深化检察机关群众工作*

检察机关群众工作是党和国家群众工作的重要组成部分，群众工作做的好坏事关党的命运、国家前途，也直接关系检察事业的兴衰成败。近年来，全省检察机关认真贯彻2009年7月省委转发省检察院制定的《关于加强检察机关群众工作的指导意见》，按照“维护人民群众权益、紧紧依靠人民群众、提高群众工作能力、接受人民群众监督、落实便民利民措施”的根本要求，不断继承和创新检察机关群众工作，得到省委、高检院的充分肯定，受到了人民群众的欢迎和好评。要深刻认识到，深入推进检察机关群众工作，是践行党的宗旨和群众路线的必然要求，是落实科学发展观的根本要求，是提高检察机关执法公信力的重要举措，也是解决检察工作中突出问题的现实需要。为做好新形势下的检察机关群众工作，省院党组提出了以下六项工作要求，集中起来说就是要解决好“两个问题”：前提是思想问题，最后是落实问题。

一、进一步树立群众观点、坚定群众立场、坚持群众路线、增进群众感情

能否重视和做好检察机关群众工作，说到底还是一个思想问题、观念问题、感情问题，首要的是进一步加强群众工作的思想教育。树立群众观点是加强检察机关群众工作的思想基础。要采取灵活多

* 2011年3月1日敬大力同志在湖北省检察机关深化群众工作暨控告申诉检察工作会议上的讲话节录。

样的形式，引导检察干警真正理解和牢固树立群众观点，尊重人民的主体地位，自觉做到相信群众、依靠群众、尊重群众，甘当人民公仆。坚定群众立场是加强检察机关群众工作的根本要求。要教育引导干警始终站在人民群众的立场上想问题、谋发展、做决策，把人民群众的需要作为检察工作的根本导向，把人民拥护不拥护、赞成不赞成、满意不满意作为检验检察工作成效的根本标准。坚持群众路线是加强检察机关群众工作的基本方针。要切实解决好检察工作为了谁、依靠谁，检察机关应当建立何种社会基础的问题，始终坚持检察机关的人民性，保持同人民群众的血肉联系。增进群众感情是加强检察机关群众工作的基本前提。要在检察工作中加强与群众的联系和沟通，真诚倾听群众呼声、积极回应群众期盼，妥善处理群众诉求，全力维护群众权益，密切检察机关同人民群众的关系，赢得群众对检察机关的信任与支持。

二、进一步发挥检察职能作用，从人民群众最关心最直接最现实的利益问题入手，切实维护好人民群众权益

做好新形势下的群众工作，关键是充分发挥检察职能作用维护人民权益。要以人民利益为重、以人民期盼为念，把维护人民权益作为检察工作的根本出发点和落脚点，真心诚意地为群众办实事、办好事。要坚持把维护社会和谐稳定作为关系人民群众利益的重大问题，贯彻宽严相济刑事政策，依法严厉打击危害公共安全、影响人民群众安全感的暴力犯罪、黑恶势力犯罪等严重刑事犯罪，确保社会安定有序，人民安居乐业；要依法严厉打击“两抢一盗”、制毒贩毒、制售有毒有害食品和假药劣药等损害群众切身利益的案件，维护人民群众的合法权益；要围绕促进解决涉及群众利益的热点难点问题，严肃查办发生在征地拆迁、医疗卫生、社会保障、环境保护、安全生产、铁路安全建设等民生领域，特别是重特大安全事故背后的的职务犯罪；要加强对群众反映强烈的执法不严、司法不公问题的监督，妥善处理群众的合法诉求，想方设法排查化解由损害群众利益问题引发的矛盾纠纷，切实维护社会公平正义。

三、进一步健全检察机关群众工作制度机制、创新群众工作方式方法

完善的制度机制是推动检察机关群众工作不断深入的重要保证。要重点解决检察机关与人民群众距离远、有隔阂、沟通差等问题，切实做到与人民群众人对人、面对面、手拉手、心连心。要注重总结群众工作新鲜经验，及时将行之有效的做法上升为制度机制，不断增强群众工作的系统性、协调性、持续性。要健全体现以人为本、执政为民要求的决策机制，凡涉及群众切身利益的重大政策措施，在决策前要充分听取群众意见，全面评估可能影响群众利益的各种问题，切实把群众的意见、建议作为工作决策的重要依据。要健全联系群众、服务群众、依靠群众的各项机制，不断拓宽社情民意的反映渠道，及时了解人民群众的新要求新期待，根据群众意见有针对性地加强和改进检察工作，依靠人民群众推动各项法律监督工作。要健全便民利民工作机制，加强综合性受理接待中心建设，落实好“12309”检察服务电话的接听和记录工作，推进检察工作向基层延伸，全面推行“阳光检务”，真心实意、满腔热忱地为群众提供优质服务。在继承做好群众工作的优良传统的同时，要适应形势发展及群众工作内容和形式变化的实际，不断探索和创新群众工作的方式方法，譬如设立检察机关微博做好网民和网上舆情应对工作等，努力使检察机关群众工作常做常新，人民群众喜闻乐见。

四、进一步增强法制观念，促进严格公正文明廉洁执法，提高检察机关执法公信力

严格、公正、文明、廉洁执法是坚持以人为本、执政为民的必然要求，是维护人民权益的重要内容，是提高检察机关执法公信力的应有之义。全省检察机关要切实解决当前执法办案中存在的影响公正廉洁执法的突出问题，努力构建以执法办案为中心、以制度规范为基础、以执法管理为前提、以监督制约为关键、以执法保障为条件的“五位一体”工作格局。要认真落实“四个绝对禁止、一个

必须实行”的办案纪律，切实防止发生违法违纪行为，防止损害人民群众权益。要以开展“强化检察管理年”活动为契机，认真贯彻高检院《检察机关执法工作基本规范》，加强执法规范化建设，提高各项规章制度的执行力；要坚持依法律、依法规、依政策办事，以事实为依据，以法律为准绳，严格依法办案，规范执法行为，正确行使检察权，防止出现违背法律政策规定和超越检察职权处理案件和信访问题，维护国家法律统一、尊严和权威。

五、进一步加强检察机关队伍作风建设，树立正气、坚持原则、勇于担当，全心全意为人民服务

作风建设的核心，是保持党同人民群众的血肉联系。深入推进检察机关群众工作，要求我们真正把人民群众的事情放在心上，树立良好的作风取信于民。要将提升工作作风作为深入推进检察机关群众工作的着力点，切实解决在人民群众面前要特权、抖威风，冷、硬、横、推，执法作风简单粗暴的问题，把人民群众当亲人、当家人、当朋友，及时、高效、公正地处理有关案件，做到规范执法、文明执法。要坚持勤政爱民，把治理工作中的“庸、懒、散”现象作为加强干部队伍作风建设的突破口，以治庸提能力、以治懒提效率、以治散正风气，促使干警怀着深厚的感情，满腔热忱、全心全意地做好服务群众各项工作；要以提高群众工作能力为重点，加强对干警的教育培训，帮助干警掌握新知识、新政策，提高执行法律法规和政策的能力、创造性执行工作部署的能力，以及化解矛盾纠纷、维护社会和谐稳定的能力。

六、进一步把以人为本、执法为民和检察机关群众工作根本要求全面深入贯彻到各项检察工作中去

要把执法工作、法律监督工作很好地同群众工作结合起来，把群众工作贯穿到检察工作各个方面、各个环节。各地检察机关及各级领导、各部门都要切实重视做好群众工作，把以人为本、执法为民的原则和检察机关群众工作“五条要求”落到实处。要坚持把以

人为本、执法为民和检察机关群众工作根本要求贯彻到检察工作指导思想中去，使全部检察工作以人民群众的根本利益为依归，一切从人民利益出发开展检察工作。坚持把以人为本、执法为民和检察机关群众工作根本要求贯彻到检察工作部署中去，紧紧抓住人民群众反应强烈的腐败、执法不严、司法不公、执法违法等突出问题，加大工作力度，强化工作措施，增强工作实效，提高人民群众对检察工作的满意度。坚持把以人为本、执法为民和检察机关群众工作根本要求贯彻到检察队伍建设中去，普遍深入地进行群众观念教育，真正解决干警对人民群众的态度问题；有计划地组织检察干警到基层一线面对面地服务群众，提高做群众工作本领；将践行以人为本、执法为民情况作为考核干部的重要内容，树立知民、亲民、爱民、为民的选人用人导向。

7 以人为本、执法为民，全面加强和改进新形势下检察机关群众工作*

群众观点和群众路线是我们党的“传家宝”，以人为本、执政为民是党的性质和宗旨的集中体现。检察机关作为国家法律监督机关，人民性是其最根本的政治属性，群众工作是检察工作的应有之义和固有内容。近年来，湖北检察机关认真贯彻中央、高检院关于加强群众工作的要求部署，不断明确思路、强化措施、创新方式、完善机制，全面加强和改进新形势下检察机关群众工作，取得了积极成效。

一、高度重视、明确思路，稳步推进检察机关群众工作

坚持从践行执法为民宗旨、提高检察机关执法公信力、促进检察工作科学发展的高度，深刻认识新形势下继承和创新检察机关群众工作的特殊重要意义，始终将其作为一项重点工作和重大课题来研究部署，在实践中逐渐深化认识、明晰思路、层层深入、步步紧跟，有计划、分阶段地持续推进。在启动探索阶段，做到问需于民、问计于民，2008 年省院派出 10 多个工作组，深入基层、深入群众开展专项调研，在检察门户网站征求群众意见建议，了解掌握人民群众新要求新期待，有针对性地谋划检察机关群众工作。在系统部署阶段，2009 年省院正式制定《关于加强检察机关群众工作的指导意见》，明确结合法律监督职能开展群众工作的指导思想、基本原则和

---

* 2011 年 7 月 18 日敬大力同志在第十三次全国检察工作会议上的发言。

目标任务，鲜明提出“维护人民群众权益、紧紧依靠人民群众、提高群众工作能力、接受人民群众监督、落实便民利民措施”的总体思路和30项具体措施，系统指导全省检察机关加强群众工作，得到高检院、省委主要领导充分肯定，省委全文转发省院《指导意见》。在全面推进阶段，我们将群众工作作为一条主线和一项基础性经常性根本性工作贯穿于各项检察工作全过程，2010年以检察机关群众工作为主题，分征求意见、交流经验、理论研讨三个阶段举办检察发展研究论坛，使理论与实践相互融合、互为支撑，促进提升群众工作水平。在深化提高阶段，通过认真学习中央领导同志关于加强群众工作的一系列新论断新要求，加深对新时期检察机关群众工作基本规律、目标要求、实践途径等方面的认识，与时俱进地为其注入新内容、赋予新内涵，明确提出“六个进一步”的新要求，即：进一步树立群众观点、坚定群众立场、坚持群众路线、增进群众感情；进一步发挥检察职能作用，从人民群众最关心最直接最现实的利益问题入手，切实维护好人民群众权益；进一步健全检察机关群众工作制度机制、创新群众工作方式方法；进一步增强法制观念，促进严格公正文明廉洁执法，提高检察机关执法公信力；进一步加强检察机关队伍作风建设，树立正气、坚持原则、勇于担当，全心全意为人民服务；进一步把以人为本、执法为民和检察机关群众工作根本要求全面深入贯彻到各项检察工作中去，以此指导和推进检察机关群众工作创新发展。

二、依靠群众、严格履职，切实维护人民群众权益

牢牢把握检察机关的人民性，坚持专群结合，认真听取群众意见建议，定期开展“举报宣传周”等活动鼓励群众反映职务犯罪和诉讼违法线索，深入群众学习专业知识、开展调查研究、掌握执法办案规律，推动预防职务犯罪社会化，针对群众反映强烈的问题部署开展专项工作，紧紧依靠人民群众加强和改进各项检察工作。突出打击黑恶势力犯罪、严重暴力犯罪、多发性侵财犯罪、涉众型经济犯罪以及制售有毒有害食品和假药劣药等直接损害群众生命财产

利益、严重影响群众安全感的刑事犯罪，积极配合有关部门开展打黑除恶、扫黄打非等专项斗争，推动完善社会治安防控体系和平安建设，维护社会和谐稳定、保障人民安居乐业。严肃查办和积极预防损害民生民利的职务犯罪，组织开展查办和预防涉农、民生领域职务犯罪等专项工作，2008 年以来，查办发生在征地拆迁、教育就业、医疗卫生、社会保障、移民补偿、环境保护等领域的职务犯罪 4132 人，着力促进国家保障和改善民生各项政策的落实。针对诉讼活动中以罚代刑、滥用强制措施、裁判不公、超期羁押、体罚虐待被监管人员、程序违法等问题，全面强化刑事、民事和行政诉讼法律监督，认真开展监督行政执法机关移送涉嫌犯罪案件等专项工作，开展法律监督调查 3820 件，查办执法司法不公背后的职务犯罪 252 人，着力解决人民群众反映强烈的执法司法不公问题，维护人民群众和当事人合法权益。坚持用群众工作统揽信访工作，认真落实检察长接待、带案下访、首办责任等制度，依法妥善解决群众反映的信访问题 36894 件；制定实施《关于进一步加强涉检信访工作的意见》，加强源头治理，推行执法办案风险评估制度和分级预警，着力构建处理涉检信访的一体化工作格局，认真开展涉检信访积案排查化解专项工作，清理并妥善化解积案 315 件；依法开展刑事被害人救助工作，对 93 件案件的被害人发放救助金 363 万元，为最需要帮助的群众提供支持。

三、创新方式、完善机制，提升检察机关群众工作水平与实效

在继承发扬以往经验做法的基础上，不断探索新形势下联系群众、服务群众、引导群众的新方法新机制，努力使检察机关群众工作常做常新，人民群众喜闻乐见。高度重视方式创新。注重深入基层，积极开展法律监督工作“六进”、“万名干部进万村入万户”等活动，面对面做好知民情、解民忧、化民怨、暖民心的各项工作。注重典型示范，积极总结推广“化解社会矛盾华丽工作组”、“郭艳萍大手拉小手工作室”等先进典型的成功经验，发挥身边典型示范

效应，增强工作感染力。注重释法说理，探索不立案、不批捕、不起诉、不抗诉案件说理制度，努力用群众语言明辨法理，交流情感，理顺情绪，化解纠纷。注重网络舆情应对，完善涉检网络舆情监测、报告、研判和预警机制，对检察机关重大决策、重大案件、重要情况等，及时通过网络等媒体发布权威信息、公布客观事态、表明处理态度；在检察门户网站开通征求意见、网上受理、网上展览、在线交流等功能，加强与群众的互动交流；探索通过创办官方微博、QQ 绿色通道等方式服务群众，开通全国首个省级检察院官方微博并位居全国政法机关官方微博排行第五位。高度重视机制创新。健全社情民意征集、转化、反馈机制，在出台重大决策前，通过召开座谈会、问卷调查、上门走访等途径广泛征集社情民意，将其作为工作决策的重要依据，转化为工作整改的重要内容，并及时回复反馈，使民意沟通更加便捷、科学、畅通、务实、有效。健全便民利民工作机制，在全省各级院统一设立综合性受理接待中心，全面开通具有举报、控告、申诉、投诉、咨询、查询等“六合一”功能的“12309”检察服务电话，实行电话、网络、信函、接访等受理方式的“四整合”，加强和规范派驻检察室、检察服务站建设，设立巡回服务组，畅通群众利益诉求表达渠道。健全接受人民群众监督机制，坚持办理职务犯罪案件“一案三卡”制度，认真开展办案回访，不断完善检务公开的内容和形式，每年两次定期开展全省统一的检察院“公众开放日”活动，按规定将 679 件案件全部纳入人民监督员程序，完善情况通报和新闻发言人制度，自觉接受人民群众和社会各界监督，促进提升执法公信力。

四、强化保障、狠抓落实，推动检察机关群众工作深入开展

为确保检察机关群众工作顺利开展、深入推进，我们积极在组织机构、人员素质、工作考评等方面下功夫、出实招。一是强化组织保障。省院专门组建群众工作处，负责归口管理、指导督办检察机关群众工作；成立新闻处，推动建立同媒体的良性互动关系；成

立联络处，努力营造检察机关的良好公共关系。通过设置相关辅助机构，逐步形成了党组统一领导、专门机构组织协调、其他职能部门分工其责、全系统协力推进的群众工作格局。二是强化能力培训。把群众工作能力作为教育培训的重要内容，多途径、多形式地深化群众观点、群众立场再教育，改进工作作风，增进对群众的感情。组织开发群众工作精品课程，编发《群众工作手册》，聘请经验丰富、成效突出的干警担任教员，运用典型案件教育干警，省院选派46名同志到基层一线工作、到信访部门接访、到乡镇挂职锻炼，提高掌握群众心理、使用群众语言、疏导群众情绪、处理群众诉求等实践本领。三是强化责任落实。进一步细化各地、各部门群众工作责任和要求，实行目标管理，加强综合指导和检查督办，探索建立对群众工作开展情况的考核评价制度，广泛邀请群众代表参与测评，根据测评结果实行奖惩和问责，确保群众工作从“软指标”变为“硬任务”，推动各项要求落到实处、取得实效。

8 践行“为民”理念，不断加强和改进群众工作*

群众观点和群众路线是我们党的“传家宝”，以人为本、执政为民是党的性质和宗旨的集中体现。中央反复强调，必须坚持以人为本、执政为民理念，牢固树立马克思主义群众观点、自觉贯彻党的群众路线，始终保持同人民群众的血肉联系。高检院要求，切实把以人为本、执法为民贯彻落实到各项检察工作中，努力实现好、维护好、发展好最广大人民根本利益。“为民”是我们党全心全意为人民服务根本宗旨的必然要求，也是以人为本、执政为民的执政理念在政法工作上的直接反映和体现。要始终把人民放在心中最高位置，从群众感情、宗旨观念、路线作风、工作要求等方面，深入践行“为民”理念，不断提高检察机关群众工作水平。

一、牢固树立群众观点，增强同人民群众的感情，切实打牢执法为民的思想基础

群众观点是历史唯物主义的基本观点，群众工作的核心是为了谁、相信谁、依靠谁的问题。感人心者，莫先乎情，增强同群众的感情是做好群众工作的前提。现在交通、通讯比以前发达了，有的党员干部与群众的距离反而更远了，做群众工作的能力反而下降了。究其原因，主要是少数党员干部对群众的感情淡漠了。是否树立“为民”理念、能否做好检察机关群众工作，说到底还是一个思想问题、观念问题、感情问题。要真正理解和牢固树立群众观点，增

* 《检察日报》2012 年 6 月 25 日刊载敬大力同志文章。

强群众感情，在认识上不断深化，在实践中反复锤炼，自觉自愿、发自内心的服务群众，把群众观点贯穿到检察工作的各个方面，渗透到广大干警的思想和行动中，乐于勤于善于做群众工作。一是把群众观点再教育作为重要内容，列入检察干警教育培训必修课程，运用先进模范事迹、典型案例帮助干警深刻领会群众观点的重大意义和基本内涵。二是深入一线联系群众、服务群众，深入开展检察官进社区、进企业、进学校、进农村活动，巩固、转化、运用好“万名干部进万村入万户”、“万名干部进万村挖万塘”的活动成果，引导检察干警在基层经受党性锻炼、实践磨练和身心修炼，与群众面对面、手拉手、心连心，赢得群众的信任和支持，真正与群众建立鱼水深情。三是带着对群众的深厚感情去执法办案，特别是在涉检信访工作中，在遇到矛盾和问题时学会换位思考，将心比心，把群众当亲人，把群众的困难当做自己的困难，在法律政策的原则范围内讲良心、讲爱心，多做一些解开群众“心结”的工作。四是持续改进执法作风，深刻反思社会上存在的“仇官”、“仇警”现象，通过自己的一举一动、一言一行，把对群众的真挚感情转化为服务群众的热情和激情，着力克服特权思想和霸道作风，牢固树立理性、平和、文明、规范的执法理念，增强人民群众对政法工作、检察工作的信任感和满意度。

二、始终站稳群众立场，践行为人民服务的宗旨，充分发挥检察职能作用维护人民群众权益

始终把人民放在心中最高位置，是我们党始终如一的根本政治立场和鲜明政治本色。正如毛主席所说，“共产党就是要奋斗，就是要全心全意为人民服务，不要半心半意或者三分之二的心三分之二的意为人民服务”。检察机关站稳群众立场，核心是坚持以人为本、执法为民理念，始终把维护人民权益放在第一位，把人民群众的需要作为检察工作的根本导向，立足检察职能实现执法为民。要坚决打击和查办损害民生的犯罪，依法严厉打击黑恶势力犯罪、“两抢一盗”等严重影响群众安全感的刑事犯罪，严肃查办和积极预防发生

在医疗、教育、就业、社会保障等领域的职务犯罪，着力促进国家保障和改善民生各项政策的落实，不断增强人民群众的幸福感。要加强检察机关的诉讼监督工作，严肃惩处徇私枉法、执法犯法、以权压法行为，着力解决人民群众反映强烈的执法司法不公问题，妥善处理群众的合法诉求，切实维护社会公平正义。要坚持把化解社会矛盾贯穿于检察工作全过程和执法办案的各个环节，健全检察工作的风险预警、处置、防范工作体系，用群众工作统揽信访工作，认真落实检察长接待、带案下访、首办责任等制度，依法妥善解决群众反映的信访问题，认真开展涉检信访积案排查化解专项工作和刑事被害人救助工作，不断增强人民群众的满意度。

三、深入贯彻群众路线，坚持专群结合，紧紧依靠人民群众推动检察工作科学发展

人民群众是历史的创造者，是真正的英雄。一切为了群众，一切依靠群众，从群众中来，到群众中去，集中起来，坚持下去，是我们党的根本工作路线。没有人民群众的支持，检察工作就会成为无源之水，无本之木。坚持专群结合，走群众路线，是做好检察工作的重要途径和有力保证。要大力弘扬密切联系群众的作风，坚持把人民群众满意作为评价检察工作的根本标准，认真听取、虚心接受人民群众的意见、建议和批评，提出改进工作的办法和措施，使各项检察工作始终体现群众意愿。要从群众中汲取智慧和力量，不断开阔工作视野，完善工作思路，着力建立健全体现以人为本、执法为民要求的决策机制，加强民意收集、研究和转化，促进科学决策、民主决策、依法决策。要采取各种有效方式，发动群众、鼓励群众举报职务犯罪等各种违法行为线索，拓宽案件来源渠道，提高法律监督工作的针对性和有效性。要深入群众开展调查研究，掌握发案规律，学习专业知识，积极发动人民群众、专家学者等社会力量参与、推动预防职务犯罪社会化，促进提高查办和预防职务犯罪工作水平。要深深扎根于人民群众之中，加强检察机关的基层基础建设，积极发挥派驻检察室、检察服务站和检察巡回服务组的作用，

及时倾听群众的呼声和要求。

四、坚持与时俱进，把握工作要求，进一步加强和改进新形势下的检察机关群众工作

时代在前进，社会在进步，人民群众的利益需求也在发展，检察机关的群众工作也需要与时俱进，不断创新发展，始终保持生机和活力。近年来，湖北检察机关认真贯彻省检察院制定、省委转发的《关于加强检察机关群众工作的指导意见》，按照“维护人民群众权益、紧紧依靠人民群众、提高群众工作能力、接受人民群众监督、落实便民利民措施”的总体要求系统推进全省检察机关的群众工作。去年，我们提出并落实“六个进一步”的新要求，取得较好效果，受到高检院和省委的充分肯定，赢得了社会各界和人民群众的认同与支持。当前，我国正经历着空前广泛的社会变革，群众工作的对象、内容、环境发生深刻变化。做好新形势下的群众工作，需要在落实好已有工作要求的基础上，深刻认识和把握形势的发展变化，深入研究和把握群众工作的新特点新要求，为其注入新内容、赋予新内涵，不断增强检察机关群众工作的针对性和有效性，使检察工作更全面、更准确地体现人民意愿、维护群众利益。

源浚者流长，根深者叶茂。人民群众是我们力量的源泉，执法为民是检察工作的根本。要始终把人民利益放在第一位，始终保持与人民群众的血肉联系，不断提高群众工作能力和水平，实现好维护好发展好最广大人民的根本利益，更好地担负起中国特色社会主义事业建设者、捍卫者的神圣使命。

9 进一步深化、细化、实化检察机关群众工作*

一、全面认识进一步深化、细化、实化检察机关群众工作的重要意义

近年来，省院党组高度重视群众工作，积极探索、发展、深化检察机关群众工作，制定出台并经省委转发了《湖北省人民检察院关于加强检察机关群众工作的指导意见》，提出了从五个方面加强检察机关群众工作的总体思路，举办了以检察机关群众工作为主题的研究和实践活动，取得了明显成效，得到了高检院、省委的充分肯定和广大人民群众的好评，省院加强群众工作的经验多次在全国作交流发言。

党的十八大以来，新一届中央领导集体高度重视群众工作，在全党部署开展以为民务实清廉为主要内容的党的群众路线教育实践活动。为深入贯彻落实党的十八大关于做好新形势下群众工作的新部署、习近平总书记以最广大人民利益为念的总要求，省院研究制定了《湖北省人民检察院关于进一步深化、细化、实化检察机关群众工作的实施意见》（以下简称《实施意见》）。全省检察机关要把思想和认识统一到上级决策部署上来，充分认识进一步深化、细化、实化检察机关群众工作的重要意义。

党的十八大报告中“人民”二字出现了145次，以人为本、执政为民理念贯穿十八大报告始终，以人民为重的情怀流露于报告的

---

* 2013年5月15日敬大力同志在湖北省检察机关控告申诉检察工作会议暨群众工作培训班上的讲话。

字里行间。习近平总书记在十二届全国人大一次会议闭幕会上明确提出，“中国梦归根到底是人民的梦，必须紧紧依靠人民来实现，必须不断为人民造福”。检察机关要始终牢记检察权来源于人民，坚持人民主体地位，把人民放在心中最高的位置。要从全局和战略的高度，认真落实中央、高检院和省委对群众工作的决策部署，把进一步深化、细化、实化检察机关群众工作作为保证党和国家长治久安、促进“中国梦”早日实现的重要任务来抓，以强烈的政治责任感和崇高的历史使命感，不断提高检察机关群众工作水平。

人民性是检察机关的根本属性。习近平总书记指出，司法工作者要密切联系群众，如果不懂群众语言、不了解群众疾苦、不熟知群众诉求，就难以掌握正确的工作方法，难以发挥应有的作用。全国政法工作会议提出，要坚持以人民利益为重、以人民期盼为念，着力解决人民群众最关心的公共安全问题、最关切的权益保障问题、最关注的公平正义问题，把执法司法过程变成联系服务群众、维护群众合法权益的过程，努力把工作做到老百姓心坎上。当前，人民群众要求强化法律监督、维护公平正义的呼声越来越强烈，这就要求我们必须进一步深化、细化、实化检察机关群众工作，不断提高做好新形势下群众工作的能力，坚持把维护群众权益作为检察工作的根本出发点和落脚点，从人民群众中汲取检察工作克服困难、创新发展的不竭动力，按照人民群众对公共安全、司法公正、反腐败、权益保障的新期待加强和改进检察工作，努力让人民群众在每一个司法案件中都能感受到公平正义。

党的十八大明确要求，加强司法公信建设，不断提高司法公信力。执法公信力归根结底就是人民群众对检察机关执法公正的整体评价。检察人员是公平正义的守护者，也是人民利益的捍卫者，更是为人民服务的公仆，要在人民群众中树立可亲、可敬、可信的良好形象。面对改革发展稳定的新形势新任务，与人民群众对检察工作的新要求新期待相比，我们在执法观念、能力和素质等方面还有一定差距，制约了检察机关执法公信力的提升。随着依法治国战略的稳步推进和法治观念的深入人心，进一步转变执法观念、改进执法作风，提升检察机关执法公信力变得更加紧迫。我们只有进一步深化、细化、实化检察机关群众工作，才能以实际行动赢得人民群众的理解、信任与支持，不断提高检察机关执法公信力。

二、准确把握进一步深化、细化、实化检察机关群众工作的主要方面

省院《实施意见》明确提出了当前和今后一个时期全省检察机关开展群众工作的总体思路、重大部署和具体要求。全省检察机关要立足党和国家工作大局、检察工作全局，领会精神实质，把握主要内容，坚持系统化推进、体系化落实、项目化建设，进一步增强工作的针对性、有效性和可操作性，努力把检察机关群众工作做深、做细、做实、做好。

（一）要深化实践探索，落实专群结合方针，提升人民群众的满意度

无论环境和条件怎么变化，执法为民的宗旨不能变，专群结合的方针不能丢。要始终坚持专门机关与群众路线相结合，自觉把群众观点、群众路线贯穿于全部检察工作中，坚持贴近群众、联系群众、服务群众，不断总结成功做法，深化实践探索，创造新鲜经验，依靠人民推动检察工作向前发展，提升人民群众的满意度。要顺应人民群众对公共安全的新期待，牢固树立“大稳定观”和“一线观念”，更加主动地做好检察环节维护社会和谐稳定各项工作，使违法犯罪活动依法受到制裁和惩罚，使受到侵害的权利依法得到保护和救济，为人民安居乐业创造和谐稳定的社会环境。要顺应人民群众对司法公正的新期待，认真贯彻实施修改后的刑事诉讼法和民事诉讼法，依法全面加强对立案、侦查、审判、执行等环节的法律监督，推进诉讼监督的制度化、规范化、程序化和体系化，维护社会公平正义，积极参与打造“全国最优法治环境”。要顺应人民群众对反腐败的新期待，加大查办和预防职务犯罪工作力度，既坚决查办大案要案，又严肃查办发生在群众身边的腐败犯罪案件，做到“老

虎”、“苍蝇”一起打，让人民群众看到检察机关反腐败的实际成效。要顺应人民群众对权益保障的新期待，立足检察职能，依法严肃处理严重损害群众经济权益、政治权益、人身权益的违法犯罪问题，特别是要坚决惩治人民群众高度关注的教育、就业、医疗、征地拆迁、生态环境、社会保障、食品药品安全等民生领域的犯罪，更加重视涉农检察工作，更加重视弱势群体和特殊群体的司法保护，更好地保障和改善民生。

（二）要细化工作措施，健全群众工作机制，提高检察机关执法公信力

近年来，全省检察机关坚持群众路线，多措并举，持续深入地加强执法公信力建设，取得了一定成效，赢得了社会认同。要深刻认识到，执法公信力的最终评价者是广大人民群众。要按照省院《实施意见》的部署，立足检察工作实际，进一步细化工作措施，健全群众工作机制，全面加强执法公信力建设。要坚持严格公正执法，牢固树立平等对待每一个人民群众与公正处理每一起案件同等重要的观念，坚持有法必依、执法必严、违法必究，客观公正、不偏不倚，切实维护社会主义法制统一、尊严和权威。要加强忠诚教育和职业培训，提升检察干警的法律素养和业务能力，提升检察队伍专业化、职业化水平，提升新形势下社会沟通能力和服务群众水平。要推进检察工作法治化，进一步解决执法办案中存在的影响执法公信力的突出问题，加大规范执法 24 项任务推进力度，切实加强对制度落实情况的检查督办，完善促进公正廉洁执法“五位一体”工作格局。要健全检察机关自身监督制约体系，强化上级检察院和纪检监察机构的监督，加强和改进巡视、检务督察、案件评查等工作，完善检察机关接受人大监督和接受社会监督、舆论监督等外部监督制约机制，以“零容忍”的态度严肃查办违纪违法问题。要总结实践中行之有效的做法，并根据新的形势和要求进一步细化，实现检察机关群众工作的经常化、规范化和制度化。建立民情恳谈、民意征集机制，做好反映民意、集中民智工作，把群众意见和要求作为检察决策的重要依据和改进工作的强大动力；建立协调工作、检查评估、考核评价、上下联动等机制，切实解决好人民群众反映强烈的问题；拓宽人民群众有序参与检察工作的途径，坚持检察长接待来访制度，完善专家咨询论证制度，完善人民监督员监督机制和群众评判检察工作的机制。

（三）要实化项目内容，提升群众工作水平，增强检察工作亲和力

省院《实施意见》的20条就是20个具体项目。全省检察机关要丰富项目内涵，实化项目内容，创新项目载体，以推进20个项目实施为突破口，创造性地开展检察机关群众工作，增强检察工作亲和力。要坚持把释法说理贯穿于执法办案的始终，探索运用公开审查、公开听证等形式，在执法办案中减少、消除群众对立情绪，帮助解决法度之外、情理之中的问题。要加强检务公开，依法向社会和诉讼参与人公开与检察职权相关的不涉及国家秘密和个人隐私等有关的活动和事项，充分利用现代化信息手段，不断丰富“检务公开”载体，打造“阳光检务”新平台。要充分运用新媒体做好群众工作，通过“网站、博客、微博、微信、手机客户端”打造“鄂检网阵”，加强与人民群众互动交流，接受人民群众监督，用心做好“指尖上的群众工作”。要进一步推进检察工作向基层延伸，加大基层检察院派驻检察室、检察服务站、检察巡回服务组建设力度，构建检察机关群众工作网络体系，把检察机关和基层群众紧密联接起来，实现检察机关服务群众的全覆盖。要进一步健全和完善便民利民措施，改善优化信访接待环境和条件，搭建服务群众新平台，不断完善便民设施设备，方便群众反映诉求。要提高群众工作能力和水平，结合岗位能力席位的要求，积极开展培训、锻炼、练兵活动，广泛开展检察官进机关、进社区、进企业、进农村、进学校的“五走进”活动，加强群众工作理论研究，不断提高群众工作能力和水平。

三、切实做好检察机关特殊性、专门性的群众工作

检察机关群众工作是党和国家群众工作的有机组成部分，除了普遍性、共同性的群众工作外，还有特殊性、专门性的群众工作，

也就是执法办案、法律监督工作中特殊群体的群众工作，需要我们认真研究、积极推进。

习近平总书记多次强调，要努力让人民群众在每一个司法案件中都感受到公平正义，所有司法机关都要紧紧围绕这个目标来改进工作。这对检察机关提出了新的更高目标，要求我们切实加强同检察机关执法办案和法律监督工作相关的群众工作，决不能让不公正的执法行为伤害人民群众感情、损害人民群众权益。全省检察机关要充分考虑执法办案和法律监督的对象、内容、程序、办法、要求等方面的特殊性，研究可行办法，探索有益经验，带动和促进检察机关群众工作。这里，我重点强调以下五个方面：

一要依法做好特殊群体的群众工作。法律不应该是冷冰冰的，检察工作也是做群众工作。检察机关日常处理最多的群众工作，就是做被害人、犯罪嫌疑人、被告人及其亲友、辩护人、诉讼代理人等特殊群体的群众工作。要贯彻修改后的刑事诉讼法、民事诉讼法及相关司法解释的规定，依法保障犯罪嫌疑人、被告人、被监管人、被害人等特殊群体的诉讼权利。要坚持法律面前人人平等，依法公正对待人民群众的诉求，树立理性平和文明规范的执法观，平等保护特殊群体的合法权益。要梳理当前执法办案和法律监督工作中的突出问题，重点解决影响执法司法公正和制约法律监督能力的深层次问题，改进工作作风，规范执法行为，让人民群众在检察机关办理的每一个案件中都能减少对立情绪，感受公平正义。

二要高度重视涉检网络舆情应对。我们既要善用媒体、善待媒体，充分运用新媒体做好群众工作，也要高度重视涉检网络舆情监测、研判、引导、处置工作。要密切关注网络媒体的新动向，加强网络舆情监控，掌握涉检网络舆情信息，提高涉检舆情研判水平，建立健全涉检网络舆情危机监测、引导和化解的长效工作机制，提高网络舆情监管工作水平。要采取有针对性的措施，提高涉检网络舆情的处理能力，进一步做好执法办案工作，进一步做好公众、网民等相关人员的群众工作。

三要依法妥善应对涉检群体性、突发性事件。涉检群体性、突发性事件是一种特殊情况下的群众工作，是最全面、最要功夫的群众工作。要健全完善执法办案风险预警、防范、处置工作体系，对检察工作中可能引发涉检群体性、突发性事件的风险，突出预警重点，找准风险点、风险源，有针对性地做好预警。要切实加强防范工作，区别不同情况，从情报信息、指挥机制、力量建设、装备配备、舆论引导等方面，制定科学、有效的防范工作预案，面对面地做好与群众的沟通工作，表明处理态度，回应群众质疑，依法妥善处置。

四要结合执法办案妥善化解矛盾纠纷。要畅通人民群众的诉求表达渠道，健全涉检矛盾排查化解机制，对排查出的涉检信访积案，逐案制定化解方案，落实定包案领导、定工作专班、定化解方案、定化解期限的“四定”责任制。要落实首办责任制，按照“谁主管谁负责”原则和检察机关内部业务分工，力争把问题解决在首次办理环节。坚持和完善“两见面”制度，办理涉及当事人切身利益的案件时，应当听取当事人的意见，并对当事人的不同意见进行释法说理，做到办理案件与做好善后息诉工作并重。落实回访制度，对涉检信访息诉罢访后，适时开展回访工作，及时了解原信访人的现状，有针对性地做好思想工作，使执法办案的过程成为化解矛盾纠纷的过程。

五要积极适应涉法涉诉信访工作改革。近期，中央即将下发《关于依法处理涉法涉诉信访问题的意见》，对涉法涉诉信访工作改革进行系统部署。这项改革的总体思路是，改变过去诉讼与信访交织的状况，将诉讼与信访分离，把涉法涉诉信访问题交由政法机关依法律程序进行处理，以此更好地维护群众合法权益和司法权威。当前，修改后的刑事诉讼法、民事诉讼法实施后，涉检信访工作已经出现了一些新的情况。涉法涉诉信访工作改革后，检察机关面临的形势将更加严峻，承担的任务将继续增加。全省检察机关要未雨绸缪，加强研判，提前谋划，从理念、规范、制度层面进行深入研究，加强接访人员力量，制定完善工作机制，着力解决涉法涉诉信访纳入法治轨道后可能会出现的问题，确保信访秩序维护得更好、群众的诉求解决得更好。

10 推动检察机关党的群众路线教育实践活动走在全省政法机关前列*

这次会议的主要任务是认真学习贯彻中央、省委和高检院关于开展党的群众路线教育实践活动一系列重要部署，对全省检察机关深入开展教育实践活动进行动员部署，推动检察机关教育实践活动走在全省政法机关前列，省院机关为全省检察机关作出表率。

一、深化“四个认识”，切实增强开展教育实践活动的自觉性和紧迫感

群众路线是党的生命线和根本工作路线。中央决定在全党深入开展以为民务实清廉为主要内容的党的群众路线教育实践活动，是新形势下坚持党要管党、从严治党的重大决策，是顺应群众期盼、加强学习型服务型创新型马克思主义执政党建设的重大部署，是推进中国特色社会主义伟大事业、实现中华民族伟大复兴“中国梦”的重大举措。习近平总书记在党的群众路线教育实践活动工作会议上，作出了三个“必然要求”的重要论断，明确提出了教育实践活动的指导思想和目标要求。全省检察机关无论是第一批还是第二批开展教育实践活动的单位，都要深化认识、统一思想，切实将其作为一项重大政治任务，摆在突出位置来抓。

---

* 2013年7月17日敬大力同志在湖北省检察机关党的群众路线教育实践活动工作会议上的讲话节录。

（一）深刻认识开展教育实践活动是充分发挥检察职能、巩固党的执政基础和执政地位的必然要求

我们党的根基在人民、血脉在人民、力量在人民。当前，世情国情党情继续发生深刻变化，十八大明确指出，我们党面临的“四大考验”是长期的、复杂的、严峻的，“四大危险”更加尖锐地摆在全党面前。巩固党的执政基础和执政地位，是党的建设面临的根本问题和时代课题，也是检察机关必须承担的一项重大政治任务。保持党的先进性和纯洁性、巩固执政基础和执政地位，最重要的就是靠坚持党的群众路线、密切联系群众。我们要通过教育实践活动，进一步引导广大检察人员坚持和发扬群众路线这个优良传统，切实把为民务实清廉的要求深深根植于自己的思想和执法办案活动中，充分发挥检察机关各级党组织的战斗堡垒作用和广大党员的先锋模范作用，进一步密切与人民群众的血肉联系，践行执法为民，努力使巩固党的执政基础和执政地位具有广泛、深厚、可靠的群众基础。

（二）深刻认识开展教育实践活动是提高群众工作能力、提升检察机关公信力和亲和力的必然要求

习近平总书记突出强调政法机关要以最广大人民利益为念，坚持司法为民，改进司法工作作风，进一步增强人民群众安全感和满意度，进一步提高政法工作的亲和力和公信力。当前，检察机关的执法行为和作风越来越受到“镜头”、“聚光灯”、社会舆论的考验，人民群众对公共安全、社会公平正义、反腐倡廉、权益保障的期待越来越高，对检察机关的执法行为、执法作风的要求也越来越高。检察机关公信力和亲和力的提升，极其重要的一点，就是要落实到解决作风方面突出问题的成效上，落实到群众工作能力的提升上。要通过教育实践活动，深入研究把握新形势下检察机关群众工作的特点和规律，解决一些党员干警不愿做、不会做群众工作的问题；要立足检察职能努力解决群众最期盼、最迫切、最急需解决的民生问题，努力让人民群众在每一个司法案件中都能感受到公平正义，以执法为民的实际成效取信于民。

（三）深刻认识开展教育实践活动是推动全省检察工作全面发展进步，更好地服务“五个湖北”建设的必然要求

“五个湖北”建设是中国梦的“湖北篇”。省院党组紧紧围绕“五个湖北”建设，提出努力打造“五个检察”，是“五个湖北”建设的“检察版”，是我们的责任和担当，更是对全省检察人员特别是检察领导干部工作作风的考验。开展教育实践活动，就是要以作风建设的新成效汇聚成推动检察工作发展的强大力量，转变为现实战斗力，为加强检察机关自身建设，推动“五个检察”各个具体项目落实，推动全省检察工作全面发展进步构筑坚实的群众基础；就是要坚持专群结合、依靠群众，提高服务发展、服务民生、服务群众能力，为湖北经济社会发展提供有力司法保障，使“五个湖北”建设的美好蓝图早日变成现实。

（四）深刻认识开展教育实践活动是解决队伍中的突出问题，建设高素质检察队伍的必然要求

这些年来，我们以“六项工程”建设为载体，始终把队伍建设放在战略位置来抓，取得了积极成效。去年底以来，全省检察机关认真落实中央、省委、高检院关于改进作风的一系列规定，在队伍作风建设上进一步取得了阶段性成效。但与新的任务要求相比，我省检察队伍在执法理念、执法能力、执法作风和精神状态等方面仍然存在差距，形式主义、官僚主义、享乐主义、奢靡之风的问题，在全省检察机关包括省院机关都不同程度存在，有的甚至还相当严重。

全省检察机关要借教育实践活动的东风，坚持问题导向，紧紧抓住“四风”突出问题，对作风之弊、行为之垢来一次大排查、大检修、大扫除，以实际行动取信于民。

二、坚持“四个牢牢把握”，扎实深入开展教育实践活动

中央部署在全党开展党的群众路线教育实践活动后，省委结合湖北实际，对教育实践活动的指导思想、目标任务、基本原则、方

法步骤等，作出了具体部署和要求。省院党组结合检察工作和机关实际，研究制定了活动实施方案，全省广大检察人员尤其是领导干部一定要认真落实。关键是要做到“四个牢牢把握”：

（一）牢牢把握教育实践活动的目标任务

中央明确提出，这次教育实践活动以贯彻落实中央八项规定为切入点，把主要目标任务聚焦到作风建设上，集中解决“四风”问题。“四风”问题看得见、摸得着，是当前作风建设中最具普遍性的问题，是基层群众深恶痛绝、反映最强烈的问题，也是损害党群关系、检群关系的重要根源。解决“四风”问题，要对准焦距、找准穴位、抓住要害，不能“走神”，不能“散光”。反对形式主义，要着重解决工作不实的问题，按照“三短一简一俭一规范”的要求，切实改进学风文风会风，改进工作作风，勇于担当、敢于负责，把功夫下到察实情、出实招、办实事、求实效上。反对官僚主义，要着重解决在群众利益上不维护、不作为的问题，教育引导党员干警深入实际、深入基层、深入群众，提高掌握群众心理、使用群众语言、疏导群众情绪、处理群众诉求等能力，立足检察职能解决群众关心关注的问题、维护群众合法权益。反对享乐主义，要着重克服精神懈怠、及时行乐思想，保持昂扬向上、奋发有为的精神状态，不断提高执行力，对各项工作都要以高度负责的态度，锲而不舍，一抓到底，确保实效。反对奢靡之风，要着重抵制和纠正挥霍享乐的不良风气，引导广大检察人员特别是领导干部坚守节约光荣、浪费可耻的思想观念，做到艰苦朴素、精打细算，勤俭办一切事情。总之，要通过扎实开展教育实践活动，把“四风”问题找到、抓准、改掉，实现党员干警群众观点进一步强化、工作作风进一步转变、为民务实清廉形象进一步树立、群众工作长效机制进一步健全、检群关系进一步密切、执法公信力和亲和力进一步提升。

（二）牢牢把握教育实践活动的总要求

中央、省委和高检院对教育实践活动提出了“照镜子、正衣冠、洗洗澡、治治病”的总要求，并作出了明确的界定。结合检察机关实际，“照镜子”，主要是对照党章、廉洁从检规定、作风建设要求、基层群众呼声和先进典型，查找差距，梳理自身在宗旨意识、工作作风、廉洁自律方面的问题。“正衣冠”，主要是正视问题、改正缺点，从自己做起、从现在改起，时时处处端正思想和行为，维护检察机关党员干警的良好形象。“洗洗澡”，主要是听取意见、自我批评、相互批评，清洗思想上和行为上的灰尘，做到干干净净做事，清清白白做人。“治治病”，主要是对症下药、治病救人，该教育提醒的教育提醒，该严肃查处的严肃查处，该专项治理的专项治理，抓紧治好干警思想和作风上的毛病。这 4 句话、12 个字简洁明了、内涵丰富，是相互联系、有机统一的整体，是开展活动必须把握好的重要遵循，其精神实质就是要摆问题、找差距、明方向，就是要自我净化、自我完善、自我革新、自我提高。我们要拿出直面问题的勇气、真转真改的态度，把总要求切实贯彻落实到教育实践活动全过程、各环节，并随着活动的深入而不断深化。要坚持开门搞活动，每一个环节都组织群众有序参与，让群众来参与、来监督、来评判，切忌“自说自话、自弹自唱”，不搞闭门修炼、体内循环；要把握解决突出问题这个核心，本着实事求是的态度，本着对事业高度负责的精神，盯住问题抓教育、抓整改，什么问题突出就着重解决什么问题。

（三）牢牢把握教育实践活动的基本原则

根据中央、省委和高检院的要求，借鉴以往教育活动成功经验，活动方案中明确提出了要“坚持正面教育为主、坚持以整风的精神开展批评和自我批评、坚持检察实践特色、坚持依靠群众、坚持领导带头”等基本原则，我们在教育实践活动中要注意全面把握。这里重点强调两个方面：一是坚持以整风的精神开展批评和自我批评。为什么说要以整风精神来抓？因为要真正解决问题，就要有抛开面子、揭短亮丑的勇气，有动真碰硬、敢于交锋的精神，有深挖根源、触动灵魂的态度。只有贯彻整风精神，才能祛歪风、压邪风、倡新风、树正气。我们要以整风精神开展教育实践活动，拿起批评与自我批评这个有力武器，严格落实“认真”二字，真正红红脸、出出汗、排排毒，在思想和灵魂深处“爆发革命”。自我批评要真正触及问题，防止避重就轻，对形式主义、官僚主义导致执法不规范、群众反映强烈的问题，要区分情况、对症下药，开展专项整治，凡是能够及早解决的就尽快解决，凡是能够自身解决的就不要上交问题，一时难以解决的也要创造条件抓紧解决；相互批评，要积极善意，敢于指出问题、真诚帮助提高，防止好人主义，需要教育提醒的及时教育提醒，问题严重的要严肃处理。二是坚持领导带头。“己不正，焉能正人。”省委常委会提出，将坚持高标准、严要求，为全省作出示范。全省各级检察领导干部既是活动的组织者、推进者、监督者，更是活动的参与者，要以普通党员身份自觉把自己摆进去，真正做到认识高一层、学习深一步、实践先一着、剖析解决突出问题好一筹。省院党组将带头学习、带头听取意见、带头交心谈心、带头开展批评与自我批评、带头接受群众监督、带头进行整改，令行禁止，不搞例外，推动形成上级带头、领导示范、上行下效的生动局面。

（四）牢牢把握教育实践活动的基本环节

教育实践活动在方法步骤方面提出了三个环节：一是学习教育、听取意见；二是查摆问题、开展批评；三是整改落实、建章立制。活动不分阶段、不搞转段，目的就是把三个环节的要求贯通起来、衔接起来，贯穿于活动全过程。各部门要严格按照这些基本步骤开展活动，一个步骤不少，一个环节不省，一个标准不降，对每个环节严格把关，切实做到“不虚”、“不空”、“不偏”，做到善始善终，力戒虎头蛇尾。民主生活会是党内生活的重要形式，也是教育实践活动的一个重要内容。我们一定要重视和开好专题民主生活会，通过群众提、自己找、上级点、互相帮等方式，认真查找“四风”方面的问题。要打消自我批评怕丢面子、批评上级怕穿小鞋、批评同级怕伤和气、批评下级怕丢选票等顾虑，讲真话、说实话、晒晒心里话，严肃认真、实事求是地批评和自我批评。对批评意见，要本着有则改之、无则加勉的态度，决不能用“批评”抵制批评，搞无原则的纷争，真正达到“团结——批评——团结”的目的。要通过适当的形式把民主生活会会前准备、会议过程、会后整改向党员干警开放、向群众开放，自觉接受群众评议和监督。

三、做到"五个结合"，进一步彰显教育实践活动实效

全省检察机关要坚持统筹兼顾，把开展教育实践活动与"学创"、"三抓一促"、"两转两抓"等活动统筹谋划，与做好当前检察工作一并推进，防止开展活动与落实工作形成"两张皮"。结合当前的重点工作，我强调以下几点：

（一）要与服务"五个湖北"建设紧密结合

习近平总书记指出，教育实践活动的根本目的，是为全面贯彻落实党的十八大精神、推进经济社会发展提供保障。贯彻这一要求，就湖北检察机关而言，就是要紧紧依靠人民群众提高检察工作水平，更好地服务"五个湖北"建设。我们要以教育实践活动为契机，着力改进工作作风，进一步增强大局意识，更加自觉地把检察工作置于经济社会发展全局中来谋划和推进。要围绕"竞进提质"的经济工作总要求，认真贯彻落实省院关于充分发挥检察职能优化法治环境促进经济发展的实施意见，继续深入推进"发挥检察职能，优化发展环境"专项工作，促进湖北市场环境更加公平、更富有吸引力。要把加强法治建设贯穿于检察工作全过程，既带头严格依法履行职责、行使职权；又依法惩治和监督纠正各类违法犯罪，深化法治宣传教育，积极促进各项事业的法治化。

（二）要与推进"五个检察"建设紧密结合

"五个检察"是未来一个时期全省检察工作的总体发展目标，要求高，任务重，没有优良的作风，没有坚实的群众基础，是难以实现的。我们要借力教育实践活动，按照省院"五个检察"建设实施纲要责任分工方案，认真研究工作措施，广泛听取基层和群众意见，勤俭节约、艰苦奋斗，踏踏实实、一步一个脚印地朝着"五个检察"的奋斗目标迈进。

（三）要与进一步深化、细化、实化检察机关群众工作紧密结合

做好检察机关群众工作，是本次教育实践活动的基本要求。解

决“四风”问题，就是要把群众工作做得更深、更细、更实、更好。近年来，省院党组坚持不懈地探索、持之以恒地推进检察机关群众工作，做到有思路、有方法、有措施、有载体，从人民群众的普遍评价来看，效果是好的。这次教育实践活动，为我们进一步加强群众工作带来了新的机遇；我们刚刚制定下发的深化、细化、实化检察机关群众工作实施意见，也正好契合了这次教育实践活动的要求。全省检察机关要更加自觉地把群众观点、群众路线贯穿于全部检察工作中。要顺应人民群众新期待，依法严厉打击危害人民生命财产安全的刑事犯罪，加大查办和预防民生领域职务犯罪工作力度，着力监督纠正群众反映强烈的执法司法不公问题，更好地保障和改善民生。要进一步建立健全民意征集、群众评判检察工作等制度机制，充分利用新媒体做好“指尖上的群众工作”，推动联系服务群众工作制度化、常态化。要关注检察机关群众工作特殊对象，做好被害人、犯罪嫌疑人、被告人及其亲友、辩护人、诉讼代理人、非利益群体等相关人员的特殊性、专门性群众工作。总之，全省检察机关一定要按照“系统化推进、体系化落实、项目化建设”的要求，把我们制定的群众工作实施意见落实好，把教育实践活动的成效体现好。

（四）要与深化检察改革和工作机制创新紧密结合

今年检察改革工作任务较为繁重。中央政法委部署了“四项改革”，我们结合湖北检察实际，在法律制度框架内，部署了关于诉讼监督“四化”；推进执法办案工作转变模式、转型发展；加强和规范检察机关组织体系和基本办案组织，开展检察长领导下的主办检察官负责制试点等三个方面机制创新工作。下一步，即将召开的党的十八届三中全会将对全面深化改革作出重大部署，高检院刚刚专门召开了大检察官研讨班，研究部署当前和今后一个时期的检察改革工作。我们要把人民群众期盼作为改革的重要方向，把群众满意不满意作为评价改革创新成果的重要标准，从群众中汲取改革创新的智慧和动力，把顶层设计与尊重基层首创精神有机结合，推动检察改革和机制创新不断取得新成效。

（五）要与建设过硬检察队伍紧密结合

开展教育实践活动，是加强队伍作风建设的重大举措，同时也对推动落实队伍建设各项任务具有全局性意义。近期，我们将召开队伍建设工作会议，对新时期我省检察队伍建设作出全面部署。要把为民务实清廉的要求落实到检察队伍建设中，教育引导检察人员坚定中国特色社会主义共同理想信念，坚定不移走中国特色社会主义政治发展和法治建设道路。要通过召开民主生活会，认真开展批评与自我批评，切实增强领导班子的凝聚力、执行力。要以“踏石留印、抓铁有痕”的精神抓好作风建设，认真贯彻中央八项规定、省委六条意见和省院实施办法，坚决狠刹“四风”，让人民群众看到实实在在的新变化、新成效。要坚持从严治检、廉洁从检，狠抓执法管理与监督，深化执法规范化建设，不断提升执法公信力。

四、确保“四个到位”，强化对教育实践活动的组织领导

为确保活动顺利扎实开展，省院专门成立了全省检察机关党的群众路线教育实践活动领导小组，下设办公室，负责教育实践活动的日常工作。全省检察机关要精心组织，认真谋划，把这项重大政治任务抓紧、抓好、抓出实效。

（一）传达学习要到位

全省各级检察机关不论是第一批还是第二批参加活动，都要迅速组织全体党员干警认真传达学习习近平总书记的重要讲话精神，不断深化对开展教育实践活动重要意义的认识，把思想和行动统一到中央、省委、高检院的决策部署上来，以强烈的政治责任感、历史使命感和现实紧迫感，积极主动、扎扎实实地开展好活动。

（二）责任落实要到位

抓好教育实践活动，关键在领导，责任在班子。省院班子成员和各内设机构主要负责人既要把自己摆进去，以身作则，率先垂范，发挥好表率作用；又要切实承担起领导责任，抓部署、抓协调、抓督导、抓检查，推动实施方案的落实。机关党委要制作一张详细的

活动安排表，明确目标任务、路线图、时间表。要把教育实践活动开展情况纳入年度目标责任制管理，坚持以评促学、以评促改。

（三）督促检查要到位

要坚持把督导工作贯穿活动全过程，及时发现和解决苗头性、倾向性、潜在性问题。要自觉接受省委、高检院对教育实践活动的督促和指导，积极汇报活动进展情况。领导小组办公室要加强对教育实践活动全过程的督促检查，发现问题，及时整改。要抽调党性强、作风好、有较高政策理论水平的干部组建督导组，重点抓好对两个分院教育实践活动开展情况的督导，并做好对武汉市院的督促指导工作，防止走过场、搞形式、出偏差。

（四）舆论引导要到位

要高度重视对教育实践活动的宣传，既要充分发挥“鄂检网阵”、湖北检察手机报、人民检察湖北版、联络专刊等我省检察宣传媒体的主阵地作用，又要积极争取新闻媒体支持，在公共媒体上大力宣传我省检察机关践行党的宗旨和群众路线的新举措、新进展和新成效，树立正确的舆论导向，形成有利于活动开展的良好氛围。要发现、挖掘一批叫得响、立得住、群众公认的为民务实清廉先进典型，加大宣传力度，用身边事教育身边人，充分发挥典型示范作用，积聚推动教育实践活动的正能量。

11 继续巩固和扩大教育实践活动成果，确保群众路线在检察工作中得到全面贯彻落实*

经省委教育实践活动领导小组同意，今天我们召开省检察院机关全体党员干部大会，主要任务是认真学习习近平总书记在党的群众路线教育实践活动总结大会上的重要讲话精神，对省院机关党的群众路线教育实践活动进行总结，对巩固和扩大教育实践活动成果作出部署。

一、开展教育实践活动扎实有效，取得丰硕成果

去年7月以来，在省委教育实践活动领导小组正确领导和省委第六督导组有力指导下，省院党组认真贯彻中央、省委和高检院的部署，紧紧围绕“照镜子、正衣冠、洗洗澡、治治病”的总要求，以为民务实清廉为主题，以反对“四风”、执法为民、服务群众为重点，以“走在前、作表率 ”为目标，组织带领省院机关35个党支部以及汉江分院、武铁分院18个党支部共757名党员干部认真开展教育实践活动，前期准备重谋划抓部署，学习教育重思想抓深化，听取意见重基层抓广泛，查摆问题重具体抓聚焦，开展批评重认真抓引导，落实整改重针对抓实效，建章立制重长效抓规范，圆满完成各环节任务要求，取得了明显成效。

---

* 2014年2月12日敬大力同志在湖北省人民检察院党的群众路线教育实践活动总结大会上的讲话。

（一）突出教育为先，以群众观念武装检察干警头脑取得新收获

我们坚持把学习教育作为实践活动的基础环节，把加强思想理论武装、坚定理想信念贯穿活动始终，深入开展马克思主义群众观点和群众路线教育。详细制定学习计划，采取专家辅导、观看警示教育片、集中夜学等多种形式，组织全院干警集中学习 9 次，认真学习党的十八大和十八届三中全会精神特别是习近平总书记系列重要讲话精神，学习中央、省委、最高人民检察院领导同志关于党的群众路线、加强作风建设的一系列重要讲话。组织微型征文活动和“模范践行群众路线”先进事迹报告会，利用“鄂检网阵”发布活动的措施和成效，营造学习氛围。通过持续不断的学习教育，广大检察干警深受马克思主义群众观教育，对检察工作的根本目标和检验标准认识更加深刻，贯彻落实群众路线的自觉性、坚定性明显提高，依靠群众推动检察工作发展的主动性、积极性明显增强。

（二）突出问题导向，解决“四风”和执法司法突出问题取得新成效

我们坚持把查摆整改问题作为教育实践活动的关键环节，以贯彻落实中央八项规定、省委六条意见为切入点，以问题整改开局亮相、注入动力、交出答卷，既聚焦解决“四风”，又查找执法司法中的突出问题。坚持开门搞活动，省院先后 10 批次征求意见，班子成员主持召开 9 次征求意见座谈会，集中 3 天时间、深入 18 个检察院开展“蹲点调研、征求意见”活动，走访社区、村、企业 50 个，与 242 名代表座谈，广泛听取各方面意见。对收集到的 528 条意见建议认真梳理分析、逐条对照检查，有针对性的研究制定 5 个方面 37 条整改措施。坚持边学边改、边查边改、立查立改，研究部署 14 项专项整治工作，对能改的马上改，不等不靠；对一时解决不了的，及时说明情况，提出整改方向和措施。半年多来，一批“四风”和执法司法突出问题得到有效整改。

（三）突出实践特色，检察机关执法公信力和亲和力实现新提升

我们坚持把教育实践活动与履行法律监督职能、深化检察改革、提高队伍素质能力结合起来，与做好检察机关群众工作衔接起来。通过开展教育实践活动，检察工作思路和发展战略更加清晰，服务经济社会发展成效明显，检察业务工作继续平稳健康发展，检察改革和工作机制创新深入推进，自身建设不断加强。深入开展打击和预防发生在群众身边、损害群众利益违法犯罪专项工作，立案侦查社保、教育、就业、医疗等民生领域职务犯罪 674 人，开展危害民生刑事犯罪立案监督专项工作，监督立案 835 件，努力让人民群众切实感受到公平正义就在身边。制定并落实深化、细化、实化检察机关群众工作的意见，认真落实 20 项任务，加强综合受理接待中心建设，提升“12309”检察服务热线功能，开展下访巡访、联合接访、远程视频接访 728 次，省院处理群众信访 6121 件次；打造网站、博客、微博、微信、手机客户端等五位一体的“鄂检网阵”，开启检务公开、便民利民新窗口，发布资讯 9000 余条，利用新媒体处理群众诉求、提供法律咨询等 3600 余次。

（四）突出建章立制，健全检察机关群众工作制度机制取得新突破

我们坚持把制度建设作为治本之策，制定《关于贯彻党的群众路线制度建设工作方案》，及时修改、完善、制定 22 项制度，依靠务实管用、配套衔接的制度固化作风建设成果、解决涉及群众切身利益的实际问题。在加强机关管理方面，健全并落实机关公务用车、出国考察、公务接待、文印管理、检务值班、厉行节约反对浪费等 6 项制度。在加强执法管理方面，建立健全了诉讼违法线索管理、案件统一管理、执法办案风险预警处置防范等制度。在服务群众方面，制定和完善了检察人员直接联系服务群众、民情恳谈、民意征集、案件回访、专家咨询论证、人民监督员等制度机制。在检察队伍管理方面，研究制定了检察机关人才队伍建设重点项目规划、派

出院机构编制和干部人事管理等制度，贯彻群众路线的长效机制初步形成。同时，狠抓制度执行和落实，严肃纠正和查处违法违纪违规问题，确保制度落到实处。

（五）突出领导带头，加强和改进省院党组自身建设取得新成绩

我们坚持把领导带头、以身作则、率先垂范贯穿活动始终，强调领导干部要认识高一层、学习深一些、实践先一着、整改快一步。省院领导班子成员主动把自己摆进去，做清醒人、明白人、局中人，带头深化学习教育，党组中心组先后6次专题学习，两次集中夜学，平均自学时间超过80小时；带头开展对照检查，领导班子对照检查材料反复修改10余次，班子成员自己动手撰写个人对照检查材料；带头以整风精神开展批评和自我批评，班子成员共交心谈心314人次，在民主生活会上相互提出94条批评意见；带头抓好整改落实，制定省院领导同志“转作风、办实事”重点抓好的十件事项，班子成员每人重点领办一件实事，公开承诺、一抓到底，切实为基层、为群众解决实际问题和困难。我自觉按照中央、省委统一要求抓组织领导、作动员部署、主持撰写领导班子对照检查材料、主持召开专题民主生活会、研究制定党组整改方案，既抓好自身的整改，又督促班子成员搞好个人和分管部门的整改。通过开展教育实践活动，省院党组的创造力、凝聚力、战斗力进一步提高，党组同志政治素养进一步提升，党性得到进一步锻炼，谋划和推动检察工作科学发展的本领进一步增强。

教育实践活动开展以来，省院党组始终高度重视履行好自己的政治责任，多次召开专题会议听取活动情况汇报，提出指导意见和措施，研究解决重大问题。省院教育实践活动领导小组及其办公室认真履行职责，加强具体指导和督促检查。各内设机构认真落实党组要求，结合实际精心组织实施，形成了一级抓一级、层层抓落实的生动局面。总的看，省检察院机关教育实践活动实现了预期目标，这既是全院广大党员干部共同努力的结果，也是省委第六督导组有力指导和帮助的结果。省委部署开展教育实践活动以来，省委第六

督导组高度重视、大力支持、全程参与省院教育实践活动，对每个环节每项工作均给予有力指导和帮助，确保了活动不偏不虚不空、不走过场；坚持高标准严要求，认真督查、严格把关，认真审核活动方案、领导班子和班子成员对照检查材料、党组整改方案等重要文稿，提出了许多明确具体的意见建议；坚持从实际出发，多次到省检察院实地调研、参加会议活动，充分体现了高度负责、敢于担当、求真务实、密切联系群众的优良作风，为我们作出了表率。

二、认真总结教育实践活动经验，为深入贯彻群众路线提供重要启示

这次教育实践活动，我们充分运用党内开展集中教育实践活动的成功做法，在探索新形势下服务群众、推动工作、促进发展等方面积累了宝贵经验，为深入贯彻党的群众路线提供了重要遵循和启示。

（一）开展群众路线教育实践活动，根本在于坚定广大党员干部的理想信念和群众观念，激发自我教育和自我提高的内在动力

习近平总书记深刻指出，“四风”问题归根到底是理想信念出现动摇所致。要全面贯彻落实党的群众路线，必须把着力点放在坚定广大党员干警理想信念和群众观点的思想自觉上，坚持不懈地促进自我净化、自我完善、自我革新、自我提高。在这次教育实践活动中，我们着力解决好世界观、人生观、价值观这个“总开关”问题，引导广大检察人员坚守法律底线和职业良知，增强秉公执法、为民执法的定力，使马克思主义群众观点和党的群众路线深深根植于广大检察人员思想中、落实到每个检察人员行动上、贯彻到每一项检察实践中。实践证明，抓住了理想信念这个根本，促使干警主动增强宗旨意识、服务意识、责任意识，执行党的群众路线的自觉性和坚定性就有了强大而不竭的动力源泉。

（二）开展群众路线教育实践活动，重点在于解决检察机关和队伍中存在的“四风”问题，以实际行动取信于民

我们党的根基在人民、血脉在人民、力量在人民。保持党同人

民群众血肉联系，必须重点解决群众反映强烈的突出问题，主动赢得群众的信任和支持。这次教育实践活动的一个基本出发点，就是坚持问题导向，始终聚焦和解决“四风”问题。我们坚持从人民群众最关注、最盼望的问题抓起，通过群众提、自己找、上级点、互相帮，深入查摆、认真梳理、着力解决“四风”问题，坚决纠正发生在群众身边的不正之风，切实解决脱离群众、服务群众不到位的问题。实践证明，不回避问题，真正下决心解决发生在群众身边、事关群众切身利益、群众反映强烈的实际问题，才能得到人民的充分信赖和拥护，才能推动教育实践活动成为群众支持、群众检验、群众满意的民心工程。

（三）开展群众路线教育实践活动，关键在于完善制度机制，把群众路线要求转化为检察干警自觉遵守的行为准则

制度具有根本性、稳定性和长期性。要深入贯彻党的群众路线，必须发挥制度的刚性约束，用制度的标尺对执法行为进行约束，以规则的红线为不正之风竖起围墙。在教育实践活动中，我们把制度建设放在更加重要的位置，着眼于建立健全教育、管理和监督的长效机制，在解决“四风”问题与体制机制创新的结合上积极探索，努力推动有效做法制度化、零星探索系统化、管用经验长效化，形成了一批行得通、指导力强、能长期管用的制度成果。实践证明，只有建立一批有效管用、便于操作的制度机制，才能使党的群众观点和各项要求切实成为广大干警的自觉行动。

（四）开展群众路线教育实践活动，目的在于服务群众、推进工作、促进经济社会发展

习近平总书记强调，教育实践活动的根本目的，是为全面贯彻落实党的十八大精神、推进经济社会发展提供保障。我们把开展教育实践活动作为振奋精神、凝聚力量、全面履职的重要抓手，把服务经济社会发展大局、推动检察工作科学发展作为最重要的实际、最大的实践、最需要取得的实效，自觉把检察工作置于经济社会发展全局中来谋划和推进，积极服务、保障全面深化改革和“五个湖

北”建设，切实肩负起维护社会大局稳定、促进社会公平正义、保障人民安居乐业的神圣使命。实践证明，我们只有立足职能，始终围绕大局，才能使教育实践活动对准焦距，找准穴位，取得实实在在、人民群众满意的成效。

这些重要启示，来源于全体检察干警的丰富实践，集中了社会各界的智慧和心血，对继续推动党的群众路线教育实践活动向深度和广度发展具有重要作用，我们要倍加珍惜并切实运用于今后的实践。

三、继续巩固和扩大教育实践活动成果，确保群众路线在检察工作中得到全面贯彻落实

习近平总书记强调，作风问题具有顽固性和反复性，形成优良作风不可能一劳永逸，克服不良作风也不可能一蹴而就。教育实践活动有期限，但贯彻群众路线没有休止符，作风建设永远在路上。省检察院机关教育实践活动总结收尾但不是收场，我们要认真贯彻中央“坚持、巩固、深化、拓展”的方针，严格按照“铁”、“电”、“常”、“长”的要求，坚持领导带头、部门把关、加强监督、严查违规，继续巩固和充分运用本次教育实践活动重要成果，切实在思想建设、作风建设、制度建设上下功夫，全力抓好整改提高的后续工作，把集中教育和经常性工作结合起来，在检察实践中不断取得新成效、积累新经验。

（一）进一步抓好群众路线的深化学习教育

要不断提高对贯彻群众路线重要性、长期性的认识，始终将这项工作放在重要位置，持之以恒地抓紧抓好。要坚持知行合一，深化马克思主义群众观点和党的群众路线理论学习，把思想认识的提高落实到行动上，使学习过程成为不断清扫思想灰尘、坚定政治立场的过程。要坚持理论联系实际，把研究解决重大现实问题作为学习的根本出发点，用更加全面的眼光去审视检察工作中出现的新情况、新问题，不断增强工作的系统性、预见性和创造性。

（二）进一步发扬认真精神解决“四风”问题

习近平总书记强调，讲认真是我们党的根本工作态度，是关系

党和人民事业的大问题。我们要严格贯彻“认真”二字，始终把认真劲头贯穿始终，以严的标准、严的要求、严的措施继续查摆整改“四风”问题，做到思想不能疲、劲头不能松、措施不能软，确保收尾阶段不打折扣、不缩水分、不偷工减料。全省各级检察院领导干部要以高度负责的精神、一心为民的情怀、坚定不移的决心，认真研究和解决检察工作中面临的各种挑战和问题，始终坚持无私无畏、敢于担当，面对大是大非敢于亮剑，面对矛盾问题敢于迎难而上，面对失误错误敢于承担责任，面对歪风邪气敢于坚决斗争，带头做有信仰、有原则、有担当、有作为的人。

（三）进一步抓好大兴“新风”工作

新年伊始，省委在“三抓一促”活动中提出，在坚决反对“四风”的同时，要大兴“好学、亲民、清廉、尚能”之风。大兴“新风”与反对“四风”是一个问题的两个方面，反对形式主义、官僚主义、享乐主义和奢靡之风，就是要在破旧立新中大兴新风正气，两个方面都集中体现了群众路线教育实践活动的核心要求，是促进湖北全面深化改革、加快“建成支点、走在前列”的精神之源，也是推动检察工作改革创新、奋勇向前、争创一流的动力之源。全省检察机关务必要保持清醒的头脑，严格按照省委的部署和要求，立足检察工作实际，注重思想发动，进行再动员、再部署，大抓特抓真抓“好学、亲民、清廉、尚能”的新风，以更宽的视野、更强的力度、更硬的措施，持之以恒、坚持不懈地做好大兴“新风”这篇文章，努力在好学中增强工作本领，在亲民中增进群众感情，在清廉中带动党风社风好转，在尚能中想干事、会干事、干成事，力争走在全省政法机关前列、省院机关为全省检察机关作出表率，以优良的作风推动各项检察工作再上新台阶、取得新成效。

（四）进一步抓好整改方案措施的落实到位

牢固树立“抓落实”的思想，严明整改责任，强化任务分解和责任分工，强化内容、目标和时限要求的刚性约束。对已经整改的要巩固成果、防止反弹，对正在整改的要加大力度、抓紧抓好，对新发现的问题要及时列入整改事项、跟进解决，确保兑现承诺，防止只说不做、蒙混过关、虎头蛇尾、煮夹生饭。要切实加强督促检查，及时查漏补缺，从严从紧，真督实促，按照时间节点，一项一项督办落实，对整改方案不聚焦、整改措施不具体、专项整治不到位的，该指出的指出，该批评的批评，该纠正的纠正。要把整改工作进展情况予以公示，真正让群众看得见、感受得到活动成效，确保教育实践活动善始善终、善作善成。

（五）进一步抓好市县两级检察院教育实践活动的督促指导

中央、省委、高检院已经对第二批教育实践活动作出了部署。两批教育实践活动是一个有机整体，要注重衔接带动，坚持上下联动、前后衔接，相互配合、共同推进。市县两级检察院处于执法办案第一线，同群众联系更直接、更紧密，涉及的矛盾和问题更琐碎、更具体，任务也更艰巨。全省检察机关第二批教育实践活动单位要按照地方党委的统一安排，充分借鉴第一批活动经验，把各项部署要求贯彻好、落实好。要坚持主题不变、镜头不换，注重听取意见、查摆问题、整改落实相统一，注重宣传教育、示范引领、实践养成相衔接，注重督促检查、责任落实、制度规范相配套，确保教育实践活动扎实推进，真正成为促进发展、改善民生、增进群众福祉的过程。省院和市级院要切实担负起系统指导、督促检查职责，及时研究提出指导意见，及时发现和解决苗头性、倾向性、潜在性问题。省院每位领导要选择一个基层检察院作为活动联系点，面对面指导，不赶时间、不比进度，保证活动的质量和效果。

（六）进一步抓好作风建设长效机制的建立完善

紧密结合检察工作实际，继续健全改进作风常态化制度机制，用制度管人管事管权。对普遍性问题，要细化措施，既治“流行病”又治“个体病”；对当前突出且需长远解决的问题，要有重点、重质量、讲实效地作出制度安排，既要“堵风”又要“防风”，既能直接遏制突出问题的再出现，又能从源头上防止问题的新滋生，努力形成整体配套、严密完备的制度体系。要狠抓制度规定的贯彻执行，明确“红线”、“雷区”，执行纪律不能有任何含糊，对违反制度规定的坚决从严处理，真正让铁规发力、让禁令生威。

（七）进一步抓好教育实践活动与检察工作的统筹结合

坚持把开展教育实践活动与“三抓一促”、“正风肃纪、争做好干警”等活动统筹结合，与做好当前检察工作一并推进，切实做到两手抓、两不误、两促进，努力把教育实践成果转化为推动检察工作发展的思想动力、具体措施、实际能力和自觉行动。要以习近平总书记重要讲话为根本指针，实现检察工作思路与时俱进，始终坚持党的领导，扎实推进“三个走在前列”，自觉做到“五个适应、五个更加注重”。要全力服务湖北改革发展稳定大局，围绕大局充分履职，主动承担起“三项任务”和“五项职责”，加强查办和预防职务犯罪、批捕、起诉、诉讼监督等各项工作。要继续深化细化实化检察机关群众工作，探索新形势下的新思路新方法新举措，逐渐深化认识、明晰思路、层层深入。要全面落实好检察改革和机制创新任务，加快推进涉法涉诉信访改革，抓好三项改革试点任务落实，深入推进三项工作机制创新。要加强自身建设，打造“五个过硬”检察队伍，推进“实力检察”，加强检察宣传工作，提升素质能力和执法公信力。

12 切实按照人民群众要求加强和改进检察工作*

一、深化学习，准确把握人民群众新要求新期待

“两会”是实现人民当家作主的一个重要制度载体，是中国特色民主政治的集中展示，是全国全省人民政治生活中的重大事件。今年全国“两会”，是在全面深化改革开局之年召开的一次重要会议，代表委员们围绕改革发展稳定等一系列重大问题，积极建言献策、共谋发展，为实现中华民族伟大复兴的中国梦凝聚共识、提神鼓劲、汇聚力量。全国检察机关的工作得到了代表委员的充分肯定，这其中也凝聚着我们湖北广大检察干警的心血和智慧。从全省“两会”情况看，去年我省检察工作也得到了广大干部群众的高度认可，代表委员对检察机关服务大局、执法为民、维护社会公平正义的做法和成效给予充分肯定，赞成率创近年新高，这是对我们的极大鼓舞。

在肯定成绩的同时，代表委员对进一步加强和改进检察工作提出了许多新要求新期待。省人大决议要求，检察机关要切实履行宪法和法律赋予的职责，进一步发挥检察机关职能作用，加强检察官队伍建设，切实规范司法行为，大力强化法律监督，深入推进检察改革，努力让人民群众在每一个司法案件中都感受到公平正义，为加快“建成支点、走在前列”提供有力的司法保障。从代表委员意见建议来看，主要有：一是希望我们服务经济社会发展更加积极主

---

* 2014 年 3 月 20 日敬大力同志在学习贯彻全国全省“两会”精神电视电话会议上的讲话。

动，在服务企业发展、优化发展环境、维护市场经济秩序、保障和改善民生等方面强化措施、增强实效；二是要求加大对黑恶势力等严重影响人民群众生产生活的各类刑事犯罪打击力度，切实做好涉法涉诉信访等检察环节维护稳定的各项工作；三是要求我们继续加大反腐败工作力度，在严肃查办大案要案的同时，注重惩治基层组织工作人员职务犯罪等发生在人民群众身边的腐败，更加重视和抓好预防工作，打好惩治和预防职务犯罪这场“攻坚战”和“持久战”；四是希望检察机关充分发挥在推动法治建设和提高执法司法公信力方面的主力军作用，强化法律监督，促进严格执法、公正司法，维护社会公平正义；五是要求我们继续从严治检，持之以恒抓好检察队伍建设，自觉接受外部监督，强化内部监督制约，保障检察权依法正确行使。

这些意见建议，反映出人民群众对检察工作更加关注、更加信任，也是对我们的殷切希望和有力鞭策。全省检察机关要按照高检院统一部署，传达到全体干警，深刻学习、准确把握，下细功夫、苦功夫、深功夫，让每一名检察干警做到心中有数，将其作为进一步加强和改进检察工作的重要依据和精神动力，积极回应人民群众的新要求新期待。高检院和省院已将全国全省代表委员提出的意见建议整理下发，各级院党组要高度重视，认真学习讨论，结合实际具体分析，提出有针对性的改进措施。

二、狠抓落实，切实按照人民群众要求加强和改进检察工作

对贯彻“两会”精神，当前的关键是需要我们以时不我待的紧迫意识和夙夜在公的责任意识抓好落实。这里我强调几点要求：

（一）把握工作重点

要始终把人民群众的关注点作为我们工作的着力点，结合全省检察长会议部署，有针对性地贯彻落实“两会”精神。一要紧紧围绕改革、发展、稳定大局，认真贯彻高检院《关于充分发挥检察职能为全面深化改革服务的意见》，主动承担起三项任务和五项职责，

找准切入点、结合点，充分发挥检察职能为深化改革、经济发展、社会稳定营造良好环境；二要紧紧围绕保障和改善民生，进一步抓好深化细化实化检察机关群众工作20项任务，促进解决人民群众切身利益问题；三要紧紧围绕深化反腐败斗争，坚决贯彻落实中央、省委惩防腐败体系建设五年规划和实施意见，坚持有案必查、有腐必惩，"老虎"和"苍蝇"一起打，着力解决职务犯罪案件轻刑化问题，研究破解新型职务犯罪，更加重视做好预防职务犯罪工作；四要紧紧围绕维护司法公正、促进法治湖北建设，全面加强和规范对诉讼活动的法律监督，严肃查处执法司法领域腐败犯罪，坚守防止冤假错案底线，努力让人民群众在每一个案件和每一项执法活动中都感受到公平正义；五要紧紧围绕检察机关自身建设，全面贯彻政治过硬、业务过硬、责任过硬、纪律过硬、作风过硬的要求，深入推进检察队伍"六项建设"，加强基层基础工作，不断提升队伍素质能力和执法公信力。

（二）抓好专项工作

要扎实开展"发挥检察职能、优化发展环境"专项工作，深入开展惩治涉及企业尤其是中小企业的违法犯罪，打击侵犯知识产权违法犯罪、促进科技成果转化，以增强公务人员法律底线意识和程序意识为主题的专项预防等三个具体专项工作，增强服务大局、服务群众实效。要高度关注有权人、有钱人犯罪后以权或花钱"赎身"等突出问题，深入开展违法减刑、假释、暂予监外执行专项监督，在全面清理的基础上，完善刑罚变更执行同步监督机制，建立健全职务犯罪等罪犯减刑、假释、暂予监外执行备案审查等制度，切实维护刑罚执行的严肃性。

（三）全力推进检察改革

改革是今年全国全省"两会"的一条重要主线。中央、高检院、省委对司法和检察体制改革高度重视，作出了一系列重大部署，并且即将出台司法改革和检察改革方案。省院刚刚成立了检察改革工作领导小组，加强对改革的组织领导和整体谋划。全省各级院要切实统一思想、统一行动，做实做好全面深化司法体制改革和检察改革这篇大文章。要加快推进涉法涉诉信访改革、深化检务公开、检察官办案责任制试点、人民监督员制度改革等已经明确部署的改革任务，加快推进各项检察工作机制创新，确保取得实实在在的成效。要配合上级机关做好省以下地方法院、检察院人财物统一管理，司法人员分类管理等司法体制改革的专题调研论证工作，把中央改革精神与我们的实际紧密结合、融会贯通，提出有价值的意见建议，为改革决策提供参考。要注意各项改革措施的协调衔接，确保相互促进、良性互动；注意在改革调研过程中加强与地方党委、政府及相关部门的汇报沟通，争取理解支持；注意加强思想政治工作和检察队伍管理，保持思想、队伍和工作稳定。

（四）继续狠抓规范执法

规范执法、保障人权、提高执法公信力是代表委员普遍关注的一个问题。近年来，省院在强化规范执法、推进自身法治化建设方面制定出台了一系列制度和措施，态度十分坚决，要求十分明确，各地贯彻落实情况总体也是好的。但也要看到，当前仍有一些问题尚未彻底解决，违法羁押、超时限办案、违法违规扣押冻结涉案款物等现象在个别地方、个别案件中仍有发生。全省检察机关必须牢牢把握法治检察的目标要求，强化法治思维，恪守法治原则，依法保障当事人和律师合法权益，严格按照法定范围、程序和手段行使检察权，深入推进侦查法治化、诉讼监督“四化”等任务的落实，切实将各项检察工作纳入规范化、制度化、法治化轨道。必须时刻紧绷规范执法这根弦，不得有丝毫放松和侥幸，严格落实规范执法 24 项任务，针对新问题完善新措施，不打擦边球，不越警戒线，严肃查处和纠正违法违规办案问题，坚决防止反弹“回潮”，进一步巩固和提升执法公信力建设成效。

（五）深入开展党的群众路线教育实践活动

最近，习近平总书记在河南兰考调研指导党的群众路线教育实践活动时强调，要把学习弘扬焦裕禄精神作为一条红线贯穿活动始终。全省检察机关要认真贯彻这一重要指示精神，进一步增强思想自觉和行动自觉，深入抓好教育实践活动各项任务的落实，引导广大检察人员做焦裕禄式的好党员、好干警，按照“严以修身、严以用权、严以律己，谋事要实、创业要实、做人要实”的要求，深入持久地改进工作作风和执法作风。要把作风建设成效体现在精神状态的转变和工作实绩上，大力弘扬进取精神，不松气、不泄气、憋足一口气，巩固和增强湖北检察事业发展的强大气场；大力弘扬“滴水穿石”精神，不务虚名，不做虚功，踏石留印，抓铁有痕，扎扎实实地干，持之以恒地做，把人民群众的新要求新期待落到实处；大力弘扬敢于担当精神，把部署的“思想论”变成落实的“行动论”，在“深”和“实”上下功夫，用扎实、优良的作风贯彻“两会”精神，推动各项检察工作再上新台阶、取得新成效。

三、自觉接受监督，进一步做好代表委员联络工作

联络工作是检察机关自觉接受外部监督的重要内容，是促进检察工作科学发展的重要保证。近年来，省院党组坚持把联络工作作为涉及检察事业发展全局的战略性任务来抓，加强整体部署，拓展联络渠道，创新工作机制，推动检察联络工作取得了新进展，受到“两会”代表委员的欢迎和好评。代表委员对检察工作提出的一些意见建议，主要是我们自身的原因，同时也有一些问题与沟通不充分、缺乏了解密切相关。全省检察机关要切实贯彻高检院部署，把联络工作纳入全院整体工作统筹谋划，明确联络工作任务和措施，不断促进联络工作的制度化、规范化和常态化。要紧紧围绕检察中心工作开展联络工作，建立代表委员、人民群众意见建议征集、转化机制，拓展人民群众有序参与检察工作的途径和渠道，充分利用“鄂检网阵”和官方微博、官方微信“双微平台”等新媒体优势，搭建与代表委员全方位、全天候、全覆盖联络服务平台，确保信息传递方便快捷、全面充分。探索建立人大监督与检察机关法律监督衔接机制，协助省人大制定并落实《湖北省人大及其常委会监督工作与湖北省人民检察院法律监督工作衔接办法》，建立健全检察专项工作报告、向省人大常委会提出执法检查或视察的建议、立法建议等工作机制，提前做好向省人大常委会专项报告贯彻实施修改后刑

事诉讼法情况相关工作。健全完善办理建议、提案和事项机制，对人大、政协交办和代表委员反映的建议、提案和事项，建立统一受理、协调、督办机制，细化工作流程，明确责任人和办理期限，努力做到办复率、见面率和满意率全部实现百分百。注意加强与代表委员的经常性联系，继续做好领导走访代表委员、旁听“两会”审议讨论、报刊征订赠阅等工作，切实把各项衔接工作想在前、做在前、落实在前，最大限度地争取代表委员对检察工作的关心、理解和支持。

第五章
检察一体化*

* 中央、高检院2015年5月以后明确提出要强化“检察一体化”，湖北检察机关从2006年开始探索实践“检察工作一体化”机制，故本章正文内容大部分仍保持原貌为“检察工作一体化”的提法，从2015年5月以后本书所涉内容全部改为“检察一体化”。——作者注

1 加强上级人民检察院对下级人民检察院工作领导，积极推进检察工作一体化机制建设*

一、充分认识加强上级检察院对下级检察院工作领导的重要意义

高检院的《关于加强上级人民检察院对下级人民检察院工作领导的意见》（以下简称《意见》）强调，要在始终坚持党的领导、自觉接受人大监督的同时，严格遵循宪法和法律的规定，加强上级检察院对下级检察院工作领导，充分发挥检察机关的体制优势，不断增强法律监督的整体合力。《意见》对贯彻执行上级检察院的决定部署、坚持和完善请示报告制度、坚持和完善报请备案审批制度、加强检察工作一体化机制建设、加强对检察队伍尤其是领导班子和领导干部的管理监督、完善考评机制和责任追究机制、提高上级检察院领导决策水平等提出了明确要求，作出了具体规定。《意见》是新时期坚持和完善中国特色社会主义检察制度、落实现行检察领导体制的重要文件，全省各级检察机关要切实把思想统一到《意见》精神上来，认真抓好贯彻落实。

加强上级检察院对下级检察院工作的领导，对于推动检察事业发展具有重大意义。一是有利于贯彻以科学发展观为统领、按照构建社会主义和谐社会的要求加强和改进检察工作的要求。上级检察

---

* 2007年9月26日敬大力同志在湖北检察机关贯彻落实高检院《关于加强上级人民检察院对下级人民检察院工作领导的意见》电视电话会议上的讲话，刊载于《人民检察（湖北版）》2007年第10期。

院领导下级检察院工作，使检察机关更加能够站在党和国家工作大局的战略高度，加强对检察工作全局的总体把握，统一谋划、统筹兼顾部署和推动工作，实现全部工作的协调一致，推动整个检察工作全面协调可持续发展，推动检察机关构建内部和谐促进工作健康发展。二是有利于发挥检察机关体制优势，增强法律监督整体合力。通过强化检察机关上下级领导关系，做到下级服从上级、上级支持下级，发挥体制优势，切实落实检察工作的整体性、统一性要求，形成法律监督的整体合力，确保国家法律在全国统一正确实施，有力维护党的领导和国家法制权威。三是有利于促进建立公正高效权威的检察制度。通过强化上下级领导关系，能够更为有力地保障检察机关依法独立行使检察权，保障上级院的决策部署得到严格执行，保障检察资源的优化组合和有效配置，保障检察工作的规范有序运作，从而促进建立公正高效权威的检察制度，更加全面充分地履行法律监督职责。因此，全省检察机关要深刻认识加强上级检察院对下级检察院工作领导的重大意义，切实增强贯彻高检院《意见》的自觉性和坚定性，确保检令畅通，做到有令必行、有禁必止。

二、以高检院《意见》精神为指导，进一步加强检察工作一体化机制建设

建立在党委领导、人大监督下的检察工作一体化机制，是我省检察机关推行的工作机制创新的重大举措，省委贯彻中央 11 号文件的《实施意见》对在全省检察机关实行检察工作一体化机制提出了明确要求。实行“上下统一、横向协作、内部整合、总体统筹”的检察工作一体化机制，符合检察机关领导体制和检察工作整体性、统一性的要求，对于发挥检察机关体制优势，提高执法水平与效率，保障检察工作规范有序运作，增强法律监督能力，形成法律监督整体合力，树立法律监督权威具有十分重要的意义，同时对于加强工作总体统筹，优化检察资源配置，加强内部协作配合，形成检察机关和各职能部门上下、横向之间的良性互动，以检察工作整体和谐推动检察工作全面深入健康发展具有十分重要的意义。省院《关于

在全省检察机关实行检察工作一体化机制的指导意见》与高检院《意见》在指导思想、总体要求、主要内容以及具体措施上都是高度一致的，都强调要加强上级院对下级院工作的领导，充分发挥检察机关体制优势，不断增强法律监督的整体合力。高检院《意见》明确指出，在各项检察工作中，应当按照一体化工作机制运行的规律和模式，积极探索、完善制度，坚持上级领导下级、下级服从上级，同级相互支持配合，形成整体合力，提高工作效能。高检院《意见》的下发，为我们加强检察工作一体化机制建设提供了有力的保障和更好的机遇。我们要在高检院《意见》精神的指导下，更进一步地推进检察工作一体化机制建设。

省院《指导意见》发布以来，全省检察机关积极行动抓落实，检察工作一体化机制建设取得了积极进展。如建立和推行下级院定期向上级院报告工作制度，上级检察机关领导下级检察机关的工作机制进一步健全；加强侦查指挥中心建设，改革指挥中心运行模式，加大侦查工作统一组织、指挥、管理与协调力度，符合检察工作一体化要求的侦查工作运行模式逐步建立；落实侦捕诉相衔接机制，各项检察业务工作注意加强协作配合，法律监督的合力进一步显现；健全完善了反贪、反渎等业务工作统一和综合考评办法，进行科学考评，树立起正确的工作导向，等等。通过加强检察工作一体化机制建设，在实现“上下统一、横向协作、内部整合、总体统筹”的要求方面显现出良好的效果。第一，进一步强化了上级院对下级院的领导关系，检察机关上下检令统一、步调一致，在检察工作中全面落实科学发展观、努力按照构建社会主义和谐社会的要求加强和改进检察工作，坚持检察工作服务党和国家工作大局，推动了全省检察工作沿着正确的方向健康发展；第二，进一步加强了检察机关的横向协作，互相通报情况、加强沟通，互相理解、支持和配合；第三，进一步加强了检察机关各个业务部门的协作配合，加大内部整合力度，形成工作合力，克服了各自为政、相互封锁、人为割裂的执法办案旧模式；第四，进一步增强了检察工作的整体性、统一性，总体统筹各项检察工作，保证检察工作在整体上有效运转，协调有序，不断发挥整体效能。总之，通过加强检察工作一体化机制建设，全省检察机关更加自觉地落实科学发展观的要求，努力发挥检察机关的体制优势，不断增强了法律监督的整体合力。

当前，进一步推动检察工作一体化机制建设具有很多有利条件。高检院、省委对检察工作一体化机制建设给予了高度重视和充分肯定，专家、学者的论证意见为推进检察工作一体化机制建设提供了有力的理论支持，全省检察机关和广大检察人员的思想高度统一、认识更加明确，前段工作中也积累了不少成功经验。这些都为进一步推进检察工作一体化机制建设提供了有力保障、奠定了坚实基础。我们要按照高检院和省委的要求，坚定信心，积极进取，再加力度，再上措施，推动检察工作一体化机制建设取得新的成效。总的要求就是“全面实施、重点深化、探索发展”。“全面实施”，就是各地都要认真贯彻执行省院《指导意见》，落实检察工作一体化机制的各项要求和工作措施，推动检察工作一体化机制在全省检察机关范围内全面实行；“重点深化”，就是要结合工作实际有重点、分步骤地推进这项机制建设，对已取得进展和成效的方面要总结发扬工作经验，进一步深化、规范、巩固、提高，将这项机制建设不断引向深入；“探索发展”，就是要大胆探索、勇于创新，按照高检院和省委的指示精神，不断对检察工作一体化机制建设提出新的要求，补充新的内容，解决好在推进一体化机制建设中出现的新情况新问题，积累新鲜经验，推动工作不断创新发展。

三、切实抓好高检院《意见》、省院《指导意见》的贯彻落实

第一，要切实提高思想认识。上级检察机关领导下级检察机关的工作，是宪法和法律的明确规定，是有效履行法律监督职能的体制保障和客观要求。全省检察机关特别是各级检察长要切实增强政治意识和全局观念，把能否坚持检察机关领导体制、确保检令畅通作为一个严肃的政治问题来对待。上级院要进一步加强对下级检察院工作的领导，切实担负起科学决策、对下指导、督促检查、解决

问题、推动工作的责任。下级院要增强组织纪律性，严格执行上级院的各项指示、部署与要求，严格执行请示报告、报批报备等制度，做到检令畅通、令行禁止。通过进一步加强上级院对下级院的领导，把全系统的意志、智慧与力量凝聚起来，更好地履行法律监督职能。

第二，要加大工作落实力度。全省各级检察机关特别是各级院党组、检察长要把加强上级院对下级院工作的领导、加强检察工作一体化机制建设列入重要议事日程，作为“一把手”工程来抓，落实领导责任，加大组织实施力度。要着眼于检察工作一体化的总体要求，在各项工作和改革中贯彻一体化的思想，加强统筹安排和总体把握，实行统一组织和系统推进。要以贯彻上级院的决策部署、加强侦查指挥中心建设、加强侦查工作统一组织指挥、完善侦捕诉的协作配合、坚持完善请示报告制度、加强对领导班子的管理监督、完善考评机制和责任追究制度等为重点，明确目标，细化措施，落实责任，增强工作的针对性、操作性和实效性，不断实现阶段性工作目标，推动检察工作一体化机制建设不断深入，逐步完善。要发挥工作积极性主动性，既要积极探索、勇于创新，不断总结和积累新鲜经验，又要加强请示报告，及时研究解决推进检察工作一体化机制建设中遇到的重大问题，防止工作出现偏差。

第三，要健全完善配套制度。根据省院的安排，今年重点抓好指挥中心工作规范、侦捕诉互相配合制度、情报信息统一管理和综合分析利用、内设机构办案协作制度、统一执法规范和考评标准，请示报告、情况说明以及工作通报制度等检察工作一体化机制配套制度的制定工作。下一阶段，在实行下级院定期向上级院报告工作制度的基础上，还要将检务督察、检委会决定决议执行督办、下级院规范性文件报上级院审查备案等制度尽快建立完善起来，增强检察工作的整体性和统一性。

第四，要加强检查督办。推进检察工作一体化机制建设，必须加强工作指导、检查与督办。上级院要经常分析检察工作一体化机制建设的形势，全面掌握工作进程，及时总结推广经验、改进工作薄弱环节，保障检察工作一体化机制建设的深入推进。省、市两级检察机关都要把检察工作一体化机制建设作为工作目标考核的重要内容，建立对口指导联系点，实行领导干部蹲点帮促，培养典型，树立典型，推广经验。

第五，要深化理论研究。检察工作一体化机制是一项有湖北特色的重大机制创新，既需要我们加强实践探索，又需要我们加强理论研究。省院要落实检察理论研究年会制、课题制和奖励制等，激发全省检察理论与应用研究人员的积极性，使检察工作一体化机制的理论与专题研究不断深入，为这项机制创新夯实理论基础，提供智力支持。各地要根据工作进展情况，加强调查研究和理论思考，采取召开理论与实践推进会等形式，将理论研究与工作实践相结合，使两者相互推动，相互促进。同时，要继续广泛邀请专家、学者参与理论研究，为检察工作一体化机制建设奠定更加坚实的理论基础。

第六，要处理好坚持党的领导、接受人大监督与接受上级院领导的关系。一方面党委要支持司法机关依法独立办案，另一方面司法机关必须在党委统一领导下开展工作，这是现行司法体制的重要特点，切不可只强调一个方面忽视另一个方面。我们一定要深刻认识到，党委领导、人大监督以及上级检察院领导，这是中国特色社会主义检察制度的重要内容和重要特征。坚持党的领导、接受人大监督与接受上级检察院领导是相辅相成、并行不悖、有机结合、不可偏废的。我们加强上级检察院对下级检察院工作的领导，保证检令畅通，增强监督合力，这既是发挥检察机关体制优势、全面履行检察机关职能的重要要求，说到底还是维护党的领导、接受人大监督的一个重要要求，是维护中央权威和保证法律统一正确实施的重要要求。全省检察机关要全面把握和正确落实检察机关领导体制，注意防止和克服将三者对立起来、割裂开来的错误观念和做法。一要牢固树立党的领导观念，自觉贯彻党的路线方针政策，积极发挥检察职能服务党和国家工作大局，坚持重大工作部署、重要改革事项、重要工作事项及时向党委报告，严格执行要案党内请示报告制度，主动争取党委对检察工作的领导与支持；二要牢固树立接受人大监督的观念，认真向人大及其常委会报告检察工作，贯彻执行人大的决议，虚心听取代表的意见和建议，认真办理代表提出的各项议案，在接受人大监督中不断加强和改进检察工作；三要牢固树立接受上级院领导的观念，认真贯彻落实上级院的各项工作部署和要求，严格执行请示报告等各项检察工作制度，确保检令畅通。

2 “检察工作一体化”问题理论探析*

“检察工作一体化”机制创新，充分体现了检察工作的基本规律，是建设公正高效权威的检察制度的有益探索和实践。按照最高人民检察院最近提出的要求，对于检察工作一体化机制，要在实践中进一步总结经验，完善相关配套规定，推进改革不断深化。

一、“检察工作一体化”的理论意义与实践价值

“检察工作一体化”是基于检察实践、为解决实际问题而提出并推行的改革举措。当前，检察工作中存在诸多制约法律监督职能充分发挥的体制性机制性障碍，主要表现为：检察机关纵向领导关系尚待理清，检令不畅、监督不力的情况时有发生；职务犯罪侦查工作的统一组织、指挥、管理与协调机制有待加强；情报信息的统一管理和综合分析利用水平不够高，信息渠道不够畅通，案件线索移送和工作联系配合制度不够完善；公诉工作的整体合力发挥不够；侦、捕、诉各部门的相互制约与协作配合有待加强；检察机关之间以及各内设部门之间的协作配合不够，检察资源配置不够科学，法律监督的整体合力尚未有效发挥，等等。近年来，湖北检察机关在深入贯彻落实科学发展观的创新实践中，紧紧围绕中央和高检院关于推进司法体制和工作机制改革的部署，立足湖北检察工作实际，

---

* 2008年3月敬大力同志为《检察工作一体化机制创新——湖北检察机关的探索与实践》一书所作序，刊载于《人民检察（湖北版）》2008年第5期。

针对制约检察工作科学发展的突出问题，全面展开对检察工作机制创新的研究，进行了大胆探索和有益尝试，积累了宝贵的实践经验。特别是通过积极推进“检察工作一体化”机制创新，较好地保障了检察工作的良性运行和协调发展，有效地推动了中国特色社会主义检察制度的发展和完善。

“检察工作一体化”是检察工作机制创新的龙头，在各项检察工作改革中发挥着根本性、基础性的作用。检察改革包括检察体制改革和检察工作机制改革两个方面。深化检察改革，既要重视体制改革，又要关注机制创新。在检察改革中，体制上要抓根本，力争有所突破；机制上要重健全，力争有所创新。体制和机制是紧密联系、辩证统一的关系，体制决定机制的内容，机制保障体制的实现。例如，宪法虽然确立了检察领导体制，但是这种纵向的领导关系尚“不足以自行”，还需要靠健全的工作机制来落实和保障。实行“检察工作一体化”，就是要充分发挥检察工作机制在优化检察职权配置、规范执法行为方面的基础性作用。检察机关应当在现行政治体制和法律框架内，在工作机制层面积极改革创新，使已有的制度、规定能够更加充分发挥作用。要通过“检察工作一体化”机制创新，不断推出检察机关能够自己决定、能够立即付诸实施、能够产生实际效果的办法。

“检察工作一体化”是中国特色社会主义检察制度的重要内容。建设公正高效权威的社会主义司法制度，是党的十七大对深化司法体制改革、推进依法治国基本方略提出的新要求。中国特色社会主义司法制度，要符合公正、高效、权威的基本特征和目标要求。公正是本质特征，高效是内在要求，权威是重要保证，三者是有机联系的统一整体，互为条件，不可偏废。要以公正赢得权威，以高效体现公正，以权威保障公正。检察机关作为国家的法律监督机关，肩负着维护宪法和法律统一、正确实施的神圣职责。检察机关依法独立公正地行使检察权，保障社会主义法制的统一、尊严、权威的过程，同时也是推动建设公正、高效、权威的社会主义司法制度的过程。可以说，公正、高效、权威，既是我国检察制度应当坚持的基本特征，又是我国检察制度科学发展的目标要求。实行“检察工作一体化”，就是在深化对检察工作基本规律认识的基础上，维护检察工作的整体性、统一性，不断改革不适应检察事业科学发展的方面，通过优化职权配置、规范执法行为，增强法律监督的整体合力，实现法律监督的公正、高效和权威。因此，“检察工作一体化”机制创新是建设公正高效权威的社会主义检察制度的有益探索。

二、“检察工作一体化”的基本概念和总体要求

“检察工作一体化”是湖北检察机关在最高人民检察院的领导下深化检察改革的机制创新。它是在坚持党的领导和人大监督的前提下，依据宪法和法律的规定，按照检察工作整体性、统一性的要求，在检察机关实行的“上下统一、横向协作、内部整合、总体统筹”的工作运行机制。

“上下统一”就是要在坚持党的领导和人大监督的前提下，充分发挥检察机关领导体制的优势，强化上级院对下级院的领导关系，下级服从上级，上级支持下级，克服检察权地方化、部门化的倾向。“横向协作”就是要加强检察机关之间的相互协作，通报情况，加强沟通，取得理解、支持与配合。“内部整合”就是要摒弃检察机关内部各个业务部门各自为政、相互封锁、“神秘主义”的办案旧模式，充分发挥检察机关各业务部门的职能作用与优势，在日常工作中加强配合与联系，对案件线索实行统一管理，对初查或立案侦查职务犯罪案件进行统一规范，对办案力量进行统一调配和优化组合。“总体统筹”就是要强调检察机关和检察工作整体的统一性、有序性、协调性，检察机关上下之间、横向之间以及检察机关内设机构之间结成统一的整体，运转高效、关系协调，充分发挥整体效能。这四个方面是有机统一的整体，要强调多向度的整合，才能实现检察工作的整体性、统一性。

应当强调，“检察工作一体化”与“检察一体化”是不同的概念。“检察一体化”与是否实行“检察独立”、“垂直领导”等领导体制问题相关联，涉及体制和制度问题；而“检察工作一体化”是

在现行政治体制和法律制度框架内，在检察工作机制层面的安排。当前，我国检察机关的领导体制在总体上是与国家的政治体制相适应的，是符合检察工作实际需要的，实践中也是行之有效的。推行“检察工作一体化”，主要是依据宪法和法律的规定，围绕加强检务管理、提高执法水平、增强监督合力、树立监督权威的目标，对现行检察工作机制进行完善、健全和创新，为落实检察领导体制提供机制保障。

“检察工作一体化”是检察机关的一体化，而不是检察机关有关部门及其工作从上到下的一体化。各级检察机关相应内设机构对具体某一方面工作的组织、指挥、协调和管理等，只是“检察工作一体化”的一个方面，而不宜将“整体的一体化”分割为“部门的一体化”。在出现检察权地方化、部门化和分散主义倾向的情况下，当务之急是“收拢手指，攥紧拳头”，形成法律监督的合力。

三、“检察工作一体化”的基本理念与功能作用

“检察工作一体化”不仅拥有坚实的实践基础，而且具有科学的理念依据。理念是行动的先导。坚持科学发展观的根本方法，维护社会主义法制的统一、尊严、权威，促进建设公正高效权威的司法制度，维护检察工作的整体性、统一性，增强法律监督整体合力，这五大基本理念，是全面推进“检察工作一体化”的重要指针，是指导机制创新发展的灵魂，它决定着检察工作机制改革的方向。同时，“检察工作一体化”的探索和实践，既充分体现了五大理念的基本精神，又进一步丰富了理念的内涵。以正确的理念指导“检察工作一体化”机制创新，有助于彰显改革的生命力，破除制约检察事业科学发展的体制性机制性障碍，提高检察机关的法律监督能力；通过“深化”、“优化”改革措施，科学把握司法规律，有助于推动建设公正高效权威的司法制度；通过加强宪法和法律实施，发展检察事业，有助于保障在全社会实现公平和正义。

其一，统筹兼顾是科学发展观的根本方法，也是开展检察工作、深化检察改革、促进检察事业永续发展的科学方法。在“检察工作

一体化”机制下，通过统筹不同层级、不同区域、不同类别的检察工作，有助于整合检察资源，增强监督合力，实现执法办案的法律效果、社会效果和政治效果的有机统一。

其二，维护社会主义法制的统一、尊严、权威，是落实依法治国基本方略、建设社会主义法治国家的基本要求。检察机关履行法律监督职能的根本目的，就是维护国家法律的统一、正确实施，维护社会主义法制的统一、尊严、权威，维护社会的公平和正义。“检察工作一体化”正是检察机关实现上述职能目标的改革举措和机制保障。

其三，促进建设公正高效权威的司法制度，是司法改革的价值追求。一方面，检察机关在“检察工作一体化”机制下依法正确履行法律监督职能，是树立政法各部门执法公信力、建设公正高效权威的社会主义司法制度的有力保障；另一方面，“检察工作一体化”有助于理顺检察系统的纵向领导关系，有助于加强检察机关横向之间以及内部各部门之间的协作配合，有助于推动检察职权的优化配置，有助于规范检察机关自身的执法行为，有助于树立检察机关的执法公信力和权威性，实现法律监督自身的公正高效权威。

其四，检察工作的整体性、统一性充分反映了检察工作的基本规律。无论是检察机关静态层面的组织结构，还是动态层面的检察权行使，均充分体现了检察工作的整体性、统一性。检察机关作为统一的整体，能够统一有效地行使检察权，检察院之间、检察官之间能够协调一致、整体运作、总体统筹。纵向领导关系方面上命下从，横向之间强调协作配合，内部注重资源整合，同一部门的各个检察官之间强调协同作战。“检察工作一体化”正是在领导、协作、整合、统筹的良性运行中彰显、保障和促进检察工作的整体性、统一性。可以说，“检察工作一体化”就是检察工作的整体性、统一性在工作机制层面的另一表述。

其五，增强法律监督整体合力，是“检察工作一体化”机制的运行目的。“检察工作一体化”作为一盘棋思想指导下的具体的工作机制，是医治地方主义、部门主义和分散主义的良方，是增强法律监督整体合力的制度保障。通过运行“检察工作一体化”机制，从总体上对检察工作予以统筹，确保检察权依法、独立、统一、规范、有序运行，增强检察工作的整体性、统一性和协调性，便于排除各种制约因素，理顺内部关系，促进和谐检察，激发创造活力，提高检察工作的质量和效率，发挥检察机关的整体优势和效能。

可以说，在正确理念的指导下，深化“检察工作一体化”机制创新，是落实检察机关上下级领导体制，树立法律监督权威的必然要求；是发挥检察机关整体优势，提高执法水平和效率的迫切需要；是保障检察工作规范有序运作，形成法律监督整体合力的客观要求；是克服地方和部门保护主义，维护司法公正与社会公平正义的重要保证；是增强检察机关法律监督能力，保障国家法律统一正确实施的有效途径。

四、“检察工作一体化”的稳步推进与实践效果

2006年年初，湖北省人民检察院开始探索“检察工作一体化”机制改革。同年12月出台《关于在全省检察机关实行检察工作一体化机制的指导意见》，以后又相继制定了一系列配套规定，“检察工作一体化”机制改革于是在湖北检察机关全面实施。最高人民检察院要求，对于检察工作一体化机制，要在实践中进一步总结经验，完善相关配套规定，推进改革不断深化。湖北省人民检察院在“检察工作一体化”机制创新实践中总体统筹，科学安排，及时总结改革经验，逐步完善配套规定，不断解决实际问题，使“检察工作一体化”机制改革取得了明显成效。

“检察工作一体化”的提出和实践，是一个渐进的过程。开初考虑的主要问题是有效整合检察资源，形成法律监督的整体合力。随着实践的逐步深入和认识的不断深化，我们根据科学发展观的要求，从系统论、控制论的角度，进一步发展了检察工作一盘棋的思想，提出全省检察机关应当坚持在各级党委领导和人大监督下，依据宪法和法律的规定，按照检察工作整体性、统一性的要求，实行“上下统一、横向协作、内部整合、总体统筹”的“检察工作一体

化”机制。关于“检察工作一体化”的基本理论和总体要求在不断探索的过程中逐步成熟，相关配套制度在改革实践中渐趋完善。目前，湖北检察机关全面推行的“检察工作一体化”机制改革已经取得了阶段性成果。下一步要根据中央和最高人民检察院关于司法体制和工作机制改革的统一部署，认真梳理前一段改革的进展情况和存在的突出问题，有针对性地研究部署下一阶段“深化”、“优化”等方面的改革措施。要通过深化司法体制改革、优化司法职权配置、规范司法行为，保证检察工作的统一协调和运转高效，做到既依法监督制约，又形成整体合力。要在提升法律监督能力、保障社会公平正义、建设公正高效权威的司法制度的改革进程中，不断推动检察事业科学发展，促进实现依法治国、构建社会主义和谐社会和全面建设小康社会的宏伟目标。

在总结改革实践经验的基础上，湖北省院于2006年12月出台了《关于在全省检察机关实行检察工作一体化机制的指导意见》(以下简称《指导意见》)，制定、修订了多个配套性制度，武汉、黄石、荆州、宜昌、襄樊、随州等地检察机关也结合实际制定了相关配套规定，初步形成了以《指导意见》为主、以配套规定为辅的“检察工作一体化”制度体系。在湖北检察机关全面推进“检察工作一体化”的改革实践中，这一制度体系充分发挥了优化职权配置、规范执法行为的效能，有力地维护了检察工作的整体性、统一性，增强了法律监督的整体合力，提高了检察机关的法律监督能力。

一是通过制定配套规定落实检察领导体制，进一步理顺上下统一的纵向关系，强化了上级检察院的领导权威。湖北省检察院先后制定了《关于下一级检察院定期向上一级检察院报告工作的规定(试行)》、《关于规范市州分院、林区院向省院报告工作有关问题的通知》、《关于检察工作规范性文件管理的规定》、《关于上级人民检察院向下级人民检察院通报工作情况的规定（试行)》、《关于请示、报告和情况说明工作的规定》等制度，进一步理顺了工作关系，分清了职责范围。制定了《关于加强检察队伍建设若干问题的决定》和《湖北省基层检察院检察长任免备案制度实施办法（试行)》等制度，规范了上级检察院党组按照主动协商、积极提名、规范考察、依法把关的要求协管干部的工作。根据《湖北省人民检察院巡视工作暂行规定》，湖北省检察院定期开展巡视工作，进一步加强了对下级院领导干部的监督和管理。

二是通过完善纵向指挥和横向协作制度，进一步规范检察业务运行机制，维护了检察工作的整体性、统一性。例如，湖北省检察院制定了《湖北省检察机关职务犯罪大案要案侦查指挥中心工作实施办法（试行）》，对指挥中心进行重组，成立了机构单设的指挥中心办公室，调整相关工作机制。市州分院也设立了单独的职务犯罪大要案侦查指挥中心及其办公室，实现了职务犯罪案件线索的归口统一管理，形成了以省院为领导，以市、州、分院为主体，以基层院为基础，各地检察机关及各内设机构密切协作配合，符合“检察工作一体化”要求的侦查工作运行模式。湖北省检察院对全省检察机关进一步完善侦、捕、诉协作机制进行了统一部署。武汉市院制定了《关于加强查办职务犯罪案件侦、捕、诉协作配合与监督制约的工作制度》等配套规定，有效整合办案资源，增强了监督合力。

三是进一步落实“检察工作一体化”的相关保障。湖北省检察院出台了《湖北省检察机关2007年检务督察工作实施方案》等规范性文件，健全了统一、全程、严密、高效的执法监督网络。制定了《关于加强检察队伍建设若干问题的决定》等制度，通过完善人才管理和评价、培养、使用机制，优化了检察机关的人力资源配置。并将现代管理模式和方法引入检察管理中，通过信息网络手段对各项工作实行严格的流程管理和质量控制，逐步实现了办公、办案和干部考核的信息化，初步形成了工作流程规范、质量标准科学、监督制约严密、考核及时准确、管理手段先进的科学管理机制。建立并逐步完善统一的综合考评制度，树立了正确的工作导向。通过科学配置装备、技术资源，完善共享机制，合理调配使用全省检察资源，总体统筹检察经费保障工作，强化了上级检察院对检务保障工作的领导。

湖北检察机关的探索与实践充分证明，在坚持党的领导和人大监督的前提下，推行“检察工作一体化”机制改革，有助于落实宪法和法律关于检察领导体制的规定，加强上级检察院的工作领导；有助于加强检察工作的横向协作和内部整合，增强法律监督的整体合力，维护检察工作的整体性和统一性；有助于总体统筹检务保障，确保执法的统一性和公信力，维护法律监督的统一、尊严和权威。可以说，加强检察理论研究，制定、完善和实施配套规范，深入推进“检察工作一体化”机制改革，是深化司法体制改革、优化司法职权配置、规范司法行为的宝贵探索，是提高法律监督能力、建设公正高效权威的社会主义检察制度、保障在全社会实现公平和正义的有效途径。

3 按照整体性和统一性规律科学配置检察机关内部职权*

——实行检察工作一体化机制与优化检察职权配置的关系

检察权科学配置的一个很重要的方面就是如何科学配置检察机关内部职权问题，即检察机关不同层级之间的职权配置以及机关内部职权的配置问题，也就是检察机关的机构如何设置、业务职权如何划分和检察权如何运作管理等。党的十七大明确提出，要深化司法体制改革，优化司法职权配置，规范司法行为，建设公正高效权威的社会主义司法制度，保证审判机关、检察机关依法独立公正地行使审判权、检察权。优化司法职权配置关系到如何配置检察权。检察权的配置是否科学合理，直接影响到司法公正、司法效率和司法权威。我们必须从检察工作的基本规律出发，逐步解决影响司法公正的体制性、机制性、保障性障碍，实行检察工作一体化机制，按照整体性和统一性规律科学配置检察机关内部职权。

一、整体性和统一性是检察权行使和检察工作运行的基本规律

检察工作和检察权的整体性、统一性，是由检察机关的性质决定的，体现了检察工作的基本规律。检察机关的性质是司法机关还是法律监督机关？学术界对此进行过激烈的论争。《中共中央关于进一步加强人民法院、人民检察院工作的决定》指出：“人民法院和人民检察院是国家司法机关。”我国宪法规定：“中华人民共和国人民检察院是国家的法律监督机关。”检察机关并非狭义上的司法机

---

* 2008年3月敬大力同志向第九届全国检察理论研究年会提交的论文。

关，而是作为法律监督机关的特殊司法机关，它与审判机关有着截然不同的特点，这就决定了检察权与审判权有着不同的运行规律和行使方式。审判权强调独立、中立、被动、终局等特点；而由于法律监督具有大量的行政色彩，使得检察权的行使具有积极、主动、统一、程序等特点。审判机关在纵向上是监督关系，强调法官独立；而检察机关在纵向上是领导关系，强调上下统一。检察机关的上述性质和特点，决定了检察工作的整体性、统一性。例如，我国宪法规定，人民检察院依照法律规定独立行使检察权，不受行政机关、社会团体和个人的干涉；最高人民检察院领导地方各级人民检察院和专门人民检察院的工作，上级人民检察院领导下级人民检察院的工作。人民检察院组织法规定，检察长统一领导检察院的工作。这是检察工作整体性、统一性的宪法和法律依据。检察机关上下级之间是领导与被领导的关系，这种领导体制使得各级检察机关在纵向上形成一个统一的整体。每个检察院虽然下设诸多部门，但是这些部门均在检察长的统一领导下开展工作，这种上命下从的检察长负责制，就使每个检察院也构成一个统一的整体。检察机关履行法律监督职能的根本目的是维护宪法和法律的统一、正确实施，维护法制的统一、尊严、权威。为了实现这个价值目标，检察权自身就必须统一行使，这就决定了检察权行使的统一性。因此，无论从静态层面的组织结构进行分析，还是从动态层面的检察权行使进行考察，无不呈现出整体性和统一性的特点。应当承认，整体性和统一性是检察权行使和检察工作运行的基本规律。由此而决定检察机关应当实行检察工作一体化机制，并在这一机制下优化检察职权配置。

二、按照整体性和统一性基本规律优化检察职权配置

我国检察权的配置总体较为科学，但在实际工作中，仍然存在诸多与检察工作整体性、统一性要求不相适应的地方。例如，在检察机关的组织结构方面，虽然宪法和法律作出了明确规定，但在落实检察领导体制、保障检察机关依法独立公正地行使检察权的工作机制和具体制度方面，尚需进一步细化和完善；检察权地方化、部

门化等分散主义倾向较为普遍，与检察机关的纵向领导体制不相适应，难以维护上级检察院的领导权威，不足以形成法律监督的整体合力。主要表现为：检察机关纵向领导关系尚待理清，检令不畅、监督不力的情况时有发生；地方保护主义不同程度存在，职务侦查工作的统一组织、指挥、管理与协调机制有待加强；情报信息的统一管理和综合分析利用水平不够高，信息渠道不够畅通，案件线索移送和工作联系配合制度不够完善；公诉工作的整体合力发挥不够；侦、捕、诉各部门的相互制约与协作配合有待加强；部门主义、神秘主义和分散主义现象普遍存在，检察机关之间以及各内设部门之间的协作配合不够，检察资源配置不够科学，法律监督的整体合力尚未有效发挥，等等。这些问题的存在，损害了检察工作的整体性、统一性，严重影响了法律监督乃至整个社会主义法制的统一性、权威性、严肃性。

维护检察工作的整体性、统一性，要求科学配置检察权，确保检察机关作为一个整体对外依法独立行使检察权，保障组织机构和检察权行使的整体独立性；要求检察权的行使保持统一的执法标准和行为准则，保障在法律效力所及的范围内实现法律实施的统一性；要求检察机关上下级之间、同级之间、内部各部门之间相互配合，协调一致，遵循检察工作整体性、统一性规律科学配置检察权，就要做到上下统一、横向协作、内部整合、总体统筹。

（一）必须按照整体性和统一性规律强化检察机关的纵向领导关系，界分检察机关上下级之间的权限，为检察权的良性运行提供体制保障

1. 强化上级检察院决定与监督的权威性。上级检察院作出的决定，下级检察院应当执行，不得擅自改变、故意拖延或拒不执行。上级检察院认为下级检察院作出的决定确有错误的，有权予以撤销或者变更；发现下级检察院已办结的案件有错误，或者正在进行的执法活动明显违反法律、司法解释以及上级检察院的有关规定的，有权指令下级检察院纠正。下级检察院如果认为上级检察院的决定有错误，应当在执行的同时向上级检察院报告；上级检察院经复议

后，认为确有错误的，应当及时予以纠正。下级检察院制定的规范性文件，应当报上一级检察院备案审查；上级检察院发现有关规范性文件存在超越法定权限，同法律、司法解释和上级检察院规定相抵触，或者有其他不适当情形的，应当及时向下级检察院指出，要求改正；下级检察院拒不改正的，上级检察院有权予以撤销。

2. 加强检察长对检察院工作的统一领导，加强检察委员会决策及其执行力度。检察长依照法律规定领导检察院工作，副检察长协助检察长工作，其他检察官按照分工履行职责。检察长可以依法委托、指派本院检察官办理其职权内的工作事项，也可以指派检察官代行其他检察官职责。检察长可以代表本级检察院对下级检察院发出指令，提出要求，下级检察院应当执行。检察委员会在检察长主持下，集体讨论决定重大案件和检察工作中的其他重大问题。检察委员会的决定，检察长、检察委员会委员、其他检察官、内设机构及下级检察院应当执行。如果检察长在重大问题上不同意多数委员的意见，可以报送上一级检察院决定，或者报请本级人民代表大会常务委员会决定。如果下级检察院对上级检察院检察委员会的决定有不同意见，可以提出复议请求。

3. 加强对检察工作的检查和指导，加强重大案件和事项的督导。上级检察院每年结合总体工作部署，选择若干关系检察工作全局和社会高度关注的重大问题，有计划地组织执法检查或者工作检查，通过全面检查、专项检查、交叉检查、重点抽查等方式，及时发现和解决执法和工作中的突出问题。同时，主动加强同下级有关方面的沟通联系，帮助下级检察院反映问题，协调解决有关问题。要加强决策督办和重大案件、事项督办，通过交办、催办、指导、通报等形式，督促检查下级检察院执行上级决策、落实工作部署、办理上级领导和党委、人大督办件等事项；建立办案信息分析、审查、指导机制，定期总结分析本地执法办案总体的情况。

4. 建立健全工作报告与评议制度，建立健全请示报告与情况说明制度。上一级检察院每年定期全面听取下一级检察院贯彻上级决策、部署情况的工作报告并进行评议。上级检察院的工作情况也要及时向下级检察院通报，听取下级检察院的意见。进一步规范下级检察院请示报告的范围、内容、程序和具体要求，理顺工作关系，分清职责范围。上级检察院可以就检察工作中的重要情况、紧急情况、决定事项落实情况，指令下级检察院作出专门说明。

5. 加强上级检察院党组协管干部工作，加强对各级检察院领导干部的监督和管理。上级检察院党组按照主动协商、积极提名、规范考察、依法把关的要求，加强与地方党委的沟通协商，积极提出领导班子配备的意见和建议，参与考察工作，选好配强各级检察院领导班子；积极协助地方党委共同确定下级检察院领导班子后备干部人选，并建立备案制度，有计划地进行培养，形成领导干部梯队结构。建立健全领导干部交流、政治轮训、重大事项报告、上级检察长与下级检察长谈话、上级检察院领导参加下级检察院党组民主生活会、领导干部述职述廉、任前廉政谈话、诫勉谈话和函询等制度；完善领导干部实绩考评指标体系；继续推行和完善检察机关巡视制度，定期开展巡视工作，对下级检察院领导班子及其成员贯彻落实上级工作部署，严格公正文明执法，执行党的纪律，选拔任用干部，落实党风廉政建设责任制等情况加强监督。

（二）必须按照整体性和统一性规律合理配置检察职权，科学设置机构，协调和规范检察权的运行

1. 加强职务犯罪侦查工作的统一组织、指挥、管理与协调。按照检察工作整体性、统一性要求，推进“职务犯罪大案要案侦查指挥中心重组、指挥中心办公室单设以及相关工作机制的调整”，加强对职务犯罪侦查工作的统一组织、指挥、管理与协调，加强对职务犯罪侦查工作的领导和制约。侦查指挥中心是在检察长领导下的一个办案领导组织，对下级检察院的大要案和其他重要案件的侦查工作进行组织、指挥、管理与协调，代表检察长对本院有关内设机构的大要案和其他重要案件的侦查工作进行组织、指挥、管理与协调。建立健全检察机关内设机构查办职务犯罪协作、协调机制，按照分工负责与资源整合要求，加强监所检察、民事行政检察、侦查监督、公诉、控告申诉检察部门与反贪污贿赂、反渎职侵权部门的协作配

合，增强侦查工作整体合力。对于需要多个部门协调办理的案件，由大要案侦查指挥中心组织协调。侦查指挥中心重组及侦查指挥中心办公室单设，是对原有侦查指挥中心运行模式的改革。侦查指挥中心是实行成员制的领导组织，由检察长、分管侦查、初查工作的副检察长和相关内设机构负责人为成员，充实了成员，理顺了关系。侦查指挥中心办公室作为侦查指挥中心的办事机构，是检察院单设的内设机构之一，不再挂靠或附属于反贪局。这种成员制组成方式以及独立存在的机构设置，使侦查指挥中心在检察长的统一领导下，能够更加有效地对办理职务犯罪大案要案进行统一指挥和协调，统一管理案件线索和涉案信息，统一调配侦查力量，统一配置侦查资源；能够更加有力地促进形成以省级检察院为领导，以市级检察院为主体，以基层检察院为基础，各地检察机关、检察院各内设机构密切协作配合，符合检察工作一体化机制要求的侦查工作运行模式，进一步加大侦查工作力度，提高侦查工作的水平与效率

2. 加强情报信息的统一管理和综合分析利用。协调举报中心与侦查指挥中心的关系，按照统一管理、归口办理、分级负责的原则，在坚持举报中心归口受理举报线索的同时，由侦查指挥中心负责统一管理案件线索，统一交办案件。加强情报信息的采集和管理，在检察机关内部建立健全职务犯罪侦查案件线索信息库、职务犯罪档案库、诉讼监督案件信息库、公诉案件信息库等基础数据库群；加强与有关部门的协商，争取建立社会公共管理信息共享机制，逐步实现与全省人口基础信息库、空间基础地理信息库、法人单位基础信息库等电子政务数据库的链接。建立健全情报信息管理、会商、研判机制，确定专人管理情报信息，明确受理、登记、分流和反馈时限，加强跟踪分析和综合利用，促进情报信息的整合。各级检察机关之间、检察机关各有关内设机构之间，应当按规定实行情报信息共享。

3. 加强检察机关有关内设机构在查办和预防职务犯罪工作中的内部制约与协作配合。加强侦查部门与侦查监督、公诉、监所检察、民事行政检察、控告申诉检察、检察技术等部门的分工负责与配合、

制约，确保办案质量。特别是应当加强侦查、侦查监督、公诉部门之间的协作配合，侦查监督和公诉部门可以提前介入侦查活动，熟悉案情，审查证据，引导侦查部门补充、固定和完善证据；侦查部门也可以就证据收集等问题主动征求侦查监督和公诉部门意见；侦查、侦查监督、公诉部门都应当强化证据意识，按照批捕、起诉证明标准全面、客观地收集、审查证据，并依法排除非法证据；侦查、侦查监督、公诉部门相互之间可以建立互相听取意见和列席案件讨论会制度；公诉部门审查起诉职务犯罪案件，侦查部门可以派员协助。建立有关内设机构齐抓共管的预防职务犯罪工作责任制，增强预防工作整体效能。职务犯罪预防部门应当统一组织、综合、管理、协调检察机关预防职务犯罪工作，并综合研究职务犯罪规律性、苗头性、倾向性问题，及时向其他有关内设机构提出查办职务犯罪重点领域和部位的意见和建议，及时移送在预防工作中发现的职务犯罪案件线索和相关信息。其他有关内设机构应当坚持惩防并举、标本兼治的方针，结合办理案件和具体业务，及时针对发现的问题提出检察建议，注意将掌握的职务犯罪相关信息和材料通报给职务犯罪预防部门，共同开展职务犯罪个案剖析、类案研究和警示宣传教育，使预防工作同业务工作有机结合。

4. 提高公诉工作的整体合力。根据工作需要，上级检察院可以指派本院检察官到下级检察院，或者抽调下级检察院检察官到上级检察院，或者选调下级检察院检察官到辖区其他检察院承办重大、复杂公诉案件。下级检察院办理重大、复杂、社会影响大的公诉案件时，应当在受理、起诉、开庭等环节及时向上级检察院报告，上级检察院应当派员指导。对于因外部干扰阻力，不适合由原管辖案件的检察院审查起诉的案件，上级检察院应当商请同级法院依法指定异地管辖；对于案件涉及多个地区的，上级检察院要加强协调。对重大、有影响的抗诉案件，上一级检察院要提前指导，确保抗诉质量，必要时可以派员列席下一级检察院检察委员会；审议抗诉案件，可以邀请下一级检察院派员列席上一级检察院检察委员会。

5. 建立健全涉检信访工作协作与责任机制。检察机关相互之间、各有关内设机构之间齐抓共管，检察长负总责，分管副检察长直接负责，内设机构负责人和承办人具体负责，认真做好涉检信访工作，切实维护人民群众合法权益和社会稳定。控告申诉检察部门统一受理涉检信访，并及时移送办理和催办。推行控告申诉检察部门和其他内设机构联合接访，探索和实行便民利民措施，畅通群众信访渠道。坚持和完善控告申诉首办责任制，按照内部业务分工，明确首办责任部门和首办责任人，及时办理来信来访，努力将控告、申诉解决在首次办理环节，最大限度减少重复信访、越级上访。上级检察院要加强督促检查和案件督办，一级抓一级，层层抓落实。

6. 综合运用监督措施形成诉讼监督合力。一是完善诉讼监督衔接机制。加强检察机关各有关内设机构的沟通、联系，互通情况，相互衔接，形成合力。侦查监督部门应当将立案监督和侦查活动监督情况及时通报公诉部门，公诉部门应当实施跟踪监督，并将情况向侦查监督部门反馈。对于公诉部门正在办理的案件，其他有关内设机构接到有关控告申诉，或者发现有诉讼违法行为的，应当向公诉部门通报，以加强对侦查、审判活动的监督。监所检察部门应当加强与其他内设机构的配合与制约，依法对犯罪嫌疑人、被告人羁押情况进行监督，坚决防止和纠正检察环节发生超期羁押现象，并通过办理在押人员、服刑罪犯、劳教人员及其家属的控告、申诉案件和又犯罪案件，监督其他有关内设机构的办案质量。控告申诉检察部门应当及时监督纠正确有错误的刑事申诉案件，及时向大要案侦查指挥中心或者侦查部门移送在接受控告、举报、受理申诉过程中发现的犯罪线索。检察技术部门应当在参与案件的同步录音录像、现场勘验、检验鉴定、文证审查、出庭作证等方面，为其他有关内设机构提供技术保障。二是加强民事行政检察部门与其他有关内设机构的协作配合。民事行政检察部门在办理民事行政申诉案件中发现的审判人员涉嫌职务犯罪案件线索，可以按照规定进行初查、侦查，或者根据检察长的指令移送并配合侦查部门查办；侦查部门在办案中发现的审判人员枉法裁判情况，应当在案件侦结后，及时向民事行政检察部门反馈，以实施审判监督。在坚持法定抗诉程序的同时，充分发挥基层检察院在受理申诉、提请抗诉、提出检察建议等方面的职能作用，增强上下级检察机关民事行政抗诉工作的整体合力。三是探索建立法律监督调查机制。侦查监督、公诉、监所检察、民事行政检察、控告申诉检察等部门相互配合，对刑事立案、侦查、审判、刑罚执行和民事审判、行政诉讼活动中的违法行为开展调查，并通过建立审查、调查、初查、立案侦查相衔接机制，促进检察机关内部监督资源整合，增强监督实效。

7. 建立健全有关案件备案审查、上报审批制度。规范、统一并严格执行查办职务犯罪要案的党内请示报告制度，下级检察院在请示、报告的同时要向上一级检察院备案，上一级检察院必要时进行协调。加强上级检察院对下级检察院的办案指导和质量控制，及时发现和纠正办案中存在的问题，支持和监督下级检察院依法办案。

8. 加强司法警察统一管理与勤务。切实发挥司法警察在检察业务工作中的职能作用。司法警察在检察长、分管副检察长领导下和具体案件承办检察官指挥下依法履行警务职责，加强安全防范，避免和防止发生安全责任事故。检察机关司法警察统一归口警务部门，实行编队管理，按照统一勤务与分散勤务相结合的原则，规范、合理调配使用警力。推行跨区域警务协作，建立警务协作网络，在办理重大案件警力不足时，可以由上一级检察院统一调警。

9. 加强各地检察机关的检务协作。各地检察机关相互之间应当加强协作、紧密配合。上级检察院应当加强对检务协作工作的指导、协调和检查。检察机关相互协作中产生的争议，由有关各方协商解决；协商意见不一致的，报其共同的上级检察院协调解决。办理职务犯罪案件的检察院在侦查工作中就核实案情、调查取证、采取强制性措施、异地羁押等事宜请求协助、配合和合作，有关检察院应当予以积极支持。初查案件线索，各地检察机关应当按照相关规定提供协助。建立职务犯罪案犯潜逃、脱逃专项报告制度，并严格按照程序实行通缉、边控；发现与潜逃、脱逃案犯有关的情况应当及时向承办检察院通报，并积极配合缉捕工作。上级检察院对下级检察院异地协查工作应当予以支持，并加强与有关检察院的沟通。

（三）必须按照整体性和统一性规律强化人、财、物、事的科学管理，为优化检察职权配置提供相关保障

1. 加强执法规范化建设，建立健全保障规范执法的长效机制。加强检察机关内部执法办案监督，建立以纠正违法办案、保证办案质量、加强检风检纪为主要内容的检务督察机制；积极推行流程监督、网上监督、跟踪监督等行之有效的制度，形成统一、全程、严密、高效的执法监督体系。

2. 加强检察队伍管理和专业化建设，适应检察工作一体化机制的实际需要。严格检察官职业准入，依法从通过国家司法考试人员中选任检察官，其他检察人员实行全省统一招考与录用；推行检察官遴选制度，上级检察院的检察官优先从下级检察院遴选。根据最高人民检察院的统一部署，逐步推行检察人员分类管理，实行符合检察官职业特点的职务职级序列，建立结构合理、权责明确、高效运行的检察人员管理体制，优化检察机关人力资源配置，提高检察工作效率。建立科学的检察人才管理和评价、培养、使用机制。建立人才对口支援和检察官调剂使用制度。加强检察官依法履职的法律保护。加强检察官代行履职的法律职务保障。对于受上级检察院指派跨层级、跨区域履行职责的检察官，由其履职所在地检察院检察长依法任命法律职务，履职结束后予以解除。

3. 加强管理科学化建设，建立和完善检察业务、队伍和信息化“三位一体”机制。引入质量管理、流程管理、绩效管理等先进管理模式和方法，并通过信息网络手段对各项业务工作实行严格的流程管理、质量控制，逐步实现办公、办案和干部考核的信息化，形成工作流程规范、质量标准科学、监督制约严密、考核及时准确、管理手段先进的科学管理机制。

4. 加强检察工作统一综合考评，树立正确的工作导向。加强和改进上级检察院对下级检察院、各级检察院对内设机构及检察人员的工作考评，建立完善符合科学发展观要求的全省检察机关绩效考评体系，引导检察机关和检察人员自觉执行上级决策与部署，严格

公正文明执法，促进检察工作全面协调、健康发展。进一步改进执法考评工作，科学设置考评标准，健全办案预警、动态监控、工作考核和奖惩激励机制，综合运用量化考核、实绩分析、社会评查等多种考评方式，对办案数量、办案质量、办案安全、规范办案、办案效果等进行综合考评。

5. 加强执法保障建设，为科学配置检察权提供物质保证。一是优化配置、整合检察办案资源。科学配置侦查技术等办案装备资源，推行技术资源区域整合，分级建设，统一使用。建立装备、设施共享机制，合理配置和使用全程同步录音录像设备等办案设施、设备，科学规划讯问室、询问室、调查室、律师接待室建设。根据工作需要，上级检察院可以调用下级检察院的办案设施、设备，下级检察院也可以向上级检察院或者其他检察院申请借用办案设施、设备。二是逐步建立符合检察工作一体化机制要求的专项经费保障机制，特别是要建立交办案件补助经费、追逃奖励经费、协查协作补助经费、调用人员补助经费等经费保障制度。上级检察院抽调下级检察人员办案，应当给予经费保障；对下级检察院办理交办、指定管辖案件以及提供侦查协作、帮助追逃等所需经费，可以给予适当补助。三是增强经费保障工作合力。强化上级检察院对下级检察院经费保障工作的领导，支持和帮助下级检察院解决经费保障问题。认真执行收支两条线管理规定，确保公用经费落实到位，坚决制止以收定支、收支挂钩。落实经费保障预警机制，下级检察院发现问题应当及时向上级检察院报告。上级检察院要帮助下级检察院积极争取地方党委、人大、政府和有关部门的支持，科学制定检察机关基础设施、科技装备和信息化建设规划，并按照中央的要求，纳入同级国民经济和社会发展规划和财政预算，加大资金投入，统筹安排，分步实施。

三、实行检察工作一体化机制，积极促进检察职权的优化配置

“检察工作一体化”就是在党委领导和人大监督下，依据宪法

和法律的规定，按照检察工作整体性、统一性的要求，在检察系统实行的“上下统一、横向协作、内部整合、总体统筹”的工作机制。“上下统一”就是要在坚持党的领导和人大监督的前提下，充分发挥检察机关领导体制的优势，强化上级院对下级院的领导关系，下级服从上级，上级支持下级，克服检察权地方化、部门化的倾向。“横向协作”就是要加强检察机关之间的相互协作，通报情况，加强沟通，取得理解、支持与配合。“内部整合”就是要摒弃检察机关内部各个业务部门各自为政、相互封锁、“神秘主义”的办案旧模式，充分发挥检察机关各业务部门的职能作用与优势，在日常工作中加强配合与联系，对案件线索实行统一管理，对初查或立案侦查职务犯罪案件进行统一规范，对办案力量进行统一调配和优化组合。“总体统筹”就是要强调检察机关和检察工作整体的统一性、有序性、协调性，检察机关上下之间、横向之间以及检察机关内设机构之间结成统一的整体，运转高效、关系协调，充分发挥整体效能。这四个方面是有机统一的整体，要强调多向度的整合，才能实现检察工作的整体性、统一性。坚持科学发展观的根本方法，维护社会主义法制的统一、尊严、权威，促进建设公正高效权威的司法制度，维护检察工作的整体性、统一性，增强法律监督整体合力，是“检察工作一体化”的五大基本理念。“检察工作一体化”的基本理念和主要内容均充分体现了检察工作的基本规律，是科学配置检察权的机制保障。

2006 年年初，湖北省人民检察院开始探索“检察工作一体化”机制改革，努力以机制创新的成果保障检察领导体制的落实，优化检察权配置，规范检察行为，建设公正高效权威的检察制度。同年 12 月，湖北省院出台《关于在全省检察机关实行检察工作一体化机制的指导意见》（以下简称《指导意见》）。该《指导意见》立足于检察工作机制创新，着眼于增强检察机关法律监督的整体合力，就实行“检察工作一体化”机制的总体要求、指导思想和基本原则，进一步完善上级检察机关领导下级检察机关的工作机制，检察业务工作中落实“检察工作一体化”机制的主要措施，以及实行“检察工作一体化”机制的相关保障等问题，提出了四部分30条的明确意见。此后，湖北省院又相继制定、修订了多个配套性制度，武汉、黄石、荆州、宜昌、襄樊、随州等地检察机关也结合实际制定了相关配套规定，初步形成了以《指导意见》为主、以配套规定为辅的“检察工作一体化”制度体系。在湖北检察机关全面推进“检察工作一体化”的改革实践中，这一制度体系充分发挥了优化职权配置、规范执法行为的效能，有力地维护了检察工作的整体性、统一性，增强了法律监督的整体合力，提高了检察机关的法律监督能力。

一是通过制定配套规定落实检察领导体制，进一步理顺上下统一的纵向关系，强化了上级检察院的领导权威。湖北省检察院先后制定了《关于下一级检察院定期向上一级检察院报告工作的规定(试行)》、《关于规范市州分院、林区院向省院报告工作有关问题的通知》、《关于检察工作规范性文件管理的规定》、《关于上级人民检察院向下级人民检察院通报工作情况的规定（试行)》、《关于请示、报告和情况说明工作的规定》等制度，进一步理顺了工作关系，分清了职责范围。湖北省院2006年以来先后3次听取了15个市州分院和林区院的工作报告，认真开展评议，推动了工作发展。各市州分院也相继组织部分基层院检察长向市院报告了工作，并在实践中不断加以完善和发展，推进这一制度的不断健全。工作报告制度的推行，发挥了检察资源优化配置、检察管理激励约束、工作机制一体运行、层级协调双向交流的四项功能作用，产生了鞭策效应、准则效应、制度效应与共振效应。制定了《湖北省基层检察院检察长任免备案制度实施办法（试行)》等制度，规范了上级检察院党组按照主动协商、积极提名、规范考察、依法把关的要求协管干部的工作。例如，县（市、区）级地方党委就本级人民检察院检察长任免事项，向市、州人民检察院党组征求意见，或者市、州级地方党委组织部门就县（市、区）人民检察院检察长任免事项与市、州人民检察院党组协商，市、州人民检察院党组在答复或者同意前，须报省人民检察院备案；市、州人民检察院党组就本院派出检察院检察长任免事项，在与同级地方党委组织部门协商同意前，也须报省人民检察院备案。

二是通过完善纵向指挥和横向协作制度，进一步规范检察业务运行机制，维护了检察工作的整体性、统一性。例如，湖北省检察院制定了《湖北省检察机关职务犯罪大案要案侦查指挥中心工作实施办法（试行)》，对指挥中心进行重组，成立了机构单设的指挥中心办公室，调整相关工作机制。市州分院也设立了单独的职务犯罪大要案侦查指挥中心及其办公室，实现了职务犯罪案件线索的归口统一管理，形成了以省院为领导，以市、州、分院为主体，以基层院为基础，各地检察机关及各内设机构密切协作配合，符合“检察工作一体化”要求的侦查工作运行模式。武汉市院制定了《关于加强查办职务犯罪案件侦、捕、诉协作配合与监督制约的工作制度》等配套规定，有效整合办案资源，增强了监督合力。宜昌检察机关针对基层院规模小、人员少的实际情况，运用“检察工作一体化”的理念，探索“小院整合”改革，有效整合了检察资源。宜昌市伍家岗区院以改变现有管理模式为切入点，精简机构层级，合并行政科室，采用岗位管理模式，合理配置资源，加快诉讼运转，形成了“伍家岗模式”。

三是进一步落实“检察工作一体化”的相关保障。湖北省院出台了《湖北省检察机关2007年检务督察工作实施方案》等规范性文件，健全了统一、全程、严密、高效的执法监督网络。制定了《关于加强检察队伍建设若干问题的决定》等制度，通过完善人才管理和评价、培养、使用机制，优化了检察机关的人力资源配置。建立并逐步完善统一的综合考评制度，树立了正确的工作导向。通过科学配置装备、技术资源，完善共享机制，合理调配使用全省检察资源，总体统筹检察经费保障工作，强化了上级检察院对检察工作的统一领导。

在检察工作一体化机制下，湖北检察机关作为紧密合作的整体，能够统一有效地行使检察权，检察院之间、检察官之间能够协调一致、整体运作。可以说，“检察工作一体化”就是检察工作的整体性、统一性在工作机制层面的另一表述。实践充分证明，在坚持党的领导和人大监督的前提下，推行“检察工作一体化”机制改革，有助于落实宪法和法律关于检察领导体制的规定，加强上级检察院的工作领导；有助于增强法律监督的整体合力，维护检察工作的整体性和统一性；有助于总体统筹检务保障，确保执法的统一性和公信力，维护法律监督的统一、尊严和权威。因此，完全有理由相信，坚持检察工作整体性、统一性的要求，实行上下统一、横向协作、内部整合、总体统筹的检察工作一体化机制，是遵从检察工作基本规律，优化检察职权配置的必然选择。

4 坚持正确理念，深化“检察工作一体化”机制创新*

“检察工作一体化”是为解决实际问题而推行的工作机制创新，是检察改革的重要内容。任何一项成功的改革举措，都要立足实践、解决实际问题，同时还要有充分的理论根据，特别是要有坚实、正确的理念基础。以“上下统一、横向协作、内部整合、总体统筹”为基本要求的“检察工作一体化”，是基于对检察工作规律性认识的不断深化而提出并付诸实施的重要的机制创新，它来源于检察实践，又服务于检察实践，是理论与实践的有机结合。其创立得益于正确理念的引领，在今后的深化改革中，也必须在正确理念的指导下稳步推进。

一、坚持科学发展观的根本方法

坚持科学发展观的根本方法，是“检察工作一体化”机制创新所遵循的首要基本理念。科学发展观的“第一要义是发展，核心是以人为本，基本要求是全面协调可持续，根本方法是统筹兼顾”。在检察实践中坚持统筹兼顾，正确认识和妥善处理检察工作中的若干重大关系，做到既总揽全局、统筹规划，又抓住牵动全局的主要工作，着力推进、重点突破，是实现检察事业全面协调可持续发展的根本保证。

“检察工作一体化”的提出和实践，是在检察改革实践中贯彻落实科学发展观的实际行动，它与统筹兼顾的根本方法具有内在的

---

* 《人民检察》2008 年第 6 期刊载敬大力同志文章。

一致性。“上下统一、横向协作、内部整合、总体统筹”的基本要求，就是统筹兼顾的应有之义。同时，“检察工作一体化”本身就是一个系统工程，需要建立一系列配套制度，形成体系。2006年12月，湖北省院出台了《关于在全省检察机关实行检察工作一体化机制的指导意见》（以下简称《指导意见》），制定、修订了多个配套性制度，初步形成了以《指导意见》为主、以配套规定为辅的“检察工作一体化”制度体系。湖北检察机关根据《指导意见》的要求，进一步加强上级检察院对下级检察院工作领导，进一步加强检察长对检察院工作的统一领导，通过对检察工作全局的总体部署和对各项具体工作的统筹安排，充分体现检察长和上级检察院的领导地位和作用。一是统筹各项检察工作，既坚持以业务工作为中心，又重视检务保障；既全面履行法律监督职责，又紧紧抓住事关群众利益的突出问题和法律监督的薄弱环节重点突破。二是统筹各级、各部门的工作，正确处理检察工作全局与局部的关系，通过加强上下级之间、各部门之间的协调配合，做到步调一致，形成合力，确保检察工作整体推进。三是协调不同区域的检察工作，通过加强分类指导，推动相互交流，促进各个地区检察工作的平衡发展。

统筹兼顾的根本方法还要求正确处理坚持党的领导、接受人大监督与加强上级检察院领导的辩证关系。党委领导、人大监督以及上级检察院领导，这是中国特色社会主义检察制度的重要内容和重要特征。坚持党的领导、接受人大监督与加强上级检察院领导是相辅相成、有机结合的。我们加强上级检察院对下级检察院工作的领导，保证检令畅通，增强监督合力，这既是发挥检察机关体制优势、全面履行检察机关职能的重要要求，更是维护党的领导、接受人大监督的一个重要要求，是维护中央权威和保证法律统一正确实施的重要要求。因此，实行“检察工作一体化”，一要牢固树立党的领导观念，自觉贯彻党的路线方针政策，积极发挥检察职能服务党和国家工作大局，坚持重大工作部署、重要改革事项、重要工作事项及时向党委报告，严格执行要案党内请示报告制度，主动争取党委对检察工作的领导与支持；二要牢固树立接受人大监督的观念，认真向人大及其常委会报告检察工作，贯彻执行人大的决议，虚心听取代表的意见和建议，认真办理代表提出的各项议案，在接受人大监督中不断加强和改进检察工作；三要牢固树立接受上级院领导的观念，认真贯彻落实高检院和上级院的各项工作部署和要求，严格执行请示报告等各项检察工作制度，确保检令畅通。

实践证明，在科学发展观的根本方法指导下深入推进“检察工作一体化”，在坚持党的领导和人大监督的前提下总体统筹不同层级、不同区域、不同类别的检察工作，有助于优化职权配置、规范执法行为、提高监督能力，有助于维护检察工作的整体性、统一性，实现执法办案的法律效果、社会效果和政治效果的有机统一，进而推动检察工作全面协调可持续发展。

二、维护社会主义法制的统一、尊严、权威

维护社会主义法制的统一、尊严、权威，是落实依法治国基本方略、建设社会主义法治国家的基本前提。这一理念要求，加强宪法和法律实施，树立执法公信力，维护宪法和法律权威，保证法律的统一正确实施。我国法律是党和人民意志的集中体现，维护法律权威和执法权威，就是维护人民的权威、国家的权威，就是维护党的权威。政法机关坚持党的领导、维护中央权威，与维护社会主义法制的统一、尊严、权威，在本质上是一致的。维护法制的统一、尊严、权威，必须始终坚持党的领导、人民当家作主、依法治国有机统一，必须进一步强化法律监督，保障宪法和法律的统一、正确实施，反对法制的多元化、分散化和地方化。

检察机关履行法律监督职能的根本目的，就是维护国家法律的统一、正确实施，维护社会主义法制的统一、尊严、权威，维护社会的公平和正义。“检察工作一体化”强调检察权的统一行使，强调检察机关和检察工作整体的统一性、有序性、协调性，这正是检察机关正确履行职责、维护法制统一、尊严、权威的改革举措和机制保障。它以法制统一、尊严、权威作为基本理念，也对法制统一、尊严、权威起着保障和促进作用。在我国的政治法律制度下，维护

法制统一、尊严、权威离不开坚强而有力的法律监督。法制要统一，首先必须做到法律监督机关的检令畅通，法制的尊严和权威要以有效的监督作保证。推行“检察工作一体化”机制创新，就是要通过完善配套制度，强化改革措施，使检察机关上下之间、横向之间以及检察机关内设机构之间结成统一的整体，运转高效，关系协调，充分发挥整体效能。

三、促进建设公正高效权威的司法制度

建设公正高效权威的社会主义司法制度，是党的十七大对深化司法体制改革提出的目标要求。公正、高效、权威，三者是有机联系的统一整体，互为条件，不可偏废。公正是本质特征，高效是内在要求，权威是重要保证。要以公正赢得权威，以高效体现公正，以权威保障公正。

“检察工作一体化”本身蕴含了对公正、高效、权威的追求，因此，推行“检察工作一体化”，是建设公正高效权威的社会主义司法制度的有效途径。一方面，“检察工作一体化”有助于提高检察机关自身法律监督的公正高效权威。实行“上下统一”的工作机制，推行下一级检察院向上一级检察院报告工作、上级检察院及时向下级检察院通报工作情况、加大上级检察院对重大案件和事项的督导力度、加强上级检察院对下级检察院干部的协管和监督工作等制度，有助于落实宪法和法律关于检察领导体制的规定，理顺检察机关的纵向关系，强化上级检察院的领导权威，有利于检令畅通，做到下级服从上级，上级支持下级，克服检察权地方化、部门化的倾向，保证执法的统一与权威，实现法律监督的公正和高效。运行“横向协作”、“内部整合”的工作机制，加强检察机关横向之间以及内部各部门之间的协作配合，如对案件线索实行统一管理，对初查或立案侦查职务犯罪案件进行统一规范，对人才、技术、设施和经费等检察资源进行统一调配和优化组合等，有助于提高检察工作的质量和效率。探索检察院内设机构的科学设置，如设置职务犯罪大要案侦查指挥中心等机构，合理配置初查权、侦查权等，有助于

推动检察职权的优化配置。加大上级检察院对下级检察院的领导、监督、管理和指导的力度，如完善规范性文件报批、备案、审查以及检察工作报告、考评、巡视、督察等制度，有助于规范检察机关自身的执法行为。通过对检察工作进行总体统筹和把握，有助于树立检察机关的执法公信力和权威性，实现法律监督自身的公正高效权威。“检察工作一体化”统筹协调检察机关的纵向关系、横向关系和整体关系，是优化司法职权配置、规范司法行为、破除诸多体制性机制性障碍和制约因素的重要改革成果。从这个意义上可以说，“检察工作一体化”是建设公正高效权威的社会主义司法制度的重要方面，它所强调的“上下统一、横向协作、内部整合、总体统筹”几个方面，对于发展和完善中国特色社会主义检察制度，具有重要的促进作用。

同时，检察机关在“检察工作一体化”机制下依法正确履行法律监督职能，对树立政法机关执法公信力、建设公正高效权威的社会主义司法制度提供了有力保障。中央明确提出，要以加强权力制约和监督为重点，优化司法职权配置，规范司法行为。检察机关作为国家的法律监督机关，在政法机关互相配合、互相制约的权力结构和运行机制中，具有举足轻重的地位和作用。通过推行“检察工作一体化”，合理配置检察权，形成监督合力，树立监督权威，有助于充分发挥法律监督职能作用，促进政法机关严格公正文明执法，树立执法公信力，保证司法机关既互相配合又互相制约，从而实现公正高效权威的司法改革目标，彰显社会主义司法制度的优越性。

四、维护检察工作的整体性、统一性

检察工作的整体性、统一性，是指检察机关组织结构和检察权行使的整体性、统一性，是由检察机关的性质决定的，体现了检察工作的基本规律，是“检察工作一体化”的基础。

《中共中央关于进一步加强人民法院、人民检察院工作的决定》指出：“人民法院和人民检察院是国家司法机关。”我国宪法规定：“中华人民共和国人民检察院是国家的法律监督机关。”检察机关并非狭义上的司法机关，而是作为法律监督机关的特殊司法机关，它与审判机关有着截然不同的特点，这就决定了检察权与审判权有着不同的运行规律和行使方式。审判权强调独立、中立、被动、终局等特点，而由于法律监督性质所决定，检察权的行使具有积极、主动、统一、程序等特点。审判机关在纵向上是监督关系，强调审判独立，而检察机关在纵向上是领导关系，强调上下统一。检察机关的上述性质和特点，决定了检察工作的整体性、统一性。我国宪法和法律规定，最高人民检察院领导地方各级人民检察院和专门人民检察院的工作，上级人民检察院领导下级人民检察院的工作。人民检察院组织法规定，检察长统一领导检察院的工作。这是检察工作整体性、统一性的宪法和法律依据。检察机关上下级之间是领导与被领导的关系，从而使各级检察机关在纵向上形成一个统一的整体。每个检察院虽然下设诸多部门，但是这些部门均在检察长的统一领导下开展工作，这种上命下从的检察长负责制，就使每个检察院也构成一个统一的整体。检察机关履行法律监督职能的根本目的是维护宪法和法律的统一、正确实施，维护法制的统一、尊严、权威。为了实现这个价值目标，检察权自身就必须统一行使，这就决定了检察权行使的统一性。

维护检察工作整体性、统一性的基本理念，要求检察机关作为一个整体对外依法独立行使检察权，保障组织机构和检察权行使的整体独立性；检察权的行使应当保持统一的执法标准和行为准则，保障在法律效力所及的范围内实现法律实施的统一性；检察机关上下级之间、同级之间、内部各部门之间应当相互配合，协调一致，保障检察活动的承继性、移转性和协调性。“检察工作一体化”正是在领导、协作、整合、统筹的良性运行中彰显、保障和促进检察工作的整体性、统一性。可以说，“检察工作一体化”就是检察工作的整体性、统一性在工作机制层面的另一表述。

五、增强法律监督的整体合力

增强法律监督的整体合力，作为“检察工作一体化”机制的运行目的，是检察“一盘棋思想”的应有之义。通俗地讲，“检察工作一体化”就是检察工作“一盘棋思想”，上升到理论层面，就是系统论、控制论的思想。它强调通过创新机制，从总体上对检察工作予以统筹，确保检察权依法、独立、统一、规范、有序运行，克服检察权地方化、部门化和分散主义的倾向，发挥检察机关的整体优势和效能。

在实际工作中，地方主义、部门主义等分散主义和保护主义的倾向不同程度地存在。例如，有的上下级之间不能很好地统一，检察权存在地方化的危险，危及法律监督的公正与权威；有的检察院各内设机构之间各行其是，不能协调运作，存在部门一体化的危险，危及检察工作的整体性和统一性。这些问题制约了检察权的正确有效履行，往往导致法律监督的整体力量不足，形不成拳头，使法制的统一、尊严和权威面临威胁，与建设公正高效权威的司法制度背道而驰。而“检察工作一体化”正是医治地方主义、部门主义和分散主义的良方，是增强法律监督整体合力的制度保障。

推行“检察工作一体化”，有助于牢固树立检察工作“一盘棋”的思想，能够有效促进检察机关内部和谐，从而增强法律监督的整体合力。增强检察工作的统一性和协调性，便于排除各种制约因素，理顺内部关系，促进检察机关内部的和谐，进而激发创造活力，提高检察工作的质量和效率，发挥检察机关的整体效能。例如，加强侦查部门与侦查监督、公诉、监所检察、民事行政检察、控告申诉检察、检察技术等部门在查办和预防职务犯罪方面的分工负责和配合、制约，完善衔接机制，在配合中制约，在制约中配合，有助于增强整体合力。在“检察工作一体化”机制下，检察机关及其内设机构都要从党和国家大局的高度科学把握检察工作的合理布局，要从检察工作全局的角度思考如何深化检察改革、推进检察工作，要从运转高效、关系协调的要求出发进行总体统筹，努力结成统一的整体。因此，全面推行“检察工作一体化”，有利于检察机关集中资源优势，形成法律监督的合力。

总之，正确的理念是全面推进“检察工作一体化”的重要指针，是指导机制创新发展的灵魂，它决定着检察工作机制改革的方向。同时，“检察工作一体化”的探索和实践，又进一步丰富了基本理念的科学内涵。因此，我们要继续在正确理念的指导下，科学把握检察工作规律，进一步深化具有湖北特色的“检察工作一体化”机制改革，针对检察工作中出现的新情况、新问题，及时出台应对方略、完善配套规定，逐步破除制约检察事业科学发展的体制性机制性障碍，不断提高检察机关的法律监督能力，建设公正高效权威的社会主义检察制度。

5 加强检察工作一体化机制建设，促进发挥检察机关法律监督职能作用*

金秋十月，我们在江城武汉迎来了全国各地的专家学者和全国检察系统的同志们，共同研讨检察机关法律监督职能与检察工作一体化机制建设的理论和实践问题。首先，我代表湖北省人民检察院向出席会议的各位专家、高检院有关部门的领导、兄弟省市检察院的同志们，以及所有参加会议的同志们表示热烈的欢迎！

创新体制机制是深入学习贯彻科学发展观活动的重要目标要求之一。当前检察工作中存在诸多制约法律监督职能充分发挥的体制性机制性障碍，如检令不通、领导不力的问题时有发生，检察机关纵向领导关系尚待理清；各种干扰法律的统一正确实施的因素不同程度存在，检察工作的统一组织、指挥、管理与协调机制有待加强；检察资源配置不够科学，法律监督的整体合力不足，整个检察工作有待整合等。我们要深化检察体制和机制改革，加大重点领域和关键环节改革攻坚的力度，切实取得一批改革创新和制度建设的成果，进一步完善落实科学发展观的体制机制，推动检察工作的科学发展。

检察工作一体化机制是基于检察实践、为解决实际问题而提出并推行的，同时，它又必然触及一些重大理论问题。研究和实行检察工作一体化机制，根据湖北检察机关的初步探索和实践做法，我认为，首先应当在以下几个主要问题上有明确的认识：

---

* 2008 年 10 月 27 日敬大力同志在湖北省人民检察院检察发展论坛第一次会议上的致辞，主要内容刊载于《人民检察》2008 年第 22 期、《人民检察（湖北版）》2008 年第 11 期。

一是确定检察工作一体化机制的总体要求。检察机关应当坚持在党委领导和人大监督下，依据宪法和法律的规定，按照检察工作整体性、统一性的要求，实行上下统一、横向协作、内部整合、总体统筹的检察工作一体化机制。强化上级检察院对下级检察院的领导关系，下级服从上级，上级支持下级；加强各地检察机关之间的工作协作，互通情况，加强沟通，相互支持与配合；充分发挥检察机关各内设机构的职能作用与优势，紧密配合，形成合力；促进检察机关结成运转高效、关系协调、规范有序的统一整体，充分发挥法律监督整体效能。

二是坚持检察工作一体化机制的基本理念。检察工作一体化机制有五个基本理念，这就是坚持科学发展观统筹兼顾的根本方法；维护社会主义法制的统一、尊严、权威；促进建设公正高效权威的司法制度；维护检察工作的整体性、统一性；增强法律监督的整体合力。这些基本理念是检察工作一体化机制建设的思想基础。

三是明确检察工作一体化机制建设的根本意义。实行检察工作一体化机制，是落实检察机关上下级领导体制，树立法律监督权威的必然要求；是发挥检察机关整体优势，提高执法水平和效率的迫切需要；是保障检察工作规范有序运作，形成法律监督整体合力的客观要求；是克服地方和部门保护主义，维护司法公正与社会公平正义的重要保证；是增强检察机关法律监督能力，保障国家法律统一正确实施的有效途径。

四是准确界定“检察工作一体化 ”的概念实质。“检察工作一体化”与“检察一体化”、“部门一体化”（如侦查一体化、公诉一体化、民行一体化等）具有明显区别。“检察一体化”与是否实行“检察独立”、“垂直领导”等领导体制问题相关联，涉及体制和制度问题；而“检察工作一体化”是在现行政治体制和法律制度框架内，在检察工作机制层面的安排。检察工作一体化机制是检察机关整体的一体化，检察机关的领导关系指的是“院对院”的领导关系，而不是检察机关有关部门及其工作从上到下的一体化及领导关系，不宜将“整体的一体化”分割为“部门的一体化”；也不能说多个“部门一体化”叠加起来就是“检察工作一体化”。

五是要正确认识和处理党的领导、人大监督与上级检察院领导的关系。中国特色社会主义检察制度坚持党的领导、人民当家作主和依法治国的有机统一。检察机关要在党委统一领导下开展工作，自觉接受人大及其常委会的监督，接受上级检察院领导，三者是相辅相成、并行不悖、有机结合、不可偏废的。加强上级检察院对下级检察院工作的领导，保证检令畅通，增强监督合力，说到底还是坚持党的领导、接受人大监督的一个重要要求，是维护中央权威和保证法律统一正确实施的重要要求。

近年来，湖北省检察机关把实行检察工作一体化机制作为推动检察工作科学发展、提高法律监督能力的重要措施来抓，先后制定下发了《关于在全省检察机关实行检察工作一体化机制的指导意见》、《关于推动检察工作一体化机制全面落实的若干工作安排》等指导性文件，明确了总体要求、指导思想、基本原则及具体措施，并结合湖北检察工作实际研究制定并实施了一系列配套的制度规定，采取措施推动检察工作一体化机制在全省检察机关的落实。实行检察工作一体化机制，进一步落实宪法和法律关于检察领导体制的规定，强化检察机关上下统一，加强横向协作和内部整合，从总体上统筹各项检察工作，从而增强了法律监督的整体合力，维护了检察工作的整体性和统一性，促进了建立公正高效权威的检察制度。检察工作一体化是被实践证明行之有效、有生命力的工作机制。

高检院对检察工作一体化机制建设高度重视、大力支持，并提出了进一步推进机制建设的明确要求。最高人民检察院 2007 年 8 月下发的《关于加强上级人民检察院对下级人民检察院工作领导的意见》明确要求逐步形成检察工作一体化机制。在 2007 年底全国检察长会议上，高检院提出要求，对于“检察工作一体化”机制，要在实践中进一步总结经验，完善相关配套规定，推进改革不断深化。2008 年 7 月全国检察长座谈会在系统总结检察机关恢复重建 30 年来人民检察事业的发展进步时提出，检察机关建立了包括检察工作一体化在内的一系列机制和制度，促进了规范公正执法。同时提出，检察机关今后将提高法律监督能力和加强对自身执法活动监督制约两方面作为检察体制和工作机制改革的重点，并将推进检察工作一体化机制建设作为重点内容之一。检察工作一体化机制的探索与完善，是一个长期的实践过程，仍然有广阔的深化发展空间。我们将按照高检院的统一要求，深入学习实践科学发展观，坚持解放思想、与时俱进，及时总结检察工作一体化机制建设经验，深化理论研究，进一步完善配套规定，不断解决实际问题，切实维护检察工作的整体性、统一性，增强法律监督的实效与合力，推动检察工作一体化机制建设取得更加明显的成效。

我们这次会议的主题是“检察机关法律监督职能与检察工作一体化机制建设”。毋庸置疑，要更好地履行法律监督职能，就必须更加重视检察工作一体化机制建设。检察机关履行法律监督职能就是为了维护国家法律的统一正确实施，维护社会主义法制的统一、尊严和权威。在我国的政治法律制度下，维护法制统一、尊严和权威离不开法律监督的作用，离不开坚强而有力的法律监督。法制要统一首先必须做到法律监督机关的检令畅通，法制的尊严和权威要以有效的监督作保证。“检察工作一体化”正是检察机关正确履行职责，维护法制统一、尊严和权威的重要机制保障。推动“检察工作一体化”机制建设，通过完善配套制度，强化改革措施，使检察机关上下之间、横向之间以及检察机关内设机构之间结成统一的整体，充分发挥整体效能，不仅有利于保证检令畅通，形成法律监督整体合力，促进法律监督的公正、高效和权威，而且有利于统一法律政策界限和执法尺度，加强对政法机关的制约和监督，促进建设公正规范文明执法的长效机制，保障宪法和法律的统一正确实施，维护社会主义法制的统一、尊严和权威。

湖北省人民检察院检察发展研究中心是在湖北省人民检察院领导下的一个决策咨询机构，以研究检察工作科学发展为根本任务，搭建学术平台、创新检察理论、深化检察改革、完善检察制度。检察发展研究中心所依托的，一方面是检察系统内从事理论和实务研究的同志，另一方面是高等院校、科研院所的专家学者。正像检察发展研究中心的图标所寓意的那样，“检校互动”，检察官和专家学者密切合作，转动前进的车轮，推动检察事业不断向前发展、科学发展！中心自去年成立以来，开展了一系列工作，比如公布并立项一批研究课题，出版发行了一批学术著作和研究报告，即将开通检察发展研究中心网站，组织检察专业培训，推动调研成果的实际应用。我们将努力促进“检察发展论坛”成为有特色的品牌，定期举办论坛会议，研讨检察发展问题。本次会议邀请到了全国多位著名专家学者、高检院有关部门的领导和全国各地的检察同仁参与研讨，相信在与会领导、专家学者和同志们的共同努力下，本次研讨活动必将取得丰硕成果！

湖北省检察机关在工作机制创新方面进行的探索，是与高检院领导和各级党委、人大的关怀信任，兄弟省市检察机关的支持帮助分不开的。这次会议的召开，为我们提供了一次非常难得的学习机会，我们将虚心学习全国各地的先进经验，把检察工作机制建设提高到一个新的水平，努力开创工作新局面。

6 进一步坚持和完善下一级检察院向上一级检察院报告工作制度*

自2006年以来，我们先后组织了9次市州分院、林区院当面向省院报告工作，同时坚持基层院定期向市州分院报告工作，并进行认真评议，形成了一项成熟、规范的工作制度，有力促进了检察工作健康发展，得到了高检院的肯定和推广。各地要深刻认识贯彻执行这一制度的重要意义，进一步坚持和完善这一制度。

一、充分发挥下级院向上级院报告工作制度的功能作用

下一级院向上一级院报告工作制度，是落实检察机关领导体制、强化上下级领导关系的客观要求，是实现检令畅通、推动上级检察机关工作部署落实到位的有力保障，是推进改革创新、加强检察工作一体化机制建设的重要探索，是整合检察资源、形成法律监督合力的迫切需要，是加强监督制约、保证正确行使检察权的重要举措。这一制度运行四年来，在加强上级院对下级院的工作领导，及时发现解决问题，促进上下互动交流，推动工作部署落实等方面发挥了积极作用。各地要进一步重视这一制度的执行落实，充分发挥其功能效用。

一是要发挥报告工作制度对保障检令畅通、推动工作部署落实的作用。这项制度是在现行体制下加强检察机关上下级领导关系的

---

* 2010年8月9日敬大力同志在市州分院向湖北省人民检察院报告工作会议上的讲话要点。

一种重要途径，有利于下级院定期对贯彻执行上级院工作部署的情况进行系统回顾与认真反思，有利于上级院准确了解工作部署的落实情况，加强领导和指挥，防止和纠正有令不行、有禁不止的倾向，保证上级院的各项工作部署落实到位。各市州分院在向省院报告工作并按照省院评议意见认真整改的同时，要通过定期组织基层院报告工作和评议，检查和指导基层院工作，确保上级精神和部署要求切实贯彻落实到基层。

二是要发挥报告工作制度对总结、发现、分析、解决问题的作用。报告工作与评议评比、督促整改是结合一体的，有利于发现各项检察工作的薄弱环节以及出现的新情况新问题，分析找准原因，及时调整工作部署，强化工作措施，解决工作中存在的困难和问题，有利于上级院不断增强对下工作指导的针对性和有效性，不断提高科学决策的能力。年初省院对各市州分院、林区院 2009 年度工作进行了评比表决，大家对评比结果是认同的。今天报告工作的 5 个院按照年初省院评议的意见有针对性地进行整改，工作有了新的成效。其中有 2 个院在去年年底评比中位次靠后，今年上半年工作有了明显进步。事实证明，报告工作制度产生了好的鞭策效应，有力地促进了加强和改进检察工作。

三是要发挥报告工作制度对总结推广经验、树立先进典型的作用。近年来各地结合当地实际，在检察工作中探索了很多好的经验做法。通过下一级院向上一级院报告工作，下级院要及时总结推广宣传工作经验，上级院要及时发现亮点、总结提炼经验、激励先进、推广典型，便于各地相互学习借鉴。最近我省的一些经验做法在全国检察长座谈会和高检院一系列专业工作会议上作了交流发言，得到了省委的充分肯定，这些经验做法就是对各地工作经验的提炼和升华。

四是要发挥报告工作制度对基层院建设的积极作用。加强基层检察院建设，重点在基层，责任在上级。市级院是基层院建设的“一线指挥部”。市级院要通过定期组织基层院报告工作，全面掌握本辖区检察工作情况，实行面对面的指导，帮助基层院解决工作中存在的困难和问题，及时加强对执法办案工作的组织领导与指挥协调，为基层院执法办案排除干扰阻力，统一配置检察资源，切实发挥承上启下、具体指导和协调落实作用。

二、准确把握下级院向上级院报告工作制度的基本要求

我省建立的下一级院向上一级院报告工作制度，是一项不同于一般的报告工作制度的制度规范。各地在贯彻落实这一制度的过程中，要把握以下四个方面的基本要求：

一要规范报告程序。省院每半年组织各市州分院向省院报告一次工作，16 个市州分院、林区院向省院提交书面工作报告，并选择 5 ~6 个单位当面报告工作。省院每次专门下发了通知，对报告工作的时间、内容、形式等要求作出具体安排。当面报告单位经省院内设机构提名、检委会或检察长办公会投票决定。当面报告工作会议采取下级院检察长分别报告、上级院领导当场评议、下级院检察长反馈意见的流程。省院要求各市州分院在向省院报告工作之前完成组织基层院报告工作，各市州分院要参照省院的做法，并结合本地实际情况开展工作，使基层院向市级院报告工作规范化。

二要把握报告内容。2007 年省院制定实施《关于规范市州分院、林区院向省院报告工作有关问题的通知》，对工作报告的内容和形式做了具体明确的规定。工作报告统一规范为八个部分：贯彻落实高检院、省院工作部署的总体情况；全面开展检察业务工作情况；执法规范化建设情况；深化检察改革，落实检察体制和工作机制创新情况；检察队伍建设情况；检务保障情况；对上次评议的整改、落实情况和听取基层院工作报告情况；存在的问题及下一步检察工作总体思路。各地在报告上述日常性工作的同时，还要按照省院通知要求，根据省院年度工作重点的安排部署，侧重报告某些重点工作的落实情况，使报告工作的内容既全面反映各项检察工作，又反映阶段性重点工作。

三要认真开展评议。省院对市州分院、林区院的评议意见是由相应的内设机构起草、分管检察长审核、办公室汇总，经检委会审

定下发的。评议意见既充分肯定成绩，又突出反映问题和不足。各市州分院收到省院评议意见后，可以呈送同级党委，使其了解上级院对本地检察工作的评价，争取党委对检察工作的支持。为进一步增强报告工作制度的实效，2009 年底，省院制定实施《湖北省人民检察院对市州分院年度工作及报告工作情况进行评比表决的办法（试行）》，结合报告工作对各市州分院的 18 项工作进行评比表决，由省院各内设机构按照优秀、良好、合格、不合格四个等次评定各地相应工作，并通报了评比表决结果。这些都是省院对评议方式方法的不断探索。各市州分院组织基层院报告工作，也要采取科学有效的评议程序和形式，对基层院各项具体工作作出评价，提出有针对性的意见。

四要扎实抓好整改。抓好整改落实，加强和改进工作，是报告工作制度的出发点和落脚点。整改不落到实处，报告工作、开展评议等工作就会流于形式、目的落空。下一级院要高度重视上一级院的评议意见，通过召开党组会、中层干部会、全院干警大会等形式进行传达，深刻反思工作中存在的问题及原因，有针对性地研究具体的、有效的整改措施，并将相关情况在 30 日内反馈上一级检察院。上一级院要对下一级院落实评议意见的情况进行督促检查和指导协调，下一级院要将研究制定的整改措施真正落实到工作中，切实加强和改进相关工作，并在下一次报告工作时专门报告落实整改情况。

三、进一步坚持和完善下级院向上级院报告工作制度

总的来说，近几年来全省检察机关贯彻执行下一级院向上一级院报告工作制度的情况是好的，但也存在一些问题和不足，需要进一步改进和完善。

一是市州分院、林区院向省院报告工作要严格落实省院相关要求。市州分院、林区院向省院报告工作，主要问题体现为，有少数院向省院提交的工作报告的形式或者内容不符合省院要求，有的填写附表数据不完整；有的院向省院报送整改报告迟缓，有的整改措

施针对性、操作性不强，有的只选择了部分评议意见研究了整改措施。各地要严格按照省院《关于下一级检察院定期向上一级检察院报告工作的规定（试行）》（鄂检发〔2006〕68 号）、《关于规范市州分院、林区院向省院报告工作有关问题的通知》（鄂检发〔2007〕40 号）等规范性文件和省院每年年中、年底下发的专门通知的具体要求，认真做好向省院报告工作的相关准备工作，并积极落实省院评议意见，及时反馈整改落实情况。

二是市州分院要按要求及时组织基层院报告工作。近期，省院对 15 个市州分院组织基层院报告上半年工作的情况进行了调查统计，有 11 个院组织了全部或者基层院当面报告工作，其中有 10 个院组织了当面评议，1 个院未组织评议；有 3 个院组织了基层院书面报告工作，其中有 1 个院进行了评议并下发了评议意见，2 个院未组织评议；有 1 个院未组织基层院报告工作。下一级院向上一级院报告工作是制度要求，各市州分院要切实落实省院要求，定期、及时地组织基层院报告工作，不能采取其他形式代替。各地可以视具体情况采取当面报告或者书面报告的形式，但是无论哪种形式，都应当组织评议，下发评议意见，并督促落实整改，才能达到督促上级工作部署落实、加强和改进检察工作的目的。

三是要继续完善下一级院向上一级院报告工作的制度机制。对上级院听取报告、进行评议的具体形式，省院没有做出统一规定，省院和市州分院要根据实际情况创造性地开展工作，积极探索，讲求实效。要在加强上下互动、双向交流、反馈评议意见等方面继续完善，为报告工作制度增加新的生机活力。要在去年年底试行评比表决机制的基础上，结合完善业务工作考评机制，进一步探索将报告工作制度与工作实绩考评、领导班子考核、检务督察制度和检察工作一体化改革等有机结合起来，切实发挥下级院向上级院报告工作制度的激励约束功能和科学评价功能。

7 严明组织纪律、落实领导体制，不断改进完善报告和评议工作制度*

一、严明组织纪律、落实领导体制，进一步深化对报告工作制度重大意义的认识

习近平总书记最近在中纪委十八届三次全会上专门强调了组织纪律问题。检察机关是党领导下的国家法律监督机关，宪法和检察院组织法确立了上级检察机关领导下级检察机关的领导体制，这是中国特色社会主义检察制度的重要特征，也是党的组织制度在我国检察制度中的具体反映。严明党的组织纪律与落实检察机关上下级领导体制是一致的，两者都强调下级要自觉服从上级的领导、管理和监督，都是为了增强组织的力量，从根本上来讲都是坚持党的领导、维护中央权威、维护国家法律统一正确实施的必然要求，体现了党的领导、人民当家作主和依法治国的有机统一。

必须从严明组织纪律、落实领导体制的高度认识报告工作制度。实行报告工作制度，自觉落实上级院加强和改进工作的意见，是落实党的组织纪律和检察机关领导体制的一项重要举措，也是我们实行检察工作一体化机制的重要内容。自2006年我们实行这项制度以来，全省检察机关按照省院统一部署认真落实，有力地促进了检察工作发展进步。实践证明，这项制度有利于强化全省检察人员尤其是检察长的组织纪律观念和领导体制观念，自己维护党的团结统一、维护检察工作的整体性和统一性；有利于上级院及时掌握了解工作

---

* 2014年1月26日敬大力同志在市州分院、林区院向湖北省人民检察院报告工作会议上的讲话节录。

部署的落实情况，防止和纠正有令不行、有禁不止的问题，确保政令畅通和检令畅通，确保上级工作部署落实到位；有利于发现各项检察工作的薄弱环节以及出现的新情况新问题，不断增强上级院对下工作指导的针对性和有效性；有利于上级院及时发现亮点、总结提炼经验、树立先进典型，便于各地相互学习借鉴；有利于上级院帮助下级院解决困难和问题，提供各种支持和帮助。总之，实行这项制度对于严明组织纪律、落实检察领导体制、增强法律监督合力、推动检察工作全面发展进步具有十分重要的意义。全省检察机关要从讲政治、讲党性、守法律、谋发展的高度，清醒认识实行报告工作制度的重要性、必要性，切实增强加强和改进报告工作制度的自觉性和紧迫感，努力使报告和评议工作更认真、更实在，落实整改和解决问题更有效。同时，要进一步健全完善有关报告和评议工作以及各项请示报告、审批审核、备案审查等制度和办法，使检察机关组织纪律和领导体制得以更好的落实。

二、讲求实效，不断改进完善报告和评议工作制度

我省下级院向上级院报告工作制度整体上是可行有效的，各地执行落实情况也是好的，探索了专项报告与全面报告相结合、报告与评议相结合、书面报告与当面报告相结合等行之有效地做法。同时，也有一些地方需要进一步改进和完善。从制度设计来看，高检院最近下发了《关于下级人民检察院检察长向上一级人民检察院述职述廉报告工作的规定》，从加强上级院对下级院领导干部的管理和监督的角度，对检察长个人述职述廉报告工作提出了明确要求，与我们现行的“院对院”的报告工作制度有所差别，相应地在报告内容、组织实施部门等方面也有所不同，需要我们进行适当调整和完善。从报告工作制度落实情况看，有的地方重视不够、组织实施不够积极主动；有的地方报告工作流于形式、应付了事；有的评议意见针对性不够强、指出问题不够；有的制定整改措施不够具体有力；有的整改落实不够到位、效果需要进一步增强。

全省检察机关要认真贯彻高检院规定，针对问题，讲求实效，

进一步改进完善报告和评议工作制度，让这一制度功能更加充分有效地发挥。一要拓展报告内容。把检察长个人述职述廉与下级院向上级院报告工作结合起来，将检察长个人述职述廉内容纳入报告工作和评议的范围，两者同步考虑、统筹实施。二要明确组织实施部门。在坚持由办公室部门统一组织实施的同时，将政工和纪检监察部门纳入进来，由其负责对检察长个人履行职责、领导班子建设、检察长执行廉洁从检规定和落实党风廉政建设责任制等情况的评议、检查督导等工作。三要突出问题导向。报告和评议都要注重发现问题、分析问题、解决问题，以此来促进工作。工作报告要实事求是，既要把成绩讲充分，也要把问题和困难讲明白，要有正视问题的态度、敢于亮丑的勇气和攻坚克难的决心，不能文过饰非，更不能欺上瞒下。评议工作要认真负责，重点是实事求是地指出问题，提出有针对性的改进意见，要克服碍于面子、怕得罪人的思想，要防止千人一面、笼而统之、针对性不强。四要加强交流互动。要把报告工作作为上下沟通、紧密联系的重要平台，上级可以评议下级，下级也可以对上级提出意见建议，上下一体、凝聚合力，共同推动问题解决和工作发展。五要加强整改落实和检查督导。各地要针对上级院指出的问题和薄弱环节，制定针对性、操作性强的整改方案，明确目标任务，细化措施，提出时限。责任到人。上级院对下级院整改工作要开展专项督导检查和督查调研，帮助解决工作中的困难和问题，对整改不力的提出纠正意见，对整改工作的经验做法及时总结推广，对上级院指出的问题和评议意见不重视、不解决的，要进行责任追究。

8 检察机关组织领导体制和检察权构造及运行机制的改革探索*

——关于“检察工作一体化”和“两个适当分离”的理论与实践

一、关于检察改革的总体考虑

自检察机关1978年恢复重建以来，改革始终是推动我国检察制度不断发展完善的主要内生动力。近年来，我们在中央、最高人民检察院和省委的正确领导下，结合湖北检察实际，坚持在法律和制度的框架内，积极推进检察改革和工作机制创新，着力破解制约检察工作发展的难题，保持检察事业旺盛生机与活力。可以说，这些年我们湖北检察工作能够平稳健康发展，得到加强和改进，取得全面发展进步，正是得益于我们敢于先行先试、领先一步的持续改革。在工作中我们始终牢牢把握住以下四点，确保检察改革的正确方向和效果。

（一）检察改革必须充分体现中国特色社会主义检察制度的优越性

现代检察制度诞生之初，其本意和功能就是对警察和审判的权力进行监督制约，保护公民免遭警察恣意（如刑讯）和法官擅断。当代中国的检察制度，是在中国共产党领导的社会主义革命和建设的实践中，在总结我国社会主义法制建设历史经验和教训，借鉴其他国家检察制度的基础上逐步形成和发展的。根据列宁的法律监督思想，1949年9月，中国人民政治协商会议第一届全体会议通过的《中华人民共和国中央人民政府组织法》规定，最高人民检察署对

---

* 2014年9月15日敬大力同志在武汉大学的讲课稿。

政府机关、公务人员和全国国民之严格遵守法律，负最高检察责任。1954 年，我国第一部宪法明确规定：最高人民检察院对于国务院所属各部门、地方各级国家机关、国家机关工作人员和公民是否遵守法律，行使检察权。（一般监督）从 1957 年下半年开始，检察制度的发展遭遇严重挫折，检察机关甚至一度被取消。1978 年检察机关恢复重建。1979 年颁布的人民检察院组织法第一次明确规定检察机关就是法律监督机关。1982 年宪法的颁布，进一步明确了检察机关作为国家法律监督机关的性质和地位。

中国特色社会主义检察制度三个特点。（1）中国特色社会主义司法制度的主要标志之一，要倍加珍惜。设立检察机关并赋予专门的法律监督职责，这不仅仅是中国检察制度的特色，而且是中国司法制度乃至中国政治制度的一个重要特色，充分贯彻了人民民主专政理论、人民代表大会制度理论、民主集中制理论，体现马克思主义法律观中国化在检察工作中的运用，具有鲜明的政治特色、体制特色、功能特色和时代特色。（2）在世界各国的政治司法制度中，检察制度的差别性是最大的，无所谓孰优孰劣，只有是不是适合自己的制度。（3）检察制度属于未完全定型（发展中）的制度，发展余地大，也容易走偏向，要制度化、定型化。

一项政治法律制度都有其本身的核心内容，并有其自身的独立性和职能作用的着力点。我国检察制度的核心是法律监督，这一宪法定位，决定了检察机关以维护宪法和法律的统一实施为使命，决定了检察机关在国家机构中并列并独立于国家行政机关、审判机关的地位，使我国的检察制度与世界各国检察机关所具有的监督属性既有共性，又有重大区别，具有不可比拟的优越性。当前，我国检察制度总体上是适应我国国情和发展需要的。同时，随着社会主义市场经济的发展、社会矛盾的增多、人民群众民主法治意识的增强，我国的检察制度在实践运行中也暴露出了一些问题，影响和制约了检察机关法律监督作用的充分发挥。我们推进检察改革，就是要着力破解这些体制性、机制性、保障性障碍，使中国特色社会主义检察制度的优越性得到更加充分的发挥，为改革发展稳定大局提供更加有力的司法保障。

（二）检察改革必须充分体现党的十八届三中全会关于加强和规范对司法活动的监督要求

党的十八届三中全会明确提出，要优化司法职权配置，健全司法权力分工负责、互相配合、互相制约机制，加强和规范对司法活动的法律监督。加强本身是改革，规范本身也是改革。要落实党的十八届三中全会关于司法权力运行机制改革要求，解决法律监督工作存在的问题，强化对司法活动全过程、全环节的法律监督，确保司法权不被滥用，必须坚持用改革创新意识开展工作。要始终围绕推进国家治理体系和治理能力现代化的总目标，把发展和完善中国特色社会主义检察制度，提升法律监督效能和权威作为改革的重要遵循，切实将加强和规范两个方面的要求统一起来，通过精心的制度设计和有效有力的措施使法律监督工作在规范的轨道内运行得更加顺畅。要通过改革的举措为法律监督工作找准定位、定好标准和程序，让监督的数量、质量、效率、效果都得到提升。只有这样，我们的改革才能得到广大人民群众的真心拥护，最大限度调动一切积极因素，最大限度凝聚共识、减少阻力，一步步地深入推进下去。

（三）检察改革必须充分体现检察工作规律

检察工作规律，是检察工作发展中不以人的意志为转移的、内在的、本质的，是有关检察权的设定及运行的基本准则，是检察制度、检察理念、检察体制、检察机制及方式内在联系的抽象概括。把握并遵循检察工作规律，是检察改革取得成功的先决条件。这要求我们必须从国情出发，历史地、发展地发现、认识、探索我国检察工作发展的客观的、真实的规律。决不能从主观主义出发，想当然地或者照搬照抄西方法学理论，提出一些主观的、虚假的“规律”。比如，（1）十八届三中全会关于全面深化改革的决定提出要加强和规范对司法活动的法律监督和社会监督，体现了权力制衡的规律。权力具有易扩张性，正如孟德斯鸠所言“一切有权力的人都容易滥用权力，这是万古不易的一条经验”，因此对权力的运行必须进行监督和控制。(2) 再比如，确保依法独立公正行使审判权和检察权，唯有如此才能排除其他不正当干涉，保障司法行为的公正、高效和权威，是一条基本司法规律。当然，我们也不能将这一规律理解为西方三权分立学说下的司法独立，这是由不同的政治制度和政治体制所决定的。(3) 维护中央的权威，维护法律的统一尊严和权威，保证法律的统一正确实施，是一致的、必须的、必要的。(4) 还有关于司法责任制的改革，也体现了权责统一这一现代法治社会的基本遵循，权与责实际上同一个问题的两个方面。但是检法两家的责任制是有差别的，慎提“去行政化”，不搞“捆绑式改革”。总之，我们在检察改革中必须要遵循我国检察工作发展的规律，防止简单的移植和模仿，防止偏废和“失重”，防止违背客观规律的盲动。

(四) 检察改革必须坚持问题导向

习近平总书记指出，改革是由问题倒逼出来的。检察改革始终要坚持问题导向，不能为了改革而改革，而是着眼于解决实际问题、满足发展需要。不论是检察体制、机制层面的改革，或者工作方式上的创新，都要针对实际问题，有什么问题就解决什么问题。改革和发展的过程，可以说就是不断遇到矛盾、解决矛盾的过程，这是马克思主义哲学的基本原理。对这一点，我们也是有深刻体会的，比如，针对一些执法不公正、不严格、不廉洁的问题，我们坚持不懈地推进执法规范化建设，甚至还推出了一些躲不开、绕不过、免不了的硬措施，实行规范执法“倒逼”机制，使规范文明执法的理念逐步深入人心，规范文明执法水平也提升到了一个新的阶段。还有，针对前些年我们诉讼监督工作弱化以及近年来出现的不规范甚至滥用的问题，通过诉讼职能与诉讼监督职能适当分离、由专门机构专人专司诉讼监督工作来强化诉讼监督，接着又通过推进诉讼监督制度化、规范化、程序化、体系化来规范监督。又比如，针对基层检察院内设机构林立、管理层级多、一线执法办案力量不足、效率偏低等问题，推进基层检察院内部整合改革，实行扁平化管理，促进现有人力资源充分利用和法律监督效能进一步提升。总之，就是要紧紧抓住检察工作中存在的突出问题，深入到观念层面、制度层面、利益层面，以改革的精神和办法加以解决。

二、关于检察工作一体化机制的理论与实践

谈这个问题，是鉴于检察工作一体化是决定和保障我国检察机关领导体制和组织体制有效落实，检察机关职能作用、检察制度优越性充分发挥的根本问题。这里所谈的是保证领导体制和组织体制得以落实的工作机制问题。

检察工作一体化机制源于检察一体化。检察一体化的术语最早源于日本，在大多数国家检察一体是一种体制安排而非明确的原则。何为检察工作一体化及相关概念，学者提出诸多见解。如“检察一体是检察机关基于其特殊的法律地位，为保障依法独立行使职权而在对外相对独立的基础上，在其内部实行的下级服从上级、全国检察机关服从最高检察机关、整个检察机构作为一个整体进行活动的一项活动原则”。又如，“鉴于检察权的性质及独立行使检察权的需要，各级检察机关及其相关人员实行上级对下级的领导与指挥和下级对上级的服从与执行，同时包括相互之间的协调与配合，整个检察系统形成为统一的有机整体或命运共同体。”还有，“检察一体制是指检察系统内上下级检察院之间的领导关系，检察院内检察长与检察官之间的领导关系，以及检察机构作为统一的整体执行检察职能”，等等。这些定义各有不同，但都是研究检察权、检察机关及其检察官之间相互关系，强调检察工作的整体性和统一性，其主要内容包括：检察机关自成体系、检察职权统一行使、不同层级检察机关具有领导隶属关系、不同区域检察机关具有协作义务等这些为实行检察工作一体化提供了良好借鉴。

（一）为什么检察工作必须实行一体化机制

我们提出并推行检察工作一体化机制是具有充分的法律、理论与实践依据的。

第一，实行检察工作一体化机制是落实检察机关领导体制的必然要求。我国《宪法》和《人民检察院组织法》、《检察官法》明确

规定了上级检察机关领导下级检察机关的领导体制。深化检察改革，既要重视体制改革，又要关注机制创新。在检察改革中，体制上要抓根本，力争有所突破；机制上要重健全，力争有所创新。体制和机制是紧密联系、辩证统一的关系，体制决定机制的内容，机制保障体制的实现。宪法虽然确立了检察领导体制，但是这种纵向的领导关系尚“不足以自行”，还需要靠健全的工作机制来落实和保障。实行“检察工作一体化”，就是要充分发挥检察工作机制在优化检察职权配置、规范执法行为方面的基础性作用。检察机关应当在现行政治体制和法律框架内，在工作机制层面积极改革创新，使已有的制度、规定能够更加充分发挥作用。通过检察工作一体化机制创新，不断推出检察机关能够自己决定、能够立即付诸实施、能够产生实际效果的办法。

第二，实行检察工作一体化机制是建设公正高效权威的社会主义司法制度的重要内容。建设公正、高效、权威的社会主义司法制度，是党中央对深化司法体制改革、推进依法治国基本方略提出的要求。检察机关依法独立公正地行使检察权，保障社会主义法制的统一、尊严、权威的过程，同时也是推动建设公正、高效、权威的社会主义司法制度的过程。一方面，检察机关在“检察工作一体化”机制下依法正确履行法律监督职能，是树立政法各部门执法公信力、建设公正高效权威的社会主义司法制度的有力保障；另一方面，检察工作一体化有助于理顺检察系统的纵向领导关系，有助于加强检察机关横向之间以及内部各部门之间的协作配合，有助于推动检察职权的优化配置，有助于规范检察机关自身的执法行为，有助于树立检察机关的执法公信力和权威性，实现法律监督自身的公正高效权威。

第三，实行检察工作一体化机制体现了检察工作的基本规律和中央司法改革精神。无论是检察机关静态层面的组织结构，还是动态层面的检察权行使，均充分体现了检察工作的整体性、统一性。检察机关作为统一的整体，能够统一有效地行使检察权，检察院之间、检察官之间能够协调一致、整体运作、总体统筹。纵向领导关系方面上命下从，横向之间强调协作配合，内部注重资源整合，同一部门的各个检察官之间强调协同作战。“检察工作一体化”正是在领导、协作、整合、统筹的良性运行中彰显、保障和促进检察工作的整体性、统一性。可以说，“检察工作一体化”就是检察工作的整体性、统一性在工作机制层面的另一表述。也正是基于以上规律，中央在新一轮的司法改革部署中，提出了推动省以下地方法院、检察院人财物统一管理的要求，这与检察工作一体化的理念和精神是相吻合的。

第四，实行检察工作一体化机制有利于优化检察权配置，增强法律监督工作合力。“检察工作一体化”作为一盘棋思想指导下的具体的工作机制，是医治地方主义、部门主义和分散主义的良方，是增强法律监督整体合力的制度保障。通过运行“检察工作一体化”机制，从总体上统筹不同层级、不同区域、不同类别的检察工作，确保检察权依法、独立、统一、规范、有序运行，增强检察工作的整体性、统一性和协调性，便于排除各种制约因素，理顺内部关系，整合检察资源，增强监督合力，提高检察工作的质量和效率，发挥检察机关的整体优势和效能。

需要说明的一个问题是，我们必须正确认识和处理坚持党的领导、接受人大监督与接受上级检察院领导的关系。中国特色社会主义检察制度是党的领导、人民当家作主和依法治国的有机统一。党对检察机关的领导，是党对人民民主专政国家政权进行领导的组成部分，是检察机关依法独立行使检察权的政治保证，是中国特色社会主义检察制度的重要内容。人民检察院作为国家法律监督机关，由人民代表大会产生，向人民代表大会负责，受人民代表大会及其常务委员会的监督。最高人民检察院领导地方各级人民检察院和专门检察院的工作，上级检察院领导下级检察院的工作，是宪法规定的检察机关领导体制。坚持党的领导、接受人大监督与接受上级检察院领导是相辅相成、并行不悖、有机结合、不可偏废的，是与我国的国体与政体紧密相连的，充分贯彻了人民民主专政理论、人民代表大会制度理论和民主集中制理论，蕴含着我们党关于社会主义检察制度的基本观点，是我国政治制度的重要组成部分，要切实注意防止和克服将三者对立起来、割裂开来的错误观念和做法。实行检察工作一体化是在坚持党的领导和接受人大监督的前提下展开的。加强上级检察院对下级检察院工作的领导，保证检令畅通，增强监督合力，进而更好地履行检察机关职能，说到底也是坚持党的领导、接受人大监督的一个重要要求，是维护中央权威和保证法律统一正确实施的重要要求。

（二）检察工作一体化方面存在的问题

当前，检察工作中存在诸多制约法律监督职能充分发挥的体制性机制性障碍，其中以领导关系不畅、工作协作不足、工作合力不强、整体效能不高等实践难题较为突出。一是落实检察领导体制、保障检察机关依法独立公正行使检察权的工作机制和具体制度不完善，检察机关纵向领导关系尚待理清，检令不畅、监督不力的情况时有发生。一些下级检察院自觉接受上级检察机关领导的观念淡薄，对上级检察院的工作部署、指示精神和要求执行不力；一些下级检察院对请示报告、特定案件审批备案、统一执法考评等制度落实不力；一些上级检察院对下级检察院工作领导和指导不力，部署的工作不督促检查，不能及时发现和解决问题。二是各种干扰法律的统一正确实施的因素不同程度存在，检察工作的统一组织、指挥、管理与协调机制有待加强。三是检察资源配置不够科学，法律监督的整体合力不足，整个检察工作有待整合，部门林立、神秘主义和分散随意的现象较为普遍，表现为情报信息的统一管理和综合分析利用机制不完善，案件线索移送和工作联系配合制度落实不到位，各内设机构之间的相互制约与协作配合有待加强，各内设机构整合资源、调配力量的工作措施不得力等。这些问题的存在，严重影响了法律监督工作的整体效能，在一定程度上弱化了检察机关的法律监督职能。针对这些问题，只有通过推行检察工作一体化机制，才能从根本上加以解决，才能提高检察工作在整体上发现问题、监督制约的能力。

（三）检察工作一体化的实质

我们推行的“检察工作一体化”，是指在坚持党委的领导和人大监督的前提下，依据宪法和法律的规定，按照检察工作整体性、统一性的要求，在检察机关实行的“上下统一、横向协作、内部整合、总体统筹”的工作运行机制。

“上下统一”就是在坚持党的领导和人大监督的前提下，充分发挥检察机关领导体制的优势，强化上级院对下级院的领导关系，下级服从上级，上级支持下级，克服检察权地方化、部门化的倾向。

“横向协作”就是加强检察机关之间的相互协作，通报情况，加强沟通，取得理解、支持与配合。

“内部整合”就是摒弃检察机关内部各个业务部门各自为政、相互封锁、“神秘主义”的办案旧模式，充分发挥检察机关各业务部门的职能作用与优势，在日常工作中加强配合与联系，对案件线索实行统一管理，对办案工作进行统一规范，对办案力量进行统一调配和优化组合。

“总体统筹”就是强调检察机关和检察工作整体的统一性、有序性、协调性，检察机关上下之间、横向之间以及检察机关内设机构之间结成统一的整体，运转高效、关系协调，充分发挥整体效能。这四个方面是有机统一的整体，要强调多向度的整合，才能实现检察工作的整体性、统一性。

（四）检察工作一体化机制的配套制度及落实措施

“检察工作一体化”的提出和实践，是一个渐进的过程。自2006年以来，湖北省检察院开始探索“检察工作一体化”机制改革。同年12月出台《关于在全省检察机关实行检察工作一体化机制的指导意见》，以后又相继建立健全了40多项配套规定，形成了以《指导意见》为主、以配套规定为辅的检察工作一体化制度体系。从实践效果看，通过8年来持之以恒地推进，检察工作一体化机制不断健全，并且“一体化”的理念越来越融入谋划和推进工作的全过程，确保了上级部署得到统一遵循和落实，有力地维护了检察工作的整体性、统一性，增强了法律监督的整体合力，提高了检察机关的法律监督能力。

比如，在落实检察领导体制，进一步理顺上下统一的纵向关系方面，全面推行下级检察院向上一级检察院报告工作和评议制度。我们制定了《关于下一级检察院定期向上一级检察院报告工作的规定（试行）》等规范性文件，一年两次定期由下一级院向上一级院报告工作，认真组织评议，重点发现和解决问题，狠抓评议意见整改落实，有效促进了上级检察机关的各项工作部署的落实，确保了检令畅通。

又如，规范性文件的清理，保证检察工作部署一体化遵行。

再如，在完善纵向指挥和横向协作制度，进一步规范检察业务运行机制，维护检察工作的整体性、统一性方面，坚持把检察工作一体化机制的各项措施落实到执法办案和法律监督工作中。我们制定了职务犯罪大案要案侦查指挥中心工作实施办法，对指挥中心进行重组，成立了机构单设的指挥中心办公室，调整相关工作机制。市州分院也设立了单独的职务犯罪大要案侦查指挥中心及其办公室，实现了职务犯罪案件线索的归口统一管理，形成了以省院为领导，以市、州、分院为主体，以基层院为基础，各地检察机关及各内设机构密切协作配合，符合“检察工作一体化”要求的侦查工作、公诉工作的运行模式。建立查办职务犯罪“侦、捕、诉”协作配合与相互制约等制度，加强和规范案件交督办和指定异地管辖，强化对办案工作的统一组织指挥，加强各地检察机关之间的检务协作，促进检察机关结成运转高效、关系协调、规范有序的统一整体，同时也为下一步深化司法体制改革、推行省以下检察院人财物统一管理奠定了良好基础。

还有，在落实“检察工作一体化”的相关保障方面，健全了统一、全程、严密、高效的执法监督网络。将现代管理模式和方法引入检察管理中，通过信息网络、大数据等手段对各项工作实行严格的流程管理和质量控制，逐步实现了办公、办案信息化，初步形成了工作流程规范、质量标准科学、监督制约严密、考核及时准确、管理手段先进的科学管理机制。建立并逐步完善统一的综合考评制度，树立了正确的工作导向，等等。

三、关于“两个适当分离”的理论与实践

所谓“两个适当分离”是指将检察机关的诉讼职能与诉讼监督职能适当分离，案件办理职能和案件管理职能适当分离。我们认为“两个适当分离”是一个涉及检察权的构造和运行机制的基本问题。厘清这一基本问题，非常有助于更好地遵循检察权运行规律，优化检察职能配置，强化法律监督效果，提高检察工作运行效率。围绕这一问题，湖北检察机关从2010年以来进行了积极的理论探讨和工作实践，形成了思考、体会，在这里与大家进行一些交流。

（一）理论和实践问题

1. 理论上的分歧

这里主要探讨诉讼职能与诉讼监督职能适当分离的理论问题，首先会涉及检察权、法律监督权这些检察制度的基本范畴。检察机关具有什么权力和结构。一方面，基于检察机关的职权，有了检察权的概念；另一方面，基于我国检察机关的宪法定位，有了法律监督权的概念。检察权与法律监督权是什么关系、检察权及其具体权能的属性问题是理论界分歧最大、最让人困惑的重要问题之一。归纳起来大致有一元论、二元论（多元论）、一元二分论等不同观点。

一元论认为检察权就是法律监督权。检察权与法律监督权，是一个事物的两种命题，或者说从不同角度表述同一事物。如王桂五先生认为法律监督作为国家的一种权力是一元化的，检察机关的各项权力都应当统一于法律监督权，都是法律监督的一种表现形式。朱孝清也认为，从功能分析上看，我国检察机关各项职权都统一于法律监督权。张智辉认为检察权都是作为一种独立的国家权力即法律监督权存在的。龙宗智等人认为诉讼和诉讼监督是两码事，但在理论和实践上很难分开，是“皮毛”关系。

二元论或多元论认为检察权不等同于法律监督权。把检察权能区分为监督职能、侦查职能、公诉职能等，认为法律监督权不能涵盖检察权之全部。如樊崇义先生认为，检察职权二元论比一元论更

为合理，按照二元论的理论设计检察机构设置，理顺诉讼渠道，遵循诉讼规律，保证公诉质量，强化法律监督，更具有科学性。陈卫东则认为，以公诉权为主要内容的检察权在本质属性和终极意义上应属于行政权，检察机关在刑事诉讼中的各项权力都是程序性诉讼权力，与所谓的法律监督机关、法律监督权并无必然关联性。郝银钟也认为检察权就是公诉权，如果检察机关既行使公诉权、又行使监督权，必将导致角色混乱，主张检察机关并非应为法律监督机关，应当废除检察机关的法律监督权（分离论）。还有学者认为检察机关法律监督即为诉讼监督，检察机关侦查权、批捕权、公诉权不具有监督属性，只有诉讼监督权才具有法律监督属性。

一元二分论认为检察权具有复合性和多层次性，实质上一元形式上二分。关键的要区分宪法和法律定位（法律监督机关、司法机关）和具体职能（职权）：二元一体（制度、体制问题），职能多样（规律、程序问题）。

由于视角的不同，这里，我们无意于也不可能对上述观点作结论性评论。主要阐明以下两个观点：

一是中国检察制度的特色。《中华人民共和国宪法》规定："中华人民共和国人民检察院是国家的法律监督机关。"这是我国《宪法》关于检察机关的明确定位。2006 年，《中共中央关于加强人民法院、人民检察院工作的决定》明确提出，人民检察院是国家的司法机关。中国特色社会主义检察制度的突出表现就在于，检察机关集诉讼监督职能和诉讼职能于一身，检察机关既是法律监督机关，也是司法机关。检察机关作为法律监督机关，具有对诉讼活动的法律监督职能，主要是指我国检察机关具有独特的宪法定位，有权依法行使对刑事诉讼、民事审判、行政诉讼活动进行法律监督等具体权能；检察机关作为司法机关，具有诉讼职能，主要是指法律赋予检察机关通过诉讼的形式处理有关案件，有权依法行使批捕、起诉、侦查职务犯罪等具体权能。

二是广义的监督包括监督、制约和救济。监督一词是广泛使用的术语，在不同的语境下可以有不同的含义。我们认为广义的监督包括制约，是因为监督和制约都是对权力行使的约束、限制和控制，都能起到防止和纠正工作中失误的作用，目的都在于保障执法和司法机关正确地认定事实和运用法律。认为广义的监督包括救济，是因为监督本身就是一种重要的权利救济手段。当然，狭义的监督与制约是两个不同的概念，有质的区别，不能相互混淆和替代。监督与制约的区别在于：（1）制约是互相的，而监督是单向的。制约是把执法司法工作分为不同的环节、不同的作用，而使不同的主体相互牵制、制衡。监督是宪法和法律赋予检察机关的特定职权。（2）制约是诉讼环节，适用诉讼程序，监督有的是诉讼环节，有的是专门的监督措施，既可能适用诉讼程序，也可能适用监督程序。（3）使用的措施办法不同。（4）监督是对受监督方诉讼行为提意见、启动程序，制约是针对受制约方的诉讼行为启动自身诉讼行为。所以，从广义监督的概念出发，具有制约性质的诉讼职能和具有狭义监督性质的诉讼监督职能能够统一于法律监督职能，但同时由于其性质差别和不同运行规律，应当适当分离运行。

基于以上两点考虑，我们认为，诉讼职能、诉讼监督职能这两种不同性质、不同种类的职能对于检察机关都是不可少的，两项职能是并行不悖的，不存在将诉讼职能或者诉讼监督职能从检察机关分离出去的问题，而是要从检察职能的合理配置、理顺工作关系的角度出发，研究在检察机关内部诉讼职能和诉讼监督职能适当分离的问题。

2. 实践中的问题

诉讼职能和诉讼监督职能不分主要造成三个方面的实践问题：一是内部制约不够。目前的检察实践中，检察机关负责批捕、起诉的部门同时负责在诉讼程序中监督其他司法、执法机关的诉讼活动，这种具有不同职能的双重地位，使得检察机关常常处于尴尬的境地。那么，在理论界和社会上就自然长期存在诸多质疑，如检察机关监督别人，谁来监督检察机关？检察机关有什么资格、优势去监督其他机关？这种由同一个内设机构同时承担诉讼职能和诉讼监督职能的模式，客观上造成既不便于对他方进行监督，也不利于自身严格公正执法的现实情况。二是诉讼监督弱化、不规范、成为“副业”。当前，人民群众对司法、执法机关有法不依、违法不究、执法违法等问题反映相当强烈，但是检察机关的诉讼监督相对疲软，法律监督工作还是检察工作的薄弱环节。一个内设机构身肩两种职能，实践中往往就将履行批捕、公诉、职务犯罪侦查等职能作为首要任务、硬任务，而将履行诉讼监督职能作为可有可无的次要任务、软任务，在强调加强诉讼监督的时候，由于人员精力无暇顾及、缺乏制度规范等因素，造成了凑数监督等方面的问题，结果是两方面的职能互相影响、互相拖累，两方面的职能履行效果都不理想，削弱了法律监督的整体效能。三是造成工作模式和运行特征的错位。批捕、公诉、职务犯罪侦查等诉讼职能和诉讼监督职能的运行规律是不一样的，诉讼职能强调独立办案，诉讼监督职能强调上下统一；批捕、公诉、职务犯罪侦查等诉讼职能侧重于对犯罪嫌疑人、被告人的追究，诉讼监督职能侧重于对司法执法机关的调查、纠正。两者方向不同、对象不同、程序不同，将两者混同在一起，容易造成工作模式和运行特征的错位。

所以我们认为，无论是从理论上还是从实践上来看，实行“两个适当分离”都有充足的依据和需求，既是符合检察工作运行规律，也是适应检察工作的实际需要的。

（二）“两个适当分离”的解释

1. 诉讼职能和诉讼监督职能适当分离。即在坚持检察权的法律监督性质，检察机关的诉讼职能、诉讼监督职能两项职能都不可少的前提下，改变过去长期以来，检察机关同一内设机构既承担审查逮捕职能，又承担刑事立案和侦查活动监督职能；或者同一内设机构既承担公诉职能，又承担刑事审判监督职能等职能配置模式，由批捕、公诉、职务犯罪侦查等部门专司相关诉讼职能，由侦查监督、刑事审判监督、民事诉讼监督、行政诉讼监督、监所检察等部门专司诉讼监督职能，从而实现检察机关内设机构的职责分工的“诉讼不监督、监督不诉讼”。

2. 案件办理职能和案件管理职能适当分离。案件办理是指检察机关依照法律规定的职权和程序对案件进行处理的活动。检察机关办理的案件有两类：一类是诉讼案件，另一类是监督案件。案件管理主要指的是检察机关依照法律和检察工作规律对办案工作进行专业、统一、归口管理，加强流程监控、过程控制的活动。案件办理、案件管理是公正廉洁执法紧密相联的两个方面：加强案件办理，客观要求强化监督制约，规范案件管理；加强案件管理，也有利于强化案件办理，确保公正廉洁执法。但也应当看到，案件办理强调对案件的依法处理，案件管理则强调对案件的流程监控、过程控制、统一考评等，两者存在着明显区别，是可以也应该适当分离的。

3. “适度”原则。我们认为，诉讼职能和诉讼监督职能、案件办理职能和案件管理职能的分离，应当是“适度”的分离，应当掌握一个合理的“度”。所谓“适度”主要体现在以下三个方面：一是保持固有职能，不是强行分离。对于诉讼职能所固有的制约成分、案件办理所固有的管理内容，仍然予以保持，而不是不切实际地分离。如检察机关的“审查批捕”、“审查起诉”工作，由于其属于诉讼活动且具有司法审查性质，因而必然包含某些“制约”的成分，这是其诉讼中司法审查性质的工作所固有的。我们所说诉讼职能、诉讼监督职能适当分离，当然仍要保持司法审查性质的诉讼职能中固有的“制约”成分。但是，需要注意的是，“制约”不等于“监督”，法律监督比诉讼中“制约”的内涵和外延更为丰富、更为广泛。再比如案件办理也包含自身管理，比如反贪、反渎等案件办理部门仍然需要承担对案件合理分流、严守办案期限、保证案件质量等管理任务，这是案件办理所固有的职能，仍然要保留，而不是将所有的管理工作一概分离出去。二是维持相互联系，不是完全割裂。实行“两个适当分离”，不是要将相分离的两个方面完全割裂、断绝联系。如检察机关有关部门在履行诉讼职能的过程中，可以发现诉讼违法线索，要特别强调两项职能适当分离后加强协作配合，各部门不能“各办各案”。又如案件管理不仅强调加强管理、规范管理这一侧面，而且强调加强组织协调、服务办案这一侧面。三是坚持能分则分，不是硬性分离。实行“两个适当分离”不是搞一刀切，而是坚持一切从实际出发，尊重实际、能分则分，难分则不分，循序渐进地深化改革。对于目前暂时分不开或者分开暂不具备条件、时机不成熟的，保持现状不变。比如，湖北省检察机关在基层检察院内部整合改革试点中，虽然提出刑事抗诉是一种比较典型的刑事审判监督职能，但鉴于法律制度上的限制，仍将“决定是否提出或提请刑事抗诉”这一职能赋予批捕公诉部行使，而不是赋予诉讼监督部行使。总之，“度”的把握主要是着眼于各项检察职能的充分发挥，着眼于促进检察管理的科学规范，着眼于提高工作效率，根据职能性质和工作情况，坚持边探索、边总结、边改进。

（三）“两个适当分离”的实践措施及效果

1. 职能分离、机构分设。在省院和市级院，按照精细分工的原则，形成执法办案机构、诉讼监督机构、综合业务机构、综合管理机构、检务保障机构等五类机构，主要是：一是按照诉讼职能和诉讼监督职能适当分离的原则，对省院和部分市级院内设机构进行调整，组建审查批捕处，承担对公安机关移送刑事案件、市级检察院提请自侦案件的审查批捕，以及批准延长羁押期限的职能；将侦查监督处的职能调整为承担刑事立案监督、侦查活动监督以及对行政执法机关向司法机关移送刑事案件的监督等职能。同时，将公诉一处更名为刑事审判监督处，将公诉二处更名为公诉处，逐步分别承担对刑事审判活动的法律监督职能和公诉职能。从而形成了审查批捕处、公诉处专司相关诉讼职能；侦查监督处、刑事审判监督处、民事诉讼监督处、行政诉讼监督处专司相关诉讼监督职能的机构设置和职能分工。二是按照案件办理职能和案件管理职能适当分离的原则，省、市两级院单设职务犯罪大要案侦查指挥中心办公室，负责统一管理职务犯罪案件线索、案件交办、督办、指定异地管辖等工作，与反贪局、反渎局等案件办理部门并列，形成了指挥中心及其办公室负责职务犯罪案件的统一管理，反贪局、反渎局等部门负责职务犯罪案件办理的工作格局和机制。三是按照案件办理职能和案件管理职能适当分离的原则，全省各级院统一建立案件管理工作机构、统一挂牌运行，承担对各类线索的统一受理、统一分流、办案流程监控、诉讼违法线索统一管理和研判、统一对外移送、反馈等管理职责，强化案件管理工作。在基层检察院，按照横向大部制、纵向扁平化、突出检察官主体地位、体现“两个适当分离”的思路推进基层院内部整合改革试点，将试点范围从 13 个“小型院”逐步扩大到目前的 51 个，根据不同情况对试点院内设机构进行整合，探索实行“四部制”、“五部制”、“七部制”、“九部制”等运行模式。以“五部制”为例，实现了诉讼监督、批捕公诉以及职务犯罪侦查工作由诉讼监督部、批捕公诉部和职务犯罪侦查部分别负责的工作模式；形成了案件管理部统一负责案件管理，批捕公诉部、职务犯罪侦查部和诉讼监督部分别负责有关诉讼案件或监督案件的办理的工作格局。

2. 建立健全相关工作机制。能不能实行合理有效的“分离”，关键在于是否具有相应的工作机制保障。有的同志认为诉讼监督职能依附于诉讼职能的履行，担心离开了审查批捕、审查起诉等办案活动就不能发现诉讼违法行为，也没有监督所能依托的程序，不能有效行使监督职能；有的还认为脱离了办案活动就无法进行科学管理。实践中，我们通过建立健全相关工作机制，回应了这些疑虑。一是建立线索发现、移送及办理反馈机制。在实行“两个适当分离”的同时，分离的部门之间结合实际建立线索发现、移送（或者通报、信息共享、联席会议制度）及办理反馈有机衔接、环环相扣、相互促进的工作机制。这种线索发现、移送及办理反馈的机制，正如检察机关有关部门发现职务犯罪线索，要及时向侦查部门移送，职务犯罪侦查部门统一侦查、及时反馈一样，只要权责明确、衔接到位，完全可以促进两项职能更好地履行。二是建立综合统一管理机制。强化对执法办案的综合统一管理，注意探索建立健全对线索、案件等进行专业、统一、归口管理的工作机制。比如，成立机构单设的职务犯罪大要案侦查指挥中心办公室以来，对各种渠道收到、受理或者发现的职务犯罪案件线索，包括有关机关移送的案件或线索，实行专门、统一、归口管理，并实行全省统一编号管理，明确案件交办、督办和指定异地管辖的原则意见，建立健全线索分析利用等相关工作机制，规范了对职务犯罪侦查工作的统一管理。三是建立工作协调配合机制。在实行“两个适当分离”中，我们坚持检察工作统一性、整体性，注意健全更为紧密的工作联系、协调、配合机制。比如职务犯罪侦查部门在侦查中发现司法工作人员在审理民事、行政案件时有贪污受贿、徇私舞弊、枉法裁判等违法行为，可能导致原判决、裁定错误的，应当经检察长批准，将相关证据材料及时提供给民事、行政诉讼监督部门监督。民事、行政诉讼监督部门在依法审查、办理后将结果向职务犯罪侦查部门反馈。四是建立执法办案监督制约机制。比如，成立机构单设的侦查指挥中心办公室，按照“统一管理、服务办案”、“相互制约、全程监控”等原则，建立对职务犯罪案件线索统一管理的工作机制，健全以“院对院”的名义对职务犯罪案件线索进行交办、督办、指定异地管辖的工作机制，加强对案件办理工作的监督制约。五是建立资源整合优化机制。比如，在部分基层院内部整合改革中，这些基层院兼顾五个部对不同层次人员的需求，建立了检力向业务、向基层、向一线倾斜的工作机制，将有限资源进行合理整合、优化配置。

3. 实际效果。从湖北省检察机关的实践看，通过“两个适当分离”，优化了职能配置，整合了检察资源，加强了内部监督制约，强化了法律监督，有效解决了诉讼职能和诉讼监督职能、案件办理和案件管理“一手硬、一手软”的问题。比如，在实行诉讼职能和诉讼监督适当分离后，各级院进一步强化措施，使诉讼监督成为专职而不是兼职，成为主业而不是副业，成为积极的活动而不是消极的应付，在机构和制度设计上创造一个专司监督、敢于监督的环境，确保诉讼职能和诉讼监督职能都得到加强。以侦查监督工作为例，2010 以来，湖北检察机关在保持批捕工作健康发展、有所强化的同时，全省监督立案数年均上升 49.2%，监督撤案数年均上升 124%，监督纠正侦查活动中的违法行为数年均上升 81%；在黄石、宜昌等第一批实行内部整合改革的 12 个基层院，监督立案数年均上升 15.7%，监督撤案数年均上升 58%，监督纠正侦查活动中的违法行为数年均上升 32.7%，促进解决了侦查监督工作弱化的问题。再比如，职务犯罪大要案侦查指挥中心及其办公室通过加强对职务犯罪案件办理的统一组织、指挥、协调与管理，有效防止了“协调困难、指挥失灵、反应迟缓”等问题，形成了运转高效、关系协调、规范有序的指挥体系，从而提高了工作效率，增强了职务犯罪侦查的整体效能。

四、结语

以上我与大家交流了“检察工作一体化”和“两个适当分离”两个问题的思考体会和实践做法，作为结束语，我想讲三个观点、三句话：

第一句话：这两个问题蕴含丰富的哲学意味。大家可以感受到，检察工作一体化重在一个“合”字（整体统一），“两个适当分离”重在一个“分”字（分离分设），两个问题一起可以说闪烁着分合之间的“检察乾坤”。从哲学角度看，检察工作要遵循辩证规律，分中有合、合中有分，该合则合，当分则分，一切都要以检察工作实际成效为检验标准，实践证明这两项改革符合检察事业发展需要、效果良好，就应当坚持深化。按照规律，一体化不是职能混同交叉，分离之后也需要一体化为支撑，分与合都非绝对，而是相互包含、互相促进的有机统一，是联系论、系统论的具体表现之一。对这两个问题及其关系给一个形象的解释：就像人的躯体一样，不能将四肢同躯体切开，这样的话就没有整体性和统一性；而在保证整个躯体完整的情况下，也不能将双手双脚捆在一起，那样的话就会没有协调性和互助性，职能作用就会混同不清、相互掣肘。

第二句话：这两个问题是检察工作的基础命题。说检察工作一体化是根本问题，主要是它是检察机关领导体制和组织体制的具体体现，是由检察机关维护国家法律统一正确实施的职责使命和检察权统一性、整体性规律所决定的，是中国特色社会主义政治制度、检察制度的必然选择，是巩固党的执政地位、维护国家统一的需要。在我们这样一个多民族分散聚居的单一制大国，保证法律在全国统一实施，并由此维护国家统一，不仅要有国家根本制度保证，还要从机制层面找到落实的方式。说“两个适当分离”是基本问题，主要是它涉及检察权构造，是检察权优化配置、高效运行的重要机制保障，权力配置是公权力运行的基础前提，权力配置不合理必然导致遭受外部质疑、工作发展不平衡、法律监督效果打折扣。由此我们认为，一个根本问题、一个基本问题，是检察工作发展躲不开、绕不过的基础命题，需要认真对待，遵循规律，不断思考、探索和实践。

第三句话：这两个问题是检察工作发展、检察改革的顶层设计问题。鉴于这两个问题的根本性、基础性定位，我们认为如果想不清楚、搞不明白，检察工作的整体谋划和检察改革的顶层设计就不会明确，所以，应当自上而下、统一研究部署和推进落实。近些年来，湖北检察机关的机制创新都是以这两项原则为主导而展开的，在最初阶段有各种不同声音、不同认识分歧，但我们顶住压力，不断消除分歧、增进共识，不断强化措施、稳步推进，以实际成效逐步赢得了广大检察干警、专家学者、社会各界的认可肯定，中央、高检院相关司法改革文件中也给予了采纳和推广。随着下一步改革深入推进，我们相信这两个问题将得到进一步有效解决，进而对完善中国特色社会主义检察制度、推动检察事业全面发展进步发挥重大作用。

第六章
两个适当分离*

* 本章标题为“两个适当分离”（即诉讼职能与诉讼监督职能适当分离、案件办理职能与案件管理职能适当分离），湖北检察机关从2010年开始探索“两个适当分离”。2014年党的十八届四中全会提出要探索实行检察院司法行政事务管理权和检察权相分离，湖北检察机关在之后的司法体制改革过程中，开始探索“三个适当分离”（即诉讼职能与诉讼监督职能适当分离、案件办理职能与案件管理职能适当分离、检察权与检察机关司法行政事务管理权适当分离）。故本书相关内容大部分保持原貌为“两个适当分离”，后期改为“三个适当分离”。——作者注

1 提高认识，转变观念，坚持公诉和刑事诉讼监督“两手抓、两手硬、两手协调”*

今年6月，高检院召开全国检察机关第四次公诉工作会议后，省检察院党组马上进行了认真学习传达，同时责成有关部门认真开展调研，筹备召开本次会议。这次会议的主要任务是学习领会党的十七届五中全会精神，传达贯彻全国检察机关第四次公诉工作会议精神，研究部署进一步加强和改进工作的具体措施，努力开创我省公诉和刑事审判监督工作新局面。

近年来，全省公诉和刑事审判监督部门坚持围绕中心、服务大局，深入实践“强化法律监督、维护公平正义”的检察工作主题，充分发挥职能作用，依法指控犯罪，强化刑事诉讼监督，推进改革创新，狠抓队伍建设，推动公诉和刑事诉讼监督工作取得了明显进步，为维护社会主义法制的统一尊严权威、维护人民权益、维护社会和谐稳定、维护社会公平正义作出了重要贡献。

一、提高认识，转变观念，坚持公诉和刑事诉讼监督“两手抓、两手硬、两手协调”

全国检察机关第四次公诉工作会议上提出，公诉部门要以依法指控犯罪和强化诉讼监督为抓手，坚持指控犯罪与诉讼监督并举。要深刻领会、认真贯彻这一重要精神，进一步提高认识，转变观念，坚持公诉和刑事诉讼监督“两手抓、两手硬、两手协调”。

---

* 2010年11月15日敬大力同志在湖北省检察机关公诉和刑事审判监督工作会议上的讲话。

当前，少数地方、个别领导对公诉和刑事诉讼监督工作存在“只抓一手、不抓另一手”、“一手硬、一手软”以及“两手冲突、对立”等现象，对公诉和刑事诉讼监督工作开展造成了影响。要深刻认识到，公诉职能和刑事诉讼监督职能，是两种不同性质、不同种类、并行不悖的职能，必须正确处理好。一要两手抓。依法履行公诉职能，强化指控犯罪工作，加强对犯罪嫌疑人、被告人的追诉，是检察机关参与刑事诉讼的重要环节。依法履行刑事诉讼监督职能，监督纠正诉讼违法、执法司法不公行为，是我国检察机关法律监督属性的重要体现。全省检察机关必须坚持两手抓，而不能忽略任何一手。要一手抓公诉职能的履行，依法指控犯罪，稳准狠地打击各种严重刑事犯罪；一手抓刑事诉讼监督职能的履行，依法监督纠正有法不依、执法不严、执法违法等问题，在促进公正廉洁执法方面取得更大成效。二要两手硬。我们的工作目标和要求是使两个方面的职能都有所加强，都是硬任务，都要花硬功夫，特别要强调的是，在进一步加强公诉工作的同时，要努力使刑事诉讼监督职能成为专职而不是兼职，成为主业而不是副业，成为积极的活动而不是消极的应付。三要两手协调。公诉和刑事诉讼监督工作是相辅相成、相互促进的，而不是相互抵触、相互排斥的。要通过强化公诉工作，提高案件质量，进一步提升刑事诉讼监督的公信力；要通过强化刑事诉讼监督工作，监督纠正违法，保证刑事诉讼活动依法顺利进行。要把公诉和刑事诉讼监督工作摆在同等重要的位置来抓，在领导精力、力量配备、机制建设、工作部署等方面做到一视同仁，使两项工作都一样有地位、有作为，良性互动，协调发展。

全省检察机关要站在党和国家事业发展全局的高度，深刻认识、准确把握公诉和刑事诉讼监督工作的重点。在公诉工作方面，一要充分发挥公诉职能，着力保障国家安全，着力保证社会大局稳定，着力保护人民生命财产安全，维护好重要战略机遇期的社会和谐稳定。二要严把事实关、证据关、程序关和法律适用关，提高公诉案件质量，确保办理的每一起案件都经得起法律和历史的检验。三要依法、准确、有力指控犯罪，弘扬正气，宣传法制，确保良好的出庭效果。四要坚持把化解矛盾纠纷贯穿于公诉工作的每个环节，加强风险评估，注重释法说理，全力维护社会和谐稳定。在刑事诉讼监督工作方面，一要始终坚持检察机关的法律监督属性，通过对公安机关侦查活动、人民法院的刑事审判、死刑执行活动的法律监督，重点监督纠正各类司法执法不公不廉不规范问题，抑制和消除司法腐败，维护社会公平正义，促进公正廉洁执法。二要把加强刑事审判监督的着力点放到抓好抗诉工作和监督纠正诉讼违法、渎职行为上来，进一步形成多元化监督格局，加大工作力度，提高监督实效。三是突出抓好刑事审判监督工作。在各项法律监督活动中，刑事审判监督仍是我们工作中的一个薄弱环节，去年在高检院部署下，我们开展了刑事审判监督专项检查活动，针对发现的问题，要进一步强化监督意识，加大监督力度，完善监督方式，创新监督机制，增强监督实效，把刑事审判监督作为公诉和刑事审判监督部门工作的重点。

当前，我国正处于大有作为的重要战略机遇期，但也仍处于人民内部矛盾凸显、刑事犯罪高发、对敌斗争复杂的时期，各类社会矛盾明显增多，社会和谐稳定面临突出挑战。与此同时，检察机关也面临着贯彻落实中央、省委、高检院要求，严格执行执法办案各项规定，既严格、公正、廉洁执法，又理性、平和、文明、规范执法，实现“善治”，提高执法公信力的严峻挑战和考验。面对新形势新任务新要求，加强和改进公诉工作，依法指控犯罪，严厉打击严重刑事犯罪，切实化解社会矛盾、协调利益关系、维护社会稳定，是服务党和国家工作大局的客观需要；加强和改进刑事诉讼监督工作，着力监督纠正人民群众反映强烈的执法不严、司法不公和司法腐败问题，是促进公正廉洁执法的应有之义，是回应人民群众新要求新期待的必然要求；统筹抓好公诉和刑事诉讼监督工作，是解决当前工作中“抓一手、放一手”、“一手硬、一手软”以及两项工作不协调、不适应等突出问题的客观要求，是推动检察工作全面、协调、可持续发展的现实需要。全省检察机关要正确把握当前的形势任务，增强做好公诉和刑事诉讼监督工作的使命感、责任感和紧迫感，努力从更高起点、更高层次、更高水平上来谋划和推进工作，不断提高服务党和国家工作大局的水平与实效。

二、突出重点，强化措施，全面加强和改进公诉和刑事审判监督工作

当前和今后一个时期，全省检察机关要认真落实高检院的工作部署，紧密结合自身实际，坚持“两手抓、两手硬、两手协调”，着力抓好以下十个重点问题，不断加强和改进公诉和刑事审判监督工作。

（一）关于公诉职能与刑事诉讼监督职能适当分离

近年来，我省检察机关在宪法和法律框架内，立足解决实际问题，按照诉讼职能和诉讼监督职能适当分离、案件办理职能和案件管理职能适当分离“两个适当分离”的思路，开展部分基层院内部整合改革试点、省院机关部分内设机构职责调整等工作，实践中取得了良好的效果，得到了高检院的肯定，各级检察院和广大干警也都十分认同。理论界通常观点认为，公诉和刑事诉讼监督都是检察机关的法定职能，但公诉是诉讼行为，体现检察机关的“诉权”；刑事诉讼监督是同诉讼行为既有联系又有区别的监督行为，体现检察机关的“监督权”。为实现客观公正，需要使公诉职能和刑事诉讼监督职能适当分离。检察机关是国家法律监督机关，依法享有批捕权、公诉权、职务犯罪侦查权、诉讼监督权等职能（权能）。公诉职能和刑事诉讼监督职能对于检察机关整体来说，是法定的、不可分割的，但在检察机关内部完全可以遵循检察权运行的规律，对两种职能进行科学划分，适当分离。实践中由同一内设机构同时履行两种职能的模式，客观上造成既不便于对他方进行监督，也不利于自身严格公正执法的尴尬境地。相当一些地方检察院将履行公诉职能作为首要任务、硬任务，而将履行刑事诉讼监督职能作为次要任务、软任务，结果是两方面的职能互相影响、互相拖累，这也迫切要求适当分离。省院党组经过慎重考虑，决定进一步强化措施，

深化改革，逐步推进公诉职能和刑事诉讼监督职能适当分离，使两种职能都得到加强。一要探索不同模式。目前，省院公诉二处、公诉一处更名为公诉处、刑事审判监督处，有些市级院设立公诉处和主要负责抗诉职能的检察处，13 个基层院按照内部整合要求成立批捕公诉部和诉讼监督部，分别承担公诉职能和刑事诉讼监督职能。各市州分院、基层院可以结合自己的特点，参照这些做法并结合自身实际探索实行不同的分离模式。二要业务分离运作。对于由于机构等因素限制，暂时不能实行机构分离的，也要实现公诉和刑事诉讼监督业务分类办理，使两种职能分离运作，进一步理顺关系，确保在适当分离的同时，推动公诉职能和刑事诉讼监督职能都得到加强。三要健全制度机制。各地要结合工作实际，探索建立健全监督线索发现、移送和办理反馈、工作协调配合、资源整合优化等工作机制，确保两种职能在“适当分离”的同时，切实做到有序衔接、相互协调、互为促进，形成合力。根据法律和司法解释的规定，人民检察院对违反法定程序的庭审活动提出纠正意见，应当在庭审结束后，报告检察长，以院名义提出。这也说明，公诉活动与庭审监督实施在时间、空间、方式上是不同的，在法律规定上也是分离的。各地在推进改革过程中，要注意加强实践探索，相互学习借鉴，及时研究在时间、空间、方式上适当分离的情况下的工作机制和办法，使两项职能都切实得到加强。

（二）关于刑事抗诉工作

刑事抗诉是法律赋予检察机关加强刑事审判监督的重要方式，必须把抓好抗诉工作作为刑事审判监督的中心任务，下大力气改变抗诉工作相对薄弱的局面。一要加大抗诉力度。认真贯彻“坚决、准确、及时、有效”的原则，强化对人民法院刑事裁判的审查，着力加强对有罪判无罪、无罪判有罪、量刑畸轻畸重以及法官徇私枉法等问题的监督。要进一步加大力度，对符合抗诉条件的应当坚决依法提出抗诉，改变当前刑事抗诉案件数量逐年下降的趋势，特别要注意办理一批有影响、有震动、得人心的案件，增强监督的效果。二要探索整合抗诉工作。当前，检察机关控告申诉、监所检察、刑事审判监督三个部门都有受理刑事抗诉申请的职能。实践中，二审程序抗诉、审判监督程序抗诉两种形式和三个部门受理抗诉案件线索没有有效整合，办案工作不能统一运作，形成了抗诉资源的浪费，影响了抗诉职能的行使。省院要统一部署，积极研究探索整合抗诉工作。控申、监所部门要认真负起责任来，对受理的抗诉申请或申诉，严格进行审查，认为需要提出抗诉的，应当提出抗诉意见，并及时移交刑事审判监督部门；刑事审判监督部门也要认真对待收到的材料和抗诉意见，审查后报检察长或检察委员会决定提出抗诉并统一出庭支持抗诉。对于控申、监所部门受理的案件，经过刑事审判监督部门审查认为没有必要提出抗诉的，应当将审查意见及相关材料及时反馈，由控申、监所部门做好当事人的服判息诉工作。三要提高抗诉质量。要牢固树立办案质量是生命线的意识，规范抗诉标准和条件，着力提高抗诉案件的质量。上级院要支持下级院依法开展抗诉工作，落实上下级抗诉协作机制，对于下级院办理的一些争议较大的疑难案件，上级院要采取请上来、走下去的办法，帮助下级院对个案进行具体研究，分析存在的问题，补强相关证据，提高抗诉的准确性。四要确保抗诉效果。要坚持准字当头，对于提出抗诉的案件，要跟踪监督、一抓到底，务使违法得到纠正，错案得到改判，职务犯罪得到查处，确保抗诉取得良好效果。要防止出现该抗而不抗、不该抗而抗两种不良倾向，在实践中既不能为转移矛盾等目的随意抗诉，也不能为避免赔偿等目的勉强抗诉，树立抗诉工作的权威。要加强对抗诉案件的风险评估，防止矛盾激化，维护社会稳定，保证抗诉效果。

（三）关于参与量刑规范化改革

今年9月，“两高三部”颁布了《关于规范量刑程序若干问题的意见（试行）》，部署从10月1日起在全国开展量刑规范化改革。根据这一部署，检察机关参与量刑规范化改革，提出量刑建议的范围、内容、意义都发生了根本性变化，是一项要求更高的工作。一要切实转变思想观念。量刑建议权是公诉权的一个组成部分，提出量刑建议更多体现的是行使公诉职能，是检察机关就个案中被告人的量刑问题所提出的诉讼主张。今后，检察机关提出量刑建议，是诉讼过程中必要的环节、必经的程序，不再是一件可做可不做的工作，而是不得不提、必须要做、必须做好的工作，要以新的观念、新的姿态，认真抓好改革试点工作。我们提出的量刑建议实际是公诉意见的一部分，要在法庭上提出，进行举证，与律师辩论，并接受法院的评判。这项改革对检察机关执法办案工作的挑战是全方位的，必须将公诉工作向前延伸，完善引导侦查等工作机制，着力提高收集有关量刑的事实与证据、认定各种量刑情节特别是酌定量刑情节、正确提出量刑建议、加强量刑监督等能力，增强量刑建议工作的效果。二要认真执行改革规定。要按照“两高三部”的规定和高检院量刑建议的工作部署，准确把握提出量刑建议的原则、条件、范围、时机、方式等工作要求，扎实、深入推进量刑建议改革工作。为了进一步规范工作，省院起草了《湖北省检察机关参与量刑规范化改革的实施细则（试行）》，提交会议讨论，希望大家认真研究，结合各地工作实际，提出修改意见，省院将在吸纳各地意见建议的基础上，修改完善后下发各地执行。三要稳步推进职务犯罪量刑规范化改革试点。为了有针对性地解决职务犯罪量刑轻刑化、不均衡等突出问题，省院已经会同省法院进行了多次协商，初步达成共识，决定将职务犯罪案件纳入量刑规范化改革试点工作。近期，省院将就职务犯罪量刑规范化改革问题开展专题调研，制定指导意见，请各地积极建言献策，协助省院抓好这项工作，并在正式意见出台后认真贯彻执行。

（四）关于简易程序的法律监督

从近年来的情况看，我省简易程序的适用比例达到全部公诉案件的三分之一，个别地方甚至达到了三分之二以上。适用简易程序审理案件，符合诉讼经济原则，符合办案现实需要，在节约诉讼成本，提高诉讼效率等方面都发挥了积极作用。但当前简易程序适用比例过大，检察机关一定不能形成监督缺失，更要警惕其成为腐败的源头之一，在工作中要切实把好“三关”：一要把好程序适用关。根据刑事诉讼法和相关司法解释，适用简易程序要么是检察机关建议，人民法院同意；要么是人民法院提出，检察机关同意；只有两方达成一致意见，才能适用简易程序。也就是说，如果检察机关认为根据案件的具体情况，适用简易程序可能影响监督效果，就应当严格把关，不建议或不同意采用简易审程序，而采用普通程序审理来加强法律监督。二要把好派员出庭关。检法两家对适用简易程序达成一致意见的案件，检察机关“可以”派员出庭，也“可以”不派员出庭，主动权在检察机关。如果对已经适用简易程序的案件，发现有必要出庭进行监督的情形，可以针对个案派员出席法庭；对于发现案情复杂或发生重大变化等情形，有必要转为普通程序审理的，检察机关应当派员出席法庭。三要把好事后审查关。对于适用简易程序审理的案件都要通过事后审查的方式进行监督，要及时对适用简易程序审结的案件裁判文书进行审查，重点审查认定的事实、适用的罪名、判处的刑罚等是否合法，发现问题的要根据不同情况进行有效监督。当前，要注意将对适用简易程序的监督与提出量刑建议有机结合起来，对于检察机关不派员出席法庭的简易程序案件，应当制作量刑建议书，与起诉书一并移送人民法院，并加强事后审查，发挥两个制度的综合效用。

(五) 关于落实检察工作一体化机制

检察工作一体化机制是我省检察工作机制建设的龙头，是基于检察实践，为解决实际问题而提出，在实践中也取得了较好的效果。全省检察机关要进一步提高认识，强化措施，积极探索在公诉和刑事审判监督工作中落实检察工作一体化机制的有效办法。一要科学合理配置资源。要树立全局观念，整合有限资源，根据办案工作的实际需要，上级院可以指派本院检察官到下级院，或者抽调下级院检察官到上级院，或者选调下级院检察官到辖区其他院承办重大、复杂公诉、刑事审判监督案件，探索和规范跨层级、跨区域调配检察官办案工作，确保办案效果。二要不断强化协作配合。要落实上下统一、横向协作等工作要求，下级院办理重大、复杂、社会影响大的案件时，应当在受理、起诉、开庭等环节及时向上级院报告，上级院应当派员指导；对于因外部干扰阻力，不适合由原管辖案件的检察院审查起诉的案件，上级院应当商请同级法院依法指定异地管辖；对于案件涉及多个地区的，上级院要加强协调，最大限度地形成工作合力。三要统筹抓好两种职能。我们不能将公诉职能和刑事审判监督职能“混同化”，进而造成两种职能履行效果都不理想，削弱工作的整体效能。但在适当分离的同时，必须树立“一体化”的理念，坚持统筹兼顾的根本方法，使两种职能在工作运行上相互衔接，在工作机制上相互配套，在实际效果上相互促进，在机构分设或分别运作之后不断得到加强。四要完善主诉检察官办案责任制。要在宪法法律范围内，探索既符合检察工作一体化机制要求，又有效发挥主诉检察官积极性的方式方法。在工作中，主诉检察官要在检察长的领导下，按照规定的权限独立承办案件，负责处理相关事项；对于法律明确规定应当由检察长、检察委员会行使的职权，以及检察长、检察委员会认为应当由其行使的职权，主诉检察官应当提出意见，报请检察长决定或者由检察长提请检察委员会决定。部门负责人根据检察长的授权，监督、管理和检查主诉检察官的办案工作；如果对主诉检察官承办的案件有异议，可以提出自己的意见，报请检察长决定或者由检察长提请检察委员会决定。五要切实加强内部整合。当前，职务犯罪侦查、审查批捕、公诉部门要克服部门壁垒、各办各案的倾向，充分发挥职能优势，加强内部整合，自侦部门要提高侦查水平，接受监督制约，审查批捕、公诉部门要适时提前介入，严格审查把关，探索完善职务犯罪案件侦、捕、诉有效衔接、配合制约的工作机制，提高办案质量，形成工作合力。另外，从现行工作范围和制度看，检察机关的监所、控申等部门也都涉及刑事审判监督工作，各部门要搞好监督工作的协作配合，增强合力。今后还要逐步对刑事审判监督工作进行必要的整合。

（六）关于开展法律监督调查和渎职行为调查工作

近年来，我省检察机关积极探索以发现、核实、纠正诉讼违法行为为核心的法律监督调查机制建设，增强了监督的针对性和实效性，提高了监督质量，但刑事审判法律监督调查仍是工作中的一个薄弱环节。最近，“两高三部”联合发布了《关于对司法工作人员在诉讼活动中的渎职行为加强法律监督的若干规定（试行）》，全面、系统规定了检察机关对司法工作人员渎职行为进行法律监督的范围、调查程序、调查手段、调查后的处理方式等问题。要深刻认识到，对诉讼违法行为的法律监督调查与对司法工作人员的渎职行为调查，是两个并行的法定调查程序，在精神实质上是一致的，将开展法律监督调查和渎职行为调查有机统一起来，对于加强刑事审判监督具有重要意义。全省检察机关要深化思想认识，注意融会贯通，加强工作衔接，最大限度地发挥出两个制度的效用。要进一步明确调查内容，对于审判机关、审判人员在刑事审判活动无正当理由或者未经批准故意拖延办案期限，造成严重后果或者不良影响的；在审理案件时，有贪污受贿、徇私舞弊、枉法裁判行为的，或者有滥用职权、玩忽职守行为的等9种情形之一的，要依法启动调查程序。根据已经查明的情况，要分别不同情况进行监督：对于具有诉讼违法和渎职行为，但尚未构成犯罪的，应当及时发出纠正违法通知书，或者建议更换办案人，维护刑事诉讼活动的廉洁高效；对于审判人员在审理案件时有贪污受贿、徇私舞弊、枉法裁判或者其他违反法定诉讼程序的行为，可能影响案件正确判决、裁定的，应当根据刑事诉讼法的规定依法提出抗诉；对于涉嫌严重渎职或其他职务犯罪的，要移送反贪、反渎部门依法处理。要加大力度，强化措施，切实开展好法律监督调查和渎职行为调查工作，扭转刑事审判监督工作相对薄弱的局面。

（七）关于落实非法证据排除规则

近期，“两高三部”颁布了《关于办理刑事案件排除非法证据若干问题的规定》，对办理刑事案件提出了更高的标准和更严的要求。对于全面准确执行国家法律，贯彻党和国家的刑事政策，依法惩治犯罪、切实保障人权、维护司法公正，具有十分重要的意义。检察机关在审查起诉过程中，应当坚持认真审查，严格把关，逐步建立健全对非法证据的发现、调查、处理机制：对于犯罪嫌疑人、被告人向检察机关提出，或者检察机关自行通过其他渠道发现侦查机关以非法手段获取证据的，应当启动法律监督调查或渎职行为调查程序，对取证的合法性进行调查核实；根据查明的情况，对于非法言词证据应当依法予以排除，不能作为提起公诉的根据，对案件依法作出退回补充侦查等处理。这里，我特别强调一下检察机关办理职务犯罪案件应对非法证据排除规则问题。近期，省院发现一些地方办理职务犯罪案件过程中存在一些不严格、不规范的问题，强调落实“四个绝对禁止、一个必须实行”等办案纪律。与此同时，省院也发现个别人出于翻案的目的，利用非法证据排除规则对检察机关进行无端指责，对执法办案工作提出了严峻挑战和考验。

对此，全省检察机关要学习研究证据规则的要求，采取积极稳妥的措施加以应对。一要坚持两个基本态度。要坚持依法办案，规范办案，对确有刑讯逼供，该排除的非法证据毫不含糊一律予以排除，该追究责任的绝不袒护；要坚持维护法律尊严、维护正常办案秩序，对被告人及其辩护人利用排除非法证据规则对检察机关进行无端指责，企图翻案的行为，坚决依法予以揭露和抨击，维护检察机关的权威。二要加强制度机制建设。各级检察机关要认真研究非法证据排除规则出台后对侦查、批捕、审查起诉、庭审等各个环节的影响，有计划、分步骤制定相关的对策，使办案工作进一步规范化，使应对非法证据排除的审查常态化，形成系统完整的工作机制。三要协调处理好案件。对于被告人、辩护人提出非法证据排除的，要积极同法院沟通，通报有关情况，确保案件依法公正裁判；切实做好固定证据的工作，防止有关证人违法翻供翻证；针对部分被告人在庭审中翻供所提出的问题，根据案件事实，分析和揭露被告人翻供的动机。四要积极争取党委和上级检察院的支持。要及时将办案中的重大情况向党委和上级检察院报告，对于一些有较大社会影响的案件，要及时提请党委反腐败领导协调小组进行党内协调，统一政法各家认识，妥善安排处理程序，防止产生不良影响。上级检察院要坚决支持下级检察院依法办案。五要加强舆情应对。对于一些利用网络对取证合法性进行炒作的案件，要坚持正面宣传为主，统一对外宣传口径，表明基本态度，根据舆情发展动态，主动联系主流媒体，适时公布案件事实，树立正确舆论导向。要认真执行相关规定，积极主动应对挑战，不断提高执法规范化水平，保持查办职务犯罪工作平稳健康发展。

（八）关于重大复杂敏感案件的办理

在当前条件下，全省检察机关要高度重视重大复杂敏感案件的办理工作。一要完善办理死刑案件的工作机制。要按照检察工作一体化机制的要求，实现上级院与下级院“捕诉协作、上下联动”，基层院批捕、公诉和刑事审判监督部门要搞好协作配合，提前介入公安机关的侦查活动，引导、监督死刑案件的证据收集；下级院要及时向上级院报告死刑案件的办理情况，必要时要提请上级院介入、指导死刑的办理工作；上级院根据死刑案件办理情况，可以主动提前介入下级院死刑案件的办案工作，也可以提前介入侦查，加强对死刑案件证据收集工作的实时指导，防止事过境迁、证据湮灭、关键证据收集不到位，影响死刑案件的办案质量和办案效果。二要高度重视同突发性、群体性事件相关联的刑事案件的处理工作。要增强敏感性，对一些敏感案件和事件，要慎重对待、有效应对和妥善处置，防止因处理不慎、处理不当成为激化社会矛盾、引发群体性事件、突发性事件的“燃点”。要进一步提高应急处置能力，一旦出现问题，要坚持运用情势判断要清晰、情报信息要快捷、处理焦点要细致、把握中心要紧扣、适用法律要准确、综合措施要到位、把握刑事政策要严格、上下协同要紧密、依靠党委要主动等行之有效的工作方法，努力保证执法办案和事件处置法律效果、政治效果和社会效果的有机统一。三要协调处理好职务犯罪要案。有关地方检察院要认真执行省院与省法院关于做好省部级、厅级干部犯罪案件起诉、审判工作的规定，高度重视职务犯罪要案的办理工作。特别是要树立检察工作一体化理念，加强职务犯罪案件办理过程中侦、捕、诉的协作配合，研究交办案件中级别管辖、对下指导、提前介入、证据审查等方面的工作机制，形成工作合力。这里需要强调的是，在办理重大复杂敏感案件的过程中，全省检察机关都要未雨绸缪、预知预判，把可能出现的困难、问题估计充分一些，加强实案预先推演，提高处置能力，确保办案效果。

（九）关于宽严相济刑事政策的适用

宽严相济刑事政策是我国在维护社会治安的长期实践中形成的基本刑事政策，对于最大限度地遏制、预防和减少犯罪，促进社会和谐，具有重要的意义。要贯彻高检院《关于在检察工作中贯彻宽严相济刑事政策的若干意见》，坚持“两减少、两扩大”的原则，抓好宽严相济刑事政策的贯彻落实。一要宽严辩证统一。要辩证理解、全面把握宽严相济的含义，坚持针对犯罪的不同情况，区别对待，该宽则宽，当严则严，宽严相济，罚当其罪，既不能强调片面从严，以致打击过宽，又不能片面强调从宽，以致打击不力。在当前社会治安形势严峻、刑事犯罪高发的情况下，还要落实依法从严的要求，毫不动摇地坚持严打方针，严厉打击严重刑事犯罪，不能认为宽严相济就是轻罚轻判。二要坚持注重效果。要应当注意综合考量犯罪的社会危害性、犯罪人的主观恶性以及案件的社会影响，根据不同时期、不同地区犯罪与社会治安的形势，具体情况具体分析，把握宽严界限和宽严尺度。无论是从宽还是从严，都要综合考虑犯罪嫌疑人、被告人、被害人的权益以及社会公众的承受力，实现法律效果、政治效果和社会效果的有机统一。三要健全工作机制。各级检察机关要结合实际，深入开展调查研究，在法律规定的范围内，积极探索轻微刑事案件快速办理等工作机制，不断改进执法办案考评机制，提高贯彻宽严相济刑事政策的水平与实效。同时，要加强与公安机关、人民法院等的沟通协调，共同研究解决在贯彻宽严相济刑事政策中出现的问题，统一政策界限和执法尺度，促进这一政策在刑事诉讼的各个环节得到全面落实。四要坚持依法适用。贯彻宽严相济刑事政策，必须严格执行法律，坚持以事实为根据，以法律为准绳，宽不是法外施恩，严不是无限加重，无论是从宽还是从严，都要于法有据。要综合运用宽与严两种手段，但不得超越检察职权进行“调解”，不得超越法律底线主持“和解”，努力使办理公诉和刑事审判监督案件的过程变成化解社会矛盾、促进社会和谐的过程。

（十）关于公检法司协调配合与监督制约

近年来，省院经过认真研究，反复沟通，先后与省法院、公安厅、司法厅会签了关于加强协调配合与监督制约的规范性文件。这三个规范性文件，是省院贯彻落实省人大常委会《关于加强检察机关法律监督工作的决定》的重要举措，是省公检法司四家总结实践经验，反复沟通协商而制定的，对于理顺工作关系，促进工作发展具有重要意义，解决了许多重要的工作机制和制度问题，一些长期悬而未决的问题也得到了解决。当前的关键是要促进这些规定得到全面的落实。全省公诉和刑事审判监督部门要认真组织学习，结合工作实际，认真抓好落实。一要加强沟通协调。要在学习领会文件，把握精神实质的基础上，争取人大支持，争取公安、法院、司法行政部门配合，采取联席会议等多种形式，统一各家思想，增进情感认同。要防止和避免以文件落实文件，层层做减法等不良倾向，确保将文件规定的工作措施逐条落实到位。二要加强协调配合。要加强与人民法院、公安机关、司法行政机关的经常性联系，落实借阅案卷、情况通报、介入侦查、引导取证等各项工作制度，加强在办理申诉案件，做好息诉服判等方面的协调配合，共同促进案件依法办理，共同维护司法权威。三要加强监督制约。要坚持分工负责，互相配合，互相制约的原则，认真落实加强法律监督调查、检察长列席审判委员会、刑罚变更执行同步监督等各项规定，为强化法律监督工作营造良好环境，提供有力保障。

三、加强领导，强化保障，推动公诉和刑事审判监督工作健康发展

全省各级院党组要高度重视公诉和刑事审判监督工作，切实加强组织领导和队伍建设，着力完善促进公正廉洁执法的工作机制，推动公诉与刑事审判监督工作健康深入发展。

（一）加强组织领导

各级院党组特别是检察长要加强对公诉和刑事审判监督工作的组织领导，真正把这项工作放在心上，抓在手上，抓出成效。要

“抓领导、把方向；抓重点、议大事；抓协调、谋全局”，围绕省院部署的公诉和刑事审判监督十个重点问题，集中资源，组织力量，攻坚克难，一项一项推进和落实。上级院要发挥示范带动作用，加强对下级院的业务指导和工作考评，认真开展案件自查和案件评查，总结经验，查找不足，确保公诉与刑事审判监督工作健康发展。要及时解决工作中的困难和问题，各级院领导要亲自出面，加强与法院、公安等部门的协调，为开展量刑规范化、刑事审判法律监督调查等工作创造条件，提供支持，保证改革顺利进行。

（二）加强队伍建设

要围绕省院《关于加强检察队伍建设若干问题的决定》部署的“六项工程”建设，将公诉和刑事审判监督队伍建设纳入省院队伍建设的总体部署中来谋划和推进。要认真落实高检院《关于加强公诉人建设的决定》，大力加强队伍的思想政治建设、职业能力建设、专业化建设、纪律作风建设。要采取业务竞赛、出庭观摩、教育培训等多种形式，全面提高干警的证据审查判断、出庭指控犯罪、开展诉讼监督、做好群众工作、化解矛盾纠纷等职业能力，培养和造就一批擅长办理专业性较强案件的专家型和专门型公诉人。要坚持严管与厚爱相结合，对干警在政治上关心、工作上支持、生活上照顾，关心干警的身心健康，加强心理疏导，落实休假制度，尽力解决他们的实际困难，努力保持公诉和刑事审判监督骨干队伍的相对稳定。要通过加强队伍建设，建设一支政治坚定、业务精通、执法公正、作风优良的公诉和刑事审判监督队伍，为做好公诉和刑事审判监督工作打下坚实基础。

（三）强化公正廉洁执法

公诉和刑事审判监督部门作为检察机关的关键岗位和敏感部门，要深入贯彻落实省院《关于构建促进检察机关公正廉洁执法工作格局的指导意见》，按照关于构建以执法办案为中心，制度规范、执法管理、监督制约、执法保障相互依托、相互促进“五位一体”工作格局的总体部署，紧密结合自身工作特点，把各项纪律要求落实到位。要严格遵守法律法规和高检院、省院一系列执法行为规范，坚决贯彻执行“四个绝对禁止、一个必须实行”的办案纪律；在公诉和刑事审判监督工作中落实检察工作一体化机制，加强办案流程和办案质量管理，健全完善对不起诉等关键环节的监督制约机制，确保自身公正廉洁执法。

（四）加强执法保障

在设备配备上，要加强办案基础设施和业务装备保障，优先配齐工作需要的多媒体示证和同步录音录像等设备；加强对操作人员的操作技能的培训，解决流程不熟悉、操作生疏等问题。在人员配备上，有条件的地方可以为公诉部门配备专门的速录员等办案辅助人员，加强对公诉人的速录技能培训，缓解人少案多的矛盾。在安全措施上，办理可能发生矛盾冲突的案件，在接待当事人、出庭公诉、调查取证等重点环节，要制定安全防范应急预案，建立公诉和刑事审判监督部门、法警部门联动的应急处置机制，加强与法院的联系沟通，落实公诉人出庭安全通道等保障措施，确保执法办案活动安全。

2 实行“两个适当分离”，优化检察职能配置*

——湖北省检察机关在法律制度框架内的实践探索

近年来，湖北省检察机关根据中央、高检院关于强化法律监督工作，加强自身执法办案的监督制约，优化检察职权配置的总体部署，在上级机关的支持和指导下，积极在法律制度框架内推进检察工作机制创新，探索在检察机关内部实行检察职能配置方面的“两个适当分离”，即诉讼职能和诉讼监督职能适当分离、案件办理职能和案件管理职能适当分离，涉及机构职责、部门关系、工作格局、运行机制、管理制度、资源配置等方面的一系列调整，初步显现出较好的实际运行效果。

一、五项实践

根据强化法律监督、加强业务管理、理顺工作关系的实际需要，湖北省检察机关实行“两个适当分离”的具体实践主要是以下五个方面：

一是按照案件办理职能和案件管理职能适当分离的原则，湖北省检察院和全省15个市州分院从2007年开始陆续将职务犯罪大要案侦查指挥中心办公室改为单设机构，与反贪局、反渎局等案件办理部门并列，负责统一管理职务犯罪案件线索及其他情报信息；负责案件交办、督办和指定异地管辖；负责管理侦查协作事项等案件管理工作。逐步形成了指挥中心及其办公室负责职务犯罪案件的统

* 《人民检察》2010年第24期刊载敬大力同志以湖北省人民检察院检察发展研究中心名义发表的文章。

一管理，反贪局、反渎局等具有侦查或者初查职责的部门负责职务犯罪案件办理的工作格局和机制。

二是按照诉讼职能和诉讼监督职能适当分离的原则，根据中央深化司法体制和工作机制改革的意见，以及最高人民检察院《关于完善抗诉工作与职务犯罪侦查工作内部监督制约机制的规定》的精神，湖北省检察机关从2009年9月开始实行抗诉职能和职务犯罪侦查职能适当分离，由公诉、民行和职务犯罪侦查部门分别负责承办。

三是按照诉讼职能和诉讼监督职能适当分离、案件办理职能和案件管理职能适当分离的原则，湖北省检察院2009年11月统一部署在黄石、宜昌、神农架林区的13个规模较小的基层检察院推进内部整合改革试点工作，坚持“依法进行、强化监督、整合力量、优化职能、分类管理、监督制约”等六条基本原则，将现有机构统一整合为批捕公诉部、职务犯罪侦查部、诉讼监督部、案件管理部和综合管理部等五个实际运行的工作机构。各部负责人原则上由副检察长（或其院领导成员）兼任，负责该部全面工作。五个部内按照工作量配备检察官若干名，其他人员按履职要求合理配备，建立以检察官为主体，检察官向副检察长负责，副检察长向检察长负责的执法办案模式，并使力量向办案一线下沉，对各项工作按照受理、办理、审批、监督等基本环节进行整合并重新设计工作流程。实现了诉讼监督、批捕公诉以及职务犯罪侦查工作由诉讼监督部、批捕公诉部和职务犯罪侦查部分别负责的工作模式；形成了案件管理部统一负责案件（诉讼案件和监督案件）管理，批捕公诉部、职务犯罪侦查部和诉讼监督部分别负责有关诉讼案件或监督案件的办理的工作格局。

四是按照诉讼职能和诉讼监督职能适当分离的原则，湖北省检察院在2010年上半年对省院机关部分内设机构职责进行了调整，组建审查批捕处，承担对公安机关移送刑事案件、市级检察院提请自侦案件的审查批捕，以及批准延长羁押期限的职能；将侦查监督处的职能调整为承担刑事立案监督、侦查活动监督以及对行政执法机关向司法机关移送刑事案件的监督等职能。同时，对两个公诉部门进行更名，将公诉一处更名为刑事审判监督处，将公诉二处更名为公诉处，逐步分别承担对刑事审判活动的法律监督职能和公诉职能。

五是按照案件办理职能和案件管理职能适当分离的原则，湖北省检察机关注意发挥控告申诉检察部门“窗口”的统一受理和管理作用，将受理的公民、法人和其他组织对诉讼违法行为的控告，或者在受理申诉中发现的诉讼违法行为作为线索来进行管理，承担对这些线索的分流、督办、回复等案件管理工作，侦查监督、刑事审判监督、民事行政检察、监所检察等部门则承担对控申部门移送的诉讼违法线索进行审查、开展法律监督调查、提出纠正违法意见或检察建议等工作。

二、职能分离

根据检察权运行的规律和优化配置检察职能的客观需要，各项检察职能应合则合、当分则分。到底是应当合并运行还是分离运行，要根据实际情况确定。上述五项实践表明，有些检察职能实行适当分离运行，既是符合检察工作运行规律，也是适应检察工作的实际需要的。

首先，诉讼职能和诉讼监督职能适当分离。在我国，检察权即法律监督权，具体分为批捕、公诉、职务犯罪侦查、诉讼监督等权能（职能）。中国特色检察制度的突出表现就在于，检察机关既是法律监督机关，也是司法机关。说检察机关是法律监督机关，这是因为我国检察机关具有独特的宪法定位，有权依法对诉讼活动进行法律监督；说检察机关是司法机关，这是因为法律赋予检察机关通过诉讼的形式处理有关案件，有权依法审查批捕、审查起诉、侦查职务犯罪等。这里先要明确的一点是，诉讼职能、诉讼监督职能这两种不同性质、不同种类的职能对于检察机关都是不可少的，两项职能是并行不悖的，完全不存在一些论者所谓“检诉合一”的弊端。质疑所谓“检诉合一”的意见提出检察机关既办案又监督，既是“运动员”又是“裁判员”，所以检察机关不应当保留诉讼监督权。我们却认为，诉讼职能和诉讼监督职能都是检察机关的法定职能，而且具有不可质疑的科学性、合理性（限于本文主题，此处不再赘述），所以不存在将诉讼职能或者诉讼监督职能从检察机关分离出去的问题，而是要从检察职能的合理配置、理顺工作关系的角度出发，研究在检察机关内部诉讼职能和诉讼监督职能适当分离的问题。检察机关的诉讼职能和诉讼监督职能首先是可以分离的，检察机关作为法律监督机关依法享有批捕权、公诉权、职务犯罪侦查权、诉讼监督权等法定检察职权。这些检察职权对于一个检察院整体来说，应当是固定的、不可分割的。但是，为了保障检察职权功能的实现，检察职权如何分解，检察职能如何配置，应当根据实际情况具有一定的弹性和灵活性。

同时，诉讼职能和诉讼监督职能也是需要分离的：一是从加强内部制约的需要看，目前的检察实践中，检察机关负责批捕、起诉的部门同时负责在诉讼程序中监督其他司法、执法机关的诉讼活动，这种具有不同职能的双重地位，使得检察机关常常处于尴尬的境地。那么，在理论界和社会上就自然长期存在诸多质疑，如检察机关监督别人，谁来监督检察机关？检察机关有什么资格、优势去监督其他机关？长期以来，检察机关同一内设机构既承担审查逮捕职能，又承担刑事立案和侦查活动监督职能；或者同一内设机构既承担公诉职能，又承担刑事审判监督职能。这种由同一个内设机构同时承担诉讼职能和诉讼监督职能的模式，客观上造成既不便于对他方进行监督，也不利于自身严格公正执法的现实情况。二是从加强法律监督工作的需要看，当前，人民群众对司法、执法机关有法不依、违法不究、执法违法等问题反映相当强烈，但是检察机关的诉讼监督相对疲软，法律监督工作还是检察工作的薄弱环节。一个内设机构身肩两种职能，实践中往往就将履行批捕、公诉、职务犯罪侦查等职能作为首要任务、硬任务，而将履行诉讼监督职能作为可有可无的次要任务、软任务，结果是两方面的职能互相影响、互相拖累，两方面的职能履行效果都不理想，削弱了法律监督的整体效能。三是从健全和完善科学合理执法程序和模式的需要看，批捕、公诉、职务犯罪侦查等诉讼职能和诉讼监督职能的运行规律是不一样的，诉讼职能强调独立办案，诉讼监督职能强调上下统一；批捕、公诉、职务犯罪侦查等诉讼职能侧重于对犯罪嫌疑人、被告人的追究，诉讼监督职能侧重于对司法执法机关的调查、纠正。两者方向不同、对象不同、程序不同，将两者混同在一起，容易造成工作模式和运行特征的错位。因此，在坚持检察权的法律监督性质，检察机关的诉讼职能、诉讼监督职能两项职能都不可少的前提下，实行两项职能适当分离，即在检察机关内设机构的职责分工上实行一定意义上的“诉讼不监督、监督不诉讼”，无疑是一个相对科学合理的选择。

其次，案件办理职能和案件管理职能适当分离。案件办理是指检察机关依照法律规定的职权和程序对案件进行处理的活动。检察机关办理的案件有两类：一类是诉讼案件，另一类是监督案件。诉讼案件的办理具体包括初查、立案侦查、审查逮捕、审查起诉、提出抗诉、处理申诉案件等；监督案件的办理具体包括对诉讼违法行为进行审查、法律监督调查（诉讼违法调查）、提出纠正违法意见、提出检察建议、提出更换办案人意见等。案件办理是行使检察职权的具体体现，是履行法律监督职能的主要方式。案件管理主要指的是检察机关依照法律和检察工作规律对办案工作进行专业、统一、归口管理，加强流程监控、过程控制的活动。专业管理，就是由侦查指挥中心、举报中心、控申部门或者案件管理部等部门专司案件（线索）管理职责，加强案件专门管理，加大案件管理力度，提升管理专业性和有效性；统一管理，就是通过实行由特定部门统一受理来信来访、统一管理职务犯罪案件线索、统一管理诉讼违法线索、统一登记接收移送批捕和移送起诉案件等措施，有效防止资源浪费，促进科学管理，提升办案效率；归口管理，就是通过将办案流程、执法考评等归口专门部门管理，强化对执法办案活动的统一管理，提升办案质量。由此可见，案件办理、案件管理是公正廉洁执法紧密相联的两个方面：加强案件办理，客观要求强化监督制约，规范案件管理；加强案件管理，也有利于强化案件办理，确保公正廉洁执法。但也应当看到，案件办理强调对案件的依法处理，案件管理则强调对案件的流程监控、过程控制、统一考评等，两者存在着明显区别，是可以也应该适当分离的。高检院2003年《关于加强案件管理的规定》、2009年《关于深化检察改革2009—2012年工作规划》都要求进一步强化执法标准，严密执法程序，加强案件管理，确保执法公正廉洁。实践中，有的地方出现办案程序不规范、执法随意性大、办案质量不高等问题的一个重要原因，就是案件办理部门实行内部管理、封闭管理、分散管理，缺乏相对独立的外部集中管理，导致案件管理工作较为薄弱。我们认为，要建立执法管理、监督制约和规范执法三位一体的格局，进一步促进公正廉洁执法、执法规范化建设。加强案件管理是推进执法规范化建设的客观要求和重要内容，对于确保严格公正文明廉洁执法具有重要意义。因此，实行案件办理和案件管理适当分离，在坚持案件办理部门自身管理的同时，引入相对独立的综合性管理机制，建立对案件的专业、统一、归口管理以及流程监控、过程控制的模式，是落实上级决策部署的必然要求，也是解决当前突出问题的客观需要，既有利于强化法律监督，又有利于加强监督制约。

三、"适度"原则

凡事皆有度，失度则失衡。我们认为，诉讼职能和诉讼监督职能、案件办理职能和案件管理职能的分离，应当是"适度"的分离，应当掌握一个合理的"度"。所谓"适度"主要体现在以下三个方面：

（一）保持固有职能，不是强行分离

在实行"两个适当分离"过程中，对于诉讼职能所固有的制约成分、案件办理所固有的管理内容，仍然予以保持，而不是不切实际地分离。从诉讼职能、诉讼监督职能的分离来看，检察机关的"审查批捕"、"审查起诉"工作，由于其属于诉讼活动且具有司法审查性质，因而必然包含某些"制约"的成分，这是其诉讼中司法审查性质的工作所固有的。我们所说诉讼职能、诉讼监督职能适当分离，当然仍要保持司法审查性质的诉讼职能中固有的"制约"成分。但是，需要注意的是，"制约"不等于"监督"，法律监督比诉

讼中“制约”的内涵和外延更为丰富、更为广泛，上述诉讼职能中的“制约”成分绝不是完全意义上的“法律监督”，不是所有的监督，甚至不是主要的监督。宪法和法律规定在刑事诉讼中公、检、法相互制约，但从未规定要相互监督。检察机关对其他机关诉讼活动的“监督”是单向的，各机关的“制约”则是相互的；“制约”是各国检察机关共有的，“监督”则是我国检察机关特有的。从案件办理职能、案件管理职能的分离来看，案件管理不是代理，案件办理也包含自身管理。因为案件办理并不是单纯办理具体案件，也包含着加强自身管理的客观要求，比如反贪、反渎等案件办理部门仍然需要承担对案件合理分流、严守办案期限、保证案件质量等管理任务，这是案件办理所固有的职能。同时，案件管理主要是对职务犯罪线索统一管理、对各个诉讼环节进行流程管理等，并不直接负责案件办理，也不是代理相关部门承担案件办理工作。比如，湖北省检察机关在推进部分基层检察院内部整合改革试点中，案件管理部负责接收侦查机关移送的提请批捕和移送起诉的案件、接收有关部门移交或上级检察机关交办的案件或线索等案件管理工作，但本身并不直接办理、代为办理这些案件，对于受理、接受的职务犯罪案件线索统一交由职务犯罪侦查部办理，对于接收的侦查机关的案件统一交由批捕公诉部办理。因此，我们所说的案件办理职能和案件管理职能适当分离，仍然要保留案件办理所固有的管理职能，而不是将所有的管理工作一概分离出去。

（二）维持相互联系，不是完全割裂

实行“两个适当分离”，不是要将相分离的两个方面完全割裂、断绝联系。从诉讼职能、诉讼监督职能分离的情况看，检察机关有关部门在履行诉讼职能的过程中，可以在第一时间接触案卷材料、讯问犯罪嫌疑人，从而有机会发现诉讼违法线索，要特别强调两项职能适当分离后加强协作配合，各部门不能“各办各案”，对于发现的应当由其他部门办理的案件线索视而不看、置之不理，而要通过工作流程整合最大限度地利用这些线索，使之与诉讼监督工作相互衔接，促进监督职能的充分履行。湖北省有关基层检察院在内部整合改革试点中，建立了批捕公诉部向诉讼监督部移送监督线索的工作机制，促进了诉讼监督工作的开展。从案件办理职能、案件管理职能分离的情况看，湖北省检察机关调整职务犯罪大要案侦查指挥中心机构及工作机制、推进部分基层检察院内部整合改革试点过程中，强调案件管理职能与案件办理职能适当分离，绝不是将案件管理凌驾于案件办理之上，不仅强调加强管理、规范管理这一侧面，而且强调案件管理部门必须加强组织协调、服务办案这一侧面。比如，职务犯罪大要案侦查指挥中心及其办公室负责对重大、有影响的职务犯罪大案要案进行督办；组织对发生在某一行业以及某一部门的系列职务犯罪案件的专项侦查工作以及与有关部门联合开展集中统一行动；指定案件管辖、决定案件异地管辖和协调审判管辖等管理任务，但也不是将其与案件办理完全割裂，而是要求职务犯罪大要案侦查指挥中心办公室建立线索研判、评估、排查制度，建立信息查询平台等，为职务犯罪侦查工作提供优质服务、高效服务，从而促进职务犯罪案件办理工作。

（三）坚持能分则分，不是硬性分离

实行“两个适当分离”不是搞“一刀切”，而是坚持一切从实际出发，尊重实际、能分则分，难分则不分，循序渐进地深化改革。在实行诉讼职能、诉讼监督职能适当分离方面，对于目前暂时分不开或者分开暂不具备条件、时机不成熟的，保持现状不变。比如，湖北省检察机关在基层检察院内部整合改革试点中，虽然提出刑事抗诉是一种比较典型的刑事审判监督职能，但鉴于法律制度上的限制，仍将“决定是否提出或提请刑事抗诉”这一职能赋予批捕公诉部行使，而不是赋予诉讼监督部行使。在湖北省检察院内设机构职责调整过程中，对审查批捕处与侦查监督处的职能进行了适当分离，但对两个公诉部门则只进行了更名，对相关职能调整将等待时机成熟后再进行逐步分离。在实行案件办理职能、案件管理职能适当分离方面，坚持依法进行，基层检察院内部整合改革试点中对于承办的具体案件的实质审查、质量管理仍由案件办理部门依照法律规定行使，而没有交由案件管理部门行使。

总之，实行“两个适当分离”，不是为了改革而改革，为了分离而分离，“度”的把握主要是着眼于各项检察职能的充分发挥，着眼于促进检察管理的科学规范，着眼于提高工作效率，根据职能性质和工作情况，坚持边探索、边总结、边改进。对改革试点工作的一些重大问题，有关方面还将进行跟踪调研，深入探索，定期组织评估，有针对性地进行改进提高。

四、工作机制

能不能实行合理有效的“分离”，关键在于是否具有相应的工作机制保障。当前，有的同志担心离开了审查批捕、审查起诉等办案活动就不能发现诉讼违法行为，也没有监督所能依托的程序，不能有效行使监督职能；有的还认为脱离了办案活动就无法进行科学管理。我们认为，诉讼职能、诉讼监督职能都是检察机关必不可少的重要职能，都是依法正确行使检察权的重要内容，是互相联系、互为促进的有机整体，但在理论和实践上完全可以适当分离，由两个不同内设机构来分别承担这两项职能，更有利于克服实践中存在的问题，进一步加强法律监督和强化监督制约。各地结合工作实际探索建立健全了一系列工作机制，有力保障了两者在“适当分离”的同时，切实做到了有序衔接、互相促进，概括起来主要是以下五类工作机制：

（一）线索发现、移送及办理反馈机制

在实行“两个适当分离”的同时，分离的部门之间结合实际建立线索发现、移送（或者通报、信息共享、联席会议制度）及办理反馈有机衔接、环环相扣、相互促进的工作机制。《刑事诉讼法》第137条规定，人民检察院审查案件的时候，必须查明侦查活动是否合法。这一规定并不是说所有的诉讼监督必须附随于检察机关的诉讼活动，而只是说要在诉讼活动中发现侦查机关是否存在诉讼违法，至于由哪个部门去实施诉讼监督，完全可以根据实际需要确定；实施法律监督活动，如进行审查、调查以及提出纠正违法意见、检察建议等，也都是处理诉讼案件以外的法定程序。比如，湖北省在

部分基层检察院内部整合过程中，规定批捕公诉部有责任在履行诉讼职责中发现诉讼违法线索，并及时向诉讼监督部移送；诉讼监督部有责任依照独立的监督程序对这些线索进行审查，开展必要的监督调查，提出纠正违法意见或者检察建议，进行法律监督，对于调查情况、监督结果则有责任及时向批捕公诉部和案件管理部反馈。实际上，诉讼违法的线索不仅来源于批捕、起诉等诉讼活动，诉讼监督部门也可以自行发现诉讼违法，控申检察部门也可以在受理的控告、申诉中发现诉讼违法。无论从什么途径发现的诉讼违法线索，统一交由诉讼监督部门办理。实践证明，这种线索发现、移送及办理反馈的机制，正如检察机关有关部门发现职务犯罪线索，要及时向侦查部门移送，职务犯罪侦查部门统一侦查、及时反馈一样，只要权责明确、衔接到位，完全可以促进两项职能更好地履行。

（二）综合统一管理机制

在实行“两个适当分离”的同时，强化对执法办案的综合统一管理，注意探索建立健全对线索、案件等进行专业、统一、归口管理的工作机制。比如，成立机构单设的职务犯罪大要案侦查指挥中心办公室以来，对各种渠道收到、受理或者发现的职务犯罪案件线索，包括有关机关移送的案件或线索，实行专门、统一、归口管理，并实行全省统一编号管理，明确案件交办、督办和指定异地管辖的原则意见，建立健全线索分析利用等相关工作机制，规范了对职务犯罪侦查工作的统一管理。又如，各级检察院控告申诉检察部门（或者案件管理部、案件管理中心等）发挥案件管理部门作用，对诉讼违法行为控告线索进行统一管理，对受理、登记、审查、分流、移送、答复、保管、责任追究等每个环节都提出了明确要求，健全了规范管理的工作机制。再如，有些检察院建立案件管理部门，实行一个窗口对外，一个闸门对内，统一受理、分送、转交、分流有关案件。

（三）工作协调配合机制

在实行“两个适当分离”中，坚持检察工作统一性、整体性，注意健全更为紧密的工作联系、协调、配合机制。比如，在实行抗诉职能和职务犯罪侦查职能适当分离的过程中，职务犯罪侦查部门在查办职务犯罪过程中需要公诉、民事行政检察部门配合的，公诉、民事行政检察部门应当配合；职务犯罪侦查部门在侦查中发现司法工作人员在审理刑事、民事、行政案件时有贪污受贿、徇私舞弊、枉法裁判等违法行为，可能导致原判决、裁定错误的，应当经检察长批准，将相关证据材料及时提供给公诉、民事行政检察部门。公诉、民事行政检察部门应当依法审查。在抗诉、提请抗诉决定（或不抗诉决定）作出后十日内，应当以书面形式将结果向职务犯罪侦查部门反馈。

（四）执法办案监督制约机制

在实行“两个适当分离”过程中，始终把加强监督制约作为一项重要原则来坚持，探索建立了相关工作机制。比如，在部分基层院内部整合改革中，这些院都结合实际整合工作流程，建立了既相互制约又相互协调的工作机制，确保诉讼职能、诉讼监督职能适当分离，加强案件管理部对业务部门办案情况的统一管理，并跟踪监督办案过程。再如，成立机构单设的侦查指挥中心办公室，按照“统一管理、服务办案”、“相互制约、全程监控”等原则，建立对职务犯罪案件线索统一管理的工作机制；健全以“院对院”的名义对职务犯罪案件线索进行交办、督办、指定异地管辖的工作机制，加强对案件办理工作的监督制约。

（五）资源整合优化机制

在实行“两个适当分离”过程中，坚持从实际出发，健全完善了对人力、物力和其他资源进行整合的相关工作机制。比如，在部分基层院内部整合改革中，这些基层院兼顾五个部对不同层次人员的需求，建立了检力向业务、向基层、向一线倾斜的工作机制，将有限资源进行合理整合、优化配置。再如，职务犯罪大要案侦查指挥中心办公室通过健全完善组织专项侦查工作、侦查人才库管理使用等工作机制，统一调配人力、信息、装备器材等侦查资源，对职务犯罪侦查工作进行有效组织、指挥、管理与协调。

五、实际效果

实行“两个适当分离”是具有重要意义的探索，湖北省检察机关的实践证明，其运行的效果是好的。

一是强化了法律监督。实行“两个适当分离”，促进了检察权的合理分解，有利于相关内设机构按照权能性质依法开展工作，特别是承担诉讼监督职能的部门，可以从繁重的诉讼职能中摆脱出来，集中精力加强对诉讼活动的法律监督，进一步强化了法律监督职能。湖北省在部分基层检察院内部整合改革试点的实践表明，“两个适当分离”促进了检察机关法律监督能力的提高，增强法律监督实效。一些地方法律监督工作的力度、质量及工作效率有了很大的提高。

二是加强了监督制约。实行“两个适当分离”，进一步理顺了内部关系，逐步形成了决策权、执行权、监督权既相互制约又相互协调的权力结构和运行机制。实践证明，通过部分基层检察院内设机构整合和省检察院机关机构职责调整，由不同部门分别行使诉讼职能和诉讼监督职能，确保了对自身执法活动的监督制约更加清晰、有效。通过设立侦查指挥中心及其办公室，以往办案中存在的多头交办、多头分流等问题已经基本杜绝，也较好解决了案件办理中压案不查、瞒案不报等问题，形成了科学有效的监督制约格局，保证了职务犯罪侦查权在法制轨道上科学运行。

三是促进了资源整合。实行“两个适当分离”，必然要求从实际出发，对人力、物力和其他资源进行整合，将有限资源向检察业务工作集中，从而提高检察工作的整体效能。职务犯罪大要案侦查指挥中心及其办公室成立之后，对办案线索这一稀缺资源进行统一管理、科学研判，通过采取专项侦查行动、统一交办督办等多种方式组织侦查，有效整合了线索、人员等资源，发挥了整体优势，有效推动了案件办理。比如，2009 年湖北省检察院职务犯罪大要案侦查指挥中心办公室先后对疾病预防控制领域、劳动就业培训领域的相关线索进行了系统评估分析，并在此基础上组织、指挥专案行动，先后查办这两个领域职务犯罪案件 100 余件。

四是提高了工作效率。实行“两个适当分离”，调整了工作流程，减少了中间环节，进一步发挥检察官的执法主体作用，极大促进了办案效率的提高。比如，在部分基层检察院内部整合改革试点工作中，对工作流程等进行了重新设计，改变了过去检察人员承办、办案部门负责人审核、检察长或者检察委员会决定的传统办案模式，明确了岗位职责，实现了权责一致，大大提升了办案效率。职务犯罪大要案侦查指挥中心及其办公室通过加强对职务犯罪案件办理的统一组织、指挥、协调与管理，有效防止了“协调困难、指挥失灵、反应迟缓”等问题，形成了运转高效、关系协调、规范有序的指挥体系，从而提高了工作效率，增强了职务犯罪侦查的整体效能。

五是推动了分类管理。实行“两个适当分离”，客观上要求检察机关内部按照不同性质、不同权能来分类选拔、配置人员，有利于在事实上推动检察人员分类管理改革。我们在基层检察院内部整合改革试点中，依据工作性质、基本职能、岗位特点和工作规律对现有人员进行合理分类，在实际运行中取消了科长等行政职务，探索建立了以检察官为主体的岗位管理模式，调动了检察人员的工作积极性、主动性和创造性，形成符合司法规律、具有检察机关特点的队伍管理机制。

六是优化了职责配置。实行“两个适当分离”，是在坚持法律规定、尊重客观规律的基础上，根据职能性质和实际工作情况，在检察机关内部对检察职能进行的科学划分和优化组合。基层的同志普遍反映，实行“两个适当分离”，根据检察工作运行规律对机构、职责进行重新组合、科学调整和合理配置，是在法律制度框架内优化检察职能的有益尝试，使检察官摆脱了自相矛盾的角色困境，保证了案件管理工作的统一规范，促进了检察机关法律监督职能的正确行使。

综上所述，实行“两个适当分离”，实际是在法律制度框架内检察工作机制的调整和创新。在检察机关内部由不同的部门来分别负责诉讼职能、诉讼监督职能，分别负责案件办理职能、案件管理职能，是按照检察权运行规律合理配置检察职能的一个重要探索，为我们推进检察机关机构改革、职能调整提供了一种新的思路。实行“两个适当分离”原则，有利于遵循司法规律，促进两项职能更好地履行，具有十分重要的理论意义和实践价值。同时，推进“两个适当分离”是一项涉及到人员、职能、机制、保障等方方面面的系统工程，对于突破长期影响和制约检察工作科学发展的人员分类管理、检察资源配置等难点问题，整体推进检察改革起到一定的促进作用。我们将在实践中进一步加强探索，总结经验，改进不足，健全机制，积极稳妥地推进“两个适当分离”，努力推动检察工作全面发展进步。

3 遵循检察权运行规律，科学配置检察职能的若干思考*

一、科学配置检察职能的基本构想

优化检察职能配置是检察改革的重要内容，对于推动检察工作科学发展意义重大。科学配置检察职能，必须遵循检察权运行规律，着力建设公正高效权威的社会主义检察制度，在实践中应当把握以下基本原则。

（一）必须探索实行"两个适当分离"

科学配置检察职能应当探索在检察机关内部实行"两个适当分离"，即诉讼职能和诉讼监督职能适当分离、案件办理职能和案件管理职能适当分离。我们认为，根据检察权运行的规律和优化配置检察职能的客观需要，各项检察职能应合则合、当分则分，到底是应当合并运行还是分离运行，要根据实际情况确定；但无论是合还是分，都要达到加强法律监督、加强检察管理、加强两个方面工作的目的。第一，实行诉讼职能和诉讼监督职能适当分离，有利于回应理论界和社会上对"检察机关监督别人，谁来监督检察机关?"等质疑；有利于解决由同一个内设机构同时承担诉讼职能和诉讼监督职能，客观上既不便于对他方进行监督，也不利于自身严格公正执法的现实情况；有利于促进解决实践中将履行批捕、公诉等职能作为首要任务、硬任务，而将履行诉讼监督职能作为可有可无的次要任务、软任务，两方面的职能履行效果都不理想，削弱法律监督整体

---

* 2011 年 1 月 15 日敬大力同志提交中国法学会检察学研究会检察基础理论专业委员会成立大会暨首届中国检察基础理论论坛会议的论文。

效能的突出问题。第二，实行案件办理职能和案件管理职能适当分离，在坚持案件办理部门自身管理的同时，引入相对独立的综合性管理机制，建立对案件的专业、统一、归口管理以及流程监控、过程控制的模式，是落实高检院加强检察管理一系列决策部署的必然要求，也是解决当前突出问题的客观需要，既有利于强化法律监督，又有利于加强监督制约。

（二）必须坚持检察工作一体化

在科学配置检察职能过程中，应当坚持“检察工作一体化”作为一个指导思想来把握，作为一机制保障来建设。一方面，要坚持检察工作一体化的基本理念。在党委领导和人大监督下，依据宪法和法律的规定，实行“上下统一、横向协作、内部整合、总体统筹”的检察工作一体化机制，贯彻了检察工作整体性、统一性的要求，有利于强化上级检察院对下级检察院的领导关系，加强各地检察机关之间的工作协作，充分发挥检察机关各内设机构的职能作用与优势，体现了检察权运行的规律，应当作为科学配置检察职能的一个基本理念。另一方面，要健全检察工作一体化的机制保障。科学的检察职能配置必须要有分工合理、权责明确、互相配合、互相制约、运行高效的工作机制作保障。我们认为，应当按照检察工作一体化的要求建立相应工作机制，保障检察权依法、规范、高效、有序运行。要建立健全工作报告与评议制度，健全完善工作情况通报制度、请示报告与情况说明制度、侦捕诉监督制约与协作配合机制等，确保检察权上下之间、横向之间以及内部之间运转高效、关系协调，体现检察权运行的统一性、整体性和协调性。

（三）必须深入推进分类管理

科学配置检察职能，要求依据工作性质、基本职能、岗位特点和工作规律对现有人员进行合理分类，形成符合司法规律，具有检察机关特点的队伍分类管理机制。要逐步探索建立以检察官为主体的岗位管理模式，实行“扁平化管理”，充分发挥检察官在执法办案中的作用，并配套建立相应职务序列和工资政策，调动检察人员的工作积极性、主动性和创造性。

（四）必须进一步强化监督制约

科学配置检察职能，要求把强化自身监督与强化法律监督放在同等重要的位置来考虑，进一步理顺内部关系，完善相关制度，建立健全决策权、执行权、监督权既相互制约又相互协调的权力结构和运行机制，实行“两个适当分离”，确保对检察机关自身执法活动的监督制约更加清晰、有效。

（五）必须有利于提高工作效率

科学配置检察职能，要着力防止和解决检令不通、检禁不止、相互掣肘、各自为阵等突出问题，便于排除各种制约因素，理顺内部关系，促进和谐检察，激发创造活力，促进检察机关结成运转高效、关系协调、规范有序的统一整体，进一步提高工作效率，发挥检察机关的整体优势和效能。

二、稳步推进承担诉讼职能和诉讼监督职能的机构分离

科学配置检察职能，应当突出强化法律监督这条主线。诉讼职能和诉讼监督职能的运行规律是不一样的，批捕、公诉等诉讼职能侧重于对犯罪嫌疑人、被告人的追究，遵从诉讼规律，依照诉讼程序；诉讼监督职能侧重于对诉讼违法行为的处理、核实和纠正，遵从监督规律，依照监督程序。我们认为，在坚持检察权的法律监督性质，检察机关的诉讼职能、诉讼监督职能两种职能都不可少的前提下，应当稳步推进承担诉讼职能、诉讼监督职能的机构逐步分设或职能分别运作。

按照上述思路，湖北省检察机关今年上半年对省院机关部分内设机构职责进行了调整：一是组建审查批捕处，承担对公安机关移送刑事案件、市级检察院提请自侦案件的审查批捕，以及批准延长羁押期限的职能；将侦查监督处的职能调整为承担刑事立案监督、侦查活动监督以及对行政执法机关向司法机关移送刑事案件的监督等职能。二是省院公诉二处、公诉一处分别更名为公诉处、刑事审判监督处，分别承担公诉职能和对刑事审判活动的法律监督职能。三是省院民事行政检察处分设，成立民事诉讼监督处和行政诉讼监

督处，分别承担对民事诉讼和行政诉讼的监督职能。同时，各市州分院可以按照上述思路，有条件的地方逐步实行机构分设；暂无条件的，也通过建立工作机制使两种职能分别运作。

在探索承担诉讼职能、诉讼监督职能的机构分设的同时，我们结合实际建立健全了线索发现、移送及办理反馈机制、综合统一管理机制、工作协调配合机制、资源整合优化机制等工作机制，有力保障了两者在“适当分离”的同时，切实做到了有序衔接、互相促进。实践证明，通过这种适当分离，各级院进一步强化措施，使诉讼监督成为专职而不是兼职，成为主业而不是副业，成为积极的活动而不是消极的应付，在机构和制度设计上创造一个专司监督、敢于监督的环境，确保诉讼职能和诉讼监督职能都得到加强。

三、稳步推进承担案件办理职能和案件管理职能的机构分离

案件办理是行使检察职权的具体体现，是履行法律监督职能的主要方式。案件管理主要指的是检察机关依照法律和检察工作规律对办案工作进行专业、统一、归口管理，加强流程监控、过程控制的活动。科学配置检察职能，要高度重视执法管理机制改革，逐步设立案件管理机构，形成案件集中管理机制。

按照上述精神，我们主要进行了以下三个方面的探索：一是湖北省院和全省 15 个市州分院从 2007 年开始陆续将职务犯罪大要案侦查指挥中心办公室改为单设机构，与反贪局、反渎局等案件办理部门并列，负责统一管理职务犯罪案件线索及其他情报信息；负责案件交办、督办和指定异地管辖；负责管理侦查协作事项等案件管理工作。逐步形成了指挥中心及其办公室负责职务犯罪案件的统一管理，反贪局、反渎局等具有侦查或者初查职责的部门负责职务犯罪案件办理的工作格局和机制。二是湖北省院 2009 年 11 月统一部署在黄石、宜昌、神农架林区的 13 个规模较小的基层检察院推进内部整合改革试点工作，将现有机构统一整合为批捕公诉部、职务犯罪侦查部、诉讼监督部、案件管理部和综合管理部等五个实际运行

的工作机构，形成了案件管理部统一负责案件（诉讼案件和诉讼监督案件）管理，批捕公诉部、职务犯罪侦查部和诉讼监督部分别负责有关诉讼案件或诉讼监督案件的办理的工作格局。三是注意发挥控告申诉检察部门“窗口”的统一受理和管理作用，将受理的公民、法人和其他组织对诉讼违法行为的控告，或者在受理申诉中发现的诉讼违法行为作为线索来进行管理，承担对这些线索的分流、督办、回复等案件管理工作，侦查监督、刑事审判监督、民事和行政诉讼监督、监所检察等部门则承担对控申部门移送的诉讼违法线索进行审查、开展法律监督调查、提出纠正违法意见或检察建议等工作。

我们认为，案件办理强调对案件的依法处理，案件管理则强调对案件的流程监控、过程控制、统一考评等，两者存在着明显区别，是可以也应该适当分离的。实践证明，由侦查指挥中心、案件管理部或者控申部门等部门专司案件（线索）管理职责，加强了对案件的专业、统一、归口管理，保证了案件管理工作的统一规范，促进了检察机关法律监督职能的正确行使。

四、高度重视检察机关辅助机构的设置

检察机关是国家法律监督机关，承担法律监督职能，应当进一步精简综合部门，加强业务部门，把人员、精力向执法办案一线倾斜机构。科学配置检察职能，在坚持加强业务机构设置的同时，也必须充分考虑对检察机关执法办公信力带来的挑战，高度重视相关辅助机构的设置。

为适应执法办案环境条件的变化，湖北省院近年来在以下几个方面作了探索：一是控告申诉检察处加挂群众工作处牌子，负责归口管理、统一协调、全面推进检察机关群众工作，维护社会和谐稳定。二是宣传处加挂新闻处牌子，负责新闻发言、媒体联络、网络舆情、门户网站、检务公开等，建立同媒体的良性互动关系。三是人民监督员办公室更名为联络处，保留人民监督员办公室的牌子，负责同有关人大代表、政协委员、人民监督员以及有关社会组织的

联络，营造检察机关良好公共关系。四是设立检察官协会办公室，挂靠政治部，做好检察官协会和女检察官协会的日常工作，负责组织“恪守检察职业道德、促进公正廉洁执法”主题实践活动，深入推进检察职业道德建设。五是全省统一建立综合性受理接待中心。湖北省院从2009年开始在原来控申接待室的基础上，在全省统一部署并于年底全部挂牌成立“综合性受理接待中心”，以此为龙头建立健全一系列便民利民工作机制：设置检务公开显示屏、电子触摸屏等便民利民设施；分区设置接访室、候访室，切实改善受理接待环境；加强受理接待制度建设，营造良好接待氛围；全面开通具有举报、控告、申诉、投诉、咨询、查询等“六合一”功能的“12309”检察服务电话，实行电话、网络、信函、接访等受理方式的“四整合”，畅通群众利益诉求表达渠道。

我们认为，检察机关设置一些必要的辅助机构，对于联络人大代表，联系人民群众，营造良好公共关系，提高检察机关执法公信力具有十分重要的意义，应当根据形势发展进行科学设置和必要调整。

五、科学设置基层检察院内设机构

高检院《2009－2012年基层人民检察院建设规划》和《关于深化检察改革2009至2010年工作规划》都明确提出，基层院内设机构由各地根据工作需要，在人民检察院组织法和最高人民检察院规定的框架内设置，不要求与上级人民检察院对口设置。

为了科学配置检察职能，按照“两个适当分离”的原则，湖北省检察院2009年11月统一部署在黄石、宜昌、神农架林区的13个规模较小（40人以下）的基层检察院推进内部整合改革试点工作，坚持“依法进行、强化监督、整合力量、优化职能、分类管理、监督制约”等六条基本原则，将现有机构统一整合为批捕公诉部、职务犯罪侦查部、诉讼监督部、案件管理部和综合管理部等五个实际运行的工作机构。同时，各部不再单设负责人，而由一名副检察长兼任该部负责人，减少层级，实行扁平化管理；为满足需要，协调有关部门同意设五名副检察长职数。五个部内按照工作量配备检察官若干名，其他人员按履职要求合理配备，建立以检察官为主体，检察官向副检察长负责，副检察长向检察长负责的执法办案模式，并使力量向办案一线下沉，对各项工作按照受理、办理、审批、监督等基本环节进行整合并重新设计工作流程。实现了诉讼监督、批捕公诉以及职务犯罪侦查工作由诉讼监督部、批捕公诉部和职务犯罪侦查部分别负责的工作模式；形成了案件管理部统一负责案件（诉讼案件和诉讼监督案件）管理，批捕公诉部、职务犯罪侦查部和诉讼监督部分别负责有关诉讼案件或诉讼监督案件的办理的工作格局。试点一年多来，基层院内部整合改革试点工作取得了阶段性成效，受到了高检院的关注，也得到了基层院的肯定和欢迎。

我们认为，湖北在人数 40 人以下“小院”统一设置五个部门，推进内部整合改革试点，对于 50 人至 60 人的“中院”，80 人至 100 人的“大院”也具有借鉴意义。虽然不同规模的基层院可以确定不同的整合方案、设置不同的内设机构，但实行基层院内部整合的指导思想、基本原则等是相通的，高检院应当考虑出台指导意见，鼓励基层院进行试点，逐步规范基层院内设机构，破解当前基层院内设机构林立、部门掣肘、官多兵少等问题，进一步促进检力下沉，实现管理科学化，促进基层院创新发展。

六、科学、规范设置派出机构

高检院《关于深化检察改革 2009—2012 年工作规划》明确提出要依法规范派出检察院和派驻检察室设置。最近，高检院下发了《关于进一步加强和规范检察机关延伸法律监督触角，促进检力下沉工作的指导意见》（以下简称《指导意见》），要求各地结合实际，认真贯彻执行。

湖北省乡镇检察室经历了试点、快速发展、调整压缩三个阶段，1987 年部分基层院开始在乡镇试点设立乡镇检察室；1993 年，高检院提出“重点发展乡镇检察室”之后，我省乡镇检察室建设进入了一个快速发展的阶段，最多时达到 280 多个；2001 年中央《关于地方各级人民检察院机构改革意见》出台后，根据工作需要和实际情况，先后压缩、撤销了一批乡镇检察室，截至目前共有88个乡镇检察室。2008年，省院组织一次专题调研，发现88个乡镇检察室可以分为三种情况，一是作为派出机构，仍在乡镇办公，共有15个（13个为基层院派出、2个为市级院派出），占17%；二是保留机构编制和人员，撤回本院办公，共有65个，占73.9%；三是只保留机构编制，不再配备人员，共有8个，占9.1%。2008年10月，省院将调研情况以及工作打算向高检院作了专题报告。

2010年初，根据高检院的工作部署和新的形势任务，省院制定了《关于加强和规范检察工作向基层延伸的试点工作方案》，按照依法进行、统一管理、规范职能、因地制宜、重点加强、积极探索的原则，选取10个派驻检察办事处、20个检察服务站以及5个派出检察巡回服务组，进行试点运行，进一步总结经验，发现问题，规范工作。

高检院《指导意见》下发后，省院党组进行了认真学习，专题研究了以下原则意见：一是明确指导思想。要坚持以满足人民群众的司法需求为根本出发点，立足法律监督职能，进一步发挥派出机构联系群众、服务群众、引导群众等方面的作用，不断提升检察机关执法公信力，切实提高检察机关服务科学发展水平。二是规范三种形式。我们将派出机构统一规范为三种：第一是检察室，主要设在经济较为发达、基层执法单位较集中、群众司法诉求较多、预防职务犯罪任务较重的中心乡镇等地方。第二是检察服务站，是根据工作需要设置的、地点相对固定的检察工作联系点，可以设在乡镇、街道、社区办公室，也可以设在学校、大型企事业单位、重点工程建设基地等。第三是检察巡回服务组。基层检察院可以根据工作需要派出检察巡回服务组，在一定地域、一定时间内，就多项工作或某一项工作开展巡回服务。巡回服务一般不固定时间、人员、地点，可根据具体情况和特定任务，灵活采取集中接访、走村串户等多种形式，吸引人民群众普遍参与。三是明确工作职责。我们围绕高检院确定的7个方面的工作职责，根据检察室、检察服务站、检察巡回服务组的不同特点，确定了相应的工作职责，防止超越职能、权力失控等情况发生。四是切实规范管理。在省院的统一领导下，加强管理、检查和监督，健全制度，坚决杜绝一些地方使派出检察室变相成为办案区的问题；成为具有独立承担查办职务犯罪职能的办案机构，并由不同院领导分管的“第二反贪局”、“第二反渎局”的问题；疏于管理出现一些违法违纪案件的问题等，确保派出机构依法规范运行，发挥应有作用。五是坚持“设立”与“清理”相结合，进一步加强派出检察室建设。我们规定设立检察室要达到“六有”的基本条件：即有机构设置、有人员编制、有固定的办公场所、有基本的办公保障、有完善的工作制度、有严格的人员管理规定，做到成熟一个、设置一个。同时，对历史遗留的 88 个乡镇检察室进行一次专项清理，由市州分院对照检察室“六有”的条件进行自查，符合条件而且要求继续保留的，在 2011 年 3 月底前按程序报省院审批确认；不符合条件或者不愿意保留的，省院审查不合格以及市州分院逾期未申报的，将一律作撤销处理，进一步加强对派出检察室的管理。

4 深化“两个适当分离”推动相关机制建设*

实行诉讼职能和诉讼监督职能适当分离、案件办理和案件管理职能适当分离，是我们在法律制度的框架内，从遵循检察权运行规律出发，系统谋划检察职能优化配置的重要探索，对于强化法律监督、加强监督制约、促进资源整合、提高工作效率、推动分类管理、优化职能配置等工作起到了重要的促进作用。

我们认为，诉讼职能、诉讼监督职能都是检察机关的法定职能，对于检察机关都是不可少的，不存在将诉讼职能或者诉讼监督职能从检察机关分离出去的问题。但两者的特点和规律有所不同，可以也应当适当分离。实行诉讼职能和诉讼监督职能适当分离，有利于回应理论界和社会上对“检察机关监督别人，谁来监督检察机关”的质疑；有利于解决由同一个内设机构同时承担诉讼职能和诉讼监督职能，客观上既不便于对他方进行监督，也不利于自身严格公正执法的现实情况。

案件办理强调对案件的依法处理，案件管理则强调对案件的流程监控、过程控制、统一考评等，两者存在着明显区别，是可以也应该适当分离的。实行案件办理职能和案件管理职能适当分离，既有利于强化法律监督，又有利于加强监督制约，是落实高检院加强检察管理一系列决策部署、解决当前突出问题的必然要求。

湖北省检察机关在五个方面进行了有益探索：一是省检察院和市州分院将职务犯罪大要案侦查指挥中心办公室改为单设机构，与

---

* 《法制日报》2012 年 4 月 25 日刊载敬大力同志文章。

反贪局、反渎局等案件办理部门并列，负责统一管理职务犯罪案件线索及其他情报信息、案件交办、督办和指定异地管辖、管理侦查协作事项等工作。二是实行抗诉职能和职务犯罪侦查职能适当分离，由公诉、民行和职务犯罪侦查部门分别负责承办。三是在13个规模较小的基层检察院推进内部整合改革试点工作，将现有机构统一整合为批捕公诉部、职务犯罪侦查部、诉讼监督部、案件管理部和综合管理部等五个实际运行的工作机构。各部负责人原则上由副检察长（或其院领导成员）兼任。建立以检察官为主体，检察官向副检察长负责，副检察长向检察长负责的执法管理模式，实行“扁平化管理”。四是省检察院将内设机构分成五种类型，即执法办案机构、诉讼监督机构、综合业务机构、综合管理机构、检务保障机构。组建审查批捕处，承担审查批捕、批准延押等职能；将侦查监督处调整为承担立案、侦查监督以及对行政执法机关向司法机关移送刑事案件的监督等职能；坚持公诉工作与刑事审判监督工作“两手抓、两手硬、两手协调”，将公诉一处、二处分别更名为刑事审判监督处、公诉处，分别承担刑事审判监督职能和公诉职能；分设民事诉讼监督处和行政诉讼监督处，分别承担对民事诉讼和行政诉讼的监督职能。各市州分院按照上述思路，逐步实行机构分设或设专人负责诉讼监督工作。在做好科学配置职能、调整内设机构等工作的同时，高度重视建立资源整合优化、办案协调配合等工作机制建设。五是注意发挥控告申诉检察部门“窗口”的统一受理和管理作用，将诉讼违法行为作为线索来进行管理，承担对这些线索的分流、督办、回复等案件管理工作，诉讼监督部门则承担审查、开展法律监督调查、提出纠正违法意见或检察建议等工作。

去年以来，我们贯彻高检院指示精神，在全省检察机关建立健全“全面管理、分工负责、统筹协调”的执法管理模式。省检察院专门成立了执法管理与监督委员会，加强对执法管的统筹协调，在控申处加挂了案件管理办公室牌子，明确了十项工作职责；全省检察机关的案件管理部门也将于近期调整到位。

5 按照“两个适当分离”要求推进审查批捕和侦查监督工作*

这次会议是省院党组决定召开的一次重要会议，主要任务是深入学习贯彻党的十八大以来中央关于法治建设、政法工作的一系列重大决策部署和习近平总书记视察湖北时的重要讲话精神，传达贯彻全国检察机关第四次侦查监督工作会议精神，研究部署新形势下推动我省审查批捕和侦查监督工作全面发展进步的思路和措施。

近年来，全省检察机关审查批捕和侦查监督部门紧紧围绕湖北经济社会发展大局，依法履行审查批捕职责，切实加强立案监督和侦查活动监督，着力推进行政执法与刑事司法衔接，认真落实各项检察改革任务和工作机制创新，狠抓队伍建设，取得了积极成效，为维护国家安全和社会和谐稳定、维护社会公平正义、保障湖北经济社会持续健康发展作出了重要贡献。

一、强化改革意识，全面加强审查批捕和侦查监督工作

党的十八大以来，中央反复强调全面深化各项改革，改革只有进行时没有完成时，停顿和倒退没有出路。即将召开的十八届三中全会，将对全面深化改革作出重大部署。习近平总书记在视察湖北期间，深刻指出全面深化改革要处理好解放思想与实事求是的关系、整体推进与重点突破的关系、顶层设计与摸着石头过河的关系、胆子要大和步子要稳的关系、改革发展稳定的关系。审查批捕和侦查监督工作处于打击犯罪、保障人权、维护社会公平正义、促进社会

---

* 2013 年 10 月 14 日敬大力同志在湖北省检察机关审查批捕和侦查监督工作会议上的讲话。

和谐稳定的前沿，肩负着推进平安中国、法治中国的政治责任，承担着满足人民群众公共安全、司法公正、权益保障等方面新期待的重大使命，面临着外部环境深刻变化和刑事诉讼法修改后带来的一系列新挑战。我们要适应这些形势、完成好这些艰巨任务，必须紧紧依靠改革创新，关键在于深化改革创新。只有坚持以解放思想为先导，准确把握检察权运行规律，以更大勇气和智慧深化检察改革和工作机制创新，才能冲破思想观念的障碍，突破模式固化的藩篱，有效应对工作中存在的困难、问题和挑战，更加富有成效地把审查批捕和侦查监督工作推向前进。全省检察机关一定要自觉顺应全面深化改革的大势，牢牢把握“创新检察”要求，解放思想、实事求是、与时俱进，把改革的精神、改革的思想、改革的举措深深融入审查批捕和侦查监督工作之中，体现在决策部署和工作落实的各方面和全过程。

深化改革创新的目的在于全面加强审查批捕和侦查监督工作，使两项职能各自加强、协调发展。当前仍然存在审查批捕与侦查监督不平衡、监督工作相对薄弱的问题，强调检察机关既承担着审查批捕职责，又承担着对立案、侦查活动的监督职责；既要围绕维护国家安全和社会稳定依法从重从快审查批捕各类严重刑事犯罪，又要围绕维护社会公平正义监督纠正执法不严、司法不公问题；既要严格把握逮捕的质量标准、严防冤假错案，又要强化对执法中突出问题的监督、减少和消除冤假错案成因。这些表明，高检院对全面加强两项职能的态度是鲜明的、要求是明确的。近年来，全省检察机关在审查批捕和侦查监督工作中认真落实全面加强诉讼监督工作和“两个适当分离”改革要求，在推动两项工作协调发展方面取得了积极成效，但无论在思想认识还是在具体实践上，仍然存在一些问题，有些同志仍然没有摆脱传统观念的束缚，没有破除习惯做法，没有转变固有工作模式。对此，必须进一步深化认识，更新观念，着力解决好审查批捕与侦查监督不相协调的问题，重点是四个方面：

（一）正确认识审查批捕职能与侦查监督职能适当分离的科学性、必要性和可行性

中国特色社会主义检察制度的突出表现就在于检察机关既是法律监督机关，也是司法机关，不论是审查批捕还是侦查监督，都属于法定检察职能，都是必不可少和并行不悖的。但这两项职能又是不同性质、不同种类的职能，都有其自身运行规律，审查批捕职能属于诉讼职能，强调独立办案，侧重于对犯罪嫌疑人的追究；侦查监督职能属于诉讼监督职能，强调上下统一，侧重于对司法执法机关的调查、纠正。两者方向不同、对象不同、程序不同，无论从理论上法律上还是实践上看，对两种职能实行适当分离都是科学合理、必要可行的选择。目前要重点解决三个问题：

一要着力破除侦查监督必须依附于审查批捕的传统观念。当前，仍有些同志认为诉讼监督职能必须依附于诉讼职能，担心侦查监督离开了批捕办案就不能及时有效发现违法行为，也失去了监督所能依托的程序。这种思想观念严重影响和制约了两项职能分离运行的效果。之所以存在这些问题，是由于一些观念问题还没有解决，主要是缺乏检察工作一体化思维，检察工作一体化机制不健全。虽然审查批捕和侦查监督实行职能分离运作，但完全可以通过落实检察工作一体化机制来实现两者之间的相互联系和协作配合。只要我们牢固树立一体化思维、加强横向协作，如同发现和移送职务犯罪线索的工作机制一样，对审查批捕过程中发现的诉讼违法线索及时移送侦查监督部门处理，就完完全全可以依靠工作机制解决来源问题。另外，从诉讼违法线索的来源渠道看，侦查活动中的诉讼违法线索并不仅仅来源于审查批捕工作，也可以自行发现，或者通过接受群众控告发现诉讼违法，有一半的线索来源于审查批捕以外的途径，并不存在绝对的线索依赖问题。还有，从程序上看，侦查是一个持续的过程，对侦查的监督也是一个持续的过程，而不仅限于审查逮捕一个环节。再就是从侦查监督的内容和程序来看，当前有很多侦查监督工作已经完全脱离审查批捕而独立存在，如对阻碍辩护人、诉讼代理人依法行使权利行为的监督，对扣押冻结款物等强制性侦

查措施的监督，对行政执法机关不依法移送涉嫌犯罪案件的监督等等，都是客观上独立存在的，也有单独的运行程序，完全不必依附于审查批捕工作。

二要清醒看到回应质疑、提高公信力的现实需要。由于检察机关同时承担诉讼职能和诉讼监督职能的双重地位，使检察机关常常饱受诟病和困扰，理论界和社会上长期存在“检察机关监督别人，谁来监督检察机关?”，“检察机关有什么资格和优势去监督其他机关”等诸多质疑，客观上造成了不便于监督别人，也不利于自身严格公正执法、提高执法公信力的现实情况。在检察机关内部实行审查批捕和侦查监督职能由不同内设机构承担、分离运行的模式，能够有力回应和解决上述质疑及问题，进一步强化内部监督制约，健全检察权运行监督制约体系，促进检察机关自身严格公正廉洁文明规范执法，提升执法公信力。

三要正确认识和把握“适度”原则。适当分离不等同于完全分开，必须掌握一个合理的“度”。要保持审查批捕和侦查监督各自固有职能的完整性，坚持从实际出发，对能分开的职能予以分开，暂时分不开或者分开不具备条件的则不分开。同时也要看到审查批捕和侦查监督之间的联系，在适当分离后更要加强两项职能间的协作配合，不能在适当分离之后就“各办各案”，完全割裂两项职能之间的联系。

（二）坚持“两手抓、两手硬、两手协调”

审查批捕和侦查监督都是检察权能的重要组成部分，理应齐头并进、协调发展。但是，当前有一些地方仍然把审查批捕作为“硬任务”、作为“主业”而把侦查监督作为“软任务”和“副业”，工作只重视一头而忽视另一头，导致“一手硬、一手软”甚至“两手冲突、对立”等现象，这不能不说是在业务工作和管理工作中的“失职”和“失误”。全省检察机关特别是各级院领导要进一步增强全局观念，始终把两项工作都作为“主业”和“硬任务”来统筹谋划，坚持做到“两手抓、两手硬、两手协调”，努力从更高层次、更高水平上推进两项工作协调发展。坚持两手抓，就是要坚持全面发展，一手抓审查批捕工作，依法审查批捕各类刑事犯罪，保障刑事诉讼顺利进行，维护社会和谐稳定和人民群众生命财产安全；一手抓侦查监督工作，依法纠正侦查环节的诉讼违法行为，维护公平正义。无论在思想上还是在工作上，都不能只抓一手而忽略另外一手。坚持两手硬，就是要全面加强履行两项职能的力度，把审查批捕与侦查监督工作都作为检察工作的“硬任务”，采取有力的“硬措施”，坚决防止和纠正“一手硬、一手软”的现象。特别是针对侦查监督工作相对薄弱的现状，进一步加大力度，增强实效。坚持两手协调，就是要把审查批捕与侦查监督工作放在同等重要的位置来抓，做到同部署、同考核、同推进，使两项工作都一样有地位、有作为，相辅相成、相互促进，防止两手冲突对立，推动两项工作良性互动，协调发展。尤其要强调的是，当前有些检察院以人员力量不足为由，将主要精力放在完成审查批捕任务上，导致侦查监督工作力量薄弱甚至长期无人干，这是没有道理的。必须通过合理调配力量、提升干警素质、争取组织人事部门支持等途径切实加以解决。

（三）健全完善相关工作机制

目前，全省有8个市级院和34个内部整合改革基层院实现了审查批捕和侦查监督机构分设，没有分设的市级院要积极争取编制管理部门支持，加快分设步伐，没有实行内部整合改革的基层院也要采取设立专门办案组的形式实现职能分离运行，进一步强化组织保障，确保由专门机构、专门人员集中精力、各自专司审查批捕和侦查监督职能，防止两项工作相互影响、互相拖累。能否彰显机构分设、职能分离运行的成效，关键在于是否具有相应的工作机制保障。各地要按照两种职能不同的运行规律，进一步建立健全相关工作机制，确保两种职能在实际运行中有序衔接、互相促进。一要健全协调配合机制。牢固树立一体化思维，切实加强审查批捕与侦查监督工作的紧密联系，加强情况通报和信息共享，加强办案和监督中的相互支持配合，使工作衔接更加顺畅，运转更加高效，不断增强工作合力。二要健全线索发现、移送及办理反馈机制。增强“线索观念”和“办案观念”，像管理职务犯罪线索一样管理诉讼违法线索，像办理各种诉讼案件一样办理诉讼监督案件，对审查批捕中发现的诉讼违法线索及时移送案件管理部门统一管理、分流，由侦查监督部门依照独立的监督程序进行审查办理，开展必要的调查核实，并及时将调查情况、监督结果向审查批捕部门反馈。三要健全完善上下衔接工作机制。从实践来看，在职能分离、机构分设之后，存在上下级检察机关之间沟通不畅等问题，需要引起高度重视。要按照职能确定上级院与下级院之间的对口联系部门，进一步理顺上下之间业务指导、请示汇报、事务协调、检察统计等方面的关系，确保沟通顺畅、指导有力、协调有序。

（四）加强经验总结、巩固提升工作实效

实践是检验真理的唯一标准。近年来，通过实行审查批捕和侦查监督职能分离、机构分设，优化了职能配置，促进了各类检察资源的合理整合和充分利用，保持了审查批捕工作平稳健康发展的良好态势，明显提升了立案监督、侦查活动监督的力度、质量、效率和效果。2010 以来，在保持批捕工作健康发展、有所强化的同时，全省监督立案数年均上升 49.2%，监督撤案数年均上升 124%，监督纠正侦查活动中的违法行为数年均上升 81%；在黄石、宜昌等第一批实行内部整合改革的 12 个基层院，2012 年比 2011 年监督立案数上升 41.4%，监督撤案数上升 55.2%，监督纠正侦查活动中的违法行为数上升 132.1%，促进解决了侦查监督工作弱化的问题。实践证明，审查批捕和侦查监督职能分离、机构分设是一种新的工作运行模式，是值得坚持和发扬的成功经验。全省检察机关一定要有这种模式自信，始终坚持，深化探索，不断创造、总结、推广行之有效的做法，及时上升为制度机制，使这一模式更加成熟和完善、运行更加顺畅、效果更加明显，以此推动审查批捕和侦查监督工作全面发展进步。

二、强化法治意识，扎实做好审查批捕工作

新一届党中央和习近平总书记高度重视法治建设，对全面推进

依法治国、建设社会主义法治国家作出了一系列重大决策部署。检察机关作为推动法治建设的重要力量，更应该带头依法严格履职、努力推进“法治检察”。审查批捕是刑事诉讼的重要一环，必须坚持在法治轨道上运行，严格按照法定标准、程序履行审查批捕职能，努力维护刑事法制的公正、高效、权威。

（一）依法严格把关

审查批捕是检察机关办理普通刑事案件的第一关，对于保证刑事诉讼顺利进行、维护有关人员合法权益、纠正和防止冤假错案具有重要意义。全省检察机关一定要进一步提高审查把关的意识、能力和水平。

一要切实把好“四关”。首先要把好事实关，坚守检察官的客观义务，严格以案件本身的客观事实作为基础和依据。其次要把好证据关，坚持全面客观审查证据，既重视审查有罪、罪重的证据，又注重审查无罪、罪轻的证据；既重视对案件事实证据的审查，又注重对社会危险性条件的审查；强化非法证据排除意识，把证据合法性审查贯彻审查批捕工作始终，及时发现刑讯逼供、暴力取证等非法取证问题，并移送侦监部门处理，确保作出决定的证据均经法定程序审查属实。再次要把好程序关，真正把程序公正作为提高办案质量、实现实体公正的重要保障，强化审查批捕流程管理和过程控制，确保每个环节都符合刑事司法程序规范。最后要把好法律适用关，坚持以法律为准绳，正确认定罪与非罪、此罪与彼罪，做到定性准确、处理适当。把好这“四关”，就是抓住了批捕工作的根本。

二要切实健全完善、严格遵守相关程序和制度。要针对修改后刑事诉讼法新增变化职能和实践中存在的问题，进一步建立健全相关程序性、制度性规范，并严格贯彻执行。要完善并落实逮捕必要性审查制度，重视对社会危险性的审查，进一步健全逮捕必要性条件审查、证据移送机制。完善和落实羁押必要性审查制度，明确和细化启动条件、审查标准和运行程序，建立羁押必要性说理制度，注意加强羁押必要性审查与审批延长侦查羁押期限工作的有机衔接。

完善和落实未成年人案件办理机制，立足于促进未成年人健康成长，认真落实讯问时成年人到场、指定辩护律师、社会调查等制度。深入推进职务犯罪案件审查逮捕“上提一级”改革，严格贯彻执行省院刚刚修订的实施细则，切实解决少数检察机关搞“立案下沉”规避监督、不执行全程同步录音录像规定等突出问题。

三要切实防止冤假错案。今年以来，全国一些地方数起冤假错案相继曝光，在社会上产生强烈反响，习近平总书记对此作出了重要批示。中央政法委和高检院相继制定出台了防止和纠正冤假错案的规定和意见，并专门召开会议进行强调，尤其要求检察机关要把好审查批捕关。审查批捕在把好刑事案件办理质量关口、防范冤假错案方面具有不可替代的重要作用。大家一定要进一步强化法治意识、人权意识和责任意识，以高度负责的精神、如履薄冰的心境和一丝不苟的态度来对待每一个案件、每一个细节，始终把办案质量视作生命线，充分发挥审查批捕对侦查工作包括职务犯罪侦查工作的制约作用，把好第一关、防止“走过场”，努力做到不错不漏，坚守防止冤假错案底线，决不能寄希望于后面的人员和环节去把关，决不能发现问题不提出、不报告，决不能屈从于压力而离开案件事实、证据和法律、偏离法治轨道来处理案件。

四要切实提升工作效果。要健全完善与侦查机关协作配合和相互制约机制，在监督和制约中也要讲协作配合，依法提前介入侦查、引导取证，勇于、善于“内部较真”，及时对证据收集、固定、补充和完善提出建议，及时提出侦查过程中存在的问题，适时与侦查机关进行个案沟通和类案通报，尽量把问题解决在前头，减少分歧，增进共识，避免和减少退回补充侦查等影响惩治犯罪效果的现象。同时也要把握好提前介入、引导侦查的“度”，防止搞成“联合办案”，造成职能混同，影响办案质量和效果。

（二）依法正确适用

审查批捕工作既要严格把关，坚持逮捕法定标准，防止“带病”批捕；又不纠缠细枝末节，人为拔高批捕条件，影响对犯罪的查处和打击。要防止和纠正在批捕工作中另一种错误倾向，就是当前仍有少数检察机关和检察人员不能正确理解和运用逮捕措施，造成实践中不恰当地人为拔高逮捕标准，该逮捕的不逮捕，宁漏勿错，影响了侦查活动的顺利进行，这是另一种表现形式的不负责任、不敢担当。全省检察机关一定要正确认识逮捕性质，准确把握逮捕标准，依法灵活有效运用逮捕措施。首先，要深刻认识逮捕作为一种强制措施，其功能在于保障诉讼活动的顺利进行，不是对犯罪嫌疑人的最后处理，只要符合法定逮捕条件、具有逮捕必要性，该适用的就应该依法果断适用。其次，要全面正确把握逮捕标准，不能人为拔高批捕标准，不能以起诉、判决的标准衡量是否需要逮捕。最后，要善于依法灵活有效运用逮捕措施。要看清逮捕对于保障侦查活动规范、顺利进行的重要性，在反对“构罪即捕”的同时，充分考虑执法办案需要，积极适应“前紧后松”办案模式，遵循侦查规律，对符合法定条件、应该逮捕的依法及时逮捕，防止因不恰当地提高或“前移”法定标准给侦查工作造成不必要的束缚，甚至造成违法违规办案。要正确认识逮捕作为侦查强制措施的临时性，切实转变“一押到底”观念和做法，允许逮捕之后根据情况变化，按照法律规定及时变更。要正确认识审查批捕工作存在的风险性。逮捕与起诉、判决的标准不同，本身更具有一定的风险性。法律制度的设计也充分考虑了审查批捕的法律风险，如刑事赔偿制度、附条件逮捕制度等。要综合考量审查批捕可能发生的政治风险、社会风险和法律风险，既努力提高办案质量、尽量减低法律风险，更要坚决防止该捕不捕、导致违法违规办案而引起的政治风险、社会风险，切实提高风险决策能力，做到既依法慎重使用、又善于果断运用逮捕措施。对为规范执法、保证办案安全、保障侦查活动顺利进行而实行的风险决策逮捕所可能造成的失误，只要在审查批捕时符合法定标准和程序，依法由检察机关承担国家赔偿责任，一般也不对个人进行追偿和问责。

（三）推动工作转型

推动执法办案工作转变模式、转型发展是今年全省检察改革的一项重点任务，也是审查批捕工作适应新形势新任务的必然要求。

转型发展不是简单地、单纯地讲法律制度本身，而是适应法律修改、遵循办案规律，在工作方式、办案模式、工作机制等方面的变换、改进、创新和完善。就审查批捕工作而言，除了要适应“前紧后松”办案模式，落实逮捕必要性审查、捕后羁押必要性审查等制度以外，还要做好以下三项工作。一要建立审查逮捕办案听取意见、公开审查、听证制度。听取意见、公开审查、听证制度是审查批捕工作转变模式的重要内容，有利于实现审查批捕模式由行政审批向侦、辩、检三方诉讼化改造，更加符合诉讼规律，体现了诉讼民主和诉讼现代化要求；有利于兼听各方意见，接受监督制约，提高办案质量和公信力。要认真执行审查批捕讯问犯罪嫌疑人和听取辩护律师意见制度，准确把握讯问犯罪嫌疑人的精神实质和相关要求，在条件许可的情况下尽量扩大讯问范围；要重视辩护律师的意见，尤其对辩护律师提出的不构成犯罪、不应当逮捕、无社会危险性以及不适合羁押等意见，要认真审查核实，确保逮捕质量。同时对重大复杂疑难案件在必要时进行公开审查和听证，综合各方意见作出是否逮捕的决定。要加强公开审查大厅、听证室等功能性用房建设，统一设计，合理布局，配备必要的设施设备。二要推进主办检察官办案责任制试点。紧密结合审查批捕工作的特点，围绕突出检察官办案主体作用、健全基本办案组织、规范优化办案审批、强化执法办案责任等四个方面的主旨要求，加大探索力度，不断提高审查批捕工作效能。三要探索建立新型检律关系。认真贯彻省院和省司法厅即将制定出台的《关于建立新型检律关系的指导意见》，在审查批捕环节积极推动建立与律师的良性互动关系。要尊重和保障律师在审查批捕阶段申请变更强制措施等各项诉讼权利，认真听取律师意见，在平等对话、充分交流的基础上准确分析案情，补强薄弱环节，正确适用法律，防止和纠正错捕、漏捕，提高工作质量。

三、强化监督意识，切实加强侦查监督工作

全省检察机关要牢牢把握宪法定位，牢固树立依法正确履职、监督为本的观念，进一步强化监督意识，突出诉讼监督的“主业”

地位，做到敢于监督、依法监督、善于监督、规范监督和理性监督，确保严格执法、公正司法，全面加强和改进侦查监督工作，更好地维护社会公平正义。

（一）突出重点

要围绕加强立案监督、侦查活动监督、对行政执法机关不移送涉嫌犯罪案件的监督等三项重点任务，着力完善侦查监督工作格局，推进侦查监督工作深入开展。一要强化立案监督。要紧紧围绕人民群众反映强烈的问题开展立案监督，坚决纠正违法动用刑事手段插手民事经济纠纷、利用立案打击报复、谋取非法利益等违法行为，坚决纠正有案不立、以罚代刑等问题。坚持日常监督与专项监督相结合，继续扎实推进危害民生刑事犯罪专项立案监督活动，监督查处一批有影响、有震动的大案。要着力解决检察机关知情问题，认真落实省院与省公安厅加强监督制约和协调配合的规定，及时掌握公安机关办案情况和数据；强化侦监与公诉、控申、监所检察部门的衔接配合，扩大对立案环节违法行为的知情渠道。二要强化侦查活动监督。要认真梳理分析侦查活动中各种违法行为，有针对性地加大对刑讯逼供、暴力取证、违法查封、扣押、冻结涉案款物等问题的监督力度，区分不同情况采取检察建议、纠正违法通知书、建议更换办案人等方式予以监督纠正，切实保障犯罪嫌疑人合法权益。要强化对非法证据的调查核实，切实注意发现、纠正公安机关的非法取证行为，确保案件质量，坚决守住防止冤假错案的底线。加强对公安派出所刑事执法活动的监督，进一步扩大对公安派出所刑事执法活动监督试点的范围，探索完善开展监督的范围、内容、方法和程序。三要强化对行政执法机关不移送涉嫌犯罪案件的监督。加强行政执法与刑事司法衔接工作，对促进依法行政与公正司法、维护社会主义市场经济秩序、维护广大人民群众合法权益具有重要意义。要深入落实省院会同省政府法制办等八部门联合制定的《关于加强行政执法与刑事司法衔接工作的实施办法》，严格落实执法情况和数据每月通报、联席会议、案件咨询等工作机制，保障“两法衔接”工作顺利进行。要抓住省政府将“两法衔接”平台建设纳入目标考评体系的契机，加大投入，加快进度，力争尽早建成具有反映执法动态、显示办案过程、进行数据统计等功能的信息共享平台，实现网上移送、网上受理、网上监督，提高工作效率。

（二）全面履职

要积极履行修改后刑事诉讼法赋予检察机关新的监督职责，不断提高侦查监督水平。要加强对阻碍辩护人、诉讼代理人行使诉讼权利行为的监督，严守客观中立的立场，既坚决依法追究犯罪，又高度重视辩护人、诉讼代理人的权利救济，切实防止和克服程序违法现象，依法保障诉讼参与人的合法权利，更好地推进诉讼民主、诉讼文明和诉讼公开。加强对强制性侦查措施的监督，在保障侦查活动顺利进行的同时，更加注重保护犯罪嫌疑人合法财产权利，及时受理和发现、调查核实、监督纠正该退还不退还、该解除不解除、查封扣押冻结与案件无关财物以及违法违规使用扣押物品等问题，坚决查处挪用、私分涉案款物的职务犯罪案件；坚持对内监督和对外监督并重，在对公安机关进行监督的同时，强化对职务犯罪侦查活动中各种强制性侦查措施决定和执行情况的监督，促进自身规范文明执法。要加强对指定居所监视居住决定的监督，严格审查适用条件、范围、场所以及批准程序，依法监督纠正违反规定的情形，着力防止将指定居所监视居住变成变相羁押等滥用这一措施、侵害犯罪嫌疑人合法权益的问题。

（三）完善机制

要深入总结实践经验，继续深化侦查监督工作机制创新，不断提高侦监工作规范性和实效性。一要进一步完善和落实法律监督调查机制。建立健全以发现、核实、纠正诉讼违法为核心的法律监督调查机制，是进行法律监督的基础和前提，是遵循事物发展一般规律和检察工作规律的必然逻辑，也是有效破解诉讼违法行为发现难、核实难、监督纠正难等问题的经验总结。修改后刑事诉讼法首次从法律上赋予了检察机关对诉讼违法行为的调查核实权。要进一步修改我省法律监督调查办法，完善法律监督调查的范围、程序、手段、处理方式，加大力度，强化措施，进一步开展好法律监督调查工作。

尤其要把非法取证行为作为法律监督调查的一项重点，灵活运用询问、查阅或调取案卷材料、伤情检查等方式进行调查核实，强化对调查结果的处理，依法排除非法证据，对构成犯罪的依法追究有关人员的刑事责任。二要健全外部监督制约与协调配合机制。进一步落实省院与有关政法机关联合制定的关于加强监督制约和协调配合的意见，加强与公安、法院、司法行政等机关的联系沟通，完善办案情况通报、查阅借阅案卷、联席会议等机制，切实理顺外部关系，为强化侦查监督工作营造良好工作环境，共同促进依法办案，维护司法公正。三要健全跟踪监督工作机制。通过建立台账、指定专人负责等方式，加强对监督立案或撤案、建议追加逮捕、发出纠正违法通知书后的跟踪监督，注重在监督过程中发现、移送职务犯罪线索，确保监督实效。四要健全预防诉讼违法工作机制。深刻认识到诉讼监督的第一要义应当是对诉讼违法行为、司法腐败行为的预防，侦监部门要坚持纠防并举的原则，牢固树立"纠正违法是成绩、防止违法也是成绩"的观念，加强与预防部门的协作配合，综合运用提出检察建议、警示教育、预防调查、预防咨询、法制宣传等各项手段，提升预防诉讼违法合力和水平。

（四）落实"四化"

今年，省院部署开展推进诉讼监督工作制度化、规范化、程序化、体系化建设，着力推进诉讼监督职能配置更加科学，机制更加健全，程序更加完善。全省各级检察机关要在侦查监督工作中认真落实诉讼监督"四化"的要求。一要落实制度化。要突出制度的刚性约束，严格依法依规进行监督，落实上级各项侦查监督工作制度，着力解决侦查监督工作可有可无、形同虚设的问题。要推动制度的健全完善，在工作机制层面加强探索，针对侦查监督相关制度缺位、原则、抽象等问题，推动现有的侦查监督工作制度从"无"到"有"、从"粗"到"细"、从"虚"到"实"。二要落实规范化。侦查监督工作要严格限制在法律授权的范围内，注重克服随意性、无序性，绝不能擅自突破法律的规定；要正确认识和理性对待侦查监督的有限性，正确认识和处理检察机关与公安机关的关系，避免不适当地夸大监督功能，更不能形成对侦查监督的迷信，防止把侦查监督职能看成是无所不能、无所不包的思想倾向；要结合工作实际，在实践中不断规范法律文书、台账、考评等工作，使全省检察机关侦查监督工作保持相对统一性。三要落实程序化。侦查监督工作必须建立统一的、确定的程序。同时，侦查监督程序不是诉讼案件办理的程序，不能用诉讼程序代替。要树立诉讼监督工作的“线索”观念和“办案”观念，研究提出涵盖侦查监督线索管理、审批、调查、核实、处理等全过程、全方位的工作程序，通过合理完整的程序设置，形成具体明确的“路线图”，使侦查监督各环节有效运转、有序衔接。四要落实体系化。省院正在系统梳理诉讼监督工作法律法规，形成汇编、类编，在法律框架和授权范围内，研究制定一个全方位、综合性、多环节的诉讼监督工作规程。侦查监督工作要认真落实法律法规和诉讼监督工作规程，使各项监督职能划分清晰，配置合理，整体运行流畅、高效，实现法律效果、政治效果和社会效果的有机统一。

四、强化责任意识，努力开创审查批捕和侦查监督工作新局面

全省检察机关要从讲政治、讲大局的高度看待审查批捕和侦查监督工作，不断强化使命意识、责任意识，紧紧围绕平安建设、法治建设、经济社会发展充分履行职责，加强组织领导，加强过硬队伍建设，加强履职保障，不断提升审查批捕和侦查监督工作科学发展水平。

（一）加强政治建检

要坚持加强思想政治建设，做到忠诚可靠，坚定“三个自信”，严格遵守政治纪律，始终把检察工作置于党的绝对领导之下，始终与以习近平同志为总书记的党中央保持高度一致，始终忠于党、忠于国家、忠于人民、忠于宪法和法律；坚持党性和人民性的高度统一，强化执法为民意识，扎实开展党的群众路线教育实践活动，进一步转变工作作风，密切联系群众。要把服务湖北经济社会发展大

局作为重大政治任务，善于运用法律武器，坚决打击境内外敌对势力的分裂、渗透、破坏活动，切实维护国家安全、政治安全；严厉打击严重暴力犯罪、黑恶势力犯罪、多发性侵财犯罪、毒品犯罪、网络犯罪和危害食品药品安全等犯罪，保障国家长治久安、社会安定有序、人民安居乐业，促进平安湖北建设；坚决监督纠正执法不严、司法不公的突出问题，促进依法行政和公正司法，促进法治湖北建设；加强对经济领域新情况新问题的研究，把握政策界限，平等保护各种所有制经济合法权益，依法打击、监督纠正危害改革、影响发展的违法犯罪，为经济发展营造良好环境。要坚持把政治纪律、政治原则体现在工作部署之中、落实到审查批捕和侦查监督工作的各个环节，不断提高执行力，确保检令畅通，把高检院、省委、省院重大工作部署不折不扣、创造性地贯彻落实。

（二）促进科学发展

要牢固树立科学检察发展理念，把“五个检察”建设要求贯穿于审查批捕和侦查监督工作全过程，明确工作思路，完善工作格局，强化工作措施，振奋精神状态，努力推动审查批捕和侦查监督工作平稳健康发展、持续深入发展、全面协调发展、合理规范发展，不断提高自身科学发展水平。尤其要完善审查批捕和侦查监督工作考评机制，突出考评的科学性、完整性和统一性，坚持办案数量、质量、效率、效果、安全、规范的有机统一，树立科学发展的正确导向。一方面，要实现考评标准的科学化。深入研究审查批捕和侦查监督工作特点和规律，立足湖北检察工作实际，调整优化考核指标设置，引导检察人员全面正确履行职责。要正确看待不捕率，捕与不捕应以案件事实、证据、法定标准等为依据，不能简单地将不捕作为正面或负面指标来评价；正确看待捕后撤案、不诉、判轻缓刑和判无罪，根据案件具体情况区别评价，对因捕后事实证据发生变化等例外情形而撤案、不起诉、判轻缓刑和判无罪的，不能看作逮捕质量问题；要重视侦查监督质量和效果方面的考评，注重监督的必要性、监督方式与违法程度的协调性，防止和纠正随意监督、选择性监督、为了凑数而监督、片面追求监督数量而忽略监督质量的问题。另一方面，要严肃考评纪律。

强化基础工作，实时掌握业务数据变化，确保数据统计准确规范，及时分析、调研出现的数据异常情况，及时核实纠正、督促整改。要坚决纠正把正常逮捕案件作为追捕案件、对“鸡毛蒜皮”的违法情形发出纠正违法通知书等造假、“灌水”的问题，坚决查处拆案、编造数据等弄虚作假问题，严肃追究直接责任人员和分管领导责任，确保考评的真实性、准确性和严肃性。

（三）加强组织领导

全省各级检察院党组要把审查批捕和侦查监督工作放在更加突出的位置来抓。及时听取工作汇报，研究解决工作中的重大问题。检察长和分管检察长对重大复杂案件要靠前指挥，认真把关，必要时亲自办案。要落实高检院《关于加强侦查监督能力建设的决定》和省院检察队伍“六项建设”部署，加强审查批捕和侦查监督队伍建设。要充实人员，选配一批政治坚定、业务精通、作风优良的检察人员到审查批捕和侦查监督部门工作，不断优化队伍结构和人员质量。要加强队伍专业化建设，坚持以岗位素能和能力席位要求为标准，以基层执法办案一线人员为重点开展教育培训，深入开展岗位练兵、业务竞赛等活动，全面提高干警业务能力。要加强人才队伍建设，不但要考试选拔，更要通过实践锻炼，培养和造就一批领军型、专家型人才。坚持严管与厚爱相结合，在政治上关心、工作上支持、生活上照顾，尽力解决干警的实际困难，保持骨干队伍稳定，激发干警干事创业、争先进位的积极性。要加强审查批捕和侦查监督信息化建设，深入实施科技强检战略，全面推行全国统一业务应用软件，加快远程讯问、案卷传输、“两法衔接”信息共享等平台建设，运用信息化手段提高工作质量和效率。

第七章
维护社会和谐稳定

1 强化法律监督，促进社会主义和谐社会建设*

构建社会主义和谐社会，是我们党从中国特色社会主义事业的总体布局和全面建设小康社会的全局出发提出的重大战略任务。党的十六届六中全会审议通过的《中共中央关于构建社会主义和谐社会若干重大问题的决定》，全面、深刻地阐述了社会主义和谐社会的性质和地位，系统回答了为什么建设和谐社会、建设什么样的和谐社会、怎样建设和谐社会等一系列带有根本性、全局性的重大问题，是指引我们全面建设小康社会，实现国家繁荣富强和人民生活富裕，不断推进中国特色社会主义事业的重要纲领性文件。检察机关作为国家法律监督机关，应当把思想统一到党中央关于构建社会主义和谐社会的重大决策上来，把力量凝聚到落实六中全会提出的任务和工作举措上来，从依法履行检察职责抓起，从严格公正文明执法抓起，从解决影响社会和谐的突出问题抓起，不断强化法律监督职能，为构建社会主义和谐社会提供有力的法治保障。

一、深刻认识检察机关在构建社会主义和谐社会中的重要责任

我们所要建设的社会主义和谐社会，是民主法治、公平正义、诚信友爱、充满活力、安定有序、人与自然和谐相处的社会。一个和谐的社会，必定是一个民主与法治的社会。在全社会实现公平正义，就是让全社会各方面的利益关系得到正确处理，社会公平和正

---

* 《人民检察（湖北版）》2007 年第 1 期刊载敬大力同志文章。

义得到切实维护与实现。检察机关作为国家司法机关之一，是人民民主专政的国家机器的重要组成部分，肩负着依法治国基本方略的重要使命，在巩固党的执政地位，维护国家长治久安，保障人民群众安居乐业，促进社会主义物质文明、政治文明、精神文明与和谐社会建设协调发展方面，负有重大责任。在构建社会主义和谐社会中，充分发挥检察机关的法律监督职能，依法通过检察手段处理经济、社会、文化等事务，具有不可替代的重要作用。

当前，我国正处在加快发展的重要战略机遇期，社会政治大局持续保持稳定，综合国力大幅度提高，人民生活显著改善，我们面临的发展机遇前所未有，必须进一步增强发展的信心，乘势而进。同时，也必须看到，科学发展面对的挑战前所未有，分配和利益关系的调整面对的挑战前所未有，必须进一步增强忧患意识，迎难而上，不断克服前进道路上的各种艰难险阻。目前，我们尚处在人民内部矛盾凸现、刑事犯罪高发、对敌斗争复杂的时期，一些影响社会主义和谐社会建设的问题和现象不容忽视，亟待通过强化法律监督来解决：一是社会治安总体平稳，但刑事犯罪仍然高发。目前，我国正处于体制变革、经济转轨、社会转型的特殊历史时期，诱发违法犯罪的因素大量存在，而整个社会的防范、管理存在不少漏洞，刑事犯罪高发的态势还将在较长的时间内存在。从近年检察机关办理案件看，批准逮捕的各类刑事犯罪嫌疑人总量仍然居高不下，其中恶性暴力犯罪案件、严重破坏社会风气的犯罪案件、侵财犯罪案件均呈上升势头。而且，刑事犯罪出现组织化、暴力化、智能化、动态化、国际化的特点，特别是有的地方黑恶势力仍在滋生，严重影响社会治安和基层政权建设，对社会和谐稳定危害极大。二是破坏市场经济秩序犯罪严重，直接破坏经济建设。当前，经济犯罪涉及经济社会的各个领域，一些不法之徒走私贩私、制假售假，实施金融诈骗、非法集资，偷税骗税、合同诈骗、非法经营、强买强卖，扰乱市场秩序，危害经济安全，破坏经济发展，诱发腐败问题，损害和谐社会的物质基础，有的甚至引发集体上访等严重影响社会安定的群体性事件。三是腐败犯罪形势依然严峻，损害政府信誉和社会信用。当前，职务犯罪大案要案仍然高发频发；一些重点领域、行业和部门窝案串案比较突出；改革改制环节、热点领域和重点部位职务犯罪多发高发，有的造成巨额经济损失；渎职侵权犯罪不仅严重侵犯人权，还危害人民群众生命财产安全，造成极坏社会影响；贪污挪用救灾款、扶贫款和移民安置款等腐败犯罪直接损害人民群众切身利益，妨碍利民为民政策在基层的贯彻落实，妨害灾区、贫困地区和移民安置地区群众生产生活，极易引发群众不满和社会不稳定问题。四是执法不严、司法不公问题比较突出，损害社会公平正义。有案不立、有罪不究、以罚代刑的现象较为突出；有的执法人员在办案中严重违反程序法、滥用职权、侵犯人权；少数司法人员贪赃枉法、徇私舞弊，严重损害司法公正；有的监管不到位，甚至违法减刑、假释、保外就医。人民群众对执法不严、司法不公的问题反映强烈，意见很大。五是涉法上访事件增多，成为影响社会和谐稳定的突出问题。因企业改制、职工下岗、土地承包、房屋拆迁等引发的群体性事件增多；涉法涉诉信访数量虽然有所下降，但是仍然在高位徘徊；非法集会、非法游行示威、聚众闹事甚至围堵冲击国家机关等事件时有发生。对群体性事件、突发性事件在处置上稍有不慎，就容易引发局部社会动荡。

以上问题说明，在构建社会主义和谐社会过程中，维护社会稳定、加强法治建设、保障公平正义的任务非常繁重。检察机关作为国家政权的重要组成部分，是保障经济社会发展、推进民主法治建设的重要力量，是保障国家安全、维护社会稳定的中坚力量，是惩治腐败犯罪、推进党风廉政建设的生力军，是化解矛盾纠纷、促进社会和谐的稳压器，是维护法制统一、保障社会公平正义的重要防线。检察机关要从政治和全局的高度，深刻认识肩负的重大责任，自觉把检察工作发展思路与党中央关于和谐社会建设的战略部署统一起来，把检察工作重点与和谐社会建设的重要举措统一起来，把检察工作措施与和谐社会建设的政治、经济、社会、法律效果有机统一起来，充分发挥检察机关在促进、实现、保障和谐社会建设中的重要作用，把全面正确履行法律监督职能作为服务和谐社会建设最重要、最基本、最直接、最有效的手段，始终突出“强化法律监督、维护公平正义”检察工作主题，不断加大工作力度，提高执法水平和办案质量，确保社会主义和谐社会建设的顺利进行。

二、充分发挥检察机关在构建社会主义和谐社会中的职能作用

检察机关作为国家法律监督机关，各项职能都与构建社会主义和谐社会密切相关。为构建社会主义和谐社会提供有力的保障，是检察机关义不容辞的神圣职责，也是检察工作服务党和国家工作大局的重要内容。检察机关必须进一步增强大局意识、责任意识、服务意识、保障意识，紧贴和谐社会建设找准服务的切入点、结合点和着力点，坚持结合职能开展服务，充分发挥惩治预防犯罪、维护社会稳定，强化法律监督、维护公平正义，化解矛盾纠纷、保障改革发展的职能作用，在服务中履行职能，在履行职能中开展服务，不断提高服务水平与实效。

第一，依法惩治刑事犯罪，营建和谐稳定的社会环境。稳定是经济社会发展与社会和谐的前提和基础。检察机关要清醒地认识新形势下打击刑事犯罪、维护社会稳定的艰巨性、复杂性和长期性，始终坚持稳定压倒一切的方针，依法准确、有力地打击各类犯罪。要与公安、法院、国家安全等部门紧密配合，坚持“严打”方针，充分发挥批捕、起诉、监所检察等职能，坚决打击境内外敌对势力、暴力恐怖势力、民族分裂势力、宗教极端势力以及“法轮功”等邪教组织的犯罪活动，维护国家安全；突出打击严重暴力犯罪、黑恶势力及有组织犯罪和其他严重影响群众安全感的多发性犯罪，积极参与打黑除恶、打击“两抢一盗”、禁毒、禁赌等专项斗争，维护社会治安秩序；严厉打击盗窃、抢劫、聚众哄抢、破坏国家重点投资建设的基础设施、设备，绑架、伤害、敲诈勒索企业投资经营者等刑事犯罪，保障重大建设项目和企业生产经营的顺利进行；依法打击各种影响农村社会稳定、侵害农民合法权益、危害农业生产的犯罪活动，保障农民群众安居乐业。同时，积极参加平安建设和社

会治安综合治理，推动建立健全社会治安防控体系；积极开展创建优秀“青少年维权岗”活动，加强未成年人犯罪预防工作；积极参与矛盾纠纷排查调处活动，依法及时办理控告申诉案件，切实解决检察环节涉法上访问题，妥善处理群体性、突发性事件，有效化解和减少社会不安定因素。

第二，依法惩治经济犯罪，营建规范有序的市场环境。推进和谐社会建设，统筹经济社会协调发展，需要大力培育市场主体，完善市场体系，规范市场行为，维护市场秩序，营建良好的信用环境。为此，检察机关要积极参加整顿社会主义市场经济秩序工作，建立健全行政执法与刑事司法相衔接机制，会同行政执法机关、公安机关规范及时移送、立案侦查涉嫌经济犯罪案件工作，重点打击偷税骗税、金融诈骗、制假售假、商业诈骗、非法经营、走私、洗钱等严重危害国家经济安全、破坏市场经济秩序和危害人民群众利益的犯罪；积极参与治理商业贿赂工作，依法批捕、起诉商业贿赂犯罪案件，严肃查办和预防涉及国家工作人员在商业活动中的贿赂犯罪，重点查办工程建设、土地出让、产权交易、医药购销、政府采购、资源开发、出版发行、金融保险等商业活动中的贿赂犯罪，同时依法保护各类市场和中介组织的发展，支持和引导经营者诚实守信、重诺守法、公平竞争、合法经营，保障市场经济秩序的公平、安全和稳定。要加大力度打击假冒注册商标及专利、销售侵权复制品、侵犯商业秘密等侵犯知识产权犯罪，保护自主创新，推动创新型社会建设。依法打击重大环境污染事故、非法采矿、非法毁坏耕地、盗伐滥伐林木等破坏环境资源的犯罪，强化生态环境保护，促进资源节约型、环境友好型社会建设。依法打击制造销售假种子、假农药、假化肥、假兽药等坑农、害农案件，集资诈骗、非法传销等骗农案件，农村集体经济组织、民营企业内部发生的职务侵占、挪用资金等犯罪案件，维护农民合法权益，保障农业生产的顺利进行。

第三，依法惩治职务犯罪，营建廉洁高效的政务环境。加强党风廉政建设和反腐败工作是构建社会主义和谐社会的重要政治保障。检察机关要正确认识当前反腐败斗争的形势，坚决贯彻党中央关于反腐败斗争的总体部署，密切关注当前职务犯罪的特点和动向，充分发挥查办和预防职务犯罪职能，突出查办大案要案，严肃查办和积极预防党政领导机关、行政执法、司法等部门的国家工作人员利用经济监管、社会管理、公共服务、执法司法等职务之便，贪污受贿、滥用职权、玩忽职守、徇私舞弊，破坏市场法治环境，侵害投资经营者权益，严重危害经济社会发展的犯罪案件，促进国家工作人员依法办事、廉洁从政。依法查办和预防国有企业、金融机构改革改制过程中发生的贪污、贿赂、挪用等犯罪案件，防止国有资产流失。加大打击严重行贿犯罪的力度。依法追缴赃款赃物，积极为国家和集体挽回直接经济损失。要结合国家重大经济社会发展政策的出台和实施，积极查办和预防能源水电、原材料基地、交通运输、商贸流通建设，老工业基地振兴、高新技术产业、教育卫生、社会保障等领域发生的国家工作人员贪污贿赂、渎职侵权犯罪案件；积极查办和预防农田水利、电网及饮水改造、村村通公路、义务教育、合作医疗、村庄整治、移民安置、土地整理、退耕还林、扶贫开发等领域发生的国家工作人员和农村基层组织负责人贪污贿赂、渎职侵权犯罪案件，保障国家关于社会主义新农村建设政策的落实。同时，还要认真落实中央关于建立健全教育、制度、监督并重的惩治和预防腐败体系的部署，围绕履行检察职能，发挥检察机关办案和监督的治本作用，抓好个案预防、专项预防和系统预防，深入分析职务犯罪的发案状况、原因、特点和规律，坚持检察机关专门预防与社会预防相结合，努力从源头上减少和预防职务犯罪的发生。

第四，依法强化诉讼监督，营建公平公正的法治环境。社会公平正义，是社会和谐的基本条件。保障在全社会实现公平和正义，是社会主义司法制度的神圣使命。检察机关必须依法履行法律监督职能，强化监督措施，创新监督机制，提高监督实效，构筑守护社会公平和正义的坚固防线。要依法行使刑事立案监督职能，重点监督纠正有案不立、以罚代刑、有罪不究以及滥用刑事追诉手段插手经济纠纷、违法立案等问题；依法行使侦查活动监督职能，追捕追诉漏罪漏犯，监督纠正违法冻结、查封、扣押款物、违法取证、刑讯逼供、滥用和随意变更强制措施等问题；依法行使刑事审判监督职能，重点监督纠正重罪轻判、轻罪重判、有罪判无罪、无罪判有罪等裁判不公问题；依法行使刑罚执行和监管活动监督职能，重点监督纠正违法减刑、假释、保外就医、超期羁押、侵犯被监管人合法权益等问题；依法行使民事行政检察监督职能，重点监督纠正因地方和部门保护主义、司法腐败或严重违反法定程序而导致错误裁判的案件；依法查办司法和行政执法不公背后的滥用职权、玩忽职守、徇私舞弊、贪赃枉法、索贿受贿、侵犯人权等职务犯罪案件，保证国家法律的统一正确实施，树立检察机关法律监督权威和社会公平正义维护者的形象。

三、不断探索和拓展检察机关服务社会主义和谐社会建设的途径和方式

在构建社会主义和谐社会过程中，检察机关不仅要把全面正确履行法律监督职能作为最基本、最直接的服务手段，还要不断加强法律监督能力建设，推进检察体制和工作机制创新，不断探索和拓宽服务途径和服务方式。

其一，改进执法作风，提高执法效率。执法作风和执法效率直接关系到执法效果，关系到人民群众的合理诉求得到依法保护和实现。检察机关要坚持求真务实、真抓实干，深入实际、深入基层，认真调查研究经济社会发展中出现的新情况新问题，积极探索执法服务的新方法新举措，增强服务工作的主动性和创造性。要认真制定和落实执法便民措施，开展创建“文明接待室”活动，热情接待、周到服务，妥善处理来信来访；公开举报、投诉电话，设立网上举报、申诉、投诉受理中心；推行程序告知、预约接待、沟通协调等工作机制，探索实行下访、巡访等方便、适用的接待办法；完善检察长接待制和首办责任制；坚持对实名举报、控告实行逐件答复。深入学校、企业、社区、乡村，开展以案讲法、警示教育、法律咨询等多种形式的法制宣传活动，增强人民群众的法制观念和依法行使权利的意识。强化诉讼效率意识，克服执法办案中的官僚主

义、拖拉作风、推诿扯皮，加快执法办案节奏，依法快审快结；严格遵守法定程序，防止办案超时限；注重执法质量，减少当事人讼累，及时、高效、公正地处理有关案件。

其二，推行“阳光”执法，完善监督制约。坚持以公开促公正，进一步完善检务公开的内容和形式，通过检察网站、新闻发布会等多种载体，向社会公开执法依据、执法权限、执法程序和执法纪律，通报检察工作重要情况，拓宽人民群众了解检察工作的渠道；建立健全保障诉讼参与人诉讼权利的工作机制，全面落实当事人权利义务告知制度；推行犯罪嫌疑人约见检察官控告违法行为的制度；完善律师会见犯罪嫌疑人、听取当事人及其委托人意见的程序；推行不起诉案件、重大申诉案件公开审查听证制度；改进检察机关法律文书的制作和使用方式，增强说理性和说服力。增强诉讼民主观念，牢固树立法律监督机关更要接受监督制约的意识。自觉接受人大监督和政协民主监督，认真执行人大及其常委会的决议和决定，主动报告和通报检察工作重要情况、重大事项，加强与人大代表、政协委员的联系，邀请代表、委员视察和评议工作，认真办理代表、委员的建议和提案。深化人民监督员制度试点工作，加强对检察机关查办职务犯罪工作的外部监督。自觉接受新闻舆论和人民群众的监督，建立健全与企业、新闻、文化、教育等社会各界人士定期座谈、上门走访、通报工作制度，广泛听取人民群众的批评、意见和建议，以加强和改进检察工作。

其三，规范执法行为，创新执法机制。坚持以规范促公正，以机制创新激发检察工作活力。一是加强检察工作一体化机制建设。针对当前检察工作中存在的法律监督整体合力不够强，执法水平和效率不够高，存在地方保护主义和部门保护主义等干扰、阻力，特别是宪法规定的检察机关上下级领导关系不落实等问题，根据现有的法律规定和文件规定，按照“上下统一、横向协作、内部整合、总体统筹”的总体要求加强检察工作一体化机制建设。二是探索建立法律监督调查机制。针对当前诉讼活动中司法执法人员的违法行为时有发生，损害诉讼参与人的合法权利，危害司法公正和社会公平正义的现象，在现行法律框架内，探索建立一套以发现、核实、纠正司法执法人员违法行为为核心内容的法律监督调查机制，通过对监督的事项进行审查和必要的调查，判断司法活动是否合法，并提出纠正违法的意见或检察建议，从而加强对诉讼活动的法律监督，提高监督质量，增强监督的针对性、有效性。三是建立健全促进公正、规范、文明执法的长效机制。针对长期以来，执法不公正、不规范、不文明的问题虽经大力治理整顿，但仍然在检察机关比较经常地、带普遍性地发生的现象，通过制定包括惩罚措施的禁止性规定、操作性强的界限性规定、规范办案流程的程序性规定，建立规范执法的保障机制，实现以制度管人管事，发挥长效机制的治本作用。四是健全完善执法办案的科学考评和绩效管理机制。科学、客观、综合地评价执法办案的绩效，及时发现和纠正办案工作中存在起伏摇摆、发展不平衡、工作顾此失彼等问题，树立正确的工作导向，促进检察机关和检察人员公正、规范、文明执法，推动执法办案工作平稳健康发展。五是健全和完善检察机关执法办案的监督制约机制。完善检察机关内外部监督机制和上级检察院对下级检察院的制约机制，加强纪检监察监督与检务督察，努力形成对检察执法工作的一个完整的监督制约体系，将检察机关的执法活动纳入全方位监督、规范发展的轨道。

其四，增强队伍素质，提高执法水平。造就高素质的专业化检察队伍，是提高法律监督能力、确保公正执法，不断提高检察机关服务和谐社会建设能力和水平的根本保证。检察机关要以政治坚定、业务精通、作风优良、执法公正为目标，全面加强检察队伍建设，加强思想政治、领导班子、纪律作风和专业化建设，扎实抓好基层检察院建设，深入开展社会主义荣辱观教育和以“依法治国、执法为民、公平正义、服务大局、党的领导”为基本内容的社会主义法治理念教育，不断提高检察人员的政治素质、业务素质和职业道德素质，着力提高维护国家安全和社会稳定的能力，保障社会公平和正义的能力，运用检察手段化解社会矛盾的能力，服务经济建设、促进改革发展的能力，为构建社会主义和谐社会提供有力保障。

四、检察机关在服务社会主义和谐社会建设中应当注意把握的刑事政策和策略

刑事政策和策略是党和国家制定的，或者政法机关制定并由党和国家肯定、推行的运用刑事法律武器同违法犯罪作斗争的一系列方针、措施、政策、办法的总和。在构建社会主义和谐社会过程中，新情况新问题必然层出不穷，检察机关应当按照依法治国基本方略的要求，注重对党和国家政策和策略的理解、把握与运用。在工作中，要坚持适用法律与执行党和国家政策相统一，根据法律规定，在政策指导下开展执法办案工作；坚持执法办案工作法律效果、政治效果、社会效果的有机统一，自觉克服就案办案、机械办案的单纯业务观点，依靠社会的广泛理解和支持办好各类案件；坚持“一要坚决，二要慎重，务必搞准”的方针，切实做到有罪追究、无罪保护，严格依法、客观公正；坚持惩防并举，标本兼治，一手抓惩治，一手抓预防，防止和减少犯罪案件的发生；坚持打击与服务、保护相结合，依法惩治犯罪者，支持改革者，保护创业者，挽救失足者，教育失误者；坚持专门机关工作与群众路线相结合，相信群众，依靠群众，尊重群众，妥善处理好人民群众最关心、最直接、最现实的利益问题。具体讲，要注意把握好以下几个方面：

一是准确掌握法律政策界限。政策和法律作为两种最重要的社会调整机制，在阶级本质、经济基础、指导思想、基本原则、社会目标等根本方面高度一致，但也有明显的区别和差别，有其各自的调整方式和范围，各有优势，需要统一行使。检察机关在执法办案中，要把执行法律与执行政策有机地结合起来，慎重对待实施中部崛起战略中的新情况新问题，正确区分和处理改革探索中工作失误与违法犯罪的界限，执行政策出现偏差与钻改革空子实施犯罪的界限，合法的劳动、非劳动收入与贪污受贿、私分、侵占、挪用等违法所得的界限，经济纠纷、经济活动中的不正之风、违反财经纪律行为与经济犯罪的界限，轻微犯罪与严重犯罪的界限。坚持罪刑法定原则，严格区分罪与非罪，对于法律和司法解释没有规定的，不

作犯罪处理；对于法律政策规定不明，罪与非罪界限不清的，不轻易作犯罪处理，要加强请示报告和调查研究，及时提出立法建议和司法解释建议。

二是坚持宽严相济、区别对待。宽严相济是我们党和国家最基本的刑事司法政策。实行宽严相济，就是对刑事犯罪要准确掌握宽严尺度、区别对待，既要有力打击和震慑犯罪，维护法制的严肃性，又要尽可能减少社会对抗，化消极因素为积极因素，化不和谐为和谐。在履行检察职能中，对严重刑事犯罪坚决严厉打击，依法快捕快诉，做到该严则严；对主观恶性较小、犯罪情节轻微的未成年人、初犯、偶犯和过失犯，贯彻教育、感化、挽救方针，慎重逮捕和起诉，可捕可不捕的不捕，可诉可不诉的不诉，做到当宽则宽。要认真研究各个执法办案环节贯彻宽严相济政策的具体措施；推行未成年人犯罪案件批捕、公诉方式改革，探索实行对未成年人与成年人分案处理的制度和适合未成年人特点的公诉方式；探索快速处理轻微刑事案件工作机制，简化办案程序，提高办案效率。

三是平等保护各类市场主体的合法权益。宪法明确对国有经济、集体经济、个体经济、私营经济给予平等保护，这是建立和完善社会主义市场经济体制的基本要求。检察机关保障实施中部崛起战略，就必须坚持法律面前人人平等，破除执法中的等级观念，保障所有当事人在法律适用上的统一和平等，绝不允许在检察执法中出现“法外之民”、“特殊公民”的现象。要统一执法尺度，不分公有私有、国有民营、内资外资，依法保护各类市场主体平等参与市场竞争，营造各种所有制经济相互促进、共同发展的环境。对于造成国家、集体财产重大损失的刑事案件，在必要时，依法提起刑事附带民事诉讼。

四是讲求执法策略和方法。正确的策略和方法对于保证执法办案实现法律效果与社会效果的有机统一，具有重要的引导作用。在执法实践中，检察机关应当从改革发展稳定的大局出发，讲究办案时机和策略，既遵循办案规律，又注意方法步骤；既依法办案，又注意防止负面影响。要加强与党委、政府和有关单位的联系与沟通，依照有关规定执行报告和通报制度，维护正常的工作和生活秩序。在办理涉及企业的案件时，应注意维护企业形象和产品声誉；对企业负责人、技术骨干、关键岗位人员采取强制措施时，及时通报，做好衔接，尽量避免和减少对生产经营和招商引资活动的影响；慎重采取查封、冻结、扣押企业账目、银行账户、企业财产等措施，必须采取这些措施的案件，快侦快结，经查明与案件无关的，及时解除冻结，发还被查扣财物。对于被错告、诬告的当事人，及时澄清事实，帮助恢复名誉、挽回影响，并依法严肃查处诬告陷害者。要坚持文明办案，把对当事人及其家属的司法人文关怀体现在具体的执法活动中，彰现以人为本的执法价值追求。

结语

构建社会主义和谐社会，既是治国理想，又是治国方略，同时也是治国结果，是目标与过程的统一，需要我们长期坚持不懈地努力。检察机关的法律监督与构建社会主义和谐社会紧密相关，强化法律监督是建设社会主义和谐社会的必然要求和重要内容。因此，在构建社会主义和谐社会的征程中，固然需要解决很多问题、做好很多工作，但重视加强法律监督工作，充分发挥检察机关法律监督职能作用，为经济社会和人的全面协调发展提供有力法治保障、创造良好的法治环境，具有极其重要的意义。

2 围绕构建社会主义和谐社会，加强和改进法律监督工作*

2007 年，全省检察机关要以邓小平理论和“三个代表”重要思想为指导，坚持用科学发展观统领检察工作，按照构建社会主义和谐社会的要求加强和改进检察工作，深入实践“强化法律监督、维护公平正义”检察工作主题，全面落实“加大工作力度，提高执法水平和办案质量”总体要求，着力加强各项法律监督工作，着力解决人民群众反映强烈的问题，着力贯彻宽严相济的刑事司法政策，着力提高队伍素质和执法水平，推动检察工作全面健康发展，为和谐社会建设与经济发展提供有力的司法保障。着重在以下五个方面下功夫：

一是端正和统一执法指导思想，强化为和谐社会建设服务的意识。深入贯彻党的十六届六中全会精神，全面落实《中共湖北省委关于贯彻落实〈中共中央关于进一步加强人民法院、人民检察院工作的决定〉的实施意见》，增强大局意识，树立和谐理念，转变执法观念，调整工作思路，以发挥检察职能服务和谐社会建设为主线，使检察工作和队伍建设的各项任务着眼于和谐、致力于和谐、服务于和谐。

二是加强和改进法律监督工作，发挥为和谐社会建设服务的职能作用。依法惩治各类刑事犯罪，严厉打击危害国家安全犯罪、黑恶势力犯罪、严重暴力犯罪以及严重影响人民群众安全感的多发性犯罪；贯彻中央关于严厉惩治腐败的要求，进一步加强查办和预防

---

* 《人民检察（湖北版）》2007 年第 2 期刊载敬大力同志文章。

职务犯罪工作，加大依法惩治商业贿赂犯罪的力度；把对诉讼活动的法律监督放在更加重要的位置，着眼于解决人民群众反映强烈的执法不严、司法不公问题，增强监督意识，强化监督措施，倾力维护司法公正，严肃查办执法与司法不公背后的职务犯罪；进一步加强控申检察工作，把化解矛盾纠纷贯穿执法办案的始终，努力减少社会不和谐因素。

三是贯彻宽严相济的刑事司法政策，提高为和谐社会建设服务的水平。把严格执行法律与执行刑事政策有机结合，把追求法律效果与注重社会效果有机结合，将宽严相济的刑事司法政策落实到执法办案的各个环节，坚持严格依法、区别对待、注重效果，既依法严厉打击严重刑事犯罪，做到该严则严；又依法对轻微犯罪和未成年人犯罪作轻缓处理，做到当宽则宽。

四是深入推进检察工作机制创新，加强为和谐社会建设服务的制度保障。认真实施中央和最高人民检察院部署的各项司法改革措施，积极完善对诉讼活动的法律监督机制。从我省检察工作实际出发，进一步完善落实检察工作一体化机制；建立健全对刑事、民事和行政诉讼活动的法律监督调查机制；深入推进执法规范化建设，健全促进公正、规范、文明执法的长效机制；完善执法办案的科学考评和绩效管理机制；深化检务公开，推行检务督察，健全执法办案的监督制约机制。

五是加强检察队伍建设，增强为和谐社会建设服务的能力。深入扎实地开展社会主义法治理念教育，加强思想政治工作。把领导班子建设作为队伍建设的重中之重，全面加强领导班子思想、组织和作风建设，突出抓好廉政建设，强化对领导干部特别是“一把手”的管理和监督。把职业道德和纪律作风建设摆在更加突出的位置来抓，加强自身反腐倡廉工作，严厉查处违法违纪检察人员。认真落实《检察官法》，积极引进高素质人才，大力加强教育培训和人才培养，推进队伍专业化建设。加强基层人民检察院规范化管理，推进检察业务、队伍和信息化“三位一体”机制建设，推动公用经费保障标准落实，改善基层执法条件，促进检察工作持续健康发展。

3 牢固树立“大稳定观”，全力维护社会稳定*

当前，金融危机对社会稳定的冲击不容忽视，刑事犯罪高发多发，各种社会矛盾碰头叠加并相互交织，各种敌对势力加紧勾连聚合进行捣乱破坏活动，社会稳定形势严峻复杂，维稳任务艰巨繁重。我们必须保持清醒头脑，深刻认识国内外形势的严峻性复杂性，切实把维护社会稳定作为压倒一切的中心任务，牢固树立“大稳定观”，全力以赴做好检察环节维护稳定的各项工作。

一、全面发挥检察职能作用维护社会稳定

检察机关在维护稳定中肩负重要责任，检察机关的各项职能都与维护稳定密切相关。我们要防止纠正检察机关内部一谈“维稳”，就仅限于批捕、起诉、打击刑事犯罪的片面认识。要全面理解和把握检察机关维护稳定的职责要求，全面发挥各项检察职能在维护社会稳定方面的作用。一要认真履行批捕、起诉职能，严厉打击刑事犯罪。依法严厉打击境内外敌对势力的颠覆破坏活动和严重刑事犯罪，维护社会治安大局稳定；严厉打击“两抢一盗”等发生在群众身边的多发性侵财犯罪，增强人民群众的安全感；认真贯彻宽严相济的刑事政策，认真落实检察环节的社会治安综合治理措施，积极参加平安创建，最大限度地增加和谐因素。二要从维稳大局出发，严肃查办和积极预防职务犯罪。坚持既严肃查办大案要案，又认真

* 2009年7月23日敬大力同志在湖北省检察长座谈会上的讲话节录，刊载于《人民检察（湖北版）》2009年第8期。

查办发生在群众身边、损害群众利益、社会影响恶劣的案件，深入开展查办民生领域职务犯罪、国家投资领域职务犯罪以及执法不严、司法不公背后的职务犯罪等专项工作，适应人民群众的呼声加大惩治腐败力度，促进社会和谐稳定；充分注意办案可能引发的影响稳定问题，认真落实省院提出的五条办案原则，努力保障经济平稳较快发展，维护社会和谐稳定；注意加强与相关部门、单位的沟通协调，主动争取其对办案工作的理解、支持和配合；注意防止侵犯犯罪嫌疑人、被调查对象、证人的合法权益。三要立足维护社会公平正义，强化对诉讼活动的法律监督。切实把人民群众的关注点，作为检察工作的着力点，下大力气监督纠正执法不严、司法不公等问题，通过强化监督促进相关部门防微杜渐、建章立制、强化管理，促进解决人民群众最关心最直接最现实的利益问题，以维护社会公平正义促进社会和谐稳定。工作中，各级检察机关要进一步发挥法律监督在维护社会和谐稳定中的作用，特别是对一些敏感案件和事件，检察机关应当在党委政府的统一组织协调下，加强同有关政法机关的协作配合，及时介入、参与调查、引导侦查取证、加强监督、责任倒查、对外表态等，打消公众疑虑，争取社会信任，与各部门共同维护社会和谐稳定。

二、依法妥善处置涉法涉诉涉检群体性事件、突发性事件，维护治安大局稳定

目前，涉法涉诉涉检群体性事件、突发性事件已经成为影响社会稳定最突出、最敏感的问题之一，对此我们必须予以高度重视。要加强对检察人员特别是领导干部处置涉法涉诉涉检群体性事件、突发性事件的培训，正确把握处置原则、处置策略、处置时机、处置方式。要增强敏锐性，对检察工作中的敏感问题、敏感案件和事件，要慎重对待、有效应对和妥善处置，防止因处理不慎、处理不当成为激化社会矛盾、引发群体性事件、突发性事件的“燃点”。要进一步提高应急处置能力，一旦出现问题，要切实做到“情势判断要清晰、情报信息要快捷、处理焦点要细致、把握中心要紧扣、

综合措施要到位、适用法律要准确、上下协同要紧密、依靠党委要主动”，核心是努力保证执法办案和对事件处置的法律效果、政治效果和社会效果的有机统一。当前，社会信息传播和意见表达呈现多渠道、互动性的新特点，社会舆论特别是网络舆情对检察工作的影响力明显加大，要求我们加强网络舆情的掌握和应对引导工作。在处理涉法涉诉涉检群体性事件、突发性事件中，我们更要高度重视涉检网络舆情，切实加强和改进舆论引导工作。对群众关注的检察工作中的敏感问题和敏感案件，应当及时公布事实真相，发布权威信息，表明处理态度，回应群众质疑，依法妥善处理。

三、加强涉检信访工作，积极化解社会矛盾纠纷

一要进一步畅通信访渠道。省院已要求全省各级院都要建立综合性的受理接待中心，今年6月全省检察机关已经开通“12309”举报、控告、申诉、投诉的统一受理电话，推进电话受理、网络受理、信函受理和接访受理四种受理渠道的整合。建立受理接待中心及实行“四合一”、“四整合”是湖北的特色，实际是畅通群众信访渠道、保证执法便民利民的重要举措，要继续落实好，省院将在8月底前组织检查落实情况。认真落实检察长接待制，积极探索实行下访、巡访、联合接访、远程视频接待等方式方法，方便群众反映诉求。二要加强对涉检信访问题的源头治理，切实落实严格公正文明廉洁执法的要求，探索建立各项业务工作的风险评估机制，努力从源头上减少涉检信访的发生；对群众实名举报，对人民群众存在疑问和异议的案件、决定等，要认真做好答复、反馈和答疑说理工作，防止酿成涉检信访。三要健全涉检信访工作长效机制，严格落实领导包案制、首办责任制、责任追究制以及控申部门同办案部门“前店后厂”的前后衔接、协作配合等制度，依法及时解决群众的合理诉求，妥善化解信访积案。当前要认真落实《关于进一步加强和改进涉法涉诉信访工作的意见》。四要讲究工作方法，讲究处置策略，落实善后措施，真正把化解矛盾、定分止争、理顺情绪融入办理每一起涉检信访案件的全过程，争取做到案结事了，促进社会和谐稳定。

4 始终把维护稳定作为首要政治任务*

维护社会稳定是检察机关的首要政治任务。发展是硬道理，稳定是硬任务；没有稳定，什么事情也办不成，已经取得的成果也会失去。检察机关要坚持正确处理改革发展稳定关系，发挥检察职能，着力保持社会大局稳定。从武汉、铁检院汇报的情况看，社会治安形势依然十分严峻。1～7月，武汉市检察机关批准逮捕人数上升16.83%，起诉人数上升了14.5%，放火、爆炸、杀人等恶性暴力犯罪，盗窃、抢劫等多发性侵财犯罪以及破坏市场经济秩序犯罪都呈现出上升势头。洪山辖区有40多所高校，校园人口占全区人口近一半，学校周边社会治安环境比较复杂；大工程大项目多，80万吨乙烯化工新城、天兴洲长江大桥等重大工程在建，存在一些影响项目施工的寻衅滋事等犯罪活动。蔡甸区"三农"问题较多，存在黑恶势力犯罪、破坏农业生产犯罪、坑农骗农害农犯罪等，影响农村和谐稳定。武铁分院反映，当前利用铁路进行运输、贩卖毒品案件逐年上升，利用铁路拐卖妇女、儿童案件时有发生，流窜作案嫌疑人占有很大比重，铁路沿线农民扒盗铁路运输物资案件仍然突出，铁路内部职工盗窃案件时有发生。这些情况表明，虽然当前社会治安总体稳定，但仍处于刑事案件高发期、矛盾纠纷凸显期，维护社会稳定的任务仍然十分艰巨。

第一，要牢固树立"大稳定观"和"一线观念"。检察机关的

---

* 2009年9月2～8日敬大力同志在湖北省武汉市人民检察院、武汉铁路检察分院等单位检查调研时的讲话要点节录。

各项职能都与维护稳定密切相关，要全面发挥各项检察职能作用维护稳定。要认真履行批捕、起诉职能，落实好检察环节的社会治安综合治理措施。按照党委的部署，积极参与专项整治，增强群众的安全感。要强化对诉讼活动的法律监督，以维护社会公平正义促进社会和谐稳定。要针对立案监督的薄弱环节，健全行政执法与刑事司法相衔接机制，防止有案不立、以罚代刑等问题。要下大气力监督纠正执法不严、司法不公等问题，通过强化监督促进相关部门防微杜渐、建章立制、强化管理，促进解决人民群众最关心最直接最现实的利益问题。

第二，要高度重视涉检信访工作。当前加强涉检信访工作要把握三点：一是要加强源头治理。从大家反映的情况来看，我省检察机关的信访总量不大，这说明了我们近年来抓规范执法、公正执法的成效，这也是源头治理的关键，是最根本的措施。要按照严格、公正、文明、廉洁执法的要求，进一步加强执法规范化建设，从源头上减少涉检信访。二是要防止检察机关不当言行成为引发信访和群体性突发性事件的“燃点”。在各项执法办案中和处置各种事件中，都要始终坚持法律效果、社会效果和政治效果的有机统一。要增强敏锐性，对检察工作中的敏感问题、敏感案件和事件，要慎重对待、有效应对和妥善处置，要做好风险评估，防止因处理不慎、处理不当成为激化社会矛盾、引发群体性事件、突发性事件的“燃点”。三是要健全落实长效机制。要认真落实领导包案、首办责任等工作制度，探索建立各项业务工作的风险评估机制，讲究工作方法，讲究处置策略，落实善后措施，把化解矛盾、定分止争、理顺情绪贯穿执法办案始终，促进社会和谐稳定。

最近，中央、省委多次就维护社会稳定、做好国庆安保工作作出部署，全体检察人员务必保持清醒头脑，把维护稳定作为压倒一切的中心任务，全力以赴做好检察环节维护稳定的各项工作。

5 充分发挥公诉工作在维稳方面的职能作用*

一、全省公诉部门要充分发挥公诉工作在维稳方面的职能作用

一是要牢固树立维稳“第一线”观念不动摇，继续注重对群体性、突发性事件处置的指导。二是要十分重视对抗诉案件的办理，注意风险评估和对下指导。当前存在下级院矛盾上交现象，对明知不符合抗诉条件的案件，由于当事人闹事、缠诉就踢皮球，矛盾上交，对这种滥用抗诉权的行为，不能只是由上级院一撤了之，各级院检察委员会和公诉部门要严格把关，不能为了转移矛盾对不符合抗诉条件的案件提请抗诉或提出抗诉。案件抗与不抗要进行风险评估，防止矛盾激化，影响社会稳定，要研究应对办法。三是高度重视对严重刑事犯罪案件、社会敏感案件的起诉。如对黑社会性质的案件、黄、赌、毒案件及涉众型经济犯罪案件等社会关注度高、影响大的案件要严格执法、严格把关，重点加强指导。

二、要认真研究薄弱环节，进一步提高公诉案件质量

一是要降低“三率”，即降低普通刑事案件相对不起诉率、撤回起诉率和撤回抗诉率。从高检院半年通报上看，我省公诉案件质量的这三项指标从全国范围看较高，排名靠后，直接反映起诉、抗诉案件质量不高；全省公诉部门要尽快扭转这三项指标在全国的落

* 2009 年 10 月 28 日敬大力同志在听取湖北省检察院公诉工作情况汇报时的讲话要点节录。

后排位，对这个问题要引起足够的重视，要有大的起色。今年先解决这三个方面的问题，各地对此类问题要逐案上报、分析原因，对存在的倾向性、典型性问题和问题比较集中、比较严重的地方省院公诉部门要重点进行检查指导。二是对职务犯罪轻刑化的问题要找出切实可行的办法，加大监督力度。我省职务犯罪案件判缓刑、免刑比率高于全国，要专题研究，对于符合抗诉条件的案件要坚决提出抗诉。

三、关于公诉改革的问题

关于公诉改革，我在多个场合都讲了一些意见，今天重点讲以下几个方面的问题。

（一）关于提出量刑意见工作

这项改革我在武汉市调研时的讲话中谈过自己的观点。根据中央司法改革精神，最高人民法院已部署开展量刑规范化改革试点工作。今后的“量刑建议”实际上是一种具体的“量刑意见”，检察机关不仅要对定罪提出意见，而且要对量刑提出意见，量刑意见是公诉意见的必要内容，应当将“量刑建议”改称为“量刑意见”更为妥当。量刑纳入庭审，就不仅仅是对法院提出量刑的建议，而是就量刑情节要举证，对量刑要发表意见，就具体量刑要辩论。当前和今后一个时期，提出量刑意见工作主要要解决以下三个问题：一要转变观念。过去量刑建议主要着眼于加强对法院量刑活动的监督。检察机关对人民法院的量刑活动提出意见，是刑事审判监督的重要内容，仍是今后监督工作的一个重点，必须进一步加强。现在要研究量刑纳入庭审的具体变化。量刑纳入庭审，检察机关就要在法庭调查阶段出示量刑情节的证据，在辩论阶段发表公诉意见时要有量刑意见，与律师就量刑问题要进行辩论，将涉及犯罪事实、情节以及相关证据、法律依据等诸多问题。公诉部门要注意研究对量刑情节的举证等具体操作问题。二要同法院系统开展的量刑规范化试点工作同步推进。目前，我省确定在 1 个中级法院和 17 个基层法院开展量刑规范化改革试点工作。与这些中级法院、基层法院相对应的检察院，也要按照省院的统一部署和要求，进行提出量刑意见工作的试点。三是要积极争取将职务犯罪案件纳入量刑规范化的试点工作。职务犯罪的量刑情节，检察机关最有发言权，如被告人是否有自首、立功情节，检察机关自侦部门是最清楚的。另外，对于量刑标准，检察机关就不要另搞一套，可以和法院共同制定量刑标准，以实现量刑规范化要解决的“同案不同判”和法官自由裁量权滥用的问题，当前，我省检察机关在这方面的任务主要是熟悉量刑标准、配合法院将量刑意见纳入庭审，并掌握一批案例。

（二）关于刑事法律监督调查机制

关于这个问题，我在武汉市调研时详细阐述过我的观点。法律监督调查机制对于公诉部门提高法律监督工作质量和水平具有重要意义。高检院最近下发的文件规定，具有抗诉职能的部门今后不再赋予初查、侦查权，但是，公诉部门在诉讼监督工作中，仍然要开展好法律监督调查工作。在刑事诉讼法律监督调查机制方面：一是要提高认识，统一思想。当前存在对法律监督调查性质认识不清，对法律监督调查与职务犯罪初查、侦查、案件事实核查等区分不清等问题，影响了公诉部门法律监督调查工作的开展。法律监督调查不是检察机关自行设置的一项新的职权，而是检察机关履行法律监督职能的一种基础性手段和工作方法，是一种监督措施的完善和工作机制的创新，全省公诉部门要增强做好法律监督调查工作的信心和责任感。二是要尽快完善制度。与刑事诉讼法律监督调查机制相配套的法律文书、工作流程、案卷归档、统计台账等制度尚未建立和健全，下一步要尽快完善。

（三）关于对适用简易程序审理案件的法律监督问题

对适用简易程序审理的案件加强监督这是检察机关法律监督职能范围内的内容，但如何既经济又有效地实行监督却是一个值得研究的问题。简易程序的规定，是修改后刑事诉讼法为诉讼经济、节约成本而针对事实清楚、犯罪情节轻微、被告人认罪案件而制定的审理方式，不要违背立法本意。现在，一些地方探索对适用简易程序审理案件采取集中审理、集中出庭的方式进行监督，这种监督方式在实际操作上不可行。司法体制改革要求加强对简易程序审理案件加强法律监督是对的，但监督方法值得进一步探讨。我认为，对适用简易程序审理的案件加强监督要把好“三道关”：一是要把好程序适用关。根据刑事诉讼法和相关司法解释，适用简易程序要么是检察机关建议，人民法院同意；要么是人民法院提出，检察机关同意；只有两方达成一致意见，才能适用简易程序。也就是说，如果检察机关认为适用简易程序可能影响监督效果，就应当严格把关，不建议或不同意采用简易审程序，而采用普通程序审理来加强法律监督。二是要把好派员出庭关。即使检法两家对适用简易程序达成一致意见，检察机关“可以”派员出庭，也“可以”不派员出庭，主动权在检察机关。如果对已经适用简易程序的案件，发现有必要出庭进行监督的情形，也可以派员出席法庭进行监督，是个案的出庭，而不是集中出庭。三是要把好事后监督关。简易程序设计的初衷是为了诉讼经济，多数简易审案件确实没有必要出庭，对于不是必需出庭监督的案件，我们可以通过事后审查的方式进行监督。这既符合诉讼经济和效率的原则，又通过抓住关键环节有效地履行了监督职责，可以说，达到了“三更”的效果：减轻了法官的工作量，法院更欢迎；多数简易程序案件不出庭，缓解了公诉部门案多人少的压力，更经济；科学的监督方式，监督更有效。公诉部门要尽快研究、部署，研究确定把好“三关”的标准和条件，形成对简易程序的法律监督工作机制，创出湖北特色的经验和模式。

（四）关于公诉部门提前介入引导侦查取证问题

我这里主要讲检察机关自侦案件的提前介入引导侦查取证问题。从目前情况看，全省这一块的工作开展不平衡，下一阶段要加强对这项工作的研究和开展。我认为在这个问题上，一是要解决观念问题。反贪工作是全院的工作，自侦、公诉部门都要站在全院的角度考虑问题，自侦部门要克服侦查神秘思想，公诉部门也要克服多一事不如少一事的思想，从公诉引导侦查这方面研究侦诉衔接问题，研究检察工作一体化问题，相互配合是一体化，相互制约也是一体化，要形成工作机制。二是要研究公诉引导侦查机制的操作问题。

制定一个办法，如什么样的案件需要提前介入，提前介入的任务是什么，等等，重点解决上级院自侦部门侦查终结交下级院起诉的职务犯罪案件的侦诉衔接问题，由同级公诉部门提前介入，厅级干部职务犯罪案件，省院公诉部门要提前介入，市级院自侦部门办理的处级干部职务犯罪案件，同级院公诉部门要提前介入引导取证。省院公诉部门起草一个文件，作为省院文件印发。

另外，在推进检察工作一体化机制建设问题上，公诉部门要注意研究主诉检察官办案机制以及专业办案组与检察工作一体化的协调问题。关于一体化与主诉检察官办案机制的协调问题，我有几条意见，公诉部门对这个问题可列入课题进行研究。专业办案组是推动专业化办案、培养专家型人才、提高办案质量的一种方式，现在一些地方已经建立起来，我认为可以推广，但专业办案组不能违反地域管辖原则，现在有些地方将某类型的案件集中到某一个院审理，案动人不动，我们要研究一下人动案不动的方法是否可行，这样可以避免违反地域管辖问题。

四、其他工作

一是行贿案件的处理问题。过去我们对受贿案件抓得比较紧，对行贿案件打击力度不大，各地在政策和标准的掌握上也不统一。省院计划于年底对全省检察机关办理的行贿案件开展执法检查，重点检查2007年以来办理的行贿案件，实行逐案检查，看是否存在该立案的不立案、该起诉的不起诉等问题，这个工作已经给反贪局布置下去了，公诉部门要配合，派员参加检查。

二是要做好自侦案件的起诉、审结等结案工作。因为涉及到年底自侦案件的结案问题，全省公诉部门要抓紧时间，做好年底前自侦案件的起诉、审结工作。

6 把握职能定位、明确目标任务，努力促进控告申诉检察工作科学发展*

当前，我国既处于发展的重要战略机遇期，又处于社会矛盾凸显期。随着人民群众的权利意识、法治意识逐步增强，检察机关控告申诉检察部门与社会各界的沟通交流越来越多、处理涉检涉法信访的任务越来越重、保持公正廉洁执法的要求越来越高，这都对加强和改进新形势下的控告申诉检察工作提出了新的更高要求。面对新的形势和任务，从全面加强和改进工作，促进工作科学发展出发，我们必须准确把握控告申诉检察工作的职能定位，切实发挥好以下四个方面的基本作用。

一、充分发挥受理接待的窗口作用

控告申诉检察部门承担着受理人民群众诉求，接待来信来访的重要任务，是检察机关倾听群众呼声的主要渠道、了解社情民意的一线平台、服务社会各界的重要窗口。一要增强窗口意识。要深刻认识到，人民群众通过控告申诉检察部门的受理接待工作直接感知检察机关的执法能力、干警素质和工作作风；我们的一言一行、一举一动都事关群众对检察机关的整体评价。要增强做好控告申诉检察工作的荣誉感、责任感和使命感，以深厚的感情、极大的耐心、细致的作风做好受理接待、矛盾化解等工作，为窗口增光添彩，不断提升控告申诉检察工作水平。二要树立窗口形象。要规范受理接

---

* 2011 年 3 月 1 日敬大力同志在湖北省检察机关深入推进检察机关群众工作暨控告申诉检察工作会议上的讲话节录。

待行为，做到态度热情，耐心周到，举止文明，切实为群众排忧解难，让群众感到人格受尊重、问题受重视；坚持检察长接待、首办责任制、联合接访等制度，对群众反映的问题做到事事有着落、件件有回音；要真心接待、细心疏导、诚心感化来访群众，着力化解社会矛盾，主动接受群众监督，树立检察机关的良好形象。三要加强窗口建设。窗口展示检察机关形象，代表检察机关服务和工作水平，是检察机关的重要的“门面”、“门市”、“门槛”，窗口的建设格外重要，要提高规范化建设水平。要像抓办公用房、办案用房一样突出抓好综合性受理接待中心设施建设，进一步加强窗口硬件和软件建设。要逐步设置检务公开显示屏、电子触摸屏、检察业务资料库等设施，方便群众了解检察工作职能；分区设置接访室、候访室，方便群众与接待人员交流，进一步改善窗口的硬件条件。要加强受理接待制度建设，健全运行管理机制，改善受理接待人文环境，营造良好接待氛围，全面开通具有举报、控告、申诉、投诉、咨询、查询等“六合一”功能的“12309”检察服务电话，实行电话、网络、信函、接访等受理方式的“四整合”，畅通群众利益诉求表达渠道，进一步改善窗口的软件条件。要逐步建设电子监控、远程接访等系统。

二、充分发挥办案流程的管理作用

控告申诉检察部门对于受理的举报、控告、申诉、投诉本身就承担着审查、分流、督办等流程管理职能；实行内部整合改革试点的13个基层院在控告申诉检察部门的基础上成立了案件管理部，专门负责对办案活动的流程管理；省院还将赋予控告申诉检察部门统一管理诉讼违法线索的重要职能。在这种新形势下，充分发挥控告申诉检察部门办案流程的管理作用，逐步实行“一个窗口对外、一个闸门对内”，对于强化检察管理、公正廉洁执法意义重大。这里，我着重强调三个问题：

第一，要全面承担举报、控告、申诉、投诉的流程管理职能。群众的举报、控告、申诉、投诉，是社会问题的“风向标”。对于群众反映的各种问题、线索、案件、事项，要高度重视，健全机制，认真审查，及时分流，督促落实，以此推动法律监督工作深入开展。根据我省情况，省院、市州分院控告申诉检察部门要加强与侦查指挥中心办公室的协作配合，共同管理好职务犯罪案件线索；基层院控告申诉检察部门要对受理的举报线索进行统一管理，加强对职务犯罪线索的研判、评估、排查、初核，督促侦查部门按时回复线索处理情况，提高线索利用效率，有力服务执法办案，形成工作合力。

第二，要树立线索观念和办案观念，积极探索加强对诉讼违法线索的统一管理。对省院《刑事诉讼法律监督调查办法》、《民事审判行政诉讼法律监督调查办法》中规定的43种诉讼违法线索，以及“两高三部”《关于对司法工作人员在诉讼活动中的渎职行为加强法律监督的若干规定（试行）》中规定的徇私枉法、非法拘禁、刑讯逼供等12种渎职行为线索，要由控告申诉检察部门实行统一集中管理。对通过群众控告、申诉、投诉反映，办案部门自行发现、领导交办、其他机关移送等渠道获得的诉讼违法线索，要像职务犯罪线索管理一样，加强集中统一管理，深入进行分析研判，加强开发利用；要深刻认识通过对诉讼违法线索开展法律监督调查、提出纠正违法意见、提出检察建议等，也是一种办案活动，所办理的是诉讼监督案件。近期，省院研究起草了《诉讼违法线索管理办法（讨论稿）》，对诉讼违法线索的受理、分流、督办等提出了具体意见，请大家结合工作实际，提出修改建议。省院《办法》正式下发后，要不折不扣地抓好落实，切实加强诉讼违法线索管理工作，为加强诉讼监督工作提供有力支持。

第三，要探索完善13个试点院的案件管理工作。按照“两个适当分离”的原则，13个试点院成立了案件管理部，探索实行对案件进行流程监控、过程控制、统一考评等工作，取得了初步成效。当然，省院试点方案对案件管理部的职责范围、工作程序都只作了原则规定，目前各试点院对其工作职责、工作方式的规定还存在一定的差异，亟待进行统一规范。13个试点院要加强对案件管理工作的实践探索，总结经验，发现问题，推动改革不断深化。省院、宜昌市院、黄石市院要加强指导，省院将适时出台统一的工作流程，依照法律和检察工作规律进一步加强对案件的专业、统一、归口管理。

三、充分发挥审查办案的纠错作用

控告申诉检察部门在复查刑事申诉、办理国家赔偿、处理涉检信访、开展案件评查等工作中，对于发现的执法错误、瑕疵，承担着依照法定程序予以纠正的重要职责。一要坚持有错必纠。要深刻认识到，强化控告申诉检察部门的纠错作用，是强化法律监督的必然要求，是强化自身监督的有效形式，是提高执法公信力的客观需要。要坚持一视同仁，正人先正己，不论是检察机关的错误，还是其他政法机关的错误，都要依法审查办理，件件依法办，案案有结果，着力提高办案质量和效果，做到实事求是、有错必纠。二要完善纠错方式。纠错工作涉及面广，既包括对不服检察机关处理决定和人民法院生效判决裁定的申诉案件，又包括受理的国家赔偿案件中检察机关作为赔偿义务机关、法院赔偿委员会决定、法院行政赔偿判决裁定确有错误的案件或情形，还包括在处理涉检信访、开展案件评查等工作中发现的错误等等。对于这些不同性质、不同程度的错误，要根据具体情况，灵活采取抗诉、检察建议、纠正违法意见等方式，依法予以纠正，使被纠正的部门或机关心服气顺。三要形成纠错合力。要加强与纪检监察、职务犯罪侦查、侦查监督、刑事审判监督、民事行政检察等部门的沟通协调，健全工作机制，最大限度地形成纠错合力。这里需要明确的是，要逐步整合刑事审判监督和刑事抗诉工作。省院成立刑事审判监督处，原由公诉、控申、监所部门负责的针对刑事审判的抗诉、纠正意见等，统一由该处承担，同时形成有关部门联系配合、工作衔接的工作机制。各市州分院和基层院要主动做好同省院的衔接，同时在省院的统一部署下，有条件的市级院和小院整合试点院可以安排整合刑事审判监督工作，其他院在省院尚未统一部署前，暂按现有工作格局进行。

四、充分发挥群众工作的归口作用

控告申诉检察部门承担着大量面对面的群众工作、送上门来的群众工作，这就决定其在群众工作中具有天然的优势和其他部门无可比拟的作用。去年，省院党组将控告申诉检察部门确定为群众工作的专门机构，统一归口管理检察机关群众工作，省院控申处加挂了群众工作处的牌子。要深刻认识到，这不简单是机构名称的增加，而是省院党组赋予控告申诉检察部门的重大职责；归口管理群众工作不是“副业”，而是“主业”。全省控告申诉检察部门既要坚持以群众工作统揽控申工作，将群众工作的理念、方法、要求落实到工作的每个环节，又要切实担负起对检察机关群众工作的统一部署、指导检查和组织协调等职责。要探索建立归口管理机制，努力构建党组统一领导、控告申诉检察部门组织协调、其他职能部门各负其责、全系统协力推进的群众工作格局；要加强对检察机关群众工作的安排部署，坚持定期分析研究工作推进情况，结合上级最新部署，研究确定阶段性工作重点，找准载体，丰富形式，推动工作；要加强对检察机关群众工作的组织协调，围绕维护人民群众权益、紧紧依靠人民群众、提高群众工作能力、接受人民群众监督、落实便民利民措施五个方面，定期提出具体任务，明确责任分工和完成时间表，确保工作落实到位；要统筹抓好检察机关群众工作的理论与实践，有计划、有步骤地开展调研、研讨活动，用理论研究的成果指导群众工作实践，及时总结推广各地创造的新鲜经验，用实践创新的成果丰富和发展群众工作理论，实现理论研究与实践创新的良性互动。省院控告申诉检察处要尽快编发《群众工作手册》，积极配合检察官学院开发群众工作精品课程；各级院控告申诉检察部门要结合自身实际，充分发挥好群众工作的归口作用，深入推进检察机关群众工作。

7 着力维护国家安全与社会和谐稳定*

为党的十八大胜利召开营造和谐稳定的社会环境，是今年全国政法机关第一位的任务。全省检察机关要深刻领会这一要求，按照中央、省委、高检院的部署，把确保国家安全与社会和谐稳定摆在更加突出的位置来抓。

严厉打击危害国家安全、公共安全、社会治安的犯罪。坚决打击境内外敌对势力的渗透颠覆分裂破坏活动、暴力恐怖犯罪活动、“法轮功”等邪教组织犯罪活动，切实维护国家安全。深入推进打黑除恶专项斗争，依法严厉打击垄断经营、强揽工程、破坏经济秩序和涉足民生领域、强占各类市场的黑恶势力，插手基层民主选举、欺压百姓的农村黑恶势力，以及非法放贷、暴力讨债等新型黑恶势力犯罪活动。严厉打击严重暴力犯罪、危害公共安全犯罪、涉众型经济犯罪、“黄赌毒”等犯罪，坚决遏制严重刑事犯罪高发势头。依法打击“两抢一盗”、拐卖妇女儿童、危害食品药品安全等犯罪，增强人民群众的安全感。

牢固树立“大稳定观”和“一线观念”。要深刻认识到，检察机关的各项职能都与维护稳定密切相关，处于维护稳定的第一线。要坚持把化解社会矛盾贯穿于检察工作全过程和执法办案的各个环节，在履行各项法律监督职能过程中，既严格依法办案，又着眼于化解社会矛盾，加强释法说理和教育引导，注意办案方式方法，在法治和公平正义的前提下，努力使执法办案的过程变成化解社会矛

---

* 2012年1月17日敬大力同志在全省检察长会议上的讲话节录。

盾、促进社会和谐的过程，但不能超越检察职权进行“调解”，不得超越法律底线主持“和解”。要加大涉检信访工作力度，依法妥善解决群众合法合理诉求，扎实推进集中化解涉检进京访专项工作；高度重视初信初访，严格落实首办责任制，全面推进案件评查工作。积极参与社会矛盾大排查、大调处活动，注重发现案件背后反映的可能影响社会和谐稳定的苗头性、倾向性问题，会同有关部门依法妥善处置，最大限度地把矛盾纠纷解决在基层、消除在萌芽状态。

积极参与社会治安综合治理。要积极参加社会治安重点地区、重点场所的集中整治，定期分析犯罪形势，促进完善社会治安防控体系；积极参与对流动人口、特殊人群的服务管理，完善办理未成年人犯罪案件工作机制，配合做好刑释解教人员的安置、帮教、管理工作，加强对社区矫正的法律监督；积极参与对信息网络的服务管理，加大对利用手机、互联网实施诈骗、赌博、制假售假等犯罪的打击力度。要结合执法办案，认真分析社会管理风险漏洞和制度缺陷，及时向党委、政府和有关部门提出对策建议。要主动融入党委领导、政府负责、社会协同、公众参与的社会管理格局，提升群众工作能力，积极稳妥地推进理念、机制、方法创新，增强工作实效。

健全检察工作的风险预警、处置、防范工作体系。对检察工作中可能出现的“风险”要考虑得更加充分一些，认真评估、周密应对政治风险、社会风险、网络舆论风险、办案安全风险、案件质量风险、干警自身风险等各类风险。要抓好风险“预警”工作，落实“谁承办、谁评估”的基本要求，坚持全面、全程、动态评估检察工作中可能出现的风险，同时突出预警重点，认真总结实践中容易发生风险的案件、部位和环节，找准各类风险点、风险源，有针对性地做好预警。要抓好风险“处置”工作，按照检察工作一体化机制的要求，加强上下级检察院之间、内设机构之间的协调配合，形成风险处置工作的合力。要抓好风险“防范”工作，毫不放松地抓执法规范化建设，努力从源头上防范执法办案风险，坚决防止因自身执法不当、处置不妥而激化矛盾、扩大事态，甚至成为引发群体性事件和个人极端事件的“燃点”。要健全风险预警、处置、防范三者紧密联系、有机统一的工作体系，建立相关机制和工作格局，落实各种有效措施，着力抓好检察环节维护稳定的各项工作。